Jahrbuch für Wissenschaft und Ethik

JAHRBUCH FÜR WISSENSCHAFT UND ETHIK

Band 15   2010

herausgegeben von
L. Honnefelder (Bonn) und D. Sturma (Bonn)

in Verbindung mit
J. P. Beckmann (Hagen), C. Horn (Bonn) und L. Siep (Münster)

Themenschwerpunkt Patientenverfügung
J. P. Beckmann (Hagen)

Wissenschaftlicher Beirat
L. Beck (Düsseldorf) − D. Birnbacher (Düsseldorf) − A. Bondolfi (Lausanne)
J. Dichgans (Tübingen) − F. W. Eigler (Essen) − A. Eser (Freiburg)
K. Fleischhauer (Bonn) − C. F. Gethmann (Essen) − H.-L. Günther (Tübingen)
H. Hepp (München) − G. Hermerén (Lund) − O. Höffe (Tübingen) − G. Höver (Bonn)
W. Hogrebe (Bonn) − M. Honecker (Bonn) − C. Hubig (Stuttgart)
I. Kennedy (London) − M. Kloepfer (Berlin) − W. Korff (München) − W. Kröll (Köln)
A. Laufs (Heidelberg) − H. Lenk (Karlsruhe) − H. Markl (Konstanz)
K. M. Meyer-Abich (Essen) − D. Mieth (Tübingen) − P. Mikat (Düsseldorf)
J. Mittelstraß (Konstanz) − E. Nagel (Bayreuth) − J. Nida-Rümelin (München)
G. Patzig (Göttingen) − S. Peyerimhoff (Bonn) − A. Pieper (Basel) − P. Propping (Bonn)
G. Rager (Fribourg) − H. Raspe (Lübeck) − J. Reich (Berlin)
W. T. Reich (Washington D.C.) − T. Rendtorff (München) − O. Renn (Stuttgart)
N. Rescher (Pittsburgh) − K. Rumpff (Essen) − G. Schmid (Essen)
B. Schöne-Seifert (Münster) − H.-L. Schreiber (Göttingen)
T. Schroeder-Kurth (Heidelberg) − E. Steinmetz (Essen) − J. Taupitz (Mannheim)
R. Toellner (Münster) − M. A. M. de Wachter (Brüssel) − E.-L. Winnacker (München)

DE GRUYTER

Redaktion

PD Dr. phil. Dietmar Hübner
Dr. phil. Michael Fuchs
Luise Scholand, M.A.

Redaktionelle Mitarbeit

RA Alexander Maurice Berbuir
Marie Göbel, M.A.
Christina Pinsdorf, M.A.
Caroline Rödiger, Dipl.-Jur.
Thea Stab
Damian Sternberg
Atsuko Takemi
Birte Wienen

Institut für Wissenschaft und Ethik, Bonner Talweg 57, 53113 Bonn
Tel.: 0228 / 33 64 19 20; Fax: 0228 / 33 64 19 50; E-Mail: iwe@iwe.uni-bonn.de
URL: http://www.iwe.uni-bonn.de

∞ Gedruckt auf säurefreiem Papier,
das die US-ANSI-Norm über Haltbarkeit erfüllt.

ISSN 1430-9017
ISBN (Print) 978-3-11-022289-0
ISBN (Online) 978-3-11-022290-6
ISBN (Print + Online) 978-3-11-022291-3

Bibliografische Information der Deutschen Nationalbibliothek

Die Deutsche Nationalbibliothek verzeichnet diese Publikation in der Deutschen
Nationalbibliografie; detaillierte bibliografische Daten sind im Internet
über http://dnb.d-nb.de abrufbar.

© Copyright 2010 by Walter de Gruyter GmbH & Co. KG, D-10785 Berlin

Dieses Werk einschließlich aller seiner Teile ist urheberrechtlich geschützt. Jede Verwertung außerhalb der engen Grenzen des Urheberrechtsgesetzes ist ohne Zustimmung des Verlages unzulässig und strafbar. Das gilt insbesondere für Vervielfältigungen, Übersetzungen, Mikroverfilmungen und die Einspeicherung und Verarbeitung in elektronischen Systemen.

Printed in Germany

Inhaltsverzeichnis

Editorial
Ludger Honnefelder und Dieter Sturma 1

I. Beiträge

Würde und Autonomie.
Überlegungen zur Kantischen Tradition
Thomas Gutmann 5

Würdeschutz und Lebensschutz:
Zu ihrem Verhältnis bei Menschen, Tieren und Embryonen
Dietmar Hübner 35

Was ist so anders am Neuroenhancement?
Pharmakologische und mentale Selbstveränderung im ethischen Vergleich
Roland Kipke 69

Vom Umgang mit Unzulänglichkeitserfahrungen.
Die Enhancement-Problematik im Horizont des Weisheitsbegriffs
Uta Bittner, Boris Eßmann und Oliver Müller 101

‚Tilgung des Zufälligen' –
Ethische Aspekte der Verantwortung in Ambient-Assisted-Living-Kontexten
Arne Manzeschke und Frank Oehmichen 121

Themenschwerpunkt Patientenverfügungen

Die gesetzliche Regelung der Patientenverfügung 2009:
Neue Möglichkeiten – bleibende Probleme?
Vorbemerkung
Jan P. Beckmann 141

Das Patientenverfügungsgesetz.
Ein Vergleich mit den Vorschlägen der interdisziplinären Arbeitsgruppe
„Patientenautonomie am Lebensende" des Bundesjustizministeriums
Klaus Kutzer 143

Das Patientenverfügungsgesetz:
Mehr Rechtssicherheit?
Jochen Taupitz 155

Das Patientenverfügungsgesetz 2009 –
Chancen und Probleme für die ärztliche Praxis
Fred Salomon 179

Ärztliche Entscheidungen in Grenzsituationen.
Patientenverfügungen als Instrumente des Dialogs
Christof Müller-Busch 193

Verfügen über das Unverfügbare?
Die Patientenverfügung als unvollkommene Antwort
auf die ethische Herausforderung des Sterbens
Giovanni Maio 211

Zu Grundlage und Umsetzung
der gesetzlichen Regelung der Patientenverfügung aus ethischer Sicht
Jan P. Beckmann 221

II. Dokumentation

Ethics of Synthetic Biology.
Recommendations
European Group on Ethics in Science and New Technologies (EGE) 245

Synthetische Biologie.
Stellungnahme
Deutsche Forschungsgemeinschaft (DFG),
acatech – Deutsche Akademie der Technikwissenschaften,
Deutsche Akademie der Naturforscher Leopoldina 257

He Who Pays the Piper Calls the Tune?
On Funding and the Development of Medical Knowledge
Health Council of the Netherlands 287

Society and the Communication of Scientific and Medical Information:
Ethical Issues
Comité Consultatif National d'Éthique
pour les Sciences de la Vie et de la Santé (CCNE), France 331

Hinweise und Regeln der Max-Planck-Gesellschaft
zum verantwortlichen Umgang
mit Forschungsfreiheit und Forschungsrisiken
Max-Planck-Gesellschaft (MPG) 347

Competing Responsibilities?
Addressing the Security Risks of Biological Research in Academia
American Association for the Advancement of Science (AAAS),
Association of American Universities (AAU),
Association of Public and Land-grant Universities (APLU), USA 357

Biometrics: Enhancing Security or Invading Privacy?
Executive Summary
Irish Council for Bioethics 383

Humanbiobanken für die Forschung.
Stellungnahme
Deutscher Ethikrat 391

Stellungnahme der Bioethikkommission
zu Gen- und Genomtests im Internet
Bioethikkommission beim Bundeskanzleramt, Österreich 419

Dementia: Ethical Issues.
Executive Summary and Recommendations
Nuffield Council on Bioethics, United Kingdom 433

Patientenverfügungen.
Medizinisch-ethische Richtlinien und Empfehlungen
Schweizerische Akademie der Medizinischen Wissenschaften (SAMW) 451

Empfehlungen der Bundesärztekammer
und der Zentralen Ethikkommission bei der Bundesärztekammer
zum Umgang mit Vorsorgevollmacht und Patientenverfügung
in der ärztlichen Praxis
Bundesärztekammer (BÄK),
Zentrale Ethikkommission bei der Bundesärztekammer (ZEKO) 463

National Institutes of Health Guidelines on Human Stem Cell Research
National Institutes of Health (NIH), USA 475

Bioethical Problems in Clinical Experimentation with Non-Inferiority Plan
National Bioethics Committee (NBC), Italy 485

Verzeichnis der Autoren und Organisationen 493
Hinweise für Autoren 497

Editorial

von Ludger Honnefelder und Dieter Sturma

Das *Dritte Gesetz zur Änderung des Betreuungsrechts* vom 29. Juli 2009 hat die Anwendung und die Verbindlichkeit von Patientenverfügungen in der medizinischen Praxis auf eine neue rechtliche Basis gestellt. Nachdem der Gesetzestext in Band 14 des Jahrbuchs für Wissenschaft und Ethik abgedruckt worden ist, widmet sich der vorliegende 15. Band in sechs Beiträgen der rechtlichen, medizinischen und ethischen Beurteilung der neuen Gesetzeslage in Deutschland. Die Gestaltung dieses Themenschwerpunkts hat Jan P. Beckmann übernommen, dem die Herausgeber für die Einwerbung und Koordination der Beiträge an dieser Stelle herzlich danken.

Zwei Beiträge des diesjährigen Bandes befassen sich mit dem Würdebegriff und seinen wissenschaftsethischen Implikationen. In beiden Fällen liegt der Fokus auf der tieferliegenden rechtsphilosophischen Verankerung des Würdekonzepts, einmal mit Blick auf seine Fundierung im Kantischen Autonomiebegriff, einmal hinsichtlich seiner systematischen Beziehungen zum Lebensschutzgedanken. Ein weiteres Beitragspaar nimmt die Problematik des Neuroenhancement in den Blick. Nachdem in jüngerer Zeit von verschiedenen Seiten Zweifel geäußert wurden, ob der Einsatz pharmakologischer Substanzen zur kognitiven oder emotionalen Verbesserung konzeptuell abgrenzbar von anderen Formen der Selbstbeeinflussung sei und aus prinzipiellen moralischen Gründen abgelehnt werden könne, gehen beide Aufsätze vertieft der Frage nach, welche Arten von Selbstformung bzw. welche Strategien von Unzulänglichkeitsbewältigung dem Neuroenhancement zugrunde liegen und welche ethische Kritik sich hieran anschließen lässt. Der fünfte Beitrag widmet sich der Verantwortungszuschreibung bei der Anwendung von Ambient-Assisted-Living-Techniken, die eine frühere Entlassung von Patienten aus der klinischen Überwachung in die häusliche Umgebung ermöglichen sollen.

Der Dokumentationsteil des vorliegenden Bandes versammelt Empfehlungen und Stellungnahmen wichtiger nationaler und internationaler Organisationen zu unterschiedlichen wissenschaftsethischen Problemfeldern. Das neue Forschungsgebiet der Synthetischen Biologie wird in einer Opinion der *European Group on Ethics in Science and New Technologies (EGE)* sowie in einer Darstellung der *Deutschen Forschungsgemeinschaft (DFG)*, der *Deutschen Akademie der Technikwissenschaften (acatech)* und der *Deutschen Akademie der Naturforscher Leopoldina* behandelt. Zwei Stellungnahmen des *Health Council of the Netherlands* sowie des französischen *Comité Consultatif National d'Éthique pour les Sciences de la Vie et de la Santé (CCNE)* gehen grundsätzlichen Aspekten der sozialen Einbettung des Wissenschaftssystems nach, zum einen angesichts der zunehmenden ökonomischen Orientierung medizinischer Forschung, zum anderen im Hinblick auf die mediale Vermittlung von wissenschaftlichen und medizinischen Erkenntnissen an die Gesellschaft insgesamt.

Fragen der Sicherheit und des Missbrauchs stehen im Zentrum einer Stellungnahme der *Max-Planck-Gesellschaft (MPG)*, in der das Verhältnis zwischen der Verantwortung des Wissenschaftlers und dem Prinzip der Forschungsfreiheit behandelt wird, sowie einer Bestandsaufnahme seitens der *American Association for the Advancement of Science (AAAS)*, der *Association of American Universities (AAU)* und der *Association of Public and Land-grant Universities (APLU)*, die sich zum Verhältnis von nationalen Sicherheitsinteressen und universitärer Autonomie äußern. Der Schutz und die Zuverlässigkeit sensibler Informationen werden in drei Positionspapieren des *Irish Council for Bioethics*, des *Deutschen Ethikrates* und der österreichischen *Bioethikkommission beim Bundeskanzleramt* erörtert, in denen es jeweils um biometrische Daten, um Humanbiobanken bzw. um die Verbreitung von kommerziellen genetischen Tests im Internet geht.

Die aktuelle Demenzproblematik wird vom britischen *Nuffield Council on Bioethics* aufgegriffen. Das bereits im Themenschwerpunkt dieses Jahrbuchs behandelte Thema der Patientenverfügung bildet den Fokus zweier Papiere der *Schweizerischen Akademie der Medizinischen Wissenschaften (SAMW)* sowie der *Bundesärztekammer (BÄK)* und der *Zentralen Ethikkommission bei der Bundesärztekammer (ZEKO)*. Die US-amerikanische Förderpolitik der Stammzellforschung wird in den Guidelines der *National Institutes of Health (NIH)* dargelegt. Eine Stellungnahme des italienischen *National Bioethics Committee (NBC)* schließlich befasst sich mit der Legitimität von Humanexperimenten zur Erforschung von sogenannten ‚me-too-Medikamenten'.

Die Herausgeber danken den aufgeführten Organisationen dafür, dass sie ihre Stellungnahmen und Empfehlungen dem Jahrbuch zum Abdruck zur Verfügung gestellt haben. Ein weiterer Dank geht an das *Ministerium für Innovation, Wissenschaft, Forschung und Technologie* des Landes Nordrhein-Westfalen, das die Arbeit der Jahrbuch-Redaktion auch in diesem Jahr unterstützt hat. Das Ministerium hat zudem sichergestellt, dass die Arbeit des Instituts für Wissenschaft und Ethik (IWE) und damit auch das Jahrbuch fortgeführt werden kann, indem es die Integration des IWE in die Universität Bonn betrieben hat. Seit dem 1. Januar 2010 ist das IWE zentrale wissenschaftliche Einrichtung der Universität Bonn. Den Repräsentanten der Universität Bonn, insbesondere ihrem Rektor und Kanzler, gilt unser Dank für die Unterstützung und für die gute Kooperation im Rahmen der Integration.

Seit den Arbeiten am 5. Band des Jahrbuchs für Wissenschaft und Ethik, der im Herbst 2000 erschien, hat Dietmar Hübner die Redaktion des Jahrbuchs verantwortlich geleitet. Er hat durch seinen persönlichen Einsatz, seine Übersicht und Gründlichkeit die Kontinuität und wissenschaftliche Qualität des Jahrbuchs maßgeblich geprägt und garantiert. Zum 1. August 2010 hat Dietmar Hübner eine ordentliche Professur für „Praktische Philosophie, insbesondere Ethik der Wissenschaften" an der Leibniz Universität Hannover übernommen und wird deshalb die Redaktion des Jahrbuchs verlassen. Für diese neue Aufgabe wünschen wir ihm alles Gute und danken ihm dafür, dass er elf Bände des Jahrbuchs betreut und mit seiner Arbeit einen hohen Standard gesetzt hat.

I. Beiträge

Würde und Autonomie.
Überlegungen zur Kantischen Tradition

von Thomas Gutmann

Abstract: Das Kantische Konzept, dem zufolge nur Personen Anspruch auf Achtung („Würde") haben und nur ihnen gegenüber moralische Pflichten bestehen können, zugleich jedoch nicht alle Menschen Personen in diesem strengen präskriptiven Sinn sind, enthält ein erhebliches Exklusionspotential. Der Beitrag rekonstruiert die Architektur der Moralphilosophie Kants (und der Kantischen Tradition) unter diesem Aspekt, untersucht Reichweite und Grenzen verschiedener theorieimmanenter Lösungsvorschläge und geht der Frage nach, wie das (deutsche) Verfassungsrecht mit dem Befund umgehen kann, dass das theoretische Urbild seines Würdekonzepts nicht inklusiv genug verfährt.

Keywords: Kant, Würde, Person, Autonomie, Ethik, Recht.

1. Personalität und Würde[1]

Der Begriff der Person[2] kann deskriptiv und präskriptiv verwendet werden. Als präskriptiver dient er, zumal in der Rechtsphilosophie, als Bezeichnung für Wesen, denen subjektive Rechte zugeschrieben werden, darunter ein fundamentales: Personen haben Anspruch auf Achtung, und weil allen Personen dieser Status gleichermaßen zukommt, haben Personen Anspruch auf gleiche Achtung. Als Rechtspersonen haben sie Anspruch darauf, im Recht und durch das Recht als Personen respektiert zu werden, ja die Idee des liberalen Rechtsstaats lässt sich mit dem Satz umschreiben, dass wir einen wechselseitigen Anspruch auf „equal concern and respect"[3], also auf gleiche Achtung haben. In der Rechtsordnung der Bundesrepublik hat dieses Achtungsgebot seinen Niederschlag in Art. 1 Abs. 1 Grundgesetz (GG) gefunden, der die Würde des Menschen für unantastbar erklärt. In der Moraltheorie fungiert das Prinzip des Respekts für Personen als Basisannahme

---

[1] Der Autor dankt insbesondere Daniela Baur, Otto Fuchs und Dr. Bernhard Jakl für wertvolle Hinweise. Der Text geht auf den Habilitationsvortrag des Autors an der Fakultät für Philosophie, Wissenschaftstheorie und Religionswissenschaft der *Ludwig-Maximilians-Universität München* zurück.
[2] Zum Überblick: QUANTE 2007; STURMA 2001.
[3] DWORKIN 1984a, 298 ff.; DWORKIN 1985, 191.

nichtkonsequentialistischer Ansätze, denen es primär darum zu tun ist, zum Ausdruck zu bringen, dass der Einzelne Selbstzweck ist.[4]

Der Zusammenhang von Personalität und Würde, d.h. das Prinzip des Respekts für Personen, geht in dieser Form im Wesentlichen auf Immanuel Kant zurück und nährt sich weiterhin ganz überwiegend aus einem Denken, das, zunächst alle Differenzierungen beiseite lassend, als ‚die Kantische Tradition' bezeichnet werden kann. Der folgende Beitrag, der sich selbst in diese Tradition einschreibt, will eine Schattenseite dieses Rezeptionszusammenhangs beleuchten. Er gilt dem erheblichen Exklusionspotential des Kantischen Würdekonzepts, dem zufolge nur Personen Anspruch auf Achtung haben und nur ihnen gegenüber moralische Pflichten bestehen können, zugleich jedoch nicht alle Menschen Personen in diesem strengen präskriptiven Sinn sind (Abschnitte 2 bis 5). Sodann (Abschnitt 6) wird zu fragen sein, wie das Recht mit dem Befund umgehen kann, dass das Urbild seines zentralen Konzepts nicht inklusiv genug verfährt.

2. Zu den Begriffen Person und Würde bei Kant

Ein Blick auf die beiden Basistexte seiner Moralphilosophie, die *Grundlegung zur Metaphysik der Sitten* von 1785 und die drei Jahre später erschienene *Kritik der praktischen Vernunft*, belegt, dass für Kant keineswegs alle Menschen Personen sind und als solche Anspruch auf Achtung besitzen.

In der *Grundlegung* fasst Kant das Grundgesetz der reinen praktischen Vernunft, den kategorischen Imperativ, bekanntlich in die Worte: „[H]andle nur nach derjenigen Maxime, durch die du zugleich wollen kannst, daß sie ein allgemeines Gesetz werde."[5] Eine zweite Fassung (von, je nach Zählung, drei bis sechs[6]) gibt er dem Imperativ in der sogenannten Zweckformel, die seine deontologische Ethik in materialen Begriffen reformuliert: „Handle so, daß du die Menschheit sowohl in deiner Person, als in der Person eines jeden andern, jederzeit zugleich als Zweck, niemals bloß als Mittel brauchst."[7]

Es erscheint interpretatorisch ratsam, Kants eigenem Hinweis zu folgen, dass der kategorische Imperativ im Grunde „nur ein einziger" sei[8], diese „Zweckformel"

---

[4] KAMM 2000, 205.
[5] KANT, I. (1785): *Grundlegung zur Metaphysik der Sitten*, AA IV, 421. Kants Werke werden im Folgenden nach der von der Preußischen Akademie der Wissenschaften herausgegebenen Ausgabe von *Kants gesammelten Schriften*, Bd. I–IX, Berlin 1902-1923 (AA, Band, Seite) zitiert.
[6] SCHÖNECKER, WOOD 2007, 126 ff.; HORN, MIETH, SCARANO 2007, 218 ff.; PATON 1962, 152 f.
[7] KANT, *Grundlegung zur Metaphysik der Sitten*, AA IV, 429; vgl. ibid., AA IV, 433.
[8] Ibid., AA IV, 421; vgl. ibid., AA IV, 436 („Formeln eben desselben Gesetzes").

(trotz ihrer scheinbar⁹ teleologischen, ja wertethischen Fundierung) einen inhaltlich äquivalenten Ausdruck der anderen Formeln des kategorischen Imperativs darstelle¹⁰ und zudem die „Materie"¹¹ des Imperativs verdeutliche. Selbst wenn man bestreiten wollte, dass der (im Sinne eines moralischen Realismus verstehbare¹²) Gedanke, dass vernünftige und damit autonomiebegabte zwecksetzende Wesen einen absoluten Wert haben, „die zentrale These in Kants Ethik"¹³ sei, ist die Formel von der Menschheit in uns als Selbstzweck für das hier verfolgte Argument in jedem Fall von besonderer Bedeutung: Erstens deshalb, weil Kant zu ihrer Herleitung seine Theorie des moralischen Status entwickelt, seine Beantwortung der Frage also, welche Eigenschaft ein Wesen aufweisen muss, damit es „Gegenstand der Achtung"¹⁴ sein kann und ihm gegenüber moralische Pflichten bestehen können. Die Zweckformel ist zweitens insofern relevant, als das in ihr ausgesprochene Verbot der Instrumentalisierung von Personen in Kants Tugendlehre und Rechtsphilosophie, der *Metaphysik der Sitten* von 1797, argumentativ im Vordergrund steht¹⁵, und sie ist schließlich deshalb wichtig, weil sie das Urbild des Prinzips des Respekts für Personen darstellt, das den gemeinsamen Kerngedanken der gegenwärtigen Kantischen Spielarten der Moral- und Rechtsphilosophie bildet.

Zur Begründung der Zweckformel führt Kant (zunächst nur als Postulat¹⁶) aus, dass „der Mensch, und überhaupt jedes vernünftige Wesen, [...] als Zweck an sich selbst" existiere, mithin „eine Würde, d.i. unbedingten, unvergleichbaren Wert" habe und deshalb „Achtung"¹⁷ beanspruchen könne. Dass Kant mit den Begriffen „Mensch" und „Menschheit" an diesen Stellen nicht einfach die Angehörigen der Gattung *homo sapiens* meint, ergibt sich schon daraus, dass er den Versuch unternimmt, die Grundlagen der Moralphilosophie ohne jeden Rekurs auf anthropologische Annahmen aus dem Begriff der reinen praktischen Vernunft zu gewinnen.

---

⁹ HORN 2004, 197 ff.; SENSEN 2004, 228 ff.; ESSER 2004, 252 f.; HORN, MIETH, SCARANO 2007, 243 ff.; JOHNSON 2009, sub 12. Vgl. jedoch andererseits HERMAN 1993, VII f., 231, und HERMAN 2004 (= Auszug aus HERMAN 1993) zur These der praktischen Vernunft als einer Wertkonzeption.
¹⁰ Vgl. HORN 2004, 196 f.; O'NEILL 1989, 141 ff.; HABERMAS 2005, 98.
¹¹ KANT, *Grundlegung zur Metaphysik der Sitten*, AA IV, 436.
¹² Gegen den Konstruktivismus Korsgaards (vgl. KORSGAARD 2005, 92 f.) WOOD 2008, 92; vgl. TIMMERMANN 2006, 75, und TIMMERMANN 2008, 431. Kant betont die Selbstzweckhaftigkeit als notwendiges Element des Selbstverhältnisses vernünftiger Wesen, vgl. KANT, *Grundlegung zur Metaphysik der Sitten*, AA IV, 429.
¹³ SCHÖNECKER, WOOD 2007, 142; WOOD 2008, 94.
¹⁴ KANT, *Grundlegung zur Metaphysik der Sitten*, AA IV, 428.
¹⁵ HORN 2004; WOOD 1998a, 166; SCHÖNECKER, WOOD 2007, 152; WOOD 2002, 12.
¹⁶ KANT, *Grundlegung zur Metaphysik der Sitten*, AA IV, 429 Anm. 10.
¹⁷ Ibid., AA IV, 428; vgl. ibid., AA IV, 400, und KANT, I. (1797): *Die Metaphysik der Sitten*, AA VI, 462 (Tugendlehre, § 37). Vgl. zur Achtung als „Bewußtsein der unmittelbaren Nöthigung des Willens durch Gesetz": KANT, I. (1788): *Kritik der praktischen Vernunft*, AA V, 117; vgl. auch WALKER 1989.

Das so begründete moralische Prinzip muss deshalb „für alle vernünftige[n] Wesen" Geltung beanspruchen und kann nur darum und insoweit „auch für [den] menschlichen Willen ein Gesetz sein".[18] Die Klasse der (handlungsfähigen) vernünftigen Wesen ist deshalb nicht mit der biologischen Spezies Mensch identisch.[19] Für Kant sind einerseits nichtmenschliche Vernunftwesen, etwa „auf irgend einem anderen Planeten"[20], denkbar – und andererseits sind nicht alle Menschen vernünftige Wesen und damit mit dem Attribut „Würde" versehene Personen. Nicht die Natur des Menschen, sondern „die vernünftige Natur existiert als Zweck an sich selbst"[21]; nur „vernünftige Wesen [dürfen] Personen genannt" werden.[22] Der Status „Person" setzt jedoch die Zurechenbarkeit ihrer Handlungen und damit die *aktuell vorhandene* Fähigkeit zur Selbstbestimmung nach moralischen (und rechtlichen) Grundsätzen voraus.[23] Kant macht deshalb noch in der *Grundlegung* deutlich, dass „Moralität" – also unsere Fähigkeit, den eigenen Willen nach moralischen Gesetzen zu bestimmen – „die Bedingung [ist], unter der allein ein vernünftiges Wesen Zweck an sich selbst sein kann": „Sittlichkeit und die Menschheit, *so fern sie derselben fähig ist*, [ist] dasjenige, was allein Würde hat."[24] Die moralische Dignität liegt in der Fähigkeit zu praktischer Selbstbestimmung nach vernünftigen Normen. Aus diesem Grund kann Kant die Achtung vor der „Menschheit" als Synonym für die Achtung vor dem moralischen Gesetz[25] bzw. vor der moralischen Freiheit des Menschen verwenden, ist doch der „eigentliche Gegenstand der Achtung" nach Kant der je individuelle Wille in seiner Fähigkeit, sich vernünftige Zwecke zu setzen (und sich letztlich moralisch, d.h. gemäß dem kategorischen Imperativ, zu bestimmen).[26] In anderen Worten: „Autonomie ist [...] der Grund der Würde der menschlichen und jeder vernünftigen Natur."[27] Intrinsisch wertvoll ist der je einzelne, konkrete, phänomenale Mensch um seines noumenalen Anteils willen, d.h. *wenn und soweit* er sich durch freie und rationale Handlungsfähigkeit auszeichnet.[28] Der Begriff der *rational agency* steht insoweit mit guten Gründen auch im Zentrum der neueren angelsächsischen

---

[18] KANT, *Grundlegung zur Metaphysik der Sitten*, AA IV, 425.
[19] WOOD 1999, 364 note 10; HORN, MIETH, SCARANO 2007, 157; TIMMERMANN 2004, 126.
[20] KANT, I. (1798): *Anthropologie in pragmatischer Absicht*, AA VII, 331. Oder auch „Teufel (wenn sie nur Verstand haben)": KANT, I. (1795): *Zum ewigen Frieden*, AA VIII, 366.
[21] KANT, *Grundlegung zur Metaphysik der Sitten*, AA IV, 429.
[22] Ibid., AA IV, 428.
[23] KANT, *Die Metaphysik der Sitten*, AA VI, 223 (Einleitung).
[24] KANT, *Grundlegung zur Metaphysik der Sitten*, AA IV, 435 (Herv. T.G.).
[25] Ibid., AA IV, 401 mit Anm. 2.
[26] Ibid., AA IV, 440.
[27] Ibid., AA IV, 436.
[28] HORN 2004, 206 f.; O'NEILL 1989, 135 ff.; WOOD 2008, 94; GEISMANN 2004, 467; vgl. schon COHEN 1877, 241: „Der *homo noumenon* ist, als solcher, Endzweck."

Rezeption Kants.[29] Dieser in der *Grundlegung zur Metaphysik der Sitten* systematisch entfaltete Zusammenhang bleibt in der *Kritik der praktischen Vernunft* unverändert. Der Mensch, „und mit ihm jedes vernünftige Geschöpf, ist Zweck an sich selbst", weil und soweit er „Subjekt des moralischen Gesetzes" ist[30]; die Möglichkeit, „unmittelbar durch ein [solches] reines Vernunftgesetz zu Handlungen bestimmt zu werden", weist Wesen als Personen aus.[31] In der *Metaphysik der Sitten* umschreibt Kant dies schließlich mit den Worten:

> „Der Mensch im System der Natur [...] ist ein Wesen von geringer Bedeutung [...]. Allein der Mensch, als *Person* betrachtet, d.i. als Subjekt einer moralisch-praktischen Vernunft, ist über allen Preis erhaben, denn als ein solcher ist er [...] als Zweck an sich selbst zu schätzen, d.i. er besitzt eine *Würde* (einen absoluten innern Wert), wodurch er allen anderen vernünftigen Weltwesen *Achtung* für ihn abnötigt."[32]

Wenn Kant im Rahmen der Grundlegung seiner Moralphilosophie also von der „Menschheit" spricht, der wir Achtung entgegenbringen und die wir „sowohl in unserer Person, als in der Person eines jeden andern, immer als Zweck [und] niemals bloß als Mittel" gebrauchen sollen, meint er nicht die biologische Spezies oder eine andere extensionale Vorstellung, sondern benutzt den Begriff als „Platzhalter"[33] für ein Set grundlegender normativer Fähigkeiten und Eigenschaften der Person[34], nämlich für jene „Idee der Menschheit"[35], die in der intelligiblen oder noumenalen Seite des Menschen, in seiner Fähigkeit zur Kausalität aus Freiheit[36], d.h. zur freien Setzung von Zwecken[37] und letztlich zur Selbstbestimmung nach selbstgegebenen, universalisierbaren Maximen besteht.[38] In diesem Konzept verbirgt sich keine aristotelische Teleologie mehr. Kant begreift die Handlungszwecke vernünftiger Wesen vielmehr als von jeder Naturteleologie unabhängig und gerade deshalb als frei.[39]

---

[29] Etwa bei O'NEILL 1975, O'NEILL 1989, HERMAN 1993 und KORSGAARD 1996, Chap. 3–4 etc.; vgl. HORN 2004, 207.

[30] KANT, *Kritik der praktischen Vernunft*, AA V, 87.

[31] Ibid., AA V, 117.

[32] KANT, *Die Metaphysik der Sitten*, AA VI, 434 f. (Tugendlehre, § 11).

[33] O'NEILL 1989, 137.

[34] HILL 1992, 39; HILL 2000, 87.

[35] KANT, *Grundlegung zur Metaphysik der Sitten*, AA IV, 429.

[36] Vgl. hierzu JAKL 2009, 98 ff.

[37] GUYER 2005, 174.

[38] HORN, MIETH, SCARANO 2007, 247; MOHR 2007, 18. Vgl. RAWLS 2002, 255, und RAWLS 2004, 30 f.

[39] Vgl. GUYER 2005, TIMMERMANN 2008 und Andrea Essers (ESSER 2004, 252) treffende Kritik an der teleologischen Annahme, dass eine allgemeine Vernunftnatur des Menschen das Gute sei und in Form eines obersten Zwecks als Voraussetzung der Kantischen Konzeption fungiere.

Zugleich sind im Rahmen der völligen Abkehr der praktischen Philosophie Kants von Aristoteles aus der Gattungsnatur keine Vorgaben für das Handeln mehr zu gewinnen. Der Grund für den kategorischen Imperativ liegt nicht in einer besonderen empirischen Ausstattung der menschlichen Spezies[40], und umgekehrt kann die bloße Zugehörigkeit zu dieser im Rahmen des Kantischen Ansatzes nicht zur Zuschreibung des Status „Person" hinreichen.[41] Die Gegenthese, bei Kant solle „die Menschheit als Gattung Gegenstand der Achtung" in dem Sinne sein, dass „jedes Individuum der Gattung [...] Anspruch auf Achtung" besitze, weil es an der Menschheit als *homo noumenon* Anteil habe[42], beruht auf bloßen Äquivokationen und führt deshalb in die Irre. Kant arbeitet nicht mit einer aristotelischen Metaphysik menschlicher Substanz, an der ohne Weiteres auch jene Mitglieder der menschlichen Spezies teilhätten, denen sie akzidentiell fehlt.[43] Es gibt bei ihm keine Entelechie der Person. Gerade von einer solchen Substanzontologie hat sich seine handlungstheoretische und moralphilosophische Neukonstruktion des Personbegriffs gelöst. Die Ansicht, Kant weise dem Menschen als Gattungswesen, also allen Menschen (bis hin zum Präembryo) Würde und Personstatus zu[44], ist deshalb ebenso wenig zu halten wie die These, ein Konzept der „Einheit der Person"[45] garantiere auch für Kant einen einheitlichen normativen Status menschlichen Lebens vom Embryo an, unabhängig von seiner tatsächlichen Fähigkeit, rational und verantwortlich zu handeln.[46]

---

[40] HORN, MIETH, SCARANO 2007, 246.
[41] Insofern ist Kants Position in theoretischer Hinsicht keine anthropozentrische (so aber zunächst MOHR 2007, 21), sondern eine logozentrische (WOOD 1998b, 189).
[42] RICKEN 1989, 239 f.
[43] So aber SPAEMANN 1987, 305; ähnlich LUF 1998, 320; hiergegen SEELMANN 2008, 77.
[44] Vgl. HÖFFE 2002, 132 („Die Zugehörigkeit zur Gattung Mensch genügt, daß man auf die volle Achtung der Menschenwürde Anspruch hat"); HONNEFELDER 2002, 87 („Für die Zuschreibung der Würde genügt nach Kant der Besitz der ‚Menschheit', d.h. der Besitz der mit dem Vernunftvermögen ausgestatteten menschlichen Natur, wie sie bereits dem ungeborenen Menschen eigen ist"); RICKEN 1989, 239 f.; HRUSCHKA 2002, 478; JABER 2003, 126. Dies ergibt sich auch nicht aus der isolierten und mit den Grundlagen der Kantischen Ethik ansonsten nur schwer zu vermittelnden Stelle, in der Kant im Rahmen der Behandlung des Elternrechts festhält, dass „Kinder als Personen [...] ein ursprünglich-angebornes (nicht angeerbtes) Recht auf ihre Versorgung durch die Eltern" haben (KANT, *Die Metaphysik der Sitten*, AA VI, 280 f.). Kants Beweisziel an dieser Stelle ist nicht die Extension des Personbegriffs in präskriptiver Hinsicht, sondern die Plausibilisierung seiner rechtstheoretisch problematischen These der Existenz eines „auf dingliche Art persönlichen Rechts" (ibid., AA VI, 276 ff.) sowie insbesondere die Behandlung der „Unmöglichkeit", begrifflich zu erfassen, wie ein mit Freiheit begabtes Wesen „durch eine physische Operation" erzeugt werden kann, in herkömmlicher Terminologie also des Leib-Seele-Problems (KNOEPFFLER 2004, 42). Vgl. GEISMANN 2004, 460 ff., SIEP 2009, WOOD 2008, 99, sowie im Übrigen unten bei Anm. 97.
[45] Vgl. HONNEFELDER 1994.
[46] WOOD 2008, 96 f.

Vielmehr soll nach dem Personifikationsprinzip, das der Kantischen Zweckformel zugrunde liegt, „die Menschheit", verstanden als Fähigkeit zu rationaler Selbstbestimmung, nur jeweils in der konkreten Person zu achten sein, die sie tatsächlich verkörpert.[47] Es gibt bei Kant keine „allgemeine Menschenwürde", in deren Rahmen bereits eine nicht realisierte „Anlage" zur Selbstbestimmung Anspruch auf Achtung im strengen Sinn des Wortes erheischen würde.[48] Nur Personen können einen Anspruch auf moralische Berücksichtigung erheben[49], deshalb können auf Kantischer Grundlage moralische Pflichten nur gegenüber konkreten, d.h. je als Gegenstand der Erfahrung gegebenen Personen bestehen[50], seien es andere oder die eigene. Personen aber sind nach Kant ganz ausdrücklich nur diejenigen Subjekte, deren „Handlungen einer Zurechnung fähig sind"[51], die also tatsächlich moralisch (bzw. rechtlich) verantwortlich handeln können. Die Vorstellung, es gäbe Wesen ohne Freiheit, gegenüber denen wir verpflichtet sein könnten, ist für ihn einer schlichten Verwechslung geschuldet, einer „Amphibolie der Reflexionsbegriffe".[52]

Hiermit stimmt zusammen, dass auch die von Kant als äquivalent begriffene dritte Formel des kategorischen Imperativs („Demnach muß ein jedes vernünftige Wesen so handeln, als ob es durch seine Maximen jederzeit ein gesetzgebendes Glied im allgemeinen Reich der Zwecke wäre"[53]) unterstellt, dass nur solche Wesen Mitglieder im Reich der Zwecke – d.h. dem intelligiblen Ideal eines wohlkoordinierten Zustands subjektiver Zwecksetzungen – sind, die das Vermögen besitzen, sich selbst Gesetze aus reiner praktischer Vernunft zu geben und die zugleich in ihren Handlungen diesen Normen auch dauerhaft folgen können.[54] Verhandelt wird insoweit ausschließlich die „Idee der Würde eines vernünftigen Wesens, das keinem Gesetze gehorcht als dem, das es zugleich selbst gibt".[55] Wiederum zeigt sich die Kantische Ethik ausschließlich als eine des wechselseitigen, reziproken Respekts von vernünftigen Wesen, die einander als Zwecke an sich selbst und damit zugleich als rational Handelnde achten, die sich selbst Zwecke setzen.[56] Dass Kant die Termini

---

[47] WOOD 1998b, 193; WOOD 1999, 143 f.; SCHÖNECKER, WOOD 2007, 151.
[48] Gegen FORSCHNER 1998, 38. Vgl. in diesem Sinn GEISMANN 2004.
[49] Vgl. auch POGGE 1989, 182.
[50] KANT, *Die Metaphysik der Sitten*, AA VI, 442.
[51] Ibid., AA VI, 223 (Einleitung). Zur Zurechnung siehe auch KANT, *Kritik der praktischen Vernunft*, AA V, 97, und KANT, *Die Metaphysik der Sitten*, AA VI, 438. Schon hieraus ergibt sich, dass die These, der Begriff der Würde könne als „praktischer Vernunftbegriff [...] in seiner apriorischen Dignität nicht vom tatsächlichen Vorhandensein spezifischer Fähigkeiten abhängig gemacht werden" (LUF 1998, 322), nicht zutrifft.
[52] KANT, *Die Metaphysik der Sitten*, AA VI, 442; vgl. ibid., AA VI, 241.
[53] KANT, *Grundlegung zur Metaphysik der Sitten*, AA IV, 438.
[54] SCHÖNECKER, WOOD 2007, 161 f.
[55] KANT, *Grundlegung zur Metaphysik der Sitten*, AA IV, 434.
[56] SCHÖNECKER, WOOD 2007, 162 f. Vgl. zu einer konstruktivistischen Lesart Kants, die stark auf die empirische Zwecksetzung der Einzelnen abstellt und die von Kant normativ ausgezeichnete Eigenschaft in der Fähigkeit zu rationaler Zweckverfolgung schlecht-

„Würde", „Selbstzweckhaftigkeit", „Person" und „gesetzgebendes Mitglied im Reich der Zwecke" systematisch wechselseitig durch einander expliziert, sperrt zugleich die Annahme, dass die „Zweckformel" des kategorischen Imperativs einen größeren Spielraum für die Begründung eines alle Menschen umfassenden Würdekonzepts bieten könne als die dritte, die „Reich der Zwecke-Formel".[57]

Gegen die hier entwickelte Interpretation lässt sich nicht einwenden, dass Kant insbesondere im Kontext seiner anthropologischen und geschichtsphilosophischen[58] Schriften den Begriff der Menschheit regelmäßig auch als historischen und/oder biologischen Gattungsbegriff verwendet, dass er am Beginn der *Religionsschrift* dem Menschen als Gattungswesen anthropologisch eine „Anlage [...] [f]ür seine Persönlichkeit, als eines vernünftigen und zugleich der Zurechnung fähigen Wesens"[59] attestiert, dass er in seiner *Anthropologie in pragmatischer Hinsicht* die Person in einem psychologischen Verständnis bereits mit dem Ich-Bewusstsein beginnen lässt[60] oder dass er in der *Kritik der Urteilskraft* die Selbstzweckhaftigkeit der Person auch von ihrer Fähigkeit her denkt, ein Ideal der Schönheit auszubilden[61], denn Kants Verwendung der Begriffe Mensch bzw. Menschheit in der Begründung der Grundprinzipien seiner Moralphilosophie ist eine wohldefinierte andere.

Die Kantische Ethik begründet auf diese Weise eine ausschließliche Moral des wechselseitigen Respekts autonomer Personen füreinander.[62] Die Vorstellung struktureller Reziprozität und Symmetrie moralischer Pflichten ist für sie konstitutiv. *Innerhalb* des beschränkten Kreises moralisch handlungsfähiger Personen verfährt die Kantische Ethik allerdings egalitär[63] und inklusiv. Der Status, Selbstzweck und Träger von Würde zu sein, kommt allen hinreichend praktisch rationalen, d.h. über „gemeine Menschenvernunft"[64] verfügenden Personen in gleichem (nämlich absolutem) Maß zu. Der Personenstatus ist damit ein Schwellenbegriff[65], seine Logik ist

---

hin (*capacity for the rational choice of ends* bzw. *capacity to take a rational interest in something*) ausmachen will, KORSGAARD 1996, 114, 124.

[57] Hierfür SEELMANN 2008, 77. Die wechselseitige Ersetzbarkeit der Begriffe „Würde" und „Selbstzweck" in der *Grundlegung* erweist im Übrigen die These von der Pfordtens (VON DER PFORDTEN 2006, 504 ff.) als unzutreffend, Kant beziehe sich im Rahmen der Entfaltung der zweiten Formel des kategorischen Imperativs „weder explizit noch implizit auf die Würde des Menschen oder der Person".

[58] Vgl. etwa KANT, I. (1786): *Muthmaßlicher Anfang der Menschengeschichte*, AA VIII, 114.

[59] KANT, I. (1793): *Die Religion innerhalb der Grenzen der bloßen Vernunft*, AA VI, 25 f. Vgl. auch WOOD 2008, 88.

[60] KANT, *Anthropologie in pragmatischer Absicht*, AA VII, 127.

[61] KANT, I. (1790): *Kritik der Urteilskraft*, AA V, 233 (§ 17).

[62] Vgl. auch STURMA 2004, 176.

[63] Zum radikalen Egalitarismus des Kantischen Würdebegriffs vgl. etwa WOOD 1999, 233 f.; WOOD 2008, 94; SCHÖNECKER, WOOD 2007, 149.

[64] KANT, *Grundlegung zur Metaphysik der Sitten*, AA IV, 457.

[65] Vgl. HILL 2000, 71 mit note 16.

binär⁶⁶ – Person ist (und moralischen Status hat) man ganz oder gar nicht, und innerhalb dieses Status gibt es keine meritokratischen Abstufungen, es gibt keine Aristokraten der Würde. Weil Würde schließlich nur an die Fähigkeit zu autonomem moralischem Handeln und nicht an deren Ausübung geknüpft ist, ist dieser Status auch nicht verlierbar – nicht einmal durch systematische Immoralität.⁶⁷ Festzuhalten ist deshalb: Würde liegt nach Kant in der aktuellen Fähigkeit zur vernünftigen (moralischen) Selbstbestimmung. Sie, und nur sie, definiert den Status „Person" bzw. „moralisches Subjekt", und über diese Fähigkeit verfügen nicht alle Menschen.

Wer ist also Person im Sinne Kants? Die Anforderungen liegen angesichts der anspruchsvollen Definition des Konzepts⁶⁸ hoch. Selbst wenn wir nicht mit Reinhard Brandt davon ausgehen wollen, dass Kants Anthropologie, die zu bezweifeln scheint, dass Frauen, Afrikaner und Südseeinsulaner zur Selbstbestimmung nach Vernunftprinzipien in der Lage sein können, von seiner Moralphilosophie fordern müsste, „eine Klasseneinteilung mündigkeitsfähiger und -nichtfähiger [...] Menschen" anzunehmen und sich mit dem kategorischen Imperativ nur an die ersteren zu wenden⁶⁹, selbst wenn wir zudem den Umstand ausblenden, dass die empirische Moralpsychologie Zweifel daran nährt, dass die Mehrheit der Erwachsenen jemals jene postkonventionelle Stufe der Moralentwicklung erreicht, der der kategorische Imperativ angehört⁷⁰, bleiben jedenfalls Menschen übrig, die den Kantischen Qualifikationsbedingungen für Personen unter keinen Umständen gerecht werden können: Kleinkinder etwa, schwer geistig behinderte, demente oder gar dauerhaft komatöse Menschen. Im Sinne der Ethik Kants sind sie Nicht-Personen⁷¹, denen gegenüber wir keine moralischen Pflichten haben können.⁷² Dieses Ergebnis ist kein kontingentes Randergebnis der Kantischen Ethik, es folgt vielmehr unmittelbar aus den architektonischen Grundannahmen seiner Moraltheorie und kann deshalb auch nicht von dem Umstand berührt werden, dass diese aus Prinzipien der reinen prak-

---

⁶⁶ Vgl. HILL 1991, 79.
⁶⁷ Vgl. KANT, *Die Metaphysik der Sitten*, AA VI, 463; HILL 1992, 47; HILL 2000, 107 ff., 117; WOOD 1999, 133 f.; SCHÖNECKER, WOOD 2007, 149.
⁶⁸ Vgl. O'NEILL 1998, 214.
⁶⁹ BRANDT 1994, 30; vgl. BRANDT 1999. Kritisch auch LOUDEN 2000, 101 ff., 177. Die systematischen Beschränkungen und Grenzen einer umfassenden und gleichen Anerkennung aller Menschen bei Kant und im Deutschen Idealismus analysiert SIEP 2010. Siep empfiehlt angesichts dieses Befundes die Aufgabe des Versuchs einer Letztbegründung von Moral, Recht und Staat zugunsten einer Konzeption theoretisch untermauerter historischer und lebensweltlicher Erfahrungen.
⁷⁰ HABERMAS 1991; KOHLBERG 1996.
⁷¹ Vgl. WOOD 1999, 147.
⁷² WOOD 1998b, 194.

tischen Vernunft gewonnenen Grundannahmen auch in der Perspektive Kants „zu ihrer Anwendung auf Menschen der Anthropologie bed[ürfen]".[73]

Hinzu kommt, dass sich das Problem weiter dadurch verschärft, dass der Ethik Kants eine dichotomische Grundstruktur eigen ist. Sie manifestiert sich in seinem durchgehenden, auch in der *Metaphysik der Sitten* nochmals betonten Beharren darauf, dass Naturwesen, die keine Personen darstellten, bloße Sachen seien, dass wer nicht autonomer Selbstzweck ist, nur instrumentellen Wert besitze, dass alles außer autonomiebegabten Vernunftgeschöpfen „auch bloß als Mittel gebraucht" werden könne und nur instrumentellen Wert besitze. „Im Reiche der Zwecke", so Kant, „hat alles entweder einen Preis, oder eine Würde"[74], *tertium non datur*, und dies macht es schwierig, wenn nicht unmöglich, die Frage nach dem moralischen Status nicht oder nicht hinreichend autonomer Menschen gradualistisch, als ein Mehr oder Weniger an moralischer Subjektivität oder moralischen Rechten zu fassen.

Das hier entwickelte Verständnis der Kantischen Moralphilosophie will keinen Anspruch auf Originalität erheben, es wird, jedenfalls in der gegenwärtigen Diskussion, von der Mehrzahl der Interpreten geteilt. Der vorliegende Beitrag hebt vielmehr auf die Frage ab, wie mit diesem Befund umgegangen werden kann.

3. Ein Architekturproblem

In diesem Zusammenhang ist zunächst von Bedeutung, dass sich die ambivalente Struktur der Kantischen Ethik – Begründung einer außerordentlich starken und bewehrten (und im Übrigen egalitären) moralischen Position hinreichend vernünftiger Menschen einerseits, Ausschluss nichtautonomer Menschen aus der moralischen Welt im engeren Sinn andererseits – auch in den wichtigsten Weiterentwicklungen der Kantischen Ethik wiederfindet. Dies lässt sich knapp und exemplarisch an der Diskursethik, dem Kantischen Konstruktivismus Rawls' und verwandten Ansätzen gegenwärtiger Kantischer Vertragstheorie beleuchten.

Es lag in der Folge des *linguistic turn* nahe, die universalisierende Denkbewegung, die der kategorische Imperativ gebietet, in den Versuch einer dialogischen Erweiterung der Kantischen Ethik münden zu lassen.[75] Die Diskursethik ist diesen Weg gegangen. Ihre leitende Idee, dass eine Norm nur dann gültig ist, wenn sie im Kreis aller Betroffenen unter Bedingungen diskursiver Willensbildung Zustimmung finden würde, kann für sich in Anspruch nehmen, eine wesentliche Intention Kants umgesetzt und die Kantische Moraltheorie mit kommunikationstheoretischen Mitteln

---

[73] KANT, *Grundlegung zur Metaphysik der Sitten*, AA IV, 412. Vgl. KANT, *Die Metaphysik der Sitten*, AA VI, 217: „[E]ine Metaphysik der Sitten kann nicht auf Anthropologie gegründet, aber doch auf sie angewandt werden."
[74] KANT, *Grundlegung zur Metaphysik der Sitten*, AA IV, 434.
[75] Vgl. WELLMER 1986.

reformuliert zu haben.[76] Den anderen „nicht bloß als Mittel, sondern zugleich selbst als Zweck zu gebrauchen", ist, wie Kant bereits in der *Kritik der praktischen Vernunft* betont, gleichbedeutend damit, ihn „keiner Absicht zu unterwerfen, die nicht nach einem Gesetze, welches aus dem Willen des leidenden Subjekts [= des Betroffenen] selbst entspringen könnte, möglich ist".[77]

Ebenso wie Kant den Objektbereich moralischer Pflichten auf Personen einschränkt – auf Wesen also, die die moralischen Gesetze, unter denen sie stehen, „entweder allein oder wenigstens zusammen mit anderen [...] sich selbst" geben[78] –, ist er nach Habermas auch in der Diskursethik grundsätzlich auf jene Wesen begrenzt, die die Bedingungen normativ zurechenbaren Handelns erfüllen (also nach Kants Definition Personen sind) und die Rolle von Teilnehmern an praktischen Diskursen übernehmen können.[79] Wie bei Kant ist auch in der Diskursethik nur derjenige ein Bürger in der Welt der Moral, der an der Begründung ihrer Normen mitwirken kann. Auch bei Habermas beruht der Sinn normativer Geltungsansprüche insoweit auf einer egalitären, reziproken Beziehung unter Personen[80], die an Argumentationen teilnehmen und sich durch Gründe motivieren lassen können. Und das sind wiederum nicht alle Menschen und kein Mensch zu allen Zeitpunkten seiner Existenz.

Der moralische Status Diskursunfähiger lässt sich mit den Mitteln der Diskursethik grundsätzlich nicht bestimmen; er taucht, nicht anders als der moralische Status der nichtmenschlichen Natur, allenfalls als Grenzbegriff auf.[81] Ersatzkonstruktionen wie die advokatorische, stellvertretende Repräsentation der Interessen von Kommunikationsunfähigen im Diskurs liegen außerhalb des Begründungsprogramms der Diskursethik. Ihr und der Kantischen Theorie ist zudem die Vorstellung gemeinsam, dass sich das eigene Handeln an und vor der individuellen Vernunft des konkreten wie des generalisierten Anderen zu rechtfertigen hat und diese Rechtfertigung nur insoweit stattfinden kann, als dieser Andere hinreichend vernünftig ist.

Dieses Reziprozitätselement in den Fundamenten der Moral kennzeichnet ebenso die konstruktivistische, vertragstheoretische Reformulierung des Kantischen Anliegens bei John Rawls, der in seinen Vorlesungen zur *Geschichte der Moralphilosophie*[82] seinen eigenen „Kantischen Konstruktivismus" nochmals ausdrücklich auf den Gedankengang der *Grundlegung zur Metaphysik der Sitten* zurückbezogen hat. Rawls expliziert (seit seinem Werk *Eine Theorie der Gerechtigkeit*) Grundsätze für die

---

[76] Vgl. HABERMAS 1980, 9.
[77] KANT, *Kritik der praktischen Vernunft*, AA V, 87; vgl. hierzu RAWLS 2002, 259 f.
[78] KANT, *Die Metaphysik der Sitten*, AA VI, 223 (Einleitung).
[79] HABERMAS 1980, 517; vgl. HABERMAS 1983, 89 f.
[80] HABERMAS 1980, 518.
[81] Ibid., 515. Die Diskurstheorie ist, ebenso wie die Kantische Ethik, logozentrisch, nicht anthropozentrisch, wie Habermas meint, ibid., 514 ff.
[82] RAWLS 2002.

Gerechtigkeit sozialer Institutionen bekanntlich mit Hilfe einer Kantisch inspirierten spieltheoretischen Idee, die die Vermutung der Unparteilichkeit und Universalisierbarkeit der gefundenen Prinzipien aus der Struktur der konstruierten Entscheidungssituation gewinnt: Er fragt danach, welche Grundsätze sozialer Gerechtigkeit Individuen in einem fiktiven Urzustand wählen würden, in dem die Betroffenen zwar allgemeine Kenntnisse besitzen, aber über kein Wissen darüber verfügen, welche konkreten Interessen oder Eigenschaften, welchen sozialen Status etc. sie in der so definierten Gesellschaft haben werden.[83] Die Teilnehmer der Rawls'schen *original position* sind auf diese Weise dazu gezwungen, im Prozess der Normenbegründung ihr Eigeninteresse zu transzendieren und die Perspektive möglicher anderer einzunehmen.

Auch bei Rawls wiederholt sich hierbei die Kantische Begrenzung des Objektbereichs der auf diese Weise begründeten Normen; wiederum wird, wie bei Habermas, der Kantische Gedanke mächtig, dass nur derjenige zugleich Adressat der Moral und Objekt ihrer Pflichten ist, der selbst am Prozess der Normenbegründung mitwirken kann. „Gleiche Gerechtigkeit", so Rawls' Reformulierung Kants, werde „nur denen geschuldet, die fähig sind, an der Ausgangssituation mitzuwirken", mithin nur „moralischen Personen"[84], wobei Rawls explizit besondere Schwierigkeiten hinsichtlich der Begründung des moralischen Status von Menschen einräumt, „die ihre moralische Persönlichkeit mehr oder weniger dauerhaft verloren haben".[85] Es scheint kein Zufall zu sein, dass dieser Gedanke nicht zu jenen gehört, die Rawls einer Revision unterzogen hat (wenngleich der Rawls'sche Ansatz wohl am ehesten geeignet wäre, mit nur wenigen theoretischen Erweiterungen Normen des Umgangs mit nichtautonomen Menschen herzuleiten). In ganz ähnlicher Weise liegt die Kantische Beschränkung des Reichs der Moral auf egalitäre, wechselseitige Relationen unter Personen, die sich durch Gründe motivieren lassen, schließlich auch Thomas Scanlons ethischem Kontraktualismus zugrunde, dem zufolge ein moralischer Grundsatz nur dann zu rechtfertigen ist, wenn er von keinem der verschiedenen betroffenen Individuen vernünftigerweise zurückgewiesen werden kann.[86]

Diese knappe Skizze sollte plausibel gemacht haben, dass die Frage nach dem moralischen Status nichtautonomer Menschen ein grundlegendes Problem nicht nur der Ethik Kants, sondern auch der Weiterentwicklungen der Kantischen Ethik ist. Es handelt sich um ein Problem der Theoriearchitektur.

---

[83] RAWLS 1971, 136 ff.; RAWLS 1993a, 159 ff.; RAWLS 1993b, § 4, 22 ff.
[84] RAWLS 1993a, § 77, 548 f. Vgl. RAWLS 1985, 398.
[85] RAWLS 1993a, 553 (Übers. verändert).
[86] SCANLON 1982; SCANLON 1999, 4, 191 und 229.

4. Konsequenzen

Blickt man von außen auf diesen Befund – etwa aus der Perspektive einer Moralkritik nietzscheanischen Typus, wie sie bei Michel Foucault begegnet –, dann bietet es sich an, diesen Ausschluss nichtvernünftiger Wesen aus dem engeren Kreis der Moral als einen Teil der Geschichte der Ausgrenzungen zu beschreiben, durch die sich die abendländische Kultur *ex negativo* definiert. Im Rahmen einer Archäologie der neuzeitlichen Vernunft, wie sie Foucault in seiner Studie über *Wahnsinn und Gesellschaft* unternommen hat, ließe sich Kants praktische Philosophie als ein Gründungsakt der Selbstkonstitution der modernen Vernunftethik durch den fortgesetzten Ausschluss (und die Beherrschung) ihres „Anderen", nämlich der nichtvernünftigen Natur, nachzeichnen. Nichts anderes meint Theodor W. Adorno, wenn er in seiner Vorlesung zu *Problemen der Moralphilosophie* davon spricht, „daß die Kantische Moral [...] eigentlich nichts anderes ist als Herrschaft".[87]

Die Folgerungen sollten jedoch andere sein. Erstens: Die Grundintention Kants, dass Personen Anspruch auf eine *besondere* Form von Achtung besitzen, der anderen Wesen nicht zukommt, ist normativ zwingend.

Zweitens: Eine Ethik, die die besondere Stellung von zur Selbstbestimmung befähigten Personen unterstreicht und deshalb bestimmten Eigenschaften moralische Bedeutung zuschreibt, muss insofern notwendigerweise diskriminierend vorgehen und zunächst alle Wesen zurücksetzen, die diese Eigenschaften nicht aufweisen. Dies ist der Preis der normativen Auszeichnung von Autonomie.

Drittens: Das Prinzip des Respekts vor Personen ist aus der Kantischen Moralphilosophie in das genetische Programm des liberalen Rechtsstaats übergegangen. Dieser Prozess hat sich – hierzu sogleich – über Kants eigene Rechtslehre vermittelt und wurde insbesondere durch die erste Welle der Rezeption der Kantischen Rechtsphilosophie zwischen 1790 und 1830 sowie durch die Neuformulierung der liberalen Rechtsphilosophie auf Kantischer Grundlage verstärkt, wie sie seit den 70er Jahren des vergangenen Jahrhunderts vor allem in den angelsächsischen Ländern stattgefunden hat. Der Begriffsinhalt des Prinzips des Respekts für eine Person qua Person hat sich so zum Respekt vor der Rechtsperson und ihren Freiheitsrechten erweitert; gefordert ist nicht nur Achtung vor der moralischen Autonomie des Subjekts, sondern auch, dem Einzelnen die eigene Interpretation seines Lebens zu überlassen und sein Recht auf Selbstbestimmung als ein Souveränitätsrecht zu verstehen, das dem Einzelnen wenigstens *prima facie* einen Vorrang vor den Interessen der Gemeinschaft sichert. Dieser *Kantianism in action* kann aus dem Geflecht unserer institutionalisierten normativen Überzeugungen nicht herausoperiert werden.

Viertens: Gerade wegen der Unverzichtbarkeit des Kantischen Begründungsmodells für die normativen Grundlagen des liberalen Rechtsstaats sollte das gravie-

---

[87] ADORNO 1963, 157. Vgl. ARENDT 1991, 142, und BAYERTZ 1995.

rende Problem des moralischen Status nicht hinreichend autonomer Menschen, das Kant sich nicht bewusst vorgelegt hat[88], ernst genommen werden, anstatt es mit Anleihen aus dem aristotelischen und thomistischen Repertoire zu verschleiern. Man mag die Überzeugungskraft des Kantischen Ansatzes insgesamt in Zweifel ziehen, wenn diese Frage keiner angemessenen Behandlung zugeführt werden kann.[89] Unter diesem Aspekt ist es verwunderlich, dass dieses Problem in der Kantforschung erst in den letzten beiden Jahrzehnten verstärkte Aufmerksamkeit erfahren hat.

5. Auswege

Wie kann auf dem Boden der Kantischen Moraltheorie mit dem bisherigen Befund umgegangen werden, dass die Kantische Begründung der Achtung für Personen den Anspruch auf moralische Berücksichtigungswürdigkeit von ‚Nichtpersonen' bestenfalls unbestimmt lässt und letztlich verneinen muss? Es lassen sich, in absteigender Reihenfolge nach ihrer Nähe zu den Intentionen Kants, vier Optionen benennen.

(1) Zunächst ist an Kants eigene Behandlung des Problems zu erinnern. In der *Metaphysik der Sitten* hat er die Struktur eines wenigstens mittelbaren normativen Schutzes nichtvernünftiger Naturwesen am Beispiel des Umgangs mit Tieren skizziert.[90] Dieser folgt dem Programm, vermeintliche Pflichten gegenüber nichtvernünftigen Wesen als Pflichten gegen uns selbst zu begreifen. Zu Tieren nicht grausam zu sein, ist für Kant deshalb keine Pflicht *gegenüber* Tieren, sondern Pflicht des Menschen gegen sich selbst *in Ansehung* der Tiere. Diese Pflicht soll darauf beruhen, dass durch die Verrohung, die mit der Tierquälerei einhergehe, „eine der Moralität, im Verhältnisse zu anderen Menschen, sehr diensame natürliche Anlage geschwächt [...] würde".[91] Dieser tugendethisch formulierte Zusammenhang ist moralpsychologischer Natur, also empirisch vermittelt und insoweit kontingent[92], wenngleich er sich auf eine gewisse Plausibilität stützen kann.

Bei einer immanenten Rekonstruktion der Kantischen Position könnte auch die Behandlung von kleinen Kindern, senilen, schwer geistig behinderten, dementen oder komatösen Menschen daran bemessen werden, was wir nicht ihnen, sondern uns selbst und der „Idee der Menschheit in uns" schuldig sind. Der nötige empirische Zusammenhang ließe sich wohl konstruieren. Zumindest scheint manches für die These zu sprechen, dass eine Moral des wechselseitigen, reziproken Respekts

---

[88] TUGENDHAT 1993, 188.
[89] HILL 2000, 102 note 18.
[90] Vgl. zu einer differenziert ausgearbeiteten These der Unvereinbarkeit der Kantischen Ethik mit dem Konzept von Pflichten gegenüber Tieren SKIDMORE 2001.
[91] KANT, *Die Metaphysik der Sitten*, AA VI, 443.
[92] SKIDMORE 2001, 541 ff.

autonomer Personen füreinander unfertig bleibt und nicht stabilisiert werden kann, wenn sie keinen starken Schutz für unsere schwächsten Mitmenschen zu begründen vermag. Deren Schutz vermittels indirekter Pflichten, vermittels also eines bloßen Schutzreflexes, wäre dabei kein trivialer[93], denn solche Pflichten zielen auf Normenschutz, d.h. auf die Stabilisierung der Integrationskraft einer Normenordnung, die auf der wechselseitigen Anerkennung von vernünftigen Personen beruht, die selbst alle einmal Kinder waren und um die Verletzlichkeit und Vergänglichkeit ihrer rationalen Fähigkeiten wissen. Deshalb scheint die These plausibel, dass wir uns nicht wechselseitig mit Respekt behandeln können, wenn wir unseren Kindern, schwer geistig behinderten und dementen Mitmenschen ohne Achtung begegnen. Dennoch bleibt bei dieser Option der Affront, dass, solange man Kants Begründungszusammenhang nicht wenigstens partiell verlässt, menschlichen Nichtpersonen die Mitgliedschaft in der moralischen Gemeinschaft verweigert wird.

(2) Nach Kant liegt der moralische Status der Person (ihre Würde) in ihrer aktuellen, also grundsätzlich präsenten Fähigkeit zur vernünftigen (moralischen) Selbstbestimmung. Will man innerhalb des Kantischen Theoriegebäudes bleiben, aber dennoch versuchen, die Zeitschwelle zu überwinden, die dieses Aktualitätserfordernis umschreibt, bestehen zwei Möglichkeiten. Zum einen kann Autonomie nachwirken, das heißt eine Person kann sich prospektiv zu einem möglichen späteren Verlust ihrer Autonomie verhalten und bestimmen, wie mit ihr in diesem künftigen Fall umgegangen werden soll. Ein Kantisch verstandener Respekt vor Personen verpflichtet uns, solche ausdrücklichen Akte vorausgreifender Selbstbestimmung zu achten.[94] Entsprechendes wird man auch für den mutmaßlichen Willen eines früheren autonomen Subjekts annehmen können, soweit wir einen solchen feststellen können.

Auf der anderen Seite des Spektrums, im Hinblick auf den Umgang mit Kleinkindern, also ‚Noch-nicht-Personen' im Kantischen Sinn, kann versucht werden, die Legitimation ihrer Behandlung aus der begründeten kontrafaktischen Unterstellung eines möglichen Konsenses mit ihnen zu gewinnen, indem man also fragt, ob es Gründe für die Annahme gibt, dass sie dem, was wir mit ihnen tun, im Nachhinein werden (würden) zustimmen können. Jedenfalls Kinder können auf diese Weise im Prozess der moralischen Deliberation repräsentiert werden. Thomas Hill[95] und Jürgen Habermas[96] argumentieren auf diese Weise, und bereits Kants Behandlung des Elternrechts, der zufolge die Pflicht der Eltern in Ansehung der Interessen ihrer Kinder aus dem Umstand resultieren soll, dass sie diese „*ohne ihre Einwilligung* auf die Welt gesetzt und eigenmächtig in sie herüber gebracht haben"[97], scheint sich einer

---

[93] Vgl. zum Tierschutz O'NEILL 1998; DENNIS 2000; KORSGAARD 2005.
[94] Vgl. zu einer systematischen Entwicklung dieses Zusammenhangs QUANTE 2002, insb. 268 ff. und QUANTE 2010, Kap. IX.
[95] HILL 2000, 102 mit note 18.
[96] HABERMAS 2005, 78 f., 91, 149, am Beispiel „negativer" (heilender) Eugenik.
[97] KANT, *Die Metaphysik der Sitten*, AA VI, 281 (Herv. T.G.).

Interpretation, die auf die begründete Möglichkeit des hypothetischen oder *ex post* zu erwartenden Konsenses der Betroffenen rekurriert, zumindest zu öffnen.

Für eine Lösung des Problems mit Kantischen Mitteln scheint dieser Ansatz mithin vielversprechend. Der Umfang der exkludierenden Wirkung der Kantischen Ethik verringert sich auf diese Weise stark, wenn auch nicht vollständig. „Außen vor" bleiben Menschen, die weder jemals autonom waren noch dies jemals werden, etwa von Geburt an schwer geistig Behinderte, und solche Menschen, die ihre Autonomie verloren haben, ohne uns Leitlinien für den Umgang mit ihnen hinterlassen zu haben. Die ethischen Grundlagen ihrer Behandlung müssten auch im Rahmen dieser Erweiterung außerhalb des Rahmens der Kantischen Ethik gesucht werden. Insofern erweist sich die Kantische Vernunftmoral als ergänzungsbedürftig.

(3) Ein dritter Weg besteht darin, schrittweise Korrekturen der Kantischen Theorie zu unternehmen, sich also gleichsam in theoretischem *piecemeal engineering* zu versuchen, an der Reparatur des Kantischen Schiffs auf offener See. Allen Wood hat, unterstützt durch Onora O'Neill[98], einen solchen Versuch unternommen. Er hat dafür plädiert, das ‚Personifikationsprinzip' der Kantischen Ethik aufzugeben, dem zufolge „die Menschheit", verstanden als Fähigkeit zu rationaler Selbstbestimmung, nur jeweils in der konkreten Person zu achten ist, die sie tatsächlich verkörpert.[99]

Wood bringt gute Gründe für seinen Vorschlag vor, der auf eine werttheoretische Reformulierung Kants hinausläuft. Kants Moraltheorie der *Grundlegung zur Metaphysik der Sitten* und der *Kritik der praktischen Vernunft* zwingt, wie dargelegt, zu dem Schluss, dass kleine Kinder, schwer geistig behinderte, senile, demente oder gar komatöse Menschen keine Personen im Kantischen Sinn des Begriffs sind, aber wir sperren uns dagegen, Kant zu unterstellen, dass er tatsächlich die Konsequenz ziehen will, sie als bloße Sachen zu qualifizieren. Aus seiner Rechtslehre entnehmen wir, dass er dies wenigstens in Bezug auf Kinder in der Tat nicht wollte[100], wenngleich im Unklaren bleibt, was er intendierte.

Das Aufgeben des ‚Personifikationsprinzips' würde in der Tat den Weg dafür öffnen, die Kantische Auszeichnung der rationalen Natur zu behalten und sie umfassend, d.h. auch *in abstracto* zu achten, sie also gerade auch als latente bzw. wachsende Vernunft in Kindern, als wiederzugewinnende bei Kranken und Unfallopfern, als gewesene oder noch fragmentarisch vorhandene in dementen Personen (oder gar in anderen Säugetieren) zu respektieren.[101] In dieser Lesart bestünden diesen Menschen bzw. Tieren *gegenüber* Pflichten und sie könnten und müssten wenigstens prinzipiell als moralische Subjekte qualifiziert werden, wenngleich damit noch nicht ausgemacht wäre, welche spezifischen moralischen Pflichten wir ihnen gegenüber jeweils *in concreto* hätten. Dass der moralische Status von Menschen, die „nicht im strengen Sinn Personen sind" und deshalb der stellvertretenden Wahr-

---

[98] O'NEILL 1996, Kap. 4, und O'NEILL 1998.
[99] WOOD 1998b, 193; WOOD 1999, 143 f.
[100] KANT, *Die Metaphysik der Sitten*, AA VI, 280.
[101] WOOD 1998b, 198; O'NEILL 1996, 147; wohl auch KORSGAARD 2005, 5.

nehmung ihrer Interessen durch andere bedürfen, auch im Hinblick darauf, Träger von „Würde" zu sein, jedenfalls nicht qualitativ hinter dem von Personen im strikten Sinn zurückbleiben muss, lässt sich so plausibilisieren.[102]

Mit der Aufgabe des ‚Personifikationsprinzips' wäre die Beschränkung verabschiedet, dass ausschließlich aktuell vorhandene Fähigkeiten zur Selbstbestimmung nach Grundsätzen postkonventioneller Moral ein Wesen als moralisches Subjekt qualifizieren. Anlass für Kantianer, mit diesem Aktualitätserfordernis großzügig umzugehen, gibt ja bereits der Umstand, dass auch autonome (menschliche) Personen regelmäßig schlafen. Wood und O'Neill betonen die Einsicht, dass Respekt vor der Vernunft in der Menschennatur zugleich das Bewusstsein der Fragilität, Kontingenz und Entwicklungsabhängigkeit[103] dieser Vernunft impliziere. Dieser Gedanke hat eine besondere Plausibilität in Bezug auf unsere moralischen Pflichten gegenüber Kindern, gerade auch hinsichtlich ihrer Entwicklung.[104] Wiederum gilt, dass eine Ethik der Achtung vor der rationalen Natur ohne eine solche Weiterung nicht konsequent durchführbar scheint; insofern bleibt diese Überlegung nah an der zentralen Argumentationsfigur Kants, der zufolge Handlungsmaximen immer daraufhin zu prüfen sind, ob sie den Respekt vor der Würde autonomer Wesen zum Ausdruck bringen. Darüber hinaus scheint diese theoretische Verschiebung insgesamt gut mit dem Bewusstsein für Entwicklungsprozesse in Bezug sowohl auf die menschliche Gattung als auch auf jeden einzelnen Menschen zusammenzupassen, wie sie Kant in seinen Schriften zur Geschichtsphilosophie[105] und Pädagogik[106] thematisiert. Mit ihr wäre zugleich der problematische Dualismus durchbrochen, der neben Personen im Vollsinn des Wortes nur Sachen erkennen will.

Dennoch muss bezweifelt werden, dass dieses Ergebnis bruchlos auf dem Weg der bloßen Interpretation bzw. immanenten Kritik der Kantischen Ethik zu gewinnen ist. Dies deshalb, weil man mit der Aufgabe des ‚Personifikationsprinzips' erstens den wechselseitigen Verweisungszusammenhang der verschiedenen Formen des kategorischen Imperativs zerreißt und zweitens die für Kant so grundlegende Idee aufgeben muss, dass Bürger in der Welt der Moral nur derjenige sein kann, der an der Begründung ihrer Normen mitwirken kann: Die moralische Pflicht, betont Kant, beruht „auf dem Verhältnisse vernünftiger Wesen zu einander, in welchem der Wille eines vernünftigen Wesens jederzeit zugleich als *gesetzgebend* betrachtet werden muß, weil es sie sonst nicht als *Zweck an sich selbst* denken könnte"[107] – der Begriff Person und ihr moralischer Status hängen bei Kant untrennbar an ihrer Fähigkeit zu moralischer Autonomie. Der von Allen Wood und Onora O'Neill vor-

---

[102] WOOD 2008, 97 und 100, der zugleich betont, dass sich das Argument nicht auf Embryonen und Föten ausdehnen lasse (ibid., 98); vgl. zu Letzterem SIEP 2009.
[103] Vgl. KANT, I. (1803): *Pädagogik*, AA IX, 443, und auch NEIMAN 1994, 118.
[104] Vgl. KANT, *Die Metaphysik der Sitten*, AA VI, 280 f., und oben bei Anm. 44.
[105] Vgl. KANT, *Anthropologie in pragmatischer Absicht*, AA VII, 322.
[106] KANT, *Pädagogik*, AA IX, 441 ff.
[107] KANT, *Grundlegung zur Metaphysik der Sitten*, AA IV, 434.

geschlagene Umbau des Kantischen Schiffs wird sich deshalb nur schwer auf offener See vornehmen lassen.

(4) Unter die vierte Ausweichstrategie, die der Dezision, wird man schließlich Ernst Tugendhats Spielart einer Kantisch inspirierten Moral des Instrumentalisierungsverbots und der universellen Achtung einreihen dürfen. Tugendhat will den „Unbegriff" des „Zwecks an sich selbst" durch die Vorstellung ersetzen, dass es einfach der Akt der Achtung des anderen als (Moral- und) Rechtssubjekt (und als Träger subjektiver Zwecke) sei, der diesem Würde und Wert verleihe. Die Selbstzweckhaftigkeit der Person soll also nicht als ontologische, von bestimmten Eigenschaften abhängige Gegebenheit unterstellt werden.[108] Obgleich auch Tugendhat davon ausgeht, dass bei einer universalistischen Moral Kantischen Typs Subjekte und Objekte der Moral an sich allein aus zurechnungs- und kooperationsfähigen Wesen bestehen können, also aus der Totalität derjenigen, die „wechselseitige Forderungen aneinander stellen können"[109], löst er das Problem doch im Handstreich. Wir bezögen, so Tugendhat, nicht zurechnungsfähige bzw. nicht kooperationsfähige Wesen in die (in ‚unsere') universalistische Moral dadurch ein, dass wir sie als unserer Gemeinschaft zugehörig betrachteten. Die Frage des moralischen Status eines Wesens entscheidet sich für ihn mithin einfach nach der „Rede ‚er ist einer von uns'"[110], wobei diese Entscheidung einem weiten Spektrum von Gründen, Motiven und Bedürfnissen folgen könne. Tugendhat selbst hält die Geburt eines Menschen für jene Zäsur, die ihn zum vollgültigen Objekt der Verpflichtung macht[111]: Geborene Kinder gehören einfach ‚zu uns'. Man wird allerdings fragen müssen, wer dieses ‚wir' ist, wer für dieses ‚wir' spricht, wie dieses ‚wir' handelt und ob man sich die Kommunikationsgemeinschaft nicht eher als eine plurale Vielheit vorstellen muss, in der einige *communities* vielleicht ganz anderen Gründen folgen wollen. Kann Tugendhats Vertrauen in die „Rede ‚er ist einer von uns'" also mehr sein als eine statistische Aussage über die Normalverteilung lebensweltlicher moralischer Intuitionen? Das Ergebnis dieser dezisionistischen Strategie erinnert zumindest daran, dass es angesichts des Exklusionspotentials des ethischen Personbegriffs der Kantischen Tradition der bessere Weg sein könnte, das philosophische Bedürfnis nach Begründung und Fundierung, nach einer starken oder gar einer Letztbegründung in Sachen ‚moralischer Status' zurückzustellen.[112] Auch aus diesem Befund ist jedoch nochmals *ex negativo* zu lernen, dass die Kantische Ethik auch bei systematischer Dehnung ihres Argumentationspotentials nur sehr begrenzt geeignet ist, moralische Pflichten nicht (hinreichend) vernünftiger Menschen zu begründen.

---

[108] TUGENDHAT 1993, 145.
[109] Ibid., 187
[110] Ibid., 195.
[111] Ibid., 194.
[112] Vgl. auch O'NEILL 1996, Kap. 4.

6. Folgerungen für das Recht

Die Bedeutung, die diese Überlegungen für das (deutsche) Recht haben, können nur knapp skizziert werden.[113]

6.1. Grundgesetz und Kantischer Rechtsbegriff

„Die Würde des Menschen", statuiert Art. 1 Abs. 1 GG, „ist unantastbar. Sie zu achten und zu schützen ist Verpflichtung aller staatlichen Gewalt." Als (so das Bundesverfassungsgericht) „tragendes Konstitutionsprinzip und oberster Wert der Verfassung"[114] garantiert der Menschenwürdesatz dem Einzelnen ein „Recht darauf, Rechte zu haben"[115] und gewährleistet zweitens eine elementare Basisgleichheit.[116] Die Menschenwürdenorm dient als „Grundnorm personaler Autonomie" sodann drittens dem Schutz der jeweiligen Selbst- und Weltvorstellung des Einzelnen und verpflichtet die Rechtsordnung auf den Schutz individueller Dispositions- und Gestaltungsfreiheit. Dies zeigt sich nicht zuletzt an dem seit drei Jahrzehnten zu beobachtenden Rückzug heteronomer Würdekonzepte zugunsten eines Verständnisses von Würde im Rechtssinn, zu der wesentlich „die grundsätzliche Freiheit gehört, über sich selbst verfügen und sein Schicksal eigenverantwortlich gestalten zu können".[117] Vor allem jedoch wird im Rechtssatz der Unantastbarkeit der Würde des Menschen die Frage verhandelt, ob und wann Individualrechte – und damit ihre Träger – absolut geschützt werden. Der Würdesatz soll dem Einzelnen in seinem irreduziblen Eigenwert einen schlechthin nicht antastbaren Freiheits- und Schutzbereich gegenüber Kollektivinteressen garantieren.[118] Er fungiert als „Bollwerk gegen den Leviathan"[119], gerade weil die durch die Verfassung garantierten einzelnen Freiheitsrechte Abwägungsverfahren unterworfen und deshalb als solche *keine* „Trümpfe" der Individuen (Dworkin[120]) und *keine* „side constraints" (Nozick[121]) staatlichen Handelns sind. Bleibt man in der für die Rede über subjektive Rechte seit

---

[113] Sie wurden an anderer Stelle ausgearbeitet; siehe zum Folgenden GUTMANN 2010.
[114] Vgl. Entscheidungen des Bundesverfassungsgerichts (BVerfGE) 109, 279, 311.
[115] ENDERS 1996, 591.
[116] HÖFLING 2007, Rn. 33; ENDERS 1997, 391.
[117] Entscheidungen des Bundesgerichtshofs in Strafsachen (BGHSt) 44, 308, 317. „Selbstentwürdigung" in den Augen anderer ist als solche folglich kein Gegenstand einer staatlichen Schutzpflicht aus Art. 1 Abs. 1 GG; vgl. DREIER 2004, Rn. 151 f.; HERDEGEN 2006, Rn. 75; NEUMANN 1998.
[118] Vgl. für viele HERDEGEN 2006, Rn. 1; BADURA 1964, 339 ff.
[119] BAYERTZ 1995, 471.
[120] DWORKIN 1984b.
[121] NOZICK 1974, 27 ff.

jeher typischen Raummetaphorik, so soll ein ‚Kern', ein (im Einzelnen unterschiedlich zu bestimmender[122]) ‚Würdegehalt' der Grundrechtsgarantien der Abwägung entzogen und damit absolut garantiert werden. Wird ein Grundrecht in modaler Hinsicht auf entwürdigende Weise verletzt oder dem Grundrechtsträger eine elementare Bedingung seiner Existenz oder Entfaltung verwehrt, greift die absolute Schranke des Art. 1 Abs. 1 GG.[123]

Das in Art. 1 Abs. 1 GG enthaltene Verbot wurde vom Bundesverfassungsgericht in ständiger Rechtsprechung mit der ‚Objektformel' erläutert, die besagt, dass es der menschlichen Würde widerspreche, den Menschen zum bloßen Objekt des Staates (oder Privater) zu machen oder ihn einer Behandlung auszusetzen, die seine Subjektqualität, d.h. seinen Status als Rechtssubjekt prinzipiell in Frage stelle, indem sie die Achtung des Wertes vermissen lasse, der jedem Menschen um seiner selbst willen, kraft seines Personseins, zukomme.[124] Diese Formel vermag insgesamt, der Kritik an ihrer angeblich zu großen Unbestimmtheit[125] zum Trotz, die Grundlagen wechselseitiger Anerkennung von Menschen als Rechtspersonen hinreichend genau und operationalisierbar zu erfassen, zumal in der Judikatur zu Art. 1 Abs. 1 GG keineswegs nur modal auf die immer problematische Vorstellung der ‚Instrumentalisierung', also des ‚Gebrauchens' eines Anderen als bloßes Mittel abgestellt wird, sondern durchgehend auf die Verletzung von Rechten und Interessen, die elementare Bedeutung für die Existenz oder Entfaltung des Betroffenen haben.[126]

In seinem Anwendungsbereich statuiert Art. 1 Abs. 1 GG ein *absolutes* Verletzungsverbot. Die Würde des Menschen unterliegt nach dem nahezu unangefochten herrschenden verfassungsrechtlichen Verständnis keinen Grundrechtsschranken und entzieht sich als rechtliche Regel jeder Abwägung mit anderen Rechten oder Rechtsgütern, auch mit solchen von Verfassungsrang.[127] Sie umschreibt m.a.W. ein striktes, unbedingtes Gebot, das sich aus der Vorstellung nährt, dass der Einzelne

---

[122] Vgl. HERDEGEN 2006, Rn. 23.
[123] HÖFLING 2007, Rn. 65.
[124] Z.B. BVerfGE 87, 209, 228; BVerfGE 115, 118.
[125] Für viele: PIEROTH, SCHLINK 2009, Rn. 375 f.
[126] Zugleich hat das Bundesverfassungsgericht die Emanzipation des Würdekonzepts aus einer allzu großen Nähe zur Kantischen *Moralphilosophie* bekräftigt, indem es seine frühere Formulierung, der zufolge eine die Subjektqualität des Betroffenen in Frage stellende Behandlung „Ausdruck der Verachtung des dem Menschen kraft seines Personseins zukommenden Wertes" sein müsse (BVerfGE 30, 1, 26), zunehmend entweder stillschweigend fallen gelassen oder aber auf eine Weise verwendet hat, die jedenfalls implizit klarstellt, dass mit dem Begriff der „Verachtung" kein qualifiziertes subjektivintentionales Moment in der Person des Handelnden gefordert und damit Entwürdigung nicht mehr ethisch adressiert wird (so eindrücklich etwa in der Entscheidung BVerfGE 115, 118, zum Luftsicherheitsgesetz).
[127] BVerfGE 93, 266; HERDEGEN 2006, Rn. 5, 43 ff.; HÖFLING 2007, Rn. 11; DREIER 2004, Rn. 44, 131 ff.

einen auch in Konfliktfällen *immer* vor Verletzung geschützten und *niemals* fungiblen Anspruch auf Respekt vor seiner Rechtsperson hat. Hieraus lässt sich ein weiteres Strukturmerkmal der Würde im Rechtssinn gewinnen[128]: Sie ist kein kollisionsfähiges Gut, sondern zunächst und vor allem eine Verbotsnorm, die sich nicht werttheoretisch in der Begrifflichkeit der Vorzugswürdigkeit von Gütern formulieren lässt, die nach Verwirklichung streben und um Vorrang konkurrieren.[129] Die primäre Struktur und Funktion des Würdeschutzes ist vielmehr die eines *constraints*, einer *deontologisch zu verstehenden* Grenze dessen, was Rechtspersonen angetan werden darf. Dies bedeutet zugleich, dass innerhalb des Art. 1 Abs. 1 GG die negative Dimension des Würdesatzes, d.h. das Verletzungsverbot („unantastbar") der Schutzdimension lexikalisch vorgeordnet ist. Der Würdegrundsatz, der die Opferung des Einzelnen zugunsten des Kollektivnutzens untersagt und einen kategorischen Basisrespekt vor der Rechtsperson *sans phrase* einfordert, bildet deshalb zugleich den Kern der (bei Notwendigkeit weiterer Differenzierungen) nichtkonsequentialistischen Struktur der Grundrechtsordnung. Deontologisch verstandene Rechte beharren auf der „Getrenntheit der Personen"[130] und dem Respekt vor ihrem der Verrechenbarkeit entzogenen Eigenwert und fungieren so als Schranken für die kollektive Gütermaximierung, wenn diese droht, über die berechtigten Ansprüche Einzelner hinwegzugehen. Jedenfalls im Anwendungsbereich des Würdesatzes ist die Rationalität der Rechte eine strikt nichtkonsequentialistische.[131] Die

---

[128] Vgl. zum Folgenden näher GUTMANN 2010.
[129] Vgl. HABERMAS 1992, 310 ff.
[130] RAWLS 1993a, 45 (Übers. verändert). Schon deshalb scheidet es aus, die Vorstellung einer „Würde der Gattung" unter Art. 1 Abs. 1 GG zu subsumieren. Zur rechtlichen Dysfunktionalität solcher Vorschläge siehe GUTMANN 2005.
[131] Im Bereich der klassischen ‚negativen' Funktion von Grundrechten als Abwehrrechte wird die von Art. 1 Abs. 1 GG vermittelte anti-utilitaristische Struktur der Grundrechtsordnung auf dramatische Weise in der Entscheidung des Bundesverfassungsgerichts vom 15. Februar 2006 zur Nichtigkeit der Ermächtigung zum Abschuss von durch Terroristen gekaperten Flugzeugen durch § 14 Abs. 3 des Luftsicherheitsgesetzes deutlich. „Unter der Geltung des Art. 1 Abs. 1 GG", so der Erste Senat des Gerichts, „ist es schlechterdings unvorstellbar, auf der Grundlage einer gesetzlichen Ermächtigung unschuldige Menschen, die sich wie die Besatzung und die Passagiere eines entführten Luftfahrzeugs in einer für sie hoffnungslosen Lage befinden, vorsätzlich zu töten. [...] Eine solche Behandlung missachtet die Betroffenen als Subjekte mit Würde und unveräußerlichen Rechten. Sie werden dadurch, dass ihre Tötung als Mittel zur Rettung anderer benutzt wird, verdinglicht und zugleich entrechtlicht" (BVerfGE 115, 118, 157). Nach der Argumentation des Bundesverfassungsgerichts soll weder die Intention bzw. Finalität des staatlichen Akts (Gefahrenabwehr) noch der Umstand, dass möglicherweise eine insgesamt weit größere Zahl von Menschenleben gerettet werden könnte, für das Verdikt des Würdeeingriffs von Bedeutung sein; an diesem „ändert es nichts, dass dieses Vorgehen dazu dienen soll, das Leben anderer Menschen zu schützen und zu erhalten" (ibid.). Der so verstandene Würdesatz vermittelt eine radikale Absage an die Quantifizie-

Struktur des Menschenwürdeschutzes garantiert mithin, dass die Rechtsordnung und die von der Verfassung garantierten subjektiven Rechte des Einzelnen in einem deontologischen Sinn verstanden werden und sich nicht bereits auf konzeptioneller Ebene folgenorientierten Erwägungen und damit zugleich ihrer Assimilation an Güter öffnen und beugen müssen.[132] Wenn das Recht jedes einzelnen Bürgers auf *equal concern and respect* (Dworkin) die Fundamentalnorm liberaler Rechtsstaaten ist, so ist es der Würdegrundsatz, der dieses Fundament der Achtung vor Menschen als Rechtspersonen sichert. Dass sich dieser *rechtliche* Zusammenhang, will man ihn *philosophisch* analysieren, im Wesentlichen nur mit Mitteln der Kantischen Tradition explizieren lässt, bedarf keiner weiteren Erläuterung.

6.2. Das Extensionsproblem

Menschenwürde im Sinne des Art. 1 Abs. 1 des Grundgesetzes ist ein rechtliches Konzept, das ausschließlich mit den Mitteln der Grundrechtstheorie ausdifferenziert werden kann. Dieser Prozess wird vor dem Hintergrund des primär Kantischen Fundaments des Würdekonzepts der (deutschen) Grundrechtsordnung von der theoretischen Anlage, der normativen Struktur und den inneren Spannungen seines philosophischen Urbilds jedoch nicht unberührt bleiben können. Hierbei ist das in diesem Beitrag beschriebene Exklusionspotential der Kantischen Ethik für das Recht dysfunktional. Würde als Rechtsbegriff muss hinsichtlich geborener Menschen inklusiver verfahren. Das Bundesverfassungsgericht hat dies mit dem Satz bekräftigt:

„Jeder besitzt [Menschenwürde], ohne Rücksicht auf seine Eigenschaften, seine Leistungen und seinen sozialen Status. Sie ist auch dem eigen, der aufgrund seines körperlichen oder geistigen Zustands nicht sinnhaft handeln kann. Selbst durch ‚unwürdiges' Verhalten geht sie nicht verloren. Sie kann keinem Menschen genommen werden."[133]

---

rung von Rechten und einen *utilitarianism of rights* (NOZICK 1974). Würde ist weder Gegenstand noch Resultat von Prozessen der Güterabwägung. Im Anwendungsbereich des Würdesatzes ist die Rationalität individueller Rechte eine strikt *nichtkonsequentialistische*. Dies bringt zugleich die normative Entscheidung dafür zum Ausdruck, dass die Opportunitätskosten der so generierten absoluten Individualrechte – d.h. die Verluste an anderen Gütern, die nur durch die Nichtachtung dieser Rechte zu verhindern wären – hinzunehmen sind.

[132] Ansätze, die den der Abwägung und der Zweck-Mittel-Rationalität schlechthin entzogenen Würdesatz systematisch der Verrechenbarkeit öffnen wollen (wie etwa HERDEGEN 2006), müssen als Interpretation des Normbefunds des Art. 1 Abs. 1 GG deshalb scheitern (vgl. näher GUTMANN 2010).

[133] BVerfGE 87, 209, 228.

Diese Feststellung markiert eine Grenze der Möglichkeit, Prinzipien des (deutschen) Verfassungsrechts mit den Mitteln der Kantischen *Moralphilosophie* zu rekonstruieren. Manches spricht allerdings dafür, dass sich die *Metaphysischen Anfangsgründe der Rechtslehre*, in denen Kant seine Metaphysik der Sitten zum Zwecke ihrer Anwendung in einer Welt endlicher Wesen anders ausdifferenziert als in seiner Tugendlehre, der vom Recht geforderten Inklusion zumindest weiter öffnen als seine Ethik. Die Unterscheidung von ethischen Regeln der individuellen Lebenshaltung einerseits und rechtlichen Normen, die die Interaktion zwischen Individuen betreffen, andererseits bleibt so nicht ohne Auswirkungen auf den Kreis der Destinatäre der jeweiligen Normen.

Recht ist nach Kants Definition „der Inbegriff der Bedingungen, unter denen die Willkür des einen mit der Willkür des andern nach einem allgemeinen Gesetze der Freiheit zusammen vereinigt werden kann".[134] Kants Rechtsbegriff meint demnach nicht weniger, als dass legitime positive Rechtsordnungen die von ihnen aufgestellten Verhaltensnormen allein aus dem Prinzip der Kompatibilität der individuellen Freiheitssphären gewinnen müssen.[135] Der Kantische Rechtsbegriff ist, wie in der angelsächsischen Rezeption der Rechtsphilosophie Kants regelmäßig deutlicher gesehen wird als in der deutschen, in diesem Sinn liberal. Er garantiert den *rechtlich* nur durch das Kriterium der Universalisierbarkeit der Freiheitssphären beschränkbaren Schutz der persönlichen Freiheit, die Kant als „das einzige, ursprüngliche, jedem Menschen, kraft seiner Menschheit, zustehende Recht" begreift.[136]

Hierbei zeichnet auch der Kantische Rechtsbegriff die Fähigkeit zur Selbstbestimmung auf besondere Weise aus. Das Recht ist nach Kant nicht anders als die Moral ein symmetrisches, reziprok strukturiertes Beziehungsgeflecht zwischen Freien und Gleichen[137], die sich wechselseitig symmetrische Freiheitsräume garantieren. Die Vorstellungen der „größtmöglichen Freiheit nach Gesetzen" (Recht) und des „Reichs der Zwecke" (Moral) sind strukturanalog. Die doppelte Grundintention Kants – die selbstzweckhafte Person soll, auf der Grundlage einer gleichmäßigen Achtung, die jeder Person in ihrer Eigenschaft als Person überhaupt zukommt, als Individuum ein selbstbestimmtes und unvertretbares Leben führen können[138] – bildet sich auch in seinem Rechtsbegriff vollständig ab. Insofern lässt sich die Eigenschaft, Selbstzweck zu sein, auch mit dem Begriff der ‚Rechtsperson' explizieren; insofern kann man mit gewissen Spezifikationen davon sprechen, dass die zweite Formulierung des kategorischen Imperativs auch ein Rechtsprinzip darstellt[139]; und insofern kann man auch die These zurückweisen, die Anknüpfung der

---

[134] KANT, *Die Metaphysik der Sitten*, AA VI, 230 (Metaphysische Anfangsgründe der Rechtslehre, Einleitung in die Rechtslehre, § B).
[135] KERSTING 1993, 365; KERSTING 2004.
[136] KANT, *Die Metaphysik der Sitten*, AA VI, 230.
[137] KERSTING 2004, 49.
[138] HABERMAS 2005, 98.
[139] CATTANEO 2004, 25.

Interpretation des Art. 1 Abs. 1 GG an diese „Zweckformel" sei ein „produktives Missverständnis".[140] Der Kantische Würdebegriff lässt sich vielmehr gerade auch im Rahmen seiner *Rechtslehre* rekonstruieren[141] und in dieser Form als Urbild der oben genannten Struktureigenschaften des verfassungsrechtlichen Würdeschutzes ausweisen. Der moralphilosophisch mit dem Begriff der Würde umschriebene Achtungsanspruch nimmt in der Rechtslehre Kants die Form eines (verletzbaren[142]) Rechts auf Rechtsfähigkeit sowie auf gleiche äußere Freiheit an und umschreibt damit das Fundament reziproker Anerkennung von Menschen als Rechtspersonen.[143]

Wenngleich das Konzept des angeborenen Freiheitsrechts zwar der Sache nach wesentliche Elemente des Würdeprinzips aufnimmt[144], erlaubt Kants Betonung des „angeborenen" Charakters dieses Rechts[145] seine Ausdehnung auf alles, was Menschenantlitz trägt, doch weit eher als sein Begriff moralischer Autonomie. Versteht man das angeborene Freiheitsrecht in dem Sinn, dass jedem geborenen Wesen menschlicher Gestalt die zu schützende Fähigkeit zugesprochen werden muss, Vorstellungen zu realisieren, und es daher als Ursache von Gegenständen in der Sinnenwelt, d.h. als Handelnder, anzusehen ist, schließt das angeborene Freiheitsrecht als subjektiver Partizipationsanspruch an der allgemein-verbindlichen Freiheitsstruktur (nahezu) niemanden aus.[146] Zugleich vermag die zwischen den Individuen errichtete „unsichtbare Grenze rechtlicher Verletzlichkeit"[147], die Kant in seinem Rechtsbegriff thematisiert, ohne Weiteres auch die nicht hinreichend vernünftigen Mitglieder der Rechtsgemeinschaft in ihren Schutz aufzunehmen. Dies wird nicht zuletzt dadurch ermöglicht, dass der Kantische Rechtsbegriff, der „nur das äußere und zwar praktische Verhältnis einer Person gegen eine andere, sofern ihre Handlungen als Facta aufeinander [...] Einfluß haben können"[148] zum Gegenstand hat, auf das Konzept der „Willkür" abstellt, das als „Begehrungsvermögen [...] in Beziehung auf die Handlung"[149] weit geringere Anforderungen an die praktische Rationalität der Akteure stellt als das Konzept eines sich nach Gesetzen bestimmenden moralischen Willens. Auf der Grundlage des Kantischen Rechtsbegriffs als formalem, allgemeinem Gesetz der *Handlungsfreiheit* ist es so der Schutz der Interaktions-

---

[140] SEELMANN 2008, 77.
[141] Dies wird gerade in der verfassungsrechtlichen Literatur oft nicht wahrgenommen; vgl. etwa DREIER 2004, Rn. 13.
[142] Zu Dreier, ibid.
[143] GUTMANN 2010.
[144] MOHR 2007, 28.
[145] Vgl. auch KANT, *Die Metaphysik der Sitten*, AA VI, 237 („dasjenige Recht, welches unabhängig von allem rechtlichen Act jedermann von Natur zukommt").
[146] Vgl. JAKL 2010.
[147] KERSTING 2004, 16.
[148] KANT, *Die Metaphysik der Sitten*, AA VI, 230 (Einleitung in die Rechtslehre, B).
[149] Ibid., AA VI, 213 (Einleitung in die Metaphysik der Sitten).

und Handlungsfreiheit der Einzelnen in ihrem Verhältnis zueinander, dem die Menschenwürde als Rechtsbegriff dient.[150]

Festzuhalten ist deshalb: Das Kantische Konzept der mit dem Attribut rechtlicher Würde versehenen ‚Rechtsperson', das aus dem Rechtsimperativ bzw. dem „angeborenen Freiheitsrecht" gewonnen werden kann, ist inklusiver als der Begriff der Person in der *Grundlegung*. Zugleich stellt das Recht, mit Kant verstanden als Kompatibilisierungsmechanismus äußerer Handlungsfreiheit, geringere Anforderungen an die Vernünftigkeit der an ihm partizipierenden Handelnden als die Kantische Ethik, wenngleich der vom Bundesverfassungsgericht geforderte Würdeschutz von Menschen, die schlechthin „nicht sinnhaft handeln können", auch in dieser Interpretation ein Grenzbegriff der Kantischen Rechtsphilosophie bleiben muss.

Literatur

ADORNO, T.W. (1963): *Probleme der Moralphilosophie*, in: ADORNO, T.W.: Nachgelassenen Schriften, Bd. IV/10, Frankfurt a.M. 1996.

ARENDT, H. (1991): *Vita Activa oder Vom tätigen Leben*, München, Zürich.

BADURA, P. (1964): *Generalprävention und die Würde des Menschen*, in: Juristenzeitung 19, 337–344.

BAYERTZ, K. (1995): *Die Idee der Menschenwürde: Probleme und Paradoxien*, in: Archiv für Rechts- und Sozialphilosophie 81/4 (1995), 465–481.

BRANDT, R. (1994): *Ausgewählte Probleme der Kantischen Anthropologie*, in: SCHINGS, H.-J. (Hg.): Der ganze Mensch: Anthropologie und Literatur im 18. Jahrhundert, Stuttgart, 14–32.

– (1999): *Kritischer Kommentar zu Kants Anthropologie in pragmatischer Hinsicht (1798)*, Hamburg.

CATTANEO, M.A. (2004): *Menschenwürde bei Kant*, in: SEELMANN, K. (Hg.): Menschenwürde als Rechtsbegriff, Stuttgart, 24–32.

COHEN, H. (1877): *Kants Begründung der Ethik*, Berlin.

DENNIS, L. (2000): *Kant's Conception of Duties Regarding Animals: Reconstruction and Reconsideration*, in: History of Philosophy Quarterly 17 (4), 405–423.

DREIER, H. (2004): *Art. 1 GG*, in: DREIER, H. (Hg.): Grundgesetz, Bd. 1, 2. Aufl., Tübingen.

---

[150] JAKL 2009, 159; JAKL 2010.

DWORKIN, R. (1984a): *Bürgerrechte ernstgenommen*, Frankfurt a.M.

- (1984b): *Rights as Trumps*, in: WALDRON, J. (ed.): Theories of Rights, Oxford, 153–167.

- (1985): *Liberalism*, in: DWORKIN, R.: A Matter of Principle, Oxford, 181–204.

ENDERS, C. (1997): *Die Menschenwürde in der Verfassungsordnung*, Tübingen.

ESSER, A.M. (2004): *Eine Ethik für Endliche. Kants Tugendlehre in der Gegenwart*, Stuttgart.

FORSCHNER, M. (1998): *Marktpreis und Würde oder vom Adel der menschlichen Natur*, in: KÖSSLER, H. (Hg.): Die Würde des Menschen. Fünf Vorträge, Erlangen, 33–59.

GEISMANN, G. (2004): *Kant und das vermeinte Recht des Embryos*, in: Kant Studien 95, 443–469.

GUTMANN, T. (2005): *‚Gattungsethik' als Grenze der Verfügung des Menschen über sich selbst?*, in: VAN DEN DAELE, W. (Hg.): Biopolitik. Sonderband Leviathan, Wiesbaden, 235–264.

- (2010): *Struktur und Funktion der Menschenwürde als Rechtsbegriff*, in: GETHMANN, C.F. (Hg.): Lebenswelt und Wissenschaft (XXI. Deutscher Kongreß für Philosophie, Essen 2008), Deutsches Jahrbuch Philosophie 2, Hamburg (im Ersch.).

GUYER, P. (2005): *Ends of Reason and Ends of Nature. The Place of Teleology in Kant's Ethics*, in: GUYER, P.: Kant's System of Nature and Freedom. Selected Essays, Oxford, New York, Auckland, 169–197.

HABERMAS, J. (1980): *Replik auf Einwände*, in: HABERMAS, J.: Vorstudien und Ergänzungen zur Theorie des kommunikativen Handelns, Frankfurt a.M. 1986, 475–570.

- (1983): *Diskursethik. Notizen zu einem Begründungsprogramm*, in: HABERMAS, J.: Philosophische Texte, Bd. 3, Frankfurt a.M. 2009, 31–115.

- (1991): *Gerechtigkeit und Solidarität. Zur Diskussion über „Stufe 6"*, in: HABERMAS, J.: Erläuterungen zur Diskursethik, Frankfurt a.M., 49–76.

- (1992): *Faktizität und Geltung. Beiträge zur Diskurstheorie des Rechts und des demokratischen Rechtsstaats*, Frankfurt a.M.

- (2005): *Die Zukunft der menschlichen Natur. Auf dem Weg zu einer liberalen Eugenik?*, Frankfurt a.M.

HERDEGEN, M. (2006): *Art. 1 Abs. 1 GG*, in: MAUNZ, T., DÜRIG, G. (Hg.): Grundgesetz. Kommentar, München.

HERMAN, B. (1993): *The Practice of Moral Judgment*, Cambridge.

- (2004): *Jenseits der Deontologie*, in: AMERIKS, K., STURMA, D. (Hg.): Kants Ethik, Paderborn, 117–154.

HILL, T.E. (1991): *Autonomy and Self-Respect*, Cambridge, New York, Port Chester.

– (1992): *Humanity as an End in Itself*, in: HILL, T.E.: Dignity and Practical Reason in Kant's Moral Theory, Ithaca, London, 38–57.

– (2000): *Respect, Pluralism, and Justice. Kantian Perspectives*, Oxford, New York.

HÖFFE, O. (2002): *Menschenwürde als ethisches Prinzip*, in: HÖFFE, O., HONNEFELDER, L., ISENSEE, J., KIRCHHOF, P.: Gentechnik und Menschenwürde. An den Grenzen von Ethik und Recht, Köln, 111–141.

HÖFLING, W. (2007): *Art. 1 GG*, in: SACHS, M. (Hg.): Grundgesetz, 5. Aufl., München.

HONNEFELDER, L. (Hg.) (1994): *Die Einheit des Menschen. Zur Grundfrage der philosophische Anthropologie*, Paderborn.

– (2002): *Die Frage nach dem moralischen Status des menschlichen Embryos*, in: HÖFFE, O., HONNEFELDER, L., ISENSEE, J., KIRCHHOF, P. (Hg.): Gentechnik und Menschenwürde: An den Grenzen von Ethik und Recht, Köln, 79–110.

HORN, C. (2004): *Die Menschheit als objektiver Zweck. Kants Selbstzweckformel des kategorischen Imperativs*, in: AMERIKS, K., STURMA, D. (Hg.): Kants Ethik, Paderborn, 195–212.

HORN, C., MIETH, C., SCARANO, N. (2007): *Kommentar zu Immanuel Kant, Grundlegung zur Metaphysik der Sitten*, Frankfurt a.M.

HRUSCHKA, J. (2002): *Die Würde des Menschen bei Kant*, in: Archiv für Rechts- und Sozialphilosophie 88/3 (2002), 463–480.

JABER, D. (2003): *Über den mehrfachen Sinn von Menschenwürdegarantien. Mit besonderer Berücksichtigung von Art. 1 Abs. 1 Grundgesetz*, Frankfurt a.M.

JAKL, B. (2009): *Recht aus Freiheit*, Berlin.

– (2010): *Human Dignity and the Innate Right to Freedom in National and International Law*, in: PALMQUIST, S.R. (ed.): Cultivating Personhood: Kant and Asian Philosophy, Berlin, New York (im Ersch.).

JOHNSON, R. (2009): *Kant's Moral Philosophy*, in: ZALTA, E.N. (ed.): The Stanford Encyclopedia of Philosophy (Winter 2009 Edition), http://plato.stanford.edu/archives/win2009/entries/kant-moral (Stand: April 2010).

KAMM, F.M. (2000): *Nonconsequentialism*, in: LA FOLLETTE, H. (ed.): The Blackwell Guide to Ethical Theory, Malden USA, 205–226.

KERSTING, W. (1993): *Wohlgeordnete Freiheit. Immanuel Kants Rechts- und Staatsphilosophie*, erw. Ausg., Frankfurt a.M.

– (2004): *Kant über Recht*, Paderborn.

KNOEPFFLER, N. (2004): *Menschenwürde in der Bioethik*, Berlin, Heidelberg, New York.

KOHLBERG, L. (1996): *Die Psychologie der Moralentwicklung,* Frankfurt a.M.

KORSGAARD, C.M. (1996): *Creating the Kingdom of Ends,* Cambridge, New York, Melbourne.

– (2005): *Fellow Creatures: Kantian Ethics and Our Duties to Animals,* in: PETERSON, G.B. (ed.): The Tanner Lectures on Human Values, Salt Lake City, Vol. 25/26, http://www.tannerlectures.utah.edu/lectures/documents/volume25/korsgaard_2005.pdf (Stand: April 2010).

LOUDEN, R.B. (2000): *Kant's Impure Ethics. From Rational Beings to Human Beings,* New York, Oxford.

LUF, G. (1998): *Menschenwürde als Rechtsbegriff. Überlegungen zum Kant-Verständnis in der neueren deutschen Grundrechtstheorie,* in: ZAZCYK, R., KÖHLER, M., KAHLO, M. (Hg.): Festschrift für E.A. Wolf zum 70. Geburtstag am 1.10.1998, Berlin, Heidelberg, New York, 307–323.

MOHR, G. (2007): *Ein „Wert, der keinen Preis hat" – Philosophiegeschichtliche Grundlagen der Menschenwürde bei Kant und Fichte,* in: SANDKÜHLER, H.J. (Hg.): Menschenwürde. Philosophische, theologische und juristische Analysen, Frankfurt a.M., Berlin, Bern, 13–39.

NEIMAN, S. (1994): *The Unity of Reason. Rereading Kant,* New York, Oxford.

NEUMANN, U. (1998): *Die Tyrannei der Würde. Argumentationstheoretische Erwägungen zum Menschenwürdeprinzip,* in: Archiv für Rechts- und Sozialphilosophie 84, 153–166.

NOZICK, R. (1974): *Anarchy, State, and Utopia,* New York.

O'NEILL, O. (1975): *Acting on Principle. An Essay on Kantian Ethics,* New York.

– (1989): *Constructions of Reason,* Cambridge, New York, Port Chester.

– (1996): *Tugend und Gerechtigkeit. Eine konstruktive Darstellung des praktischen Denkens,* Berlin.

– (1998): *Kant on Duties Regarding Nonrational Nature,* in: Proceedings of the Aristotelian Society, Supplementary Volume 72 (1), 211–228.

PATON, H.J. (1962): *Der kategorische Imperativ. Eine Untersuchung über Kants Moralphilosophie,* Berlin.

PIEROTH, B., SCHLINK, B. (2009): *Grundrechte (Staatsrecht II),* 25. Aufl., Heidelberg.

POGGE, T.W. (1989): *The Categorical Imperative,* in: HÖFFE, O. (Hg.): Grundlegung zur Metaphysik der Sitten. Ein kooperativer Kommentar, Frankfurt a.M., 172–193.

QUANTE, M. (2002): *Personales Leben und menschlicher Tod. Personale Identität als Prinzip der biomedizinischen Ethik,* Frankfurt a.M.

– (2007): *Person,* Berlin.

– (2010): *Menschenwürde und personale Autonomie. Demokratische Werte im Kontext der Lebenswissenschaften*, Hamburg.

RAWLS, J. (1971): *A Theory of Justice*, Cambridge.

– (1985): *Justice as Fairness: political not metaphysical*, in: RAWLS, J.: Collected Papers, ed. by FREEMAN, S.R., 3rd ed., Cambridge 1999, 388–414.

– (1993a): *Eine Theorie der Gerechtigkeit*, Frankfurt a.M.

– (1993b): *Political Liberalism*, New York.

– (2002): *Geschichte der Moralphilosophie*, Frankfurt a.M.

– (2004): *Themen der Kantischen Moralphilosophie*, in: AMERIKS, K., STURMA, D. (Hg.): Kants Ethik, Paderborn, 22–57.

RICKEN, F. (1989): *Homo noumenon und homo phaenomenon*, in: HÖFFE, O. (Hg.): Grundlegung zur Metaphysik der Sitten. Ein kooperativer Kommentar, Frankfurt a.M., 234–252.

SCANLON, T.M. (1982): *Contractualism and Utilitarianism*, in: SEN, A., WILLIAMS, B. (eds.): Utilitarianism and Beyond, Cambridge, 103–128.

– (1999): *What We Owe to Each Other*, 4th ed., Cambridge.

SCHÖNECKER, D., WOOD, A.W. (2007): *Kants „Grundlegung zur Metaphysik der Sitten". Ein einführender Kommentar*, 3. Aufl., Paderborn.

SEELMANN, K. (2008): *Menschenwürde und die zweite und dritte Formel des Kategorischen Imperativs. Kantischer Befund und aktuelle Funktion*, in: BRUDERMÜLLER, G., SEELMANN, K. (Hg.): Menschenwürde. Begründung, Konturen, Geschichte, Würzburg, 67–77.

SENSEN, O. (2004): *Kants Begriff der Menschenwürde*, in: BORMANN F.-J., SCHRÖER, C. (Hg.): Abwägende Vernunft. Praktische Rationalität in historischer, systematischer und religionsphilosophischer Perspektive, Berlin, New York, 220–236.

SIEP, L. (2009): *Das Menschenwürdeargument in der ethischen Debatte über die Stammzellforschung*, in: HILPERT, K. (Hg.): Forschung contra Lebensschutz? Der Streit um die Stammzellforschung, Freiburg, Basel, Wien, 182–199.

– (2010): *Toleranz und Anerkennung bei Kant und im Deutschen Idealismus*, in: SIEP, L.: Aktualität und Grenzen der praktischen Philosophie Hegels. Aufsätze 1997–2009, München 2010, 77–91.

SKIDMORE, J. (2001): *Duties to Animals: The Failure of Kant's Moral Theory*, in: The Journal of Value Inquiry 35, 541–559.

SPAEMANN, R. (1987): *Über den Begriff der Menschenwürde*, in: BÖCKENFÖRDE, E.-W., SPAEMANN, R. (Hg.): Menschenrechte und Menschenwürde. Historische Voraussetzungen – säkulare Gestalt – christliches Verständnis, Stuttgart, 295–313.

STURMA, D. (Hg.) (2001): *Person. Philosophiegeschichte – Theoretische Philosophie – Praktische Philosophie*, Paderborn.

– (2004): *Kants Ethik der Autonomie*, in: AMERIKS, K., STURMA, D. (Hg.): Kants Ethik, Paderborn, 160–177.

TIMMERMANN, J. (Hg.) (2004): *Immanuel Kant. Grundlegung zur Metaphysik der Sitten*, Göttingen.

– (2006): *Value without Regress: Kant's 'Formula of Humanity' Revisited*, in: European Journal of Philosophy 14/1, 69–93.

– (2008): *Limiting Freedom: On the Free Choice of Ends in Kantian Moral Philosophy*, in: ROHDEN, V., TERRA, R.R., DE ALMEIDA, G.A., RUFFING, M. (Hg.): Recht und Frieden in der Philosophie Kants. Akten des X. Internationalen Kant-Kongresses, Bd. 3: Sektionen III–IV, Berlin, New York, 427–437.

TUGENDHAT, E. (1993): *Vorlesungen über Ethik*, Frankfurt a.M.

VON DER PFORTEN, D. (2006): *Zur Würde des Menschen bei Kant*, in: Jahrbuch für Recht und Ethik 14, 501–517.

WALKER, R.C.S. (1989): *Achtung in the Grundlegung*, in: HÖFFE, O. (Hg.): Grundlegung zur Metaphysik der Sitten. Ein kooperativer Kommentar, Frankfurt a.M., 97–116.

WELLMER, A. (1986): *Ethik und Dialog. Elemente des moralischen Urteils bei Kant und in der Diskursethik*, Frankfurt a.M.

WOOD, A.W. (1998a): *Humanity As End in Itself*, in: GUYER, P. (ed.): Kant's Groundwork of the Metaphysics of Morals. Critical Essays, Lanham, Boulder, New York, 165–187.

– (1998b): *Kant on Duties Regarding Nonrational Nature*, in: Proceedings of the Aristotelian Society, Supplementary Volume 72 (1), 189–210.

– (1999): *Kant's Ethical Thought*, Cambridge, New York, Melbourne.

– (2002): *The Final Form of Kant's Practical Philosophy*, in: TIMMONS, M. (ed.): Kant's Metaphysics of Morals. Interpretative Essays, Oxford, 1–22.

– (2008): *Kantian Ethics*, Cambridge, New York, Melbourne.

Würdeschutz und Lebensschutz: Zu ihrem Verhältnis bei Menschen, Tieren und Embryonen

von Dietmar Hübner

Abstract: Würdeschutz und Lebensschutz werden insbesondere in der angewandten Ethik regelmäßig als fundamentale Beurteilungsprinzipien herangezogen. Das genaue Verhältnis dieser beiden normativen Aspekte erweist sich allerdings als unsicher: Oftmals scheinen Würdeverletzungen gerade in einer unberechtigten Beeinträchtigung von anderen Rechtsgütern wie Leben oder Gesundheit, auch Eigentum oder Ansehen zu bestehen. Darüber hinaus aber mag es Würdeverletzungen geben, die sich nicht auf eine verfehlte Missachtung solcher anderweitiger Rechtsbelange herunterbrechen lassen, sondern eigenständige Formen der Demütigung und Erniedrigung, der Ausnutzung und Verwendung bezeichnen. Der vorliegende Beitrag geht dieser Frage namentlich mit Blick auf die Forschung an Menschen, an Tieren und an Embryonen nach. Dabei liefert eine bestimmte Fallkonstellation in der Debatte um die Embryonenforschung einen starken Beleg dafür, dass Würde in der Tat zuweilen einen originären Schutzbereich markiert, der unabhängig von Fragen des Umgangs mit Leben oder sonstigen elementareren Rechtsgütern ist.

Keywords: Würdeschutz, Lebensschutz, Instrumentalisierung, Forschung an Menschen, Forschung an Tieren, Forschung an Embryonen.

1. Einleitung

Würdeschutz und Lebensschutz sind zwei zentrale Prinzipien der praktischen Philosophie. Nicht zuletzt in der biomedizinischen Ethik werden sie oft verwendet, etwa in der Diskussion um die Forschung an Menschen, in den Kontroversen zum Umgang mit Versuchstieren oder in der Debatte um Experimente an Embryonen. Auch im Recht nehmen beide Prinzipien eine prominente Stellung ein. Die deutsche Rechtsordnung stellt sie sogar an ihre Spitze: Art. 1 Abs. 1 des Grundgesetzes erklärt die Würde des Menschen für unantastbar, Art. 2 Abs. 2 räumt jedem das Recht auf Leben und körperliche Unversehrtheit ein. Entsprechend werden diese beiden Artikel auch in Bioethik und Biorecht gern als Bezugspunkte zitiert.

Würdeschutz und Lebensschutz werden oftmals nicht ausdrücklich voneinander getrennt, sondern in einem Atemzug als wesentliche Inhalte der Menschenrechte aufgeführt. Geborenen Menschen werden sie in der Regel gleichermaßen zuerkannt, bei Tieren oder Embryonen wird darum gestritten, ob sie, ebenso ungetrennt, anzunehmen oder abzulehnen sind.¹ Ungeachtet dieser häufigen Verknüpfung ist indessen weitgehend anerkannt, dass Würderechte und Lebensrechte grundsätzlich unterschiedliche normative Bestände darstellen. Namentlich in bioethischen und biorechtlichen Debatten werden sie daher in detaillierteren Darstellungen differenziert und in ihrem genauen Verhältnis analysiert, etwa indem die Menschenwürde als das höherstufige, unbedingte Prinzip, das Lebensrecht als dessen nachfolgende, abwägbare Konkretion gedeutet wird.² Es erscheint allerdings unsicher, ob diese Bestimmung in jeder Hinsicht erschöpfend ist, ob die beiden Bestände also *immer* in jener Beziehung von absolutem Grundsatz und relativer Ausprägung zueinander stehen. Es ist nicht auszuschließen, dass sie *zuweilen* auch separate normative Aspekte bezeichnen, Würdeschutz also mitunter etwas ganz anderes meinen könnte als eine Manifestation in Lebensschutz.

(1) Die Forderung nach Lebensschutz soll im Folgenden in einem weiten Sinne begriffen werden. In diesem Verständnis richtet sie sich zunächst gegen jegliche Form von Tötung oder physischer Schädigung, gegen jede Zufügung von Krankheit oder körperlichem Leiden. Positiv gewendet ist sie dem Rechtsgut des Lebens und der Unversehrtheit, der Gesundheit und des Wohlbefindens verpflichtet. Dieses Rechtsgut ist durch entsprechende Abwehrrechte gegen fremde Eingriffe geschützt. Philosophisch gibt es unterschiedliche Möglichkeiten, einen solchen Schutzanspruch aus der verletzlichen Beschaffenheit des Menschen als leiblichem Wesen zu gewinnen. Die griechische Antike, namentlich Aristoteles, erkennt die lebendige körperliche Existenz als notwendige Grundlage auch aller höheren seelischen Vollzüge an, womit ihr ein, wenn auch nicht unumstößlicher, so doch erheblicher Schutzrang zukommt.³ Das neuzeitliche Rechtsdenken stellt die physische Unverletzlichkeit für gewöhnlich ganz unmittelbar ins Zentrum seiner Betrachtungen. In John Lockes Grundlegung des politischen Liberalismus etwa bildet das Leben, neben Freiheit und Besitz, das wesentliche Schutzgut, das im Naturzustand gegen Übergriffe zu verteidigen ist und auf dessen Erhalt auch der Gesellschaftszustand entsprechend ausgerichtet werden sollte.⁴

Es ist ein nachvollziehbares Programm, das Prinzip des Lebensschutzes durch verwandte normative Belange zu erweitern bzw. zu ergänzen. Zunächst legt das zunehmende Bewusstsein für die mentale Verwundbarkeit menschlicher Wesen es nahe, die körperliche Unverletzlichkeit auf vergleichbare Aspekte der seelischen

---

[1] Mit Blick auf Tiere sind Vertreter des Für und Wider etwa TEUTSCH 1995, 58–60, und MÜLLER 2004, 57–60, im Fall von Embryonen beispielsweise SPAEMANN 2001, 45, und MERKEL 2001, 56 f., 61.

[2] Derartige Konzeptionen finden sich aus bioethischer Perspektive etwa bei BAUMGARTNER et al. 2009, 358–367, oder HÖFFE 2001, 69, in biorechtlicher Sichtweise beispielsweise bei ISENSEE 2002, 62–70, oder KIRCHHOF 2002, 18–20.

[3] ARISTOTELES, *Über die Seele*, Buch II, Kap. 3, 414a–415a.

[4] LOCKE 1690, § 87, 65, § 123, 96.

Unversehrtheit fortzuschreiben. Zudem ist neben der unmittelbaren physischen und psychischen Sphäre der Person auch ihr sachlicher und gesellschaftlicher Bestandskreis zu berücksichtigen, womit etwa Eigentum und Ansehen zu Gegenständen entsprechender Abwehrrechte gegen fremde Eingriffe werden. Sodann sind neben Eingriffsfreiheiten auch Handlungsfreiheiten relevant, beispielsweise Bewegungsfreiheit, Meinungsfreiheit, Redefreiheit, Berufsfreiheit, an die sich ihrerseits entsprechende Abwehrrechte gegen Beschränkungen heften.[5] Zuletzt lassen sich an diese abwehrrechtlichen Belange auch anspruchsrechtliche Forderungen anschließen. Solche Anspruchsrechte betreffen zum einen den Schutz vor Übergriffen oder Behinderungen hinsichtlich der genannten Rechtsgüter, zum anderen die angemessene Hilfe und Unterstützung für ihren Erwerb und ihre Bewahrung.[6] Insgesamt hat somit sowohl eine Erweiterung des Gegenstandsbereichs stattgefunden, vom körperlichen zum seelischen Dasein sowie zu materiellen und sozialen Ressourcen, als auch eine Ausdehnung des Rechtstyps, von Eingriffsfreiheiten zu Handlungsfreiheiten und schließlich zu Anspruchsrechten. Auch in den folgenden Überlegungen wird zwar primär der Lebensschutz in seiner Ursprungsbedeutung im Vordergrund stehen, aber zuweilen werden auch die anderen Rechtsaspekte in seinem Umfeld thematisch werden, etwa Eigentum oder Ansehen, Handlungsfreiheiten oder Anspruchsrechte, und deren Relationen zum Würdeschutz untersucht werden.

(2) Die philosophische Tradition des Würdegedankens reicht weit zurück. Man begegnet ihm bereits in der römischen Antike, insbesondere bei Cicero, der die Vernunfthaftigkeit des Menschen, als anthropologisches Unterscheidungsmerkmal gegenüber den Tieren, zum Grund der Würde erhebt, zugleich aber, jedenfalls hinsichtlich der politischen Stellung im Staat, noch von unterschiedlichen Graden jener menschlichen Würde ausgeht.[7] Das unmissverständliche Postulat einer ungraduierbaren individuellen Würde gegenüber der abstufbaren sozialen Ehre scheint demgegenüber ein Produkt der Neuzeit zu sein. Speziell bei Kant findet sich die für das heutige Denken maßgebliche Ausdifferenzierung des Würdegedankens, nämlich seine theoretische Gründung auf die Moralfähigkeit des Menschen und seine ethische Ausformulierung im Verbot der Instrumentalisierung.[8] Dieser Deutung zufolge bedeutet Vernünftigkeit im Wesentlichen, sich selbst Zwecke setzen zu können und damit seinerseits als Zweck an sich selbst zu existieren. Hierin liegt begründet, dass vernünftige Wesen eine Würde und keinen Preis haben und dass eine Verwendung vernünftiger Wesen ausschließlich zu fremden Zwecken eine Verletzung dieser Würde bedeutet. Wahre Zwecksetzung im skizzierten Sinne setzt aber genauer die Freiheit von externen Zweckbestimmungen, mithin Autonomie und Moralfähigkeit,

---

[5] Vgl. HABERMAS 1994, 151–165.
[6] Vgl. ALEXY 1994, 171–181.
[7] CICERO, *Vom Gemeinwesen*, Buch I, § 43, 134–137; CICERO, *Vom pflichtgemäßen Handeln*, Buch I, §§ 105–107, 92–95.
[8] KANT 1785, Zweiter Abschnitt, Akad.-Ausg. 428–440; KANT 1788, Analytik, Akad.-Ausg. 87.

voraus. Moralfähigkeit wird auf diese Weise zum fundamentalen Bezugspunkt des menschlichen Würdestatus, zugleich aber auch zum zentralen Gegenstand moralischen Handelns, dessen oberstes Gebot darin besteht, Menschen bzw. Vernunftwesen niemals bloß als Mittel, sondern immer zugleich als Zweck zu gebrauchen.

Details und Begründungen dieser Deutung bei Kant werden nicht allseits akzeptiert. Die hohe Relevanz des Würdegedankens und seine normative Ausdeutung als Instrumentalisierungsverbot sind aber weithin anerkannt und finden auch bei solchen Autoren grundsätzliche Zustimmung, die nicht im engeren Sinne der kantischen Traditionslinie zuzurechnen sind.[9] Ungeachtet dieser philosophischen Explikation darf indessen nicht vernachlässigt werden, dass der Würdeschutzgedanke auch in speziellen historischen Erfahrungen wurzelt. Nicht zuletzt die Totalitarismen des 20. Jahrhunderts haben fraglos dazu beigetragen, dass dieser Gedanke eine zentrale Stellung im heutigen politischen Denken erlangt hat.[10] Dies muss nicht zu einem inhaltlichen Konflikt mit seiner philosophischen Auslegung führen. Zumindest auf den ersten Blick scheint es nicht abwegig, auch Würdeverletzungen in Konzentrationslagern oder Gulags wesentlich darin zu erkennen, dass hierbei Menschen bloß als Mittel und nicht zugleich als Zweck behandelt worden sind. Allerdings wird man offen dafür sein müssen, dass jene historischen Erfahrungen bestimmte eigene Nuancierungen in den Würdegedanken eintragen könnten. In diesem Beitrag wird bei Gelegenheit darauf zurückzukommen sein.

(3) Der Fokus wird im Folgenden auf der Frage liegen, in welchem Verhältnis der Würdeschutzgedanke, verstanden als Instrumentalisierungsverbot, zum Lebensschutzgedanken steht, oder auch zum Schutz anderer elementarer Güter wie Eigentum oder Ansehen. Die zentrale Problemstellung lautet: Besteht eine Würdeverletzung, eine Instrumentalisierung, letztlich immer in einer verfehlten Hintansetzung solcher anderer Rechtsgüter, wie Leben oder Unversehrtheit? Manchmal ist dies sicherlich der Fall. Aber ist es immer so? Oder gibt es besondere, eigene Fälle von Würdeverletzungen, die sich nicht auf die Beeinträchtigungen anderer Rechtsgüter wie ‚Leben' herunterbrechen lassen und in denen es stattdessen um ein eigenständiges Rechtsgut ‚Würde' geht?

2. Würdeschutz und Lebensschutz: Erste Beispiele

Die aufgeworfene Frage scheint sich am einfachsten anhand konkreter Beispiele illustrieren zu lassen. Und auch die richtige Antwort auf diese Frage scheint im Zuge solcher Betrachtungen recht unmittelbar auf der Hand zu liegen.

---

[9] Vgl. etwa BIRNBACHER 2006, 86–89.
[10] Vgl. beispielsweise SIEP 2004, 164.

(1) Zunächst gibt es ganz offensichtlich Fälle, in denen Würde und Leben gleichzeitig verletzt werden. Ein Raubmord oder ein Sexualmord dürften eindeutige Beispiele sein: Fraglos kommt es in ihnen dazu, dass das Opfer bloß als Mittel gebraucht wird. Vielleicht hat der Täter es in anderen Zusammenhängen auch zugleich als Zweck behandelt, aber in den fraglichen Handlungen selbst ist dies sicherlich nicht der Fall. Damit handelt es sich um Instrumentalisierungen, um Würdeverletzungen. Und außerdem geschehen sie unter Tötung, d.h. unter Lebensverletzung.

(2) Ebenso offensichtlich scheint es aber Fälle zu geben, in denen nur eines von beiden verletzt wird, Würde oder Leben. Und damit wäre unmittelbar klar, dass die zwei Belange unabhängig voneinander sein können, dass also insbesondere nicht jede Beeinträchtigung der Würde eine Verletzung von Leben beinhalten muss.

Plausible Kandidaten für solche Würdeverletzungen ohne Lebensverletzung sind etwa Zwangsprostitution oder Kinderpornographie: Ziemlich eindeutig kommt es in ihnen zu Instrumentalisierungen. Es wird aber niemandem das Leben genommen. Zumindest lassen sich die Beispiele so konstruieren, dass niemandes Leben zu Schaden kommt oder auch nur bedroht wird.

Umgekehrt gibt es wohl auch Beispiele für Lebensverletzungen ohne Würdeverletzung: Ein finaler Rettungsschuss gegen einen Entführer, der im Begriff steht, seine Geisel umzubringen, dürfte hierzu gehören. Ähnlich steht es mit einer unterlassenen Nothilfe gegenüber einem Unfallopfer, dem deshalb nicht geholfen wird, weil die Gefahr für die Rettungsmannschaft unzumutbar wäre. Eine Würdeverletzung wird man hier schwerlich konstatieren können, obwohl jeweils das Leben eines Menschen genommen bzw. nicht gewahrt wird.

Damit scheint die Sache entschieden zu sein: Würdeschutz und Lebensschutz sind verschiedene ethische Belange, die gelegentlich zusammenfallen mögen, grundsätzlich aber getrennt sind.

(3) Ganz so einfach verhält sich die Angelegenheit allerdings nicht. Bei genauerem Hinsehen wird offenkundig, dass auch in den genannten Beispielen beide Prinzipien sehr wohl kongruieren könnten.

So wird man bei der ersten Beispielgruppe fragen dürfen, ob die konstatierte Würdeverletzung, die Instrumentalisierung, die Ausnutzung, nicht doch gerade in einer verfehlten Bilanz hinsichtlich anderer Rechtsgüter besteht. Hierbei mag es sich zwar nicht um das Rechtsgut ‚Leben' handeln. Aber immerhin scheinen vergleichbar elementare Rechtsgüter betroffen zu sein: Es wird körperliche und seelische *Gesundheit* beeinträchtigt, es wird psychische und soziale *Integrität* beschädigt. Wenn dies stimmt, so müsste man auch in diesen Fällen kein spezielles Rechtsgut ‚Würde' postulieren, das korrumpiert würde. Vielmehr könnte die Würdeverletzung in einer bestimmten Form der Beeinträchtigung jener anderen Güter liegen, wie Gesundheit oder Integrität.

Bei der zweiten Beispielgruppe lässt sich umgekehrt fragen, ob nicht womöglich genau deshalb keine Würdeverletzung vorliegt, weil die Rechtsbilanz bezüglich des Lebensschutzes adäquat ist. Zwar wird hier jeweils Leben vernichtet bzw. nicht gerettet. Doch geschieht dies aufgrund einer legitimen Abwägung: Der Entführer *darf* erschossen werden, wenn man nur so die bedrohte Geisel retten kann, der Verunglückte *darf* zurückgelassen werden, wenn die Rettungsmannschaft sonst in eine aussichtslose Lage geriete. Es mag gerade diese korrekte Abwägung hinsichtlich der involvierten Lebensrechte sein, die dazu führt, dass die Würde bei den erwähnten Aktionen bzw. Unterlassungen gewahrt bleibt. Wenn dies richtig ist, so hätte man wieder nicht zwei getrennte Belange vor sich, sondern der Würdeschutz wäre erneut auf den Lebensschutz reduzierbar.

Zumindest diese ersten Beispiele widerlegen daher nicht die These, dass Würdeverletzungen stets in einer illegitimen Bilanz bzgl. anderer Rechtsgüter wie Leben oder auch Gesundheit, Eigentum, Ansehen, Integrität etc. bestehen könnten. Würdeschutz und Lebensschutz mögen in diesem Sinne zuletzt doch durchweg konvergieren.

3. Würdeschutz und Lebensschutz: Rechtsphilosophische Konzeptualisierung

Die Frage bleibt, ob dies stimmt oder ob es am Ende doch besondere Vollzüge gibt, die speziell und nur die Würde tangieren. Meint jede Würdeverletzung eine falsche Balance separater Rechtsgüter wie ‚Leben', oder existiert darüber hinaus ein besonderes Rechtsgut ‚Würde', dessen Verletzung nicht auf die Beeinträchtigung anderer Rechtsgüter zurückgeführt werden kann? Innerhalb der Rechtswissenschaften wäre dieses Problem vor allem durch eine Klärung des Verhältnisses von Art. 1 und Art. 2 des Grundgesetzes anzugehen, in denen Würdeschutz bzw. Lebensschutz festgeschrieben sind. Die Frage hätte dann zu lauten, ob der Würdeschutz aus Art. 1 seine vollständige Explikation in Art. 2, oder auch in den nachfolgenden Bestimmungen zu anderen Rechtsgütern, findet oder ob er zusätzlich einen eigenständigen Rechtsbestand zum Ausdruck bringt.[11] Im Folgenden soll das Problem mit Instrumenten der Rechtsphilosophie angegangen werden. Hierbei wird insbesondere eine fundamentale Abwägungsregel hilfreich sein, die der Verfasser bereits in anderen Zusammenhängen erprobt und angewendet hat.[12]

(1) Diese Regel mag auf den ersten Blick ein wenig sperrig und ad hoc wirken. Sie scheint aber in der Abwägung von elementaren Rechtsgütern wie Leben oder Eigentum eine wichtige fundierende Rolle zu spielen und wesentlichen normativen Urteilen in diesem Bereich zugrunde zu liegen. Sie lautet wie folgt: Bei *gleicher Betroffenheitstiefe* der involvierten Rechtsparteien überwiegt ein Abwehrrecht des Typs *Eingriffsfreiheit* ein Abwehrrecht des Typs *Handlungsfreiheit*. Ebenso überwiegt bei *gleicher Betroffenheitstiefe* der jeweiligen Rechtsträger ein Anspruchsrecht, das einer *dauerhaften*

---

[11] Vgl. DREIER 2004, Rn. 42, 67, 124–130, 162–167; JARRAS 2007, Rn. 2–5.
[12] Vgl. HÜBNER 2004, 68–71; HÜBNER 2009, 24–33.

Sozialbeziehung entspringt, ein Anspruchsrecht, das in einer *punktuellen* Sozialbeziehung gründet. Schließlich überwiegt bei *gleicher Betroffenheitstiefe* ein *Abwehrrecht* ein *Anspruchsrecht*. Dabei gelten diese Bilanzen zwischen *ungleichartigen Rechten* unabhängig von der *gegebenen Betroffenenanzahl* auf den beiden Seiten. Bei Abwägungen zwischen *gleichartigen Rechten* hingegen, etwa zwischen zwei konfligierenden Abwehrrechten gleichen Typs oder zwischen zwei konkurrierenden Anspruchsrechten gleicher Art, kann die *zahlenmäßige Stärke* der Parteien ausschlaggebend werden.

Die jeweilige Voraussetzung der ‚gleichen Betroffenheitstiefe' soll besagen, dass bei beiden Parteien *gleich bedeutsame Belange* auf dem Spiel stehen. Beispielsweise geht es bei beiden um Leben und Tod, oder der Streitgegenstand ist ein Besitz, der für beide gleichermaßen bedeutsam ist. Ein ‚Abwehrrecht des Typs Eingriffsfreiheit' meint eine *Freiheit von* fremden Eingriffen, z.B. von Tötung oder Schädigung, von Diebstahl oder Beleidigung. Ein ‚Abwehrrecht des Typs Handlungsfreiheit' meint eine *Freiheit zu* eigenen Handlungen, z.B. zur freien Meinungsäußerung oder zur freien Berufsausübung. Ein Anspruchsrecht schließlich ist ein Recht auf die Bereitstellung von Gütern durch andere. Hierbei kann es einerseits um individuelle Leistungen gehen, etwa in Form von Vertragserfüllung, Fürsorge oder Nothilfe. Diese können in ‚dauerhaften Sozialbeziehungen' wurzeln, wie Geschäftspartnerschaften oder Familienbindungen, oder in ‚punktuellen Sozialbeziehungen', wie aktuellen Gefährdungslagen mit kontingenter Zusammenführung von Helfer und Bedürftigem. Andererseits betreffen Anspruchsrechte staatliche Leistungen, namentlich in den Bereichen der Aufsicht und der Versorgung.

In ihrem ersten Teil stellt die Regel fest, dass man beispielsweise nicht einen anderen Menschen bestehlen darf, nur um selbst in den Besitz der fraglichen Sache zu gelangen, denn hier überwöge die Eingriffsfreiheit des anderen die eigene Handlungsfreiheit. Man darf aber sehr wohl in fremdes marginales Eigentum eingreifen, wenn sich nur auf diese Weise das eigene Leben retten lässt, da hier die eigene Betroffenheitstiefe in einem solchen Maße erhöht wäre, dass die eigene Handlungsfreiheit die Bilanz für sich entscheiden könnte. In ihrem dritten Teil schreibt die Regel vor, dass der Staat beispielsweise nicht einen Menschen finanziell ruinieren darf, um einen anderen Menschen vor dem finanziellen Ruin zu retten, denn hier wäre das Abwehrrecht des Leidtragenden gewichtiger als das Anspruchsrecht des Nutznießers. Allerdings darf der Staat sehr wohl entbehrliches Eigentum zur Rettung fremden Lebens einziehen, indem er etwa Steuergelder für den Krankenhausbau erhebt, da hier die Betroffenheitstiefe der Kranken groß genug wäre, um die Abwehrrechte der Besteuerten zu überwiegen.[13]

---

[13] Dieses Beispiel macht überdies deutlich, dass bestimmte Übertragungen des skizzierten Typs der staatlichen Gemeinschaft vorbehalten bleiben. Selbst bei einer grundsätzlich adäquaten Rechtsbilanz kann es somit einzelnen Personen im Regelfall untersagt bleiben, die beschriebene Balance zwischen Abwehr- und Anspruchsrechten herzustellen, während allein öffentliche Organe befugt sind, die entsprechenden Transaktionen durchzuführen.

Eine prägnante Anwendung für den dritten Teil der Regel besteht darin, dass ein Arzt nicht einen Patienten töten darf, um mit dessen Organen einen anderen Patienten zu retten: Die Betroffenheitstiefe wäre jeweils gleich, insofern es bei beiden Parteien um Leben und Tod ginge, und somit überwöge wiederum das Abwehrrecht des einen Patienten gegen Tötung das Anspruchsrecht des anderen Patienten auf Rettung. Nachvollziehbar wird in diesem Beispiel nicht zuletzt der Zusatz, dass die entsprechenden Bilanzen unabhängig von der Betroffenenanzahl gelten: Ein Arzt darf nicht einen Patienten töten, um einen anderen Patienten zu retten, aber er darf ebenso wenig einen Patienten töten, um zehn andere Patienten zu retten.[14]

(2) Die skizzierte Regel operiert ganz auf der Ebene von Rechtsgütern wie Leben oder Gesundheit, Besitz oder Ansehen. Was sie speziell im Beispiel des Arztes feststellt, ist ein Verstoß gegen den *Lebensschutz*, in Gestalt einer falschen Abwägung der involvierten Rechte auf Nichttötung bzw. Lebensrettung. Genau diese verfehlte Rechtsbilanz scheint aber zudem einen eindeutigen Fall von Instrumentalisierung und damit von *Würdeverletzung* darzustellen: Wahrscheinlich lässt sich ein klareres Beispiel von instrumentalisierendem Umgang kaum denken als die Tötung eines Menschen zur Rettung einer anderen Person.

Damit wäre zumindest im Fall des Arztes einmal mehr *beides* zu konstatieren, eine Würdeverletzung und eine Lebensverletzung. Und genauer würde die Würdeverletzung gerade in der falschen Bilanz mit Blick auf das Rechtsgut Leben *bestehen*. Dabei müsste sich dieser Zusammenhang keineswegs auf das Beispiel beschränken: Immerhin ist die Regel sehr weitgespannt und sehr elementar, sie umfasst die wichtigsten Rechtstypen und gilt für jegliche Rechtsgüter. Somit könnte man mutmaßen, dass man bei jeder Würdeverletzung immer so ein basaleres Rechtsgut findet, dessen zugehörige Rechtsbelange gemäß der Regel falsch abgewogen wurden, und dass die Würdeverletzung genauer in eben dieser falschen Abwägung besteht.

Umgekehrt mag man hierin auch die wesentliche Rechtfertigung der skizzierten Regel sehen: Bislang wurde sie lediglich als bewährtes und plausibles *Abwägungsinstrument* eingeführt. Fragt man nach ihrer genaueren *Begründung*, so könnte man darauf verweisen, dass sie, jedenfalls in ihrem nachdrücklichsten Inhalt, nichts anderes formuliert als das Verbot der Instrumentalisierung, oder zumindest eines wesentlichen Typs von Instrumentalisierung. Namentlich der Zusatz der Konstanz gegenüber der Betroffenenanzahl ist geeignet, ein zentrales Wesensmerkmal des Instrumentalisierungsverbots zu akzentuieren. Denn in ihm kommt recht unmissverständ-

---

[14] Zudem erkennt man an diesem Fall, dass die Rechtsbilanz sich nicht sofort umkehren muss, wenn die Betroffenheitstiefe sich verschiebt, sondern noch über einen größeren Bereich konstant bleiben kann. So wäre es beispielsweise unverändert illegitim, einem Patienten gegen seinen Willen ein entbehrliches Organ zu entnehmen oder auch nur eine geringfügige Blutmenge abzunehmen, um damit einem oder auch zehn anderen Patienten das Leben zu retten, obgleich hier die Betroffenheitstiefe auf der Seite des Abwehrrechts gegenüber jener des Anspruchsrechts bereits merklich vermindert wäre.

lich zur Geltung, dass ein Mensch nicht als bloßes Mittel gebraucht werden darf, um den Zwecken anderer Menschen, selbst beliebig vieler, zu nutzen.

Gemäß dieser Deutung wäre die *Regel selbst* also in ihrem Kern als eine Manifestation des *Würdegebots* aufzufassen (wenngleich sicherlich als eine recht schmucklose und technische). Und die *Absolutheit und Unantastbarkeit der Würde* käme darin zum Ausdruck, dass die Regel ihrerseits uneingeschränkt und ausnahmslos gilt. Demgegenüber wäre *ihr Gegenstand* der *Lebensschutz* (bzw. der Schutz anderer Rechtsgüter wie Eigentum oder Ansehen). Und die *Relativität und Bedingtheit dieser Rechtsgüter* wäre gerade der Inhalt der Regel, die für entsprechende Abwägungen die fundamentalen Bestimmungen bereithält. Leben kann und muss zuweilen beeinträchtigt oder vernachlässigt werden, insbesondere wenn es unvermeidlich gegen anderes Leben steht. Solange diese Beeinträchtigung oder Vernachlässigung aber gemäß der Regel vonstattengeht, kommt es zu keiner Verletzung der Würde.

(3) Ist also jede Würdeverletzung, jede Instrumentalisierung auf solch eine verfehlte Bilanz bezüglich anderer Rechtsgüter reduzierbar? Liegt sie immer darin, dass insbesondere eine Eingriffsfreiheit zugunsten einer Handlungsfreiheit hintangesetzt wird oder ein Abwehrrecht zugunsten eines Anspruchsrechts, während die Betroffenheitstiefe bestenfalls gleich groß ist? Die Umkehrung gilt sicherlich nicht: Das Ausbalancieren von Rechten ist eine zu diffizile Angelegenheit, als dass man jeden Fehler hierbei gleich als eine Verletzung von Würde brandmarken könnte, vor allem wenn unterschiedliche Anspruchsrechte in Konkurrenz zueinander liegen. Aber eventuell steht umgekehrt hinter jeder Würdeverletzung eine solche verfehlte Rechtsbilanz: Vielleicht wird bei jeglicher Instrumentalisierung eine Person aufgerechnet, wird ihre Sphäre beschädigt oder beschnitten, damit eine andere Person sich entweder selbst den entsprechenden Vorteil verschafft oder diesen Vorteil von einem Dritten erhält.

Die eingangs erwähnten historischen Erfahrungen, welche den Würdeschutzgedanken maßgeblich mitprägen, stehen zumindest nicht unmittelbar in Widerspruch zu dieser Auffassung: Fraglos ist es im Zusammenhang mit den Würdeverletzungen, die in Konzentrationslagern und Gulags begangen wurden, zu massiven Beeinträchtigungen elementarer Rechtsgüter wie Leben, Gesundheit, Eigentum oder Ansehen gekommen, und ganz sicher ist dabei gegen die Regel verstoßen worden. Es sind Abwehrrechte des Typs ‚Eingriffsfreiheit' verletzt worden, indem andere von ihrer ‚Handlungsfreiheit' Gebrauch gemacht haben, und zwar mit deutlich geringerer Betroffenheitstiefe (bei den Opfern ging es regelmäßig um Leben und Tod, bei den Tätern um das Verfolgen einer Ideologie). Es sind Abwehrrechte der Typen ‚Eingriffsfreiheit' wie auch ‚Handlungsfreiheit' verletzt worden, ohne dass überhaupt irgendwelche ernsthaften Anspruchsrechte auf der anderen Seite involviert gewesen wären (Leben und Eigentum, Bewegungsfreiheit und Meinungsfreiheit wurden umfassend beschädigt, ohne dass dies zur Befriedigung entgegenstehender Rechte notwendig gewesen wäre). Verstöße gegen die Regel wird man also zuhauf finden. Und die entstandenen Würdeverletzungen mögen vielfach genau darin bestehen, dass elementarere Rechtsgüter falsch abgewogen bzw. grob missachtet worden sind.

Dennoch können Zweifel verbleiben, ob die Angelegenheit hiermit vollständig beschrieben ist: Möglicherweise ist es in den totalitären Unrechtsstaaten zusätzlich zu besonderen Arten der Behandlung, des Umgangs gekommen, die Instrumentalisierungen darstellten, die Würde verletzten, ohne dabei auf falsche Rechtsbilanzen hinsichtlich anderer Güter beschränkt zu sein. Vielleicht gab und gibt es Formen der Demütigung und Erniedrigung, die nicht in Folter und Diebstahl bestehen, sondern über diese hinausgehen, womöglich existieren Arten der Interaktion und Kommunikation, die weder Misshandlungen noch Enteignungen darstellen, sondern eigene und unmittelbare Formen von Würdeverstößen, von Instrumentalisierungen. Dies zu klären, bedürfte einer detaillierten Analyse der damals erfolgten Handlungen. Wenn eine solche Einzelfallanalyse aber unumgänglich ist, dann bietet es sich an, sie direkt in jenem Bereich durchzuführen, auf den das eigene Interesse vorrangig gerichtet ist. Deshalb werden nunmehr konkrete Problemfelder der angewandten Ethik, namentlich der biomedizinischen Ethik, im Vordergrund stehen, um unmittelbar an ihnen zu klären, ob Würdeverletzungen stets auf Lebensverletzungen oder vergleichbare Beeinträchtigungen reduzibel sind oder nicht.

4. Anwendung in der Bioethik 1: Forschung an Menschen

Die Debatte um die Forschung an Menschen ist ein wichtiger bioethischer Bereich, in dem Würdeschutz und Lebensschutz eine zentrale Rolle spielen. Und tatsächlich scheint hier unmittelbar erkennbar zu werden, dass die beiden Aspekte getrennte Gesichtspunkte darstellen können.

(1) Die einschlägigen Regelungen und Kodices zur Forschung an Menschen unterscheiden sich zwar in den Details, artikulieren aber insgesamt einen Bestand von Grundsätzen, dessen Kerninhalte inzwischen in großer Übereinstimmung anerkannt sind.[15] Obgleich diese Grundsätze abweichende Interpretationen ihres Sinns

---

[15] In rechtlicher Hinsicht ist hier für Deutschland insbesondere der Sechste Abschnitt des *Gesetzes über den Verkehr mit Arzneimitteln (Arzneimittelgesetz – AMG)* maßgeblich, als wesentliche internationale Dokumente zu diesem Thema dürfen nach wie vor der *Nuremberg Code* (NUREMBERG MILITARY TRIBUNAL 1947), die *Declaration of Helsinki* (WORLD MEDICAL ASSOCIATION 2008), der *Belmont Report* (NATIONAL COMMISSION FOR THE PROTECTION OF HUMAN SUBJECTS OF BIOMEDICAL AND BEHAVIORAL RESEARCH 1979), die *Convention on Human Rights and Biomedicine* (COUNCIL OF EUROPE 1997) sowie die *CIOMS-Guidelines* (COUNCIL FOR INTERNATIONAL ORGANIZATIONS OF MEDICAL SCIENCES 2002) gelten.

und Gehalts erlauben, scheint es möglich zu sein, sie zumindest in erster Näherung den beiden Aspekten des Würdeschutzes bzw. des Lebensschutzes zuzuordnen.[16]

So finden sich zum einen Regelungen, denen zufolge *Risiken* und *Belastungen* für den Probanden zu minimieren sind sowie in einem vertretbaren Verhältnis zum erwarteten Erkenntnisgewinn stehen müssen. Recht eindeutig ist hierin primär eine Forderung nach Schutz von Leben und Gesundheit des betroffenen Forschungssubjekts erkennbar (mit gewisser Ausdehnung der ursprünglichen Intentionen, aber durchaus im Geiste jener Regelungen wird man auch Gefährdungen und Beeinträchtigungen von Eigentum oder Ansehen in diesen Grundsatz einschließen können). Ähnlich dürften die verbreiteten Bestimmungen einzuordnen sein, welche die *Unentbehrlichkeit* von Humanexperimenten fordern sowie *Subsidiaritätsregeln* für ihre Durchführung aufstellen (so dass sie nur stattfinden dürfen, wenn sie notwendig sind, um die gewünschten Ergebnisse zu erhalten, und wenn diese Ergebnisse nicht durch In-vitro-Untersuchungen, durch Tierversuche, durch Forschung an weniger vulnerablen Gruppen etc. gewonnen werden können). Eine solche Verhinderung von unnötiger bzw. vermeidbarer Forschung erzeugt zwar auch einen gewissen Schutz vor Instrumentalisierung, indem zumindest *überflüssige* Ausnutzungen vermieden werden. Ein tatsächlich passgenauer Würdeschutz wird hiermit jedoch nicht erreicht, insofern jegliche *notwendigen*, d.h. erkenntnisbedingenden und nichtdelegierbaren Ausnutzungen zugelassen bleiben. Somit geht es beim Grundsatz der Unentbehrlichkeit und der Subsidiarität wohl vorrangig darum, im Namen des Lebensschutzes Gefahren und Schädigungen in gewissen Fällen gar nicht zuzulassen bzw. auf weniger verletzliche Personenkreise abzuwälzen.

Zum anderen ist das Prinzip der *informierten Einwilligung*, inklusive des Rechts auf jederzeitigen Abbruch, ein zentraler Grundsatz für Humanexperimente. Eine solche Einwilligung mag zwar gewisse Schutzeffekte für Leben und Gesundheit entfalten, insofern schädigende Eingriffe *normalerweise* keine informierte Zustimmung seitens des Probanden erhalten werden. Ein wirklich zielgenauer Lebensschutz ist hiermit allerdings nicht gewährleistet, weil Einwilligung für sich genommen keineswegs impliziert, dass die dergestalt sanktionierten Experimente *tatsächlich* harmlos sind. Stattdessen darf man in diesem Grundsatz wohl vorrangig eine Konkretisierung des Würdeschutzes sehen, insofern die Einwilligung des Probanden wesentlich dazu dient, die Gefahr einer Instrumentalisierung zu neutralisieren (durch seine Zustimmung nimmt der Proband die Forschung ein Stückweit in seinen eigenen Zielhorizont auf, so dass er nicht mehr als bloßes Mittel zu fremden Zwecken gebraucht wird). Ganz ähnlich dürfte der Grundsatz eines *realistischen Eigennutzens* für den Probanden zu werten sein, der zwar nicht für sämtliche Fälle von Humanexperimenten vorgebracht wird, aber oftmals als ersatzweises Erfordernis auftaucht, wenn eine informierte Einwilligung nicht erhältlich ist (vor allem bei nichteinwilligungsfähigen

---

[16] Eine umfassende Rückführung der einzelnen Grundsätze für Humanexperimente auf das Würdeprinzip, das anhand anthropologischer Grundbestimmungen in verschiedene Handlungsdimensionen ausgefaltet wird, unternimmt HEINRICHS 2006.

Probanden, neben deren weitestmöglicher Einbeziehung in den Entscheidungsprozess und der Zustimmung ihrer gesetzlichen Vertreter). Auch hier geht es erkennbar primär um den Würdeschutz, denn wenn ein solcher Eigennutzen für den Probanden erwartet werden kann, ist offenbar der Vorwurf ebenfalls nicht mehr durchschlagend, er sei als bloßes Mittel zu fremden Zwecken benutzt worden.

(2) Wie erwähnt wären die einzelnen Grundsätze für die Forschung an Menschen einer sehr viel genaueren Interpretation und nicht zuletzt einer historischen Analyse zu unterziehen, um ihren Sinn vollständig aufzuschlüsseln und ihre Zuordnungen eindeutig zu sichern. Für die Ziele dieser Arbeit sind die obigen Einstufungen allerdings hinreichend gefestigt und durchaus aufschlussreich.

So wird erkennbar, dass die Forschung an Menschen separate Grundsätze für die beiden Bereiche des Lebensschutzes und des Würdeschutzes kennt und diese je für sich, ohne wechselseitige Abstriche bei Erfüllung des jeweils anderen Normsektors, einfordert. Schon dies legt nahe, dass jene Bereiche prinzipiell getrennt sind und unterschiedliche Belange markieren.

Auch eine Interpretation und Vertiefung jener Grundsätze mit Hilfe der obigen rechtsphilosophischen Kategorien scheint diese Bestandsaufnahme zu bestätigen. So wird die Forderung nach *einer angemessenen Risiko-Nutzen-Bilanz* zumindest dahingehend auszulegen sein, dass ein Proband nicht geopfert werden darf, selbst wenn hierdurch Erkenntnisse zu erlangen wären, die einen anderen Menschen oder auch viele andere Menschen retten könnten. Die Regel aus dem vorangehenden Abschnitt hat also in diesem Feld sicherlich Geltung und konkretisiert den ersten Grundsatz zu einer obligatorischen Rechtsbilanz zwischen den Lebensrechten der Beteiligten. Der Gehalt jener Bilanz kommt indessen seinerseits einem Verbot von Instrumentalisierung gleich, so dass man es wiederum mit der Konstellation zu tun hätte, dass Würdeschutz in einer bestimmten Form von Lebensschutz besteht. Hierbei bleibt es aber nicht. Vielmehr wird *zusätzlich die informierte Einwilligung* gefordert, welche ebenfalls, wie gezeigt, einer Vermeidung von Instrumentalisierung dient. Und dies geschieht unabhängig von allen Lebensschutzfragen. Einwilligung gemäß dem dritten Grundsatz wird auch bei adäquater Bilanz von Risiko bzw. Belastung und erwartetem Wissensgewinn verlangt, ja sie ist sogar bei völligem Fehlen von jeglicher physischer oder psychischer Beeinträchtigung unerlässlich (wie etwa bei der nachträglichen forschenden Verwendung von bereits entnommenem Material). Somit reduziert sich das Instrumentalisierungsverbot offenbar nicht auf Aspekte der Schadensvermeidung, nicht auf eine Beachtung der Regel zur Abwägung von Leben und Gesundheit. Dies scheint ein schlagender Beweis dafür zu sein, dass Würdeschutz keineswegs in einer ungerechtfertigten Verletzung solcher anderer Rechtsgüter bestehen muss, sondern sich auf eigenständige Vollzüge beziehen kann (wie die bloße Benutzung vorhandener Daten zur Gewinnung von Erkenntnissen).

(3) Leider greift diese Überlegung bei genauerem Hinsehen zu kurz. Das Problem ist, dass immer noch ein weiteres Rechtsgut auffindbar ist, welches dem Würdeschutz zugrunde liegen könnte, auch in Fällen, wo dieser sich nachweislich nicht auf den Schutz von Leben oder Gesundheit reduzieren lässt. Dies ist das Rechtsgut der

Selbstbestimmung. Insbesondere mag die zentrale Maßgabe der informierten Einwilligung, statt als unmittelbarer Ausdruck von Würdeschutz bzw. Nichtinstrumentalisierung, als eine zielgenaue Forderung nach Respektierung von Selbstbestimmung zu interpretieren sein.

Gemäß dieser Deutung wäre Selbstbestimmung ein originäres Rechtsgut, das ähnlich wie Leben oder Gesundheit zu schützen ist. Es wäre sicherlich *verschieden von diesen* und deshalb insbesondere nicht durch den Grundsatz der Risiko-Minimierung bzw. Nutzen-Abwägung erfasst. Auch die Forderung nach Unentbehrlichkeit bzw. Subsidiarität ginge an ihm vorbei. Aber es könnte *für sich genommen* Gegenstand besonderer Eingriffs- und Handlungsfreiheiten sein sowie Bezugspunkt geeigneter Bilanzen wie in der Regel formuliert. Und eben eine solche Bilanz ließe sich im Grundsatz der informierten Einwilligung erkennen, indem er jenes abwehrrechtliche Rechtsgut kompromisslos gegen widerstreitende Begehrlichkeiten schützen wollte. Auch der Rechtfertigungsgrund eines realistischen Eigennutzens wäre in dieser Richtung deutbar, insofern ein glaubhafter Vorteil für den Probanden zumindest seiner mutmaßlichen Selbstbestimmung entspräche und aus eben diesem Grund legitimierend wirken könnte. Damit ließe sich jener Würdeschutz, der zweifelsohne mit der informierten Einwilligung und dem realistischen Eigennutzen angezielt ist, eben doch einmal mehr auf die korrekte Respektierung eines separaten Rechtsguts reduzieren. Es ginge zwar nicht um die adäquate Abwägung von Leben oder Gesundheit, aber um die angemessene Gewährleistung von Selbstbestimmung.

Freilich stellt sich die Frage, ob Selbstbestimmung wirklich als ein solches eigenständiges Rechtsgut konzipiert werden sollte, dessen etwaige Beeinträchtigung eine Würdeverletzung bedeuten würde. Vielleicht ist es angemessener, Selbstbestimmung als eine Art sekundärer Projektion des Würdeschutzes selbst zu verstehen. Das heißt, vielleicht muss sich *zunächst* eine Würdeverletzung ankündigen, sei es ganz unabhängiger Art, aufgrund einer bestimmten Form des Umgangs, der Behandlung, der Ausnutzung, oder sei es durch Hintanstellung anderer Rechtsgüter wie Leben, Gesundheit, Eigentum etc. Und vielleicht ist Selbstbestimmung dann kein weiteres Rechtsgut dieser Art, sondern nur jener Vollzug seitens des Probanden, der nötig wäre, um jene bevorstehende Würdeverletzung *doch* noch zu vermeiden. Namentlich die informierte Einwilligung würde somit nicht dem Schutz eines Rechtsguts namens ‚Selbstbestimmung' dienen. Vielmehr wäre sie lediglich jene ‚Dekretion' seitens des Probanden, durch welche er eine Handlung zu seiner eigenen macht und damit legitimiert, die als Handlung eines anderen instrumentalisierend und folglich illegitim wäre. Jene drohende Instrumentalisierung, im Falle fehlender informierter Einwilligung, läge also nicht in einer Verletzung von Selbstbestimmung gemäß der genannten Regel, sondern in anderen Vollzügen oder Beeinträchtigungen. Und Selbstbestimmung, in Form erteilter informierter Einwilligung, wäre lediglich der Akt, um diese heraufziehende Instrumentalisierung abzuwenden.

Eine solche Interpretation hat indessen wieder das Problem, dass man in manchen Situationen auch bereit ist, Selbstbestimmung zu übergehen. Zwar mag dies bei Probanden kaum je der Fall sein. Aber das könnte daran liegen, dass bei selbst marginalen Eingriffen in die körperliche Integrität eben diese *Integrität* ein zu fundamentales Rechtsgut ist, als dass es jemals durch fremdes Leben oder Gesundheit aufgewogen werden könnte. *Selbstbestimmung* als solche hingegen ist ein Anspruch, der durchaus gelegentlich nachgeordnet wird. Dann könnte es aber unpassend erscheinen, diese Selbstbestimmung als unmittelbaren Reflex des Instrumentalisierungsverbots bzw. als direktes Gegenmittel zu einer Würdeverletzung aufzufassen: Instrumentalisierung ist *immer* illegitim, die menschliche Würde ist *stets* unabwägbar. Selbstbestimmung hingegen ist *zuweilen* übergehbar, persönliche Bestrebungen sind *mitunter* abwägbar. Und womöglich kann etwas Abwägbares nicht die Projektion von etwas Unabwägbarem sein, sondern muss seinerseits als ein untergeordnetes Rechtsgut verstanden werden, das prinzipiell gegen andere nachfolgende Rechtsgüter ausbalanciert werden kann. Damit läge Selbstbestimmung doch auf einer Ebene mit Leben oder Gesundheit: Sie könnte grundsätzlich gegen diese abgemessen werden, und vor allem könnte es die falsche Hintanstellung von Selbstbestimmung in derartigen Bilanzen sein, die sich hinter Würdeverletzungen verbirgt, wenn keine Missachtung von Leben oder Gesundheit erkennbar ist.

Diese Darstellung muss aber ihrerseits nicht als zwingend angesehen werden. Gewiss werden eigene Bestrebungen gelegentlich übergangen, und wenn dies in einem gegebenen Zusammenhang legitimiert werden kann, wird von keiner Instrumentalisierung auszugehen sein. In solchen Fällen liegt also *keine* Würdeverletzung vor, auch wenn die Selbstbestimmung *missachtet* wird. Allerdings ließe sich diese Selbstbestimmung bis hierher ganz aus der Betrachtung heraushalten: Man bräuchte sie nicht unter jene Rechtsgüter zu zählen, die in einer etwaigen Abwägung zwischen den betroffenen Parteien einander gegenüberstehen, sondern könnte sich dabei völlig auf Aspekte wie Leben oder Gesundheit beschränken, und man müsste sie nicht in die Beschreibung von Handlungen aufnehmen, die auf ihren möglicherweise inhärent instrumentalisierenden Charakter zu prüfen wären, sondern könnte dabei allein von Verwendung oder Ausnutzung sprechen. Gleichwohl könnte die Selbstbestimmung nach wie vor als Reflex des Würdeschutzes ins Spiel kommen, wobei dieser Status nun aber einzig mit Blick auf *gegenteilige* Fälle erklärt wäre, in denen jene vorgängige Abwägung negativ ausfiele bzw. in denen bestimmte Handlungen in sich ausnutzend wären, so dass eine Instrumentalisierung *drohte*. Denn hier bliebe es dabei, dass *nur* die informierte Einwilligung, *nur* die freie Zustimmung jene bevorstehende Instrumentalisierung annullieren könnte. Und in diesem Sinne ließe sich die Selbstbestimmung durchaus als unmittelbare Ausprägung des Würdeschutzes begreifen, zwar nicht als stets gebotene Form von dessen Realisierung, aber als einzig mögliche Gestalt von dessen Wiederherstellung: Allein sie wäre imstande, eine *anstehende* Würdeverletzung zu *verhindern*. Diese Würdeverletzung wäre ihrerseits jedoch ohne jeden Bezug auf die Selbstbestimmung definiert, indem sie entweder in einer verfehlten Bilanz bezüglich anderer Rechtsgüter bestünde, deren Abwägung noch überhaupt nicht von Einwilligung oder Zustimmung zu sprechen hätte, oder in einer unabhängigen Form von ausnutzendem Verhalten läge, das ebenfalls ohne Rekurs auf Einverständnisse oder Beipflichtungen formuliert wäre.

5. Anwendung in der Bioethik 2: Forschung an Tieren

Diese Unwägbarkeiten hinsichtlich der Rolle von Selbstbestimmung bei Humanexperimenten lassen es angeraten erscheinen, zu einem anderen Anwendungsfall weiterzuschreiten, der insgesamt klarer und aufschlussreicher zu sein verspricht, nämlich zur Forschung an Tieren. Dieses Gebiet hat einen strukturellen Vorteil für die vorliegende Fragestellung: Nach verbreiteter Einschätzung ist bei Tieren der Gedanke eines geeigneten Lebensschutzes durchaus angebracht, das Konzept des Würdeschutzes hingegen gänzlich hinfällig. Damit sind beide Aspekte von Beginn an entflochten, was eine Bestimmung ihres Verhältnisses erleichtern mag.

(1) Ob Tieren überhaupt irgendwelche Rechte zukommen, ist Gegenstand einer kontroversen Debatte. Diese Auseinandersetzung kann und soll hier nicht vollständig aufgerollt, sondern lediglich in ihren wesentlichen Eckpunkten umrissen werden: In der Regel verweisen Befürworter von Tierrechten auf Eigenschaften wie Empfindens- oder Leidensfähigkeit (in somatischer wie auch in affektiver Hinsicht), Perspektivität oder Bewusstsein (wenngleich kaum reflexives Ich- bzw. Selbstbewusstsein), die zumindest hinreichend hoch entwickelten Tieren zukämen und einen triftigen Grund für die Zuschreibung entsprechender Schutzrechte gegen Beeinträchtigungen lieferten.[17] Im Gegensatz hierzu führen Gegner von Tierrechten zumeist an, dass Tiere ihrerseits keine Moral- bzw. Verantwortungsfähigkeit aufwiesen (aus Mangel an autonomer Willensbestimmung) und daher nicht sinnvoll als Rechtsträger in Frage kämen (wenngleich es menschliche Pflichten hinsichtlich der Tiere geben möge, insbesondere zur Vermeidung von sinnloser Grausamkeit).[18]

Die faktischen Befunde beider Parteien sind wahrscheinlich richtig: Tiere sind empfindungsfähig (in unterschiedlichem Ausmaß und auf abweichenden Ebenen, aber jedenfalls entgegen einer generellen kartesischen Deutung als bloße Automaten), aber nicht moralfähig (selbst den höchst entwickelten nichthumanen Lebewesen dürfte keine moralische Verantwortlichkeit zuzusprechen sein). Vor diesem Hintergrund erscheint es naheliegend, die normativen Positionen der beiden Fraktionen aus ihrem starren Entweder-Oder zu befreien und zu einer etwas trennschärferen Sichtweise auszudifferenzieren: Demnach könnten Tiere sehr wohl Lebensrechte haben (zumindest Abwehrrechte gegen grundlose Tötung und schwere Quälerei, vielleicht auch Anspruchsrechte auf minimale Versorgung durch ihre

---

[17] Als wesentlicher Exponent dieser Auffassung gilt Tom Regan, dem zufolge Tiere deshalb die fraglichen Schutzrechte genießen, weil sie „empfindende Subjekte eines Lebens" sind (REGAN 1985, 43).

[18] Ein prägnantes Beispiel für diese Position bildet Carl Cohen, für den Tiere deshalb keinen vollgültigen Rechtsstatus innehaben, weil ihnen „die Freiheit des menschlichen Willens" fehlt (COHEN 2001, 53).

jeweiligen Besitzer sowie auf staatliche Aufsicht zur Verhinderung jener Übergriffe bzw. zur Gewährleistung dieser Fürsorge), aber sie haben gewiss keine Würdeschutzrechte (eben weil das Instrumentalisierungsverbot sich auf den Autonomiestatus stützt, der Tieren fehlt).

Was zunächst die Lebensrechte betrifft, so besteht selbst unter Gegnern von Tierrechten ein weitgehender Konsens, dass zumindest grundlose Tötung oder Schädigung, schwere Quälerei oder Grausamkeit gegenüber Tieren moralisch nicht akzeptabel sind. Bei hinreichend hoch entwickelten Tieren wird zudem dafürgehalten, dass diese moralischen Belange stark genug sind, um gegenläufige menschliche Freiheitsrechte zu überwiegen: Der Lebensschutz von Tieren kann es rechtfertigen, staatliche Verbote zu erlassen (entgegen menschlicher Handlungsfreiheit) und öffentliche Strafen zu verhängen (entgegen menschlicher Eingriffsfreiheit), um entsprechende Übergriffe zu unterbinden bzw. zu ahnden. Innerhalb des hier gewählten rechtsphilosophischen Rahmens kann ein solches Vorgehen aber nur dann legitim sein, wenn es tatsächlich Tierrechte gibt: Die fraglichen Freiheitsrechte (von Menschen) dürfen nur dann beschnitten werden, wenn ihnen gegenläufige Lebensrechte (von Tieren) entgegenstehen. Sonst hätte man es mit einer Abwägung zu tun, die gemäß der obigen Regel nicht zu rechtfertigen wäre. Insbesondere kann es sich bei den menschlichen Pflichten gegenüber Tieren somit nicht um bloße Pflichten gegen sich selbst handeln (wie ein gängiger Interpretationsansatz der kantischen Traditionslinie lautet, welche Tierquälerei primär wegen der potentiellen Abstumpfung des eigenen Charakters ablehnt). Abgesehen davon, dass es zu derartigen Erscheinungen von Verrohung keineswegs kommen muss, stellen Pflichten gegen sich selbst lediglich Tugendpflichten dar, d.h. Pflichten ohne korrespondierende Rechte, welche die Begrenzung von menschlicher Eingriffs- und Handlungsfreiheit keinesfalls legitimieren könnten. Ebenso unplausibel ist es, Verbote und Strafen für das Töten oder Quälen von Tieren darauf gründen zu wollen, dass dergleichen Aktionen indirekt menschliche Rechte tangierten (etwa von Besitzern, Betrachtern oder auch späteren menschlichen Opfern einer beförderten grausamen Grundhaltung). Es können leicht Beispiele gefunden werden, in denen keine menschlichen Rechte betroffen sind, weil weder Besitzer noch Betrachter involviert sind und auch keine realistische Gefahr für andere Menschen entsteht, und in denen dennoch die grundlose Tötung oder Quälerei hinreichend Anlass für Verbote und Strafen liefert, mithin als Verletzung von Rechtspflichten, d.h. von Pflichten mit korrespondierenden Rechten, einzustufen sein muss.[19]

---

[19] Die deutsche Rechtsordnung hatte in dieser Hinsicht über längere Zeit ein Konsistenzproblem (vgl. VERMEULEN et al. 2010): *Einerseits* beschnitt sie durch das Tierschutzgesetz menschliche Freiheitsrechte, insbesondere die Forschungsfreiheit, wie sie im Grundgesetz explizit festgeschrieben ist. *Andererseits* erkannte sie Tieren keinen ausdrücklichen Rechtsstatus zu, womit jene Beeinträchtigung der Forschungsfreiheit möglicherweise verfassungswidrig war. Dieses Problem wurde erst 2002 behoben, als Tierschutz, neben Umweltschutz, in Art. 20a des Grundgesetzes als Staatsziel aufgenommen

Wenn man Tieren hiermit Lebensrechte einräumt, so ist eine ethische Asymmetrie die direkte Folge: Tiere sind demnach originäre Moralobjekte, aber keine Moralsubjekte (genauer sind sie eigenständige Rechtsinhaber, aber keine Rechtsadressaten). Solch eine Asymmetrie dürfte für die Ethik indessen kein unüberwindliches Problem bilden, sofern man allzu simplizistisch reziproke Moralbegründungen vermeidet, sondern mag eher ein verbreitetes Charakteristikum sein, welches moralischen Beziehungen vielfach eignet: Auch und gerade im Verhältnis zwischen Menschen kommt es zu dergleichen Einseitigkeiten, insofern manche Menschen ebenfalls keine Rechte respektieren können und dennoch ihrerseits Rechte haben (wobei ihre verminderten Kapazitäten sogar besonders starke Schutzansprüche begründen mögen).

Im Fall von Schlafenden, Ohnmächtigen oder reversibel Komatösen lässt sich recht einfach argumentieren, dass diese Personen zwar aktuell nicht zu freier Willensbildung imstande sind, aber die grundsätzliche Fähigkeit hierzu aufweisen und daher ungemindert Rechtsträger darstellen. Bei kleinen Kindern, bei Föten und Embryonen können Potentialitäts-Argumente zur Geltung gebracht werden, die auf den späteren Personstatus vorgreifen und hieraus Schutzrechte ableiten. Schwerst Demente, irreversibel Komatöse und auch hirntote Menschen können mit Nachwirkungs-Argumenten in den Schutzkreis aufgenommen werden, indem ihr früherer Personstatus rückblickend die relevanten Schutzansprüche begründet. Bei schwerst geistig Behinderten schließlich, die keine moralischen Fähigkeiten aufweisen, sie auch niemals entwickeln werden und ebenso wenig früher hatten, können Spezies-Argumente herangezogen werden, denen zufolge die bloße Zugehörigkeit zu einer normalerweise moralfähigen Gattung genügt, um an deren Schutzrechten zu partizipieren. Leitend ist hier der Gedanke einer umfassenden ‚Gattungsgemeinschaft', der jedes Mitglied der menschlichen Spezies angehört, ohne noch eine ‚Aufnahmeprüfung' bezüglich seiner individuellen Fähigkeiten bestehen zu müssen, um in den Genuss ihrer angestammten Schutzrechte zu kommen. Solch ein Spezies-Argument umfasst rückwirkend freilich auch die anderen erwähnten Fälle, so dass unter Voraussetzung seiner Geltung Fähigkeits-, Potentialitäts- und Nachwirkungs-Argumente letztlich entbehrlich werden, um den entsprechenden Gruppen die Teilhabe an den Menschenrechten, im vollen Umfang von Würde- und Lebensschutz, zu garantieren. Ebenso eindeutig ist aber auch, dass Tiere nicht zu solch einer Gruppe gehören. Sie haben hinsichtlich Moralität und Vernünftigkeit keine Potentialität und keine Nachwirkung, haben schon gar keine Fähigkeit zu moralischem Verhalten und auch keine Zugehörigkeit zu moralfähiger Gattung. Daher mag ihnen, aufgrund ihrer unstrittigen Empfindens- und Leidensfähigkeit, zwar der Lebensschutz

---

wurde. Damit erlangte der Tierschutz den Rang eines Verfassungsguts und konnte künftighin berechtigt dem Verfassungsgut der Forschungsfreiheit entgegengesetzt werden. Diese *juristische Konstruktion* ändert indessen nichts an dem *rechtsphilosophischen Fazit*, dass sich hinter jenem *Staatsziel* bzw. *Verfassungsgut* letztlich ein *Rechtsgut* verbergen muss, um eine Hintanstellung des Rechtsguts *Forschungsfreiheit* zu gestatten.

zustehen. Aber ebenso sicher kommt ihnen, angesichts dieses fehlenden Moral- und Vernunftbezugs, kein Würdeschutz zu.[20]

Die grundsätzliche Asymmetrie, dass Tiere zwar selbst keine Rechte respektieren können, aber ihrerseits Rechte aufweisen, wird hiermit bejaht: Tiere haben Lebensrechte, weil sie Empfindungsträger sind. Aber diese Asymmetrie bzw. die Anerkenntnis, dass Tiere Rechte haben, geht nicht beliebig weit: Tiere haben keine Würderechte, weil sie keine Moralsubjekte sind.

(2) Die obige Argumentation ist überaus knapp und wesentlich auf intuitive Plausibilitätsgründe gestützt. Zudem ist ihr Ergebnis immer noch holzschnittartig und bedürfte erheblicher Verfeinerung, um den genauen Inhalt der zugestandenen Lebensrechte und die wesentlichen Konsequenzen der zurückgewiesenen Würderechte von Tieren darzulegen. Dies hätte im Rahmen von ausgearbeiteten Rechtstheorien zu geschehen, deren jeweilige Konstruktion jene präziseren Konsequenzen vorzeichnen würde. Es sei hier lediglich angemerkt, dass einschlägige rechtsphilosophische Autoren durchaus bereit sind, derartige Konsequenzen zu ziehen und Tierrechte in gewissem Umfang in ihre Architekturen aufzunehmen.[21]

---

[20] Ein solcher Ausschluss von Tieren aus gewissen Schutzbereichen impliziert keinen Speziesismus (vgl. SINGER 1976): Empfindensfähigkeit ist ein bedeutsames Merkmal in der Frage nach dem *Lebensschutz*, so dass dieser Tieren grundsätzlich zugesprochen werden muss. Aber Moralfähigkeit ist ebenfalls kein beliebiges Merkmal, sondern eine höchst relevante Eigenschaft, nämlich wenn es um den *Würdeschutz* geht, der mithin Menschen vorbehalten bleibt. Die gelegentliche Rhetorik, eine Einräumung menschlicher Sonderrechte sei mit diskriminierenden Praktiken wie Rassismus oder Sexismus gleichzusetzen, insofern sie irrelevante Unterscheidungsmerkmale zur Grundlage von moralischen Differenzierungen mache, verfängt folglich nicht, und zwar weder bei gesunden Menschen, noch mit Blick auf Ohnmächtige, Embryonen oder Demente, noch auch im Fall von schwerst geistig Behinderten. Vielmehr weist jedes der obigen Argumente den entsprechenden Gruppen eine hinsichtlich des Würdeschutzes höchst relevante Eigenschaft zu, die Tieren fehlt, nämlich Moralfähigkeit oder zumindest künftige oder vergangene Moralfähigkeit. Auch das Spezies-Argument mit seinem Verweis auf die Gattungs-Zugehörigkeit enthält keinen Speziesismus, weil es nicht die *biologische Konstitution* speziell *menschlicher Lebewesen* zur partiellen Grundlage von deren besonderer Berücksichtigung macht, sondern die *normale Moralfähigkeit* jeder *beliebigen Gattung* als Basis von Würde anerkennt und die *individuelle Zugehörigkeit* eines *gegebenen Wesens* zu einer solchen Gattung als relevante Eigenschaft für die Aufnahme in deren Schutzsphäre wertet.

[21] Beispielsweise vertritt Joel Feinberg, als einer der namhaftesten zeitgenössischen Rechtsphilosophen, die Auffassung, dass zumindest höhere Tiere Interessen haben können und daher glaubhafte Träger von Rechten sind (FEINBERG 1974, 142–151), und auch Jürgen Habermas, dessen diskurstheoretischer Ansatz hierzu wohl am wenigsten geeignet erscheint, ist der Ansicht, dass Tiere grundsätzlich in Kommunikation zu Menschen treten und hierdurch trotz der asymmetrischen Struktur jener Interaktion regelungsrelevante Pflichten begründen können (HABERMAS 1991, 219–226).

Für die Zwecke dieser Untersuchung genügt es indessen, sich an der groben Aufteilung der vorausgehenden Abschnitte zu orientieren. Die geltend gemachte Konstellation, dass Tieren Lebensrechte, aber keine Würderechte zukommen, mag gerade in ihrer schlichten Grenzziehung hilfreich sein, um das prinzipielle Verhältnis zwischen Lebensschutz und Würdeschutz zu erhellen. Auch bestätigt sie sich, wenn man die relevanten rechtlichen Maßgaben zur Forschung an Tieren untersucht und mit den oben dargestellten Bestimmungen zur Forschung an Menschen vergleicht. So kehren jene Grundsätze, die sich primär dem Lebensschutz zuordnen ließen, in ähnlicher Gestalt wieder, während jene Grundsätze, die vorrangig auf den Würdeschutz bezogen waren, in den Regelungen vollständig fehlen.[22]

Mit Blick auf den Lebensschutz wird wiederum eine Minimierung von *Risiken* und *Belastungen* bzw. ihre Verhältnismäßigkeit zum Erkenntnisgewinn gefordert (wobei diese Verhältnismäßigkeit nun allerdings anderen Maßstäben unterliegt als im Falle von Menschen, indem etwa auch Grundlagenforschung oder Ausbildungserfordernisse eine Zufügung von Leid rechtfertigen können), die *Unentbehrlichkeit* des Experiments muss gegeben sein, und es greifen *Subsidiaritätsregeln* für die Ausführung (indem insbesondere sinnesphysiologisch höher entwickelte Tiere nur dann zu Experimenten herangezogen werden dürfen, wenn Versuche an sinnesphysiologisch nieder entwickelten Tieren nicht ausreichen). Auch der verbreitete Standard der ‚drei Rs' (*replacement*, *refinement* und *reduction* als Grundgebote für Tierversuche) oder die häufige Beachtung einer *scala naturae* (die sich in besonderen Schutzklauseln für bestimmte Tierarten wie Primaten, Wirbeltiere oder neuerdings auch Cephalopoden und Dekapoden ausspricht) ordnen sich in diese Gruppe von Grundsätzen ein und stehen mit ihnen im Zeichen des Lebensschutzes. Ebenso deutlich fehlen aber Pendants zu den auf den Würdeschutz bezogenen Grundsätzen, d.h. zur *informierten Einwilligung* oder zum *realistischen Eigennutzen*. Und dies dürfte keineswegs allein pragmatische Gründe haben, insofern Tiere nun einmal keine informierte Einwilligung geben können, sondern durchaus auch normative Gründe, weil bei Tieren kein Instrumentalisierungsverbot einschlägig ist und deshalb dieser gesamte Bereich, inklusive des realistischen Eigennutzens, als hinfällig betrachtet werden kann.

Die Rechtsrealität zur Tierforschung liegt folglich weitgehend auf einer Linie mit der hier vertretenen Auffassung, dass für Tiere Lebensschutz, nicht aber Würdeschutz einschlägig ist. Diese Zuordnung lässt sich weiter konkretisieren, wenn man die in diesem Aufsatz verwandten rechtsphilosophischen Kategorien und Abwägungskriterien heranzieht.

Die Anerkennung *grundsätzlicher Lebensrechte* von Tieren schlägt sich zunächst darin nieder, dass die Belange von Tieren *überhaupt* in entsprechende Rechtsabwägungen aufzunehmen sind. Auf dieser Grundlage kann beispielsweise eine *sinnlose* Tötung oder Schädigung von Tieren unterbunden und bestraft werden, unter

---

[22] Maßgeblicher Bezugspunkt ist hier der Fünfte Abschnitt des deutschen *Tierschutzgesetzes (TierSchG)*, aber etwa auch die *European Convention for the Protection of Vertebrate Animals used for Experimental and Other Scientific Purposes* (COUNCIL OF EUROPE 2005).

Beschneidung der entgegenstehenden menschlichen Freiheiten, da solche Freiheiten geringer wiegen als die Belange der Tiere, wenn es eben um eine *grundlose Beeinträchtigung* von deren Existenz geht. Zugleich leuchtet aber ein, dass solche Abwägungen zwischen Tieren und Menschen vielfach andere Ergebnisse liefern müssen als Abwägungen unter Menschen. Beispielsweise wird es einen wesentlich erweiterten Bereich von zulässigen Tötungen bei Tieren geben, und unzulässige Tötungen von Tieren werden nur erheblich geringere Strafen rechtfertigen können. Die vielleicht *wichtigsten* Unterschiede dieser Art mögen sich dabei gerade durch den *fehlenden Würdeschutz* von Tieren erklären lassen. Denn wie oben erläutert bezieht sich der Würdeschutz zumindest *teilweise* auf die Abwägung von Lebensrechten, so dass *sein Fehlen* entsprechende Verschiebungen in den zugehörigen Rechtsbilanzen bedingen kann.

So darf man gemäß der obigen Regel nicht einen Menschen töten, entgegen seiner Eingriffsfreiheit, um einen anderen oder sich selbst zu retten, zugunsten von dessen Anspruchsrecht bzw. gemäß der eigenen Handlungsfreiheit. Aber man darf sicherlich ein Tier töten, um einen anderen Menschen oder sich selbst vor dem Tod zu retten, womit die obige Regel offenbar nicht mehr gilt, die derartige Übergriffe zwischen *ungleichartigen Rechten* bei *gleicher Betroffenheitstiefe* verbietet. Auch sind entsprechende Abwägungen unter Menschen unabhängig von der Betroffenenanzahl, in dem Sinne, dass eine gegebene Bilanz zwischen ungleichartigen Rechten stabil bleibt, auch wenn die Betroffenenanzahl auf einer Seite steigt oder sinkt. Im Falle von Tieren hingegen wird man annehmen dürfen, dass bestehende Abwägungen auch zwischen *ungleichartigen Rechten* sich gelegentlich verschieben können, wenn die *zahlenmäßige Stärke* der beteiligten Parteien sich ändert. Diese Verstöße gegen die obige Regel lassen sich allesamt dahingehend erklären, dass jene Regel *eine* Manifestation des Verbots von Instrumentalisierung darstellt und dieses Verbot eben für Tiere *nicht gilt*. Tiere dürfen, aufgrund ihres Lebensschutzes, nicht *beliebig* getötet oder geschädigt werden, aber ihre Lebensrechte dürfen, aufgrund ihres fehlenden Würdeschutzes, in einer Weise *gegen andere* Rechte aufgerechnet werden, wie es bei Menschen niemals zulässig wäre.

(3) Bis hierhin hätte sich also das vertraute Verhältnis von Würdeschutz und Lebensschutz auch für den Fall von Tieren reproduziert: Zumindest in einem wichtigen Sinne gibt sich Instrumentalisierung als eine bestimmte Art der Abwägung elementarerer Rechtsgüter, wie vor allem Leben, zu erkennen, insofern nämlich eine solche Abwägung bei Menschen illegitim, bei Tieren aber legitim ist, und Menschen eben vor solcher Instrumentalisierung zu schützen sind, Tiere hingegen nicht.

Zugleich regt das Beispiel aber verstärkt zu der Nachfrage an, ob sich Würdeschutz in der Einhaltung geeigneter Rechtsbilanzen bzw. fehlender Würdeanspruch in der Zulässigkeit entsprechender Regelverletzungen erschöpft: Neben den skizzierten Abwägungen dürften bei Tieren klar umrissene Behandlungsformen erlaubt sein, die wiederum eine Instrumentalisierung darstellen und daher bei Menschen inakzeptabel sind, die aber nicht auf eine kritische Abwägung externer Rechtsgüter wie Leben oder Unversehrtheit zurückzugehen, sondern ganz eigenständige Vollzugsformen zu beschreiben scheinen.

So darf man Tiere erwerben, besitzen und verkaufen, solange man sie nicht grundlos schädigt oder misshandelt. Man darf Daten über sie sammeln, Beobachtungen an ihnen anstellen und sie zur Erkenntnisgewinnung benutzen, solange man ihre anderweitigen Belange nicht beschneidet. All dies ist bei Menschen unzulässig, selbst wenn es mit keiner Beeinträchtigung sonstiger Rechte einhergeht. Und dieser Umstand hat offenbar einmal mehr damit zu tun, dass nicht Tiere, wohl aber Menschen gegen Instrumentalisierung zu schützen sind. Denn eben Instrumentalisierung *ist* der verbindende Charakter der beschriebenen Handlungsweisen. Zugleich scheinen diese Handlungsweisen aber, zumindest auf den ersten Blick, nichts mit externen Rechtsgütern zu tun zu haben, sondern *unmittelbare* Ausnutzungen darzustellen. Somit hätte das Beispiel der Tiere auf eine Sphäre von Umgangsformen geführt, die endlich den gesuchten Nachweis enthalten. An ihnen wäre unmittelbar einsichtig, dass Würdeschutz bei Menschen, indem er die Vermeidung derartiger Handlungen fordert, in der Tat ein spezielles Rechtsgut darstellen kann und sich nicht auf die Bilanzierung anderer Rechte beschränken muss.

Leider kann bei genauerem Hinsehen auch in den genannten Verhaltensweisen ein externes Rechtsgut ausgemacht werden, das hiervon in kritischer Weise betroffen wäre: Die illegitime Instrumentalisierung, die derartige Handlungen bei Menschen bedeuten müssten, mag darin begründet liegen, dass mit ihnen, wie schon im Fall der Humanexperimente, die Selbstbestimmung beeinträchtigt würde (insbesondere in sozialer bzw. informationeller Hinsicht). Die konstatierte Würdeverletzung könnte also einmal mehr in einer Missachtung des elementareren Rechtsguts ‚Selbstbestimmung' bestehen, nicht in der unmittelbaren Verletzung eines Rechtsguts ‚Würde' durch eigentümliche Umgangsformen. Wiederum ist diese Auffassung freilich mit all den Unwägbarkeiten behaftet, die im vorangehenden Abschnitt erörtert wurden: Vielleicht ist Selbstbestimmung kein eigenständiges Rechtsgut, dessen Missachtung eine Instrumentalisierung bedeuten könnte, sondern nur ein abgeleitetes Korrelat des Würdeschutzes selbst. Vielleicht besteht die Würdeverletzung zunächst unabhängig, als unmittelbare Erscheinung in den erwähnten Handlungen oder auch in gewissen Abwägungen anderer Rechtsgüter, und Selbstbestimmung wäre allein jener Akt des Betroffenen, der diese drohende Instrumentalisierung neutralisieren könnte (durch Aufnahme der Handlungen unter seine eigenen Zwecke).

Mit Blick auf die Tiere selbst ist die Lage noch undurchsichtiger. Hier ist zunächst die Frage, ob Tiere überhaupt zu Selbstbestimmung im eigentlichen Sinne fähig sind, oder zumindest, ob die beschriebenen Handlungen tierische Formen von Selbstbestimmung berühren könnten. Vielleicht ist dies der Fall. Dann könnte auch bei Tieren die festgestellte Instrumentalisierung in der Missachtung jener Selbstbestimmung liegen (wobei diese Instrumentalisierung nun freilich legitim wäre, eben weil es sich um Tiere handelt). Vielleicht ist es aber auch nicht der Fall, d.h. Tiere können durch die skizzierten Handlungen gar nicht in ihrer Selbstbestimmung beschnitten werden (ebenso wenig wie sie in ihrer Würde verletzbar sind, weil sie diese ebenfalls nicht haben). Dann könnte in der Tat auch bei Tieren, zwar nicht die Würdeverletzung, aber doch die Instrumentalisierung aufgrund der beschriebenen Handlungen in der bloßen Handlungsform selbst begründet liegen.

6. Anwendung in der Bioethik 3: Forschung an Embryonen

Das Beispiel der Forschung an Tieren ist somit für die hier diskutierte Frage zwar hilfreich zur Vertiefung, führt aber nicht eindeutig zur Lösung: Die spezielle Kombination dieses Falls, das Vorliegen von Lebensrechten und das Fehlen von Würderechten, bedingt eine Entkopplung beider Aspekte, was einen gewissen Zugewinn an perspektivischer Trennschärfe einträgt. Letztlich erlaubt der Fortfall des Instrumentalisierungsverbots, im Vergleich mit der Forschung an Menschen, jedoch keine klare Interpretation des Würdekonzepts und seiner normativen Strukturen. Und möglicherweise ist diese Unschärfe nicht überraschend, denn wenn der in Frage stehende Rechtsbestand schlichtweg abwesend ist, kann er auch bestenfalls in negativer Hinsicht erschlossen, nicht aber in positiver Gestalt erfasst werden.

Der nachfolgende und letzte Anwendungsbereich dieser Untersuchung, die Forschung an Embryonen, verspricht diesbezüglich Abhilfe. So ist hier, zumindest gemäß vertretbaren Auffassungen, der Würdeschutz wieder einschlägig, während gerade umgekehrt, jedenfalls in einer bestimmten Fallkonstellation, der Lebensschutz hinfällig werden mag. Wieder käme es also zu einer Entflechtung beider Normbereiche, nun aber in genau gegenläufiger Weise gegenüber der Forschung an Tieren und in einer endlich aufschlussreichen Form: Indem der Würdeschutz bestehen bliebe, der Lebensschutz hingegen entfiele, könnte der unabhängige Charakter des Würdeschutzes zuletzt greifbar werden.

(1) Im Folgenden wird davon ausgegangen, dass Embryonen grundsätzlich als Rechtsträger in Frage kommen. Hierfür wären genauere Begründungen zu nennen, wofür sich insbesondere die im vorangehenden Abschnitt erwähnten Potentialitäts-Argumente anbieten. Mit Blick auf die hier verfolgte Aufgabe, das Verhältnis zwischen Würdeschutz und Lebensschutz zu klären, ist dabei nicht erheblich, ob diese Argumente als *tatsächlich überzeugend* anerkannt werden. Wichtig ist lediglich, dass sie als *grundsätzlich haltbar* eingeschätzt werden dürfen. Allein schon die rationale Vertretbarkeit der sich aus ihnen ergebenden Positionen genügt, um jene beiden Normbestände zu differenzieren, die im vorliegenden Zusammenhang von Interesse sind. Diese Differenzierung bliebe ein gültiger Ertrag, auch wenn man zuletzt zu dem Schluss käme, dass jene Normbestände im Embryonenschutz gar nicht einschlägig sind.

Genauer geht es beim Problemkreis der Embryonenforschung um die Frage, ob die *Tötung* von Embryonen zu Forschungszwecken legitim sein kann, sei es im Rahmen der Grundlagenforschung oder sei es mit dem langfristigen Ziel einer Erarbeitung von therapeutischen Optionen für Schwerkranke. Geht man dabei von einem vollgültigen *Rechtsstatus* von Embryonen aus, so ist unmittelbar einsichtig, dass solche Forschung unter Tötung nicht legitim sein kann, da der fragliche Eingriff zu elementar ist und sich durch die angestrebten Zwecke nicht aufwiegen lässt. Dieses kategorische Ergebnis führt dazu, dass in den entsprechenden Rechtsregelungen eine genauere Auflistung von Grundsätzen, die entweder dem Lebensschutz oder aber dem Würdeschutz zuzuordnen wären, gar nicht erst auftaucht. Statt einzelne Prinzipien wie bei Humanexperimenten oder Tierversuchen zu formulieren, um hierdurch Eckdaten für anfallende Abwägungen zu benennen, ist die Bilanz in der *verbrauchenden Embryonenforschung* immer schon eindeutig, so dass man sich hier auf ein *schlichtes Verbot* beschränken kann.[23] Dies verhält sich anders bei Rechtsregelungen, in denen die Tötung des Embryos als bereits erfolgt vorausgesetzt wird und es um die nachfolgende Verwendung von gewonnenen Materialien geht. So fordern die relevanten Bestimmungen für den Import und die Nutzung von *embryonalen Stammzellen* insbesondere *Hochrangigkeit und Alternativlosigkeit* der fraglichen Forschungsvorhaben, womit sie erkennbar die bekannten Grundsätze der Verhältnismäßigkeit von Risiken und Belastungen zum erwarteten Erkenntnisgewinn sowie der Unentbehrlichkeit und der Beachtung von Subsidiaritätsregeln im anstehenden Experiment aufgreifen und, quasi als abgeschwächte Derivate des kategorischen Verbotes der verbrauchenden Embryonenforschung, auf die Spezialsituation von Einfuhr und Verwendung bereits gewonnener Stammzellen fortschreiben.[24]

Mit den Forderungen nach Hochrangigkeit und Alternativlosigkeit tauchen also zwei Grundsätze wieder auf, die bereits in den bisher diskutierten Themenfeldern der Humanversuche und der Tierexperimente eine Rolle spielten. Genauer waren diese beiden Konzepte dem Lebensschutz zugeordnet. Demgegenüber werden die Grundsätze des Würdeschutzes nicht erkennbar aufgegriffen. Dies dürfte indessen vornehmlich daran liegen, dass sie für den Fall des Imports und der Nutzung von Stammzellen überhaupt nicht sinnvoll formulierbar sind, auch nicht in modifizierter Form: Eine informierte Einwilligung kann nicht stattfinden (die notwendige Zustimmung seitens der Eltern wird als durch die Regelungen zur vorangehenden Stammzellgewinnung gewährleistet vorausgesetzt). Und ein realistischer Eigennutzen ist ebenfalls ausgeschlossen (weil die Tötung des Embryos längst erfolgt ist).

Dass für die Sondersituation der embryonalen Stammzellforschung bestimmte Lebensschutz-Grundsätze wieder aufscheinen, während übliche Würdeschutz-Grundsätze ausbleiben, darf somit nicht den Blick dafür verstellen, dass in der Grundsituation der verbrauchenden Embryonenforschung beide Aspekte relevant sind, nur eben für ein striktes Verbot sprechen. Dies bestätigt sich, wenn man die involvierten Rechte mit Hilfe der obigen Regel gegeneinander abwägt.

---

[23] Dies ist die implizite Position des deutschen *Gesetzes zum Schutz von Embryonen (Embryonenschutzgesetz – ESchG)*, das jegliche Herstellung oder Verwendung von Embryonen, welche nicht der Herbeiführung einer Schwangerschaft bei jener Frau dient, von der die Eizelle stammt, verbietet.

[24] Dies sind die wesentlichen Eckpunkte des deutschen *Gesetzes zur Sicherstellung des Embryonenschutzes im Zusammenhang mit Einfuhr und Verwendung menschlicher embryonaler Stammzellen (Stammzellgesetz – StZG)*, das, neben Vorgaben für die vorangehende Stammzellgewinnung und formalen Regeln für die Antragsbewilligung, primär diese beiden inhaltlichen Anforderungen an das fragliche Forschungsvorhaben selbst formuliert.

So haben die Embryonen nach Voraussetzung Abwehrrechte des Typs Eingriffsfreiheit gegen ihre Tötung. Die beteiligten Forscher haben Abwehrrechte des Typs Handlungsfreiheit hinsichtlich ihrer wissenschaftlichen Tätigkeit. Diese Handlungsfreiheit würde schon bei gleicher Betroffenheitstiefe gegen die Rechte der Embryonen unterliegen. Tatsächlich ist die Betroffenheitstiefe der Forscher aber sogar weitaus geringer, denn bei ihnen geht es um ein fakultatives Tun, bei den Embryonen hingegen um Leben oder Tod, und damit dürfte die Eingriffsfreiheit der Embryonen in dieser Bilanz eindeutig überwiegen.

Die Kranken, die vielleicht einmal von Therapien aufgrund der Embryonenforschung profitieren könnten, haben Anspruchsrechte auf Lebensrettung, jedenfalls wenn von tödlichen Krankheiten ausgegangen wird. Ihre Betroffenheitstiefe ist also gleich groß wie die der Embryonen, es geht auch bei ihnen um Leben und Tod. Damit gewinnen aber die Abwehrrechte der Embryonen auch in dieser Abwägung, zumindest wenn man den Embryonen vollgültige Lebensrechte zuspricht. Sie gewinnen erst recht, wenn es bei den Kranken nicht um Leben oder Tod, sondern um zunehmend nachrangige Gesundheitsaspekte gehen sollte, wenn geringe Erfolgsaussichten bestehen oder wenn alternative Therapieoptionen vorliegen.

Sofern Embryonen also vollgültige Lebensrechte haben (und genau hierüber ist die zentrale Auseinandersetzung folgerichtig entbrannt), dann verletzt man diese Rechte in einer illegitimen Bilanz, wenn man die Embryonen für Forschungs- oder Therapiezwecke tötet. Und einmal mehr könnte man behaupten, dass eben hierin auch eine Verletzung ihres Würdestatus bestehe (sofern ihnen solch ein Status zukommt). Man nimmt ihnen das Leben, *um* selbst zu forschen bzw. *um* andere zu retten. Genau dies mag die Ausnutzung, die Instrumentalisierung, die Würdeverletzung der Embryonen darstellen.

Es wäre aber auch zu erwägen, ob unter dem Stichwort der Würdeverletzung nicht ein neuer, eigenständiger Aspekt hinzukommt. Vielleicht geht es nicht allein um die Tötung der Embryonen, sondern auch um ihre gezielte *Herstellung*, vor der Tötung, oder um ihre forschende *Auswertung*, nach der Tötung. Es erscheint nicht unplausibel, dass dies besondere Formen von Würdeverletzung darstellen könnten, die sich nicht auf die Beeinträchtigung anderer Rechtsgüter wie Leben oder Gesundheit reduzieren lassen. Insbesondere beim Aspekt der Herstellung zu fremden Zwecken ist nicht abwegig, dass er eine Instrumentalisierung bedeuten mag, und zugleich ist kaum erkennbar, welches elementarere Rechtsgut durch jene Herstellung überhaupt verletzt werden sollte.

(2) Der Aspekt der Selbstbestimmung kann in diesem Beispiel zu keinen Irritationen mehr führen: Embryonen bestimmen sich niemals selbst, im Forschungslabor ebenso wenig wie im Mutterleib. Ein etwaiges Rechtsgut der Selbstbestimmung, in dem sie verletzbar wären bzw. in dem sie geschützt werden müssten, wird man ihnen daher nicht sinnvoll attestieren können. Anders als Tiere mögen sie zwar eine *Würde* haben, so dass sie gegen *Instrumentalisierung* zu schützen sind, anders aber als bei geborenen Menschen kann jene *Instrumentalisierung* nicht mehr daran liegen, dass ihre *Selbstbestimmung* verletzt worden wäre. Man könnte allenfalls im Irrealis argumentieren: Die geplanten Eingriffe *wären* nur dann legitimiert, wenn die

Embryonen ihnen zugestimmt *hätten*, und weil die Embryonen ihnen nun einmal nicht zustimmen *können*, *sind* diese Eingriffe notwendig illegitim. Aber dann ginge es bei der Selbstbestimmung wieder nicht um ein separates Rechtsgut, das verletzt wäre, so dass hieraus eine Würdeverletzung entstünde. Vielmehr wäre die Würdeverletzung unabhängig konstatiert, und die Selbstbestimmung wäre nur die theoretisch geforderte, aber faktisch unmögliche Behebung dieser Würdeverletzung.

Entsprechend können Potentialitäts-Argumente zwar Gründe benennen, weshalb die Beeinträchtigung bestimmter Güter bei einer Entität ein Unrecht wäre: Sie können zeigen, weshalb einem Embryo nicht das Leben genommen und weshalb er nicht in seiner Würde verletzt werden darf. Denn erstens *kann* einem Embryo, als lebendigem Wesen, das Leben genommen werden, und er *kann*, als menschliches Wesen, in seiner Würde verletzt werden. Und zweitens *hat* jenen Argumenten zufolge der Embryo die wesentlich *gleichen* Rechte wie ein Erwachsener. Potentialitäts-Argumente können aber nicht einer Entität ein Gut zuschreiben, über das diese Entität gar nicht verfügt: Sie können nicht zeigen, dass die Selbstbestimmung eines Embryos zu beachten ist, denn ein Embryo ist zur Selbstbestimmung überhaupt nicht fähig. Potentialität *ist* somit geeignet, die *Rechte* von Erwachsenen auch Embryonen zuzusprechen. Aber sie ist *nicht* imstande, die *Güter* von Erwachsenen auf Embryonen zu übertragen.

Wenn also Embryonen in ihrer Würde verletzt werden, so kann dies nicht an einer Missachtung ihrer Selbstbestimmung liegen. Entweder es muss um Güter gehen, die sie nachweislich haben (vor allem Leben und Gesundheit, vielleicht auch Eigentum oder Ansehen, im Vorgriff auf ihre künftige Existenz und soziale Einbettung). Oder es muss um besondere Formen der Benutzung gehen, in denen eine originäre Instrumentalisierung liegen mag (die bewusste Herstellung, die anschließende Auswertung). Noch ist nicht geklärt, ob Letzteres vorkommen kann.

Um diesbezüglich größerer Klarheit zu gewinnen, bietet sich der Fall sogenannter ‚überzähliger Embryonen' an: Hierbei geht es um Embryonen, die ursprünglich zu Fortpflanzungszwecken erzeugt wurden, von denen aber inzwischen feststeht, dass sie zu keiner Einpflanzung mehr gelangen werden. Bei diesen ‚überzähligen Embryonen' könnte man sich auf den Standpunkt stellen, dass sie eine gewissermaßen ‚reduzierte Betroffenheitstiefe' haben, welche in Abwägungen gemäß der Regel zu berücksichtigen sei: Man nimmt ihnen nicht mehr ein vollumfängliches Leben, wenn man sie tötet, sondern nur ein paar Wochen, Monate, vielleicht auch Jahre kryokonservierter Existenz. Sie sind ‚ohnehin dem Tod geweiht', und folglich ist ihre Betroffenheitstiefe nicht mehr dahingehend richtig benannt, dass es bei ihnen im Vollsinne um Leben oder Tod ginge. Ihre Betroffenheitstiefe ist deutlich geringer, und daher könnten die Abwehrrechte der Embryonen in der Bilanz gegen die Handlungsfreiheit der Forscher bzw. gegen die Anspruchsrechte von Kranken zuletzt doch unterliegen.

Die argumentative Figur einer reduzierten Betroffenheitstiefe ist in manchen Fällen durchaus einschlägig: Ein plausibler Anwendungsfall ist eine komplizierte Schwangerschaft, in welcher der Fötus nicht zu retten ist, die Mutter zu sterben droht und die Mutter nur gerettet werden kann, indem man den Fötus tötet. Dies erschiene gemäß der Regel zunächst illegitim, jedenfalls wenn man dem Fötus vollgültige Lebensrechte zuspricht: Die Betroffenheitstiefe bei Mutter und Fötus wäre prima facie gleich, es ginge bei beiden um Leben und Tod, und daher müsste das *Abwehrrecht* des Fötus gegen die Tötung das *Anspruchsrecht* der Mutter auf die Rettung überwiegen. Da indessen der Fötus ohnehin nicht überleben kann, mag man ihm eine reduzierte Betroffenheitstiefe attestieren. Damit könnte die Bilanz zuletzt doch legitim werden, und der Schwangerschaftsabbruch ließe sich rechtfertigen, was unter den gegebenen Bedingungen adäquat erscheint.

Ähnlich liegt das Beispiel zweier Bergsteiger, die aneinandergeseilt sind und verunglücken: Der untere Bergsteiger stürzt ab, der obere kann das Gewicht beider nicht mehr halten, so dass entweder beide sterben oder der obere den unteren tötet, indem er das Seil durchschneidet und hierdurch zumindest sein eigenes Leben rettet. Dies wäre wiederum nicht legitim, wenn jeweils die gleiche Betroffenheitstiefe vorläge: Denn hier steht die *Eingriffsfreiheit* des unteren Bergsteigers gegen die *Handlungsfreiheit* des oberen Bergsteigers, und bei gleicher Betroffenheitstiefe müsste diese Eingriffsfreiheit jene Handlungsfreiheit überwiegen. Wenn aber bei dem unteren Bergsteiger eine reduzierte Betroffenheitstiefe angenommen wird, da er ohnehin keine Überlebensmöglichkeit mehr hat, mag seine Eingriffsfreiheit gegen die Handlungsfreiheit des oberen Bergsteigers zuletzt doch unterliegen. Der Akt der Selbstrettung wäre dadurch zu legitimieren, was einmal mehr angemessen erscheint.

Bei überzähligen Embryonen könnte diese Logik ebenfalls einschlägig sein: Auch sie sind augenscheinlich ‚ohnehin dem Tod geweiht'. Sie werden nicht mehr zur Implantation gelangen, so dass ihnen keine relevante *Entwicklungsperspektive* eröffnet ist, und nach einer gewissen Wartefrist werden sie vernichtet werden, womit ihr *Untergang* sicher feststeht. Indem sie somit kein nennenswertes Leben mehr führen werden und ihr baldiger Tod längst beschlossen ist, scheinen auch sie eine ‚reduzierte Betroffenheitstiefe' zu haben. Auf dieser Grundlage wäre es möglich, dass ihre Eingriffsfreiheit weniger relevant ist als die Handlungsfreiheit der Forscher oder die Anspruchsrechte der Kranken. Und natürlich sind nur mit Ausblick auf eine solche Legitimation überzählige Embryonen überhaupt in die bioethische Diskussion und in die biotechnische Praxis eingeführt worden.[25]

Freilich kann diese Argumentation auch in Frage gestellt werden: So liegen bedeutsame Unterschiede zu den Fällen der komplizierten Schwangerschaft oder der verunglückten Bergsteiger darin, dass sich dort erstens die Beteiligten in einer *gemeinsamen Bedrohungssituation* befinden, aus der die eine Partei nur zu retten ist, indem die andere Partei getötet wird, und dass zweitens diese Bedrohungssituation eine *objektive Unvermeidbarkeit* darstellt, die weder vorsätzlich herbeigeführt wurde noch aktuell behoben werden kann. Bei den überzähligen Embryonen hingegen hat deren bevorstehendes Schicksal erstens überhaupt nichts mit den Bestrebungen der Forscher, die sich ihrer bedienen wollen, oder mit den Gefährdungen der Kranken,

---

[25] In diesem Sinne rechtfertigt etwa Gene Outka die Verwendung überzähliger Embryonen durch ein „'nothing is lost' principle" (OUTKA 2002, 193–195, 202–207).

die durch sie gerettet werden sollen, zu tun und ist zweitens nicht ein unvermeidlicher Effekt der Natur, sondern ein Ergebnis menschlicher Entscheidungen, sie zunächst zu erzeugen und dann nicht mehr zu implantieren. Ohne eine solche gemeinsame Bedrohungssituation und ohne eine derartige objektive Unvermeidlichkeit mag man aber bezweifeln, ob das Argument der maßgeblich ‚reduzierten' Betroffenheit bzw. der Verweis auf den ‚ohnehin' bevorstehenden Tod tatsächlich verfängt. Beispielsweise darf man auch nicht todkranke Patienten kurz vor ihrem Ableben oder verurteilte Häftlinge kurz vor ihrer Hinrichtung töten, um andere Menschen mit ihren Organen zu retten, weil sie eine ‚reduzierte Betroffenheitstiefe' hätten bzw. weil sie ‚ohnehin dem Tod geweiht' wären. Und dies liegt ebenfalls daran, dass ihr bevorstehender Tod nichts mit der gegebenen Situation zu tun hat, aus der man die anderen Menschen retten will, bzw. dass dieser Tod keine naturgegebene Notwendigkeit darstellt, die menschlicher Verfügung entzogen wäre.[26]

(3) Ob die Logik der reduzierten Betroffenheitstiefe bei überzähligen Embryonen tatsächlich greift, ist somit eine strittige Frage, und entsprechend auch, ob hierdurch die Abwägung ihrer Lebensrechte sich verschieben könnte. Ganz sicher aber ändert sich durch ihren bevorstehenden Tod nichts an den Würderechten der Embryonen, falls sie solche haben. Und aufgrund dieser Konstellation liefert das Beispiel einen interessanten Testfall für die hier aufgeworfene Frage nach dem Verhältnis von Würdeschutz und Lebensschutz. In einer bestimmten Positionierung zu diesem Beispiel würde nämlich endlich deutlich werden, dass Würdeschutz in der Tat ein eigenständiger Aspekt ist, der nicht auf andere Rechtsgüter reduziert werden kann.

Insgesamt können mit Blick auf die verbrauchende Forschung an überzähligen Embryonen und ihre Relevanz für Würde- und Lebensschutz vier Positionen eingenommen werden. Dabei ist im Folgenden nicht erheblich, welche dieser Positionen tatsächlich richtig ist, sondern allein, dass sie alle vernünftig begründbar sind.

Erstens mag man in der Tötung der Embryonen sowohl eine Lebensschutzverletzung als auch eine Würdeschutzverletzung sehen. Ersteres bedeutet, dass die Logik der reduzierten Betroffenheitstiefe offenbar nicht anerkannt wird. Es bleibt daher bei einer Lebensschutzverletzung, die Abwägung gilt als illegitim. Und möglicherweise wird genau deshalb auch eine Würdeschutzverletzung angenommen. Vielleicht aber wird diese Würdeschutzverletzung auch aus separaten Gründen postuliert. Dies ist in dieser Konstellation einmal mehr nicht eindeutig erkennbar.

Zweitens mag man sowohl die Lebensschutzverletzung als auch die Würdeschutzverletzung bestreiten. Ersteres mag daran liegen, dass man die Logik der reduzierten Betroffenheitstiefe anerkennt, oder auch daran, dass man Embryonen generell keine vollgültigen Lebensrechte attestiert. Daher wird keine Lebensschutzverletzung angenommen, die Abwägung gilt als legitim. Und möglicherweise wird genau deshalb auch keine Würdeschutzverletzung erkannt. Vielleicht wird diese

---

[26] In dieser Hinsicht wendet sich auch John Fletcher gegen die Verwendung überzähliger Embryonen bzw. gegen die „theory that it can be morally right to kill a doomed human being to benefit others" (FLETCHER 2001, 65).

Würdeschutzverletzung aber auch deshalb bestritten, weil die hierfür einschlägigen separaten Gründe fehlen bzw. bei Embryonen als normativ unerheblich erachtet werden. Damit ist das Verhältnis beider Belange wieder nicht klar erkennbar.

Im dritten Fall sieht man zwar eine Lebensschutzverletzung, aber keine Würdeschutzverletzung. Hier wird, wie schon im ersten Fall, die Argumentation der reduzierten Betroffenheitstiefe offenbar nicht geteilt. Deshalb geht man von einer Lebensschutzverletzung aus und hält die erfolgte Abwägung für illegitim. Dennoch wird keine Würdeschutzverletzung konstatiert. Das bedeutet, dass eine Würdeschutzverletzung aus separaten Gründen festgestellt werden *müsste*. Leider kann man hieraus noch nicht definitiv folgern, dass Würdeschutz tatsächlich ein eigenständiger normativer Aspekt *ist*. Denn es könnte natürlich sein, dass solche separaten Gründe grundsätzlich nicht anerkannt bzw. bei Embryonen als belanglos angesehen werden, dass die Würde von Embryonen generell geleugnet und auch allein deshalb der Fehler in der Lebensabwägung nicht in den Vorwurf einer Würdeverletzung überführt wird. Somit ist ein positiver Befund einer eigenständigen Würdeverletzung immer noch nicht gewonnen, eben weil er aus der negativen Behauptung einer fehlenden Würdeverletzung nun einmal nicht zu beziehen ist.

Dies ändert sich aber im vierten Fall. Hier wird zwar keine Lebensschutzverletzung, aber eine Würdeschutzverletzung gesehen. Ersteres muss daran liegen, dass, wie schon im zweiten Fall, die Logik der reduzierten Betroffenheitstiefe geltend gemacht wird oder dass generell die Lebensrechte von Embryonen zumindest nicht vollumfänglich anerkannt werden. Daher wird keine Lebensschutzverletzung konstatiert, die Abwägung gilt als legitim. Dennoch wird eine Würdeschutzverletzung angenommen. Und dies *muss* nun in der Tat aus separaten Gründen geschehen. Jetzt *muss* es eigenständige Aspekte der Handlung geben, welche die Würde unmittelbar verletzen und die sich nicht auf Fragen des Lebensschutzes oder der falschen Abwägung sonstiger Rechtsgüter reduzieren lassen. Jetzt muss es um Gesichtspunkte wie die gezielte Herstellung oder die anschließende Auswertung gehen, die problematisch werden, wenn man die Tötung nicht für verboten hält.

Wie erwähnt braucht hier nicht entschieden zu werden, wie attraktiv diese vierte Position letztlich ist. Immerhin scheint nicht abwegig zu sein, dass bei der Embryonenforschung weniger die Tötung als vielmehr die gezielte Produktion und der anschließende Verbrauch das eigentliche Problem darstellen. Zwar mag die Logik der reduzierten Betroffenheitstiefe aus den angegebenen Gründen fragwürdig sein. Aber dafür könnten die fehlende Empfindensfähigkeit, das fehlende Bewusstsein, die fehlende Handlungsfähigkeit, die fehlende Selbstbestimmung der frühen Embryonen dafür sorgen, dass man Lebensschutzrechte in ihrem Fall zumindest für nachrangig hält. Auch Potentialitäts-Argumente, deren *grundsätzliche Relevanz* anerkannt bliebe, müssten an dieser *relativen Nachrangigkeit* nichts ändern. Schließlich setzen selbst Vertreter dieser Argumente die Tötung eines Embryos dem Verfehlungsgrad nach im Allgemeinen nicht mit der Tötung eines Geborenen gleich. Entsprechend könnte man in der *vorliegenden Abwägung* die *bloße Tötung* der Embryonen mit Blick auf die angezielten Zwecke als tolerabel erachten. Hingegen könnte die Zugehörigkeit zur Gattung Mensch ausreichen, um an der gezielten Nutzung

Anstoß zu nehmen, was dann freilich eher ein Spezies- als ein Potentialitäts-Argument auf den Plan rufen würde.²⁷

Aber auch wenn man sich dieser vierten Position nicht anschließen will, muss man zumindest einräumen, dass sie normativ sinnvoll ist. Und dies genügt, um zu schließen, dass Würdeschutz ein unabhängiger normativer Aspekt gegenüber Lebensschutz, oder auch dem Schutz anderer Rechtsgüter wie Eigentum oder Ansehen, sein kann. Man muss der angestellten Bilanz also inhaltlich keineswegs zustimmen. Man mag bezweifeln, ob es sinnvoll ist, Würdeschutzrechte anzuerkennen und gleichzeitig Lebensschutzrechte zu bestreiten oder zumindest einzuschränken. Vielleicht muss die Anbindung an den erwachsenen Menschen durch Potentialitäts- oder Spezies-Argumente, wenn überhaupt, dann gleichzeitig Lebensschutz und Würdeschutz in vollem Umfang erbringen, vielleicht ist die Logik der reduzierten Betroffenheitstiefe, zumindest für den vorliegenden Fall, verfehlt. Aber man kann nicht leugnen, dass die vierte Position *nachvollziehbar* ist, und allein *hieran* wird jene Getrenntheit von Würdeschutz und Lebensschutz deutlich, die sich bei den anderen Konstellationen noch verbirgt. Man mag eine der anderen Positionen aus guten Gründen *bevorzugen*, etwa die erste Position, in der beide Aspekte noch vereint erscheinen, aber man muss zugeben, dass eine andere Beurteilung der Sachlage *denkbar* ist, aus der sich die vierte Position ergibt, in welcher diese Aspekte auseinandertreten. Und allein diese ernsthafte Option, diese vernünftige Haltbarkeit der vierten Einschätzung reicht für den Nachweis, dass grundsätzlich verschieden ist, was in den anderen Positionen nur vereint auftritt bzw. gänzlich fehlt.²⁸

---

27 Immerhin hätte diese Position den Vorteil, dass eine Ablehnung von Embryonenforschung mit einer Tolerierung von Schwangerschaftsabbrüchen leicht vereinbar wäre. Bei Schwangerschaftsabbrüchen käme es zwar zur Tötung, aber nicht zur Nutzung, und somit könnten sie hingenommen werden, sofern man nur eingeschränkte Lebensrechte von Embryonen annähme. In der Forschung hingegen käme es neben der Tötung auch zur Nutzung, und somit könnte sie verurteilt werden, aufgrund einer separaten Würdeverletzung durch jene Verwendung. Das leidige Konsistenzproblem von verbotener Embryonenforschung einerseits und erlaubten Schwangerschaftsabbrüchen andererseits wäre damit beseitigt. Freilich gibt es darüber hinaus weitere wesentliche Unterschiede zwischen beiden Handlungen, die ihre abweichende normative Bewertung rechtfertigen können, insbesondere mit Blick auf das besondere körperliche Verhältnis zwischen Mutter und Embryo. Vor diesem Hintergrund mögen erstens staatliche Einflussnahmen im Schwangerschaftsbereich grundsätzlich unangebracht sein, während sie für Forschungszusammenhänge allemal einschlägig bleiben, zweitens aber auch die Rechte des Embryos eher als Anspruchsrechte auf Versorgung statt als Abwehrrechte gegen Tötung, die Rechte der Mutter eher als Abwehrrechte gegen körperliche Ausnutzung denn als Abwehrrechte auf freie Handlungswahl zu verstehen sein, womit bereits die basale Abwägungskonstellation ganz anders gestaltet wäre als im Fall der Forschung.

28 Ein weiterer Vorteil der vierten Position liegt darin, dass man mit ihr Forschung an Embryonen auch dann kritisch betrachten kann, wenn es zu keiner Tötung der Embryonen kommt. Denn wiederum kann sie darin eine Würdeschutzverletzung erken-

7. Abschluss

Regeln zur Abwägung konkurrierender Rechte sind in wissenschaftsethischen Debatten hilfreich und unentbehrlich. Denn oftmals geht es in diesen Debatten um Kollisionen von Eingriffs- und Handlungsfreiheiten oder von Abwehr- und Anspruchsrechten, die entsprechender Klärung bedürfen. Umgekehrt können solche angewandten Probleme gelegentlich Anregungen für grundsätzliche Fragen der Rechtsabwägung geben. Insbesondere lassen sich in ihnen die beiden fundamentalen Belange des Würdeschutzes und des Lebensschutzes voneinander isolieren, die sonst kaum zu trennen sind.

(1) Bei geborenen Menschen ist schwierig zu erkennen, ob Instrumentalisierungen unabhängig von der falschen Abwägung anderer Rechtsgüter vorkommen können. Denn meist sind in den entsprechenden Problemfällen andere Rechtsbestände wie Leben oder Gesundheit, Eigentum oder Ansehen unausweichlich mitbetroffen, und es gibt kaum sichere Anhaltspunkte, ob deren fehlerhafte Abwägung den eigentlichen und vollständigen Inhalt etwaiger beobachteter Würdeverletzungen darstellt oder nicht. Das Beispiel der Tiere sorgt in dieser Hinsicht für eine gewisse Differenzierung, indem sich hier Lebensschutz und Würdeschutz voneinander entkoppeln. Aber auch mit Blick auf diesen Bereich mag sich der Würdeschutz von Menschen zuletzt darin erschöpfen, dass bestimmte externe Rechtsgüter wie Leben oder auch Selbstbestimmung keiner illegitimen Abwägung unterzogen werden dürfen.

Embryonen indessen sind Wesen, bei denen all diese Aspekte entfallen können. Leben und Gesundheit, auch Eigentum und Ansehen mögen irrelevant werden, weil die Logik der reduzierten Betroffenheitstiefe greift oder weil ihr ontologischer Status als solcher den Schutz dieser Güter nicht vollumfänglich erfordert, andere Rechtsgüter wie Selbstbestimmung kommen ihnen erst gar nicht zu. Insbesondere bei überzähligen Embryonen mag somit ein *gewissermaßen nackter Würdeschutz* zurückbleiben, der ihre Nutzung verböte, ohne dass noch ein Lebensschutz von Bedeutung wäre. Somit würde an ihnen endlich erkennbar, dass Instrumentalisierung tatsächlich ein *Rechtsbestand sui generis* sein kann, der nicht auf andere Rechtsgüter bezogen ist.

---

nen, ohne eine Lebensschutzverletzung konstatieren zu müssen. Und dies scheint nicht unplausibel zu sein. Freilich wäre diese Haltung auch innerhalb der ersten Position möglich. Diese könnte grundsätzlich eine Lebensschutzverletzung verurteilen, welche nun allerdings bei Embryonenforschung ohne Tötung entfiele, und könnte trotz dieser ausbleibenden Tötung an der Würdeschutzverletzung festhalten, die sie bisher bei der verbrauchenden Embryonenforschung festgestellt hatte. Dann gäbe auch diese erste Position zu erkennen, dass jene Würdeverletzung unabhängig von Lebensabwägungen wäre und sich auf unabhängige Aspekte der Nutzung bezöge.

In der Tat liegt der Fall überzähliger Embryonen, wenn man bei ihnen die Logik der reduzierten Betroffenheitstiefe anwenden will, qualitativ anders als die möglichen Vergleichsfälle, in denen diese Logik erwogen werden mochte: In den Beispielen der komplizierten Schwangerschaft und der verunglückten Bergsteiger ist zwar ebenfalls die fragliche Lebensabwägung aufgrund reduzierter Betroffenheitstiefe legitim. Aber hier ist auch jeweils von *keiner* Würdeverletzung auszugehen. Und dies mag genau an der korrekten Lebensabwägung *liegen*, womit beide Belange einmal mehr vereint wären (diese Kombination entspricht der zweiten Position aus dem vorangehenden Abschnitt). In den Beispielen der todkranken Patienten und der verurteilten Häftlinge hingegen ist anzunehmen, dass eine Würdeverletzung stattfindet. Aber hier ist wohl *auch* jeweils die Lebensabwägung zweifelhaft, weil die Logik der reduzierten Betroffenheitstiefe unglaubwürdig ist. Und genau hierin mag die Instrumentalisierung *bestehen*, so dass beide Belange wieder ungetrennt wären (diese Kombination entspricht der ersten Position aus dem vorigen Abschnitt).

Bei Embryonen hingegen könnte man eine besondere Konstellation antreffen: Verbrauchende Forschung an überzähligen Embryonen mag *ein Würdeschutzproblem* darstellen. Es könnte aber sein, dass sie *kein Lebensschutzproblem* beinhaltet. Und auch sonstige Rechtsgüter dürften hier nicht involviert sein (dies ist die Auffassung der vierten Position in der obigen Darstellung). Wie erwähnt, diese Konstellation muss man nicht *annehmen*. Aber sie ist sinnvoll *vertretbar*. Und dies genügt, um die grundsätzliche Unabhängigkeit von Würdeschutz und Lebensschutz zu belegen (womit diese grundsätzliche Unabhängigkeit auch für Fälle jenseits des Embryonenschutzes erwiesen ist).

(2) Das Beispiel der Embryonen zeigt somit Zusammenhänge auf, die auch bei erwachsenen Menschen interessieren, dort aber kaum in dieser isolierten Klarheit sichtbar werden. Deshalb bilden Embryonen nicht nur für den naturwissenschaftlichen Forscher ein interessantes Studienobjekt, sondern in der Tat auch für den Ethiker. Sicherlich ist ihr Status dabei umstritten: Manche behaupten, dass sie überhaupt keine relevanten Rechte haben, weder Lebensrechte noch Würderechte. Vielleicht aber haben sie gerade die letzteren in Reinform, während die ersteren aus den genannten Gründen hinfällig werden mögen.

Damit wären Embryonen in der Tat eine beachtliche Entität: Sie stellten so etwas wie ein reines Menschsein dar. Infolge ihrer speziellen Ontologie oder angesichts einer gegebenen Situation wären sie bar jeder separaten Rechtsgüter. Aber wegen ihrer Zugehörigkeit zur Gattung Mensch gälte für sie der vollumfängliche Würdeschutz. Und dieser könnte nun nachweislich nicht mehr in einer Hintanstellung anderer Rechtsgüter bestehen.

(3) Als Resultat dieser Überlegungen wäre somit festzuhalten, dass es wohl zumindest zwei Arten von Würdeverletzung gibt: Einmal kann sie in einer falschen Abwägung anderer Rechtsgüter wie Leben oder Gesundheit, Eigentum oder Ansehen bestehen, deren ungerechtfertigte Hintanstellung entgegen der obigen Regel

eine Form von Instrumentalisierung darstellt.[29] Dann aber kann sie in speziellen Vollzügen der Ausnutzung oder Verwendung liegen, die keinen Bezug zu fundamentaleren Rechtsgütern aufweisen, sondern unabhängige Formen der Instrumentalisierung vorstellig machen.[30]

Die Frage stellt sich allerdings, ob womöglich noch eine dritte Form von Würdeverletzung existieren könnte: Dies wären Formen der Demütigung, der Erniedrigung, die sich nicht einmal mehr als Instrumentalisierungen beschreiben ließen. Ob es solche besonderen Würdeverletzungen ohne Instrumentalisierung gibt oder ob jede Entwürdigung, jede Demütigung, jede Knechtung, jede Erniedrigung letztlich auf eine Form der Benutzung als bloßes Mittel zu fremden Zwecken hinausläuft, muss an dieser Stelle offen bleiben.

Literatur

ALEXY, R. (1994): *Theorie der Grundrechte*, Frankfurt a.M.

ARISTOTELES: *Über die Seele [De anima]*, in: ARISTOTELES: Philosophische Schriften, Bd. 6, Hamburg 1995.

BAUMGARTNER, H.M., HEINEMANN, T., HONNEFELDER, L., WICKLER, W., WILDFEUER, A.G. (2009): *Menschenwürde und Lebensschutz: Philosophische Aspekte*, in: RAGER, G. (Hg.): Beginn, Personalität und Würde des Menschen, Freiburg i.Br., München, 333–441.

BIRNBACHER, D. (2006): *Bioethik zwischen Natur und Interesse*, Frankfurt a.M.

CICERO, M.T.: *Vom Gemeinwesen [De re publica]*, lat.-dt., Stuttgart 2009.

– *Vom pflichtgemäßen Handeln [De officiis]*, lat.-dt., Stuttgart 2003.

COHEN, C. (2001): *Warum Tiere keine Rechte haben*, in: WOLF, U. (Hg.): Texte zur Tierethik, Stuttgart 2008, 51–55.

---

[29] Da es hier um die fälschliche Beeinträchtigung von anerkannten *Rechtsgütern* geht, ist dieser erste Typ von Instrumentalisierung zweifellos justiziabel, d.h. legitimer Gegenstand staatlichen Einschreitens. Freilich mögen solche falschen Abwägungskonstellationen zuweilen auch bei Gütern vorkommen, die *keine Rechtsansprüche* vermitteln, so dass es sich zwar weiterhin um unmoralische, aber nicht um reglementierbare Akte handelte.

[30] Auch dieser zweite Typ von Instrumentalisierung kann sicherlich justiziabel sein, d.h. eine Verletzung von *Rechtspflichten* darstellen, etwa in den Fällen einer Ausnutzung bzw. Verwendung von Probanden oder Embryonen. Allerdings mögen sich vergleichbare Umgangsformen auch in zwischenmenschlichen Bereichen abspielen, die *keine Rechtsrelevanz* aufweisen, so dass derartige Handlungen zwar tadelnswert, aber nicht reglementierbar wären.

COUNCIL FOR INTERNATIONAL ORGANIZATIONS OF MEDICAL SCIENCES (CIOMS) (2002): *International Ethical Guidelines for Biomedical Research Involving Human Subjects*, in: Jahrbuch für Wissenschaft und Ethik, Bd. 8 (2003), 385–429.

COUNCIL OF EUROPE (CoE) (1997): *Convention for the Protection of Human Rights and Dignity of the Human Being with regard to the Application of Biology and Medicine: Convention on Human Rights and Biomedicine*, http://conventions.coe.int/Treaty/EN/Treaties/html/164.htm (Stand: Mai 2010).

– (2005): *European Convention for the Protection of Vertebrate Animals used for Experimental and Other Scientific Purposes*, http://conventions.coe.int/Treaty/EN/Treaties/html/123.htm (Stand: Mai 2010).

DREIER, H. (2004): *Artikel I 1*, in: DREIER, H. (Hg.): Grundgesetz. Kommentar, Bd. 1, 2. Aufl., Tübingen, 139–231.

FEINBERG, J. (1974): *Die Rechte der Tiere und zukünftiger Generationen*, in: BIRNBACHER, D. (Hg.): Ökologie und Ethik, Stuttgart 1980, 140–179.

FLETCHER, J.C. (2001): *NBAC's Arguments on Embryo Research: Strengths and Weaknesses*, in: HOLLAND, S., LEBACQZ, K., ZOLOTH, L. (eds.): The Human Embryonic Stem Cell Debate. Science, Ethics, and Public Policy, Cambridge (Mass.), 61–72.

HABERMAS, J. (1991): *Erläuterungen zur Diskursethik*, Frankfurt a.M.

– (1994): *Faktizität und Geltung. Beiträge zur Diskurstheorie des Rechts und des demokratischen Rechtsstaats*, Frankfurt a.M.

HEINRICHS, B. (2006): *Forschung am Menschen. Elemente einer ethischen Theorie biomedizinischer Humanexperimente*, Berlin, New York.

HÖFFE, O. (2001): *Wessen Menschenwürde? Was Reinhard Merkel verschweigt und Robert Spaemann nicht sieht*, in: GEYER, C. (Hg.): Biopolitik. Die Positionen, Frankfurt a.M., 65–72.

HÜBNER, D. (2004): *Rechtstypen und Pflichtentypen in der biomedizinischen Ethik. Über Abwägungskonstellationen beim Embryonenschutz*, in: Jahrbuch für Wissenschaft und Ethik, Bd. 9, 65–93.

– (2009): *Die Bilder der Gerechtigkeit. Zur Metaphorik des Verteilens*, Paderborn.

ISENSEE, J. (2002): *Der grundrechtliche Status des Embryos – Menschenwürde und Recht auf Leben als Determinanten der Gentechnik*, in: HÖFFE, O., HONNEFELDER, L., ISENSEE, J., KIRCHHOF, P.: Gentechnik und Menschenwürde. An den Grenzen von Ethik und Recht, Köln, 35–77.

JARRAS, H.D. (2007): *Art. 1*, in: JARRAS, H.D., PIEROTH, B.: Grundgesetz für die Bundesrepublik Deutschland. Kommentar, 9. Aufl., München, 40–56.

KANT, I. (1785): *Grundlegung zur Metaphysik der Sitten*, Hamburg 1965.

– (1788): *Kritik der praktischen Vernunft*, Hamburg 1990.

KIRCHHOF, P. (2002): *Genforschung und die Freiheit der Wissenschaft*, in: HÖFFE, O., HONNEFELDER, L., ISENSEE, J., KIRCHHOF, P.: Gentechnik und Menschenwürde. An den Grenzen von Ethik und Recht, Köln, 9–35.

LOCKE, J. (1690): *Über die Regierung [The Second Treatise of Government]*, Stuttgart 1999.

MERKEL, R. (2001): *Rechte für Embryonen? Die Menschenwürde läßt sich nicht allein auf die biologische Zugehörigkeit zur Menschheit gründen*, in: GEYER, C. (Hg.): Biopolitik. Die Positionen, Frankfurt a.M., 51–64.

MÜLLER, A.W. (2004): *Wir Menschen. Zum Moralverständnis der Bioethik*, in: Jahrbuch für Wissenschaft und Ethik, Bd. 9, 35–64.

NATIONAL COMMISSION FOR THE PROTECTION OF HUMAN SUBJECTS OF BIOMEDICAL AND BEHAVIORAL RESEARCH (1979): *The Belmont Report: Ethical Principles and Guidelines for the Protection of Human Subjects of Research*, in: REICH, W.T. (ed.): Encyclopedia of Bioethics, rev. ed., Vol. 5, New York 1995, 2767–2773.

NUREMBERG MILITARY TRIBUNAL (1947): *Nuremberg Code*, in: REICH, W.T. (ed.): Encyclopedia of Bioethics, rev. ed., Vol. 5, New York 1995, 2763–2764.

OUTKA, G. (2002): *The Ethics of Human Stem Cell Research*, in: Kennedy Institute of Ethics Journal 12 (2), 175–213.

REGAN, T. (1985): *Wie man Rechte für Tiere begründet*, in: KREBS, A. (Hg.): Naturethik. Grundtexte der gegenwärtigen tier- und ökoethischen Diskussion, Frankfurt a.M. 1997, 33–46.

SIEP, L. (2004): *Konkrete Ethik. Grundlagen der Natur- und Kulturethik*, Frankfurt a.M.

SINGER, P. (1976): *Alle Tiere sind gleich*, in: KREBS, A. (Hg.): Naturethik. Grundtexte der gegenwärtigen tier- und ökoethischen Diskussion, Frankfurt a.M. 1997, 13–32.

SPAEMANN, R. (2001): *Gezeugt, nicht gemacht. Die verbrauchende Embryonenforschung ist ein Anschlag auf die Menschenwürde*, in: GEYER, C. (Hg.): Biopolitik. Die Positionen, Frankfurt a.M., 41–50.

TEUTSCH, G.M. (1995): *Die „Würde der Kreatur"*, in: WOLF, U. (Hg.): Texte zur Tierethik, Stuttgart 2008, 56–60.

VERMEULEN, V., HERRFURTH-RÖDIG, B., WILLE, A., REICHARDT, B., HALSBAND, A. (2010): *Tierversuche in der Forschung*, http://www.drze.de/themen/blickpunkt/tiere_forschung (Stand: Mai 2010).

WORLD MEDICAL ASSOCIATION (WMA) (2008): *Declaration of Helsinki. Ethical Principles for Medical Research Involving Human Subjects*, in: Jahrbuch für Wissenschaft und Ethik, Bd. 14 (2009), 233–237.

Was ist so anders am Neuroenhancement? Pharmakologische und mentale Selbstveränderung im ethischen Vergleich[*]

von Roland Kipke

Abstract: Die Frage nach der ethischen Bewertung von Neuroenhancement führt zu der Frage, in welchem Verhältnis Neuroenhancement zu herkömmlichen mentalen Methoden der Selbstverbesserung steht. Dieser Vergleich wird in zahlreichen Texten, die sich mit Neuroenhancement auseinandersetzen, angesprochen und für wichtig erachtet, jedoch nie gründlich durchgeführt. Auch besteht keine Klarheit darüber, was genau diese alternativen Methoden sind. Der Aufsatz unternimmt den Versuch, dieses doppelte Desiderat ansatzweise zu beheben und einen fundierten ethisch orientierten Vergleich zwischen Neuroenhancement und den alternativen Methoden durchzuführen. Dazu führt er das Konzept der ‚Selbstformung' ein, arbeitet deren deskriptive Merkmale heraus und analysiert ihren Wert für ein gelingendes Leben. Auf dieser Grundlage werden Neuroenhancement und Selbstformung miteinander verglichen, und zwar im Hinblick auf vier Selbstverhältnisse und Erfahrungen, die als Elemente eines gelingenden Lebens gelten können: Selbsterkenntnis, Authentizität, Lebensplan und Selbstverwirklichung. Der Vergleich lässt sowohl bislang unbeachtete Aspekte von Neuroenhancement sichtbar werden als auch bekannte Fragen in einem neuen Licht erscheinen.

Keywords: Neuroenhancement, Selbstformung, Selbsterkenntnis, Authentizität, Lebensplan, Selbstverwirklichung, Selbststeuerung, Selbstaufmerksamkeit.

1. Einleitung: Das Problem und das Projekt

Wie ist es in ethischer Hinsicht zu beurteilen, dass mündige gesunde Menschen ihre mentalen Fähigkeiten und psychischen Befindlichkeiten durch medizinische Mittel gezielt zu verbessern versuchen? Das ist die zentrale medizinethische Frage zum Neuroenhancement.[1] Anders als das hypothetische Problem eines genetischen Enhancements ist Neuroenhancement schon verbreitete Realität, und es besteht ein

---

[*] Dem Autor wurde für diesen Aufsatz im Jahr 2009 der Nachwuchspreis der *Akademie für Ethik in der Medizin (AEM)* verliehen. Die vorliegende Fassung weicht nur geringfügig von der prämierten Fassung ab.

[1] Mit Neuroenhancement, das an Dritten angewandt wird, z.B. Kindern, befasse ich mich hier folglich nicht.

hohes Interesse an entsprechenden Mitteln.[2] Anders als beim Doping im Sport und in der Schönheitschirurgie geht es nicht um Verbesserungen des Körpers, sondern unmittelbar um Veränderungen von Persönlichkeitsmerkmalen.[3] Durch den Fortschritt der Hirnforschung und die Entwicklung neuer pharmakologischer Eingriffsmöglichkeiten wird das Problem in den nächsten Jahren und Jahrzehnten an Brisanz zunehmen.

Im Vergleich zu anderen medizinethischen Themen ist die Auseinandersetzung um Neuroenhancement relativ jung. Dennoch hat sie in den letzten Jahren bereits eine Fülle an Problemanalysen, Begriffsklärungen und Bewertungsvorschlägen hervorgebracht. Ein Manko jedoch zieht sich durch die gesamte Debatte: das ungeklärte Verhältnis zwischen Neuroenhancement und traditionellen Formen mentaler Selbstveränderung. Denn das Streben nach Verbesserung seiner geistigen Leistungsfähigkeiten und psychischen Eigenschaften ist ja nicht erst mit dem Neuroenhancement entstanden. Dabei ist nicht nur an materielle Mittel wie Kaffee oder herkömmliche Psychodrogen zu denken. Vielmehr gab und gibt es ein breites Spektrum an Methoden, sich durch *mentale* Arbeit selbst zu verändern – von der Konzentrationsübung bis zum Sozialtraining, von der Psychotherapie bis zur Meditation, von der Askese bis zum Selbstmanagement. Das Verhältnis zwischen diesen Methoden und Neuroenhancement ist beileibe kein argumentativer Nebenschauplatz. Vielmehr geht es darum, das Neue und Spezifische der pharmakologischen Verbesserung herauszuschälen und Anknüpfungspunkte für seine ethische Bewertung zu finden. Dabei ist der Vergleich mit ‚herkömmlichen' Methoden, die denselben oder ähnlichen Zielen dienen, unumgänglich.

In der Neuroenhancement-Debatte ist nun ein erstaunliches Phänomen zu beobachten: Vergleiche zwischen Neuroenhancement und den alternativen Methoden der Selbstveränderung sind weit verbreitet, bleiben aber frappierend oberflächlich. Mehr noch, ihnen kommt oftmals eine erhebliche Bedeutung für die jeweilige Argumentationsstrategie zu, und dennoch werden sie nur flüchtig und ungenau angerissen, auch in ausführlichen Studien nicht selten in Gestalt eines einzigen Satzes, und zwar sowohl bei Kritikern als auch bei Befürwortern von Neuroenhancement. Während die einen den großen Unterschied zwischen Neuroenhancement

---

[2] Vgl. DAK 2009, 37 ff.
[3] Einem verbreiteten Alltagsverständnis zufolge machen Persönlichkeitsmerkmale nur das aus, was wir ‚Charakter' nennen, sind also nur Handlungseigenschaften und Gefühlsdispositionen. Ich verwende den Begriff in einem weiteren Sinne, wonach auch kognitive Fähigkeiten dazu gehören, wie es in der Persönlichkeitspsychologie üblich ist (vgl. AMELANG et al. 2006; zum Begriff des Persönlichkeitsmerkmals vgl. auch Abschnitt 3). Auch wenn Neuroenhancer Persönlichkeitsmerkmale nicht langfristig verändern sollten, ist die Aussage, dass es bei Neuroenhancement um die Veränderung von Persönlichkeitsmerkmalen geht, doch richtig, da die Nutzung dieser Mittel oftmals darauf abzielt und in jedem Fall die Ausprägung der Merkmale innerhalb eines bestimmten Zeitraums verändert.

und alternativen Methoden betonen, unterstreichen die anderen ihre Gemeinsamkeiten. Die Autoren setzen etwas als selbstverständlich voraus, ein zentrales argumentatives Scharnier, das tatsächlich aber im theoretischen Dunkel liegt.[4]

Nicht nur das Verhältnis zwischen Neuroenhancement und dem Vergleichsmaßstab bleibt ungewiss, auch was dieser Vergleichsmaßstab überhaupt ist, bleibt ungeklärt. Vieles wird hier wie selbstverständlich als Einheit verhandelt: therapeutische und verbessernde Maßnahmen, mentale und materielle Methoden, pädagogische und selbsterzieherische Maßnahmen etc. Ob man dies alles über einen Kamm scheren kann, ist aber eine offene Frage. Vor allem jedoch ist das wichtigste Vergleichs-Konzept nebulös: Während von ‚therapeutischen Maßnahmen' noch ein einigermaßen fassbares Verständnis vorausgesetzt werden kann, während auch von ‚Erziehung' ein recht klarer Begriff existiert, bleibt gerade die Rede von den nicht-therapeutischen Verfahren, die jemand auf sich selbst anwendet, unklar. Eine Reihe von Fragen stellen sich hier: Um was handelt es sich eigentlich bei dieser ‚Arbeit an sich selbst'? Inwiefern kann man sie als einen Vergleichsmaßstab heranziehen? Wo liegen die Gemeinsamkeiten und die Unterschiede zwischen Neuroenhancement und diesen herkömmlichen Wegen? Und welche Bedeutung haben letztere für die menschliche Existenz? Kurzum, es fehlt an einem *fundierten und systematischen Vergleich zwischen Neuroenhancement und diesen alternativen Methoden der Selbstverbesserung*. Ein solcher Vergleich verspricht die ethische Diskussion um Neuroenhancement erheblich voranzubringen.

---

[4] Die Beispiele sind Legion. Ich stelle eine kleine Auswahl vor: Arthur Caplan spricht schlichtweg von „improvement" und lässt so die Frage nach Differenzen zwischen mentaler und technisch-medizinischer Selbstverbesserung kaum aufkommen (CAPLAN 2003, 105). Bettina Schöne-Seifert argumentiert dafür, dass ein Nachhelfen den Wert geistiger Leistungen nicht mindere, mit der rhetorischen Frage: „Warum sollte dies im Fall des medikamentösen Nachhelfens anders sein als beim Meditieren, gecoacht Werden oder Rauchen?" (SCHÖNE-SEIFERT 2006, 284). Gereon Schäfer und Dominik Groß stellen in einem Satz fest: „Ein weiterer wichtiger Aspekt bei einer Abwägung von Nutzen und Risiken ist die Verfügbarkeit oder das Fehlen von alternativen ‚Behandlungs'-Möglichkeiten", und zählen kurz einige Beispiele wie Coaching, autogenes Training und Meditation auf (SCHÄFER, GROß 2008, A211). Bernward Gesang plädiert in seiner ausführlichen Studie *Perfektionierung des Menschen* für eine Begrenzung auf moderates Enhancement und versucht dessen nähere Bestimmung mit der Überlegung: „Ein Maßstab für moderate Schritte könnte sein, dass die einzelnen Verbesserungen, die durch Technik erzielt wurden, auch im Prinzip durch Erziehung, Training oder Psychotherapie hätten erreicht werden können", womit seine Auseinandersetzung mit diesem Maßstab schon beendet ist (GESANG 2007, 40). David DeGrazia befasst sich etwas ausführlicher mit nicht-pharmakologischen Methoden der Selbstgestaltung. Dabei gibt er sich jedoch keine Mühe, der Frage nach der strukturellen Gleichheit oder Verschiedenheit der beiden Methoden nachzugehen. Vielmehr legt er von vornherein nahe, dass sie sich allein in der Geschwindigkeit unterscheiden, um so die Legitimität von Neuroenhancement als Abkürzung zu erweisen (DEGRAZIA 2009, 254–258).

Dieses Defizit zu beheben, ist eine größere Unternehmung. Im Folgenden möchte ich skizzieren, wie dieses Projekt aussehen kann und zu welchen Ergebnissen es führt.[5] Eine Reihe von Fragen verlangt dabei nach einer Antwort:

− Um was genau handelt es sich bei diesen ‚alternativen' Methoden der Selbstverbesserung?
− Welchen Wert haben sie für das menschliche Leben, oder welchen Wert können sie haben?
− In welchem Verhältnis stehen diese Methoden zu Neuroenhancement in deskriptiver und normativ-evaluativer Hinsicht?
− Was folgt daraus für die ethische Bewertung von Neuroenhancement?

Um den anvisierten gründlichen Vergleich zu bewerkstelligen, bedarf es eines tragfähigen Konzepts für die alternativen Wege der Selbstveränderung. Notwendig ist ein ebenso klarer wie phänomengerechter theoretischer Ansatz, der es erlaubt, die evaluative Dimension dieser Praktiken herauszuarbeiten. Hier kann man eine weitere erstaunliche Entdeckung machen: Nicht nur als medizinethischer Vergleichsmaßstab für Neuroenhancement findet sich kein elaboriertes Konzept, auch innerhalb der Philosophie stößt man auf einen weitreichenden Mangel. Dieses Desiderat werde ich zunächst kurz skizzieren (2), um daraufhin ein eigenes Konzept der Selbstformung zu entwerfen (3). Dies ermöglicht den zentralen Teil des Textes: die evaluative Analyse der Selbstformung und den Vergleich mit Neuroenhancement (4). Das führt tief in einige Gebiete der praktischen Philosophie. Aber gerade diese philosophische Reflexion kommt einer fundierten medizinethischen Bewertung von Neuroenhancement zugute. Ein Fazit fasst die Ergebnisse zusammen und bemisst den Ertrag für die ethische Debatte um Neuroenhancement (5).[6]

2. Das Desiderat eines Konzepts der Selbstformung

Mentale Praktiken der Selbstverbesserung spielen zwar in einer Reihe traditioneller, vor allem antiker Lehren eine wichtige Rolle, wurden jedoch im modernen philosophischen Denken kaum mit der gebotenen theoretischen Präzision und Gründ-

---

[5] Umfassender und gründlicher in KIPKE 2010.
[6] Um die Gültigkeit der Argumentation nicht an den gegenwärtigen Entwicklungstand der Neuroenhancement-Mittel zu binden, blende ich die Fragen nach den gesundheitlichen Risiken und den teilweise wenig verlässlichen Wirkungen der heutigen Neuroenhancement-Mittel im Folgenden aus. Die diesbezüglichen Diskussionen sind zum jetzigen Zeitpunkt von großer Bedeutung, könnten aber durch die weiteren neurologischen und pharmakologischen Entwicklungen überholt werden. Ich gehe also von wirksamen und nebenwirkungsarmen Neuroenhancern aus.

lichkeit aufgearbeitet. Zwar rücken praktische Selbstverhältnisse verstärkt in den Horizont des philosophischen Interesses, aber zumeist werden sie auf Selbstbestimmung, Selbstbewertungen, Selbstbilder, Selbsterzählungen beschränkt.[7] Auch wird in der modernen Subjektphilosophie viel von der Selbsterschaffung des Individuums gesprochen, von der Selbstverwirklichung, Selbstentfaltung oder Selbsterfindung des Subjekts, doch damit sind ganz unterschiedliche und vor allem andere Vorgänge gemeint: die Selbstbestimmung beliebiger Handlungen, die Wahl eigener Lebensziele, die Herausbildung eines individuellen Selbstkonzeptes, die Erzählung einer sinnvollen Lebensgeschichte[8], nicht aber die reale, absichtliche und aktive Veränderung persönlicher Eigenschaften. Überdies ist es eine allgemein akzeptierte Einsicht der philosophischen Anthropologie, dass der Mensch sich selbst gestaltet, doch wird diese Selbstgestaltung weniger als individuelle und absichtliche Praxis verstanden denn vielmehr als ein allgemeines anthropologisches Faktum. ‚Selbstgestaltung' in diesem Sinne umfasst ein enorm weites Spektrum von Arten, wie Menschen auf sich selbst einwirken, von der Prägung gesellschaftlicher Sitten bis zu Tätowierungstechniken. Die gezielte Arbeit an mentalen Eigenschaften lässt sich zwar darunter subsumieren, tritt aber in den entsprechenden Theorien nicht als solche in Erscheinung.

Am ehesten dürfte man eine theoretische Aufarbeitung des gemeinten Phänomens im Spätwerk Michel Foucaults vermuten, in dem dieser das Streben nach Selbstgestaltung in den antiken Lehren der Lebensführung kraftvoll in Erinnerung gerufen hat. Seine Begriffe der Selbstsorge und der Selbsttechnologie scheinen zunächst die gesuchte konzeptionelle Grundlage zu bieten, doch die Änderung mentaler Eigenschaften durch mentale Arbeit ist bei ihnen nur ein Aspekt unter anderen. Vor allem liefert Foucault keine befriedigende theoretische Aufarbeitung dieser Praktiken. Foucaults Spätwerk zerfällt in zwei Teile, in eine minutiöse Lektüre antiker Selbstsorge-Texte ohne erkennbaren evaluativen oder normativen Gehalt einerseits, in die emphatische Proklamation einer modernen Ästhetik der Existenz ohne erkennbare Gestalt andererseits. Er schwankt zwischen präziser geistesgeschichtlicher Analyse ohne ethische Relevanz und ethischem Plädoyer ohne analytische Kraft.[9] Das vermittelnde Element fehlt. Was wäre das für ein Element? Genau dies: ein allgemeines, nicht einseitig an einen historischen Zeitraum gebundenes Konzept der Selbstkultur, eine ausgearbeitete, systematische Theorie der Selbstsorge, ihre handlungstheoretische, identitätstheoretische, glückstheoretische und freiheitstheoretische Analyse. Eine solche Theorie der Selbstformung würde die Brücke zwischen den Theorieteilen darstellen, die Foucault unverbunden hinterlassen hat.

Man sieht: Diese Praktiken der Selbstveränderung oder Selbstverbesserung werden von vielen Konzepten, Thesen und Diskussionen tangiert, aber nicht angemes-

---

[7] Vgl. z.B. STURMA 1997.
[8] Vgl. z.B. THOMÄ 1998; RORTY 1999.
[9] Vgl. FOUCAULT 1989; FOUCAULT 2005a; FOUCAULT 2005b.

sen erfasst. Einzelne Aspekte finden Berücksichtigung, doch es fehlt an einer Betrachtung, die das Phänomen als Ganzes in den Blick nimmt. Zwar gibt es durchaus eine Tendenz zu der Thematik der Arbeit an sich selbst, der mentalen Selbstverbesserung, der Selbstformung[10], aber bislang liegt keine befriedigende Theorie vor, die als Grundlage für den anvisierten ethisch orientierten Vergleich dieser Praktiken mit dem modernen Neuroenhancement fungieren kann.[11]

Der Mangel an einem klaren und etablierten Konzept zeigt sich auch an der uneinheitlichen Terminologie. Es kursiert eine Vielzahl von Begriffen: ‚Training‘, ‚Selbsterziehung‘, ‚Selbstsorge‘, ‚Selbstvervollkommnung‘, ‚Arbeit an sich selbst‘, ‚Selbstverwirklichung‘, ‚Selbstbildung‘ und viele mehr. Fast alle diese Begriffe sind problematisch, weil sie entweder ein zu enges, zu weites oder unklares Bedeutungsspektrum haben oder an bestimmte Theorieschulen gebunden sind.

Es gibt also weder eine brauchbare Theorie noch einen allgemein gebräuchlichen Terminus. Beides muss neu eingeführt werden. Ich spreche von ‚*Selbstformung*‘. Der Begriff ist keine Neuschöpfung, aber weniger gebräuchlich als andere, und da er keine gravierenden semantischen Vorbelastungen aufweist, lässt er sich problemlos definitorisch zuschneiden. Dieses Konzept der Selbstformung gilt es nun zu klären.

3. Das Konzept der Selbstformung

Selbstformung ist die absichtliche Veränderung von Persönlichkeitsmerkmalen durch mentale Aktivität der jeweiligen Person. In Parallele zum Neuroenhancement sind damit keine therapeutischen, sondern verbessernde Maßnahmen gemeint.[12] In aller Kürze seien einige wesentliche Elemente dieser Selbstformung vorgestellt:

– Was ist Selbstformung? Selbstformung ist kein von selbst auftretender Zustand, auch nicht ein an Menschen passiv sich vollziehendes Geschehen. Selbstformung ist vielmehr ein selbstbezogenes *Handeln*. Die handelnde *Person* ist zugleich

---

[10] Jüngstes prominentes Anzeichen dafür, dass das Thema ‚in der Luft liegt‘: Peter Sloterdijks Werk *Du mußt dein Leben ändern* (SLOTERDIJK 2009).
[11] Übrigens bietet auch die Psychologie keine befriedigende Theorie. Weder in der Lernpsychologie noch in der Persönlichkeitspsychologie noch in der Entwicklungspsychologie finden sich geeignete Ansätze. Vielleicht ist die akademische Psychologie aufgrund ihrer methodologischen Restriktionen auch kaum dazu in der Lage. Jedenfalls nehmen die wenigen Ansätze, die in die richtige Richtung weisen, starke Anleihen bei philosophischen Theoremen (vgl. GREVE, BRANDSTÄDTER 2006; JÜTTEMANN 2007).
[12] Die Diskussion über die Unterscheidbarkeit von Therapie und Verbesserung führe ich an dieser Stelle nicht. Ich gehe davon aus, dass sich therapeutische und verbessernde Maßnahmen trotz mancher Grauzonen plausibel unterscheiden lassen. Überzeugende Kriterien hat z.B. Christian Lenk herausgearbeitet (LENK 2002).

Objekt und Subjekt der Selbstformung.[13] Sie greift *aktiv* in das Geschehen ein oder bringt es hervor. Wie für jedes Handeln, so gilt auch für das Selbstformungshandeln: Es fußt auf einer *Entscheidung*, ist mit *Absichten* verbunden und von *Bewusstsein* begleitet.

– Wozu wird Selbstformung betrieben? Es geht nicht um die Herbeiführung von Ereignissen oder die Änderung von Zuständen, sondern um die *Änderung von Persönlichkeitsmerkmalen*, also von mentalen und sozialen Dispositionen, dauerhaften Prägungen des Bewusstseins, des Gefühlslebens und des Verhaltens, kognitiven, emotionalen, volitionalen und sozialen Fähigkeiten.[14] Persönlichkeitsmerkmale können sowohl einzelne Gewohnheiten als auch komplexe Eigenschaften sein, die sich auf unterschiedlichen Feldern ausprägen.[15]

– Warum wird Selbstformung betrieben? Was auch immer das konkrete Motiv einer Person ist, jeder Wunsch nach Selbstformung entspringt einer negativ bewerteten *Diskrepanz zwischen Selbstbild und Selbstentwurf*: Unter ‚Selbstbild' ist die deskriptive Selbstbeschreibung einer Person zu verstehen, die sich um die Fragen dreht: Wie bin ich? Was kann ich? Unter ‚Selbstentwurf' ihr normatives Selbstkonzept: Wie will ich sein? Wer will ich sein? Was will ich können?[16]

– Wie geht Selbstformung vonstatten? Ein wesentliches Merkmal von Selbstformung ist die *Autonomie*. Das heißt: Erstens ist die Person *Urheberin* des Selbstformungswillens, zweitens erfolgt die Selbstformungspraxis nicht unter Zwang oder externer Determination, sondern *freiwillig*, und drittens entscheidet sich die Person für Selbstformung mit einem Mindestmaß an Information über die gewählten Mittel.[17]

---

[13] Der Begriff ‚Person' bezeichnet hier Menschen mit Eigenschaften wie Selbstbewusstsein, Rationalität, Handlungsfähigkeit, wie sie ‚normale' Erwachsene aufweisen.

[14] Unter ‚Persönlichkeit' verstehe ich das Eigene einer Person; das, was sie zu dieser Person macht und von anderen Personen unterscheidet: ihr Charakter, das Ensemble von Fähigkeiten, Haltungen, Wertorientierungen, Präferenzen, aber auch das Verhältnis zu sich selbst und ihr individueller Lebensweg.

[15] Den Begriff des Persönlichkeitsmerkmals gebrauche ich somit in einem breiteren Sinne als es heute in der (Persönlichkeits-)Psychologie üblich ist, wonach es sich nur um „generalisierte Handlungstendenzen" handelt (ZIMBARDO, GERRIG 2003, 523). Amelang et al. unterscheiden streng zwischen Verhaltensgewohnheiten (*habits*) und Dispositionseigenschaften (*traits*), gestehen allerdings zu, dass die Abgrenzung der konkreteren *habits* von den allgemeineren *traits* „im Einzelfall oft schwierig" sei (AMELANG et al. 2006, 52–55).

[16] Dass diese beiden Selbstkonzepte im psychischen Haushalt einer Person nicht strikt voneinander getrennt sind, sondern die deskriptiven Elemente auch die normative Sichtweise prägen und der Selbstentwurf immer schon die Selbstbeschreibung färbt, ist selbstverständlich und kein Grund, die beiden Dimensionen nicht zu unterscheiden.

[17] Auch wenn es so etwas geben sollte wie eine nicht-autonome Selbstveränderung auf mentalem Wege: Damit befasse ich mich nicht, so wie es bei der ethischen Bewertung von Neuroenhancement hier nur um dessen autonome Anwendung geht. – Die Beto-

Soweit würde die Beschreibung von Selbstformung in großen Teilen auch auf die Selbstveränderung durch Neuroenhancement zutreffen. Daneben gibt es jedoch signifikante Unterschiede:

– *Die Selbstaufmerksamkeit:* Selbstformung verlangt eine erhöhte Aufmerksamkeit auf sich selbst. Denn Selbstformungshandlungen sind immer Initiativhandlungen, d.h. keine automatisierten Abläufe, keine Gewohnheitshandlungen, keine bekannten Verhaltensmuster, auf die sich die Person verlassen kann. Selbstformung besteht immer darin, vorhandene Verhaltensweisen, gewohnte Haltungen, vertraute Stimmungsneigungen etc. zu überwinden, zu verwandeln oder neue an ihre Stelle zu setzen. Das verlangt ein *hohes Maß* an Selbstaufmerksamkeit. Nicht nur ein hohes Maß, sondern auch eine *aktive Steuerung* der Aufmerksamkeit ist notwendig, denn die Aufmerksamkeit muss aus ihrer gleichsam natürlichen Objektorientierung herausdirigiert und aktiv auf das Subjekt des Handelns ausgerichtet werden. – Das ist bei Neuroenhancement nicht der Fall. Man kann zwar die durch Neuroenhancement erzielten Selbstveränderungen mit erhöhter Aufmerksamkeit verfolgen, es bedarf dieser Selbstaufmerksamkeit aber nicht, um sie herbeizuführen.

– *Die Selbststeuerung:* Selbstformung verlangt nicht nur die Beobachtung der gegebenen und der gewünschten Eigenschaften, sondern auch ihre aktive Steuerung, genauer gesagt: ein besonders hohes Maß an Selbststeuerung, da Selbststeuerung immer Element personalen Handelns ist. Zur Selbststeuerungsfähigkeit gehört einerseits das Vermögen, vorhandene Impulse wie Absichten, Affekte oder Motivationen zu hemmen, und andererseits das Vermögen, die gewünschten Absichten zu verwirklichen. – Neuroenhancement stellt nicht dieselben Anforderungen. Mit den so erworbenen Veränderungen und den dadurch ermöglichten Erfahrungen können Menschen zwar wiederum auf eine Weise umgehen, die ein besonderes Maß an Selbststeuerung verlangt. Entscheidend aber ist: Zu der Veränderung selbst ist nicht diese mentale Aktivität der Selbststeuerung nötig. Es bedarf keiner bewussten Hemmung und Modifizierung bestehender Persönlichkeitsmerkmale; es bedarf keiner aktiven Durchsetzung alternativer, neuer, abweichender Verhaltensweisen. Die Veränderung der Eigenschaften wird passiv erfahren.

---

nung von Selbstentwurf und Autonomie sollte nicht zu einer unangemessen individualistischen Interpretation verführen. Selbstverständlich ist nicht nur die sich selbst formende Person mit ihrem Selbstbild und Selbstentwurf immer schon sozial konstituiert, sondern auch die Ideen und Praktiken der Selbstformung sind in den meisten Fällen keine individuellen Erfindungen, sondern kulturell vorgegeben. Dennoch formt das Selbst (im Sinne der handelnden Person) selbst sein Selbst (im Sinne ihrer Persönlichkeit). Die Sozialität des Menschen ist kein Hindernis von Selbstformung, sondern eine ihrer Bedingungen.

– *Die Langfristigkeit:* Die Dauerhaftigkeit der Persönlichkeitsmerkmale verleiht der Selbstformung eine spezifische zeitliche Struktur. Um mentale und soziale Dispositionen durch Selbstformung zu verändern, bedarf es der *Wiederholung* und *Ausdauer*, eben weil die Dispositionen selbst von Dauer sind und einer gezielten Veränderung Widerstand leisten. Es geht nicht um Kenntnisse, die durch einmalige Belehrung zu gewinnen wären, sondern um Eigenschaften, die mühsam errungen werden müssen, um Fähigkeiten, die trainiert werden müssen. Selbstformung erschöpft sich also nicht in singulären Handlungen, sondern ist ein Handlungsgefüge über die Zeit hinweg, nämlich mehr oder weniger langfristige *Übung*. Jedes Selbstformungsvorhaben ist daher ein längerfristig angelegtes Selbstformungsprojekt. (Da die einzelne Selbstformungshandlung und das erwünschte Ergebnis nicht zu einem Zeitpunkt auftreten, mache ich die Anwendung des Begriffs ‚Selbstformung' nicht vom Erfolg abhängig, sondern bezeichne bereits den Versuch als Selbstformung.) – Neuroenhancement hingegen zeichnet sich gerade durch die Schnelligkeit der Wirkung aus. Dies ist ein wesentlicher Faktor für seine Anziehungskraft. Die Zeitstruktur der beiden Praktiken unterscheidet sich nicht nur hinsichtlich der Geschwindigkeit, mit der die erhoffte Wirkung eintritt, sondern auch hinsichtlich ihrer Dauer: Während die Wirkung eines Neuroenhancement-Mittels nach einiger Zeit verfliegt, wenn es nicht mehr eingenommen wird, zeichnen sich die Erfolge von Selbstformung dadurch aus, dass sie dauerhafter Natur sind. Allerdings ist dieser Unterschied nicht zwangsläufig vorhanden. Denn auch wenn die heutigen Neuroenhancement-Substanzen dieses Wirkungsmuster aufweisen, ist es nicht ausgeschlossen, dass in Zukunft andere Mittel auf den Markt kommen, die dauerhafte Wirkungen erzielen. Das gilt vor allem dann, wenn nicht nur Medikamente zum Neuroenhancement eingesetzt werden, sondern auch chirurgisch-technische Hirnstimulationen etc.
– *Die Anstrengung:* Die drei genannten Merkmale der Selbstformung führen zusammen zum vierten spezifischen Merkmal: Selbstformung ist mit Anstrengung verbunden. Denn es ist mühsam, über lange Zeit wiederholt an seinen Dispositionen zu arbeiten und dabei ein hohes Maß an Selbstaufmerksamkeit und Selbststeuerung aufzubringen. – Neuroenhancement macht diese Anstrengung nicht erforderlich.

Selbstformung ist ein anspruchsvoller Handlungstyp. Sie setzt eine Reihe mentaler Kompetenzen voraus, die auf komplexe Weise miteinander verbunden sind. Dennoch sind es keineswegs elitäre Voraussetzungen. Vielmehr handelt es sich durchweg um Eigenschaften, über die alle menschlichen Personen wenigstens in einem Mindestmaß verfügen.

Diese Selbstformung ist kein Konstrukt, sondern *alltägliche Praxis*. Sie wird nicht nur in diversen philosophischen Richtungen, religiösen Lehren und sonstigen geistigen Strömungen von der Antike bis heute in unterschiedlichster Form gelehrt. Wir begegnen ihr in autobiographischen Zeugnissen und in Internetforen, in denen unzählige Menschen über ihre Arbeit an sich selbst diskutieren. Ungezählte Seminare zur Persönlichkeitsentwicklung erhalten regen Zulauf, Bestsellerlisten und Buchhandlungssortimente strotzen vor entsprechender Ratgeberliteratur.

Selbstformung weist ein *weites Spektrum* auf. Sie kann in Gestalt bewährter Konzentrations- und Gedächtnistrainings oder Meditationstechniken praktiziert werden, aber auch in dem namentlich kaum greifbaren, doch vielpraktizierten Bemühen, seine sozialen Verhaltensweisen handelnd zu ändern, z.B. seine Schüchternheit zu überwinden, seine Durchsetzungskraft zu trainieren, seine Geduld zu üben etc. Selbstformung kann gemeinsam oder allein, systematisch nach einem festgefügten Trainingsplan oder unsystematisch betrieben werden. Sie kann umfassend sein oder nur einzelne Persönlichkeitsmerkmale betreffen. Und sie kann unterschiedlichen Motiven und Zielen folgen. Es kann um die Vermeidung sozialer Konflikte gehen, um berufliche Ziele, religiöse Bestrebungen etc.

Alle diese Bestimmungen bewegen sich auf der deskriptiven Ebene. Damit ist noch nichts über Wert oder Unwert der Selbstformung gesagt. Diese Frage rückt mit dem folgenden Abschnitt in den Mittelpunkt.

4. Der Wert der Selbstformung und der Vergleich mit Neuroenhancement

Meine zwei zentralen Thesen sind: (1) Selbstformung erbringt für wesentliche Bereiche menschlich-personalen Lebens wichtige Leistungen und hat insofern einen erheblichen (instrumentellen) Wert. (2) In einem differenzierten Vergleich zeigt sich, dass Neuroenhancement einige dieser Leistungen übernehmen kann, in vielen Punkten jedoch defizitär ist und daher nicht an den Wert von Selbstformung heranreicht.

Diese Thesen werde ich im Folgenden entfalten. Vorab jedoch zwei notwendige Erläuterungen: nämlich zu der Frage, was mit ‚wesentlichen Bereichen menschlich-personalen Lebens' gemeint ist, und zur Frage, in welcher Weise hier von ‚Wert' gesprochen werden kann.

Zur ersten Frage: Mit den ‚Bereichen' meine ich bestimmte Fähigkeiten, Selbstverhältnisse und Erfahrungen, die das Leben menschlicher Personen auszeichnen, nämlich personale Identität, Freiheit und Glück. Mit ‚personaler Identität' ist nicht die numerische Identität der Person, ihre ‚Selbigkeit' gemeint, die Frage also, ob jemand zu verschiedenen Zeitpunkten derselbe ist, sondern die persönliche Identität, die ‚Selbstheit', bei der es darum geht, was eine Persönlichkeit zu *dieser* Persönlichkeit macht. Mit ‚Freiheit' ist nicht die politische Freiheit gemeint, sondern Willensfreiheit. Und ‚Glück' steht für basale psychologische Bedingungen eines glückenden Lebens, wie sie von den vorherrschenden Ziel- und Wunschtheorien des Glücks thematisiert werden. Die drei Bereiche stellen zugleich zentrale Themengebiete der praktischen Philosophie dar, die auf komplexe Weise miteinander zusammenhängen.

Zur zweiten Frage: Identität, Freiheit und Glück sind nichts, dem wir neutral gegenüberstehen. Wir schätzen sie. Das gilt jedenfalls für eine bestimmte Konzeption guten Lebens. Die allerdings genießt in der westlichen Kultur weithin Anerkennung. Die Tatsache, dass wir auf dem Terrain des guten Lebens nicht zu Feststellungen mit strenger Allgemeingültigkeit kommen können, sollte uns nicht davon abhalten, auch Einsichten für gewichtig zu halten, die für die große Mehrheit von Bedeutung sind. Und der Pluralismus der Lebensformen sollte nicht den Blick dafür verstellen, dass es auch in dieser Pluralität einen erheblichen Bestand an gemeinsamen fundamentalen Überzeugungen gibt. Die strebensethische Orientierung empfiehlt sich für die Diskussion um Neuroenhancement besonders, da sich mit ihm ja gerade das Versprechen individuellen Wohlergehens verbindet und es um Praktiken geht, die Personen nicht auf andere Wesen als Adressaten moralischer Rücksichtnahme anwenden, sondern auf sich selbst.[18]

Um in diesem Sinne den Wert von Selbstformung und Neuroenhancement zu bestimmen, greife ich vier wichtige Aspekte heraus, die üblicherweise den Themengebieten Identität und Glück zugeordnet werden: (1) Selbsterkenntnis; (2) Authentizität; (3) Lebensplan; (4) Selbstverwirklichung.

Ich werde so vorgehen, dass ich jeweils zunächst erläutere, was unter dem Aspekt genau zu verstehen ist, dann ihn ausführlicher im Hinblick auf Selbstformung beleuchte, weil das Konzept der Selbstformung nicht geläufig ist, und ihn schließlich in Beziehung zu Neuroenhancement setze.

Ein Wort noch zum ‚Studiendesign': Die Kritik liegt nahe, dass die Untersuchung die Unterschiede zwischen den verschiedenen Persönlichkeitsmerkmalen und Veränderungszielen ebenso wie zwischen den verschiedenen Neuroenhancement-Mitteln und Selbstformungs-Methoden nicht gebührend beachtet. Fraglos gibt es Unterschiede zwischen Prozac und Ritalin, ebenso wie zwischen einem Gedächtnistraining und der Entwicklung sozialer Rücksichtnahme. Bei aller Berechtigung von Einzelstudien, die diese Unterschiede in den Mittelpunkt rücken, halte ich es für ebenso notwendig, Neuroenhancement als solches und Selbstformung als solche in den Blick zu nehmen, um fundamentale Gemeinsamkeiten und Unterschiede sichtbar zu machen. Detail-fokussierte Untersuchungen unterliegen der Gefahr, durch ihr zu feinmaschiges theoretisches Netz grundlegende Gesichtspunkte nicht einfangen zu können.

4.1 Selbsterkenntnis

Die persönliche Identität konstituiert sich einerseits durch die Beschaffenheit und Konstellation der Persönlichkeitsmerkmale und den individuellen Lebensweg, andererseits durch die Art und Weise, in der eine Person sich dazu verhält, also durch ihr

---

[18] Sieht man hier einmal von den sozialethischen Problemen der Auswirkungen auf andere ab.

Selbstverhältnis. Das Selbstverhältnis einer Person hat eine deskriptive und eine evaluativ-normative Dimension. Die deskriptive Dimension, das Selbstbild, ist geprägt von Fragen wie: Welches Bild hat eine Person von sich und ihren Fähigkeiten? Wie gut kennt sie sich? Sofern das Selbstbild zutreffend ist oder zutreffende Elemente enthält, sprechen wir von ‚Selbsterkenntnis'. Das Thema Selbsterkenntnis spielt in der Neuroenhancement-Debatte bislang keine große Rolle. Der darauf abzielende Vergleich zwischen Selbstformung und Neuroenhancement fördert aber bemerkenswerte Unterschiede zu Tage.

Selbsterkenntnis ist im Gegensatz zum Selbstbewusstsein nichts, was einfach da ist. Man muss sich um sie bemühen. Sie ist auch nichts, was entweder da ist oder nicht da ist, sondern es gibt ein Mehr oder Weniger von ihr. Zwei Faktoren machen Selbstformung zu einem Motor der Selbsterkenntnis: das Andershandeln und die Selbstaufmerksamkeit.

Selbsterkenntnis ist nicht unmittelbar gegeben und entspringt nicht der bloßen Introspektion, sondern wird vermittelt über Anderes und Andere, über eine gemeinsame Sprache, sie kommt vermittelt durch Handeln und an solchem Handeln gemachte Erfahrungen zustande. Man erkennt sich aber nicht nur im Handeln *mit Anderen* und im Handeln *der Anderen,* sondern auch in sich selbst als einem (partiell) Anderen, d.h. im eigenen *Andershandeln.* Unsere Persönlichkeitsmerkmale erkennen wir an unserem Verhalten[19], und in einem eigenen anderen Verhalten vermögen wir anderes von uns selbst zu erkennen.[20] Wer anders handelt als gewohnt, erlebt sich anders, sieht sich anders, entdeckt anderes an sich. Selbstformung besteht gerade darin: anders zu handeln als gewohnt. Der Selbstformung ist damit eine inhärente Neigung zur Selbsterkenntnis eigen.

Handeln ist jedoch nur eine notwendige, aber keine hinreichende Bedingung für Selbsterkenntnis. Andernfalls würde sich die Menge, Häufigkeit oder Vielfalt der Handlungen einer Person proportional zu ihrer Selbsterkenntnis verhalten. Das ist offensichtlich nicht der Fall. Es muss einen zusätzlichen Faktor geben. Das ist die *Selbstaufmerksamkeit,* die Aufmerksamkeit auf die eigenen Dispositionen, die Aufmerksamkeit darauf, welchen Verhaltensmustern mein Handeln folgt, aus welchen Motiven ich etwas tue, wie diese sich zu den artikulierten Motiven verhalten, mit welchen Affekten meine Handlungen verbunden sind, in welchen Stimmungen ich mich befinde und wodurch sie ausgelöst werden, wie sich meine Sympathien und Antipathien verteilen, welche Konzentration ich aufbringe etc. Diese Aufmerksamkeit auf sich selbst ist ein wesentlicher Bestandteil jeder selbstformerischen Aktivität. Zwar ist Selbstformung nicht imstande, die Selbstaufmerksamkeit zu erzeugen, denn diese ist ja ihrerseits eine Voraussetzung von Selbstformung. Aber sie wird

---

[19] Vgl. Daryl Bems Theorie der Selbstwahrnehmung (BEM 1972).
[20] In einer verbreiteten Verwendung steht der Begriff ‚Verhalten' für ein unbedachtes, routiniertes oder rein reaktives Tun. Das ist hier nicht gemeint. Vielmehr akzentuiere ich damit die Langfristigkeit einer Art zu handeln, die Beständigkeit einer Handlungsweise über die Zeit hinweg.

durch Selbstformung gestärkt, indem sie in der Selbstformungstätigkeit aktiviert und praktiziert wird. Egal, welche Ziele jemand in der Selbstformung verfolgt, welche Fähigkeiten er entwickeln will, stets setzt er sich dabei mit sich auseinander, mit seinem vorhandenen Können und Unvermögen. Die so gewonnene Selbsterkenntnis kann sich auf drei Bereiche erstrecken:

(1) *Persönlichkeitsmerkmale:* Die auf die Veränderung der eigenen Persönlichkeitsmerkmale gerichtete Selbstformung widmet den vorhandenen Persönlichkeitsmerkmalen erhöhte Aufmerksamkeit. Diese Merkmale sind durchaus nicht immer der betreffenden Person bekannt, so dass eine im Medium der Aktivität verlaufende Selbsterforschung neue Erkenntnisse zutage fördern kann. Zu den Persönlichkeitsmerkmalen gehören auch *Wünsche,* sofern sie dauerhaft und für die Person bedeutsam sind. Nicht nur die gesteigerte Selbstaufmerksamkeit kann zu einem Mehr an Wunscherkenntnis führen, sondern auch die der Selbstformung eigene aktive Auseinandersetzung mit Wünschen, genauer: mit motivationalen Dispositionen.[21] Insbesondere die Widerstandserfahrung, die beim Versuch der Selbstformung gemacht werden kann, vermag bislang unbekannte Motivationen ans Licht des Bewusstseins zu befördern. Das ist die Erfahrung, dass sich dem Versuch einer Durchsetzung bestimmter Selbstformungsziele unbekannte motivationale Dispositionen widersetzen, die dadurch bewusst werden.

(2) *Entwicklungsfähigkeit der Persönlichkeitsmerkmale:* Grundsätzlich sind Persönlichkeitsmerkmale dauerhaft, doch das Maß ihrer Persistenz ist unterschiedlich. Gerade auch diese Veränderlichkeit erfährt eine Person, die sich diesen Eigenschaften mit Veränderungswillen zuwendet.

(3) *Persönlichkeitsentwicklung:* Nicht nur das Entwicklungspotential der jeweiligen Eigenschaften zeigt sich der selbstformerischen Selbstaufmerksamkeit, sondern auch ihre *tatsächliche Entwicklung.* Wir kennen dasjenige an uns besser, was wir selbst erarbeitet haben und was wir daher mit Aufmerksamkeit verfolgt haben. Mit einer gewissen Wahrscheinlichkeit werden nicht nur die Persönlichkeitsentwicklungen transparenter, die man selbst durch Selbstformung verantwortet, sondern auch andere Aspekte der eigenen Entwicklung, weil die Aufmerksamkeit für eigene Entwicklungsprozesse durch Selbstformung allgemein erhöht wird.

Bei allen drei Aspekten handelt es sich nicht um zwangsläufige Prozesse. Bei solchen mentalen Prozessen lässt sich keine Notwendigkeit konstatieren. Doch die Wahrscheinlichkeit dafür, dass Selbstformung zu der beschriebenen Steigerung der Selbsterkenntnis führt, ist hoch. Denn Selbstformung neigt durch ihre spezifische

---

[21] Die Annahme, dass Existenz und Kenntnis von Wünschen auseinanderfallen können, muss unverständlich erscheinen, wenn man unter Wünschen allein das bewusste Verlangen nach etwas begreift. Aber die Feststellung, eine Person wünscht A, kann zwei weitere Bedeutungen haben: Die Person ist motiviert, A handelnd zu verwirklichen. Und die Person ist so disponiert, dass ihr das Eintreten von A Befriedigung, Freude, Lust oder ähnliches verschaffen würde. Diese dreifache Unterscheidung übernehme ich von Anna Kusser (vgl. KUSSER 1989, 106).

Aktivierung von Selbstaufmerksamkeit und die Erfahrung der eigenen (partiellen) Alterität dazu, den Blick für die eigene Persönlichkeit zu schärfen, so wie ein Bildhauer sein Holz durch die Bearbeitung genauer und gründlicher kennen lernt, als wenn er es nur betrachtet.

Wie verhält sich nun Neuroenhancement zur Selbsterkenntnis? Einerseits ermöglicht auch Neuroenhancement die Erfahrung des Andersseins und Andershandelnkönnens. Darin besteht ein Teil seines Reizes. Insofern hat auch Neuroenhancement eine Neigung zur Förderung von Selbsterkenntnis. Andererseits findet keine aktive Auseinandersetzung mit widerständigen Dispositionen statt, deren Eigenart dadurch zu Bewusstsein kommen könnte. Die starke inhärente Neigung zur Selbstaufmerksamkeit ist nicht gegeben. Zwar *kann* die Aufmerksamkeit auf sich selbst mit einer technischen Selbstveränderung einhergehen, aber sie ist dabei nicht nötig. Ich muss nicht an mir arbeiten, mich selbst beobachten, ich kann mich auf die Wirkung des pharmakologischen Eingriffs verlassen. Insofern kann man sagen, dass Selbsterkenntnis durch Neuroenhancement keine Steigerung erfährt. Das Ergebnis des Vergleichs fällt also zwar nicht ganz einseitig aus, aber insgesamt zugunsten von Selbstformung, sofern man Selbsterkenntnis einen Wert zumisst.

Die Feststellung eines geringeren Potentials zur Förderung von Selbsterkenntnis wird auch nicht durch Erfahrungsberichte konterkariert, denen zufolge Nutzer die Wirkung von Neuroenhancement-Mitteln auf sich intensiv verfolgt haben.[22] Davon abgesehen, dass diese Selbsterkundung nicht das oben genannte Spektrum an Gegenständen der Selbsterkenntnis ausschöpft, sondern sich lediglich auf die pharmakologisch verursachten Veränderungen erstreckt, spricht wenig dafür, dass sich diese Selbstbeobachtung den spezifischen Charakteristika von Neuroenhancement verdankt. Zu vermuten ist vielmehr, dass die Neuartigkeit dieser Mittel die Neugier der Pioniere weckt. Wenn dieser Neuigkeitseffekt abflaut, dürfte auch das gesteigerte Interesse an der Selbstbeobachtung nachlassen.[23] Selbstformung hingegen zwingt jeden Akteur stets zur Selbstaufmerksamkeit und neigt damit verlässlich dazu, ihm Einsichten in die eigene Persönlichkeit zu verschaffen.

4.2 Authentizität

Authentizität ist ein wesentlicher Aspekt persönlicher Identität und zugleich einer der zentralen Streitpunkte innerhalb der Neuroenhancement-Debatte. Wenn wir eine Person und ihr Verhalten als authentisch oder unauthentisch beurteilen, wollen wir sagen, dass ihre Verhaltensweisen oder Äußerungen ‚echt' sind, irgendwie überzeugend, dass die Person ‚sie selbst' ist. Und dieses ‚Selbstsein' bewerten wir positiv.

---

[22] Vgl. KRAMER 1997.
[23] Auch sollte man die genaue Beobachtung von außen, wie sie der Psychiater Kramer bei seinen Patienten praktiziert, nicht mit deren Selbstaufmerksamkeit verwechseln (vgl. ibid.).

Aber was genau meinen wir damit? Tatsächlich hat ‚Authentizität' mehrere Bedeutungsfacetten, die oft nicht auseinandergehalten werden. Ich möchte drei Verständnisweisen von Authentizität unterscheiden: das konservative, das identifikatorische und das kohärentistische Verständnis.[24] In allen drei Fällen steht hier nicht die Authentizität einzelner Äußerungen oder Handlungen in Frage, sondern die Authentizität von Personen und ihren Persönlichkeitsmerkmalen.

Das konservative Authentizitätsverständnis wurde durch Carl Elliot in die Neuroenhancement-Debatte eingeführt, der damit einer verbreiteten Befürchtung Ausdruck verlieh, dass Neuroenhancement unauthentisch mache:

„It would be worrying if Prozac altered my personality, even if it gave me a better personality, simply because it isn't *my* personality. This kind of personality change seems to defy an ethic of authenticity."[25]

Elliot hält es für authentischer, die negativ bewerteten Eigenschaften zu belassen, eben weil es die eigenen seien. Er legt sogar nahe, dass die durch Neuroenhancement erzielte Persönlichkeitsveränderung in besonders hohem Maße die Authentizität bedrohe:

„What could seem less authentic, at least on the surface, than changing your personality with an antidepressant?"[26]

Dieses konservative Authentizitätsverständnis hat seine relative Berechtigung. Denn die Stabilität von Persönlichkeitsmerkmalen ist eine Bedingung oder ein Aspekt dessen, was wir als Authentizität bezeichnen. Würden sich zentrale Eigenschaften einer Person mehrfach gravierend und in hohem Tempo ändern, hätten wir Schwierigkeiten, sie überhaupt als *eine* konsistente Persönlichkeit zu verstehen. Selbstformung und Neuroenhancement stehen kaum in Gefahr, derartige authentizitätsreduzierende Persönlichkeitsveränderungen herbeizuführen. Zwar ist nicht auszuschließen,

---

[24] Heike Schmidt-Felzmann unternimmt ebenfalls den Versuch einer differenzierten Bedeutungsanalyse von ‚Authentizität' in Anwendung auf Neuroenhancement. Sie kommt dabei auf sechs Bedeutungsfacetten. Im Gegensatz zu ihr orientiere ich mich bei der Analyse mehr an dem alltagssprachlichen Begriff von Authentizität, von dem sie sich m.E. teilweise entfernt, z.B. wenn sie auch ein normal ausgebildetes Gedächtnis als Kriterium für die Zusprechung von Authentizität versteht (vgl. SCHMIDT-FELZMANN 2009, 147 f.) oder wenn sie ihrer Meinung nach unplausible Lebensnarrationen für authentizitätsmindernd hält, wie es die Rücksichtnahme auf rachsüchtige Götter wäre (vgl. ibid., 151). Einen Menschen mit extremen Gedächtnislücken oder mit einem aus heutiger Sicht abwegigen Glauben bedauern wir vielleicht, aber wir nennen ihn nicht unauthentisch.
[25] ELLIOT 1998, 182.
[26] Ibid., 186.

dass sie auf pharmakologischem Wege erreicht werden können. Doch die Wahrscheinlichkeit, dass eine solch extreme Art von Neuroenhancement überhaupt Interessenten hätte, dürfte gering sein.

Das konservative Authentizitätsverständnis ist einseitig. Es legt die irrige Vorstellung eines statischen Selbst nahe, das weder der entwicklungspsychologischen Realität noch den Wünschen der meisten Menschen entspricht. Auch David DeGrazia lehnt die Vorstellung eines gegebenen Selbst, das lediglich entdeckt und erhalten zu werden braucht, als „irreführend" ab und hält ihr den identifikatorischen Authentizitätsbegriff entgegen:

> „Man kann sich jedoch auch dann treu bleiben, wenn man sich bewusst umwandelt und in gewissem Maße gestaltet."[27]

Entscheidend ist nicht die Kontinuität der Persönlichkeitsmerkmale, sondern die Identifikation mit ihnen:

> „Ob bestimmte Persönlichkeitsmerkmale jemanden ausmachen, hängt davon ab, ob die Person sich mit ihnen identifiziert – das heißt, ob sie sie aus eigenem Willen besitzt bzw. anerkennt."[28]

Vor dem Hintergrund dieses Authentizitätsverständnisses kann man Selbstformung eine authentizitätsfördernde Funktion zusprechen. Und DeGrazia kommt zu demselben Ergebnis in Bezug auf Neuroenhancement. Er vergleicht sogar die Wirkung von Neuroenhancement, speziell von Prozac, mit der einer mentalen Selbstverbesserung und kommt zu dem Schluss, dass „Prozac ebenso gut wie eine Psychotherapie authentischer Bestandteil eines Selbstgestaltungsprojektes sein" kann.[29] Und tatsächlich: Sofern man Authentizität sich selbst verändernder Personen als Identifikationsverhältnis versteht, also an dem Verhältnis zwischen ihrer Selbstveränderung und ihren Werten misst, macht das *Mittel* der Selbstveränderung keinen Unterschied. Ich teile DeGrazias Ansicht, dass, was *diese* Authentizität der veränderten Persönlichkeit angeht, kein Unterschied zwischen Selbstformung und Neuroenhancement besteht. Erik Parens weist den zwei beschriebenen Authentizitätsmodellen unterschiedliche Leitbegriffe zu: auf der einen Seite die ‚Kreativität', auf der anderen Seite die ‚Dankbarkeit'. Auf der einen Seite geht es um die Realisierung eines eigenen Selbstentwurfs, auf der anderen Seite um die umsichtige Bewahrung eines gegebe-

---

[27] DeGrazia 2009, 251.
[28] Ibid., 256.
[29] Ibid., 258.

nen Selbst.³⁰ So gesehen stehen Selbstformung und Neuroenhancement vereint auf der Seite der Kreativität.³¹

Damit ist nicht alles über Authentizität in Bezug auf Selbstformung und Neuroenhancement gesagt. Unberücksichtigt ist bislang das dritte Verständnis von Authentizität: die kohärentistische Authentizität. Authentisch nennen wir jemanden, bei dem wir den Eindruck haben, das, was er ist, tut, denkt, fühlt und will, passt zusammen. Diese Authentizität im Sinne von ‚Stimmigkeit' wird, anders als die identifikatorische Authentizität, vorrangig in der Beobachterperspektive beurteilt. Wir schätzen die Authentizität von jemandem ein, indem wir den Zusammenhang seiner Handlungen oder Persönlichkeitsmerkmale mit seinen sonstigen Eigenschaften, seiner Lebensführung und seinem Lebenslauf prüfen. In dieser Hinsicht macht sich ein Unterschied zwischen Selbstformung und Neuroenhancement bemerkbar. Durch die leichte Handhabung von Neuroenhancement-Mitteln läuft man eher Gefahr, die Kohärenz von Persönlichkeitsmerkmalen und Biographie zu missachten. Um eine Selbstveränderung via Neuroenhancement herbeizuführen, muss man sich nicht anstrengen und nicht mit der anvisierten Selbstveränderung beschäftigen. Man kann es ‚einfach so' machen, ohne dass die Maßnahme aus dem biographischen Kontext hervorgeht, ohne dass die veränderten Eigenschaften zu der Persönlichkeit passen.³² Selbstformung hingegen lässt sich nicht leichtfertig praktizieren. Die Mühe und die Langfristigkeit stellen eine massive Barriere für einen gedankenlosen und biographisch dekontextualisierten Umgang damit dar. Selbstformung hat aufgrund ihrer spezifischen Zeitstruktur und der von ihr geforderten Aktivität grö-

---

³⁰ Vgl. PARENS 2005.
³¹ Genauer betrachtet ist die Zuordnung weniger eindeutig. Denn Selbstformung kann auch darauf abzielen, vorhandene Eigenschaften zu bewahren. Jemand kann darauf hinarbeiten, dass durch wiederholte Erfahrungen einer gewissen Art bei ihm keine unerwünschten Persönlichkeitsveränderungen auftreten. In Parens' Koordinatensystem der zwei Authentizitätskonzepte müsste man eine solche Selbstformung als bewahrende Kreativität bezeichnen. Diese ‚konservative' Selbstformung löst die Polarität tendenziell auf. Auch Parens versteht die idealtypische Polarität nicht als realen Gegensatz. Er meint vielmehr, dass wir uns in unserem Streben nach Authentizität faktisch sowohl an der Idee der Kreativität als auch an der der Bewahrung orientieren. In diesem Sinne spricht er von einer „fertile tension" (ibid., 37). Man kann sagen, dass Selbstformung dieser konzeptionellen Ambivalenz eher Rechnung trägt, weil sie sie, jedenfalls in dem genannten ‚konservativen' Typ, praktisch in sich trägt. Bei Neuroenhancement lässt sich dieses differenzierte Selbstverhältnis nicht beobachten; ein Neuroenhancement-Mittel zur Selbstbewahrung gibt es – jedenfalls bis heute – nicht.
³² So auch Christoph Demmerling und Hilge Landweer, wenn sie über Medikamenteninduzierte Gefühle schreiben: „Durch Drogen oder Medikamente erzeugte Gefühle können zumeist nur in einer Außenperspektive als ‚unecht' qualifiziert werden, sofern sie demjenigen, der diese Gefühle hat, nicht ‚wirklich' zugehörig zu sein scheinen, sie nicht zu ihm und seiner gesamten Situation zu passen scheinen" (DEMMERLING, LANDWEER 2007, 164).

ßere Chancen, gewissermaßen organisch aus dem biographischen Zusammenhang einer Persönlichkeit ‚hervorzuwachsen' und somit die kohärentistische Authentizität nicht zu beeinträchtigen oder sogar zu befördern.

Die Berücksichtigung der kohärentistischen Authentizität macht deutlich, wie irreführend es ist, verbesserte mentale Fähigkeiten isoliert zu betrachten. Diesen Weg wählt z.B. Bettina Schöne-Seifert:

> „Denn wo es um psychische und kognitive Hochleistungen geht, wünschen wir, zumindest in vielen Fällen, diese Leistungen doch sehr wohl als *solche* bzw. als Bedingungen dafür, dass anstehende Aufgaben in besonders zuverlässiger, rascher oder beglückender Weise erledigt werden."[33]

Diese Einschätzung mag für die Nutznießer mentaler Leistungen wie Arbeitgeber und Kunden zutreffen. Sie sind allein am ‚Output' interessiert. Diese instrumentelle Sichtweise auf menschliche Personen ist zwar als solche nicht illegitim, aber höchst einseitig. Sie bestimmt unsere Sicht auf Personen nicht allein, und vor allem ist sie für unsere Identität nicht konstitutiv. Wir verstehen unsere Persönlichkeit und die anderer Menschen nicht als Summe einzelner Leistungen, sondern als mehr oder weniger stimmiges Gefüge von Eigenschaften. Daher ist Schöne-Seiferts Einschätzung voreilig, dass „bei geistigen und psychischen Leistungen das Nachhelfen(müssen) deren Wert doch wohl nicht grundsätzlich" mindert. Und auf ihre rhetorische Frage: „Warum sollte dies im Fall des medikamentösen Nachhelfens anders sein als beim Meditieren, gecoacht Werden oder Rauchen?"[34], ist die nicht-rhetorische Antwort zu geben: Sofern „Wert" nicht nur als Nutzen verstanden wird, sondern als Authentizität im Sinne einer diachronen und synchronen Kohärenz der Persönlichkeit, mindert das Nachhelfen den Wert zwar tatsächlich nicht zwangsläufig, auch nicht das medikamentöse. Doch bestehen zwischen dem medikamentösen und dem mentalen Nachhelfen strukturelle Differenzen, die zu signifikanten Unterschieden dieses Wertes führen können.

Auch hinsichtlich der Authentizität zeichnet sich also ein differenziertes Bild ab. Überschaut man jedoch alle drei Typen von Authentizität, sind der Selbstformung im Gegensatz zu Neuroenhancement die größeren Chancen zuzuschreiben, in einem umfassenden Sinn Authentizität nicht zu gefährden bzw. eventuell sogar zu erhöhen.

4.3 Lebensplan

Wir haben mannigfaltige Wünsche und Ziele. Wir können sie nicht alle verwirklichen, teilweise stehen sie auch im Widerstreit miteinander. Nicht wenige Glücks-

---

[33] SCHÖNE-SEIFERT 2006, 284.
[34] Ibid.

theoretiker sind der Auffassung, dass eine Bedingung für menschliches Glück darin besteht, dass diese Wünsche in eine hierarchische und temporäre Ordnung gebracht werden. Das gilt vor allem für langfristige Wünsche. Diese Ordnung unserer Wünsche und Ziele kann man als ‚Lebenskonzeption' bezeichnen oder, um ihre Ausrichtung am Ziel der Realisierung deutlicher hervorzuheben, als ‚Lebenspläne'.[35] Nicht starre Fahrpläne sind gemeint, sondern lebensleitende Vorhaben. Nach John Rawls kann man – mit gewissen Einschränkungen – „einen Menschen als glücklich ansehen, wenn er in der (mehr oder weniger) erfolgreichen Ausführung eines vernünftigen Lebensplanes begriffen ist".[36] Lebenspläne sind aus zwei Gründen einem guten Leben dienlich:

(1) Sie ermöglichen es uns, die Gesamtheit des Lebens in den Blick zu nehmen. Mit der Orientierung an einem Lebensplan zerfällt unser Leben nicht in einzelne Episoden, sondern hat eine kohärente Gestalt. Damit gewinnt unser Leben für uns an Sinn – ‚Sinn' in seiner sprachlich-semantischen Bedeutung, insofern unser Leben sich unter der Ägide eines Lebensplans in eine narrative Form bringen lässt.[37] Ein Lebensplan verleiht unserem Leben eine einheitliche Struktur, und so wissen wir vermehrt, was unsere wesentlichen Wünsche sind, was wir tun und wozu wir es tun.[38]

(2) Sinn gewinnt das Leben durch einen Lebensplan noch in einer zweiten Weise: Sinn im evaluativ-normativen Sinne. Ein nach diesem Verständnis sinnvolles Leben ist nicht nur erzählbar, sondern auf das ausgerichtet, was wir für gut halten.[39]

Lebenspläne können sich auf unterschiedliche Tätigkeiten, Erfahrungen und Besitztümer richten. Sie können auch die eigene Persönlichkeit zum Gegenstand haben. Lebenspläne können also auch Selbstformung einschließen. Parallel zu ‚Lebensplänen' kann man geradezu von ‚Selbstplänen' oder besser: ‚Selbstformungsprojekten' sprechen. Selbstformung hat immer den Charakter von mehr oder weniger langfristigen Projekten, da ihre Ziele nicht rasch zu erreichen sind. Auch wenn Selbstformungsprojekte als Teil von umfänglichen Lebensplänen verstanden werden können, unterscheide ich sie hier, um den spezifischen Beitrag der Selbstformung für ein gelingendes Leben herausarbeiten zu können. Alle Vorzüge von Lebensplänen, die oben aufgelistet sind, kommen auch den Selbstformungsprojekten zu: Sie bringen das Leben in eine einheitliche Form, führen zu Selbsttransparenz und

---

[35] Vgl. RAWLS 1979, 445–454; STEINFATH 1998, 76–79.
[36] RAWLS 1979, 447. Die Vernünftigkeit des Lebensplans besteht Rawls zufolge vor allem darin, dass sie umsetzbar sind, dass sie sich an dem orientieren, was machbar ist (vgl. ibid., 446 f.). Vgl. dazu auch SEEL 1995, 95. Die komplexen Verbindungen des Lebensplanbegriffs mit den Konzepten der Moralität, Vernunft und Selbstbestimmung diskutiert Sturma (STURMA 1997, 296–306).
[37] Vgl. FENNER 2007, 82 f.
[38] Vgl. STEINFATH 1998, 78.
[39] Vgl. FENNER 2007, 83.

stiften Sinn. Wenn also der Entwurf und die Verfolgung von Lebensplänen zu einem guten Leben beitragen, dann gilt dies auch für Selbstformung.

In einem entscheidenden Punkt allerdings sind Selbstformungsprojekte den Lebensplänen überlegen: hinsichtlich ihrer Störanfälligkeit. Lebenspläne können wir zwar aufstellen und zu verfolgen versuchen, aber ihr Gelingen ist von vielen Faktoren abhängig, die nicht in unserer Hand liegen. Die Pläne für unsere Lebensgestaltung können zerstört werden durch die biologischen und sozialen Widerfahrnisse des Lebens, durch all das, was nicht in unserer Macht steht: Krankheiten, Unfälle, Arbeitslosigkeit, unvorhergesehene Begegnungen, die Eigendynamik menschlicher Beziehungen. Niemand weiß, was sich in seinem Leben zutragen wird, wann ihn welche Krankheit aus der Bahn wirft, wie sehr unvorhersehbare Begebenheiten seine Pläne durchkreuzen. Nicht nur auf dem Wege zum Ziel, sondern auch dann, wenn wir sie vorerst erreicht haben, sind Lebenspläne zerstörbar: Unsere Position als leitender Manager, auf die wir Jahre hingearbeitet haben, können wir wieder verlieren, wir können entlassen oder arbeitsunfähig werden.

Selbstformungsprojekte hingegen sind deutlich weniger dafür anfällig, von unvorhersehbaren Ereignissen zunichte gemacht zu werden. Wir können auch trotz Arbeitslosigkeit und Krankheit an den Persönlichkeitsmerkmalen arbeiten, die uns wichtig sind. Der Prozess der Selbstformung ist zwar nicht völlig unempfindlich gegenüber äußeren Ereignissen, er kann aber sehr viel unabhängiger davon fortgeführt werden. Und auch wenn Selbstformungsprojekte zum Erfolg geführt haben, sind diese Erfolge, wenn nicht unverlierbar, so doch viel schwieriger zu verlieren. Allenfalls außerordentlich erschütternde Schicksalsschläge oder persönlichkeitsverändernde Hirnschädigungen können zum völligen Verlust des einmal Erreichten führen. Wenn wir fundamentale Lebensziele nicht erreichen oder das Erreichte rasch wieder aus der Hand geben müssen, kann dies die subjektive Entwertung von Lebensabschnitten oder des ganzen Lebens bedeuten. Der Beitrag von Lebensplänen zum guten Leben ist also äußerst fragil, während die diesbezügliche Leistung von Selbstformungsprojekten sehr viel verlässlicher ist.

Die These, dass Selbstformungsprojekte einen spezifischen Beitrag zum Gutsein eines Lebens leisten können, kann einige Missverständnisse provozieren, von denen ich zwei sogleich ausräumen möchte. Erstens ist dieser Blick auf die Funktion von Selbstformung mitnichten ein (Wieder-)Einstieg in eine naiv-rationalistische Glückskonzeption, nach der das Leben in Gänze autonom und vernünftig planbar sei. Vielmehr bedeutet er die Entdeckung, dass *innerhalb* des zerbrechlichen, fragmentarischen Lebensverlaufs Chancen der selbstgesteuerten Kontinuität liegen. Selbstformungsprojekte ermöglichen es, bei aller Widerspenstigkeit der Lebensentwicklung „den Kurs eines nach eigener Vorstellung gelebten Lebens zu halten".[40]

Zweitens: Das Konzept von Kontinuität und Ordnung durch Selbstformung mag sich in manchen Ohren nach einer Neuauflage traditioneller ethischer Vorstellungen anhören, nach einem ‚Revival' stoischer Vorstellungen von Autarkie und Ataraxie.

---

[40] SEEL 1995, 120.

Doch der Eindruck täuscht, denn mit der Unterstreichung der Ordnungsfunktion von Selbstformungsprojekten geht keine Festlegung einher, was der Einzelne für Selbstformungsziele verfolgen soll. Nicht bestimmte Selbstformungsziele schaffen diese wenig störanfällige Lebensordnung, sondern dass *überhaupt* an Selbstformungsprojekten gearbeitet wird. Statt innerer Ruhe, Gleichmut und seelischer Unempfindlichkeit können ebenso gut Spontaneität, Ausgelassenheit und Sensibilität für die Umwelt Aufgaben langfristig angelegter Selbstformungsprojekte sein.

Bislang habe ich Selbstformungsprojekte betrachtet, insofern sie auf ihre Realisierung ausgerichtet sind und die Realisierung im Horizont des Erreichbaren liegt. Das ist zweifelsohne ein zentraler Aspekt von ihnen. Dennoch darf man nicht die Tatsache aus dem Auge verlieren, dass Selbstformungsprojekte, obwohl grundsätzlich weniger störanfällig, in der Regel anspruchsvolle Vorhaben sind, die viel Mühe kosten. Zudem ist es schwieriger als bei Lebensplänen, den Grad und den Zeitpunkt ihrer Realisierung zu bestimmen. Die Realisierung von Selbstformungsprojekten ist weniger eindeutig zu einem bestimmten Termin abgeschlossen. Sie haben keinen klar definierten Endzustand. Wenn mein Lebensplan lautet, niedergelassener Hautarzt zu werden, werde ich dieses Ziel, wenn ich es erreiche, zu einem klar identifizierbaren Zeitpunkt erreichen. Wenn mein Selbstformungsprojekt lautet, weniger stressanfällig zu werden, kann ich nicht eines Tages sagen: Ab heute bin ich stabil, ausgeglichen und besonnen. Selbstformungsprojekte sind also, obwohl realisierungsorientiert und realisierungsfähig, stets mehr oder wenig auf ein (noch) nicht gänzlich erfülltes Ideal bezogen. Vielfach bleibt mindestens ein Rest übrig, der noch zu bearbeiten ist. Das Projekt bleibt auch Pro-jekt. Ist das ein Schwachpunkt von Selbstformungsprojekten? Von manchen Selbstformungsakteuren wird dies sicherlich so empfunden. Doch auch diese permanente Zukunftsorientierung hat ihr Gutes hinsichtlich des Glücks. Jedenfalls dann, wenn man mit verschiedenen Autoren die Überzeugung teilt, dass zu einem glücklichen Leben nicht so sehr gehört, dass alle unsere (wichtigen) Wünsche in Erfüllung gehen, sondern auch das Nach-Erfüllung-*Streben*. Neben der Erfüllung gehört das Verlangen nach Erfüllung dazu, das „Auf-dem-Wege-Sein-zu-etwas", wie Martin Seel sagt.[41] Auch Dieter Birnbacher hebt diesen immanenten Glückswert des Strebens, der Hoffnung, der zuversichtlichen Erwartung hervor:

„Eine wesentliche Bedingung des Glücks scheint gerade darin zu bestehen, dass zumindest *einige* Wünsche *unerfüllt* bleiben, zumindest *noch* nicht erfüllt sind – gewissermaßen als utopischer Horizont seliger Sehnsucht."[42]

Und Neuroenhancement? Die Langfristigkeit, die Selbstformungsprojekten eigen ist und ihre lebensordnende Funktion stiftet, geht der pharmakologischen Selbstver-

---

[41] Ibid., 100.
[42] BIRNBACHER 2005, 12. Ebenso Hans Krämer, der diesen Glücksgewinn ausdrücklich auf die erhoffte Entwicklung einer Fähigkeit bezieht (vgl. KRÄMER 1998, 122).

besserung ab. Neuroenhancement wirkt schnell, und es verlangt keine dauerhafte mentale Aktivität. Die Nutzung von Neuroenhancern ist kein Projekt, dessen aktive Verfolgung das Leben strukturiert und ihm in der geschilderten Weise Sinn verleiht. Die Schnelligkeit, die zunächst als Vorteil von Neuroenhancement erscheint, erweist sich im Lichte der Selbstformung als Nachteil, zumindest dann, wenn man die Wertschätzung von Lebenskohärenz teilt. Das heißt nicht, dass Neuroenhancement unverträglich mit einem durch Lebenspläne und Selbstformungsprojekte geprägten Leben ist. Selbstverständlich kann jemand, der sich pharmakologisch verbessert, auch Selbstformungsprojekte verfolgen. Die entscheidende Einsicht ist jedoch: Selbst ist Neuroenhancement zu der lebensordnenden Leistung nicht imstande.[43]

4.4 Selbstverwirklichung

Im Rahmen der heute dominanten Wunsch- und Zieltheorien des Glücks spielt Selbstverwirklichung eine tragende Rolle. Selbstverwirklichung ist nach Ansicht zahlreicher Autoren ein wesentliches Element von Glück. Nicht im Sinne der Entfaltung eines präexistenten Selbst, auch nicht im Sinne eines eigenbrötlerischen oder sogar egoistischen Tuns, sondern im Sinne der Realisierung der eigenen Wünsche, vor allem der ‚wirklichen' oder ‚tiefen' Wünsche, solcher Wünsche also, die den langfristigen Interessen einer Person entsprechen und die sie auch in höherstufiger Reflexion bejaht.[44] So besteht das Glück nach Otfried Höffe „ganz formal in der Verwirklichung der eigenen Wünsche und Interessen sowie in der Aktualisierung der eigenen Möglichkeiten. Das aber heißt, das Glück hat in weiterem Sinn mit Selbstverwirklichung zu tun."[45]

Selbstformung kann für die Selbstverwirklichung eine wichtige Funktion übernehmen. Denn für gelingende Selbstverwirklichung ist es entscheidend, dass man sich selbst kennt, genauer: dass man die eigenen Wünsche kennt, das man weiß, was einem wirklich am Herzen liegt. Andernfalls kann das, was als Selbstverwirklichung gedacht ist, im Fall der Realisierung zu Enttäuschungen führen. Wir haben bereits oben gesehen, dass Selbstformung ein Bewusstsein für die eigenen Wünsche schaffen kann.

Vor allem jedoch ist Selbstformung selber eine Art der Selbstverwirklichung. Denn die einer Person wichtigen Wünsche können sich nicht nur auf materielle

---

[43] Eine extreme Weise der Anwendung von Neuroenhancement-Mitteln allerdings dürfte die Lebenskohärenz nicht nur nicht fördern, sondern sogar gefährden. Dann nämlich, wenn es um eine dauerhafte Nutzung wechselnder Mittel geht, die auf verschiedene Eigenschaften wirken. Hier droht eine Fragmentierung des Lebens.

[44] Hiermit lehne ich mich an Harry Frankfurts Theorie der Volitionen zweiter Ordnung an (vgl. FRANKFURT 1997).

[45] HÖFFE 2004, 19 (zitiert nach FENNER 2007, 91); vgl. auch SEEL 1995, 79; GEWIRTH 1998, 3.

Güter beziehen, nicht nur auf soziale Erfahrungen, sondern auch auf eigene Persönlichkeitsmerkmale. Bei Selbstformung handelt es sich sogar mit großer Wahrscheinlichkeit um Selbstverwirklichung. Denn *dass* wir bei Aktivitäten, die wir für Selbstverwirklichung halten, unseren ‚tiefen' Wünschen folgen, ist ja keineswegs sicher. Oftmals täuschen wir uns darin, wir folgen kurzlebigen, unreflektierten Wünschen. Bei der Selbstverwirklichung durch Selbstformung ist diese Gefahr äußerst gering: Durch die erforderliche langfristige Aktivität und Mühe stehen die handlungsleitenden Wünsche unter wiederholtem Rechtfertigungszwang, die Handlungseigenschaften von Selbstformung zwingen also förmlich zur Reflexion über die Wünsche, so dass es unwahrscheinlich ist, langfristig Wünschen zu folgen, die man auf höherer Ebene nicht wünscht.

Mehr noch, ein Selbstformungshandeln ist nicht nur mit großer Wahrscheinlichkeit eine Art der Selbstverwirklichung unter anderen, sondern eine hinsichtlich ihres Glückswertes herausgehobene Art der Selbstverwirklichung, und zwar aus drei Gründen:

(1) Persönlichkeitsbestimmende Fähigkeiten haben für das Glück eine überragende Bedeutung, ja es besteht wesentlich im Besitz dieser Fähigkeiten. Diesen Punkt herausgearbeitet zu haben, ist besonders das Verdienst von Hans Krämer: Statt von Fähigkeiten spricht er vom „Können". Das Können ist „die maßgebliche, zentrale Glücksform"[46], weil sie die „im gewöhnlichen Leben vorherrschende" ist[47] und gegenüber den anderen Formen des Glücks einen Vorrang hat: gegenüber dem Glück des Unverfügbaren, dem Glück des Handlungsvollzugs (der Realisierung des Könnens) und der temporalen Integration des Lebens.

(2) Selbstverwirklichung durch Selbstformung hat ein *geringeres Enttäuschungspotential*. Wunscherfüllung kann enttäuschen. Das Erfüllte kann sich ganz anders anfühlen, als wir erwartet haben, auch wenn die Wünsche höherstufig bejaht wurden. Vor der Verwirklichung des Wunsches fehlt uns die Erfahrung, wie es ist, das Gewollte zu haben. Diese Unkenntnis über den mentalen Zustand nach der Erfüllung des Wunsches herrscht vor allem bei solchen Wünschen, die sich auf äußere Gegenstände oder soziale Erfahrungen richten. Bei der Selbstverwirklichung durch Selbstformung verhält es sich etwas anders. Das liegt an der spezifischen Zeit- und Handlungsstruktur der Selbstformung. Der Wunsch nach dem anderen Persönlichkeitsmerkmal geht nicht schlagartig in Erfüllung, sondern nur allmählich. In jedem Selbstformungsversuch üben wir das, was oder wie wir sein wollen, und probieren es versuchsweise aus. Wie es ist, diesen Wunsch erfüllt zu haben, über die erstrebte Fähigkeit zu verfügen, wird dabei stets ‚vorgefühlt'.

(3) Bei der Selbstverwirklichung durch Selbstformung geht es nicht nur darum, sich selbst zu verwirklichen, sondern auch darum, *selbst* sich selbst zu verwirklichen. Und diese eigene Aktivität ist – im Erfolgsfall – ein wesentlicher Faktor für das

---

[46] KRÄMER 1998, 108. Krämer allerdings geht es um jede Form des Könnens, mir nur um persönlichkeitskonstituierende Fähigkeiten.
[47] Ibid., 109.

Glück. Das wird besonders deutlich, wenn man Albert Banduras viel rezipierte psychologische Theorie der *Selbstwirksamkeit* heranzieht: Demnach haben Personen Überzeugungen davon, aufgrund eigener Kompetenzen gewünschte Ergebnisse bewirken zu können. Starke Selbstwirksamkeitserwartungen gehen mit *Selbstvertrauen* einher, d.h. mit dem Vertrauen, Herausforderungen positiv bewältigen zu können, sowie mit *Durchhaltevermögen* auch bei schwierigen Aufgaben und Hindernissen.[48] Man darf erwarten, dass gelingende Selbstformung in besonderem Maße zu hohen Selbstwirksamkeitsüberzeugungen führt. Denn hier geht es um eine Selbstwirksamkeitserfahrung nicht nur in Bezug auf irgendein Können, sondern in Bezug auf das Können, ein Können hervorzubringen. Erfolgreiche Selbstformung ist gewissermaßen potenzierte Selbstwirksamkeit, weil nicht nur einzelne Handlungserfolge selbst bewirkt werden, sondern auch die dem Handeln zugrunde liegenden Muster. Es ist das Glück, sich aus eigener Kraft ändern zu können.

Nachdem wir diesen Befund zum Zusammenhang von Selbstformung und Selbstverwirklichung erhoben haben, können wir ihn wiederum mit Neuroenhancement kontrastieren. Das Ergebnis ist differenziert:

(1) *Wunscherkenntnis als Bedingung von gelingender Selbstverwirklichung:* Hinsichtlich der Bestimmung der eigenen Wünsche profitiert Selbstverwirklichung nicht im selben Maße durch Neuroenhancement. Denn diese Hilfsfunktion ist bei Neuroenhancement aufgrund ihrer fehlenden Neigung zur Erzeugung von Selbstaufmerksamkeit geringer ausgeprägt.

(2) *Neuroenhancement als Selbstverwirklichung:* Neuroenhancement ist ebenso wie Selbstformung Selbstverwirklichung, sofern es um die Verwirklichung höherstufig bejahter Wünsche in Bezug auf die eigene Persönlichkeit geht und nicht um ein unbedachtes Ausprobieren oder bloße soziale Nachahmung. Dass diese Selbstverwirklichung dank pharmakologischer Mittel für die Person mühelos in greifbare Nähe rückt, macht die große Stärke von Neuroenhancement gegenüber Selbstformung aus. Doch *dass* es sich bei Neuroenhancement um Selbstverwirklichung handelt, *dass* also der pharmakologischen Selbstveränderung wesentliche, persönlich bedeutsame Wünsche zugrunde liegen und nicht kurzfristige, unbedachte, die man bei näherer Überprüfung verwerfen würde – das ist bei Neuroenhancement wesentlich ungewisser als bei Selbstformung. Denn Selbstformung versperrt sich durch seine Handlungsstruktur weitgehend der Realisierung von Wünschen, die wir nicht wirklich befürworten. Die Mühe und Langwierigkeit der Selbstformung machen es sehr unwahrscheinlich, dass man dauerhaft eine fehlende Identifikation mit solchen Wünschen übersieht. Bei Neuroenhancement ist es hingegen sehr leicht, unüberlegten Einfällen, kurzfristiger Unzufriedenheit, sozialem Druck oder schnelllebigen Moden zu erliegen. Es verfügt nicht über diesen ‚eingebauten Sicherheitsmechanismus', wie ihn Selbstformung hat.[49]

---

[48] Vgl. BANDURA 1994, 1–63.
[49] Das Problem des unernsten Wünschens wird verschiedentlich gesehen, vgl. z.B. KETTNER 2006, 15. Auch Richard H. Dees sieht das Problem bei Neuroenhancement,

(3) *Außerordentlicher eudaimonischer Status der Selbstverwirklichung durch Neuroenhancement:* Insofern die Wünsche in Bezug auf die eigene Persönlichkeit besonderes Gewicht für das Lebensglück haben, nimmt die Selbstverwirklichung durch Neuroenhancement ebenfalls eine außerordentliche Stellung ein.

(4) *Enttäuschungspotential:* Die geringere Enttäuschungswahrscheinlichkeit im Erfolgsfall, die die Selbstverwirklichung durch Selbstformung auszeichnet, ist bei der Selbstverwirklichung durch Neuroenhancement nicht gegeben. Der Grund liegt in der unterschiedlichen zeitlichen Struktur und dem unterschiedlichen Aktivitätserfordernis von Selbstformung und Neuroenhancement. Die Langsamkeit und der Übungscharakter von Selbstformung ermöglichen, ja erzwingen förmlich ein ‚Vorfühlen' dessen, was wir zu wünschen meinen. In der wiederholten Übung testen wir die Verwirklichung unserer Wünsche anfänglich aus und sind durch die stets neu geforderte Aktivität immer wieder zur Reflexion darüber genötigt. Erneut entpuppt sich das, was zunächst als Nachteil von Selbstformung erscheint, ihre Langsamkeit und Langfristigkeit, als Vorteil.

(5) *Selbstwirksamkeitsüberzeugungen:* Die Erfahrung, durch eigene Kraft sich verändern zu können, bietet Neuroenhancement nicht. Eine Steigerung von Selbstwirksamkeitsüberzeugungen ist durch den Vorgang einer pharmakologischen Selbstverbesserung daher nicht zu erwarten. Zwar ist es möglich, aus einem erfolgreichen Tun, das sich aus einer pharmakologisch verbesserten Eigenschaft speist, hohe Selbstwirksamkeitserwartungen zu gewinnen. Aber bei der Selbstformung geht es um höherstufige Selbstwirksamkeitsüberzeugungen: um die Erfahrung, Schwächen der eigenen Persönlichkeit aus eigener Kraft beheben zu können; sowie um das Vertrauen in diese Fähigkeit. Auch in dieser Hinsicht erscheint Neuroenhancement im Vergleich mit Selbstformung defizitär.

Auch hinsichtlich der Selbstverwirklichung zeigt sich das bekannte Muster, dass die deskriptiven Gemeinsamkeiten und Differenzen von Neuroenhancement und Selbstformung ihre evaluative Ausprägung haben. Sofern es lediglich um den Wunsch der Selbstveränderung und die Realisierung dieses Wunsches geht, nehmen sich Selbstformung und Neuroenhancement nichts, bzw. Neuroenhancement hat durch seine Schnelligkeit und Einfachheit einen Vorteil. Sofern das Augenmerk auf die Charakteristika der beiden Wege geworfen wird, zeigen sich deutliche Unterschiede, nämlich einige gravierende Nachteile auf Seiten von Neuroenhancement.

---

schränkt es jedoch sogleich wieder auf Fälle ein, in denen es um „people's core personality" geht (DEES 2007, 385 f.). Doch abgesehen davon, dass die Unterscheidung zwischen Kern und Peripherie einer Persönlichkeit fragwürdig ist, lässt sich nicht erkennen, warum eine ‚unernste' Selbstverwirklichung ausschließlich bei bestimmten Persönlichkeitsmerkmalen ein Problem darstellen sollte.

5. Fazit

Das Ergebnis der Untersuchung lässt sich in vier Punkten zusammenfassen.

(1) Ein systematischer Vergleich zwischen Neuroenhancement und Selbstformung, wie er hier in einigen Grundzügen skizziert wurde, schafft *Klarheit* über das Verhältnis zwischen diesen beiden Wegen der Selbstverbesserung und bietet eine *solidere Grundlage* für die ethische Diskussion über Neuroenhancement als die bisherigen oberflächlichen Analogisierungs- und Kontrastierungsversuche.

(2) Bei diesem Vergleich zeigen sich auf der *deskriptiven* Ebene neben der *Gemeinsamkeit* des Selbstverbesserungswunsches einige markante *Unterschiede:* langfristige Aktivität, Selbstaufmerksamkeit, Selbststeuerung und Anstrengung zeichnen Selbstformung aus, aber nicht Neuroenhancement. Bereits in deskriptiver Hinsicht erweist sich die Behauptung, es handele sich um sehr ähnliche Arten der Selbstveränderung und Neuroenhancement sei lediglich eine Abkürzung, als falsch.

(3) Die deskriptiv erfassbaren Differenzen bleiben nicht ohne Auswirkung auf einige grundlegende personale Praktiken, Selbstverhältnisse und Erfahrungen, die eine *evaluative* Bedeutung haben, wie Authentizität etc. Dabei handelt es sich gewissermaßen um ‚Nebenwirkungen' von Selbstformung und Neuroenhancement, also in der Regel nicht-intendierte Effekte dieser Praktiken. Die Analyse dieser (wahrscheinlichen) Effekte ergibt ein differenziertes Bild. Unter dem Strich jedoch schneidet Selbstformung erkennbar besser ab als Neuroenhancement. Dank seiner spezifischen Eigenarten neigt Selbstformung auf verschiedenen Gebieten zu einer Vielzahl von positiv zu bewertenden Folgen, mit denen Neuroenhancement nicht aufwarten kann. Damit zeigt sich auch, dass für die ethische Bewertung von Neuroenhancement nicht der *Zweck* der Selbstverbesserung, sondern das *Mittel* ausschlaggebend sein sollte.[50]

(4) Der Vergleich zwischen Selbstformung und Neuroenhancement ist in zweifacher Weise *innovativ:* Erstens vermag er *neue Aspekte* sichtbar zu machen, die in der bisherigen Neuroenhancement-Debatte bislang nicht berücksichtigt wurden, wie z.B. die Fragen nach Selbsterkenntnis und Lebensplan. Zweitens wirft er teilweise ein *neues Licht* auf vieldiskutierte Themen wie Authentizität. Die gewonnenen kritischen Ergebnisse gehen über gängige Argumentationsstrategien in der Debatte hinaus oder liegen teilweise quer zu ihnen. So erweisen sich pauschale Befürchtungen

---

[50] Diese positive Wertung von Selbstformung als Mittel ist nicht mit einer unbeschränkt positiven Wertung aller möglichen Ziele von Selbstformung zu verwechseln. Selbstverständlich kann die Selbstformung einer Person auch Zielen dienen, die wir als kontraproduktiv für ein gutes Leben oder gar als unmoralisch beurteilen würden. Diese Einschränkung gilt aber ebenso für Neuroenhancement. Daher sind für einen ethisch orientierten Vergleich vor allem die unterschiedlichen Methoden der Selbstveränderung von Interesse.

wegen einer „Erosion des Charakters"[51] oder einem „Verlust der Identität"[52] als überzogen, ungenau oder einseitig. Und die Analyse mündet nicht in die Warnung vor einem um sich greifenden Hedonismus oder der Unterbewertung von Leidenserfahrungen[53], sondern sieht gerade das Glück des einzelnen Nutzers tendenziell bedroht.

Der letzte Punkt betrifft den Wertungsmaßstab, der noch einmal verdeutlicht werden soll, um Missverständnissen vorzubeugen: Die Argumentation ist keine Lobrede auf Mühe und Entsagung als solche, die Höherbewertung von Selbstformung keine Ausgeburt modernitätskritischer Technikfeindlichkeit oder altchristlichen Asketentums. Der Wertungsmaßstab besteht auch nicht in Moralprinzipien, die den Anspruch auf universelle Geltung beanspruchen. Leitend sind vielmehr Elemente einer Konzeption des guten Lebens, die weithin auf Zustimmung stoßen. ‚Weithin' bezieht sich mindestens auf die große Mehrheit im sogenannten westlichen Kulturraum, geht aber vermutlich deutlich darüber hinaus. Der Standardeinwand gegen solche Argumente lautet, dass es sich um kontingente Überzeugungen handele, die nicht allgemein zustimmungsfähig seien. Der Einwand ist richtig, hat aber in unserem thematischen Kontext wenig Gewicht. Denn erstens sind die Elemente so grundlegend, dass sie ein enorm weites Feld tatsächlicher und möglicher Lebensentwürfe abdecken. Die Wertschätzung von Selbstwirksamkeitsüberzeugungen und Selbstvertrauen beispielsweise findet sich in zahllosen Vorstellungen vom guten Leben wieder. Zweitens sollte uns die gleichwohl fehlende universale Anerkennung dieser Konzeption nicht von der ethischen Urteilsbildung abschrecken. Dass – in Kantischer Diktion – auf diesem Gebiet keine Urteile mit universeller, sondern nur mit genereller Allgemeinheit zu haben sind[54], mag für die allgemeine philosophische Ethik ein Makel sein, für die angewandte Ethik ist es das nicht. Denn wir haben konkrete Probleme für konkrete Menschen, d.h. für *uns* zu lösen. Und dabei ist mit der Orientierung an weithin geteilten Überzeugungen schon viel gewonnen. Die Begründungslast obliegt jenen, die eine gegenteilige Konzeption des guten Lebens verfechten wollen und z.B. meinen, ein inkohärentes und fragmentiertes Leben ohne Selbstverwirklichung, mit geringem Selbstvertrauen und einem Mangel an Selbsterkenntnis sei erstrebenswert.

Freilich beantwortet die Einsicht in die Gegensätzlichkeit von Neuroenhancement und Selbstformung und den relativen evaluativen Vorteil der letzteren noch nicht die *normative* Frage, wie mit Neuroenhancement umzugehen ist. Dazu müssten wir wissen, ob diese beiden Selbstverhältnisse miteinander vereinbar sind oder ob

---

[51] CHATTERJEE 2004, 971.
[52] „As the power to transform our native powers increases, both in magnitude and refinement, so does the possibility for 'self-alienation' – for losing, confounding, or abandoning our identity" (PRESIDENT'S COUNCIL ON BIOETHICS 2003, 331). Vgl. SCHÄFER, GROß 2008, A211.
[53] Vgl. z.B. ELLIOT 1998, 178.
[54] Vgl. KANT 1788, 42 f. (Akad.-Ausg. 36).

sie sich ausschließen. Man kann argumentieren, dass die Praktiken unterschiedlich seien, aber nichts dagegen spreche, dass sie nebeneinander bestehen können und sich die Vorteile der einen Methode mit den Vorteilen der anderen kombinieren lassen. Vielleicht können sie sich sogar gegenseitig stützen und fördern? Ich denke nicht, dass hier eindeutige und allgemeingültige Antworten zu haben sind, da Menschen sich hinsichtlich ihrer Fähigkeit unterscheiden, gegensätzliche Lebensweisen und Selbstverhältnisse in ihrem Leben miteinander zu vereinen. Von einer Unvereinbarkeit zu sprechen, wäre unberechtigt. Die Frage nach der mentalen und biographischen Vereinbarkeit der zwei Selbstpraktiken ist nicht durch theoretische Reflexion zu beantworten. Hier bedarf es empirischer soziologischer und psychologischer Forschung.

Dennoch spricht zum gegenwärtigen Stand der Forschung mehr dafür, von einer Konkurrenzsituation als von einer Kompatibilität auszugehen. Aus zwei Gründen: Erstens zeigt der Vergleich, dass es sich um sehr heterogene Weisen des Umgangs mit sich selbst handelt, die sich aufgrund ihrer spezifischen Merkmale fremd gegenüberstehen. Zugespitzt könnte man sagen, dass im einen Fall eine Praxis vorliegt, die zu einem eher auf isolierte Verbesserung abzielenden, insofern ‚mechanistischen' Selbstverhältnis neigt, im anderen eine Praxis, die zu einem wachstumsorientierten, auf Langfristigkeit angelegten, biographisch eingebetteten, insofern ‚organischen' Selbstumgang tendiert. Zweitens und vor allem ist zu befürchten, dass die Möglichkeit und Praxis des Neuroenhancement die Vorzugswürdigkeit von Selbstformung verblassen lassen. Denn die Vorteile von Neuroenhancement – Schnelligkeit und Einfachheit – sind auf den ersten Blick zu erkennen und üben in einer schnelle technische Lösungen schätzenden Kultur große Anziehungskraft aus, während die Überlegenheit von Selbstformung sich erst bei genauerer Betrachtung offenbart, weil sie in zumeist unbeabsichtigten und langfristigen Folgen besteht.[55] Problematisch erscheint dabei weniger der vereinzelte Gebrauch von Neuroenhancement-Mitteln als vielmehr die regelmäßige und weit verbreitete Nutzung.

In normativer Hinsicht folgen aus der vorgelegten Analyse also keine kategorischen Argumente gegen die freiwillige Nutzung von Neuroenhancement-Mitteln. Solche Argumente sind auch nicht zu erwarten. Ableiten lassen sich jedoch starke konsiliatorische Argumente. Wir können mit guten Gründen dazu raten, Neuroenhancement im wohlverstandenen Eigeninteresse nicht oder nur mit größter Vorsicht zu nutzen.

---

[55] Die immer wieder aufgestellte Behauptung, die deutsche Bevölkerung sei technikfeindlich, ist aufgrund empirischer Befunde unhaltbar. Insgesamt besteht eine positive Bewertung von Technik und technischem Fortschritt. Eine überwiegend kritische Haltung besteht lediglich gegenüber Großtechnologien wie z.B. Atomkraft. Alltagsnahe Technik hingegen stößt auf überaus große Akzeptanz, wie auch die schnelle und weite Verbreitung von Informations- und Kommunikationstechnologien zeigt. Vgl. HENNEN 2002; RENN 2005, 30 f. Auch Neuroenhancement ist eine alltagsnahe Technologie.

Literatur

AMELANG, M., BARTUSSEK, D., STEMMLER, G., HAGEMANN, D. (2006): *Differentielle Psychologie und Persönlichkeitsforschung*, 6. Aufl., Stuttgart.

BANDURA, A. (1994): *Self-Efficacy. The Exercise of Control*, New York.

BEM, D.J. (1972): *Self Perception Theory*, in: Advances in Experimental Social Psychology 6, 1–62.

BIRNBACHER, D. (2005): *Philosophie des Glücks*, in: e-Journal Philosophie der Psychologie, www.jp.philo.at/texte/BirnbacherD1.pdf (Stand: April 2010).

CAPLAN, A.L. (2003): *Is better best? A noted ethicist argues in favor of brain enhancement*, in: Scientific American, September 2003, 104–105.

CHATTERJEE, A. (2004): *Cosmetic neurology. The controversy over enhancing movement, mentation, and mood*, in: Neurology 63, 968–974.

DAK (DEUTSCHE ANGESTELLTEN-KRANKENKASSE) (2009): *DAK-Gesundheitsreport 2009. Analyse der Arbeitsunfähigkeitsdaten. Schwerpunktthema Doping am Arbeitsplatz*, www.dak.de/content/filesopen/Gesundheitsreport_2009.pdf (Stand: April 2010).

DEES, R.H. (2007): *Better Brains, Better Selves? The Ethics of Neuroenhancements*, in: Kennedy Institute of Ethics Journal 17 (4), 371–395.

DEGRAZIA, D. (2009): *Prozac, Enhancement und Selbstgestaltung*, in: SCHÖNE-SEIFERT, B., TALBOT, D. (Hg.): Enhancement. Die ethische Debatte, Paderborn, 249–263.

DEMMERLING, C., LANDWEER, H. (2007): *Die Philosophie der Gefühle. Von Achtung bis Zorn*, Stuttgart, Weimar.

ELLIOTT, C. (1998): *The Tyranny of Happiness. Ethics and Cosmetic Psychopharmacology*, in: PARENS, E. (ed.): Enhancing Human Traits. Ethical and Social Implications, Washington, 177–188.

FENNER, D. (2007): *Das gute Leben*, Berlin, New York.

FOUCAULT, M. (1989): *Die Sorge um sich. Sexualität und Wahrheit*, Bd. 3, Frankfurt a.M.

– (2005a): *Die Ethik der Sorge um sich als Praxis der Freiheit*, in: FOUCAULT, M.: Schriften in vier Bänden, Bd. IV, 1980–1988, hg. von DEFERT, D., EWALD, F., Frankfurt a.M., 875–902.

– (2005b): *Eine Ästhetik der Existenz*, in: FOUCAULT, M.: Schriften in vier Bänden, Bd. IV, 1980–1988, hg. von DEFERT, D., EWALD, F., Frankfurt a.M., 902–909.

FRANKFURT, H.G. (1997): *Willensfreiheit und der Begriff der Person*, in: BIERI, P. (Hg.): Analytische Philosophie des Geistes, 3. Aufl., Weinheim, 287–302.

GESANG, B. (2007): *Die Perfektionierung des Menschen*, Berlin.

GEWIRTH, A. (1998): *Self-Fulfillment*, Princeton.

GREVE, W., BRANDTSTÄDTER, J. (2006): *Entwicklung und Handeln: Aktive Selbstentwicklung und Entwicklung des Handelns*, in: SCHNEIDER, W, WILKENING, F. (Hg.): Enzyklopädie der Psychologie, Themenbereich C, Serie V, Bd. 1: Theorien, Modelle und Methoden der Entwicklungspsychologie, Göttingen, Bern, 409–459.

HENNEN, L. (2002): *Zusammenfassung des TAB-Arbeitsberichtes Nr. 83: Technikakzeptanz und Kontroversen über Technik. Positive Veränderung des Meinungsklimas – konstante Einstellungsmuster. Ergebnisse einer repräsentativen Umfrage des TAB zur Einstellung der deutschen Bevölkerung zur Technik. Dritter Sachstandsbericht*, www.tab.fzk.de/de/projekt/zusammenfassung/ab83.htm (Stand: Dezember 2009).

HÖFFE, O. (2004): *Das Glück*, Kurseinheit 1 des Studienbriefs „Persönliches Glück und politische Gerechtigkeit", Fernuniversität Hagen.

JÜTTEMANN, G. (2007): *Persönlichkeit und Selbstgestaltung. Der Mensch in der Autogenese*, Göttingen.

KANT, I. (1788): Kritik der praktischen Vernunft, hg. von VORLÄNDER, K., 10. Aufl., Hamburg 1990.

KETTNER, M. (2006): *„Wunscherfüllende Medizin" – Assistenz zum besseren Leben?*, in: Gesundheit & Gesellschaft Wissenschaft (GGW) 6 (2), 7–16.

KIPKE, R. (2010): *Die Verbesserung des Menschen. Selbstformung und Neuro-Enhancement im Vergleich* (im Ersch.).

KRÄMER, H. (1998): *Selbstverwirklichung*, in: STEINFATH, H. (Hg.): Was ist ein gutes Leben? Philosophische Reflexionen, Frankfurt a.M., 94–123.

KRAMER, P.D. (1997): *Listening to Prosac*, 2nd ed., New York, London, Victoria.

KUSSER, A. (1989): *Dimensionen der Kritik von Wünschen*, Frankfurt a.M.

LENK, C. (2002): *Therapie und Enhancement. Ziele und Grenzen der modernen Medizin*, Münster.

PARENS, E. (2005): *Authenticity and Ambivalence. Toward Understanding the Enhancement Debate*, in: Hastings Center Report 35 (3), 34–41.

PRESIDENT'S COUNCIL ON BIOETHICS (2003): *Beyond Therapy. Biotechnology and the Pursuit of Happiness. A Report of the President's Council on Bioethics*, New York, Washington (D.C.).

RAWLS, J. (1979): *Eine Theorie der Gerechtigkeit*, Frankfurt a.M.

RENN, O. (2005): *Technikakzeptanz: Lehren und Rückschlüsse der Akzeptanzforschung für die Bewältigung des technischen Wandels*, in: Technikfolgenabschätzung – Theorie und Praxis 14 (3), 29–38.

RORTY, R. (1999): *Kontingenz, Ironie und Solidarität*, 5. Aufl., Frankfurt a.M.

SCHÄFER, G., GROß, D. (2008): *Enhancement: Eingriff in die personale Identität*, in: Deutsches Ärzteblatt 105 (5), A210–A212.

SCHMIDT-FELZMANN, H. (2009): *Prozac und das wahre Selbst. Authentizität bei psychopharmakologischem Enhancement*, in: SCHÖNE-SEIFERT, B., TALBOT, D. (Hg.): Neuro-Enhancement. Ethik vor neuen Herausforderungen, Paderborn, 143–158.

SCHÖNE-SEIFERT, B. (2006): *Pillen-Glück statt Psycho-Arbeit. Was wäre dagegen einzuwenden?*, in: ACH, J.S., POLLMANN, A. (Hg.): No body is perfect. Baumaßnahmen am menschlichen Körper. Bioethische und ästhetische Aufrisse, Bielefeld, 279–291.

SEEL, M. (1995): *Versuch über die Form des Glücks*, Frankfurt a.M.

SLOTERDIJK, P. (2009): *Du mußt dein Leben ändern. Über Religion, Artistik und Anthropotechnik*, Frankfurt a.M.

STEINFATH, H. (1998): *Selbstbejahung, Selbstreflexion und Sinnbedürfnis*, in: STEINFATH, H. (Hg.): Was ist ein gutes Leben? Philosophische Reflexionen, Frankfurt a.M., 73–93.

STURMA, D. (1997): *Philosophie der Person. Die Selbstverhältnisse von Subjektivität und Moralität*, Paderborn, München, Wien.

THOMÄ, D. (1998): *Erzähle dich selbst. Lebensgeschichte als philosophisches Problem*, München.

ZIMBARDO, P.G., GERRIG, R.J. (2003): *Psychologie*, 7. Aufl., Nachdruck, hg. von HOPPE-GRAFF, S., Berlin, Heidelberg, New York.

Vom Umgang mit Unzulänglichkeitserfahrungen. Die Enhancement-Problematik im Horizont des Weisheitsbegriffs

von Uta Bittner, Boris Eßmann und Oliver Müller

Abstract: Der Artikel zeigt, dass Neuroenhancement als eine Reaktion auf eine als Überforderung und Unzulänglichkeit erfahrene Grundsituation zu beschreiben ist, doch dabei eben diese Situation zu verschärfen droht, weil es dazu tendiert, sich einseitig am Ideal der Effizienz und Kontrolle auszurichten. Darauf scheinen Ausdrücke des Unbehagens hinzuweisen, wie sie in der Debatte oft zu finden sind. Mit der Gegenüberstellung von ‚Verfügungswissen' und ‚Orientierungswissen' und der Verbindung beider Wissenstypen in der ‚weisen' Grundhaltung wird gezeigt, wie sich dem Umgang mit pharmakologischem Neuroenhancement in ethischer Hinsicht genähert werden kann.

Keywords: Enhancement/Neuroenhancement, Unbehagen, Weisheit, Wissen, Psychopharmaka, Leistungsideal, Effizienz, Kontrolle.

> „Wisdom, as I see it, has two parts. In the first place the wise man knows the means to certain good ends; and secondly he knows how much particular ends are worth."
>
> *P. Foot (1978): Virtues and Vices, 5*

I. Einleitung

Stimmungsaufhellende Mittel wie (mäßiger) Alkoholkonsum und konzentrationsfördernde Substanzen wie Koffein stellen etablierte und gesellschaftlich akzeptierte Formen der Selbstbeeinflussung kognitiver, volitiver oder emotionaler Zustände dar. Die Einnahme hingegen von pharmakologischen Substanzen zur Verbesserung bzw. Übersteigerung des Gedächtnisses[1], zur Maximierung der Konzentrationsfähigkeit[2] oder zur Aufhellung der Stimmungslage und Beeinflussung der Motiva-

---

[1] Z.B. in Form von Donepezil, das eigentlich zur Behandlung von Demenzerkrankungen eingesetzt wird.
[2] Hier ist z.B. Methylphenidat zu nennen, das zunächst als Mittel zur Behandlung des Aufmerksamkeits-Defizit/Hyperaktivitäts-Syndroms eingesetzt wurde. Vgl. EBERBACH, W.H. (2009): *Die Verbesserung des Menschen. Tatsächliche und rechtliche Aspekte wunscherfüllender Medizin*, in: KNOEPFFLER, N., SAVULESCU, J. (Hg.): Der neue Mensch? Enhancement und Genetik, Freiburg i.Br., 213–250, 226.

tionsstrukturen[3], weckt oft große Bedenken und führt nicht selten zu ablehnenden bzw. skeptisch-vorsichtigen Haltungen. Die Bandbreite vorgebrachter Argumente, die zur Vorsicht mahnen oder gar die Nutzung von sogenanntem *Enhancement*[4] in Gänze strikt verbieten wollen, ist genauso heterogen wie die Argumentationen, die von Befürwortern substanzvermittelter Übersteigerungen menschlicher Fähigkeiten geäußert werden. Zwischen diesen beiden Extrempolen der unbegrenzten Liberalisierung der Enhancement-Nutzung und einem totalen Verbot jeglicher Enhancement-Maßnahmen finden sich zudem viele abwägende Positionen, die sich an Einzelfallkonstellationen orientieren und weder für eine kategorische Bejahung noch für eine Verneinung plädieren. In einer solchen Reihe sieht sich auch dieser Beitrag. Leitend ist dabei die These, dass die Unterscheidung zwischen ‚Orientierungswissen‘ und ‚Verfügungswissen‘ und ihre Synthese in der ‚Weisheit‘ helfen kann, den Einsatz von Enhancement ethisch zu bewerten. Denn beide Wissensformen implizieren verschiedene praktische Konsequenzen, sei es für einzelne Handlungen, sei es für Lebensführungsfragen. Im Horizont einer ‚weisen‘ Lebensführung kann der Einsatz von Enhancement in reflektierter Distanz betrachtet werden.

Im Folgenden werden zunächst die charakteristischen Merkmale von pharmakologischem Neuroenhancement dargestellt, um einige Momente der Neuartigkeit dieser Selbstformungstechnik herauszuarbeiten (II). Dann soll ausgehend von einem verbreiteten *intuitiven Unbehagen* geklärt werden, welche Lebenssituation eigentlich optimiert werden soll und ob das Neuroenhancement ein hierfür adäquates Mittel darstellt (III). Schließlich werden auf dieser Basis die Charakteristika des ‚Orientierungswissens‘ und des ‚Verfügungswissens‘ und die integrierende Funktion der Weisheit expliziert, um einen Rahmen für die ethische Bewertung des Einsatzes von Enhancement zu entwickeln (IV). Auf dieser Grundlage wird abschließend an Beispielen verdeutlicht, wie eine Reflexion mit Rückgriff auf den Weisheitsbegriff für die Diskussion um das Neuroenhancement fruchtbar gemacht werden könnte (V).

---

[3] Z.B. Anti-Depressiva wie Selektive Serotonin-Wiederaufnahmehemmer, die eigentlich zur Behandlung depressiver Zustände oder als Mittel gegen Angsterkrankungen verabreicht werden. Vgl. FUCHS, M., LANZERATH, D., HILLEBRAND, I., RUNKEL, T., BALCERAK, M., SCHMITZ, B. (2002): *Enhancement. Die ethische Diskussion über biomedizinische Verbesserungen des Menschen*, drze-Sachstandsbericht Nr. 1, Bonn, 60 ff., sowie ELLIOTT, C. (2000): *Pursued by Happiness and Beaten Senseless. Prozac and the American Dream*, in: The Hastings Center Report 30 (2), 7–12.

[4] Als Enhancement wird im Folgenden ein korrigierender Eingriff in den menschlichen Körper bezeichnet, „durch den nicht eine Krankheit behandelt wird bzw. der nicht medizinisch indiziert ist" (FUCHS, M. (1998) *Art. Enhancement*, in: KORFF, W. (Hg.): Lexikon der Bioethik, Gütersloh, 604–605, 604). Betrifft das Enhancement die kognitiven bzw. mentalen Bereiche des Menschen, wird auch von *cognitive enhancement* gesprochen (vgl. TURNER, D.C., SAHAKIAN, B.J. (2006): *Neuroethics of Cognitive Enhancement*, in: BioSocieties 1, 113–123).

II. Charakteristische Merkmale des pharmakologischen Neuroenhancement und ihre Implikationen

Oftmals entsteht Unsicherheit in der ethischen Bewertung, wenn neue Phänomene eintreten, die ungewohnte, vorher nicht gekannte Wirkungen und Erfahrungsqualitäten aufweisen; prominentes Beispiel hierfür ist die Etablierung der Gentechnik. In besonders augenfälliger Weise scheint dies aber auch für das pharmakologische Neuroenhancement[5] zuzutreffen, denn hier gibt es im Vergleich mit herkömmlichen Formen und Mitteln[6] zur Steigerung des Wohlbefindens oder der kognitiven Leistungsfähigkeit spezifische Merkmale, die zumindest teilweise von neuartiger Qualität sind.

Zunächst ist beim Neuroenhancement das *Gehirn* (bzw. das Zentrale Nervensystem) das Ziel (*Wirkungsort*) der Maßnahmen – und nicht, wie bei manchen Formen des Doping im Sport, andere, etwa muskuläre Bereiche des menschlichen Körpers. Dabei ist die Idee zentral, direkt beim ‚Sitz des Ich', dem Zentrum personaler Identität, anzusetzen. Im Gegensatz zum Kaffeekonsum, der sich auch auf das Gehirn auswirkt, ist das pharmakologische Neuroenhancement aber durch die direkte und gezielte Manipulation von neurophysiologischen Prozessen charakterisiert.[7]

Neben dem Ort der Einflussnahme unterscheidet sich das pharmakologische Neuroenhancement zudem von traditionellen, ethisch als unbedenklich eingestuften Mitteln zur Steigerung menschlicher Fähigkeiten und Zustände (wie etwa Kaffee) durch die Hoffnung auf *schnellere*, *dauerhaftere* und *intensivere* Wirkung bei gleichzeitiger Reversibilität.[8]

Ein weiterer Unterschied zu traditionellen Mitteln liegt in dem ausschließlichen bzw. einseitigen *instrumentellen Wert* von Enhancement-Substanzen. Während etwa Kaffee auch als Genussmittel genutzt werden kann, bei dem es um das besondere Aroma oder um das gesellige Beisammensitzen an einer Kaffeetafel geht, und insofern eine Art ‚intrinsischen Wert' hat, bemisst sich der Wert eines ‚Neurenhancers'

---

[5] Es sei zur begrifflichen Präzisierung erwähnt, dass, wenn im Folgenden von (psycho-)pharmakologischem Enhancement bzw. (pharmakologischem) Neuroenhancement die Rede ist, ein Enhancement auf *neuronaler* Ebene – also die Einflussnahme auf das Zentrale Nervensystem – *mittels pharmakologischer Substanzen* gemeint ist, d.h. ein auf Übersteigerung emotionaler und kognitiver Eigenschaften und Fähigkeiten ausgerichtetes Handeln. Dabei sind Subjekt und Objekt des Enhancement identisch (im Gegensatz etwa zu genetischen Keimbahninterventionen).

[6] Zu einer philosophischen Konzeption der Selbstformung siehe etwa den Beitrag von Roland Kipke in diesem Jahrbuch.

[7] Vgl. MERKEL, R., BOER, G., FEGERT, J.M., GALERT T., HARTMANN D., NUTTIN B., ROSAHL S. (2007): *Intervening in the Brain: Changing Psyche and Society*, Berlin, 283 f.

[8] Vgl. zur Wirkeffizienz SYNOFZIK, M. (2009): *Ethically justified, clinically applicable criteria for physician decision-making in psychopharmacological enhancement*, in: Neuroethics 2, 89–102.

einzig an seinem Beitrag zur Erreichung eines Zielzustandes und hat für den Nutzer lediglich einen instrumentellen Wert.

Ein weiteres Charakteristikum von Enhancement-Präparaten ist, dass sie emotionale und kognitive Zustände herzustellen und zu kontrollieren beanspruchen und dabei die ‚Artifizialität' eines Gefühls zumindest mitintendieren. Um ein Beispiel zu nennen: Emotionen entstehen in Reaktion auf etwas, d.h. es müssen gewisse *äußere* Gegebenheiten vorliegen. Gleichermaßen muss sich die Person in einer entsprechenden *inneren* Grundstimmung befinden.[9] So wird etwa eine Person euphorisch sein, wenn sie erfährt, dass sie nach einem langwierigen Bewerbungsprozess eine Job-Zusage erhalten hat und damit ihr sehnlichster Wunsch in Erfüllung geht. Ihre innere Erwartungshaltung korrespondiert dem äußeren Ereignis der positiven Nachricht. Was wäre aber, wenn die gleiche Person eine Absage erhält, die sie entsprechend ihrer Erwartung traurig machen müsste, und darauf aber ebenfalls euphorisch reagiert – weil sie zu einem pharmakologischen Mittel gegriffen hat? Zwar wäre das Ergebnis der jeweiligen Ereignisse das gleiche, doch die Genese der Freude wäre eine andere. Auch wenn hier nicht einfach behauptet werden soll, dass die Freude im ersten Falle ‚natürlich' und authentisch, im zweiten Szenario hingegen ‚künstlich' und unauthentisch ist, kann man festhalten, dass beim Einsatz von Neuroenhancement die *kontextualen Entstehungsbedingungen* von emotionalen und kognitiven Zuständen zumindest eine andere Ausprägung aufweisen.[10]

Schließlich wird mit dem Einsatz von Neuroenhancement auch eine ganz bestimmte Vorstellung von Kausalitätsbeziehungen assoziiert. Ein Enhancement-Mittel soll einen ganz bestimmten, gewünschten Effekt hervorbringen, ohne dabei Neben- oder Fehlwirkungen zu evozieren. Hinter dem Einsatz von Neuroenhancement steht die Annahme einer funktionierenden 1:1-Wirkkette: Mittel A führt (notwendigerweise und ausnahmslos) zu dem gewünschten Effekt Z. Was auch immer die Wirkungen im Einzelnen sind, den Enhancement-Psychopharmaka wird ein höherer Grad an Zuverlässigkeit zugeschrieben als traditionellen Weisen der Selbstformung. Damit einhergehend kann man seitens der pharmakologischen Forschung das Anliegen feststellen, gerade diese Unsicherheitsfaktoren zu minimieren und damit Enhancement noch ‚sicherer', d.h. zuverlässiger, zu machen. Charakteristisch für Neuroenhancement ist somit diese Form der avisierten *Wirkpräzision* im Sinne eines kausal geschlossenen, unumstößlichen Wirkzusammenhangs. Ein zentrales Merkmal des Neuroenhancement ist daher das Umgehen des für traditionelle ‚Arbeiten an sich selbst' (wie etwa Gedächtnistraining oder Bemühungen um aktive Gefühlskontrolle) typischen *Widerstands*.

---

[9] Vgl. STEPHAN, A. (2004): *Zur Natur künstlicher Gefühle*, in: STEPHAN, A., WALTER, H. (Hg.): Natur und Theorie der Emotion, Paderborn, 309–324.

[10] Es wäre jedoch voreilig, von diesen veränderten Kontextbedingungen direkt, ohne Hinzunahme zusätzlicher Annahmen, auf die ethische Unzulässigkeit einer solchen Induzierung zu schließen.

Neuroenhancement weist also einige wichtige Unterschiede zu anderen (traditionellen) Interventionsmaßnahmen der individuellen Selbst- und Lebensgestaltung auf. Dies ist zumindest ein Grund für Bedenken und Unbehagen. Das moralische Schwindelgefühl („moral vertigo"[11]) und das diffuse Gefühl des Widerstrebens („nagging worry"[12]) bei der Etablierung eines kognitiven Enhancement geben der Angst vor Entfremdung, vor einer Einschränkung der Offenheit des Lebensvollzuges oder auch vor Veränderungen der Zeitbewusstseinsstrukturen Ausdruck. Zwar werden derartige Empfindungen in systematischer Hinsicht zum Ausgangspunkt bioethischer Untersuchungen gemacht.[13] Doch existieren auch Gegenstimmen, die den Einwand erheben, dass Unbehagens-Äußerungen bloßes Bauchgefühl seien und sich nicht in ethische Argumentformen überführen ließen.[14]

III. Entlastungsstrategien angesichts von Unbehagen-Erfahrungen

Das diffuse Unbehagen kann zumindest die konstruktive Funktion haben, sich die Situation genau anzusehen und diese in einer Art „Heuristik der Furcht" (Hans Jonas) in aller Sensibilität kritisch einzuschätzen. In diesem Sinne werden die Bedingungen, unter denen das Neuroenhancement gegenwärtig eingesetzt wird, anhand zweier Fragen einer kritischen Analyse unterzogen: (a) Da das Neuroenhancement mit dem Ziel der *Verbesserung* eingesetzt wird, stellt sich die Frage, was hier genau verbessert werden soll und welches Bedürfnis den Verbesserungswunsch motiviert, d.h. auf welche Situation das Neuroenhancement konkret reagiert. (b) Erst dann stellt sich die Frage, ob das Neuroenhancement angemessen auf das ihm zugrunde liegende Bedürfnis reagiert.

(a) Zu den erwarteten Wirkungen von Neuroenhancement-Präparaten zählen etwa schnellere Lernfähigkeit, ein zuverlässigeres und umfangreicheres Gedächtnis, längere Wachphasen, maximierte Konzentrationsfähigkeit, eine schnellere Reaktionsfähigkeit sowie eine positivere Grundstimmung. Die dementsprechend angestrebten Veränderungen können also insofern als ‚Verbesserungen' bezeichnet wer-

---

[11] SANDEL, M. (2007): *The Case Against Perfection. Ethics in the Age of Genetic Engineering*, Cambridge (Mass.), 9.
[12] Vgl. ELLIOTT 2000, 8.
[13] Vgl. etwa KASS, L.R. (1997): *The Wisdom of Repugnance: Why We Should Ban the Cloning of Humans*, in: The New Republic 216 (22), 17–26.
[14] Vgl. CLARKE, S., ROACHE, R. (2009): *Enhancement am Menschen. Intuitionen und Weisheit*, in: KNOEPFFLER, N., SAVULESCU, J. (Hg.): Der neue Mensch? Enhancement und Genetik, Freiburg i.Br., 55–81, 57.

den, als sie die *Maximierung der Effizienz* von kognitiven Grundfähigkeiten[15] betreffen. Damit einhergehend ermöglichen die Neuroenhancement-Präparate durch ihre besonders schnelle und gezielte Wirkung eine gewisse *Kontrolle* über die eigene kognitive Leistungsfähigkeit. Die mit dem Neuroenhancement angestrebten Veränderungen betreffen also die Optimierung kognitiver Grundfähigkeiten unter Rückgriff auf ein *Ideal der Effizienz und Kontrolle*.[16]

Diesen angestrebten Veränderungen liegt das Bedürfnis zugrunde, mit immer höheren Anforderungen an die geistige Leistungsfähigkeit Schritt halten zu können. Das Bedürfnis nach Verbesserung kognitiver und emotionaler Fähigkeiten kann auf die Erfahrung der *Unzulänglichkeit* der eigenen Fähigkeiten zurückgeführt und mit dem Gefühl der *Überforderung* in Zusammenhang gebracht werden. Vor diesem Hintergrund ist das Neuroenhancement auch als eine Strategie der Entlastung zu verstehen, die auf der Erfahrung gründet, in seinen persönlichen und individuellen Fähigkeiten unzulänglich zu sein. Erst in dieser Situation wird die Möglichkeit, Psychopharmaka zur Verbesserung über das Normale hinaus zu verwenden, überhaupt zur Option (wie dies der *off-label*-Gebrauch von Ritalin oder Prozac belegt[17]). Augenfällig hierbei ist, dass auch das emotionale Enhancement der Leistungsfähigkeit dient: Das emotionale Enhancement reagiert auf die mit schwierigen Lebenssituationen verbundene emotionale Beanspruchung und garantiert damit, in sozialen und ökonomischen Kontexten möglichst effizient zu ‚funktionieren'.[18]

Das Unbehagen gegenüber dem Neuroenhancement kann als (intuitiver) Widerwille gegen die Anpassung an Leistungsanforderungen verstanden werden, die die entsprechenden Mittel verheißen. Daher gilt es nun zu fragen, inwiefern das Neuro-

---

[15] Vgl. BUCHANAN, A., BROCK, D.W., DANIELS, N., WIKLER, D. (2001), *From Chance to Choice. Genetics and Justice*, Cambridge, 168 f. Buchanan et al. beschreiben die Optimierung von Grundfähigkeiten als tendenziell wertneutral. Zur Kritik an der Wertneutralität vgl. dagegen BOLDT, J., MAIO, G. (2009): *Neuroenhancement. Vom technizistischen Missverständnis geistiger Leistungsfähigkeit*, in: MÜLLER, O., CLAUSEN, J., MAIO, G. (Hg.): Das technisierte Gehirn. Neurotechnologien als Herausforderung für Ethik und Anthropologie, Paderborn, 383–397.

[16] Vgl. NORMANN, C., BOLDT, J., MAIO, G., BERGER, M. (2010): *Möglichkeiten und Grenzen des pharmakologischen Neuroenhancement*, in: Der Nervenarzt 81, 66–74.

[17] Zum *off-label*-Gebrauch bei amerikanischen Studenten und Wissenschaftlern vgl. BABCOCK, Q., BYRNE, T. (2000): *Student perceptions of methylphenidate abuse at a public liberal arts college*, in: Journal of American College Health 49, 143–145; SCHLEIM, S., WALTER, H. (2007): *Cognitive Enhancement. Fakten und Mythen*, in: Nervenheilkunde 26, 5, sowie SAHAKIAN, B., MOREIN-ZAMIR, S. (2007): *Professor's little helper*, in: Nature 450 (7173), 1157–1159. Zum *off-label*-Gebrauch in Deutschland vgl. DEUTSCHE ANGESTELLTEN-KRANKENKASSE (DAK) (2009): *Gesundheitsreport 2009. Analyse der Arbeitsunfähigkeitsdaten. Schwerpunktthema Doping am Arbeitsplatz*, Hamburg.

[18] Vgl. hierzu das Beispiel in GALERT, T., BUBLITZ, C., HEUSER, I., MERKEL, R., REPANTIS, D., SCHÖNE-SEIFERT, B., TALBOT, D. (2009): *Das optimierte Gehirn*, http://www.gehirn-und-geist.de/memorandum (Stand: Juni 2010).

enhancement das geeignete Mittel ist, um die Erfahrung der Unzulänglichkeit zu kompensieren.

(b) Wie gesehen betreffen die erhofften Wirkungen der Neuroenhancement-Präparate die Maximierung der *Effizienz* von kognitiven Grundfähigkeiten und die gezielte *Kontrolle* der eigenen Leistungsfähigkeit. Daher besteht die Gefahr, dass das Ideal der Effizienz und Kontrolle von kognitiven Fähigkeiten auf die Lebensführung *insgesamt* übertragen wird – mit der Konsequenz, dass Effizienz und Kontrolle zum leitenden Maßstab der Lebensführung werden. Diese Übertragung ist fragwürdig, weil hier die problematische Ausgangssituation *nicht gelöst*, sondern *verschärft* wird: Es ist ja gerade die Erfahrung der Unzulänglichkeit und Überforderung, die Erfahrung, dem Ideal der Effizienz und Kontrolle eben *nicht* zu entsprechen, die das Neuroenhancement als Option erscheinen lässt. Der Rückgriff auf das Neuroenhancement als Strategie der Lebensführung kann jedoch dazu führen, dass das (tendenziell) unerfüllbare Ideal internalisiert und zum *alleinigen* Maßstab der Lebensführung gemacht wird.

Das Neuroenhancement ist daher als eine Strategie der technisch-pharmakologischen Selbstformung anzusehen, die mit anderen – alternativen – Strategien der Selbstformung konkurriert. Zu diesen alternativen Strategien der Selbstformung gehört beispielsweise die Aneignung von Krisenkompetenz durch das Bewältigen schwieriger, unvorhergesehener und unkontrollierbarer Situationen im Sinne der Ausbildung einer Grundhaltung der Akzeptanz und Gelassenheit gegenüber Situationen der Überforderung.

Damit können zwei konkurrierende, vielleicht sogar sich gegenseitig ausschließende Strategien der Selbstformung hinsichtlich von Situationen der Überforderung und Unzulänglichkeit entstehen: Die Auseinandersetzung mit und die Bewältigung von schwierigen Lebenssituationen, in denen die Person mit Fragen der praktischen Lebensführung konfrontiert wird, führt dazu, dass durch diese Erfahrungen eine Reflexion auf die Maßstäbe der eigenen Lebensführung angestoßen wird. Durch diese Reflexion werden Alternativen sichtbar und Korrekturen an diesen Maßstäben möglich. Im Falle des Neuroenhancement besteht dagegen die große Gefahr, dass diese Maßstäbe unhinterfragt bleiben und unbemerkt eine umfängliche Anpassung an das bzw. Ausrichtung am Ideal von Effizienz und Kontrolle vollzogen wird, so dass sich *sukzessive alle* Lebensziele nur noch an diesem so internalisierten Effizienz-Kontroll-Ideal orientieren. Daraus darf man aber folgern: Das Neuroenhancement ist vor diesem Hintergrund keine Entlastung von der problematischen Grundsituation – das Gefühl der Unzulänglichkeit und Überforderung angesichts von steigenden Leistungsanforderungen –, sondern verschärft vielmehr die Problemlage.

IV. Orientierungswissen und Verfügungswissen

Das Kernmerkmal einer Reflexion auf die Lebensführung besteht darin, dass die Auseinandersetzung mit schwierigen Lebenslagen produktiv gewendet wird. Auf die oben herausgearbeitete Grundsituation der Überforderung und Unzulänglichkeit bezogen bedeutet dies, dass gerade angesichts solcher problematischer Lebenslagen die Reflexion angestoßen wird. Die Erfahrung des Nicht-effizient-Seins (das sich im Kontrast des Leistungsideals mit der persönlichen Lebenssituation als Gefühl der Unzulänglichkeit äußert) wird zum Ausgangspunkt einer Entlastungsstrategie, die als umfassend zu begreifen ist, weil sie die *gesamte* Lebensführung betrifft: Ziel der Entlastungsstrategie ist das Hinterfragen *aller* Aspekte, die zur problematischen Situation beitragen, d.h. auch das Hinterfragen des Leistungsideals und seines Einflusses auf persönliche Vorstellungen hinsichtlich der eigenen Lebensziele sowie der Art und Weise ihrer Realisierung. Auch das Neuroenhancement betrifft – das ist die Pointe –, sofern es als Entlastungsstrategie im oben herausgearbeiteten Sinne eingesetzt wird, implizit die gesamte Lebensführung. Da aber diese Strategie mit der Gefahr verbunden ist, die zugrunde liegende Problemsituation zu verschärfen, handelt es sich beim Neuroenhancement um eine *paradoxe* Entlastungsstrategie – zwar ist auch hier die gesamte Lebensführung betroffen, allerdings in dem Sinne, dass die Möglichkeit der produktiven Auseinandersetzung und des Hinterfragens des Leistungsideals tendenziell verhindert wird, da dieses Leistungsideal internalisiert und sukzessive zum alleinigen Maßstab der Lebensführung gemacht wird.

Eine Möglichkeit, den Entstehungskontext des Leistungsideals zu reflektieren und so für Fragen der Lebensführung (speziell im Hinblick auf das Neuroenhancement) produktiv zu machen, soll im Folgenden anhand der Gegenüberstellung der Begriffe ‚Wissen' und ‚Weisheit'[19] untersucht werden. Diese Gegenüberstellung bietet sich für die Neuroenhancement-Thematik an, weil die jüngere Diskussion um das Verhältnis von Wissen und Weisheit die Entstehungsbedingungen des Leistungsideals exemplarisch am Phänomen einer Transformation von Wissensformen thematisiert.[20] Dabei zeigen sich die negativen Folgen des naturwissenschaftlichen

---

[19] Insofern der Begriff der Weisheit hier in Gegenüberstellung zum Wissen aufgegriffen wird, orientiert er sich grundlegend an der kantischen Idee der Weisheit (vgl. hierzu Anm. 36). Dennoch fließen auch Aspekte des aristotelischen *phronesis*-Begriffes mit ein. Vgl. zur *phronesis* und ihrer Abgrenzung zur *sophia* LUCKNER, A. (2005): *Klugheit*, Berlin, 75–121.

[20] Vgl. vor allem FENNER, D. (2007): *Weisheit – ein antiquierter Begriff in der Philosophie? Zur Möglichkeit und Notwendigkeit der gegenwärtigen Weisheits-Renaissance*, in: Perspektiven der Philosophie. Neues Jahrbuch 33, 269–304, GLOY, K. (2007): *Von der Weisheit zur Wissenschaft. Eine Genealogie und Typologie der Wissensformen*, Freiburg i.Br., sowie die Beiträge im Sammelband OELMÜLLER, W. (Hg.) (1989): *Philosophie und Weisheit*, Paderborn. Ein

Paradigmas bezüglich Fragen der Lebensführung an der Ausgrenzung moralisch-praktischen Orientierungswissens zugunsten einer zunehmenden Fokussierung auf theoretisches Verfügungswissen.[21]

Dagmar Fenner thematisiert das Wissen im Sinne der Naturwissenschaften unter dem Begriff des „neuzeitlichen Wissenschaftsideals". Dieses Wissenschaftsideal ist dadurch charakterisiert, dass es den fortschreitenden Primat der naturwissenschaftlichen Methoden in zentralen Erkenntnisfragen in Zusammenhang bringt mit dem wachsenden Einfluss, den das Wissen im Sinne der Naturwissenschaften auf immer mehr Bereiche des Lebens erlangt und der sich als Übergreifen theoretischen Verfügungswissens – der naturwissenschaftlich-technischen Rationalität – auf die persönliche Lebensführung ausdrückt. Das theoretische Verfügungswissen ist wesentlich durch eine naturwissenschaftlich geprägte Zweck-Mittel-Rationalität charakterisiert, deren Erkenntnispotential hauptsächlich darin liegt, über eine Beeinflussung definierbarer Bedingungen wohldefinierte Zielzustände zu erreichen und so den untersuchten Gegenstand zu erklären.[22] Ein an diesem Maßstab orientiertes Wissen zeichne sich, so Fenner, durch eine zunehmende „Ausdifferenzierung und Spezialisierung" sowie eine damit einhergehende „Entpersönlichung und Versachlichung"[23] aus. Weitet sich dieses Verfügungswissen auf die persönliche Lebensführung aus[24], überträgt sich auch die Zweck-Mittel-Rationalität vom wissenschaftlichen auf den persönlichen Kontext. Dies kann in Analogie gesetzt werden zum oben angesprochenen Internalisierungsprozess des Leistungsideals, bei dem das Ideal von Effizienz und Kontrolle zum Maßstab der Lebensführung wird. Das skizzierte Leistungsideal kann als exemplarische Manifestation des Verfügungswissens

---

breites Spektrum an Wissensformen wird diskutiert in GLOY, K., ZUR LIPPE, R. (Hg.) (2005): *Weisheit – Wissen – Information*, Göttingen.

[21] Genau diese Ausgrenzung steht in Zusammenhang mit der unreflektierten Internalisierung des Leistungsideals beim Enhancement.

[22] Diese dem Verfügungswissen inhärierende Universalisierung des Ursache-Wirkungs-Zusammenhangs wurde bereits in Abschnitt II angesprochen, indem dort die Wirkpräzision der Neuroenhancement-Präparate auf diesen Zusammenhang zurückgeführt wurde.

[23] FENNER 2007, 280. Vgl. auch GLOY 2007, 37, 39, sowie unter dem Schlagwort der „Expertenmeinung" MITTELSTRAß, J. (1982): *Wissenschaft als Lebensform. Zur gesellschaftlichen Relevanz und zum bürgerlichen Begriff der Wissenschaft*, in: MITTELSTRAß, J.: Wissenschaft als Lebensform. Reden über philosophische Orientierungen in Wissenschaft und Universität, Frankfurt a.M., 11–36, hier 15–20, insb. 17.

[24] Jürgen Mittelstraß thematisiert und kritisiert dieses Ausgreifen des Verfügungswissens auf alle Lebensbereiche: „[W]o die Wissenschaften Verfügungswissen ausbilden, tun sie dies schon von sich aus so, als ob uns die Welt (die physische wie gesellschaftliche Welt) in alle Ecken hinein zur Verfügung stünde [...]. Dazu müßte dann auch das gehören, was man das vernünftige Leben genannt hat. Dies aber ist eine grandiose Illusion [...]. Um diese Illusion abzuarbeiten, bedarf es weniger der Wissenschaft (diese baut sie ja gerade auf!), sondern wiederum einer Rationalität, die nicht *verfügt*, sondern *orientiert*" (ibid., 20).

verstanden werden: Die ‚Verfügbarkeitslogik'[25] des Verfügungswissens entspricht der ‚Verbesserbarkeitslogik'[26] des Neuroenhancement.

Die Ausweitung des Verfügungswissens – so lautet die Diagnose in der jüngeren Weisheits-Diskussion – geht einher mit der Ausgrenzung ethisch-praktischen Orientierungswissens.[27] Auch dieser Aspekt ist anschlussfähig an die Diskussion um den Einsatz von Neuroenhancement, zeichnet sich die hier angestellte Diagnose der Verschärfung der problematischen Grundsituation doch dadurch aus, dass die ethisch-praktische Orientierung (die Möglichkeit des Hinterfragens des Leistungsideals) gerade deshalb verloren geht, weil das Verfügungswissen in Fragen der Lebensführung zum alleinigen Maßstab wird. Das Konzept der Weisheit findet an diese Diagnose Anschluss, weil es „geradezu eine Inkarnation des in den ausdifferenzierten wissenschaftlichen Disziplinen marginalisierten Orientierungswissens"[28] darstellt.

Zur Orientierungsfunktion der Weisheit: Synthese von Theorie und Praxis

Die orientierende Funktion der Weisheit besteht darin, dass sie Theorie (verstanden als wissenschaftliches und lebenspraktisches Wissen) und Praxis (Grundlage konkreter lebenspraktischer Entscheidungen) in Bezug auf den Menschen als Indivi-

---

[25] Mit Verfügbarkeitslogik ist gemeint, dass dem Verfügungswissen die Tendenz innewohnt, auf alle Bereiche der physischen, gesellschaftlichen und auch persönlichen Welt auszugreifen (vgl. Anm. 24).

[26] Verbesserbarkeitslogik heißt hier, dass sich im Neuroenhancement die Verfügbarkeitslogik mit dem Ziel der Verbesserung verbindet und damit diese Form der Verbesserung (die jedoch lediglich auf die Anpassung an das Leistungsideal abzielt) als Lebensziel ins Bewusstsein ruft. Die *Verbesserbarkeit* wird durch das Verfügungswissen, auf dem das Neuroenhancement beruht, erst aufgedeckt – nämlich dadurch, dass früher unverfügbare Aspekte der persönlichen Leistungsfähigkeit als verbesser*bar* und verbesserungs*würdig* in den Blick geraten.

[27] „Die einseitige Konzentration auf ein von jeder lebensweltlichen, individuellen oder kollektiven Wertorientierung scheinbar abgelöstes theoretisches Wissen impliziert die irreversible Entkopplung von (Lebens-)Orientierung und Wissen/Wissenschaft, von ethisch-praktischer Gestaltung des individuellen oder gesellschaftlichen Lebens und wissenschaftlich-theoretischem Wissen" (FENNER 2007, 281). Die mangelnde Orientierung drückt sich u.a. dadurch aus, dass die Akkumulation von Wissen voranschreitet, ohne dass dadurch Sinn und Zusammenhang des Wissens entsteht. Vgl. hierzu exemplarisch etwa das Vorwort in GLOY, ZUR LIPPE 2005 oder – im Hinblick auf die Diskussion um Möglichkeiten der Wiederherstellung der Ordnung – SPINNER, H.F. (1988): *Der Wandel der Wissensordnung und die neue Aufgabe der Philosophie im Informationszeitalter*, in: OELMÜLLER, W. (Hg.): Philosophie und Wissenschaft, Paderborn, 61–78.

[28] FENNER 2007, 283.

duum[29] vereint und so die Basis für eine umfassende Reflexion auf die Formulierung und Realisation langfristiger Lebensziele schafft[30]. Für den hier gegebenen Kontext ist dies von zentraler Bedeutung, da sich im Begriff der Weisheit die problematisierten Aspekte des Neuroenhancement gesammelt finden: Das Theoretische – das im Neuroenhancement stets implizierte und nicht einfach hintergehbare Verfügungswissen – wird gerade in seiner Vereinseitigung (als alleiniger Maßstab der Lebensführung) zum *praktischen* Problem der Lebensführung, weil ihm eine orientierende Funktion beigemessen wird, die es nicht erfüllen kann. Dies zeigt sich an der Verschärfung der Grundproblematik, zu deren Lösung es eigentlich beitragen sollte.

Der Begriff der Weisheit kann in dieser Angelegenheit orientierend sein, weil er nicht einseitig das Praktische gegen das Theoretische aufwertet[31], sondern weil in ihm die tatsächliche *Synthese von Theorie und Praxis* gedacht wird: die Vermittlung von Verfügungs- und Orientierungswissen in einer für die individuelle Lebensführung relevanten und an langfristigen Zielen ausgerichteten ‚weisen' Grundhaltung, die den Maßstab für das Handeln bildet.

Indem sowohl auf wissenschaftliche Erkenntnisse als auch auf die eigene Lebenserfahrung *reflektiert* wird, charakterisiert sich diese Grundhaltung als eine „distanzierte Grundstellung zur Welt und zu sich selbst"[32], die jedoch gerade durch diese reflektierte Distanz einen sittlich-moralischen Charakter[33] erhält, weil die Distanznahme zugunsten einer Ausrichtung auf das „Ganze menschlichen Lebens und menschlicher Lebenswelt"[34] erfolgt. Die Synthese von Theorie und Praxis ist hier

---

[29] „Im Unterschied zum wissenschaftlichen Wissen, das sich kurz umreißen läßt als [...] hypothetischer Entwurf von allgemeinen, notwendigen und intersubjektiv kommunikablen Gesetzen [...], [die] aufgrund ihrer Allgemeinheit, Formalität und Intersubjektivität aus dem persönlichen Erlebnis- und Verantwortungsbereich des Einzelsubjekts entlassen sind, [...] ist der Weisheitsbegriff dadurch charakterisiert, daß er in der Lebenserfahrung des Einzelnen gründet und aus der konkreten Lebenspraxis wie aus der persönlichen Bildung und Erziehung hervorgegangen ist" (GLOY 2007, 39).

[30] Vgl. FENNER 2007, 282; GLOY 2007, 38 ff., sowie 99 ff.

[31] Worin die Gefahr „fundamentalistischer und totaler Wissenschafts- und Rationalitätskritik" liegt (OELMÜLLER, W. (1989): ‚*Der kritische Weg ist allein noch offen'. Sechs Thesen zu älteren und neueren Weisheitsvorstellungen*, in: OELMÜLLER, W. (Hg.): Philosophie und Weisheit, Paderborn, 167–213, 196), die eine produktive Auseinandersetzung mit der Wissenschaft gefährdet. Vgl. hierzu auch die Kritik bei FENNER 2007, 287 f.: „Philosophie als reaktiviertes Weisheitsstreben braucht das wissenschaftliche Parkett also keineswegs zugunsten eines abgehobenen esoterischen Prophetismus zu verlassen, solange sie methodisch entwickelt und diskursiv-argumentativ nachvollziehbar bleibt." Vgl. hierzu auch Anm. 36.

[32] FENNER 2007, 290.

[33] Für Fenner manifestiert sich die Weisheit im hier referierten Sinne in einer „sittlichen Grundhaltung und reifen Denkungsart" (ibid., 290). Auch Gloy versteht unter Weisheit eine „ethisch orientierte Lebensführung" (GLOY 2007, 41).

[34] FENNER 2007, 290.

dadurch bewerkstelligt, dass weder Theorie noch Praxis *einseitig* aufgewertet wird, sondern beide sich gegenseitig bedingen.

Die Mittelstellung zwischen den Extremen der Individualität und Allgemeinheit erweist sich im Falle des Neuroenhancement als vielversprechende Ausgangsposition, die nicht nur dem einzelnen, mit der Option des Neuroenhancement konfrontierten Individuum eine reflektierte Grundhaltung ermöglichen kann, sondern auch dem Ethiker wichtige Impulse für eine Bewertung an die Hand gibt. Fenner präzisiert das Weisheitskonzept in drei Aspekten, die diese Universalität auf verschiedenen Ebenen deutlich machen.[35] Zunächst ergeben sich Konsequenzen für die Realisierung der speziellen Wissensform der Weisheit, die Fenner unter dem Stichwort der *Ganzheit des Wissens* zusammenfasst. Diese ist die Basis für zwei exemplarische Konkretionen der hier angesprochenen sittlichen Grundhaltung, die sich einerseits auf der Ebene des *Individuums*, andererseits auf der Ebene von *Diskursen* manifestieren. Weisheit als Ganzheit des Wissens rekurriert auf die Wiederherstellung von Orientierung im (Verfügungs-)Wissen und schließt sich somit an die von Kant gedachte Funktion der Weisheit an, nämlich Ordnung und Zusammenhang zu stiften.[36]

Einerseits wird – von theoretischer Seite – die Ganzheit des Wissens als Tiefe und Breite des Wissens konkretisiert, indem direkte Lebenserfahrungen ergänzt werden durch indirekte Informationsaufnahme, z.B. über wissenschaftliche Forschungsberichte oder auch die Massenmedien. Das so gewonnene *Faktenwissen* über das Leben setzt sich zusammen aus einem Wissen über die allgemeinen Bedingungen des menschlichen Lebens sowie aus konkretem Wissen über Lebensereignisse inklusive ihrer Konstellationen und Dynamiken. Da dieses Wissen jedoch nicht isoliert, sondern in lebensweltlichen Bezügen verankert ist, handelt es sich, so Fenner, nicht um ein reines Faktenwissen, sondern es hat auch die Funktion, einen kognitiven Bezugsrahmen für die Deutung und Interpretation zukünftiger Erfahrungen und Ereignisse abzugeben. Zu diesem Bezugsrahmen gehört auch die Auseinandersetzung mit den je individuellen Wünschen und Vorstellungen. Andererseits – und dies betrifft die praktische Seite – ist diese Form von Weisheit insofern an ein Individuum gebunden, als es nicht ein propositionales Wissen ist, sondern dem Typ der

---

[35] Für die hier vorgenommene Darstellung vgl. ibid., 290–296.
[36] „Denn Wissenschaft hat einen innern wahren Wert nur als *Organ der Weisheit*. [...] Philosophie [ihrem Weltbegriff nach eine Lehre der Weisheit, U.B., B.E., O.M.] [...] schließt gleichsam den wissenschaftlichen Zirkel und durch sie erhalten sodann erst die Wissenschaften Ordnung und Zusammenhang" (KANT, I. (1800): *Immanuel Kants Logik. Ein Handbuch zu Vorlesungen*, in: Werke in sechs Bänden, hg. von WEISCHEDEL, W., Bd. III, Darmstadt 1956, A28 f.). Vgl. auch den Beschluss der *Kritik der praktischen Vernunft*: „Wissenschaft [...] ist die enge Pforte, die zur *Weisheitslehre* führt [...]" (KANT, I. (1788): *Kritik der praktischen Vernunft*, in: Werke in sechs Bänden, hg. von WEISCHEDEL, W., Bd. IV, Darmstadt 1956, A292). Zur Erörterung der Aktualität dieses Diktums vgl. z.B. OELMÜLLER 1989, 174–177, sowie FENNER 2007, 288.

"Disposition" angehört, d.h. eine „Form von Welt- und Selbsterfahrung"[37] ist. Weisheit als dispositionales Wissen ist somit nicht objektivierbar, realisiert sich in konkreten Situationen und lässt sich weder von anderen übernehmen noch an andere delegieren, sondern ist an einen nicht auswechselbaren Träger gebunden. Praktisch wird es dadurch, dass im Individuum das theoretisch als richtig Erkannte in seinem Handeln wirksam wird.[38]

Insofern die Weisheit die Grundhaltung des Menschen betrifft, ist sie für das Individuum ein *moralisches* Moment. Doch nicht nur das Individuum, auch der fachliche Diskurs über lebensführungsrelevante Themen wie das Neuroenhancement kann von der Weisheit als Ganzheit des Wissens profitieren, so dass die Weisheit hier zum *ethischen* Moment wird. Von zentraler Bedeutung ist dabei, dass die fachliche Reflexion auf Lebensführungsstrategien nicht darin aufgehen kann, Individuen Orientierungsmaßstäbe zu oktroyieren; dies widerspräche der oben referierten Nicht-Delegierbarkeit bestimmter Aspekte der Weisheit. Vielmehr geht es auf der Ebene von Diskursen darum, relevante Kontextualisierungen und Infragestellungen anzuregen und für den Einzelnen plausibel zu machen, d.h. zur Rückbindung an die individuelle Ebene aufzufordern.[39] Fenner unterstreicht daher (mit Hinweis auf die Eingebundenheit des Individuums in Sprach- und Handlungsgemeinschaften) eine *beratende* Funktion, die in philosophisch-ethischen Kontexten zur Geltung kommt und die Synthese von Theorie und Praxis insofern beinhaltet, als Fachwissen mit einem reflektierten Blick auf das bewusste Leben fundiert wird.

---

[37] Vgl. PIEPMEIER, R. (1989): *Ein Freund der Weisheit oder so etwas Ähnliches*, in: OELMÜLLER, W. (Hg.): Philosophie und Weisheit, Paderborn, 122–134, 132 f.

[38] Vgl. ibid., 123. Dispositionales Wissen ist nicht inkompatibel mit propositionalem Wissen, sondern bezeichnet lediglich diejenigen Aspekte der Weisheit, die aus konkreter, nicht delegierbarer Lebenserfahrung – z.B. der Erfahrung von Unzulänglichkeit u.Ä. – entsteht; vgl. hierzu ibid., 132 ff.

[39] Was das beispielsweise bedeuten kann, verdeutlicht FENNER 2007, 296: „Unumstritten ist allein das dem Weisen im individualethischen Bereich attestierte ‚Strategiewissen in grundlegenden Fragen des Lebens', d.h. nach Baltes/Staudinger ‚Heuristiken der Definition, Strukturierung und Gewichtung von Lebenszielen, Lebenskonflikten und -entscheidungen' sowie ‚Prozesse der Sinngebung, Lebensdeutung und des Ratgebens'". (Fenner zitiert STAUDINGER, U.M., BALTES, P.B. (1996): *Weisheit als Gegenstand psychologischer Forschung*, in: Psychologische Rundschau 47, 57–77, 61). Dass Weisheit im philosophischen (bzw. hier ethischen) Sinne meist verknüpft wird mit der Vermittlung der Weisheit (z.B. durch eine Lehrerfigur), ist ein Kernmerkmal der jüngeren Weisheitsforschung (vgl. etwa OELMÜLLER 1989), findet sich aber auch bei Kant (vgl. KANT 1800, A23–A29, sowie KANT 1788, A292).

V. Neuroenhancement und Weisheit – Exemplarische Konkretisierungen

Im Folgenden soll die Bedeutung der ‚weisen' Lebensführung an drei Beispielen veranschaulicht werden:

(a) Die Ausweitung des Verfügungswissens auf immer mehr Lebensbereiche führt dazu, dass die Verfügbarkeitslogik sukzessive zum (alleinigen) Maßstab der Lebensführung gemacht wird. Dies gilt auch für das Neuroenhancement: Die hier enthaltene Verfügbarkeitslogik wird zur Option einer Lebensführungsstrategie, weil sie eine Antwort auf die Erfahrung der Unzulänglichkeit angesichts des Leistungsideals zu geben verspricht. Denn im Horizont der Verfügbarkeitslogik der Naturwissenschaften wird das ‚Verbesserungspotential' der kognitiven Fähigkeiten in den Blick gerückt. Überspitzt kann man sagen: Erst durch die Möglichkeiten des Neuroenhancement wird offenbar, dass kognitive Fähigkeiten sowohl verbesser*bar* als auch verbesserungs*bedürftig* sind. Im Neuroenhancement ist die Verfügbarkeitslogik also in Form einer ‚Verbesserbarkeitslogik' enthalten.[40] Diese zeichnet sich dadurch aus, dass sich die hier angestrebte Verbesserung, die, wie oben gezeigt, auf die Entlastung von der Erfahrung der Unzulänglichkeit zielt, (meist) einseitig auf die psychopharmakologische Manipulation grundlegender Fähigkeiten richtet. Alternative Entlastungsstrategien können dabei aus dem Blick geraten.

Entgegen dieser das Grundproblem nicht lösenden, sondern sogar verschärfenden Entlastungsstrategie im Umgang mit Lebensführungsfragen würde die ‚weise' Grundhaltung besonders problematische Situationen wie die Erfahrung von Unzulänglichkeit der eigenen Fähigkeiten oder der Fragilität des eigenen Körpers als dispositionale Aspekte ernst nehmen, sie aber nicht isoliert betrachten, sondern in Bezug zur Lebensführung setzen. Die Auseinandersetzung mit konkreten Lebensumständen und Vorstellungen bezüglich alternativer Formen der Lebensführung kann dazu beitragen, sich von der konkreten Situation zu lösen und sie als Grundproblematik des Lebens zu identifizieren, etwa indem die Fragilität als Teil der *conditio humana* akzeptiert wird.[41] Dies muss keine fatalistische Haltung mit sich bringen, sondern kann die Entlastungsoptionen vermehren und die schnelle pharmakologische Lösung in Frage stellen.

---

[40] Vgl. hierzu auch Anm. 25 und 26.
[41] Erik Parens weist darauf hin, dass oftmals erst Erfahrungen negativer Aspekte – z.B. Vulnerabilität, Fragilität oder Vergänglichkeit – die Schönheit des Lebens hervorheben. Vgl. hierzu PARENS, E. (1995): *The Goodness of Fragility: On the Prospect of Genetic Technologies Aimed at the Enhancement of Human Capacities*, in: Kennedy Institute of Ethics Journal 5 (2), 141–153. Vgl. auch BALTES, D. (2009): *Der Wert der Fragilität. Überlegungen zum Stellenwert von Kontingenzargumenten im Rahmen der Enhancementdebatte*, in: Zeitschrift für medizinische Ethik 55, 351–369.

Die Integration von Orientierungswissen in die Lebensführung hat auch Konsequenzen für den Wert der Offenheit des Lebensvollzuges: Wer gleich bei jeder Erfahrung von Unzulänglichkeit zum Neuroenhancement-Präparat greift, der handelt bereits unter der Annahme einer funktionierenden Ursache-Wirkungs-Kette und bejaht implizit die Zielsetzung, dem Leistungsideal zu entsprechen. Das vage Unbehagen vor einem pharmakologischen Neuroenhancement könnte dann als Ausdruck einer Angst identifiziert werden, sich unter dem Diktat seiner Technik einer gewissen Offenheit im Lebensvollzug zu berauben.[42] Gerade weil die Reduzierung des Zufalls, die Verfügbarmachung des Unverfügbaren zweifelsohne zur menschlichen Lebensform gehört[43], würde der Weise auch nicht die Unverfügbarkeit als Wert verabsolutieren. Unverfügbarkeit ist nur unter der Bedingung denkbar, dass auch verfügbare Bereiche existieren, und umgekehrt. Gleichzeitig kann das Anerkennen unverfügbarer Bestandteile im menschlichen Leben dazu führen, präziser – auf Basis des naturwissenschaftlichen Wissens – zu entscheiden, welche Art von Verfügbarmachung im Kontext der Lebensführung als adäquat und welche als nicht-adäquat eingestuft werden sollte.

(b) In einer reflektierten, ‚weisen' Grundhaltung werden auch die naturwissenschaftlich beschriebenen Wirkweisen (Dritte-Person-Perspektive) mit den subjektiven Erfahrungsqualitäten des Neuroenhancement (Erste-Person-Perspektive) verglichen. Dies ist nur im Rückgriff auf naturwissenschaftliche Forschungsergebnisse möglich, die präzise Angaben zu den physiologisch-psychischen Veränderungen – meist in quantifizierter Form – machen. Eine derartige Verobjektivierung gefühlterlebter Zustände kann zwar helfen, Veränderungen, die die Person durch die Einnahme von Neuroenhancement-Präparaten an sich feststellt, zu verorten, doch ist diese Kenntnis von Veränderungen in und an sich selbst noch kein Garant für ein vollständiges Annehmen seiner selbst unter dem Einfluss von Neuroenhancement. Selbsterfahrungsberichte von Personen, die Neuroenhancement-Präparate zur Steigerung ihrer kognitiven Fähigkeiten eingenommen haben, zeigen, dass das praktische Selbstverhältnis durchaus beeinträchtigt werden kann. So heißt es in einem Bericht über einen Selbstversuch mit dem Aufmerksamkeit fördernden Mittel Ritalin:

„Wer sagt, Ritalin helfe nicht, lügt. Es schlägt nicht bei jedem an, aber aus mir hat es den Studenten gemacht, der ich sein sollte: hellwach, fokussiert und diszipliniert. Und einen Menschen, der ich nicht sein will: zwanghaft und unentschlossen. Ich hatte keinen Hunger mehr und keinen Durst, ich wusste nicht mehr, welche CD ich hören und welche Hose ich anziehen wollte. Wenn die Wirkung nachließ, wurde ich unkonzentrierter als vorher, und statt mich zusammenzureißen, überlegte ich, wo ich wieder Ritalin herbekommen konnte. Außerdem ist

---

[42] Vgl. BOLDT, MAIO 2009, 390.
[43] Vgl. KÖRTNER, U.H.J. (2005): *Lasset uns Menschen machen. Christliche Anthropologie im biotechnologischen Zeitalter*, München, 149.

es kein gutes Gefühl, jemand zu sein, der über einem Handföhn seine Abschlussklausur vergisst."⁴⁴

Die partielle Optimierung einzelner Fähigkeiten scheint zulasten anderer, wertgeschätzter Eigenschaften zu gehen. Die dadurch entstehende Erfahrung, dass die Person sich einerseits als diszipliniert akzeptiert, andererseits aber die Unentschlossenheit und Zwanghaftigkeit, die sie an sich selber wahrnimmt, als fremd empfindet, kann zu einer gewissen personalen Destabilisierung führen. Die Einnahme von Ritalin hat zwar die erwünschten Effekte erzeugt, aber auch Persönlichkeitsänderungen hervorgerufen, deren Integration in das praktische Selbstverhältnis der Person schwerfallen. Die Schwierigkeit, bestimmte Ereignisse, Gefühle, Erinnerungen, Widerfahrnisse usw. als *eigene* Erfahrung zu interpretieren und in das eigene Selbst zu integrieren, kann man als Entfremdungserfahrung beschreiben.⁴⁵

Die ‚weise' Grundhaltung berücksichtigt also nicht nur die wissenschaftlich-objektivierten Daten zum Neuroenhancement, sondern ist auch sensibel für Entfremdungsphänomene. Die so verstandene, konkret gemachte Synthese von Theorie und Praxis kann davor bewahren, dass die Nutzung von Neuroenhancement in die paradoxe Situation mündet, in der mittels Neuroenhancement die Leistungsfähigkeit einer kognitiven Kompetenz zwar optimiert wird, die entsprechende Person sich jedoch von sich selbst entfremdet. Das Ausbilden von Wünschen nach Maßgabe der Wirkung von Enhancement-Präparaten kann dazu führen, dass die Person sich nicht mehr in ihrer Lebensweise authentisch und ‚zu Hause' fühlt. Gleichzeitig erwartet die ‚weise' Grundhaltung keine einfachen Lösungen und ist sich entsprechend der Komplexität der Idee einer authentischen Lebensführung bewusst.⁴⁶ Zudem besteht innerhalb einer ‚weisen' Grundhaltung Raum für die Ungewissheit, nicht voraussehen zu können, in welchem Maße Neuroenhancement die eigenen persönlichen Fähigkeiten (weiter-)entwickelt und wann womöglich die Grenze von ‚optimierten, eigenen kognitiven Fähigkeiten' hin zu ‚optimierten, aber als fremd

---

⁴⁴ Bericht über einen Selbstversuch mit Ritalin unter dem Titel *Ich bin ein Zombie, und ich lerne wie eine Maschine*, erschienen unter: http://www.zeit.de/campus/2009/02/ritalin (Stand: Juni 2010).

⁴⁵ Nach Jaeggi thematisiert der „Entfremdungsbegriff [...] die komplexen Bedingungen dieses ‚Mit-sich-in-Verbindung-Bringens', ‚Sich-zuschreiben-Könnens' oder ‚Sich-zu-Eigen-Machens' der eigenen Handlungen, Wünsche (oder genereller: des eigenen Lebens) und die vielfältigen Obstruktionen und Störquellen, die diese Verhältnisse betreffen können. Man ist nicht immer schon ‚bei sich', Handlungen und Wünsche sind nicht selbstverständlich immer schon die ‚eigenen' und das Verhältnis zur umgebenden natürlichen wie sozialen Welt ist gleichermaßen konstitutiv wie bedroht" (JAEGGI, R. (2005): *Entfremdung. Zur Aktualität eines sozialphilosophischen Problems*, Frankfurt a.M., 46).

⁴⁶ Glannon etwa diskutiert die Legitimität der Sorge um die Authentizität der Lebensführung unter Nutzung von Neuroenhancement. Vgl. GLANNON, W. (2008): *Psychopharmacological Enhancement*, in: Neuroethics 1, 45–54, 45.

empfundenen' Fähigkeiten überschritten wird. Ein ‚weiser' Umgang mit pharmakologischem Neuroenhancement könnte dann einen wesentlichen Beitrag dazu liefern, Bedingungen zu explizieren, unter denen Neuroenhancement zu einer Entfremdung beiträgt.

(c) Wie bereits in der Charakterisierung des Neuroenhancement angedeutet wurde, nehmen gerade pharmakologische Enhancement-Mittel durch ihr inhärentes Grundmuster der Effizienzsteigerung eine Art Akzelerator-Funktion ein. Sie sollen beispielsweise Prozesse verkürzen (siehe etwa das Auswendiglernen beim Sprachenerwerb). Dadurch kann eine Person kognitiv und emotional überfordert werden, wenn Zeitbewusstseinsstrukturen von Personen nicht mehr mit der Wirkeffizienz des Neuroenhancement Schritt halten können. Die ‚weise' Grundhaltung wird hier den Wert von Gewohnheiten thematisieren. Der Mensch bedarf der Gewohnheiten, um sich zu entlasten und Routineaufgaben vornehmen zu können. Wenn nun beispielsweise Aufmerksamkeit und Wahrnehmungsfähigkeit durch Neuroenhancement-Präparate derart gesteigert werden, dass eine Person sich auf jeden einzelnen Handgriff, mag er auch noch so marginal und unbedeutend sein, konzentriert, sich ‚im Detail verliert' und nicht mehr in der Lage ist, zusammenhängende, an einem übergelagerten Ziel ausgerichtete, Handlungen zu vollziehen, dann ist das sicher problematisch. Ein Beispiel für ein solches Sich-Verlieren findet sich in dem bereits zitierten Ritalin-Selbsterfahrungsbericht, in dem der Autor beschreibt, wie er sich während einer Klausur beim Toilettengang – bedingt durch die gesteigerte Aufmerksamkeitsfähigkeit – derart im Akt des Händewaschens vertieft, dass er plötzlich die zu schreibende Klausur darüber vergisst. Die Effizienzsteigerung wird hier *ad absurdum* geführt. Ähnliches zeigt sich auch am Beispiel von Phänomenen unfehlbaren Gedächtnisses, wie sie bei Mnemonisten anzutreffen sind: Mit dem Anstieg der Informations- und Erinnerungsfülle wächst die Fähigkeit des Sortierens und Ordnens, des Strukturierens und Generalisierens nicht unbedingt entsprechend mit.[47]

Diese Auswirkungen beschreibt auch der argentinische Schriftsteller Jorge Luis Borges in seiner fiktiven Kurzgeschichte, in der das Gedächtnis seines Protagonisten Ireneo Funes durch einen Unfall unfehlbar geworden ist und keine Kapazitätsgrenzen mehr besitzt: Funes besäße zwar eine besondere Gabe, Dinge auswendig zu lernen (wie etwa Sprachen), aber er sei „zum Denken nicht sehr begabt", denn „Denken heißt, Unterschiede vergessen, heißt verallgemeinern, abstrahieren".[48] Auf diesen Aspekt der Veränderung der Denkstrukturen weist auch Hauskeller mit Blick auf diese Geschichte hin: „Verallgemeinerungen versteht er nicht", für Funes gäbe

---

[47] Siehe hierzu etwa den eindrucksvollen Patienten-Bericht des Psychologen LURIA, A.R. (1987): *The Mind of a Mnemonist*, Cambridge (Mass.).

[48] BORGES, J.L. (1981): *Das unerbittliche Gedächtnis*, in: BORGES, J.L.: Gesammelte Werke, Band 3/I, 173–182, 181.

es „nichts mehr als Einzelheiten".[49] Dadurch sei er nicht mehr in der Lage, sowohl Generalisierungen als auch Gewichtungen seiner Erinnerungen vorzunehmen, denn ihm bliebe unverständlich, von Unterschieden zu abstrahieren.

Eben dieser Tendenz, zulasten der Übersicht, Gewichtung und Sortierung immer mehr Wissen zu produzieren und zu speichern, unterliegt auch das Wissensideal des Verfügungswissens.[50] Die ‚weise' Grundhaltung ermöglicht in ihrer Integration von Orientierungswissen, zu diesen Mechanismen in Distanz zu treten, und kann dafür sensibilisieren, dass der Zugewinn einer Kompetenz mit dem Verlust oder mit der Einschränkung einer anderen einhergehen kann.[51] Die Orientierungsfunktion der Weisheit legt den Blick frei auf diese Interdependenzen und komplexen Strukturen, die in einer reinen, einzig am Effizienzideal ausgerichteten Perspektive verdeckt bleiben.

VI. Fazit

Die Untersuchung hat gezeigt, dass ein intuitives Unbehagen für die ethische Reflexion fruchtbar gemacht werden kann, wenn eine klare Artikulation und Verbalisierung dieser Unbehagen-Erfahrungen vorgenommen wird. Dies kann dazu beitragen, das ‚Problem' des Neuroenhancement präziser zu bestimmen; es wurde vorgeschlagen, Neuroenhancement als Entlastungsstrategie angesichts einer Grundsituation der Überforderung und Unzulänglichkeit zu verstehen. Hier ansetzend hat sich gezeigt, dass die Weisheit als Synthese von Orientierungs- und Verfügungswissen eine neue Perspektive auf das Problem des Neuroenhancement eröffnet. Bisherige ethische Evaluationen von Enhancement rekurrieren meist auf die Anwendung prinzipienethischer Ansätze oder mit Verweis etwa auf die ‚Natur des Menschen'. Der Weisheits-Begriff kann auch anthropologische Zugänge zur Enhancement-Problematik bereichern[52], denn über diesen Begriff können grundlegende Veränderungsmuster und Grundkonstellationen der menschlichen Lebensführung aufgedeckt werden. Vor allem die Gegenüberstellung eines naturwissenschaftlichen Wissensideals und der eher ganzheitlichen Reflexion über praktische Fragen der

---

[49] HAUSKELLER, M. (2009): *Die moralische Pflicht, nicht zu verbessern*, in: KNOEPFFLER, N., SAVULESCU, J. (Hg.): Der neue Mensch? Enhancement und Genetik, Freiburg i.Br., 161–176, 171.
[50] Vgl. Anm. 20.
[51] Vgl. WOLPE, P.R. (2002): *Treatment, enhancement, and the ethics of neurotherapeutics*, in: Brain and Cognition 50 (3), 387–395, 393 f.
[52] Vgl. MÜLLER, O. (2008): *Der Mensch zwischen Selbstgestaltung und Selbstbescheidung. Zu den Möglichkeiten und Grenzen anthropologischer Argumente in der Debatte um das Neuroenhancement*, in: CLAUSEN, J., MAIO, G., MÜLLER, O. (Hg.): Die „Natur des Menschen" in Neurowissenschaft und Neuroethik, Würzburg, 185–209.

Lebensführung kann helfen, bestehende und wenig hinterfragte Mittel-Zweck-Relationen aufzuzeigen und subtile Verschärfungstendenzen transparent zu machen. So erscheint eine vertiefende Untersuchung der philosophiegeschichtlichen Bedeutung des Weisheitsbegriffes und -ideals neue Reflexionsräume und Wege (medizin-)ethischer Betrachtungen zu eröffnen. Dies ist vor allem vor dem Hintergrund eines immer stärker die Gesellschaft durchdringenden Effizienz- und Kontrollstrebens zu empfehlen, dem durch die wachsende Vormachtstellung des naturwissenschaftlichen Verfügungswissens zudem noch Vorschub geleistet wird.[53]

---

[53] Dieser Artikel ist im Rahmen des vom *Bundesministerium für Bildung und Forschung (BMBF)* geförderten „Bernstein Focus: Neurotechnology Freiburg/Tübingen" entstanden (Förderkennzeichen UFr 01GQ0830).

‚Tilgung des Zufälligen' –
Ethische Aspekte der Verantwortung
in Ambient-Assisted-Living-Kontexten

von Arne Manzeschke und Frank Oehmichen

Abstract: Ambient Assisted Living (AAL) wirft die Frage nach der Verantwortung in technisch-sozialen Verbundhandlungen in rechtlicher, fachlicher und moralischer Hinsicht auf. Eine Klärung im Vorfeld der Anwendung von AAL-Lösungen ist hilfreich, um (i) kontraproduktive Effekte (z.B. bei Akzeptanz, Effizienz, Kosten) bei der Einführung von AAL-Technologien zu mindern und (ii) Schäden Dritter zu vermeiden, die sich aus der Nichtbeachtung moralischer Forderungen ergeben. Verantwortung fungiert als Zuschreibungsbegriff und als ‚mehrstelliger Relationsbegriff', der im Kontext von Ambient Assisted Living bei der Ambientisierung von langzeitbeatmeten Patienten mit Tracheostoma neu akzentuiert werden könnte. Der Beitrag beschreibt den Status dieser Patienten als chronisch-kritisch krank und als Effekt technisch-medizinischen Fortschritts (1). Ihre Ambientisierung wirft Fragen der Risikokalkulation (2), der Zuschreibung von Verantwortung (3) und der risikobasierten therapeutischen Entscheidung auf (4).

Keywords: Ambient Assisted Living, Technikethik, Verantwortung, Risiko, Langzeitbeatmung, Ambientisierung, außerklinische Versorgung.

1. Chronisch-kritisch kranke Patienten

Intensivstationen (ITS) sind spezielle bettenführende Einheiten in Krankenhäusern, welche intensive Diagnostik und Behandlung in einer akuten und lebensbedrohlichen Situation oder in einer kritischen Krankheitsphase sicherstellen. Damit soll dem Organismus durch temporäre Substitution oder Unterstützung grundlegender Lebensfunktionen die notwendige ‚Zeit zur Heilung' der Grundkrankheit oder der Komplikation gegeben werden. Das Behandlungsteam wird von einer Vielzahl technischer Geräte unterstützt, welche die Körperfunktionen komplett oder zumindest partiell substituieren, präzise Medikamentenapplikationen ermöglichen und die Überwachung von Körperzuständen und kritischen Abläufen sicherstellen. Dabei werden unterschiedliche technische Alarmierungssysteme eingesetzt. Diese Überwachungsgeräte sollen in bedrohlichen Situationen die erhöhte Aufmerksamkeit des Personals wecken, da eine permanente Sichtüberwachung jedes einzelnen Patienten weder aus medizinischen Gründen erforderlich noch aus personellen bzw. finanziellen Gründen zu leisten ist. Über diesen personalsparenden Faktor hinaus vermögen technische Überwachungssysteme Störungen der angewendeten technologischen Verfahren oder der Körperfunktion bereits vor sichtbaren Veränderungen des Körperbildes des Patienten zu detektieren; sie erlauben somit bei einer möglichen Verschlechterung des Zustands eine schnellere Erkennung des Problems und daraus resultierende Interventionen. Insofern ermöglicht die auf Intensivstationen verfügbare Technologie eine frühzeitigere Detektion von lebensbedrohlichen Problemen, als dies die optische Überwachung durch Fachpersonal zulässt. Die Bedingungen der Intensivstation gestatten ebenfalls ein zeitnahes Reagieren mit einem Höchstmaß an zur Verfügung stehenden Ressourcen.

Neben den Technologien zur Überwachung, zur Wiederherstellung der Kreislauffunktion bei Herzrasen oder bei Herzstillstand und dem technischen Nierenersatz ist die künstliche Beatmung gleichsam zum Sinnbild der Intensivmedizin geworden. Mit dieser Technologie gelingt es, bei Sauerstoffmangelzuständen dem Organismus höhere Anteile an Sauerstoff zuzuführen. Gleichermaßen kann die Atemmuskulatur unterstützt werden, damit die Entfernung des Stoffwechselendproduktes Kohlendioxid sichergestellt ist. Sauerstoffmangel ist in der Regel ein kurzfristig bedrohliches Problem, Kohlendioxidanstieg eine mittelfristig Komplikationen verursachende Veränderung. Der erforderliche Zugang zu den Luftwegen kann nichtinvasiv über eine Beatmungsmaske oder einen Beatmungshelm erfolgen; bei krankheits- oder behandlungsbedingt bewusstseinsgetrübten Patienten oder bei Patienten mit Schluckstörungen hingegen muss eine künstliche Brücke in die Luftröhre invasiv über den Mund und den Rachen als Beatmungstubus oder über einen Luftröhrenschnitt unter Verwendung einer Trachealkanüle hergestellt werden.

Nach ersten Anfängen in den frühen 1930er Jahren hat sich die Intensivmedizin insbesondere seit dem Zweiten Weltkrieg stark entwickelt. Intensivmedizinische Technologien kommen in den letzten Jahren zunehmend häufiger zum Einsatz; so stieg beispielsweise im Zeitraum von 1993 bis 2002 in North Carolina die Beatmungshäufigkeit von 8,3 auf 24,1 pro 100.000 Einwohner bei einem gleichzeitigen Anstieg der Rate von Luftröhrenschnitten (Tracheotomie) um 200%, dabei sank die Letalität auf Intensivstationen im gleichen Zeitraum von 39% auf 25%.[1] Obwohl keine exakten Zahlen zur Verfügung stehen, sind vergleichbare Entwicklungen in Europa und in Deutschland anzunehmen. Parallel dazu kommt es zu einem Anstieg der Langzeitabhängigkeit vom Beatmungsgerät. Als wesentliche Ursache dieser Abhängigkeit darf gelten, dass es als Nebenwirkung der Beatmungstherapie zu Schädigungen des Zwerchfells als Atemmuskel kommen kann. So führt beispielsweise eine medikamenten- und beatmungsbedingte Inaktivität des Zwerchfells über mehr als 18 Stunden bereits zu einer über 50%igen Degeneration dieses Muskels.[2]

---

[1] COX, C.E., CARSON, S.S., HOLMES, G.M., HOWARD, A., CAREY, T.S. (2004): *Increase in tracheostomy for prolonged mechanical ventilation in North Carolina, 1993–2002*, in: Critical Care Medicine 32, 2219–2226.

[2] LEVINE, S., NGUYEN, T., TAYLOR, N., FRISCIA, M.E., BUDAK, M.T., ROTHENBERG, P., ZHU, J., SACHDEVA, R., SONNAD, S., KAISER, L.R., RUBINSTEIN, N.A., POWERS, S.K.,

Bei 70% der Patienten mit Sepsis und Multiorganversagen und bei ca. 90–100% der Patienten, die länger als 3 Wochen auf der ITS verbringen, führt ein bisher nicht befriedigend geklärter, diffuser entzündlicher Prozess der peripheren Nerven und Muskeln zu Lähmungen mit entsprechenden Einschränkungen der Beweglichkeit, zu Schluckstörungen und zur Unfähigkeit, ausreichend selbst zu atmen.[3] Die Komplikationsdichte dieser Langzeitpatienten auf Intensivstationen ist hoch, die Rate an Lungenentzündungen liegt bei 28%, die Häufigkeit von Harnwegsinfekten bei 32% und von Darminfekten bei 18%.[4] Intensivmedizin schafft also die Chance zu höheren Überlebensraten, sie birgt aber gleichzeitig das Risiko zu längeren Krankheitsverläufen und zu Langzeitabhängigkeit von lebenserhaltenden Technologien wie Beatmung und künstlichem Zugang zu den Luftwegen mit den daraus resultierenden, zusätzlichen technologieabhängigen Gefahren und in der Folge auch Einbußen der körperlichen Unabhängigkeit. Da diese technischen Systeme in der Kombination Mensch-Maschine neben der permanenten Abhängigkeit auch kurzfristige Gefährdungen mit sich bringen, kann der neu entstehende Zustand der Patienten als chronisch-kritisch krank beschrieben werden. In speziellen Zentren zur Beatmungsentwöhnung wird versucht, diese Patienten vom Beatmungsgerät und vom artifiziellen Zugang zu den Luftwegen ‚abzutrainieren'. Trotz spezialisierter Therapie in diesen ‚Entwöhnungszentren' verbleibt dennoch ein beträchtlicher Anteil der Patienten langfristig abhängig vom Beatmungsgerät oder zumindest vom künstlichen Zugang zu den Luftwegen. Beispielsweise wurden in einer Untersuchung von 644 langzeitbeatmeten Intensivpatienten, welche aus primärbehandelnden Krankenhäusern zur Beatmungsentwöhnung übernommen wurden (mittleres Alter 67,6 Jahre, Beatmungsdauer vor Übernahme 39,4 Tage), 9,8% beatmungs- und damit häufig intensivpflegeabhängig.[5]

Der technische Fortschritt hat einfachere und kleinere Beatmungsgeräte hervorgebracht, so dass mittlerweile eine Beatmungstherapie auch außerhalb von Intensivstationen erfolgen kann. Dementsprechend besteht die Möglichkeit, dass beatmungsabhängige Menschen zu Hause oder in spezialisierten Pflegeeinrichtungen weiter betreut werden. Die ursprünglich klar auf die Intensivstation verortete Behandlung diffundiert somit in außerklinische Bereiche der stationären Pflege und in die Häuslichkeit. Man darf also mit Recht nicht nur vom Anstieg chronischer

---

SHRAGER, J.B. (2008): *Rapid Disuse Atrophy of Diaphragm Fibers in Mechanically Ventilated Humans*, in: New England Jornal of Medicine 358, 1327–1335.

[3] HUND, E. (2003): *Critical Illness-Polyneuropathie und -myopathie*, in: Intensivmedizin und Notfallmedizin 40, 203–211.

[4] MACINTYRE, N.R., EPSTEIN, S.K., CARSON, S., SCHEINHORN, D., CHRISTOPHER, K., MULDOON, S. (2005): *Management of Patients Requiring Prolonged Mechanical Ventilation – Report of a NAMDRC Consensus Conference*, in: Chest 128, 3937–3954.

[5] SCHNEIDER, K., OEHMICHEN, F., POHL, M., RAGALLER, M. (2010): *Implementation of a standardised weaning protocol in patients with prolonged mechanical ventilation in a post-acute care ICU*, in: Critical Care 14 (Suppl. 1), P236 (DOI: 10.1183/cc8468).

Krankheiten in der modernen Gesellschaft ausgehen, man muss auch das ‚Entstehen' chronisch-kritisch kranker Menschen außerhalb von Intensivstationen konstatieren, welche gewissermaßen zusätzlich zu ihrer Krankheit und gegebenenfalls auch körperlichen Einschränkung in erheblichem Maß technologieabhängig sind und daraus resultierend zur Minderung des zusätzlichen technologiebedingten Risikos auch auf besondere Weise überwachungsabhängig werden. Diese Überwachung kann durch geschulte Personen erfolgen, sie kann aber auch außerklinisch durch technische Überwachungsmittel ausgeführt werden. Im Unterschied zur Intensivstation muss im außerklinischen Ambiente bei der Reaktion auf Probleme einschränkend festgestellt werden, dass in der Regel sowohl technisch als auch personell geringere Ressourcen verfügbar sind. Dabei ist zu konstatieren, dass die der Risikoreduktion dienende Überwachung technologieabhängig ist und diese technischen Systeme ebenfalls keineswegs „hochgradig fehlerfrei, risikolos oder funktionssicher gegen Fehlentscheidungen" sind.[6] Bei der Verwendung von telemedizinischen Verfahren bzw. bei der Verwendung von Fernalarmierungssystemen sind längere Reaktionszeiten durch größere Wege bzw. Anfahrtszeiten zu bedenken. Diese Wege fallen sowohl bei begründeten Alarmen wie bei Fehlalarmen an.

Insofern ist der chronisch-kritisch kranke Mensch also einem sich komplex zusammensetzenden (Gesamt-)Risiko ausgesetzt. Zum einen bestehen natürlich die spezifischen Gefahren bzw. Risiken der Erkrankung (sowohl akut lebensbedrohliche Veränderungen wie mögliche Herzrhythmusstörungen als auch perakute Bedrohungen wie erhöhte Infektanfälligkeit usw.). Zum anderen treten spezifische technologieabhängige Risiken hinzu, die (1) in den technischen Geräten selbst, (2) in den Schnittstellen zwischen Mensch und Maschine (wie beispielsweise bei plötzlichem, sekretbedingtem Verschluss des künstlichen Zugangs zu den Luftwegen) und (3) in der Risikoabschätzung bzw. Risikobewertung und der daraus resultierenden Überwachungsrate liegen. Die Überschätzung des Risikos führt zu einer unangemessenen Überwachungsdichte. Die Häufigkeit der Fehlalarme hat weitere Auswirkungen. Eine hohe Zahl von (unnötigen) Fehlalarmen kann zu einer psychologisch begründbaren Fehlbewertung bzw. zur Überforderung bei dem Beobachter führen. Neben der Erkennung von Problemen durch verschiedene Formen der personellen oder technischen Überwachung müssen bei der Versorgung chronisch-kritisch kranker Menschen wie bereits angedeutet auch die Reaktionszeit und die Komplikationskompetenz (mit Blick auf personelle und technische Möglichkeiten am Ort des Geschehens) beachtet werden. Ein ebenfalls in der Bewertung nicht zu vernachlässigender Faktor ist die durch technische Überwachung oder die Anwesenheit von Personal eingeschränkte Intimsphäre des Menschen. Diese Intimsphäre könnte bei Überwachung durch Angehörige möglicherweise besser gewahrt sein als

---

[6] Vgl. in einem allgemeinen Sinne: LENK, H., MARING, M. (1995): *Wer soll Verantwortung tragen? Probleme der Verantwortungsverteilung in komplexen soziotechnischen-sozioökonomischen Systemen*, in: BAYERTZ, K. (Hg.): Verantwortung. Prinzip oder Problem? Darmstadt 1995, 241–286, 243.

bei der Überwachung durch permanent verfügbar gehaltenes Pflegepersonal. Kommt es aber bei den Patienten zu Störungen des Beatmungsgerätes oder zu Unterbrechungen bzw. Verlegungen (Obturationen) des Zugangsweges zu den Luftwegen oder zu Ansammlungen von Sekret in den Luftwegen selbst, so kann kurzfristig eine lebensbedrohliche Situation entstehen, welche dann durch den Patienten oder durch die Angehörigen innerhalb kürzester Zeit erkannt und behoben werden muss. Damit lastet die Verantwortung für die ‚fachgerechte' Durchführung der Notfallmaßnahmen auf dem Patienten oder seinen Angehörigen und nicht auf ausgebildetem Fachpersonal. Durch die Verlegung ins häusliche Ambiente, mehr noch als bei einem Pflegeheim, ist der Patient (bzw. seine Angehörigen) gefordert, stärker für sich selbst zu sorgen. Dieser höhere Grad an Selbstsorge kann nicht gedacht werden ohne ein höheres Maß an Verantwortung, was im Folgenden noch eingehender auszuführen ist. Natürlich ist auch im häuslichen Ambiente die dauerhafte Anwesenheit einer kompetenten Pflegeperson denkbar. Deren Anwesenheit hat aber ihrerseits wieder einen erheblichen Einfluss auf die Struktur des ‚Zuhause', im Mindesten wird die Intimsphäre des Patienten, aber auch der übrigen Mitbewohner tangiert. Auch weitergehende interpersonelle Konflikte sind denkbar.

Unterschiedlich aufwändige medizinische Verfahren gehen offenbar mit unterschiedlichen Risiken einher. Das Risiko für Komplikationen bei invasiv beatmeten Patienten ist im Vergleich zur Situation der nichtinvasiven Beatmung höher. Die Sterblichkeit im ersten Jahr der außerklinischen Weiterversorgung beträgt bei invasiv beatmeten Patienten zwischen 57%[7] und 65%[8], bei nichtinvasiv beatmeten Patienten zwischen 25%[9] und 50,6%[10]. Allerdings sind bisher keine verlässlichen Daten bekannt, welche eine genaue Zuordnung der erhöhten Letalität erlauben. So könnte diese erhöhte Sterblichkeit in der notwendigen Technologie eine Ursache haben, also in der Gefährlichkeit des Beatmungszuganges über die Trachealkanüle. Das würde eine höhere Überwachungsdichte zur Risikominimierung erforderlich machen. Als unvermeidliche Nebenwirkung dieser Risikominimierung resultiert zwangsläufig ein Intimitätsverlust des betroffenen Menschen (gegebenenfalls auch seiner Angehörigen). Die erhöhte Letalität könnte aber auch in der fortgeschrittenen Erkrankungsphase begründet sein. Ein Patient, welcher beatmungsabhängig ist, aber wegen zusätzlicher Schädigungen (wie zum Beispiel einer schweren Schluckstörung) einen invasiven Beatmungszugang benötigt, könnte allein krankheitsbedingt ein

---

[7] HEINEMANN, F., VOGL, V., BUDWEISER, S., PFEIFER, M. (2007): *Langzeitprognose unter Heimbeatmung nach schwieriger Entwöhnung vom Respirator: Ergebnisse aus einem regionalen Weaningzentrum*, Poster, Jahrestagung der AG Heimbeatmung 2007.

[8] Eigene, bisher unpublizierte Daten aus dem *Zentrum für Langzeitbeatmung, Beatmungsentwöhnung und Heimbeatmung*, Klinik Bavaria Kreischa.

[9] HEINEMANN et al. 2007.

[10] SCHÖNHOFER, B., EUTENEUER, S., NAVA, S., SUCHI, S., KÖHLER, D. (2002): *Survival of mechanically ventilated patients admitted to a specialised weaning centre*, in: Intensive Care Medicine 28, 908–916.

höheres Sterblichkeitsrisiko aufweisen. Insofern wäre die Unmöglichkeit nichtinvasiver Beatmung ein technologieunabhängiger Risiko-Indikator der fortgeschrittenen Krankheit. Dementsprechend wäre bei invasiver Beatmung krankheitsbedingt eine höhere Sterblichkeit zu erwarten, welche auch trotz einer intensiven technischen oder personellen Überwachung der potentiellen gerätespezifischen Komplikationen von Beatmungsgerät und Beatmungszugang unvermeidlich wäre. Damit wird deutlich, dass auch in der Risikobewertung und den daraus abgeleiteten Konsequenzen wieder eigene Folgen verborgen sind.

Bereits auf der medizinischen Ebene zeigt sich, dass keine einfachen und eindeutigen Korrelationen zwischen Krankheit, Technikeinsatz, Überwachungsintensität und Risiko aufgestellt werden können. Risikoabschätzung und -bewertung spielen jedoch für die Art der Weiterbehandlung eine erhebliche Rolle. Sie sind wesentlich abhängig von dem Setting, in dem der Patient weiterbehandelt werden soll. Dazu bedarf es einer Entscheidung, welche Faktoren mit welchem Risiko behaftet sind und welches Risiko insgesamt zu akzeptieren ist.

2. Ambient Assisted Living bei chronisch-kritisch Kranken

‚Ambiente' bezeichnet verschiedene Versorgungsumgebungen. Abgesehen von der Klinik sind hier das Pflegeheim, Wohngruppen und insbesondere der häusliche Bereich anzusprechen. Von der Diskussion um Ambient Assisted Living herkommend benutzen wir den Begriff Ambiente vorzugsweise für nicht-klinische Versorgungsumgebungen.

Der gesundheitspolitische Wahlspruch ‚ambulant vor stationär' gewinnt seine Bedeutung nun auch bei den chronisch-kritisch kranken Patienten mit einer Indikation zur Langzeitbeatmung, die durch entsprechende technische Möglichkeiten ‚ambientisiert' werden können. Um die Breite der Versorgungssituationen und ihre Ermöglichung durch technische Assistenzsysteme anzudeuten, sprechen wir hier von einer ‚Ambientisierung' der Versorgung. Es besteht die Möglichkeit, die bisher intensivpflichtigen Patienten in andere Ambientes zu verlegen, die jeweils verschieden ausgestattet sind bezüglich der technischen Detektionsrate von Vitalparametern, der damit immer auch einhergehenden technischen Fehlerrate (und ihrer apparativen oder menschlichen Interpretation), bezüglich der Reaktionszeit und Komplikationskompetenz des medizinischen und pflegerischen Personals sowie der jeweiligen Intimität, welche diese Ambientes dem Patienten bieten.

Die Versorgung auf der Intensivstation stellt den bisher bekannten Standard dar, mit dem die neuen Ambientes verglichen werden. Die Überwachung des Patienten auf der Intensivstation ist eine technisch kontinuierliche, wobei hinter dem technischen Arrangement immer ein Team professioneller Kräfte aus Medizin und Pflege steht, welches schnell und hochkompetent eingreifen kann. Außerhalb der

Intensivstation kann die Überwachung der Patienten ebenfalls technisch kontinuierlich durch Telemetrie geleistet werden, wobei das sowohl in einer Pflegeeinrichtung als auch im häuslichen Umfeld mit jeweils unterschiedlich hohem Personalaufwand vorstellbar ist.[11] Im Unterschied zur technisch kontinuierlichen Überwachung bezeichnen personale Überwachungsszenarien solche, die entweder hochfrequent (d.h. nahezu kontinuierlich 24 Stunden rund um die Uhr) oder niederfrequent (z.B. zweistündliche oder vierstündliche Beobachtungsfrequenz) mit einem entsprechenden Personalaufwand verbunden sind. Alle diese Versorgungsszenarien bergen ein unterschiedlich hohes Risiko für den Patienten im Fall einer Komplikation. Dieses Risiko wird beeinflusst durch (a) die prognostische Detektion von alarmierenden Signalen, (b) die Fehlerrate, die mit technischen Apparaturen immer verbunden ist und durch eine professionelle menschliche Interpretation dieser Daten korrigiert werden kann, (c) die Reaktionszeit (Wegezeit) des Personals auf alarmierende Signale und Komplikationen und (d) die Komplikationskompetenz des in kurzer Zeit erreichbaren Personals. Dem jeweiligen Risiko eines Ambientes steht die Intimität gegenüber, die es bietet – und damit unter Umständen einen nicht unwesentlichen Anteil zur Lebensqualität des Patienten beiträgt.

Tabelle 1 bietet eine Übersicht über zentrale Parameter, die in eine Einschätzung der Versorgungsumgebungen eingehen sollten. Die in der Tabelle notierten Bewertungen liefern eine Einschätzung aufgrund sporadischer, nicht systematischer Beobachtungen und aufgrund analytischer Überlegungen. Sie stellen eine erste Näherung dar für die in Zukunft durch die Möglichkeit der Ambientisierung aufgeworfenen Entscheidungen. In diese Entscheidungen werden einerseits Risikoabschätzungen eingehen, die sich aus dem Krankheitsbild und den Versorgungssettings ergeben. Andererseits werden solche Entscheidungen in Zukunft auch stark von Erwägungen zur Lebensqualität des Patienten geprägt sein, der bei dem Wunsch nach höherer Lebensqualität bereit sein könnte, die Überwachungsdichte zu senken und so die Intimität seines Lebensumfeldes zu erhöhen. Es könnte aber auch genau umgekehrt sein, dass ein Patient nicht bereit ist, ein gewisses Risiko in Kauf zu nehmen, das mit der Ambientisierung verbunden ist, und um seiner Versorgungssicherheit willen darauf besteht, auf der Intensivstation versorgt zu werden. Hier wird die wachsende Patientenautonomie das Entscheidungsmanagement in zunehmendem Maße beeinflussen – und weitere Parameter zur Geltung bringen. Der Patientenwille muss nicht unbedingt mit einer adäquaten Risikoabschätzung einhergehen; auch ist unklar, ob und in welchem Maße er in die Entscheidung über das Versorgungssetting eingehen soll und welche Verantwortung des Patienten hier-

---

[11] NIEDERLAG, W., LEMKE, H.U., BONDOLFI, A., RIENHOFF, O. (Hg.) (2003): *Ethik und Informationstechnik am Beispiel der Telemedizin*, Dresden; NIEDERLAG, W., DIERKS, C., RIENHOFF, O., LEMKE, H.U. (Hg.) (2006): *Rechtliche Aspekte der Telemedizin*, Dresden. Wir sprechen hier von Telemetrie und nicht von Telemedizin, weil es im Fall langzeitbeatmeter Patienten vorrangig um die Messung und Übertragung von Vitalparametern an überwachende Einrichtungen geht.

aus resultiert. Hier konstellieren sich neue Formen des Entscheidens und der Verantwortlichkeit.

Überwachungsmodus	Ambiente	Detektionszeit	technische Fehlerrate	Reaktionszeit	Komplikationskompetenz	Intimität
technisch kontinuierlich	ITS	sehr schnell	gering	sehr schnell	sehr hoch	sehr gering
technisch kontinuierlich telemetrisch	telemetrisch Pflegeeinrichtung	sehr schnell	hoch	schnell	hoch	hoch
	telemetrisch zu Hause	sehr schnell	hoch	sehr langsam	sehr niedrig	sehr hoch
personell hochfrequent	Pflegeeinrichtung	schnell	/	sehr schnell	hoch	sehr gering
	zu Hause	schnell	/	sehr schnell	niedrig	gering
personell niederfrequent	Pflegeeinrichtung	langsam	/	sehr langsam	hoch	gering
	zu Hause	sehr langsam	/	sehr langsam	niedrig	sehr hoch

Tab. 1: Intensivstation (ITS) und verschiedene Ambientes im Vergleich (eigene Darstellung).

3. Verantwortung im Ambient-Assisted-Living-Kontext

Verantwortung ist ein Zuschreibungsbegriff, der mindestens vier wesentliche Merkmale aufweist. Es gibt (1) ein verantwortliches Subjekt, (2) einen Gegenstand der Verantwortung, (3) eine Instanz, vor der jemand sich verantworten muss, und (4) Normen, aufgrund derer jemand für etwas vor einer Instanz zur Verantwortung gezogen wird.[12] Verantwortung kann nur relativ freien, handlungs- und entscheidungsfähigen Personen prospektiv bzw. retrospektiv für Gegenstände, Ereignisse

---

[12] WERNER, M.H. (2002): *Art. Verantwortung*, in: DÜWELL, M., HÜBENTHAL, C., WERNER, M.H. (Hg.): Handbuch Ethik, Stuttgart, Weimar, 521–527, 522.

oder auch Personen zugeschrieben werden. Diese Verantwortung für etwas oder jemanden lässt sich wiederum in verschiedene Dimensionen unterteilen: (1) Handlungsergebnisverantwortung, (2) aufgaben- oder rollenspezifische, fachliche Verantwortung, (3) rechtliche und (4) moralische Verantwortung.[13] Als solche ist Verantwortung dann das Ergebnis eines kommunikativen Prozesses, in dem der ‚Verantwortliche' seine Handlungsgründe darlegen muss vor anderen, die Verantwortung von ihm einfordern. Es geht dabei wesentlich um die Rechtfertigung für ein potentiell oder faktisch schädigendes Handeln, das zu vermeiden bzw. zu verantworten ist – neutrale oder gar positive Folgen des Handelns sind normalerweise nicht Gegenstand von Verantwortungsprozessen. Das Problem der ‚klassischen' Konzeption von Verantwortung ist, dass sie Individuen adressiert. Das hier zu verhandelnde Problem der Ambientisierung von Intensivpatienten lässt aber, wie praktisch alle Probleme in organisationalen oder institutionellen Kontexten, solche direkte und individualisierende Zuschreibung und Einforderung von Verantwortung nur bedingt zu. Grund hierfür ist die arbeitsteilige moderne Gesellschaft, in der Handlungen auf ökonomischem oder technischem Terrain in der Regel kollektive bzw. koordinierte Handlungen sind. Es sind nicht Individuen, die in eigenem Auftrag handeln und entsprechend zur Verantwortung gezogen werden können. Vielmehr handelt es sich um Verbundhandlungen, bei denen das zu verantwortende Handlungsergebnis nur durch koordiniertes Zusammenwirken mehrerer Akteure zustande kommt. Der individuelle Anteil an der Handlung sowie das individuelle Maß an Verantwortung lassen sich dabei zumeist nur ganz eingeschränkt bemessen.

Bemerkenswert ist in diesem Zusammenhang, dass sich die fachliche und die rechtliche Verantwortung bei dem hier verhandelten Problem durchaus aufteilen lassen, während das für die moralische Verantwortung sehr viel schwieriger ist. Sollte man die moralische Verantwortung als unteilbar betrachten? Werden Personen durch ein kollektives Handeln vorsätzlich (z.B. eine gemeinsam begangene Straftat) oder versehentlich (z.B. durch unbeabsichtigte negative Folgen einer gemeinsamen Handlung) geschädigt, so lässt sich die Summe der Verantwortung nicht auf die Anzahl der handelnden Personen aufteilen und so für jeden einzelnen verkleinern.[14] Wenn Emmanuel Levinas die radikal ethische Position vertritt: „Vor

---

[13] BAYERTZ, K. (1995): *Eine kurze Geschichte der Herkunft der Verantwortung*, in: BAYERTZ, K. (Hg.): Verantwortung. Prinzip oder Problem? Darmstadt 1995, 3–71.

[14] Lenk und Maring referieren hier zwei grundsätzliche Positionen (LENK, H., MARING, M. (2001): *Art. Verantwortung II.*, in: RITTER, J., GRÜNDER, K. (Hg.): Historisches Wörterbuch der Philosophie, Bd. 11, Basel, Stuttgart, 569–575). Erstens eine Invarianz-Position für die irreduzible Verantwortung des Einzelnen in Verbundhandlungen, zweitens eine Differenz-Position, die den Grad moralischer Verantwortung des Einzelnen in Beziehung setzt zur Anzahl der an der Handlung Beteiligten, ohne freilich normativ eine Reziprozität zwischen dieser Anzahl und der individuellen Verantwortung zu formulieren. Diese Positionen sind ihrerseits wiederum abhängig davon, ob und wie weit man moralische Verantwortung prinzipiell auf Individuen zurückführt (Reduktionismus oder

dem Anderen ist das Ich unendlich verantwortlich"[15], dann weist er darauf hin, dass die moralische Verantwortung für den Anderen so fundamental ist, dass sie durch technische, ökonomische oder andere soziale Arrangements nicht reduziert oder auf andere Instanzen oder Personen abgewälzt werden kann und darf. Der erste Grund hierfür liegt – verkürzt gesagt – in der Menschenwürde und der Freiheit des Anderen, die nur jeweils als Ganzes anerkannt und gewürdigt werden können – hier gibt es keine Ermäßigung. Der zweite Grund liegt darin, dass in einer Gesellschaft nicht nur der eine Andere mich in meiner Verantwortung fordert, sondern viele Andere. Das aber „kompromittiert [...] den Status des Menschen als unersetzbare Einmaligkeit – die aber doch von jedem Anspruch auf Unschuld vorausgesetzt wird".[16] Die Notwendigkeit, auf viele Andere zu antworten, findet in dem Bemühen um ökonomische Gerechtigkeit ihre irdische Entsprechung, aber sie ordnet das Ich auch in eine Totalität von Vollzügen ein, weist ihm eine Rolle zu, die Handlung und Absicht auseinander treten lassen:

> „Die objektive Bedeutung meiner Handlung wiegt schwerer als deren intentionale Bedeutung; ich bin nicht mehr im eigentlichen Sinne ein ‚ich', ich trage mit mir eine Verfehlung, die sich nicht in meinen Absichten spiegelt. Ich bin objektiv schuldig."[17]

Diese Schuldigkeit im Sinne einer moralischen Verantwortung bleibt bestehen, auch wenn die Verantwortung im Sinne einer konkreten Handlungsfolgen- oder Verursachungsethik nicht oder nur vermindert zugeschrieben werden kann.

Diese Einsicht ist bedeutsam: Während rechtliche und fachliche Verantwortung aufgeteilt werden können (was auch nicht immer ganz einfach ist), bleibt die moralische Verantwortung allen Beteiligten gleichermaßen. Zugleich ist diese sehr viel weniger einklagbar und durch entsprechende Gesten (analog zu Schadensersatz, Strafe bei fachlicher bzw. rechtlicher Interpretation der fachlichen Verantwortung) zu sanktionieren. Für das in Rede stehende Problem zeigt sich schnell, dass recht-

---

ethischer Individualismus) oder – was zunehmend geschieht – Korporationen und Kollektive als moralische Subjekte sui generis betrachtet. Für das Individuum lässt sich sagen, dass die ‚volle' moralische Verantwortung des Einzelnen gerade Kennzeichen seiner Freiheit und Subjektivität ist; vgl. HOLL, J. (2001): *Art. Verantwortung I.*, in: RITTER, J., GRÜNDER, K. (Hg.): Historisches Wörterbuch der Philosophie, Bd. 11, Basel, Stuttgart, 566–569. Ob man das analog für kollektive oder korporative Subjekte sagen kann, ist weniger klar.

[15] LEVINAS, E. (2007): *Die Spur des Anderen*, in: LEVINAS, E.: Die Spur des Anderen. Untersuchungen zur Phänomenologie und Sozialphilosophie, Freiburg i.Br., München, 209–235, 225.

[16] LEVINAS, E. (1995): *Ich und Totalität*, in: LEVINAS, E.: Zwischen uns. Versuche über das Denken an den Anderen, München, Wien, 24–55, 36.

[17] Ibid., 32.

liche und fachliche Verantwortung sehr wohl aufgeteilt werden können. Das betrifft zum einen die Verantwortung innerhalb von Organisationen wie dem in die ambulante Pflege entlassenden Krankenhaus, in dem es klare Hierarchien für Anordnung und Ausführung gibt – diese entsprechen dem jeweiligen Maß an Zuständigkeit und Verantwortung. Ähnlich verhält es sich auch mit anderen korporativ verfassten Akteuren (z.B. Pflegeheim, Pflegedienst). Das koordinierte Handeln der verschiedenen Akteure macht es zwar noch einmal schwieriger, fachliche und rechtliche Verantwortung sauber zuzuordnen, aber praktisch finden sich meist Wege, Verantwortung und Haftung zuzuschreiben.

Es besteht aber auch die Gefahr, dass die Verantwortung ‚ins System diffundiert' und im Schadensfall kein Verantwortlicher ausfindig gemacht werden kann. Oder es werden die untersten und schwächsten Glieder in der Hierarchie ‚verantwortlich gemacht', weil sie durch den unmittelbaren Kontakt zum Patienten noch am ehesten als Schaden verursachend angesehen werden können. Befriedigend ist das nicht.

Das Unbehagen an einem solchen zweifelhaften, das moralische Gefühl irritierenden Vorgehen wird auch dadurch nicht völlig ausgeräumt werden, dass die Ethik verändert wird von einer Verursacher- und Schuldethik zu einer „Folgenverantwortungsethik oder einer Ethik der kontinuierlichen Systemsteuerung".[18] Spricht man ‚klassischerweise' von Schuld und fordert Verantwortung retrospektiv für die Folgen eines klar definierten Fehlhandelns ein, so thematisiert der ‚moderne' Diskurs die Verantwortung zur Fürsorge und fordert prospektiv ein Handeln, das erwünschte Zustände herstellt. So berechtigt dieser Perspektivwechsel ist, so bleibt doch erstens das Problem der unteilbaren moralischen Verantwortung, das sich dadurch nicht erledigt, und zweitens für die hier beschriebene Situation das Problem, wie der Patient in diese Folgenverantwortungsethik und Systemsteuerung einbezogen wird. Denn die Ambientisierung von langzeitbeatmeten Patienten hat zur Folge, dass diese selbst bzw. ihre Angehörigen, als Laien im System, in einem höheren Maß zur Selbstsorge und damit zur Verantwortung angehalten werden. Allerdings ist noch nicht klar, welche Verantwortung das sein kann: Sollte es sich um ein Quantum fachlicher oder rechtlicher Verantwortung handeln? Sollte ihnen ein erhöhtes Maß an moralischer Verantwortung zugeschrieben werden? Der in diesem Zusammenhang verwendete Begriff ‚Mit-' oder ‚Eigenverantwortung' markiert eine Verlegenheit, die u.E. kennzeichnend für eine erneute Verschiebung im Verantwortungsdiskurs ist. Es ist wohl eine Folge der Ambientisierung, dass diejenigen, welche bisher Gegenstand der Verantwortung von anderen waren, nämlich die Patientinnen und Patienten bzw. in anderer Weise ihre Angehörigen, selbst zu Trägern von Verantwortung werden. Es ist noch unklar, worin diese Verantwortung besteht und ob sie von den Patienten oder ihren Angehörigen tatsächlich auch

---

[18] BÜHL, W.L. (1998): *Verantwortung für Soziale Systeme. Grundzüge einer globalen Gesellschaftsethik*, Stuttgart, 18; vgl. auch BIRNBACHER, D. (1995): *Grenzen der Verantwortung*, in: BAYERTZ, K. (Hg.): Verantwortung. Prinzip oder Problem? Darmstadt, 143–183, besonders 146.

wahrgenommen werden kann bzw. ob sie von anderen eingefordert werden kann. Dieser Befund wird im Weiteren dadurch kompliziert, dass das Risiko in diesem Setting ein weiterer wichtiger Faktor ist.

4. Verantwortung und Risiko

Die Frage nach der Verantwortung ist wesentlich abhängig davon, wer das Risiko[19] der verschiedenen Versorgungsumgebungen wie einschätzt und wie davon abhängig die Entscheidung für eine bestimmte Versorgungsumgebung zustande kommt. Hierbei ist zu bedenken, dass sich das Entscheidungsmanagement in AAL-Kontexten an der überkommenen ärztlichen und medizinethischen Praxis des ‚shared decision making' orientieren kann.[20] Gleichzeitig aber verschieben sich im AAL-Kontext die Akzente: Das häusliche Ambiente des Patienten wird zum Ort der Versorgung und bestimmt auf diese Weise das Risiko einerseits und die Lebensqualität des Patienten andererseits mit. Es ist dieser spezifische Punkt des neuen Ortes jenseits der institutionellen Orte wie Krankenhaus und Pflegeheim, der dem Entscheidungsmanagement und seiner ethischen Reflexion neue Akzente verleiht[21], die wir vorerst lediglich als praktisch wie theoretisch zu erforschende Leerstellen markieren können.

An diesem Ort kreuzen sich die Einschätzungen zu Risiko und Lebensqualität in den professionellen Perspektiven von medizinischem und pflegerischem Personal einerseits und in der sogenannten Laienperspektive der Patienten und ihrer Angehörigen andererseits. Beide Perspektiven werden in eine Entscheidung über das adäquate Versorgungssetting eingehen müssen. Es darf angenommen werden, dass die Patientenperspektive sich nicht wird freihalten können von der Risikoeinschätzung des Arztes und dessen Prognose hinsichtlich der Lebensqualität des Patienten im heimischen Umfeld. Umgekehrt wird sich der Arzt nicht freimachen können von Erwartungen des Patienten, der für mehr Versorgungssicherheit oder mehr Intimität votieren kann.[22] Vor diesem Hintergrund gerät auch der klassische und scheinbar klare Begriff der ärztlichen Indikation in unsichere Bereiche.

---

[19] Zum Risikobegriff vgl. RAMMSTEDT, O. (1992): *Art. Risiko*, in: RITTER, J., GRÜNDER, K. (Hg.): Historisches Wörterbuch der Philosophie, Bd. 8, Basel, Stuttgart, 1045–1051; GOTTSCHALK-MAZOUZ, N. (2002): *Art. Risiko*, in: DÜWELL, M., HÜBENTHAL, C., WERNER, M.H. (Hg.): Handbuch Ethik, Stuttgart, Weimar, 485–491.

[20] Vgl. exemplarisch: HÄRTER, M., LOH, A., SPIES, C. (Hg.) (2005): *Gemeinsam entscheiden, erfolgreich behandeln. Neue Wege für Ärzte und Patienten im Gesundheitswesen*, Köln.

[21] Es sei hier nur angemerkt, dass Ethik natürlich mehr als die Reflexion eines Entscheidungsmanagements und auch mehr als dieses Entscheidungsmanagement selbst ist.

[22] In diesem Zusammenhang weisen wir darauf hin, dass die um der Lesbarkeit willen verwendete männliche Schreibweise nicht darüber hinwegtäuschen darf, dass Gender-

Das für die Entscheidung zu kalkulierende Risiko setzt sich aus den oben angeführten Faktoren zusammen. Es ist aber – angesichts der noch neuen und empirisch kaum erforschten Situation – schwer, dieses Risiko im Sinne von Wahrscheinlichkeiten zu beziffern. So sind Kausalbedingungen und Koppelungen (noch) nicht eindeutig geklärt, auch lassen sich die einzelnen Risikofaktoren nur schwer quantifizieren. Allenfalls ist der Ausgang im Schadensfall klar benennbar: Kann die Komplikation der Trachealkanüle beim beatmeten Patienten nicht innerhalb einer kurzen Zeit behoben werden, stirbt der Patient. Trotz der bestenfalls ungenauen Risikokalkulation und wegen der drastischen Schadensfolge müssen verantwortbare Entscheidungen getroffen werden. Wie aber kommen diese Entscheidungen zustande? Wer trifft sie aufgrund welcher Abwägungen? Und wer verantwortet diese Entscheidungen mit welchen Folgen?

Wird ein chronisch-kritisch kranker Patient mit einer Trachealkanüle aus dem Krankenhaus in das heimische Ambiente oder in ein Pflegeheim entlassen, dann sollte u.E. allerdings nicht die Risikoabschätzung am Anfang stehen. Es sollte zunächst bedacht werden, warum die Ambientisierung einer Risikogruppe, die bis vor kurzem nur intensivstationär behandelt werden konnte, jetzt praktiziert wird. Diese Frage führt scheinbar von der ethischen Frage nach der Versorgungsentscheidung weg, aber sie erweitert den ethischen Fokus notwendig auf die zugrunde liegenden Rahmenbedingungen. So lassen sich für diese Ambientisierung sozialrechtliche Gründe ins Feld führen: Das Krankenhaus hat bei solchen Patienten keinen Behandlungsauftrag mehr (weil eine weitere Verbesserung des Zustandes nicht mehr möglich ist und auch keine Verschlechterung der Situation zu verhindern ist – mit Ausnahme einer möglichen Komplikation des technischen Hilfsmittels Beatmungsgerät oder der Trachealkanüle als künstlichem Luftweg) und muss ihn deshalb in entsprechende nachsorgende Einheiten entlassen. Die Maxime ‚ambulant vor stationär' impliziert auch ökonomische Argumente, denn in den meisten Fällen ist die ambulante Versorgung kostengünstiger.[23] Drittens macht der

> fragen hier eine besondere Rolle spielen, der man auch forschend eine verstärkte Aufmerksamkeit zuwenden muss: Es wird einen Unterschied machen, ob ein Mann sich vorstellen kann, in einem häuslichen Kontext versorgt zu werden, der diese Erfahrung unter Umständen schon Jahre lang mit einer sorgenden Ehefrau gemacht hat, ob umgekehrt eine Frau vor dieser Entscheidung steht, die ihrem Mann – berechtigt oder nicht – diese Sorge nicht zutraut, oder ob Singles, Bewohner von Mehrgenerationenhäusern o.a. vor dieser Entscheidung stehen.

[23] Wir verfügen noch nicht über genügend empirische Evidenz, aber es könnte sich bei weiteren Untersuchungen herausstellen, dass im Falle von tracheotomierten und langzeitbeatmeten Patienten die stationäre Versorgung in einem Krankenhaus oder einer Pflegeeinrichtung die kostengünstigere Variante im Vergleich mit permanenter Anwesenheit einer professionellen Pflegeperson zu Hause oder in einer Wohngemeinschaft darstellt. In diesem Falle könnte man die höheren Kosten der Versorgung im heimischen Ambiente mit der dadurch gewonnenen Lebensqualität (QUALY) verrechnen. Ob und wen diese Begründung überzeugt, steht auf einem anderen Blatt. Das Beispiel

bereits erwähnte medizinisch-technische Fortschritt eine solche Ambientisierung möglich. Sie bietet Vorteile, aber sie wirft auch ‚ernste moralische Fragen' auf, „bei deren Entscheidung immer zugleich mit entschieden wird, was für ein Mensch man ist bzw. wie man als Mensch ist".[24] Schließlich ist damit unter Umständen für den Patienten ein erhöhtes Maß an Lebensqualität verbunden, die gegen das möglicherweise geringere Risiko in einem anderen Versorgungskontext aufgewogen werden sollte. Es ist sinnvoll, dass diese Faktoren in eine Abwägung eingehen, die ihr Ziel darin hat, darüber zu befinden, ob ein invasiv beatmeter Patient aus einer Intensivstation in das heimische Umfeld oder eine Pflegeeinrichtung entlassen werden sollte. Aus medizinischer Sicht dürfte allenfalls der vierte Faktor (Lebensqualität des Patienten) eine Rolle spielen und gegen das Komplikationsrisiko abgewogen werden. Die anderen drei Faktoren gehören in eine rechtliche, ökonomische bzw. in eine technische Klasse. Sie können in einer Gesamtabwägung eine Rolle spielen; es ist aber eine offene Frage, ob sie mit dem Risiko ‚verrechnet' werden können bzw. dürfen. Faktisch würden sie dann nämlich die fachliche Verantwortung dominieren, was im schlechtesten Falle hieße, dass ökonomische, rechtliche oder technische Argumente eine Entlassung nach Hause nahelegen, auch wenn – oder gerade weil – das medizinische Risiko nicht hinreichend deutlich eingeschätzt werden kann. Für die Verantwortungsträger, die vor allem aus ihrer fachlichen, d.h. medizinischen Verantwortung argumentieren, hieße das, den Patienten einem nicht genauer bestimmbaren Risiko gegen die eigene Expertise aussetzen zu müssen.

Die genannten Argumente sind auch aus einer ethischen Perspektive nicht schlagend. Für das technische Element gilt, dass nicht unbedingt gemacht werden sollte, was gemacht werden kann.[25] Auch das rechtliche und das ökonomische Argument dürfen die ethische Reflexion nicht stillstellen. Es bleibt ethisch eine offene und wohl nur im Einzelfall zu entscheidende Frage, ob die Ambientisierung von beatmungspflichtigen Patienten mit dem speziellen Risiko einer Trachealkanüle für diese Patienten selbst mit einem hinreichend großen Gewinn an Freiheit und Lebensqua-

---

ist so oder so ein Indiz dafür, dass wir für die ethische Reflexion immer weitere, oft inkommensurable Parameter werden einbeziehen müssen, die dann um der Vergleichbarkeit und der Abwägung willen auf einen gemeinsamen Vergleichspunkt gebracht werden: das Geld als dem universalen Wertmaßstab.

[24] BÖHME, G. (2008): *Ethik leiblicher Existenz. Über unseren moralischen Umgang mit der eigenen Natur*, Frankfurt a.M., 233. Vgl. insgesamt MANZESCHKE, A. (2009): *Ethische Aspekte von AAL – Ein Problemaufriss*, in: VERBAND DER ELEKTROTECHNIK (VDE), BUNDESMINISTERIUM FÜR BILDUNG UND FORSCHUNG (BMBF) (Hg.): Tagungsband 2. Deutscher Ambient Assisted Living Kongress, 27./28. 2. 2009, Berlin, Offenbach, 201–205.

[25] Zu den verschiedenen ethischen Varianten, Verantwortung, Risiko und Entscheidung zu verbinden vgl. besonders GOTTSCHALK-MAZOUZ 2002; vgl. außerdem LENK, MARING 1995 und MARING, M. (2008): *Mensch-Maschine-Interaktion. Steuerbarkeit – Verantwortbarkeit*, in: HUBIG, C., KOSLOWSKI, P. (Hg.): Maschinen, die unsere Brüder werden. Mensch-Maschine-Interaktion in hybriden Systemen, München, 113–129.

lität verbunden ist und wie sich dieser zum vermutlich erhöhten Risiko verhält, das sich aus einer geringeren Beobachtungsdichte, einer geringeren Reaktionszeit und einer verminderten Komplikationskompetenz ergibt. Hier kommt die Frage der Risikoabschätzung voll zum Tragen. Ist das mit der Ambientisierung für den Patienten verbundene Risiko in einem akzeptablen Maße höher als das Risiko bei Verbleib auf der Intensivstation oder auch auf einer anderen Station des Krankenhauses? Wer bewertet dieses Risiko aufgrund welcher Kriterien? Wie gehen in diese Risikobewertung andere Faktoren ein, wie die Versorgungskosten, der mögliche Gewinn an Lebensqualität für den Patienten durch ein Leben in vertrauter Umgebung? Wie muss ein Verlust an Intimität betrachtet und eingeschätzt werden? Wie werden dem Patienten diese Abwägungen präsentiert und in welchem Maße wird er in die Entscheidung eingebunden? In welchem Maß überfordern die abverlangten Entscheidungen die Beteiligten, weil die notwendigen Beurteilungsmaßstäbe im bisherigen Lebenskontext nicht entwickelt worden sind?

Bei der Risikoabwägung wäre noch einmal genauer zu unterscheiden zwischen dem allgemeinen Lebensrisiko, welches jeder Mensch hat, und so auch der Patient mit Beatmung bzw. mit Trachealkanüle, der aus dem Krankenhaus entlassen wird. Es gilt dabei zu bedenken, dass die Trachealkanüle bei schwerer Schluckstörung das Risiko der daraus resultierenden Aspirationsfolge reduzieren kann. Dem entgegen steht das durch die Trachealkanüle bedingte Risiko von Verlagerungen des künstlichen Atemweges, was aber ein anderes Risiko ist, nämlich das der Behinderung der Beatmung/Atmung, welches wiederum die effektive Risikoreduktion vermindern kann. Dieses Risiko des Verschlusses des künstlichen Atemweges ist ein anderes, weil sich der künstliche Atemweg im Gegensatz zum natürlichen plötzlich durch zähes oder eingetrocknetes Sekret verschließen kann. Die Gefahr der Bildung dieses Sekretes ist infolge fehlender natürlicher Befeuchtung bei künstlichen Atemwegen größer. Es besteht also nicht nur das Risiko, aufgrund dieser Krankheit (Aspirationsfolgen), sondern auch aufgrund dieser Technologie (Trachealkanüle) weitere Schädigungen an Leib und Leben zu erfahren. Unklar ist außerdem, inwieweit die spezifische Disposition der invasiven Beatmung das Risiko anderer Krankheiten erhöht. Die Fragen bilden eine Kaskade ohne eindeutigen Anfang oder eindeutiges Ende. Sie lassen sich nicht in einer Programmrichtung abarbeiten und sind bewusst so formuliert, dass sie eine Aporie aufzeigen: Niemand kann hier mit letzter Sicherheit Prognosen abgeben. Andererseits brauchen wir aber für technische Systeme genau solche Risikoprognosen, um handlungsfähig zu bleiben.

Nun wird versucht, mit wissenschaftlichen Methoden eine Risikoabschätzung zu erstellen; hierbei werden die klinischen Daten vergleichbarer Fälle aggregiert. Die Risikoabschätzung folgt in erster Linie einer statistischen Wahrscheinlichkeit, die mit dem individuellen Fall korreliert wird. Die Behandlungsentscheidung wird, so die Historikerin Barbara Duden, in Zukunft weiter vom konkreten Patienten und seinen individuellen Symptomen abstrahieren und aufgrund von Wahrscheinlichkeiten stattfinden. Die Medizin durchlaufe eine Veränderung von einer klassischen Diagnostik und Therapie zu Überwachung (*surveillance*) und Steuerung (*monitoring*). Während sich die klassische Medizin im konkreten Körper verdichtete und sich hierauf konzentrierte, löse die neue epidemiologische Medizin diesen Körper gleichsam auf in ein Feld von Wahrscheinlichkeiten und Risiken. Duden zitiert im Folgenden den Medizinsoziologen David Armstrong:

> „Symptom, Zeichen, Untersuchung und Krankheit werden in eine unendliche Kette von Risiken überführt. Ein Kopfschmerz kann ein Risiko-Faktor für hohen Blutdruck sein, aber hoher Blutdruck ist ein Risiko-Faktor für eine andere Krankheit (Schlaganfall). Während vormals Symptome, Zeichen, Krankheiten im Körper steckten und einzig auf ihn verwiesen, umfasst ein Risiko-Faktor jeden Zustand oder jedes Ereignis, das probabilistisch mit Krankheit in Bezug gebracht werden kann. Das heißt: die Medizin wendet sich einem Raum jenseits des Körpers zu."[26]

Die von Duden epidemiologisch genannte Medizin bietet genau den Referenzrahmen für Behandlungen von Langzeitbeatmeten im AAL-Kontext. Sie basiert auf Risikoeinschätzungen und weniger auf konkreten Symptomen und einem individuellen Krankheitsbild. Pointiert lässt sich sagen, dass die mit der Medizintechnik entstehenden neuen Krankheitstypen (chronisch-kritisch krank) ihre Entsprechung in solchen Bereichen der Medizin finden, die sich zunehmend auf Prognostik und Probabilismus verlegen.

Interessant ist nun, dass der Patient zu der Risikoabschätzung nichts beitragen kann, das Risiko selbst nicht einschätzen kann, aber durch die Verlegung nach Hause oder in ein Pflegeheim das Risiko offenbar in einem höheren Maße tragen muss, als das im ‚klassisch-medizinischen' Kontext der Intensivstation der Fall ist. Das von ihm nicht beurteilbare Risiko setzt sich auf einer Ebene aus zwei Elementen zusammen: (1) den nicht einschätzbaren Folgen des permanenten Überwachungsregimes im Verhältnis zu (2) der nicht einschätzbaren Risikoerhöhung bei Überwachungsverminderung. Auf der zweiten Ebene muss er sich entscheiden zwischen (1) der maximalen Risikoreduktion bei intensiver Überwachung und (2) einem Leben in größerer Intimität, das möglicherweise aber mit einem höheren Komplikationsrisiko einhergeht. Für eine solche Risiko-Nutzen-Analyse stehen dem Patienten keine Bewertungskriterien aus seiner bisherigen Lebenserfahrung zur Verfügung. Hinzu kommt, dass die Verlagerung der Überwachungsmöglichkeiten einer ITS in die Einzelbetreuung des privaten Ambientes gewiss mit einem höheren, möglicherweise nicht akzeptablen finanziellen Aufwand verbunden ist. In letzter Konsequenz ließen sich durch diesen Schritt Intensivstationen teilweise überflüssig machen – doch zu welchem Preis? Wir geraten zu einem vorläufigen und paradoxen Befund:

---

[26] DUDEN, B. (2010): *Mit Kopf und Sinnen, mit Händen und Verstand. Ein Versuch zur Bedeutsamkeit der Pflegenden im modernen Medizinsystem*, in: KREUTZER, S. (Hg.): Transformationen pflegerischen Handelns. Institutionelle Kontexte und soziale Praxis vom 19. bis zum 21. Jahrhundert, Göttingen, 19–32, 24 f.; mit Verweis auf: ARMSTRONG, D. (1995): *The Rise of Surveillance Medicine*, in: Sociology of Health and Illness 3 (17), 393–404, 400 f.

Die Ambientisierung von Langzeitbeatmeten berücksichtigt auf den ersten Blick die individuellen Wünsche des Patienten nach Intimität, Privatheit und einer ihm entsprechenden Balance zwischen dem Wunsch nach Intimität und der nötigen Beherrschung des Risikos. Zugleich aber zeigt sich, dass diese Individualisierung mit einer größeren Abstraktion vom konkreten kranken Menschen einhergeht, weil die hierzu nötigen Entscheidungen nur über abstrakte Risikokalküle getroffen werden können.[27]

Der Patient muss das aus seiner Bewertung resultierende Risiko allein tragen, denn beide Folgen (Minimierung der Intimsphäre oder Erhöhung der Komplikationsgefahr) betreffen allein ihn. Versucht der Patient, den Eingriff in seine Intimität zu Hause zu minimieren, so wird ihm bzw. seinen Angehörigen ein höheres Maß an Verantwortung auferlegt, denn er ist dann in einem höheren Maße zur Selbstbeobachtung und Selbstsorge verpflichtet. Es stellt sich also die Situation dar, dass der Patient bei einem vermutlich erhöhten Risiko, das er selbst nicht einschätzen

---

[27] Ein Problem kann hier zum Schluss nur angedeutet werden: Das Risiko einer Ambientisierung von langzeitbeatmeten Patienten muss (derzeit noch) ohne einigermaßen sichere Daten über Teilrisiken, ihre Wechselwirkungen und das Gesamtrisiko kalkuliert werden. Entsprechend werden Entscheidungen bisher ohne eine Aufklärung des Patienten und dessen informierte Einwilligung getroffen, wie sie etwa vor Operationen üblich ist. Dort werden dem Patienten verschiedene Risiken dargelegt, und er erklärt mit seiner Unterschrift seine Einwilligung. Auch wenn die Risikokalkulation bei Operationen insgesamt eine sicherere Datenbasis aufweist, wird man der Prozedur (Aufklärung und Einwilligung) einen gewissen rituellen bzw. symbolischen Charakter nicht absprechen können: Es wird ein Einvernehmen zwischen Patient und Arzt hergestellt, dass die nur unvollständig benennbaren und kalkulierbaren Risiken der Operation vom Patienten (mit-)getragen werden. Seine Einwilligung per Unterschrift besiegelt seine Verantwortungsübernahme – was immer dies im Rahmen von Haftungsansprüchen auch bedeuten mag. Im Unterschied dazu gibt es derzeit für die Verlegung von langzeitbeatmeten Patienten von der Intensivstation in andere Ambientes kein solches Aufklärungsgespräch und keine Einverständniserklärung seitens des Patienten. Die Unkalkulierbarkeit des Risikos produziert eine Sprachlosigkeit, die Sprachlosigkeit macht eine konsentierende Verantwortungsübernahme seitens des Patienten unmöglich. Gleichwohl wird er das Risiko tragen müssen. Es deutet sich hier ein sehr viel allgemeineres Problem an, dass Helmut Dubiel pointiert formuliert hat: Es „wirken viele Entwicklungen der neueren Wirtschafts- und Sozialpolitik sowie der Medizin dahingehend zusammen, dass dem Individuum die Abarbeitung der Probleme aufgebürdet wird, die sich aus der Tilgung des Zufälligen ergeben. ‚Verantwortung' ist ein knappes Gut. Sie kann nicht jemandem aufgebürdet werden, ohne sie anderswo wegzunehmen. Die paradoxe Gleichzeitigkeit von Ungewissheit einerseits und dramatisierter Verantwortlichkeit andererseits hat ihre Kehrseite in der neuen ‚Unverantwortlichkeit' von Instanzen wie Staat, Krankenfürsorge und -pflege, die in den vergangenen Jahrzehnten in allen hypermodernen Gesellschaften Einzug gehalten hat" (DUBIEL, H. (2006): *Tief im Hirn*, München, 35).

kann, ein höheres Maß an Verantwortung hat – und im Falle von Komplikationen allein die Folgen tragen muss. Ist diese Konstellation aus rechtlicher und fachlicher Sicht schon erstaunlich, so wird sie aus moralischer Sicht vollends zweifelhaft. Geht man nämlich davon aus, dass die moralische Verantwortung unteilbar ist und jedem Beteiligten im gleichen Maße zugeschrieben werden muss, hieße das für den Patienten, dass er in vollem Maße moralisch verantwortlich ist für seine Situation und eventuell auftretende Komplikationen. Das scheint aber widersinnig zu sein, leben doch asymmetrische Konstellationen in Pflege und Medizin gerade davon, dass hier die einen Fürsorge und Verantwortung für die anderen übernehmen, die ganz oder in Teilen zu dieser Fürsorge und Verantwortung aktuell oder auf Dauer nicht fähig sind. Was tun wir mit der Ambientisierung von solchen Patientinnen und Patienten? Es deutet sich hier eine Aporie an, die zunächst aus einer (halb-)theoretischen Perspektive entwickelt wurde, aber dringend einer stärkeren empirischen Erforschung und analytischen Aufschlüsselung bedarf, um genau solche Aporien zu vermeiden.

Themenschwerpunkt *Patientenverfügungen*

Die gesetzliche Regelung der Patientenverfügung 2009: Neue Möglichkeiten – bleibende Probleme?

Vorbemerkung

von Jan P. Beckmann

Am 18. Juni des vergangenen Jahres verabschiedete der Deutsche Bundestag das *Dritte Gesetz zur Änderung des Betreuungsrechts*[1], welches das Recht auf die Errichtung einer – und den Umgang mit einer – Patientenverfügung regelt. Die nachfolgenden sechs Beiträge des diesjährigen Schwerpunktthemas stehen unter der gemeinsamen Aufgabe, die neue gesetzliche Regelung der Patientenverfügung und die Frage ihrer Umsetzungsmöglichkeiten einer kritischen Analyse aus rechtlicher, medizinischer und ethischer Sicht zu unterziehen. Dabei konnte es nicht um eine Rekapitulierung der – sattsam bekannten – Pro- und Contra-Argumente aus der Debatte vor dem Parlamentsbeschluss gehen, sondern um die Doppelfrage, (1) in welchen Hinsichten man aus rechtlicher, medizinischer und ethischer Sicht von einem Fortschritt bzw. von Vorteilen der neuen gesetzlichen Absicherung der Patientenverfügung sprechen kann und (2) welche alten und/oder neuen Probleme gleichwohl noch zu lösen sein werden. Auch ging es nicht darum, so viel Einmütigkeit wie möglich zu schaffen; vielmehr soll der Leser ganz im Gegenteil auf die z.T. recht unterschiedlichen Einschätzungen der neuen Möglichkeiten, aber auch der bleibenden Probleme aufmerksam gemacht werden, damit er sich ein eigenes Urteil bilden kann. Denn einerseits schafft dieses seit dem 1. September 2009 in Kraft befindliche Gesetz ein erhöhtes Maß an Sicherheit für alle Beteiligten, allen voran für den Verfügenden, aber auch für Bevollmächtigte bzw. Betreuer sowie für Ärzte und Familienmitglieder; andererseits wäre es möglicherweise ein folgenreicher Irrtum, würde man mit der jetzt erreichten rechtlichen Absicherung der Patientenverfügung die Frage nach einem angemessenen Umgang mit dem nicht mehr entscheidungsfähigen Patienten als abschließend beantwortet ansehen.

---

[1] Bundesgesetzblatt 2009 Teil I Nr. 48, 2286–2287 (abgedruckt in: Jahrbuch für Wissenschaft und Ethik, Bd. 14 (2009), 363–365).

Das Patientenverfügungsgesetz. Ein Vergleich mit den Vorschlägen der interdisziplinären Arbeitsgruppe „Patientenautonomie am Lebensende" des Bundesjustizministeriums

von Klaus Kutzer

Abstract: Das Dritte Gesetz zur Änderung des Betreuungsrechts vom 29. Juli 2009, das sogenannte Patientenverfügungsgesetz, geht auf Vorschläge der interdisziplinären Arbeitsgruppe des Bundesjustizministeriums „Patientenautonomie am Lebensende" unter der Leitung des Verfassers zurück. Sie sind in dem Bericht vom 10. Juni 2004 zusammengefasst. Bericht der Arbeitsgruppe und Gesetz stimmen darin überein, die vom Bundesgerichtshof und von der Enquete-Kommission des Deutschen Bundestages „Ethik und Recht der modernen Medizin" geforderte nur eingeschränkte Geltung von Patientenverfügungen fallen zu lassen und den Patientenwillen in jedem Stadium einer Erkrankung für maßgeblich zu erklären. Beide Konzeptionen unterscheiden sich aber in der Regelungsdichte sowie in wesentlichen Punkten, die im Folgenden herausgearbeitet und bewertet werden.

Keywords: Drittes Gesetz zur Änderung des Betreuungsrechts, Arbeitsgruppe „Patientenautonomie am Lebensende" des Bundesjustizministeriums, Patientenverfügung, mutmaßlicher Patientenwille, Betreuer, Vorsorgebevollmächtigter.

I. Anlass der Neuregelung

Am 17. März 2003 hat der XII. Zivilsenat des Bundesgerichtshofs (BGH)[1] einen Grundsatzbeschluss zur Bindungskraft von Patientenverfügungen, den Befugnissen des Betreuers bei Entscheidungsunfähigkeit des Patienten und zur Einschaltung des Vormundschaftsgerichts (jetzt: Betreuungsgericht) bei der Nichteinwilligung in ärztlich indizierte lebenserhaltende Maßnahmen erlassen. Danach sind keine abweichenden zivilrechtlichen Entscheidungen bekannt geworden. Auch dem Kostenbeschluss desselben Senats vom 8. Juni 2005[2] lässt sich keine Relativierung der dort

---

[1] XII ZB 2/03; Entscheidungen des Bundesgerichtshofes in Zivilsachen (BGHZ), Bd. 154, 205.
[2] XII ZR 177/03; BGHZ, Bd. 163, 195.

aufgestellten Grundsätze entnehmen. Dem Beschluss des BGH vom 17. März 2003 sind u.a. folgende Leitsätze vorangestellt:

„a) Ist ein Patient einwilligungsunfähig und hat sein Grundleiden einen irreversiblen tödlichen Verlauf angenommen, so müssen lebenserhaltende oder -verlängernde Maßnahmen unterbleiben, wenn dies seinem zuvor – etwa in Form einer sog. Patientenverfügung – geäußerten Willen entspricht [...].
b) Ist für den Patienten ein Betreuer bestellt, so hat dieser dem Patientenwillen gegenüber Arzt und Pflegepersonal in eigener rechtlicher Verantwortung und nach Maßgabe des § 1901 BGB Ausdruck und Geltung zu verschaffen. Seine Einwilligung in eine ärztlicherseits angebotene lebenserhaltende oder -verlängernde Behandlung kann der Betreuer jedoch nur mit Zustimmung des Vormundschaftsgerichts verweigern [...]."[3]

Diese Entscheidung ist in der Wissenschaft zum Teil mit deutlicher Kritik aufgenommen worden.[4] Wegen ihrer dogmatischen Unschärfe bietet sie verschiedene Auslegungsmöglichkeiten.[5] Das Verbot des BGH, lebenserhaltende medizinische Maßnahmen für den Fall späterer Entscheidungsunfähigkeit abzulehnen, wenn die Grunderkrankung noch keinen irreversiblen tödlichen Verlauf angenommen hat (sogenannte Reichweitenbeschränkung einer Patientenverfügung), kann das verfassungsrechtlich garantierte Selbstbestimmungsrecht des Patienten[6] einschränken. Aber selbst wenn man der vom BGH postulierten Reichweitenbeschränkung folgen wollte, bliebe unklar, was mit „Grundleiden" gemeint ist und wann man davon sprechen kann, dass es einen irreversiblen tödlichen Verlauf angenommen hat. Verwirrung stiftete auch die Auffassung des BGH, dass insoweit eine „letzte Sicherheit" gewonnen werden müsse.[7] Abgesehen davon, dass es bei ärztlicher Prognose nie um letzte Sicherheiten gehen kann, scheint der BGH das Risiko einer Fehlbeurteilung Ärzten und Patientenvertretern aufbürden zu wollen.

So trug die Entscheidung des BGH zu Patientenverfügungen dazu bei, den Ruf nach einer gesetzlichen Regelung lauter werden zu lassen. Zu deren Vorbereitung hat die damalige Bundesjustizministerin Zypries im September 2003 unter Leitung des Verfassers eine interdisziplinäre Arbeitsgruppe „Patientenautonomie am

---

[3] BGHZ, Bd. 154, 205.
[4] Nachweise bei VERREL, T. (2006): *Patientenautonomie und Strafrecht bei der Sterbebegleitung, Gutachten C zum 66. Deutschen Juristentag, Stuttgart,* München, C 43, Anm. 175.
[5] Vgl. dazu ENQUETE-KOMMISSION DES DEUTSCHEN BUNDESTAGES „ETHIK UND RECHT DER MODERNEN MEDIZIN" (2004): *Zwischenbericht Patientenverfügungen,* BT-Drucksache 15/3700, 20.
[6] Art. 2 Abs. 2 GG, Art. 2 Abs. 1 GG in Verbindung mit Art. 1 Abs. 1 GG, vgl. Entscheidungen des Bundesverfassungsgerichts (BVerfGE), Bd. 52, 131, 173, 175 – abweichende Meinung.
[7] BGHZ, Bd. 154, 205, 216.

Lebensende" eingesetzt. Ihr gehörten Vertreter der Ärzteschaft, der Patienten, der Wohlfahrtspflege, der Hospizbewegung, der Kirchen und der Justiz- und Gesundheitsministerien der Länder an. Die Arbeitsgruppe hat ungeachtet teilweise unterschiedlicher Grundauffassungen ein hohes Maß an Übereinstimmung erzielen können. Knappe Mehrheitsentscheidungen wurden nicht getroffen.[8] Im Folgenden sollen die Empfehlungen der Arbeitsgruppe in ihrem Bericht vom 10. Juni 2004[9] (künftig: AG-Bericht) mit den Regelungen des *Dritten Gesetzes zur Änderung des Betreuungsrechts* vom 29. Juli 2009[10], dem sogenannten *Patientenverfügungsgesetz (PatVfgG)*, zu wichtigen Punkten verglichen werden. Ein solcher Vergleich erscheint reizvoll, weil der AG-Bericht Grundlage des Referentenentwurfs des Bundesjustizministeriums[11] und dieser wiederum Grundlage des Gesetz gewordenen „Stünker-Entwurfs"[12] wurde, jeweils mit nicht unerheblichen Änderungen im Detail.

II. Reichweitenbeschränkung der Patientenverfügung

Ziel der Vorschläge des AG-Berichts war, die Bindung an Patientenverfügungen im Betreuungsrecht gesetzlich zu verankern und den Beteiligten bei deren Umsetzung Rechtssicherheit zu geben. Dabei war insbesondere zu entscheiden, ob die Ablehnung lebenserhaltender Maßnahmen nur bei irreversiblem tödlichen Verlauf einer Erkrankung verbindlich ist, wie es der Bundesgerichtshof angenommen und die Enquete-Kommission „Ethik und Recht der modernen Medizin" des Deutschen Bundestages[13] gefordert hatte. Der AG-Bericht und das PatVfgG stimmen darin

---

[8] Einleitung zu dem Bericht.
[9] ARBEITSGRUPPE „PATIENTENAUTONOMIE AM LEBENSENDE" (2004): *Patientenautonomie am Lebensende. Ethische, rechtliche und medizinische Aspekte zur Bewertung von Patientenverfügungen,* www.bmj.bund.de/media/archive/695.pdf (Stand: Juli 2010) (abgedruckt in: BRILL, K.-E. (Hg.) (2004): *Betreuungsrecht in Bedrängnis. Diskussionsbeiträge zum Entwurf eines 2. BtÄndG. Dokumentation: Abschlussbericht der Arbeitsgruppe „Patientenautonomie am Lebensende",* Recklinghausen, 158–215).
[10] Bundesgesetzblatt 2009 Teil I Nr. 48, 2286–2287 (abgedruckt in: Jahrbuch für Wissenschaft und Ethik, Bd. 14 (2009), 363–365).
[11] Vgl. dazu V. DEWITZ, C., KIRCHNER, M. (2005): *Der Entwurf eines 3. Gesetzes zur Änderung des Betreuungsrechts vom 1. November 2004 und das Grundgesetz,* in: Medizinrecht 2005 (3), 134–143; WAGENITZ, T. (2005): *Finale Selbstbestimmung? Zu den Möglichkeiten und Grenzen der Patientenverfügung im geltenden und künftigen Recht,* in: Zeitschrift für das gesamte Familienrecht 2005 (9), 669–678, 673.
[12] STÜNKER, J., KAUCH, M., JOCHIMSEN, L., et al. (2008): *Entwurf eines Dritten Gesetzes zur Änderung des Betreuungsrechts,* BT-Drucksache 16/8442.
[13] ENQUETE-KOMMISSION DES DEUTSCHEN BUNDESTAGES „ETHIK UND RECHT DER MODERNEN MEDIZIN" 2004.

überein, dass es eine solche Reichweitenbeschränkung nicht geben dürfe. Denn ebenso wie der in der aktuellen Situation entscheidungsfähige Patient ohne Rücksicht auf die Art und den Verlauf seiner Krankheit selbst darüber befinden dürfe, ob und gegebenenfalls welche ärztliche Maßnahmen an ihm vorgenommen werden dürfen, sei es Ausfluss seines verfassungsrechtlich verbürgten Selbstbestimmungsrechts, eine solche Entscheidung auch im Voraus für den Fall seiner Entscheidungsunfähigkeit treffen und von seinem Vertreter die Durchsetzung seines Willens erwarten zu können. Deshalb heißt es in § 1901a Abs. 3 BGB in der Fassung des PatVfgG (künftig: n.F.): „Die Absätze 1 und 2 [über die Bindung an Patientenwünsche, K.K.] gelten unabhängig von Art und Stadium einer Erkrankung des Betreuten."

Bei dem Verzicht des AG-Berichts und des PatVfgG auf eine solche Reichweitenbeschränkung handelt es sich aber nur um eine unvollständige Konkordanz. Denn nach dem PatVfgG bleibt unklar, welche Grenzen die Strafvorschrift des § 216 StGB über die Tötung auf Verlangen dem Betreuer bei der Ausführung einer Patientenverfügung setzt. Der AG-Bericht dagegen will Klarheit und Rechtssicherheit dadurch schaffen, dass § 216 StGB um einen dritten Absatz ergänzt wird, der lauten soll: „Nicht strafbar ist [...] das Unterlassen oder Beenden einer lebenserhaltenden medizinischen Maßnahme, wenn dies dem Willen des Patienten entspricht."[14] Nur durch eine solche Ergänzung wäre strafrechtlich gesichert, dass *jede* vom Patienten gewünschte Ablehnung lebenserhaltender Maßnahmen ohne Rücksicht auf Art und Stadium einer Erkrankung, wie es in § 1901a Abs. 3 BGB n.F. heißt, strafrechtlich erlaubt ist. Das PatVfgG lässt dagegen die Vorschrift des § 216 StGB unverändert, mit der Folge, dass auch ihr bisheriger Inhalt unverändert bleibt, da sie keine durch das Zivilrecht ausfüllungsbedürftige Vorschrift ist.[15] Die neuen Regelungen des BGB sind daher so auszulegen, dass sie nicht mit dem Straf-

---

[14] Ähnlich der Beschluss II 1 der Abteilung Strafrecht des 66. Deutschen Juristentages Stuttgart 2006, Verhandlungen Bd. II/1 N 73/74: „Es ist im StGB klarzustellen, dass das Unterlassen, Begrenzen oder Beenden lebenserhaltender Maßnahmen straflose Behandlungsbegrenzung ist (bisher sog. passive Sterbehilfe), a) wenn für solche Maßnahmen keine medizinische Indikation (mehr) besteht, b) wenn dies vom Betroffenen ausdrücklich und ernstlich verlangt wird, c) wenn dies vom (einwilligungsunfähigen) Betroffenen in einer Patientenverfügung für den Fall seiner Einwilligungsunfähigkeit angeordnet wurde, d) wenn dies von einem Vertreter des Patienten (Betreuer, sonstiger gesetzlicher Vertreter oder Vorsorgebevollmächtigter) – erforderlichenfalls mit der Genehmigung des Vormundschaftsgerichts – verlangt wird und der erklärte oder mutmaßliche Wille des Betroffenen nicht erkennbar entgegensteht, e) wenn der Patient einwilligungsunfähig ist und aufgrund verlässlicher Anhaltspunkte anzunehmen ist, dass er diese Behandlung ablehnen würde (mutmaßlicher Wille)."

[15] Vgl. BGHZ, Bd. 154, 205, 215: „Die objektive Eingrenzung zulässiger Sterbehilfe ist auch für das Zivilrecht verbindlich; denn die Zivilrechtsordnung kann nicht erlauben, was das Strafrecht verbietet."

barkeitsbereich des § 216 StGB kollidieren. In der Begründung des PatVfgG heißt es dazu:

„Die strafrechtliche Rechtsprechung zieht die Grenze zwischen strafbarer Tötung auf Verlangen und den zulässigen Formen der Sterbehilfe unter Wahrung des Lebensschutzes wie des Selbstbestimmungsrechts des Patienten [...]. Die gesetzliche Regelung der Patientenverfügung verschiebt diese Grenze nicht, sondern klärt die Beachtung des Selbstbestimmungsrechts bei solchen Verfügungen."[16]

Wo die vom PatVfgG angenommene Grenze im Einzelnen verläuft, ist bisher in der Rechtsprechung der Strafsenate des BGH nicht entschieden, wie der XII. Zivilsenat in seinem Beschluss vom 8. Juni 2005[17] zutreffend festgestellt hat. Die letzte dazu veröffentlichte Entscheidung des BGH stammt aus dem Jahre 1994 und betrifft die künstliche Ernährung einer 70-jährigen Wachkoma-Patientin.[18] Der 1. Strafsenat des BGH vertritt hierzu die Auffassung, „dass angesichts der besonderen Umstände des hier gegebenen Grenzfalls [!] ausnahmsweise [!] ein zulässiges Sterbenlassen durch Abbruch einer ärztlichen Behandlung oder Maßnahme nicht von vornherein [!] ausgeschlossen ist, sofern der Patient mit dem Abbruch mutmaßlich einverstanden ist".[19] Dieser Beschluss kann indes – schon nach seinem Selbstverständnis – die erforderliche Gewissheit über die strafrechtlichen Grenzen zulässiger Sterbehilfe nicht vermitteln.[20] So weist der *Zwischenbericht Patientenverfügungen* der Enquete-Kommission „Ethik und Recht der modernen Medizin" des Deutschen Bundes-

---

[16] STÜNKER et al. 2008, 9.
[17] BGHZ, Bd. 163, 195, 201.
[18] Entscheidungen des Bundesgerichtshofes in Strafsachen (BGHSt), Bd. 40, 257 (sogenannter Kemptener Fall). Am 25. Juni 2010 hat der 2. Strafsenat des Bundesgerichtshofs den in erster Instanz wegen versuchten Totschlags verurteilten Rechtsanwalt Putz in der Revisionsinstanz freigesprochen, weil – so die Presseerklärung des BGH Nr. 129/2010 – sein Rat, den Ernährungsschlauch bei einer Wachkoma-Patientin gegen den Willen des Pflegeheims zu durchschneiden, dem Willen der Patientin entsprochen habe und der Abbruch lebenserhaltender Behandlung auf der Grundlage des Patientenwillens nicht strafbar sei. Eine nur an den Äußerlichkeiten von Tun und Unterlassen orientierte Unterscheidung der straflosen Sterbehilfe vom strafbaren Töten des Patienten werde dem sachlichen Unterschied zwischen der auf eine Lebensbeendigung gerichteten Tötung und Verhaltensweisen nicht gerecht, die dem krankheitsbedingten Sterbenlassen mit Einwilligung des Betroffenen seinen Lauf lassen. Eine schriftliche Urteilsbegründung liegt noch nicht vor, so dass nicht gesagt werden kann, ob sie allgemeine Ausführungen dazu enthalten wird, inwieweit die Verpflichtung des Betreuers, dem Willen des Betreuten zu entsprechen, durch die Strafvorschrift des § 216 StGB eingeschränkt ist.
[19] Ibid., 262.
[20] So mit Recht WAGENITZ 2005, 677.

tages verschiedene Interpretationsmöglichkeiten des Urteils nach.[21] Nach dem jetzigen Stand der strafrechtlichen Rechtsprechung kann daher keine Rede davon sein, dass strafrechtlich *jede* vom Patienten gewollte Einstellung medizinisch indizierter lebenserhaltender Maßnahmen aus dem Strafbarkeitsbereich des § 216 StGB für Betreuer herausfällt. § 216 StGB erklärt die vom Betroffenen ausdrücklich und ernstlich verlangte Tötung für strafbar. Tötung auf Verlangen kann ebenso wie andere Tötungsdelikte auch durch Unterlassen lebensrettender Maßnahmen begangen werden.[22] Deshalb liegt es nahe, darin eine Beschränkung der Reichweite des Verbots lebenserhaltender Maßnahmen in Patientenverfügungen zu sehen, wenn anderenfalls gegen den vom Staat zu gewährleistenden Lebensschutz verstoßen würde, den § 216 StGB auch und gerade gegen den ausdrücklichen Willen des Betroffenen sichern will. Eine solche durch § 216 StGB gebotene Reichweitenbeschränkung könnte etwa dann vorliegen, wenn der Patient in seiner der Umsetzung durch den Betreuer bedürftigen Patientenverfügung auch eine ärztliche Behandlung ausgeschlossen hat – z.B. eine Reanimation, eine Operation, eine kurzfristig erforderlich werdende künstliche Ernährung oder Beatmung –, die angesichts seines Krankheitsbildes mit hoher Wahrscheinlichkeit zur Genesung führen würde. Ein Patientenvertreter, der sich zum Vollstrecker eines solchen (suizidalen) Behandlungsverbots macht, kann durch Unterlassen töten. Dann wäre trotz der in § 1901a Abs. 3 BGB n.F. angeordneten Verbindlichkeit einer Patientenverfügung „unabhängig von Art und Stadium einer Erkrankung" das in der Patientenverfügung enthaltene und der Umsetzung durch den Betreuer bedürftige Verbot unwirksam.[23] Die Entscheidungsmacht des Betreuers ist mit der aus dem Selbstbestimmungsrecht folgenden Entscheidungsmacht des Patienten, aus beliebigen Gründen jegliche Behandlung ablehnen zu können, nicht deckungsgleich, sondern an gesetzliche Vorgaben wie das Verbot der Tötung auf Verlangen gebunden.[24]

Bis zur endgültigen Klärung des Verhältnisses von § 216 StGB zu § 1901a BGB n.F. bleibt also eine nicht unerhebliche Rechtsunsicherheit, die Betreuer und möglicherweise auch Ärzte der Gefahr einer Strafverfolgung aussetzt, wenn sie bei heilbaren Krankheiten oder vor dem Verlust lebenswichtiger Organfunktionen auf medizinisch indizierte lebenserhaltende Maßnahmen verzichten, weil dies dem erklärten oder mutmaßlichen Willen des Patienten entspricht. Diese Unsicherheit wäre beseitigt, wenn der Gesetzgeber dem von der überwältigenden Mehrheit der

---

[21] ENQUETE-KOMMISSION DES DEUTSCHEN BUNDESTAGES „ETHIK UND RECHT DER MODERNEN MEDIZIN" 2004, 20.
[22] BGHSt, Bd. 13, 162; BGHSt, Bd. 32, 367; vgl. auch BGH v. 6.3.2007 – 2 StR 497/06, auszugsweise abgedruckt in: Neue Zeitschrift für Strafrecht – Rechtsprechungs-Report 2007, 333: Totschlag durch das Unterlassen, ärztliche Hilfe herbeizuholen.
[23] Vgl. STÜNKER et al. 2008 (Begründung des Gesetz gewordenen Stünker-Entwurfs), 3: „Festlegungen in einer Patientenverfügung, die auf eine verbotene Tötung auf Verlangen gerichtet sind, bleiben unwirksam."
[24] Vgl. BGHZ, Bd. 154, 205, 215.

strafrechtlichen Abteilung des 66. Deutschen Juristentags unterstützten[25] Vorschlag des AG-Berichts zur Ergänzung des § 216 StGB gefolgt wäre.

III. Unmittelbare Geltung der Patientenverfügung

Der AG-Bericht hatte vorgeschlagen, einen neuen § 1901b in das BGB einzufügen, u.a. mit dem Inhalt:

„Liegt eine Patientenverfügung über die Einwilligung oder die Verweigerung der Einwilligung in bestimmte ärztliche oder pflegerische Maßnahmen vor, die auf die konkrete Entscheidungssituation zutrifft, so gilt die Entscheidung des Betreuten nach Eintritt der Einwilligungsunfähigkeit fort."[26]

Dem sollte der vorgeschlagene neue § 1904 Abs. 4 Satz 5 BGB entsprechen, wonach das Vormundschaftsgericht, wenn es in einem solchen Fall angerufen worden sei, festzustellen habe, dass es seiner Genehmigung nicht bedürfe (weil der Patient die Entscheidung bereits selbst getroffen habe).
Unklar ist dagegen die Rechtslage aufgrund des PatVfgG. Nach § 1901a Abs. 1 BGB n.F. „prüft der Betreuer, ob diese Festlegungen [in einer Patientenverfügung] auf die aktuelle Lebens- und Behandlungssituation zutreffen. Ist dies der Fall, hat der Betreuer dem Willen des Betreuten Ausdruck und Geltung zu verschaffen." In dem PatVfgG ist – anders als im AG-Bericht – nicht mehr davon die Rede, dass die konkreten Festlegungen in einer Patientenverfügung fortgelten und keiner gerichtlichen Genehmigung bedürfen. Auch § 1901b Abs. 1 BGB n.F. scheint von einer stets erforderlichen Entscheidung des Betreuers auszugehen, die er nach Erörterung mit dem Arzt zu treffen hat. Deshalb erscheint es verständlich, dass in der Literatur die Meinung vertreten wird[27], auch zu einer Umsetzung einer den Voraussetzungen des § 1901a Abs. 1 BGB n.F. genügenden, also auf die konkrete Situation anwendbaren Patientenverfügung sei stets eine Aktualisierungsentscheidung des Patientenvertreters (Betreuers oder Bevollmächtigten) mit konstitutiver Wirkung für den Arzt erforderlich; dieser dürfe daher keine medizinisch indizierte Maßnahme allein aufgrund einer sie verbietenden Patientenverfügung unterlassen. Eine solche Auslegung des PatVfgG wird nicht nur durch die Gesetzesfassung nahe gelegt. Sie wird in gewisser Weise auch durch den Beschluss des Bundesgerichtshofes vom 17. März 2003 gestützt, wonach Arzt und Pfleger nach der Bestellung eines Betreuers nicht

---

[25] Vgl. Anm. 14.
[26] ARBEITSGRUPPE „PATIENTENAUTONOMIE AM LEBENSENDE" 2004, 42.
[27] Z.B. DIEHN, T., REBHAN, R. (2010): *Vorsorgevollmacht und Patientenverfügung*, in: Neue Juristische Wochenschrift 63 (6), 326–331.

mehr unmittelbar auf den Willen des einwilligungsunfähigen Patienten „durchgreifen" können.[28]

Diese Auslegung widerspricht aber der Absicht des Gesetzgebers des PatVfgG, die Patientenverfügung rechtlich aufzuwerten. Schon vor Inkrafttreten des PatVfgG band eine Patientenverfügung den behandelnden Arzt, der sich nach den *Empfehlungen* der Bundesärztekammer und ihrer Zentralen Ethikkommission[29] nicht über die in einer Patientenverfügung enthaltenen Willensäußerungen hinwegsetzen darf. Von einer unmittelbaren Verbindlichkeit für den Arzt, also ohne eine stets notwendig werdende Aktualisierungsentscheidung des Patientenvertreters, geht auch die Begründung des PatVfgG aus[30], wenn sie den Arzt und weitere an der Behandlung beteiligte Personen als Adressaten der Patientenverfügung bezeichnet, die den Behandlungswillen des Patienten genau zu prüfen hätten. Die Gesetzesbegründung spricht sodann von einer unmittelbaren Bindungswirkung der Patientenverfügung. Es bedürfe einer Entscheidung des Betreuers erst, wenn nicht sämtliche Voraussetzungen für eine wirksame Festlegung vorlägen.

Für die Praxis bedeutet dies, dass der Arzt die Bestellung eines Betreuers nicht anzuregen braucht, wenn sich die Festlegungen des Patienten eindeutig und unmissverständlich aus einer Patientenverfügung ergeben, die die aktuelle Behandlungslage erfasst.[31] Ob sich diese nur auf die Gesetzesbegründung gestützte Auffassung gegenüber dem missverständlichen und unklaren Wortlaut des PatVfgG durchsetzen wird, muss abgewartet werden. Festzuhalten bleibt, dass das PatVfgG in einer für die Praxis enorm wichtigen Frage vermeidbare rechtliche Unsicherheit geschaffen hat.

---

[28] BGHZ, Bd. 154, 205, 211; zur Interpretation dieser Aussage vgl. die Ausführungen des Berichterstatters jener Entscheidung, WAGENITZ 2005, 675.

[29] BUNDESÄRZTEKAMMER (BÄK), ZENTRALE ETHIKKOMMISSION BEI DER BUNDESÄRZTEKAMMER (ZEKO) (2007): *Empfehlungen der Bundesärztekammer und der Zentralen Ethikkommission bei der Bundesärztekammer zum Umgang mit Vorsorgevollmacht und Patientenverfügung in der ärztlichen Praxis*, in: Deutsches Ärzteblatt 104 (13), A891–896 (abgedruckt in: Jahrbuch für Wissenschaft und Ethik, Bd. 13 (2008), 441–452).

[30] STÜNKER et al. 2008, 11; vgl. ferner ibid., 14: „Enthält die schriftliche Patientenverfügung eine Entscheidung über die Einwilligung oder Nichteinwilligung in bestimmte Untersuchungen des Gesundheitszustands, Heilbehandlungen oder ärztliche Eingriffe, die auf die konkret eingetretene Lebens- und Behandlungssituation zutrifft, ist eine Einwilligung des Betreuers in die anstehende ärztliche Behandlung nicht erforderlich, da der Betreute diese Entscheidung bereits selbst getroffen hat und diese für den Betreuer bindend ist."

[31] So auch DIEDERICHSEN, U. (2010): *§ 1901a*, in: PALANDT, O. (Hg.): Bürgerliches Gesetzbuch, 69. Aufl., München, Rn. 7, 15, 22 und 24; KUTZER, K. (2010): *Ärztliche Pflicht zur Lebenserhaltung unter besonderer Berücksichtigung des neuen Patientenverfügungsgesetzes*, in: Medizinrecht (im Ersch.); REUS, K. (2010): *Die neue gesetzliche Regelung der Patientenverfügung und die Strafbarkeit des Arztes*, in: Juristenzeitung 65 (2), 80–84, 82.

IV. Vorrang der ärztlichen Indikation vor der Patientenverfügung

Der AG-Bericht enthielt keinen der Regelung des § 1901b Abs. 1 BGB n.F. entsprechenden Vorschlag. § 1901b Abs. 1 BGB n.F. lautet:

> „Der behandelnde Arzt prüft, welche ärztliche Maßnahme im Hinblick auf den Gesamtzustand und die Prognose des Patienten indiziert ist. Er und der Betreuer erörtern diese Maßnahme unter Berücksichtigung des Patientenwillens als Grundlage für die nach § 1901a zu treffende Entscheidung."

Diese Vorschrift enthält einerseits die Selbstverständlichkeit, dass der Arzt die ärztliche Indikation seines Behandlungsvorschlags zu prüfen hat. Andererseits lässt sie Raum für Fehldeutungen hinsichtlich des bei der Erarbeitung der Indikation zu berücksichtigenden Patientenwillens. Die renommierten Autoren Gian Domenico Borasio[32], Hans-Joachim Heßler[33] und Urban Wiesing[34] ziehen aus der Trennung von Findung der ärztlichen Indikation (§ 1901b Abs. 1 Satz 1 BGB n.F.) und Berücksichtigung des Patientenwillens bei der Behandlungsentscheidung (§ 1901b Abs. 1 Satz 2 BGB n.F.) folgenden Schluss:

> „Erst wenn die Indikation bejaht oder zumindest mit ausreichender Wahrscheinlichkeit angenommen werden kann, wird der Patient oder sein Vertreter darüber informiert und der Patientenwille ermittelt. Bei fehlender Indikation ist die Überprüfung des Patientenwillens – und damit auch die Einrichtung einer Betreuung – entbehrlich."[35]

Diese Folgerung aus dem missverständlich gefassten § 1901b Abs. 1 BGB n.F. verkennt, dass die Zweistufigkeit der Entscheidungsfindung – Ermittlung erst der Indikation, dann des Patientenwillens – sich in der Praxis nicht immer durchhalten lässt. Für die medizinische Indikation ist entscheidend, ob die in Frage kommende Maßnahme oder deren Unterlassung aus ärztlicher Sicht einen Nutzen für den Patienten

---

[32] Lehrstuhl für Palliativmedizin der LMU München, Sachverständiger des Deutschen Bundestags im Gesetzgebungsverfahren zum PatVfgG.
[33] Vizepräsident des Oberlandesgerichts München, Sachverständiger des Deutschen Bundestages im Gesetzgebungsverfahren zum PatVfgG.
[34] Institut für Ethik und Geschichte der Medizin der Uni Tübingen, Vorsitzender der *Zentralen Ethikkommission bei der Bundesärztekammer (ZEKO)*.
[35] BORASIO, G.D., HEßLER, H.-J., WIESING, U. (2009): *Patientenverfügungsgesetz: Umsetzung in der klinischen Praxis*, in: Deutsches Ärzteblatt 106 (40), A1952–1957, A1956.

bringen kann. Dies lässt sich bei ein und demselben Krankheitsbild unterschiedlich beurteilen. Deshalb muss in Zweifelsfällen schon bei der ersten Stufe der Entscheidungsfindung, der Indikationsprüfung, das Gespräch mit dem Patientenvertreter und, soweit möglich, mit dem Behandlungsteam sowie den nächsten Angehörigen und Vertrauenspersonen des Patienten gesucht werden. Sonst könnte § 1901b Abs. 1 BGB n.F. zum Einfallstor für neuen ärztlichen Paternalismus werden. Das wäre etwa der Fall, wenn der Arzt weitere lebenserhaltende Maßnahmen bei einem Todkranken als nicht mehr indiziert ansieht und sie deshalb einstellt, ohne den Patientenwillen hierzu zu erfragen. Dieser könnte z.B. dahin gehen, mit den lebenserhaltenden Maßnahmen bis zum Eintritt eines bestimmten Ereignisses, das er noch erleben möchte, fortzufahren. Auch bei unklarer oder streitiger ärztlicher Indikation kann eine der Persönlichkeit des Patienten gerecht werdende Antwort nicht ohne Ermittlung und Berücksichtigung seines Willens gefunden werden. Dies zu negieren und dem Arzt über den Weg der von ihm zu verantwortenden Indikation insoweit ein Alleinentscheidungsrecht ohne Anhörung der Patientenseite einzuräumen, widerspricht der Patientenautonomie am Lebensende, wie sie der AG-Bericht verstanden hat.

V. Ärztliche Entscheidungen ohne Patientenverfügungen

Das PatVfgG hat in § 1901a Abs. 2 und 3 BGB n.F. eine Regelung getroffen, wie bei ärztlichen Maßnahmen zu verfahren ist, wenn keine Patientenverfügung vorliegt oder eine vorhandene nicht anwendbar ist. Der AG-Bericht hat zu dieser Problematik keine Vorschläge gemacht, weil ihm die Regelung des geltenden § 1901 Abs. 2 BGB[36] ausreichte. Das Besondere an der Neuregelung liegt darin, dass für die Entscheidung des Betreuers allein der früher irgendwann und irgendwo erklärte oder der mutmaßliche Patientenwille maßgebend sein soll, und zwar ohne Rücksicht auf Art und Stadium einer Erkrankung, also auch bei einer heilbaren oder erst im Anfangsstadium befindlichen unheilbaren Erkrankung, also vor Verlust lebenswichtiger Organfunktionen. Und all dies auch bei todesursächlicher Behandlungsunterlassung ohne gerichtliche Kontrolle, soweit Arzt und Betreuer in der Beurteilung des Patientenwillens übereinstimmen. Inwieweit § 216 StGB hier Grenzen setzt[37], wird die Rechtsprechung zu entscheiden haben. Die einschränkungslose

---

[36] § 1901 Abs. 2 BGB lautet: „Der Betreuer hat die Angelegenheiten des Betreuten so zu besorgen, wie es dessen Wohl entspricht. Zum Wohl des Betreuten gehört auch die Möglichkeit, im Rahmen seiner Fähigkeiten sein Leben nach seinen eigenen Wünschen und Vorstellungen zu gestalten."

[37] Vgl. dazu auch die Ausführungen oben in Abschnitt II.

Maßgeblichkeit des – wenn auch konkret – gemutmaßten Patientenwillens kann etwa dazu führen, dass medizinisch indizierte lebenserhaltende Maßnahmen z.B. bei einer Demenz im fortgeschrittenen Stadium oder bei einem Wachkoma-Patienten ohne gerichtliche Kontrolle unterbleiben, obwohl sich der Patient gerade nicht zu einer entsprechenden Willensäußerung in einer schriftlichen Patientenverfügung hatte entschließen können. Lebens- und Krankenschutz spielen bei § 1901a Abs. 2 BGB n.F. keine eigenständige Rolle. Dies ist zu bedauern. Deshalb wollte es der AG-Bericht in diesen Fällen bei der Vorschrift des § 1901 Abs. 2 BGB belassen, wonach der Betreuer die Angelegenheiten des Betreuten so zu besorgen hat, wie es dessen Wohl entspricht. Denn das Wohl des Patienten rechtfertigt es, neben subjektiven auch objektive, dem wohlverstandenen Interesse des Betreuten dienende fürsorgliche Gesichtspunkte in die Entscheidung mit einzubeziehen.

VI. Form der Patientenverfügung

Das PatVfgG verlangt – im Gegensatz zum AG-Bericht, der es bei der bisherigen Rechtslage[38] belassen wollte – für die Wirksamkeit einer Patientenverfügung Volljährigkeit des Verfassers und Schriftlichkeit. Beides erscheint nicht konsequent und ist wohl mehr dem opportunistischen Blick auf eine fachunkundige Öffentlichkeit als der Sache geschuldet. Denn im Medizinrecht kann nicht nur der Volljährige, sondern schon der Minderjährige mit Einwilligungsfähigkeit über ärztliche Maßnahmen entscheiden.[39] Im Gegensatz zum Abschluss des zivilrechtlichen Behandlungsvertrages kommt es für die Wirksamkeit der Einwilligung nicht auf die Geschäftsfähigkeit des Betroffenen an, sondern auf die natürliche Einsichts- und Steuerungsfähigkeit. Einwilligungsfähig ist danach, wer Art, Bedeutung und Tragweite – auch die Risiken – der Maßnahme zu erfassen und seinen Willen hiernach zu bestimmen vermag.[40] Wenn es an der Schriftlichkeit fehlt, muss der Betreuer nach § 1901a Abs. 2 BGB n.F. die mündlich geäußerten Behandlungswünsche auch einwilligungsfähiger Minderjähriger feststellen und beachten. Sind sie eindeutig und unmissverständlich, z.B. weil sie gegenüber dem behandelnden Arzt oder dem Patientenvertreter abgegeben worden sind, und steht all dies zweifelsfrei fest, etwa weil der Erklärungsempfänger die Behandlungswünsche für den künftigen Krankheitsverlauf schriftlich dokumentiert hat, so binden sie ebenso wie eine vom Betroffenen schriftlich errichtete Patientenverfügung. Volljährigkeit des Verfassers und

---

[38] Vgl. BÄK, ZEKO 2007, A891, Nr. 1.2: „Eine Patientenverfügung ist eine individuelle, schriftliche oder mündliche, formfreie Willenserklärung eines entscheidungsfähigen Menschen zur zukünftigen Behandlung im Falle der eigenen Einwilligungsunfähigkeit."
[39] ELLENBERGER, J. (2010): *Überblick vor § 104*, in: PALANDT, O. (Hg.): Bürgerliches Gesetzbuch, 69. Aufl., München, Rn. 8.
[40] STÜNKER et al. 2008, 9.

Schriftlichkeit der Patientenverfügung sind also, obwohl vom PatVfgG als Wirksamkeitsvoraussetzungen einer Patientenverfügung konzipiert, nicht unverzichtbar für die Verpflichtung, einen vorweg erklärten Patientenwillen umzusetzen.

VII. Stellung des Vorsorgebevollmächtigten

Das PatVfgG hat den Vorschlag des AG-Berichts nicht aufgegriffen, Vorsorgebevollmächtigte von der gerichtlichen Genehmigungspflicht nach § 1904 BGB n.F. freizustellen und sie lediglich der allgemeinen Missbrauchskontrolle durch das Betreuungsgericht zu unterwerfen. Der AG-Bericht wollte die Bestellung von Vertrauenspersonen zu Vorsorgebevollmächtigten durch Einräumung von Rechtsvorteilen gegenüber einem Betreuer, insbesondere durch Gewährung des letzten Wortes bei Meinungsverschiedenheiten mit dem behandelnden Arzt, fördern. Dies wäre ein weiterer Schritt zur Verwirklichung echter Patientenautonomie gewesen. Ihn ist das PatVfgG nicht gegangen, weil es eine vom Patienten nicht abdingbare Einschaltung des Gerichts bei Meinungsverschiedenheiten mit dem Arzt für dringlicher ansieht.

VIII. Schluss

Das PatVfgG hat in wichtigen Teilbereichen der Privatautonomie am Lebensende Rechtssicherheit geschaffen. Insbesondere ist anzuerkennen, dass es die Rechtsprechung des Bundesgerichtshofs und die ihr folgende Ansicht der *Enquete-Kommission „Ethik und Recht der modernen Medizin"* zur Reichweitenbeschränkung einer Patientenverfügung nicht übernommen, also die Wirksamkeit des Verbots indizierter lebenserhaltender Maßnahmen nicht daran geknüpft hat, dass eine irreversible Grunderkrankung einen tödlichen Verlauf angenommen hat. Damit ist die Entscheidungsfreiheit für den Fall schwerer Erkrankung wieder hergestellt. Zugleich wird ermöglicht, auch bei fortschreitender Demenz und dauerhaftem Wachkoma auf lebenserhaltende Maßnahmen zu verzichten, selbst wenn ein stabiler vegetativer Status noch eine längere Lebenszeit erwarten lässt. Das PatVfgG ist jedoch auf halbem Wege stehen geblieben, indem es auf eine strafrechtliche Absicherung der nach seinem Wortlaut uneingeschränkt gewährten Patientenautonomie verzichtet hat. So bleibt weiterhin unklar, ob und inwieweit die Einstellung lebenserhaltender Maßnahmen auch dann zulässig ist, wenn der Patient geheilt werden könnte oder bei ihm (noch) keine lebenswichtigen Organfunktionen ausgefallen sind. Dies zu klären, ist nunmehr der Rechtsprechung überlassen. Sie wird auch die Rechtsunsicherheiten zu beseitigen haben, die durch die wenig geglückte Gesamtkonzeption des PatVfgG neu entstanden sind.

Das Patientenverfügungsgesetz: Mehr Rechtssicherheit?

von Jochen Taupitz

Abstract: Seit dem 1. September 2009 ist das *Dritte Gesetz zur Änderung des Betreuungsrechts (3. BtÄndG)* in Kraft. Mit diesem Gesetz wurde die langjährige Debatte um die gesetzliche Regelung antizipativer Entscheidungen am Lebensende zugunsten des Zivilrechts entschieden und das Instrument der Patientenverfügung in das Betreuungsrecht eingeführt. Die neue Regelung orientiert sich maßgeblich an der bisherigen Rechtsprechung und sorgt mit der ausdrücklichen Normierung für mehr Rechtsklarheit. Danach soll eine hinreichend konkrete und situationsbezogene schriftliche Patientenverfügung unabhängig vom Krankheitsstadium unmittelbar verbindlich sein. Dazu bedarf es lediglich der Volljährigkeit und Einwilligungsfähigkeit des Verfügenden. Auf das Erfordernis einer ärztlichen Beratung hat der Gesetzgeber bewusst verzichtet. Darüber hinaus definiert das Gesetz ein bisher nicht vorgeschriebenes Verfahren zur Umsetzung von Patientenverfügungen und jener Patientenwünsche, die den Anforderungen für eine unmittelbar verbindliche Patientenverfügung nicht genügen. Dieser verfahrensrechtlich geprägte Schutz des Betroffenen sowie die neu eingeführten Wirksamkeitsvoraussetzungen werfen allerdings zugleich neue Fragen auf, die einer kritischen Beleuchtung bedürfen.

Keywords: Patientenverfügung, Patientenautonomie, mutmaßlicher Wille, Betreuungsrecht, Betreuer.

I. Einleitung[1]

Nach jahrelanger außerparlamentarischer und parlamentarischer Debatte, die zahlreiche Stellungnahmen und Veröffentlichungen[2] sowie drei Gesetzesentwürfe[3] her-

---

[1] Meinen wissenschaftlichen Mitarbeiterinnen Amina Salkic und Anamaria Baltes danke ich herzlich für die Mitwirkung bei der Vorbereitung dieses Beitrags.
[2] Es gab sogar einen (Arbeits-)Entwurf des Bundesministeriums der Justiz (Stand: 1. November 2004); siehe dazu und zu weiteren Gremienempfehlungen: TAUPITZ, J., WEBER-HASSEMER, K. (2006): *Zur Verbindlichkeit von Patientenverfügungen*, in: KERN, B.-R., WADLE, E., SCHROEDER, K.-P., KATZENMEIER, C. (Hg.): Humaniora. Medizin – Recht – Geschichte. Festschrift für Adolf Laufs zum 70. Geburtstag, Berlin, Heidelberg, 1107–1121; TAUPITZ, J. (2008): *Die Debatte um ein Patientenverfügungsgesetz*, in: JUNGINGER, T., PERNECZKY, A., VAHL, C.-F., WERNER, C. (Hg.): Grenzsituationen in der Intensivmedizin. Entscheidungsgrundlagen, Heidelberg, 113–123.

vorbrachte[4], hat die Diskussion um die gesetzliche Verankerung von Vorausverfügungen in Gesundheitsangelegenheiten zunächst ihr vorläufiges Ende gefunden. Zentraler Punkt aller Entwürfe war die gesetzliche Verankerung der Patientenverfügung, die einen Unterfall der Vorausverfügung darstellt. Die Frage, ob eine Regelung antizipativer Entscheidungen am Lebensende im Zivilrecht oder im Strafrecht zu verankern sei, wurde durch das am 1. September 2009 in Kraft getretene *Dritte Gesetz zur Änderung des Betreuungsrechts (3. BtÄndG)*[5] eindeutig zugunsten des Zivilrechts beantwortet. Die Gesetzesänderung bezieht sich unmittelbar auf die Vorschriften des *Bürgerlichen Gesetzbuchs (BGB)* (Einfügung von §§ 1901a und b, bisheriger § 1901a wird § 1901c, Änderung des § 1904) und des *Gesetzes über das Verfahren in Familiensachen und in den Angelegenheiten der freiwilligen Gerichtsbarkeit (FamFG)* (Einfügung von § 287 Abs. 3 und § 298).

Das Gesetz wird in der Literatur und in der öffentlichen Diskussion zumeist als „Patientenverfügungsgesetz" bezeichnet.[6] Diese Bezeichnung ist einerseits zu eng, weil die Regelung der Patientenverfügung zwar zentraler Bestandteil des Gesetzes ist, das Gesetz in seinem Inhalt jedoch durchaus (etwa bezüglich der Maßgeblichkeit von bloßen Behandlungswünschen und des mutmaßlichen Willens) darüber hinausreicht. Zugleich ist die Bezeichnung aber auch zu weit, weil die Patientenverfügung nicht in allen ihren Auswirkungen geregelt wird[7]; so schweigt das Gesetz etwa zu der zentralen Frage, ob sich die Patientenverfügung in Fällen, in denen kein Betreuer (und kein Bevollmächtigter) vorhanden ist, mit Bindungswirkung unmittelbar an den Arzt richtet (so dass die Patientenverfügung den Geltungs-

---

[3] Am Tag der Abstimmung lagen dem Bundestag drei nach einzelnen Bundestagsabgeordneten benannte Gesetzesentwürfe vor: *Zöller-Entwurf* (ZÖLLER, W., FAUST, H.G., DÄUBLER-GMELIN, H., et al. (2008): *Entwurf eines Gesetzes zur Klarstellung der Verbindlichkeit von Patientenverfügungen (Patientenverfügungsverbindlichkeitsgesetz – PVVG)*, BT-Drucksache 16/11493), *Bosbach-Entwurf* (BOSBACH, W., RÖSPEL, R., GÖRING-ECKARDT, K., et al. (2008): *Entwurf eines Gesetzes zur Verankerung der Patientenverfügung im Betreuungsrecht (Patientenverfügungsgesetz – PatVerfG)*, BT-Drucksache 16/11360) und *Stünker-Entwurf* (STÜNKER, J., KAUCH, M., JOCHIMSEN, L., et al. (2008): *Entwurf eines Dritten Gesetzes zur Änderung des Betreuungsrechts*, BT-Drucksache 16/8442, DEUTSCHER BUNDESTAG (2009): *Beschlussempfehlung und Bericht des Rechtsausschusses (6. Ausschuss)*, BT-Drucksache 16/13314), der letztlich (wenn auch modifiziert) angenommen wurde. Zur Entstehungsgeschichte siehe z.B. HÖFLING, W. (2009): *Das neue Patientenverfügungsgesetz*, in: Neue Juristische Wochenschrift 62 (39), 2849–2852, mit weiteren Nachweisen.

[4] Näher zur Vorgeschichte des Gesetzes ALBRECHT, A., ALBRECHT, E. (2009a): *Die Patientenverfügung*, Bielefeld, 5 ff.

[5] Bundesgesetzblatt 2009 Teil I Nr. 48, 2286–2287 (abgedruckt in: Jahrbuch für Wissenschaft und Ethik, Bd. 14 (2009), 363–365).

[6] Kritisch MÜLLER, G. (2010): *Die Patientenverfügung nach dem 3. Betreuungsrechtsänderungsgesetz: alles geregelt und vieles ungeklärt*, in: Deutsche Notar-Zeitschrift 105 (3), 169–188.

[7] Zu den nicht geregelten sozialrechtlichen Fragen siehe ALBRECHT, ALBRECHT 2009a, 105.

bereich des Betreuungsrechts verlässt[8]) oder ob dann eigens ein Betreuer zu bestellen ist. Eine unmittelbare Regelung strafrechtlicher Fragen, die dieses Rechtsgebiet ursprünglich geprägt hatten[9], erfolgte jedenfalls nicht. Eine Auswirkung auf das Strafrecht ist dennoch durch die deutliche Aufwertung des Betroffenenwillens und die implizite Anerkennung dessen Vorrangs vor Garantenpflichten und Pflichten aus § 323c StGB (Strafbarkeit der unterlassenen Hilfeleistung) gegeben.[10]

II. Inhalt der Neuregelung

1. § 1901a BGB als zentrale Weichenstellung

Zentrale Vorschrift des 3. BtÄndG ist der neue § 1901a BGB[11], der die Patientenverfügung als Rechtsinstitut einführt und den jahrelangen Literaturstreit um ihre Rechtsnatur und Verbindlichkeit beendet.[12] Das Gesetz unterscheidet dabei streng zwischen der unmittelbar verbindlichen Patientenverfügung in § 1901a Abs. 1 BGB einerseits und bloßen Behandlungswünschen sowie dem mutmaßlichen Willen in § 1901a Abs. 2 BGB, die keine unmittelbar verbindliche Wirkung entfalten, andererseits (vgl. Abb. 1).

Nach der in § 1901a Abs. 1 BGB enthaltenen Legaldefinition ist die Patientenverfügung die schriftliche Festlegung eines einwilligungsfähigen Volljährigen für den Fall seiner Einwilligungsunfähigkeit, ob er in bestimmte, zum Zeitpunkt der Festlegung noch nicht unmittelbar bevorstehende Untersuchungen seines Gesundheitszustands, Heilbehandlungen oder ärztliche Eingriffe einwilligt oder sie untersagt. Nur wenn alle in der Legaldefinition enthaltenen formalen und inhaltlichen Wirksamkeitsvoraussetzungen erfüllt sind, handelt es sich um eine wirksame und somit

---

[8] Siehe dazu unten bei Anm. 56 ff.
[9] Zu den strafrechtlichen Fragen siehe ULSENHEIMER, K. (2010): *Neue Regelung der Patientenverfügung*, in: Der Anaesthesist 59 (2), 111–117; HANSEN H.-C., DREWS, R., GAIDZIK, P.W. (2008): *Zwischen Patientenautonomie und ärztlicher Garantenstellung*, in: Der Nervenarzt 79 (6), 706–715; SCHREIBER, H.-L. (2006): *Das ungelöste Problem der Sterbehilfe – Zu den neuen Entwürfen und Vorschlägen*, in: Neue Zeitschrift für Strafrecht 26 (9), 473–479; INGELFINGER, R. (2006): *Patientenautonomie und Strafrecht bei der Sterbebegleitung*, in: Juristenzeitung 61 (17), 821–831, mit weiteren Nachweisen; zur Auswirkung des neuen Gesetzes auf das Strafrecht siehe auch REUS, K. (2010): *Die neue gesetzliche Regelung der Patientenverfügung und die Strafbarkeit des Arztes*, in: Juristenzeitung 65 (2), 80–84.
[10] Vgl. ULSENHEIMER 2010, 112.
[11] § 1901a BGB a.F. ist nun § 1901c BGB n.F.
[12] Ausführliche Darstellung des Streits bei LANGE, W. (2009): *Inhalt und Auslegung von Patientenverfügungen: Grundlagen für rechtsfehlerfreie Gestaltung*, Baden-Baden, 36 ff., mit weiteren Nachweisen.

unmittelbar verbindliche Patientenverfügung. In diesem Fall wird davon ausgegangen, dass sie den antizipierten Patientenwillen im Bezug auf die jeweils konkret eingetretene Situation wiedergibt, so dass sich die Aufgabe des Betreuers (bzw. des Bevollmächtigten[13]) darauf beschränkt, diesem Willen „Ausdruck und Geltung zu verschaffen", d.h. die Patientenverfügung umzusetzen. Gleichwohl ist der Betreuer (Bevollmächtige) hier nicht lediglich Bote[14], sondern (allerdings streng gebundener) Vertreter[15]. Denn der Betreuer (Bevollmächtigte) hat auf der Grundlage des Betroffenenwillens eine „Entscheidung" zu treffen (§ 1901b Abs. 1 BGB), nämlich eine „Einwilligung" (§ 1904 Abs. 1 BGB) oder „Nichteinwilligung" bzw. einen „Widerruf" zu erklären (§ 1904 Abs. 2 BGB), eine Entscheidung, die bei Dissens zwischen Arzt und Betreuer (Bevollmächtigtem) über die Auslegung der Patientenverfügung dem Erfordernis der Genehmigung seitens des Betreuungsgerichts unterliegt (§ 1904 Abs. 1–5 BGB; siehe genauer unten).

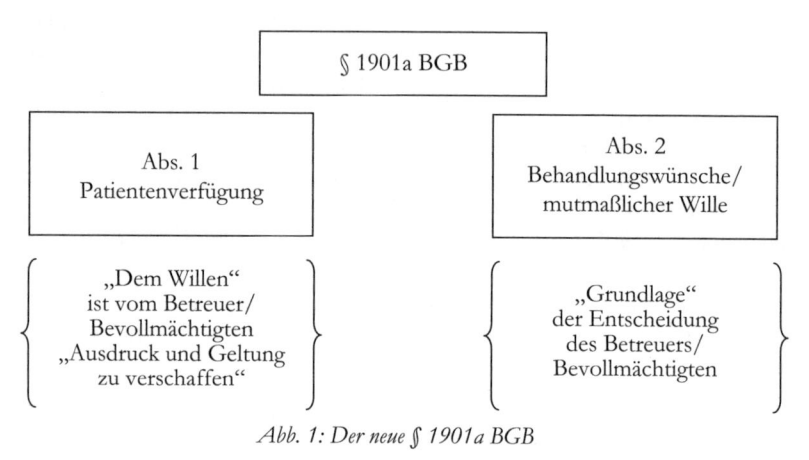

```
                    ┌─────────────────┐
                    │   § 1901a BGB   │
                    └─────────────────┘
                    ╱                 ╲
        ┌──────────────────┐    ┌──────────────────────┐
        │     Abs. 1       │    │       Abs. 2         │
        │ Patientenverfügung│    │ Behandlungswünsche/  │
        │                  │    │  mutmaßlicher Wille  │
        └──────────────────┘    └──────────────────────┘

           „Dem Willen"                „Grundlage"
         ist vom Betreuer/           der Entscheidung
          Bevollmächtigten            des Betreuers/
         „Ausdruck und Geltung        Bevollmächtigten
           zu verschaffen"
```

Abb. 1: Der neue § 1901a BGB

Im Gegensatz dazu liegt in der zweiten Konstellation – § 1901a Abs. 2 BGB – keine hinreichende eigene Entscheidung des Patienten über die Einleitung oder Unterlassung medizinischer Maßnahmen vor. Die ermittelten Behandlungswünsche bzw.

---

[13] Das Gesetz stellt den Bevollmächtigten fast durchgängig dem Betreuer gleich, siehe § 1901a Abs. 5 BGB, § 1901b Abs. 3 BGB, § 1904 Abs. 5 BGB, hier nur mit Besonderheiten bezüglich der Vollmachtserteilung; § 298 Abs. 1 FamFG.

[14] So aber LANGE, W. (2009): *Das Patientenverfügungsgesetz – Überblick und kritische Würdigung*, in: Zeitschrift für Erbrecht und Vermögensnachfolge 16 (11), 537–544, 541.

[15] ALBRECHT, ALBRECHT 2009a, 17 f.; ebenso DIEHN, T., REBHAN, R. (2010): *Vorsorgevollmacht und Patientenverfügung*, in: Neue Juristische Wochenschrift 63 (6), 326–331, 326: der Vertreter sei der „Herr des Verfahrens"; seine Entscheidungen hätten konstitutive Wirkung.

der festgestellte mutmaßliche Wille bilden dann lediglich die „Grundlage" für die eigene Entscheidung des Stellvertreters.[16]

2. Wirksamkeitsvoraussetzungen einer Patientenverfügung

a) Schriftform

Das mit der Gesetzesänderung eingeführte Schriftformerfordernis (§ 1901a Abs. 1 Satz 1 BGB) soll den Betroffenen vor übereilten oder unüberlegten Festlegungen warnen und das von ihm wirklich Gewollte klarstellen.[17] Die Anforderungen beschränken sich dabei auf die allgemeinen Schriftformvoraussetzungen aus § 126 BGB. Anders als das Testament, das vollständig eigenhändig geschrieben sein muss (§ 2247 BGB), genügt es bei der Patientenverfügung, dass der Betroffene handschriftlich mit eigenem Namen unterzeichnet; im Übrigen kann er aber durchaus eines der zahlreichen Formulare verwenden, gegebenenfalls ergänzt oder abgeändert durch eigene Formulierungen. Weder die notarielle Unterschriftsbeglaubigung noch die notarielle Beurkundung sind erforderlich, aber (natürlich) auch nicht ausgeschlossen. Lediglich in Fällen, in denen der Betroffene nicht mehr selbst unterschreiben kann, ist es nach § 25 *Beurkundungsgesetz (BeurkG)* notwendig, mit Hilfe eines Schreibzeugen die eigenhändige Unterschrift durch die eines Dritten, der bei der gesamten Verlesung der Urkunde und ihrer Genehmigung durch den Betroffenen anwesend sein muss, zu ersetzen.[18]

b) Volljährigkeit und Einwilligungsfähigkeit

Als weitere Wirksamkeitsvoraussetzung wurde die Volljährigkeit des Verfügenden in das Gesetz aufgenommen. Die im Vorfeld der Gesetzesverabschiedung in der Literatur geäußerten Meinungen standen der Einführung einer solchen festen Altersgrenze einhellig ablehnend gegenüber.[19] Dennoch wurde sie in das Gesetz aufgenommen. Die Gründe für die Einführung dieser starren Grenze wurden weder in den entwurfsbegleitenden Erläuterungen noch in der Rechtsausschuss- oder Plenardebatte genannt oder gar diskutiert. In der Literatur und der älteren Rechtsprechung herrscht weitestgehend Einigkeit darüber, dass die Einwilligung in einen Heileingriff nicht von der Volljährigkeit, sondern von der *Einwilligungsfähigkeit* abhängig ist (die das Patientenverfügungsgesetz zusätzlich als Wirksamkeits-

---

[16] So auch DEUTSCHER BUNDESTAG 2009, 4.
[17] STÜNKER et al. 2008, 13.
[18] WINKLER, K. (2008): *Beurkundungsgesetz. Kommentar*, 16. Aufl., München, § 25, Rn. 11.
[19] Vgl. LANGE 2009, 539; SPICKHOFF, A. (2009): *Rechtssicherheit kraft Gesetzes durch sog. Patientenverfügungen?*, in: Zeitschrift für das Gesamte Familienrecht mit Betreuungsrecht, Erbrecht, Verfahrensrecht, Öffentlichem Recht 56 (23), 1949–1957, 1951, mit weiteren Nachweisen.

erfordernis verlangt). Ein ärztlicher Heileingriff erfüllt nämlich nach bisheriger, wenn auch nicht unumstrittener höchstrichterlicher Rechtsprechung außerhalb von Notfallsituationen stets den objektiven Tatbestand einer Körperverletzung (§ 223 StGB, § 823 Abs. 1 BGB)[20] und bedarf somit einer besonderen Rechtfertigung, in der Regel in Form einer ausdrücklichen oder stillschweigenden[21] Einwilligung[22]. Dazu muss der Einwilligende in der Lage sein, Wesen, Bedeutung und Tragweite der ärztlichen Maßnahme zu erfassen, das Für und Wider abzuwägen und seinen Willen diesbezüglich frei zu bilden.[23] Danach kann durchaus auch der Minderjährige (jedenfalls ab einer Altersgrenze von etwa 14 Jahren[24]) einwilligungsfähig sein, wenn er „nach seiner geistigen und sittlichen Reife die Bedeutung und Tragweite des Eingriffs und seiner Gestaltung zu ermessen vermag".[25]

Diese allgemein etablierte Rechtsmeinung, wonach ein einwilligungsfähiger Minderjähriger für die ihn betreffenden medizinischen Entscheidungen alleinzuständig ist, ist zwar durch ein Urteil des BGH aus dem Jahr 2006, das dem Minderjährigen lediglich ein „Vetorecht" gegen die Einwilligung durch den gesetzlichen Vertreter zuerkennt[26], „ins Wanken geraten"[27]. Jedoch besteht der typische Inhalt einer

---

[20] Seit Entscheidungen des Reichsgerichts in Strafsachen (RGSt), Bd. 25, 375, RGSt, Bd. 38, 34; Entscheidungen des Bundesgerichtshofes in Strafsachen (BGHSt), Bd. 11, 111, BGHSt, Bd. 16, 309, BGHSt, Bd. 35, 246; Entscheidungen des Bundesgerichtshofes in Zivilsachen (BGHZ), Bd. 29, 33, BGHZ, Bd. 106, 153; Bundesgerichtshof (BGH) (1971), in: Neue Juristische Wochenschrift 24 (42), 1887 (1887); BGH (1972), in: Neue Juristische Wochenschrift 25 (8), 335 (336); BGH (1978), in: Neue Juristische Wochenschrift 31 (24), 1206 (1206); BGH (2000), in: Neue Juristische Wochenschrift 53 (12), 885 (885).

[21] BGHSt, Bd. 12, 379 (382); BGH (1964), in: Juristenzeitung 19 (7), 231 (232); BGH (2000), in: Neue Juristische Wochenschrift 53 (12), 885 (886 f.).

[22] BGHZ, Bd. 29, 46; BGHZ, Bd. 29, 176; ausführlich zur Einwilligung und Aufklärung: DEUTSCH, E., SPICKHOFF, A. (2008): *Medizinrecht*, 6. Aufl., Berlin, Heidelberg, New York, Rn. 243 ff., mit weiteren Nachweisen; auf das (Hilfs-)Institut der mutmaßlichen Einwilligung ist hier nicht näher einzugehen; siehe dazu TAUPITZ, J. (2000a): *Die mutmaßliche Einwilligung bei ärztlicher Heilbehandlung*, in: 50 Jahre Bundesgerichtshof: Festgabe aus der Wissenschaft, Bd. 1, München, 497–521.

[23] BGHSt, Bd. 11, 111; BGH (1972), in: Neue Juristische Wochenschrift 25 (8), 335; Oberlandesgericht Hamm (1997), in: Praxis der Freiwilligen Gerichtsbarkeit 3 (2), 64; TAUPITZ, J. (2000b): *Empfehlen sich zivilrechtliche Regelungen zur Absicherung der Patientenautonomie am Ende des Lebens?*, Gutachten A für den 63. Deutschen Juristentag, München, A58 f.

[24] Dazu ibid., A60 f.

[25] BGHZ, Bd. 29, 33 (= BGH (1959), in: Neue Juristische Wochenschrift 12 (18), 811).

[26] BGH (2007), in: Neue Juristische Wochenschrift 60 (4), 217 (= BGH (2008), in: Medizinrecht 26 (5), 289), mit Anmerkungen Lipp. Weitere kritische Anmerkungen: KERN, B.-R. (2007): *Einwilligung und Aufklärung Minderjähriger*, in: Lindenmaier-Möhring – Kommentierte BGH-Rechtsprechung 04/2007, 220412. Schon zuvor wurde von Seiten

Patientenverfügung gerade in der Verweigerung der Einwilligung in eine medizinische Behandlung, die nach dem genannten Urteil auch ein Minderjähriger wirksam erklären kann. Daher verwundert es, dass der Gesetzgeber Minderjährige völlig davon ausschließt, eine bindende Patientenverfügung errichten zu können. Die starre Grenze der Volljährigkeit verletzt die verfassungsrechtlich geschützte Patientenautonomie (Art. 2 Abs. 1 GG in Verbingung mit Art. 1 Abs. 1 GG) und den Gleichheitsgrundsatz (Art. 3 GG).[28] Die im Voraus festgehaltenen Willensäußerungen eines einwilligungsfähigen Minderjährigen können zwar auch nach neuer Rechtslage im Rahmen der Feststellung seines mutmaßlichen Willens nach § 1901a Abs. 2 BGB berücksichtigt werden.[29] Ungeachtet dessen modifiziert die im Gesetz enthaltene Abstufung der Verbindlichkeit aufgrund des Alters jedoch die bislang geltende Rechtslage erheblich.

Aber auch die vom Gesetzgeber zu Recht geforderte *Einwilligungsfähigkeit* als (weitere) Voraussetzung für die wirksame Errichtung einer Patientenverfügung ist nicht unproblematisch. Zum einen ist schon fraglich, wo die Grenze zwischen Einwilligungsfähigkeit und Einwilligungsunfähigkeit liegt. Insoweit hilft die Formel der herrschenden Meinung kaum weiter, wonach einwilligungsfähig ist, wer Wesen, Bedeutung und Tragweite der ärztlichen Maßnahme erfassen, das Für und Wider abwägen und seinen Willen diesbezüglich frei bilden kann. Da die Menschen in unterschiedlichem Ausmaß ‚erfassen', ‚abwägen' und ihren ‚Willen bilden' können, bezüglich der Frage der Einwilligungsfähigkeit jedoch eine Ja-Nein-Entscheidung notwendig ist, zugleich aber die Grenze zwischen ‚schon' oder ‚noch' einwilligungsfähig von der Formel der herrschenden Meinung gerade nicht festgelegt wird, schiebt die Rechtsordnung die Verantwortung letztlich an die Medizin ab.[30] Dies gilt nicht zuletzt auch deshalb, weil die Frage der Einwilligungsfähigkeit maßgebend von den Umständen des Einzelfalls und dabei auch der in Frage stehenden medizinischen Maßnahme abhängig gemacht wird.[31]

Hinzu kommt bezogen auf Patientenverfügungen die Frage, wie in der späteren Entscheidungssituation festgestellt werden kann, ob der Betroffene zum früheren

---

eines Teils der Literatur ein „Co-Konsens" von einwilligungsfähigem Minderjährigen und seinen Eltern verlangt, was auf das Gleiche hinausläuft; siehe TAUPITZ 2000b, A63 ff.

[27] LANDESÄRZTEKAMMER BADEN-WÜRTTEMBERG MIT DEN BEZIRKSÄRZTEKAMMERN (2009): *Merkblatt über die Aufklärungspflichten des Arztes*, Stuttgart, 3.

[28] So z.B. MÜLLER 2010, 182; kritisch auch LANGE 2009, 539; RENNER, T. (2009): *Zur gesetzlichen Regelung der Patientenverfügung*, in: Zeitschrift für die Anwaltspraxis, Fach 11, 2009 (23), 1075–1080, 1078.

[29] Der im Voraus festgelegte Wille eines Minderjährigen ist also nicht unbeachtlich; so aber ROGLMEIER, J., LENZ, N. (2009): *Live and let die – die gesetzlichen Neuregelungen zur Patientenverfügung*, in: Zeitschrift für die Steuer- und Erbrechtspraxis 2009 (8), 236–239, 238.

[30] TAUPITZ 2000b, A58 f.

[31] Näher ibid., A59.

Zeitpunkt der Errichtung der Patientenverfügung (noch) einwilligungsfähig war. Von daher ist dem Verfügenden zu empfehlen, dafür Sorge zu tragen, dass Zeugen im Nachhinein seine Einwilligungsfähigkeit bestätigen können oder dass z.B. der Hausarzt in der Patientenverfügung die Einwilligungsfähigkeit bestätigt. Das Problem wird immerhin dadurch entschärft, dass bei volljährigen Bürgern eine Vermutung für vorhandene Einwilligungsfähigkeit zum Zeitpunkt ihres Handelns spricht.[32]

c)   Hinreichend bestimmte Festlegungen für bestimmte Situationen

aa)   Die Anforderungen des Gesetzes

Die Wirksamkeit einer Patientenverfügung ist nach der gesetzlichen Regelung des Weiteren an inhaltliche Voraussetzungen gebunden. Die Patientenverfügung ist nämlich nur dann unmittelbar verbindlich, wenn sie eine „*Festlegung*" enthält, ob der Betroffene in „*bestimmte*", zum Zeitpunkt der Festlegung noch nicht unmittelbar bevorstehende ärztliche Maßnahmen einwilligt oder sie untersagt. Es werden somit „konkrete Entscheidungen"[33] verlangt. Wie konkret die im Nachhinein eingetretene Situation im Voraus beschrieben werden muss, um diesem *Bestimmtheitserfordernis* zu genügen, wird vom Gesetz nicht geklärt, so dass bereits kurz nach Inkrafttreten des Gesetzes ein Streit zu dieser Frage entstanden ist. Ob man die Anwendungssituationen so konkret wie möglich beschreiben sollte[34] oder übertriebene Konkretisierungen zu vermeiden sind, da die Gefahr besteht, in eine gegenteilige Wirkung umzuschlagen[35], bleibt eine Frage für die Rechtsprechung. Sicherlich kann es nicht darauf ankommen, „sämtliche diagnostische und therapeutischen Möglichkeiten der Zukunft vorwegzunehmen".[36] Andererseits „nur die wichtigsten Behandlungssituationen und Symptome darzustellen"[37] oder gänzlich „auf konkrete Einzelauflistungen"[38] zu verzichten, birgt die Gefahr, dass die Patientenverfügung im Einzelfall die tatsächlich eingetretene Situation nicht genau genug erfasst oder sogar gänzlich als zu allgemein gewertet und somit lediglich nach § 1901a Abs. 2 BGB maßgeblich wird. Einigkeit herrscht immerhin darüber, dass allgemeine Wünsche oder Richtlinien nicht ausreichen und somit auch keine unmittelbare Wirkung entfalten. Sie können aber durchaus für die Auslegung konkreter (anderer) Fest-

---

[32] LIPP, V. (2009): *Handbuch der Vorsorgeverfügungen*, München, § 17, Rn. 127.
[33] DIEDERICHSEN, U. (2010): *§ 1901a*, in: PALANDT, O. (Hg.): Bürgerliches Gesetzbuch, 69. Aufl., München, Rn. 6.
[34] ROGLMEIER, LENZ 2009, 239.
[35] SCHMITZ, B. (2009): *Voraussetzungen und Umsetzung der Patientenverfügung nach neuem Recht: Ein dialogischer Prozess*, in: Familienrecht und Familienverfahrensrecht 2009 (3), 64.
[36] DIEDERICHSEN 2010, Rn. 6.
[37] NAJDECKI, D.W. (2009): *Generalvollmacht mit Betreuungs- und Patientenverfügung*, in: NWB Steuer- und Wirtschaftsrecht 2009 (33), 2594–2603, 2602.
[38] SCHMITZ 2009, 64.

legungen von Bedeutung sein und führen zur Pflicht des Betreuers (Bevollmächtigten), sie in seine eigene Entscheidung einzubeziehen. Die Übergänge zwischen der unmittelbaren Wirkung und einer maßgeblichen Berücksichtigung bei der Ermittlung des Patientenwillens sind letztlich „fließend"[39], was die Abgrenzung schwierig macht.

bb) Vor dem 1. September 2009 verfasste Patientenverfügungen

Bereits bestehende Patientenverfügungen bleiben wirksam, wenn sie den vorstehend beschriebenen Anforderungen genügen. Viele von ihnen sind aber wahrscheinlich keine Patientenverfügungen im Sinne des neuen Gesetzes, da sie das zentrale Tatbestandsmerkmal – den notwendigen Grad an Bestimmtheit – nicht erfüllen, um eine unmittelbare Wirkung zu entfalten.[40] Da das Gesetz auf eine zwingende professionelle Beratung im Vorfeld der Errichtung einer Patientenverfügung verzichtet[41], ist es umso wahrscheinlicher, dass der Verfügende, der über keine besonderen medizinischen Kenntnisse verfügt, nicht in der Lage sein wird, eine ausreichend bestimmte antizipative Entscheidung zu verfassen[42]. Das dürfte insbesondere für gesunde Menschen gelten.

cc) Keine Reichweitenbegrenzung

Einer der zentralen Punkte der Neuregelung und der wesentliche Punkt, an dem sich die Gesetzesentwürfe unterschieden, ist die Frage, ob die Verbindlichkeit einer Patientenverfügung von der Art und dem Stadium der Erkrankung abhängig gemacht werden sollte. Der Gesetzgeber hat sich zu Recht gegen eine solche Reichweitenbegrenzung entschieden[43]; ausdrücklich heißt es in § 1901a Abs. 3 BGB: „Die Absätze 1 und 2 gelten unabhängig von Art und Stadium einer Erkrankung des Betreuten."[44] Die Diskussion wurde vor allem durch eine unklare Entscheidung des XII. Zivilsenats des BGH ins Rollen gebracht[45], die sich (zu Unrecht) auf eine

---

[39] REUS 2010, 82.
[40] ALBRECHT, E., ALBRECHT, A. (2009b): *Die Patientenverfügung – jetzt gesetzlich geregelt*, in: Mitteilungen des Bayerischen Notarvereins 2009 (6), 426–435, 428.
[41] Dazu unten bei Anm. 72 ff.
[42] Auf diese Gefahr weist STÜNKER et al. 2008, 14, ausdrücklich hin.
[43] Zur Diskussion um das Für und Wider siehe NATIONALER ETHIKRAT (2005): *Patientenverfügung*, Berlin, 18 ff., 31.
[44] Siehe zur Begründung STÜNKER et al. 2008, 16 ff., und DEUTSCHER BUNDESTAG 2009, 20 f.
[45] Mit einer Patientenverfügung könne, so der BGH, Ärzten und Betreuern nicht etwas abverlangt werden, was strafrechtlich verboten sei. Die Entscheidungsmacht des Betreuers reiche nicht weiter als die nach der Rechtsordnung zulässige Sterbehilfe. Strafrechtlich zulässig seien aber das Unterlassen und der Abbruch von lebenserhaltenden Maßnahmen nur dann, wenn das Grundleiden des Patienten nach ärztlicher Überzeugung irreversibel ist und bereits unumkehrbar tödlich verläuft. Dies wurde dann im

frühere Entscheidung des 1. Strafsenats[46] berief. Mit dem neuen § 1901a Abs. 3 BGB wurde diese Diskussion beendet und den missverständlichen Begrenzungen der Rechtsprechung der Boden entzogen. Die Vorausverfügung wird insofern der aktuellen Willenserklärung gleichgestellt. Es gibt auch keine Reichweitenbegrenzung gemäß der „Wohlschranke" des § 1901 Abs. 3 BGB.[47] Selbst in ethisch besonders kontroversen Konstellationen wie im Falle des Wachkomas oder der Demenz hat sich die Entscheidung nach dem Willen des Patienten und nicht nach dem Kriterium des „unumkehrbar tödlichen Verlaufs des Grundleidens" zu richten.

d)   Die Stellung des Betreuers / Bevollmächtigten

Durch die Einbettung der Patientenverfügung in das Betreuungsrecht hat die Rolle des Patientenvertreters im Entscheidungsprozess am Lebensende wesentlich an Bedeutung zugenommen. Wird nämlich eine Person einwilligungsunfähig, hat der Betreuer (Bevollmächtigte) zunächst zu prüfen, ob überhaupt eine Patientenverfügung im Sinne des Gesetzes vorliegt. Im zweiten Schritt muss er dann prüfen, ob die in der Patientenverfügung enthaltenen „Festlegungen auf die aktuelle Lebens- und Behandlungssituation zutreffen" (§ 1901a Abs. 1 Satz 1 BGB). Sofern dies der Fall ist, hat der Betreuer (Bevollmächtigte) dem Willen des Betroffenen „Ausdruck und Geltung" zu verschaffen.[48] Die antizipierte Willensäußerung wird einer aktuellen gleichgestellt, wenn auch die antizipierte Erklärung noch der Realisierung durch den Betreuer (Bevollmächtigten) bedarf. Bei der Prüfung seitens des Betreuers (Bevollmächtigten) sind dessen eigene Wertungen ausgeschlossen.[49] Der Vertreter darf auch keine Mutmaßungen über den aktuellen Willen des Vertretenen anstellen.[50] Vielmehr ist er an den festgehaltenen Willen gebunden. Dies entspricht auch der zivilrechtlichen Grundsatzentscheidung des BGH, nach der die Patientenverfügung als „Ausdruck des fortwirkenden Selbstbestimmungsrechts, aber auch der Selbstverantwortung des Betroffenen den Betreuer" binde.[51]

---

konkreten Fall für einen Patienten im Wachkoma bejaht (BGHZ, Bd. 154, 205 (215) (= BGH (2003), in: Neue Juristische Wochenschrift 56 (22), 1588 (1590))), was unzutreffend ist, weil dieser an seinem Grundleiden gerade nicht stirbt.

[46] BGHSt, Bd. 40, 257 (= BGH (1995), in: Neue Juristische Wochenschrift 48 (3), 204 (sogenannter Kemptener Fall).

[47] Ausführlicher zur „Wohlschranke": SCHMIDL, S. (2006): *Zur Bedeutung der „Wohlschranke" des § 1901 BGB bei Patientenverfügungen*, in: Zeitschrift für Erbrecht und Vermögensnachfolge 13 (11), 484–485; TAUPITZ 2000b, A69 ff.

[48] Dazu, dass der Betreuer (Bevollmächtigte) nicht lediglich Bote, sondern Vertreter ist, siehe oben bei Anm. 15.

[49] ALBRECHT, ALBRECHT 2009a, 18.

[50] Der früher geäußerte Wille ist denn auch nicht lediglich ein Indiz für den heutigen Behandlungswunsch des Betroffenen, siehe ibid., 19.

[51] BGHZ, Bd. 154, 205 (217) (= BGH (2003), in: Neue Juristische Wochenschrift 56 (22), 1588 (1591)).

Bei der Prüfung, ob die Festlegungen der Patientenverfügung auf die aktuelle Lebens- und Behandlungssituation zutreffen, ist der Betreuer (Bevollmächtigte) einer großen Herausforderung und Verantwortung ausgesetzt. Das gilt insbesondere für die Fälle, in denen der vom Betroffenen beschriebene Krankheitsverlauf von dem tatsächlich eingetretenen abweicht. Ist eine, wenn auch nur geringfügig abweichende Patientenverfügung für den Vertreter gleichwohl unmittelbar verbindlich oder doch nur bloßer Behandlungswunsch? Solche unvorhergesehenen Situationen und mehr oder weniger großen Abweichungen der tatsächlich eingetretenen Situation vom zuvor Beschriebenen sind das *Grundproblem der Auslegung von (antizipativen) Willenserklärungen*: Was hat der Betroffene für welche Situation wie verbindlich gewollt? Angesichts der Vielzahl möglicher Situationen und unterschiedlicher Formulierungen konnte und kann diese Frage vom Gesetzgeber letztlich nicht gelöst werden.

Bei der Auslegung kommt dem Bestimmtheitserfordernis eine ganz wesentliche Rolle zu. Je nachdem ob man die Einhaltung des Bestimmtheitserfordernisses davon abhängig macht, dass die konkrete Situation und die in Betracht kommende Maßnahme wörtlich und quasi vorausahnend benannt wird, oder ob es ausreicht, dass sie lediglich hinreichend umschrieben wird[52], steht auch die Verbindlichkeit der Patientenverfügung als solcher in Frage. Je höhere Anforderungen man an das Bestimmtheitserfordernis stellt, umso eher wird die Entscheidungskompetenz des Vertreters gestärkt. Obwohl der Rückgriff auf den mutmaßlichen Willen, um die Entscheidung zu ‚korrigieren', nicht erlaubt ist, wird mit einer engen Auslegung des Bestimmtheitserfordernisses Spekulationen Tür und Tor geöffnet.

Nach der Gesetzesbegründung soll die vom Vertreter vorgenommene Prüfung auch die Frage umfassen, ob das aktuelle Verhalten des (wohlgemerkt: nicht mehr entscheidungsfähigen) Patienten konkrete Anhaltspunkte dafür zeigt, dass er unter den gegebenen Umständen den zuvor schriftlich geäußerten Willen nicht mehr gelten lassen will, und ob der Betroffene bei seinen (früheren) Festlegungen diese Lebenssituation mitbedacht hat.[53] Der erste Teil dieser Gesetzesbegründung ist mehr als problematisch. Denn der aktuelle Wille des nicht einwilligungsfähigen Patienten kann nicht als Widerruf des früheren, in einwilligungsfähigem Zustand geäußerten Willens zu interpretieren sein. Wenn man das Erfordernis der Einwilligungsfähigkeit ernst nimmt, dann kann nicht der Wille eines Einwilligungsunfähigen ebenso maßgeblich sein wie der Wille eines Einwilligungsfähigen.[54] Der zweite Teil der Gesetzesbegründung weist allerdings in die richtige Richtung. Je weniger davon auszugehen ist, dass der Betroffene Kenntnis davon hatte, wie sehr

---

[52] So z.B. DIEDERICHSEN 2010, Rn. 18.
[53] STÜNKER et al. 2008, 14 f.; siehe diesbezüglich den Fall von Walter Jens, dazu z.B. LUIK, A. (2008): *„Ich sehe seinem Entschwinden zu"*, in: Stern 2008 (15) (15. Dezember 2008), 180.
[54] TAUPITZ, WEBER-HASSEMER 2006, 1117 f.; anderer Ansicht offenbar *de lege ferenda* OLZEN, D. (2009): *Die gesetzliche Neuregelung der Patientenverfügung*, in: Juristische Rundschau 2009 (9), 354–362, 358; siehe auch NATIONALER ETHIKRAT 2005, 21 ff.

bei Patienten im entsprechenden Zustand (etwa bei Demenzkranken) aktueller natürlicher Wille (z.B. Freude, Glücksgefühl) von früher geäußerten Vorstellungen ('kein lebenswertes Leben', 'Dahinsiechen') abweichen kann und häufig abweicht, umso eher sind Zweifel angebracht, ob der Betroffene die Ablehnung einer Behandlung unabhängig von diesem Faktum zum Ausdruck bringen wollte.[55] Auch hier handelt es sich um ein Grundproblem der Auslegung von (antizipativen) Willenserklärungen, das vom Gesetzgeber nicht abschließend gelöst werden kann.

Ein weiteres Problem, das sich aus der Prüfungspflicht des Betreuers ergibt, ist die der Prüfung vorgelagerte Frage, ob eine Betreuerbestellung stets erforderlich ist, wenn kein Betreuer und auch kein Bevollmächtigter vorhanden ist. Zieht man in Betracht, dass das geltende Betreuungsrecht von einem grundsätzlichen Willensvorrang des Betreuten ausgeht und eine Betreuerbestellung nach bisher allgemeiner Auffassung entbehrlich ist, wenn der Betroffene (etwa in einer Patientenverfügung) eine eigene Entscheidung für die konkrete Situation getroffen hat[56], müssen die in der Patientenverfügung enthaltenen Festlegungen auch ohne den Stellvertreter umgesetzt werden können, wenn sie situationsbezogen hinreichend konkret sind. Hierfür spricht auch, dass der Arzt und andere an der Behandlung beteiligte Personen gemäß der Begründung des sogenannten Stünker-Entwurfs, dem das später verabschiedete Gesetz im Wesentlichen folgt[57], ebenfalls Adressaten der Patientenverfügung sind[58]. Ein anderes Ergebnis kann zudem als Widerspruch zu dem beabsichtigten Zweck des Gesetzes – nämlich der Stärkung der Patientenautonomie – gewertet werden. Die Patientenverfügung ist aus diesem Blickwinkel „eine nach Außen gerichtete Willenserklärung"[59] und somit auch für den Arzt und andere Beteiligte „auch ohne Betreuer"[60] unmittelbar verbindlich[61].

Allerdings sprechen auch für die Gegenauffassung gute, *de lege lata* letztlich sogar die besseren Gründe. Die in der Begründung des Stünker-Entwurfs erwähnte Adressatenstellung des Arztes und anderer an der Behandlung Beteiligter hat keinen

---

[55] Siehe zu dieser Frage auch ibid., 21 ff.; TAUPITZ, WEBER-HASSEMER 2006, 1117 f.
[56] TAUPITZ 2000b, A120.
[57] Siehe oben Anm. 3.
[58] STÜNKER et al. 2008, 11.
[59] DIEDERICHSEN 2010, Rn. 20.
[60] COEPPICUS, R. (2010): „Der Patientenwille gilt auch ohne Betreuer", in: Frankfurter Allgemeine Zeitung 2010 (31) (6. Februar 2010), 9.
[61] BUNDESMINISTERIUM DER JUSTIZ (BMJ) (2010): *Patientenverfügung*, Berlin, 15; BAYERISCHES STAATSMINISTERIUM DER JUSTIZ UND FÜR VERBRAUCHERSCHUTZ (2009): *Vorsorge für Unfall, Krankheit, Alter*, 11. Aufl., München, 13; BUNDESÄRZTEKAMMER (BÄK), ZENTRALE ETHIKKOMMISSION BEI DER BUNDESÄRZTEKAMMER (ZEKO) (2010): *Empfehlungen der Bundesärztekammer und der Zentralen Ethikkommission bei der Bundesärztekammer zum Umgang mit Vorsorgevollmacht und Patientenverfügung in der ärztlichen Praxis*, in: Deutsches Ärzteblatt 107 (18), A877–882 (abgedruckt in diesem Jahrbuch auf den Seiten 463–473), A879 (in diesem Jahrbuch auf Seite 468); LIPP 2009, § 17, Rn. 97, 113, 191, § 18, Rn. 116.

Niederschlag im letztlich beschlossenen (und in verschiedenen Punkten vom Stünker-Entwurf abweichenden) Gesetzeswortlaut gefunden. Sie läuft auch dem stark verfahrensrechtlich geprägten Schutz des Betroffenen und dem „dialogischen Verfahren zwischen Vertreter und Arzt zur Feststellung des Patientenwillens"[62], welches das Kommunikationsdefizit zwischen Arzt und nicht mehr einwilligungsfähigem Patienten ausgleichen soll[63], zuwider. So hat zwar zunächst der Arzt (autonom) die Entscheidung zu treffen, ob eine medizinische Maßnahme indiziert ist (§ 1901b Abs. 1 Satz 1 BGB). Liegt keine Indikation vor, erübrigen sich alle weiteren Schritte und damit auch die Ermittlung des Betroffenenwillens sowie die Bestellung eines Betreuers.[64] Ist eine Maßnahme aber indiziert, hat der Arzt dies mit dem *Betreuer (Bevollmächtigten)* als Grundlage für die nach § 1901a BGB *vom Betreuer (Bevollmächtigten)* zu treffende Entscheidung zu erörtern (§ 1901b Abs. 1 BGB): Der *Betreuer (Bevollmächtigte)* muss feststellen, ob eine qualifizierte Patientenverfügung gemäß § 1901a Abs. 1 BGB vorliegt (der er Ausdruck und Geltung zu verschaffen hat) oder ob nur Behandlungswünsche/der mutmaßliche Willen gemäß § 1901a Abs. 2 BGB gegeben sind (auf deren Grundlage er eine *eigene* Entscheidung zu treffen hat). Der Dialog zwischen Arzt und Vertreter ist in jedem Fall geboten, unabhängig davon, um welche Form des Patientenwillens es geht.[65] Wenn ein Vertreter vorhanden ist, kann er also nicht auf das Gespräch mit dem Arzt verzichten. Es ist nicht ersichtlich, wieso der Arzt, der den Patienten möglicherweise gar nicht kennt, auf das Gespräch mit einem Vertreter verzichten könnte. Auch der Umstand, dass nahen Angehörigen und sonstigen Vertrauenspersonen des Patienten gemäß § 1901b Abs. 2 BGB Gelegenheit gegeben werden soll, sich über den ihnen bekannten Patientenwillen nach § 1901a Abs. 1 BGB oder die Behandlungswünsche und den mutmaßlichen Willen nach § 1901a Abs. 2 BGB zu äußern, entbindet nicht von dem Gespräch mit dem Vertreter.[66] Denn die Angehörigen bzw. nahestehenden Personen sollen lediglich zur *Feststellung* des Patientenwillens gemäß § 1901b Abs. 1 BGB beitragen, sind aber nicht zu seiner *Umsetzung* in Form von *Entscheidungen* befugt. Von dem Gespräch zwischen Arzt und Vertreter könnte allenfalls dann abgesehen werden, wenn die medizinisch indizierte Maßnahme so eilbedürftig ist, dass weder eine (vorläufige) Bestellung eines Betreuers noch eine Eilentscheidung des Gerichts (gemäß § 1908i Abs. 1 Satz 1, § 1846 BGB) abgewartet werden kann.[67]

---

[62] Ibid., § 17, Rn. 198, in Verbindung mit § 16, Rn. 46.
[63] ALBRECHT, ALBRECHT 2009a, 20.
[64] BECKMANN, R. (2009): *Patientenverfügungen: Entscheidungswege nach der gesetzlichen Regelung*, in: Medizinrecht 27 (10), 582–586, 582; ALBRECHT, ALBRECHT 2009a, 21; ALBRECHT, ALBRECHT 2009b, 431; ULSENHEIMER 2010, 116.
[65] LIPP 2009, § 16, Rn. 46.
[66] ALBRECHT, ALBRECHT 2009a, 21 f.
[67] ALBRECHT, ALBRECHT 2009b, 432 f.; BECKMANN 2009, 583; MÜLLER 2010, 174 f.; siehe auch: ULSENHEIMER 2010, 115.

Auch das Erfordernis einer betreuungs*gerichtlichen* Genehmigung einer „gefährlichen" Einwilligung des Betreuers[68] bzw. einer „gefährlichen" Nichteinwilligung oder eines „gefährlichen" Widerrufs der Einwilligung nach § 1904 Abs. 1 und 2 BGB läuft leer, wenn kein Betreuer oder Bevollmächtigter vorhanden ist. Verlangt man keine Betreuerbestellung, hat der Arzt in eigener Machtvollkommenheit das zu prüfen, was dem *Betreuungsgericht* in Fällen vorbehalten ist, in denen der Arzt und der Betreuer (Bevollmächtigte) kein Einvernehmen über die Auslegung der früheren Äußerungen des Patienten erzielen (§ 1904 Abs. 4 BGB): ob nämlich die ärztliche Maßnahme dem Willen des Betroffenen entspricht. Überlässt man die Ermittlung und Auslegung des Patientenwillens allein dem Arzt, entfällt eine wesentliche verfahrensförmige Absicherung (der Ermittlung) des Patientenwillens in Form der *wechselseitigen Kontrolle* der Entscheidungsfindung von Arzt und Vertreter.[69] Vielmehr befindet der Arzt dann autonom über *beide* Grundlagen der Legitimität einer medizinischen Maßnahme: die medizinische *Indikation* (§ 1901b Abs. 1 Satz 1 BGB) und den damit übereinstimmenden *Willen des Patienten*.

Schließlich spricht die Gesetzgebungsgeschichte dafür, dass sich die Patientenverfügung nicht unmittelbar an den Arzt richtet: Das Gespräch zur Feststellung des Patientenwillens wurde in § 1901b BGB als Kompensation für den Wegfall der Reichweitenbegrenzung und den Verzicht auf eine verbindlich vorgeschriebene ärztliche Beratung festgeschrieben.[70] Es verlangt die Erörterung der indizierten Maßnahme zwischen dem Arzt und dem Vertreter, um durch die Dialektik des Gedankenaustausches sicherzustellen, dass dem Selbstbestimmungsrecht des Betroffenen gegebenenfalls im Widerspruch zum Lebensschutz Rechnung getragen wird.

Vor diesem Hintergrund sprechen die besseren Gründe dafür, dass die Patientenverfügung nach dem neuen Gesetz nur Innenwirkung gegenüber dem Betreuer (Bevollmächtigten) entfaltet und somit nur für ihn unmittelbar verpflichtend ist.[71] Auf dem Boden dieser Auffassung ist eine Betreuerbestellung in Fällen, in denen

---

[68] Als „gefährlich" ist hier verkürzt eine Entscheidung bezeichnet, bei der die begründete Gefahr besteht, dass der Betreute aufgrund der Maßnahme, über die der Vertreter entscheidet, stirbt oder einen schweren und länger dauernden gesundheitlichen Schaden erleidet; siehe § 1904 Abs. 1 und 2 BGB.

[69] ALBRECHT, ALBRECHT 2009a, 26.

[70] Ibid., 42 f.; ALBRECHT, ALBRECHT 2009b, 432 f.

[71] ALBRECHT, ALBRECHT 2009a, 42 f.; ALBRECHT, ALBRECHT 2009b, 432 f.; DIEHN, REBHAN 2010, 327; BECKMANN 2009, 583; IHRIG, T. (2009): *Mehr Rechtssicherheit durch das Gesetz über die Patientenverfügung*, in: notar 2009 (9), 380–388, 383; MÜLLER 2010, 174 f.; OLZEN 2009, 358; siehe auch ULSENHEIMER 2010, 115; SCHEUVENS, W. (2010): *Ein Juristenstreit zur Patientenverfügung*, in: Frankfurter Allgemeine Zeitung 2010 (35) (11. Februar 2010), 35; ELLWANGER, D. (2010): *Nicht ohne Vertreter des Patienten*, in: Frankfurter Allgemeine Zeitung 2010 (37) (13. Februar 2010), 39; MÜLLER, G. (2008): *Verbindlichkeit und Grenzen der Patientenverfügung – Zur Rechtslage de lege lata et de lege ferenda*, in: Zeitschrift für Erbrecht und Vermögensnachfolge 15 (12), 583–588, 587.

kein Bevollmächtigter vorhanden ist, stets Pflicht. Jedenfalls ist jedem Arzt dringend anzuraten, beim Betreuungsgericht durch Anregung einer Betreuerbestellung eine Klärung herbeizuführen. Besser wäre es natürlich, wenn der Gesetzgeber selbst insoweit Klarheit schaffen würde.

e)   Der gesetzgeberische Verzicht auf das Erfordernis einer ärztlichen Beratung

Der Gesetzgeber hat davon abgesehen, die Verbindlichkeit der Patientenverfügung von einer vorangegangenen ärztlichen Beratung abhängig zu machen.[72] Dabei hätten gute Gründe für eine solche Voraussetzung gesprochen[73]:

– Nach allgemeinen Grundsätzen hat der Arzt den Patienten im persönlichen Gespräch über Chancen und Risiken der Behandlung aufzuklären. Denn das Zivilrecht begnügt sich nicht damit, der Patientenautonomie dadurch ‚formal' Rechnung zu tragen, dass vor einer Heilbehandlung die Einwilligung des betroffenen Patienten gegeben sein muss. Vielmehr wird die Einwilligung nur dann als *wirksam* angesehen, wenn sie von einer ausreichenden *Aufklärung* seitens des Arztes getragen ist. Die Aufklärung soll die freie, selbstverantwortliche Entscheidung des Patienten ermöglichen, ihn also in die Lage versetzen, das Für und Wider seiner Entscheidung abzuwägen und auf dieser Basis eine informiert-eigenverantwortliche Entscheidung zu treffen. Jene Patienten, die eine medizinisch indizierte Maßnahme ablehnen, sind eindringlich auf die Notwendigkeit der Behandlung sowie auf die Gefahren einer Nichtbehandlung aufmerksam zu machen. Insgesamt soll der Patient im Rahmen dieses Konzepts der „Materialisierung der Einwilligung durch Aufklärung"[74] *umfassend* über seine *aktuelle* und *bevorstehende* Situation informiert und dadurch in die Lage versetzt worden sein, eine eigenverantwortliche Entscheidung zu treffen. Demgegenüber soll der Arzt bei Vorliegen einer Patientenverfügung einer Erklärung eines Patienten folgen, den er u.U. nicht kennt, den er nicht über die konkret gegebenen Handlungsoptionen mit ihren Vor- und Nachteilen informiert hat und bei dem er von daher nicht wissen kann, auf welcher Informationsgrundlage und aufgrund welcher (möglicherweise übersteigerten) Sorgen und Ängste der Betroffene seine Entscheidung getroffen hat.

– Nach allgemeinen Grundsätzen hat der Arzt im Rahmen des Aufklärungsgesprächs auch die Einwilligungsfähigkeit des Patienten zu prüfen, ggf. zu dem Anzeichen für äußeren Druck (in Form familiärer oder sonstiger Fremd-

---

[72] Kritisch LANGE 2009, 537; HÖFLING 2009, 2852; OLZEN 2009, 362; ROGLMEIER, LENZ 2009, 238.
[73] Zum Folgenden s. TAUPITZ, J. (2002): *Grenzen der Patientenautonomie*, in: BRUGGER, W., HAVERKATE, G. (Hg.): Grenzen als Thema der Rechts- und Sozialphilosophie. Archiv für Rechts- und Sozialphilosophie, Beiheft Nr. 84, Stuttgart, 83–132, 116 ff.
[74] TAUPITZ 2000b, A28.

bestimmungsversuche) nachzugehen. Demgegenüber soll er nun einer Erklärung folgen, bei der die äußeren Umstände des Zustandekommens und die Einwilligungsfähigkeit des Betreffenden zum Zeitpunkt der Erklärung völlig unbekannt sind.

– Zwar ist ein Aufklärungs*verzicht* eines Patienten unstreitig möglich, allerdings richtigerweise nicht in Form einer formularförmigen Erklärung, aus der nicht deutlich erkennbar ist, dass der Patient weiß, worauf er konkret verzichtet.

– Bedenken gegenüber der um sich greifenden ‚Formularpraxis' bestehen vor allem auch deshalb, weil es als mehr oder weniger zufällig erscheint, welches der sehr unterschiedlich gestalteten und formulierten, ganz unterschiedliche Situationen ansprechenden und manchmal (jedenfalls von der ‚Aufmachung' her) noch nicht einmal eine *selektive* Entscheidung ermöglichenden Formulare der Betroffene konkret verwendet hat, ohne dass erkennbar würde, ob es ihm wirklich auf den Inhalt des tatsächlich verwendeten Formulars im Unterschied zu anderen ankam.

– Gerade wenn man davon ausgeht, dass *zukünftiges* eigenes *Leiden* kaum antizipierbar ist, dann ist es um so wichtiger, von einer Person, die kraft ihrer Profession tagtäglich mit entsprechendem Leiden umzugehen hat, zumindest auf der Verstandesebene vermittelt zu bekommen, wie *andere* Personen sich in der entsprechenden Situation fühlen bzw. wie sie sich dazu äußern. Diese Vermittlung von ‚Leiderfahrung' kann nur von einem Arzt oder einer anderen mit entsprechenden Situationen vertrauten Person (nicht aber etwa von einem Notar) wahrgenommen werden. Auch Änderungen in der Gefühlslage und im Empfinden von Patienten (etwa Demenzkranken), die ihre konkret eingetretene Situation oft keineswegs als so negativ wahrnehmen, wie sie dies in gesunden Tagen befürchtet haben, wären auf diese Weise vermittelbar. Im Rahmen der gebotenen Aufklärung müsste der Arzt dem Betroffenen schließlich auch verdeutlichen, dass Prognosen hinsichtlich der ‚Irreversibilität' etc. mehr oder weniger unsicher sein können, ‚Wunder' nicht auszuschließen sind und der Patient mit einer verbindlichen Behandlungsabbruchentscheidung in bestimmtem (in den gängigen Patientenverfügungsformularen unterschiedlich konkretisiertem) Umfang das Risiko unsicherer Prognose selbst übernimmt.[75]

Angesichts dieser Gesichtspunkte wäre es angezeigt gewesen, eine antizipative Patientenverfügung in Anlehnung an die Wertung des § 1904 BGB jedenfalls dann, wenn die begründete Gefahr besteht, dass der Betroffene bei ihrer Befolgung stirbt oder einen erheblichen gesundheitlichen Schaden erleidet, nur unter *der* Voraussetzung als *verbindlich* anzusehen, dass ein Arzt in der Verfügung bestätigt hat, den Betroffenen über Bedeutung und Tragweite seiner Entscheidung aufgeklärt zu

---

[75] Zutreffend VERREL, T. (1999): *Zivilrechtliche Vorsorge ist besser als strafrechtliche Kontrolle*, in: Medizinrecht 17 (12), 547–550, 548.

haben.⁷⁶ Auf diese Weise wäre ein Gleichklang mit den Anforderungen an eine behandlungslegitimierende Patientenverfügung erreicht⁷⁷, würde die sachlich gebotene Kongruenz zwischen *antizipativer* und (gelegentlich schwer davon abzugrenzender) *konkreter* Einwilligung bzw. Behandlungsverweigerung hergestellt und die Patientenverfügung zu einem Mittel der notwendigen Kommunikation zwischen Arzt und (zukünftigem) Patienten.⁷⁸

3. Behandlungswünsche und mutmaßlicher Wille

Stellt der Betreuer (Bevollmächtigte) fest, dass die in der Patientenverfügung beschriebene Situation auf die aktuelle zutrifft und hat der Betreute dafür eine Entscheidung getroffen, ist der Vertreter an diese Entscheidung gebunden. Er darf keine eigenen Wertungen vornehmen oder die eigene Entscheidung des Betroffenen über einen Rückgriff auf dessen „mutmaßlichen Willen" korrigieren.

Falls keine (schriftliche) Patientenverfügung vorliegt oder die Festlegungen nicht auf die aktuelle Lebens- und Behandlungssituation zutreffen, muss der Betreuer (Bevollmächtigte) prüfen, ob Behandlungswünsche oder zumindest der mutmaßliche Behandlungswille des Betreuten feststellbar sind, um auf dieser Grundlage eine eigene Entscheidung zu treffen (§ 1901a Abs. 2 BGB). Mit dieser Vorschrift hat der Gesetzgeber einen „Auffangtatbestand" geschaffen, um z.Z. millionenfach bestehende Verfügungen nicht unwirksam werden zu lassen, weil sie die hohen Standards des § 1901a Abs. 1 BGB nicht erfüllen.⁷⁹ Sie entfalten zwar keine unmittelbare Wirkung. Vielmehr ist es die Entscheidung des Betreuers (Bevollmächtigten), die im Hinblick auf die Behandlung oder Unterlassung konstitutive Wirkung entfaltet. Diese Entscheidung muss sich jedoch auf die Wünsche und den mutmaßlichen Willen des Vertretenen gründen.

Der mutmaßliche Wille ist gemäß expliziter Anordnung des Gesetzes „aufgrund konkreter Anhaltspunkte zu ermitteln" (§ 1901a Abs. 2 Satz 2 BGB). Zu berück-

---

⁷⁶ TAUPITZ 2000b, A111 ff.; abgeschwächt aber („der Betroffene soll vor Errichtung der Patientenverfügung angemessen aufgeklärt werden") Beschluss III. 2.3 der Zivilrechtlichen Abteilung des 63. Deutschen Juristentages, siehe ZIVILRECHTLICHE ABTEILUNG DES 63. DEUTSCHEN JURISTENTAGES (2000): *Die Beschlüsse des 63. Deutschen Juristentages Leipzig*, in: Zeitschrift für das Gesamte Familienrecht mit Betreuungsrecht, Erbrecht, Verfahrensrecht, Öffentlichem Recht 47 (23), 1484–1486, 1485; siehe auch NATIONALER ETHIKRAT 2005, 33 (anders für Demenzerkrankungen auf Seite 34).
⁷⁷ Sie erfordert nach allgemeinen Grundsätzen eine ärztliche Aufklärung.
⁷⁸ BECKMANN, R. (1998): *Patientenverfügungen: Autonomie und Selbstbestimmung vor dem Hintergrund eines im Wandel begriffenen Arzt-Patient-Verhältnisses*, in: Zeitschrift für medizinische Ethik 44 (2), 143–156; HÖFLING, W. (2000): *„Sterbehilfe" zwischen Autonomie und Integrationsschutz*, in: Juristische Schulung 40 (2), 111–118, 116.
⁷⁹ ALBRECHT, ALBRECHT 2009b, 428.

sichtigen sind „insbesondere frühere mündliche oder schriftliche Äußerungen, ethische oder religiöse Überzeugungen und sonstige persönliche Wertvorstellungen des Betreuten" (§ 1901a Abs. 2 Satz 3 BGB).[80] Es soll vermieden werden, dass der Betreuer die Entscheidung aufgrund „bloßer Mutmaßungen über den Willen" trifft.[81] Dennoch ist das Kriterium des mutmaßlichen Willens nicht unumstritten und wird zu Recht als das „Einfallstor für Fremdbestimmung"[82] bezeichnet. Denn bei Beantwortung der Frage, wie der Betroffene vermutlich jetzt entscheiden würde, wenn man ihn fragen könnte, fließen leicht eigene Wertvorstellungen des Fragenden ein. Insbesondere Verfügungen, die allgemeine Aussagen zum ‚menschenwürdigen' Leben enthalten, bergen die Gefahr, im Entscheidungsprozess um die Einleitung oder Einstellung lebenserhaltender oder -verlängernder Maßnahmen durch Vorstellungen Dritter beeinflusst zu werden.[83] Allerdings muss man auch einräumen, dass es eine überzeugende Alternative zum Rechtsinstitut des mutmaßlichen Willens nicht gibt.[84]

Ein Schwachpunkt des Patientenverfügungsgesetzes ist, dass das Verhältnis von „Behandlungswünschen" und „mutmaßlichem Willen" des Betroffenen nicht geklärt wird; beide werden in § 1901a Abs. 2 BGB als Alternativen nebeneinandergestellt. Zudem wird erstaunlicherweise nur bezogen auf den mutmaßlichen Willen angeordnet, dass er aufgrund konkreter Anhaltspunkte zu ermitteln ist. Warum das für die Behandlungswünsche nicht gilt, bleibt offen. Richtigerweise kann es gemäß allgemeiner medizinrechtlicher Dogmatik nur auf den mutmaßlichen Willen ankommen[85], in dessen Ermittlung frühere Behandlungswünsche einzubeziehen sind. Anders formuliert: „Behandlungswünsche" sind kein eigenständiges rechtsdogmatisches Institut.

Sind sich der Arzt und der Vertreter nicht darüber einig, ob eine Maßnahme gemäß dem mutmaßlichen Willen des Betroffenen unternommen oder unterlassen werden soll, muss zum Schutz des Patienten das Betreuungsgericht die Entscheidung des Vertreters überprüfen (§ 1904 Abs. 4 BGB).

---

[80] Damit lehnt sich das Gesetz an die vom BGH entwickelten Kriterien an (BGHSt, Bd. 35, 246 (249); BGHSt, Bd. 40, 257 (263)).
[81] SEICHTER, J. (2010): *Einführung in das Betreuungsrecht*, Berlin, Heidelberg, 162.
[82] HÖFLING 2009, 2851; gleicher Auffassung DIEDERICHSEN 2010, Rn. 26 ff.
[83] Vgl. hierzu Landgericht Oldenburg, Beschluss vom 16. März 2010, Az. 8 T 180/10; dazu kritische Anmerkungen bei TOLMEIN, O. (2010): *„Sterbehilfe: Wie mutmaßlich kann ein Wille sein?"*, in: F.A.Z.-Blog Biopolitik (27. April 2010), http://faz-community.faz.net/blogs/biopolitik/archive/2010/04/27/sterbehilfe-wie-mutmasslich-kann-ein-wille-sein.aspx (Stand: Juli 2010).
[84] TAUPITZ 2000b, A36 ff.
[85] Dazu TAUPITZ 2000a, 497 ff.; TAUPITZ 2000b, A36 ff.

4. Widerruf

Die Patientenverfügung kann jederzeit formlos – somit auch mündlich oder auch konkludent – widerrufen werden (§ 1901a Abs. 1 Satz 3 BGB). Welche Anforderungen an einen Widerruf zu stellen sind, sagt das Gesetz nicht. Insbesondere wird nicht verlangt, dass „konkrete Anhaltspunkte" wie bei der Ermittlung des mutmaßlichen Willens vorliegen. Das öffnet Spekulationen Tür und Tor. Richtigerweise muss die Willensänderung hinreichend deutlich zum Ausdruck kommen. Die Gesetzesbegründung führt als Beispiel „situativ spontanes Verhalten des Patienten gegenüber vorzunehmenden oder zu unterlassenden ärztlichen Maßnahmen" an.[86] „Unwillkürliche, rein körperliche Reflexe" scheiden dagegen als Anhaltspunkt aus.[87] Auf jeden Fall kann ein wirksamer Widerruf nur angenommen werden, wenn der Patient zum Zeitpunkt des Widerrufs einwilligungsfähig ist (s.o.). „Situativ spontanes" Verhalten eines schwer Demenzkranken kann also nicht ausreichen.

Weitere Probleme ergeben sich aufgrund der zwingend vorgeschriebenen Schriftform für eine verbindliche Patientenverfügung und der gleichzeitig gegebenen Möglichkeit, einen Widerruf in jeder Form (also auch mündlich) zum Ausdruck zu bringen. Kommt der Vertreter zu dem Ergebnis, dass der Betroffene nur einen Teil der Patientenverfügung widerrufen und damit die Verfügung insgesamt abgeändert hat, stellt sich die Frage, ob diese neue Willensäußerung ein Bestandteil der Patientenverfügung wird.

Klar ist lediglich, dass Zeitablauf allein nicht genügt. Eine regelmäßige Erneuerung der Patientenverfügung wird vom Gesetz gerade nicht verlangt.

5. Keine Pflicht zur Patientenverfügung

§ 1901a Abs. 4 BGB verdeutlicht, dass keine Verpflichtung zur Errichtung einer Patientenverfügung besteht.[88] Darüber hinaus ist es verboten, die Errichtung oder Vorlage einer Patientenverfügung zur Bedingung eines Vertragsschlusses zu machen (*Koppelungsverbot*). Das Gesetz klärt aber nicht, welche Rechtsfolgen eine unzulässige Koppelung auslöst. Wird der gesamte Heimaufnahmevertrag nichtig, wenn er eine unzulässige Koppelung enthält? Welche Konsequenzen drohen, wenn die Aufnahme in ein Heim unzulässigerweise von der Erstellung oder Nicht-Erstellung einer Patientenverfügung abhängig gemacht wird: Schadensersatz? Pflicht zum Abschluss des Heimaufnahmevertrages? Alles das bleibt leider offen.

---

[86] STÜNKER et al. 2008, 15.
[87] Ibid., 15.
[88] Das hatte schon der Nationale Ethikrat gefordert; siehe NATIONALER ETHIKRAT 2005, 28 f., 34.

6. § 1901b BGB (Gespräch zur Festlegung des Patientenwillens)

§ 1901b BGB wurde als Reaktion auf die Bedenken, die bei der Expertenanhörung im Rechtsausschuss des Deutschen Bundestages geäußert wurden, in die Beschlussempfehlung des Rechtsausschusses aufgenommen.[89] Die Vorschrift regelt den Ablauf der Entscheidungsfindung und die diesbezüglichen Aufgaben des Arztes und des Vertreters. Im ersten Schritt prüft der behandelnde Arzt, wie bereits erwähnt, welche ärztliche Maßnahme im Hinblick auf den Gesamtzustand und die Prognose des Patienten indiziert ist. In einem zweiten Schritt erörtern der Arzt und der Vertreter in einem gemeinsamen Gespräch (Konsultationsverfahren – § 1901b Abs. 1 Satz 1 BGB) die zuvor vom Arzt als indiziert erkannte Maßnahme unter Berücksichtigung des Patientenwillens als Grundlage für die Entscheidung des Vertreters gemäß § 1901a BGB.

Darüber hinaus soll nahen Angehörigen und sonstigen Vertrauenspersonen des Betreuten Gelegenheit zur Äußerung gegeben werden (§ 1901b Abs. 2 BGB). Auf die Anhörung der Vertrauenspersonen kann verzichtet werden, sofern dies zu erheblicher Verzögerung führen würde. Es ist allgemein anerkannt, dass der Verfügende bestimmte Personen aus diesem Kreis ausschließen kann. Umstritten ist aber, ob der Verfügende die Anhörung als solche pauschal ablehnen kann.[90]

7. Neufassung des § 1904 BGB

§ 1904 BGB wurde durch das 3. BtÄndG neu gefasst und auf die Fälle des Behandlungsabbruchs ausgeweitet. Wie bereits vor der Reform bedarf der Betreuer (Bevollmächtigte) für bestimmte gefährliche Entscheidungen der Genehmigung des Betreuungsgerichts. Das ist der Fall, wenn die begründete Gefahr besteht, dass der Betreute auf Grund der Maßnahme stirbt oder einen schweren und länger dauernden gesundheitlichen Schaden erleidet. Seit Inkrafttreten des neuen Gesetzes gilt das jetzt auch ausdrücklich[91] für die entsprechende Nichteinwilligung oder den Widerruf der Einwilligung (§ 1904 Abs. 2 BGB)[92]. Eine Genehmigung des Betreuungsgerichts ist nicht notwendig, wenn zwischen Betreuer (Bevollmächtigtem) und behandelndem Arzt Einvernehmen besteht, dass die Entscheidung dem Willen des Betreuten

---

[89] DEUTSCHER BUNDESTAG 2009, 20.
[90] So z.B. NAJDECKI 2009, 2602; anderer Ansicht SCHMITZ 2009, 64.
[91] Siehe schon zuvor BGHZ, Bd. 154, 205 (= BGH (2003), in: Neue Juristische Wochenschrift 56 (22), 1588) (sogenannter Lübecker Fall); BGHSt, Bd. 40, 257 (= BGH (1995), in: Neue Juristische Wochenschrift 48 (3), 204) (sogenannter Kemptener Fall).
[92] Ob eine solche Gefahr besteht, wird nach den gleichen Maßstäben beurteilt wie nach § 1904 Abs. 1 BGB (vgl. BUNDESREGIERUNG (1989): *Entwurf eines Gesetzes zur Reform des Rechts der Vormundschaft und Pflegschaft für Volljährige (Betreuungsgesetz – BtG)*, BT-Drucksache 11/4528, 140 ff.).

entspricht (§ 1904 Abs. 3 BGB). Nach allgemeinen Grundsätzen kann allerdings jeder Dritte das Betreuungsgericht bei Verdacht auf Missbrauch einschalten.

Das Betreuungsgericht hat die Genehmigung zu erteilen, wenn die Entscheidung des Betreuers (Bevollmächtigten) dem (ausdrücklichen oder mutmaßlichen) Willen des Betreuten entspricht (§ 1904 Abs. 4 BGB). Auch das Betreuungsgericht hat insoweit nicht die Befugnis, eigene Wertungen einzubringen. Es hat auch nicht zu prüfen, ob die Entscheidung des Betroffenen vernünftig oder nachvollziehbar ist oder seinem Wohl widerspricht.[93] Für die Feststellung des mutmaßlichen Willens hat das Betreuungsgericht die in § 1901a Abs. 2 BGB genannten Anhaltspunkte, die der Vertreter bereits geprüft haben sollte, heranzuziehen. Da die Einbeziehung des Betreuungsgerichts nur für jene Fälle vorgesehen ist, in denen sich der Betreuer (Bevollmächtigte) und der Arzt über den (mutmaßlichen) Willen des Patienten uneinig sind, wird auch das Gericht in der Regel Schwierigkeiten haben, diesen Willen eindeutig festzustellen. Im Zweifel wird zugunsten des Lebens zu entscheiden sein.[94]

Hervorzuheben ist, dass das Betreuungsgericht nicht darüber zu befinden hat, welche Maßnahmen medizinisch indiziert sind. Hierüber entscheidet allein der Arzt (§ 1901b Abs. 1 Satz 1 BGB).[95]

8. Besonderheiten bezüglich des Bevollmächtigten

Alle den Betreuer betreffenden Regelungen gelten entsprechend für den Bevollmächtigten (§ 1904 Abs. 5 BGB). Allerdings kann er „gefährliche" Entscheidungen im Sinne des § 1904 BGB nur treffen, wenn die Vollmacht sie ausdrücklich umfasst und schriftlich erteilt ist. Dieses bereits mit Wirkung vom 1. Januar 1999 durch das *Gesetz zur Änderung des Betreuungsrechts sowie weiterer Vorschriften (Betreuungsrechtsänderungsgesetz – 1. BtÄndG)*[96] eingeführte inhaltliche Konkretisierungserfordernis „war bis dato im Rahmen von Generalvollmachten nach deutschem Recht unbekannt"[97]. Das Konkretisierungserfordernis betrifft auch die nun neu geregelten Fälle des Behandlungsverzichts bzw. -abbruchs.[98] Bestehende Vollmachten sollten insofern auf ihre Aktualität geprüft und gegebenenfalls ergänzt werden.

Zu betonen ist, dass sich das Schriftform- und Konkretisierungserfordernis nur auf die im Gesetz genannten „gefährlichen" Entscheidungen des Bevollmächtigten bezieht, nicht aber auf die Vollmacht insgesamt. Vollmachten, die nicht schriftlich

---

[93] ALBRECHT, ALBRECHT 2009a, 25 f. (mit Zweifeln).
[94] STÜNKER et al. 2008, 16.
[95] ALBRECHT, ALBRECHT 2009a, 25.
[96] Bundesgesetzblatt 1998 Teil I Nr. 39, 1580–1587.
[97] MÜLLER 2010, 183.
[98] DIEDERICHSEN 2010, Rn. 26; MÜLLER 2010, 185; RENNER 2009, 1076; LANGE 2009, 542; anderer Ansicht DIEHN, REBHAN 2010, 329 ff.

erteilt wurden, sind (weiterhin) wirksam. Der Bevollmächtigte kann auf ihrer Basis nur die im Gesetz genannten „gefährlichen" Entscheidungen nicht treffen.

9. Änderungen des FamFG

Für den Fall, dass die Beteiligung des Betreuungsgerichts notwendig wird (was nicht der Fall ist, wenn zwischen Arzt und Betreuer/Bevollmächtigtem Einvernehmen über den (mutmaßlichen) Willen des Betroffenen besteht), regelt § 287 FamFG, welche besonderen Verfahrensvorschriften bei der Erteilung der Genehmigung zu beachten sind. Dabei unterscheidet der Gesetzgeber grundsätzlich zwischen dem Fall aus § 1904 Abs. 1 BGB (Einwilligung) und dem Fall aus § 1904 Abs. 2 BGB (Nichteinwilligung/Widerruf).

Gemäß § 298 Abs. 1 FamFG erfordert die Genehmigung der vom Betreuer (Bevollmächtigten) erteilten Einwilligung in eine „gefährliche" Maßnahme die persönliche Anhörung des Betroffenen. Diese Anhörung kann unterbleiben, wenn der Betroffene zu einer Kundgabe seines Willens nicht in der Lage ist (§ 34 Abs. 2 FamFG). Auch sonstige Beteiligte sollen angehört werden; nahestehende Personen des Betroffenen sind auf sein Verlangen anzuhören, sofern dies ohne erhebliche Verzögerung möglich ist.

Bei Genehmigungen der Nichteinwilligung oder des Widerrufs der Einwilligung seitens des Betreuers (Bevollmächtigten) gelten einige Besonderheiten. Zunächst muss in diesem Fall zwingend ein Verfahrenspfleger bestellt werden (§ 298 Abs. 3 FamFG). Des Weiteren ist die persönliche Anhörung des Betroffenen, im Unterschied zur Genehmigung der Einwilligung, erstaunlicherweise nicht erforderlich. Eine weitere Besonderheit enthält § 287 Abs. 3 FamFG, wonach die entsprechende Genehmigung erst zwei Wochen nach Bekanntgabe an den Betreuer (Bevollmächtigten) und den Verfahrenspfleger wirksam wird (§ 287 Abs. 3 FamFG). Daraus ergibt sich das Problem, dass während dieser Zeit u.U. medizinische Maßnahmen durchgeführt werden, die dem Willen des Betroffenen widersprechen. Gemäß der Gesetzesbegründung kann aber nur so ein effektiver Rechtsschutz gewährleistet werden.[99] In der Tat kann eine infolge der Genehmigung abgebrochene oder unterlassene lebenserhaltende oder lebensverlängernde Maßnahme nicht mehr nachgeholt werden, wenn der Tod des Betroffenen bereits eingetreten ist. Um keine vollendeten Tatsachen mit schwerwiegenden Folgen zu schaffen, entschied sich der Gesetzgeber in diesen Fällen für den Vorrang des Lebensschutzes. Noch einmal sei betont, dass die dadurch gegebenenfalls herbeigeführte Negierung des Willens des Betroffenen nur dann gilt, wenn zwischen Arzt und Betreuer (Bevollmächtigtem) kein Einvernehmen über den Willen des Betroffenen besteht. Besteht dieses Einvernehmen, wird das Betreuungsgericht überhaupt nicht mit dem Fall befasst.

---

[99] DEUTSCHER BUNDESTAG 2009, 21, in Verbindung mit STÜNKER et al. 2008, 19.

In allen Verfahren ist vor der Genehmigung ein Sachverständigengutachten, das nicht vom behandelnden Arzt stammen darf, einzuholen (§ 298 Abs. 4 FamFG).

III. Fazit

Ziel des 3. BtÄndG war die Schaffung von mehr Rechtsklarheit für alle Beteiligten und die Stärkung des Selbstbestimmungsrechts entscheidungsunfähig gewordener Menschen bei medizinischen Behandlungen. Das Gesetz hat in der Tat zu manchen bislang umstrittenen Fragen mehr Rechtsklarheit geschaffen. Dies gilt insbesondere für die nunmehr grundsätzlich bejahte und festgeschriebene Verbindlichkeit von Patientenverfügungen.

Jedoch beginnen bereits hier die vom Gesetz nicht geklärten Fragen: Es ist unsicher und heftig umstritten, ob sich die Patientenverfügung in Fällen, in denen weder ein Bevollmächtigter noch ein Betreuer vorhanden ist, unmittelbar an den Arzt und andere Behandlungspersonen richtet, so dass die Bestellung eines Vertreters durch das Betreuungsgericht entbehrlich ist, oder ob die Patientenverfügung nur Binnenwirkung gegenüber einem Vertreter entfaltet und damit stets – sofern kein Vertreter vorhanden ist – ein Betreuer zu bestellen ist.

Des Weiteren fehlen klare gesetzliche Vorgaben für die Anforderungen an einen wirksamen Widerruf einer Patientenverfügung; dies betrifft sowohl das ‚Ob' eines Widerrufs als auch (abgesehen von der fehlenden Formbedürftigkeit) die Voraussetzungen seiner Wirksamkeit. Nicht nur bezüglich des Widerrufs, sondern viel grundlegender schon bezüglich der Errichtung einer Patientenverfügung bleibt die Frage offen, ab welcher Grenze bei dem Verfügenden nicht (mehr) von der erforderlichen Einwilligungsfähigkeit ausgegangen werden kann. Ferner bleibt die Bedeutung von „Behandlungswünschen", denen das Gesetz neben dem mutmaßlichen Willen Bedeutung zuspricht, viel zu ungewiss. Die Verbindlichkeit von Patientenverfügungen hätte schließlich richtigerweise von einer ärztlichen Beratung abhängig gemacht werden sollen, um dem Betroffenen deutlich vor Augen zu führen, was er sich mit ihr gegebenenfalls selbst antut. So bleibt stets die Sorge bestehen, dass der Betroffene sich ihrer Tragweite vielleicht nicht in vollem Umfang bewusst war.

Insgesamt bleibt die Errichtung wie auch die Befolgung einer Patientenverfügung eine höchst unsichere Sache. Das liegt vor allem daran, dass das Grundproblem der Auslegung von antizipativen Willenserklärungen vom Gesetz nicht gelöst wurde und auch nicht gelöst werden konnte. In jedem konkreten Einzelfall muss die schwierige Frage beantwortet werden: ‚Was hat der Betroffene für welche Situation wie verbindlich gewollt?' Für alle Beteiligten einschließlich des Hauptbetroffenen gilt: An der Grenze von Leben und Tod gibt es keine Rechtssicherheit.

Das Patientenverfügungsgesetz 2009 – Chancen und Probleme für die ärztliche Praxis

von Fred Salomon

Abstract: Die Erfolge der naturwissenschaftlich geprägten Medizin trugen dazu bei, dass Patienten sich den Experten oft unkritisch anvertrauten. Als in der zweiten Hälfte des 20. Jahrhunderts deutlich wurde, dass Hochleistungsmedizin auch Behinderungen, Komazustände und Therapieabhängigkeiten als Endstadien mit sich bringt, wurde der Wunsch immer lauter, solche Zustände vermeiden zu können. Vorausverfügungen gewannen an Bedeutung. In der Diskussion über die erwartete Verbindlichkeit ist das Dritte Gesetz zur Änderung des Betreuungsrechts vom 29. Juli 2009 der bisher letzte Schritt. In Definition, Regelung von Zuständigkeiten, inhaltlichen Forderungen zur Konkretisierung und Fragen von Gültigkeit und Reichweite sind einige Fragen geklärt, andere bleiben jedoch offen, so dass das Gesetz gegenüber der vorher geübten Praxis für die ärztliche Arbeit wenig Fortschritt bringt. Fallbeispiele konkretisieren das.

Keywords: Patientenverfügung, Vorsorgevollmacht, Wille, Paternalismus.

1. Die zunehmende Bedeutung des Patientenwillens

‚Von der paternalistischen zur partnerschaftlichen Medizin' – so könnte man die Entwicklung des Arzt-Patient-Verhältnisses in den letzten einhundert Jahren beschreiben. Zu Beginn des 20. Jahrhunderts fehlten bei Therapiestudien meist Hinweise auf Aufklärung und Einwilligung. Und über medizinische Maßnahmen entschied weitgehend der Arzt, obwohl bereits 1894 das Reichsgericht den Tatbestand einer Körperverletzung für eine Behandlung, die die Körperintegrität beeinflusst, formulierte. Dagegen gilt heute der Patientenwille als absolute Orientierungsgröße. Nicht mehr die Gesundheit des Patienten (*salus aegroti*), sondern sein Wille (*voluntas aegroti*) gilt als oberstes Gebot (*suprema lex*) bei anstehenden Entscheidungen.[1]

Zwischen diesen Polen hat sich eine kontinuierliche Entwicklung vollzogen, die in unserem Kulturkreis dem Patientenwillen ein zunehmendes Gewicht verlieh, wenn es um Entscheidungen über Therapieformen, Therapieintensitäten und auch Therapieverzicht oder -beendigung geht. Zwar wird dieser Wandel manchmal als Paradigmenwechsel charakterisiert, doch gibt es Hinweise darauf, dass auch in

---

[1] SCHROTH 2007; VERREL 2009.

früheren Jahrhunderten der Patientenwille einbezogen wurde, manchmal vielleicht sogar mehr als heute.[2]

Die Ausprägung der Medizin als naturwissenschaftlich und technisch bestimmte Disziplin hat zwischenzeitlich den Paternalismus gestärkt und das Wachsen dieser Ansätze wieder verhindert. Diese Entwicklung der Medizin gewann ab Ende des 19. Jahrhunderts an Bedeutung. Der Arzt wurde zum Experten, der über Kenntnisse und Fähigkeiten verfügte, die der Kranke immer seltener verstand und über deren Anwendung er daher kaum entscheiden konnte. Die Erfolge der Medizin für das Überleben, die Steigerung der Lebenserwartung und die Überwindung unterschiedlicher Krankheiten stärkten das Ansehen der Mediziner und eröffneten so unhinterfragt Entscheidungsfreiheiten über den Einsatz ihrer Methoden. Gerade bei älteren Menschen begegnet einem in einem Aufklärungsgespräch auch heute noch gelegentlich der Satz: „Herr Doktor, machen Sie, was Sie für richtig halten. Ich verstehe das doch nicht."

Auf Seiten der Mediziner förderte der abstrahierende, verobjektivierende naturwissenschaftliche Denkansatz die Konzentration auf physiologische und pathophysiologische Zusammenhänge.[3] Entsprechend geriet der Patient als kranker Mensch mit seinen psychischen, sozialen und spirituellen Dimensionen leicht aus dem Blick. Er war als Person nicht so wichtig wie als Objekt erfolgreicher diagnostischer und therapeutischer Interventionen. Damit trug die naturwissenschaftlichtechnische Medizin auch dazu bei, den Willen des Patienten, der die komplexen Zusammenhänge in der Regel nur unzureichend durchschaut, weniger zu bedenken. Die Ärzte gewannen als oft bewunderte Experten die Oberhand, nicht erst beim Einsatz differenzierter Methoden, sondern auch schon bei der Entscheidung über deren Anwendung. Die eindrucksvolle Entwicklung der auf vielen Gebieten erfolgreichen Medizin trug so zunächst dazu bei, den Patienten zu entmachten.

Die Leistungsfähigkeit hat sowohl die Mediziner fasziniert und zu einem in Maßen durchaus berechtigten Stolz geführt als auch die Öffentlichkeit, die diese Errungenschaften für sich genutzt wissen wollte. Ausbau von Kliniken, Intensivstationen, Kardiochirurgien oder Transplantationszentren sind Folge dieses Denkens. In der zweiten Hälfte des 20. Jahrhunderts hat diese Erfolgsgeschichte aber auch an Grenzen geführt, die Nachdenken, Erschrecken und Angst auslösten. Die Janusköpfigkeit der Erfolge zeigte sich darin, dass trotz massiven Einsatzes die erstrebten und verheißenen Erfolge nicht immer erzielt wurden, ja im Gegenteil unerwünschte und belastende Ergebnisse zu beklagen waren. Diese brachten den Willen des Patienten wieder verstärkt in den Vordergrund.

Zunächst wurde deutlich, dass die invasiven Behandlungen mit zum Teil erheblichen psychischen Belastungen für Patienten, Angehörige und auch für das therapeutische Team verbunden waren.[4] Das erweiterte den Blick vom rein medizi-

---

[2] REHBOCK 2005, 316.
[3] SALOMON 2009.
[4] HANNICH 1987.

nischen Ergebnis auf die psychosozialen Dimensionen und relativierte manche Freude über anfängliche Erfolge. Dann tauchten angesichts schwerer Defektzustände, Behinderungen, Koma und dauerhafter Therapieabhängigkeiten als Endstadien invasiver Behandlungen ethische Fragen nach dem Sinn solcher Behandlungen und nach der Beachtung von Grenzen auf.[5]

Der Wunsch wurde besonders in der Öffentlichkeit laut, solche belastenden Zustände für sich und seine Angehörigen zu vermeiden. Dabei schob sich die Überlegung immer stärker in den Vordergrund, wie man als Patient seinen Willen gegenüber dem Expertengremium der behandelnden Ärzte hörbar machen kann. Zwar war zu der Zeit auch unter Ärzten schon weitgehend akzeptiert, dass ein Kranker sich gegen eine empfohlene und medizinisch indizierte Behandlung aussprechen kann, wenn er dazu intellektuell und kommunikativ in der Lage ist, doch ließen Zustände mit eingeschränkter oder aufgehobener Kommunikationsfähigkeit Sorgen wach werden, dass der eigene Wille in einer als übermächtig erlebten Medizin von deren Vertretern, den Ärzten, nicht mehr beachtet werde.

Schriftliche Vorausverfügungen, zunächst oft griffig als „Patiententestament" bezeichnet, gewannen an Bedeutung. Die Nachfrage gerade unter den älteren Mitbürgern, durch Vorträge im Gespräch über deren Abfassung, ihre Wirksamkeit und Beachtung informiert zu werden, nahm deutlich zu. Kommunen, Kirchen, Hospizgruppen und soziale Einrichtungen bieten eine kaum überschaubare Zahl von Formularen oder Formulierungen im Baukastensystem an, um individuelle Verfügungen zu erstellen. Im klinischen Alltag hat sich die Zahl von Patientenverfügungen, die den Ärzten vorgelegt werden, in den letzten 20 Jahren vervielfacht.

2. Der Bedarf nach verbindlicher Gültigkeit

In vielen Gesprächen nach Vorträgen zu Patientenverfügungen und damit zusammenhängenden Regelungen am Lebensende wurde immer wieder deutlich, dass von denen, die eine solche Verfügung verfassen, eine hohe Verbindlichkeit erwartet wird. Die oftmals unscharfen und allgemeinen Formulierungen ließen diese Verbindlichkeit aber nicht zu. Das enttäuschte viele. Der Wunsch nach gesetzlicher Regelung mit entsprechender Durchsetzbarkeit des eigenen Willens wurde in der Öffentlichkeit laut, während in der Ärzteschaft einem Gesetz gegenüber eher Zurückhaltung und Skepsis herrschte. Der lange Diskussionsprozess bis zur Verabschiedung des Gesetzes spiegelt die Spannungen und Schwierigkeiten wider.

---

[5] SALOMON 1985.

Nun ist das *Dritte Gesetz zur Änderung des Betreuungsrechts*[6], seit dem 1. September 2009 in Kraft. Dadurch werden die entsprechenden Paragraphen des *Bürgerlichen Gesetzbuchs (BGB)* (§§ 1901–1904) und des *Gesetzes über das Verfahren in Familiensachen und in den Angelegenheiten der freiwilligen Gerichtsbarkeit (FamFG)* (§§ 287, 298) geändert. Hat das die vorher unklaren Fragen gelöst oder reduziert? Ist es im ärztlichen Alltag eine Hilfe?

3. Was klärt die gesetzliche Regelung und was lässt sie offen?

3.1 Begriffe

Hilfreich ist:

Der Gesetzestext hat Begriffe definiert, zum Teil neu formuliert und Formalien geregelt. Sie können im ärztlichen Alltag klärend sein. Der vorausverfügte Wille wird nur in schriftlicher Form als Patientenverfügung bezeichnet. Der oft benutzte Begriff „Patiententestament" ist durch den Begriff „Verfügung" abgeschafft. Damit sind klar Willensäußerungen zum Vorgehen bei Lebzeiten von testamentarischen Festlegungen für die Zeit nach dem eingetretenen Tod unterschieden. Die Volljährigkeit des Verfassers sowie dessen Einwilligungsfähigkeit bei Abfassen der Verfügung sind ebenso klärend festgeschrieben. Mit diesen Festlegungen ist die Patientenverfügung enger gefasst als bislang oftmals verstanden.

Offen bleibt:

Ob das wirklich zu einer besseren Handhabbarkeit von im Voraus gemachten Willensäußerungen führt, muss sich zeigen. Die Begriffsklärung wird nur hilfreich sein, wenn das Gesetz dazu führt, dass Vorausverfügungen mehr und mehr nach diesen Vorgaben abgefasst werden. Wenn aber – wie mir aus vielen Gesprächen bei Fortbildungen über Patientenverfügungen in der Laienöffentlichkeit deutlich wurde – die genaue Festlegung auf das, was man will oder nicht will, sowie die unzweideutige Darlegung des Willens zu konkreten Fragen wie z.B. Ernährung als schwierig empfunden wird und man eher generellen Aussagen wie „keine Apparatemedizin", „keine Beatmung" oder „keine Magensonde" den Vorzug gibt, wird es weiterhin viele Vorausverfügungen geben, die sich nicht auf die konkrete Situation beziehen. Man kann sie dann zwar nicht mehr Patientenverfügung nennen, ist aber weiterhin gefordert, dem darin geäußerten Willen angemessen nachzukommen.

---

[6] Bundesgesetzblatt 2009 Teil I Nr. 48, 2286–2287 (abgedruckt in: Jahrbuch für Wissenschaft und Ethik, Bd. 14 (2009), 363–365).

Damit wird das Problem für die ärztliche Entscheidung im konkreten Fall nicht geringer werden als bisher. Offen bleibt ebenfalls, wie mit auch wohlüberlegten Willensbekundungen von entscheidungsfähigen Jugendlichen unter 18 Jahren umzugehen ist.

3.2 Zuständigkeiten

Hilfreich ist:

Im Gesetz sind die Zuständigkeiten geklärt. Die Patientenverfügung ist explizit mit der Institution einer Betreuung oder Bevollmächtigung verbunden und verlangt damit implizit nach dieser Funktion. Auf diese Personen ist der Gesetzestext ausgerichtet, denn sie müssen dem Patientenwillen Geltung verschaffen (§ 1901a BGB). Damit ist letztlich gefordert, dass der Arzt sich in den entsprechenden Situationen darum kümmern muss, zu klären, ob eine Betreuung oder Bevollmächtigung besteht, oder diese in die Wege zu leiten, wenn das nicht der Fall ist. Das kann die Entscheidungsfindung in kritischen Situationen klarer strukturieren als bisher oft praktiziert. Wenn die Formalien einer Betreuung oder Bevollmächtigung zur Selbstverständlichkeit werden, erleichtern sie die Arbeit trotz des nicht zu leugnenden Mehraufwandes. Der Arzt ist für die medizinische Indikation einer Maßnahme und die Abschätzung der Prognose zuständig. Beide, Arzt und Betreuer, sind zum Gespräch gesetzlich verpflichtet, in dem sie Situation, Behandlungsoptionen und Patientenwillen miteinander erörtern (§ 1901b, Abs. 1 BGB).

Diese Zuständigkeiten beschleunigen die Entscheidung, wenn Arzt und Betreuer oder Bevollmächtigter sich einig sind, führen aber zu Verzögerungen, die für medizinische Abläufe nicht unerheblich sind, wenn Arzt und Betreuer oder Bevollmächtigter unterschiedlicher Meinung sind. Halten beide einen risikoreichen Eingriff für angezeigt, braucht das Betreuungsgericht nicht eingeschaltet zu werden. Das gilt ebenso, wenn beide sich über den Verzicht auf eine solche Maßnahme einigen und dadurch der Patient stirbt (§ 1904 Abs. 4–5 BGB). Damit ist die Umsetzung entgegen früheren Regelungen sofort möglich und z.B. eine laufende Behandlung sofort abzubrechen.

Sind sich Arzt und Betreuer oder Bevollmächtigter jedoch nicht einig, muss das Betreuungsgericht Verfahrenspfleger und Gutachter einschalten (§ 298, Abs. 3–4 FamFG) und prüfen, was dem Willen des Patienten entspricht. So ist klar und gegenüber früheren Festlegungen praktikabel geregelt, wie die Abstimmung zwischen den Beteiligten zu erfolgen und wann das Betreuungsgericht einzuschalten ist.

Die betreuungsgerichtliche Entscheidung kann wegen einzuhaltender Einspruchsfristen aber nur verzögert umgesetzt werden. Sie wird erst zwei Wochen nach Bekanntgabe wirksam (§ 287 Abs. 3 FamFG).

Offen bleibt:

Es gibt gerade in Kliniken, z.B. auf Intensivstationen, viele zeitkritische Konstellationen, in denen diese zwei Wochen einen zu langen Zeitraum darstellen. Durch Verlauf einer Krankheit oder nicht verschiebbare Entscheidungsschritte kann sich in dieser Zeitspanne eine schwierige Lage für die Verantwortlichen ergeben. Weil der Erhalt des Lebens mit allen Mitteln die einzige Möglichkeit bleibt, die Chance zu wahren, dass ein Einspruch zugunsten des Überlebens überhaupt wirksam werden kann, wird das dazu führen, dass Menschen therapiert werden, denen es nicht hilft und die es möglicherweise auch nicht gewollt haben.

Die Spannung ergibt sich auch bereits für kürzere Zeiträume. Bis ein Betreuer bestellt ist oder man noch nicht weiß, wer als Bevollmächtigter ernannt ist, sind in vielen Fällen auch schon gravierende Entscheidungen zu treffen. Hier muss der Arzt nach herkömmlicher Weise und seiner eigenen Haltung entscheiden. Auch in der Notfallmedizin hilft die Patientenverfügung oder eine Betreuung nur in seltenen Fällen, weil angesichts der in der Regel unzureichenden Informationen, die dem Notfallteam zur Verfügung stehen, zunächst im Zweifel alle Maßnahmen ergriffen werden müssen, die auf eine Erhaltung der Vitalfunktionen ausgerichtet sind.[7]

Wenn ein Betreuer oder Bevollmächtigter da ist, ist es scheinbar einfacher. Die Aufgabenverteilung zwischen Betreuer und Arzt scheint dem Arzt eine vermeintlich objektive medizinische Beurteilung zuzuschreiben, während der Betreuer oder Bevollmächtigte dem Patientenwillen Geltung verschaffen soll. Der Arzt ist aber mit der Aufgabe, die medizinische Indikation zu stellen, kein distanzierter Experte für medizinische Sachfragen.

Der selbstverständlich erscheinende Begriff der medizinischen Indikation birgt mehr Unwägbarkeiten als oft vermutet. Aus ärztlicher Sicht ist die medizinische Indikation die notwendige Voraussetzung ärztlichen Handelns. Ohne sie gilt ein Eingriff als nicht gerechtfertigt. Ein Patient, Betreuer oder Bevollmächtigter kann ihn ohne diese Legitimation nicht verlangen. Damit begrenzt die Indikation auch den Handlungsspielraum. Wo sie nicht oder nicht mehr gegeben ist, ist ärztliches Tun nicht mehr vertretbar. Der Hinweis auf eine gegebene oder nicht gegebene medizinische Indikation klingt im klinischen Alltag in der Regel sehr gewichtig und überzeugend. Er beendet manche Diskussion apodiktisch.

Die Kriterien konkret dafür zu fassen, was eine Maßnahme als medizinisch indiziert qualifiziert, ist jedoch schwierig.[8] Es offenbart sich eine nicht zu leugnende Unschärfe.

Etwas als medizinisch indiziert einzustufen, ist

– die These,
– dass eine Erkrankung und deren Symptome

---

[7] MAY, BROKMANN 2010.
[8] STRÄTLING, SCHMUCKER 2004.

- aufgrund erhobener Befunde
- mit den medizinischen Möglichkeiten
- jetzt
- gebessert, vor einer Verschlechterung bewahrt oder in ihrer Bedrohlichkeit vermindert werden kann
- und dem Kranken so ein Nutzen entsteht.

Die Diagnose einer Erkrankung und in noch stärkerem Maße die Prognose sind mit Unsicherheiten verknüpft. Dass auf Symptome und Prognose ein positiver Einfluss genommen werden kann, ist eine These, die einen weiteren Unsicherheitsgrad darstellt. Da eine Maßnahme jedoch auch aus ärztlicher Sicht nie vom Aspekt des Nutzens für den Patienten losgelöst werden kann, ist die Zielgröße der medizinischen Indikation nicht die Machbarkeit eines Eingriffs, sondern der Nutzen für den Kranken. Damit ist das Urteil subjektiv und relativ. Denn nur aus der Sicht des Menschen, dem die Maßnahme zuteil werden soll, ist letztlich zu beurteilen, was nützt.

Damit ist die Rollenverteilung zwischen Betreuer und Arzt nicht mehr sehr scharf. Der Arzt, der die Indikation einer Maßnahme prüfen und beurteilen soll, kann das letztlich auch nur unter Berücksichtigung dessen tun, was der Patient für sich als angemessen hält und will. Er ist somit auch aufgefordert, sein Urteil aus Sicht des Patienten zu fällen.

Es wäre hilfreich, wenn in solchen Konfliktsituationen die inzwischen sich etablierenden Ethikberatungen als konsultierbare Institution im Gesetz mindestens empfohlen würden.

3.3 Inhalte

Hilfreich ist:

Inhaltlich ist nur die konkrete Willensäußerung als Patientenverfügung definiert, d.h. sie ist nur als solche wirksam, wenn sie sich auf die aktuelle Lebens- und Behandlungssituation bezieht. Damit fallen allgemeine Formulierungen, wie sie in vielen Verfügungen enthalten sind, nicht mehr unter den Begriff der Patientenverfügung.

Wichtig für Bevollmächtige ist die Regelung, dass sie nur in Maßnahmen einwilligen oder sie ablehnen dürfen, die in ihrer Bevollmächtigung ausdrücklich schriftlich genannt sind (§ 1904, Abs. 5 BGB). Darauf müssen die Ärzte achten, wenn es um entsprechende Entscheidungen geht.

Offen bleibt:

Es ist für die zu treffende Entscheidung unerheblich, ob die Vorausverfügung konkret die vorliegende Situation meint oder nicht genau die Situation trifft. Denn auch im zweiten Fall muss die Frage bedacht werden, wie der Wille des Patienten in die Entscheidung einzubeziehen ist. Das Gesetz selbst gibt mit dem schon lange bekannten Modell des mutmaßlichen Willens Handlungshinweise. Die Konkretheit einer Aussage als Voraussetzung dafür, eine Vorausverfügung als Patientenverfügung zu bezeichnen, ist eher eine semantische Begriffsklärung als eine wirkliche Entscheidungshilfe.

Offen bleibt, wie vorzugehen ist, wenn weder eine Patientenverfügung vorhanden ist noch sich Hinweise aus früheren persönlichen Äußerungen oder Wertvorstellungen ableiten lassen. Denn in dem Gesetz ist nicht mehr vorgesehen, auf allgemeine Wertvorstellungen zurückzugreifen, die angesichts der Vielfalt von Weltanschauungen in unserer Gesellschaft auch kaum zu finden sein dürften. Daher wird es in diesen Fällen eher zu einer Fortführung von Therapie als zu einer Therapiebegrenzung führen, da im ärztlichen Beruf Handeln immer noch Vorrang vor Verzicht hat.

3.4 Gültigkeit

Hilfreich ist:

Für die Gültigkeit einer Patientenverfügung sind außer der Volljährigkeit und der Einwilligungsfähigkeit keine Voraussetzungen bei der Abfassung gefordert, weder eine fachliche Beratung noch eine Datierung oder eine Begründung, warum und auf welche Haltung oder Erfahrung sich diese Willensäußerung gründet. Es sind keine zeitlichen Gültigkeitsbeschränkungen für eine einmal verfasste Verfügung festgelegt.

Wichtig ist die ausdrückliche Aussage, dass eine Patientenverfügung jederzeit formlos widerrufen werden kann. Damit ist jedoch nur festgeschrieben, was ohnehin vorher geübte Praxis und für alle Beteiligten selbstverständlich war: Der entscheidungsfähige Mensch muss ohne Formalismen aktuell eine bisher geäußerte Meinung ändern können.

Mehr Diskussionen dürfte der Verzicht auf eine Reichweitenbeschränkung im Gesetzestext hervorrufen. Die Vorausverfügung gilt nicht nur für die eingetretene Sterbesituation oder die Zeit vor dem unmittelbar absehbaren Sterben. Sie kann auch einen Behandlungs- oder Ernährungsverzicht verlangen, wenn mit diesen Maßnahmen die physiologischen Funktionen noch lange Jahre aufrecht erhalten werden könnten und ein in unterschiedlichen Graden eingeschränktes Leben möglich wäre. Sie ist von Art und Stadium einer Erkrankung unabhängig.

Offen bleibt:

Da keine regelmäßige Aktualisierung der Unterschrift und somit Bestätigung des weiter bestehenden Willens verlangt wird, kann es im Einzelfall wie bisher zu der Frage kommen, ob eine vor langer Zeit erstellte Verfügung immer noch vom Patienten so gemeint ist, wenn sie auch formal noch gilt. Denn sowohl veränderte persönliche Umstände als auch neu entwickelte medizinische Möglichkeiten mit vielleicht verbesserter Prognose könnten ja die früher gefasste Meinung ändern.

Der Verzicht auf eine Reichweitenbeschränkung wird, auch wenn sie unter Autonomiegesichtspunkten berechtigt ist, zu vielen Unsicherheiten führen, nicht nur in den Kliniken, sondern auch in Pflegeeinrichtungen. Die derzeitige Erfahrung liefert viele Beispiele, in denen insbesondere Verzicht auf Nahrung und Flüssigkeitszufuhr nicht akzeptiert wird. Auch in Kliniken tun sich viele Ärzte und Pflegende schwer, bei einer nicht tödlichen Krankheit auf eine mögliche Behandlung zu verzichten. Hier ist allerdings keine gesetzliche Änderung erforderlich, sondern Schulungen darüber, was gesetzlich erlaubt und ethisch angemessen oder geboten ist. Unkenntnis und Fehleinschätzung sind auch bei bisher durch Recht und Rechtsprechung längst geregelten Entscheidungsschritten selbst unter vermeintlichen Experten groß.[9]

Eine verantwortliche gesellschaftliche Diskussion muss noch über die Möglichkeit des Widerrufs gerade bei Menschen mit Demenz geführt werden. Die prinzipiell unstrittige Möglichkeit, eine Verfügung jederzeit widerrufen zu können, ist derzeit noch nicht praktikabel geklärt, wenn ein Mensch im gesunden Zustand für den Fall eines psychischen Krankheitszustandes eine Verfügung trifft und sich dann in dem eingetretenen, von ihm befürchteten Zustand gegen seine früheren Willensbekundungen stellt. Je eingeschränkter dann die Kommunikationsfähigkeit ist, desto problematischer ist es, eine Äußerung als formlosen Widerruf zu interpretieren.

Das gilt nicht nur für die Demenz, sondern bei allen vergleichbaren Kommunikationseinschränkungen. Ein vielleicht nur vermeintliches Lächeln eines Intensivpatienten als Ausdruck des Wunsches, weiter therapiert werden zu wollen, zu interpretieren, muss von den Therapeuten sehr selbstkritisch bedacht werden. Es stellt sich ihnen die Frage, ob damit wirklich eine frühere Verfügung widerrufen wird oder die Therapeuten nur eine Bestätigung ihrer eigenen therapieorientierten Position suchen.

3.5 Freiwilligkeit

Hilfreich ist:

Sicher klärend für Vertragsverhältnisse in Kliniken oder Pflegeeinrichtungen ist die Aussage, dass niemand zur Abfassung einer Patientenverfügung verpflichtet werden darf (§ 1901a, Abs. 4 BGB). Eine Aufnahme in eine solche Einrichtung darf eine schriftliche Willensäußerung nicht zur Voraussetzung machen. Damit ist klar, dass der Mensch das Recht hat, sich nicht zu äußern.

Offen bleibt:

Der Schutz der Autonomie und das Recht zur Nichtäußerung bringen aber in der Praxis Probleme mit sich, wenn Entscheidungen anstehen und ein Patientenwille nicht niedergelegt ist. Hier liegt ein Widerspruch. Der Wille des Patienten muss nicht geäußert werden, ist aber zu beachten. Der Betreuer oder Bevollmächtigte, der

---

[9] SIMON 2007.

laut Gesetz notwendig ist, um den mutmaßlichen Willen oder Behandlungswünsche festzustellen und zu vertreten, hat es so deutlich schwerer. Wenn es sich um einen Berufsbetreuer handelt, der den Patienten aus gesunden Zeiten gar nicht kennt, ist das Dilemma nahezu unlösbar.

3.6 Konsequenzen für die Praxis

An einigen Fallbeispielen sollen Chancen und Probleme der neuen Gesetzeslage verdeutlicht werden.

Fall 1

Frau A ist 74 Jahre alt, hat keine Angehörigen, wohnt und versorgt sich allein. Sie lässt sich wegen einer Coxarthrose eine Hüftendoprothese implantieren. Nach der Operation in Allgemeinanästhesie wird sie im Aufwachraum nicht richtig wach. Sie muss erneut intubiert und beatmet werden und kommt daher auf die Intensivstation. Die Diagnostik ergibt einen ausgedehnten Schlaganfall. Die Neurologen sehen die Prognose als sehr schlecht an. Auch ohne Analgosedierung reagiert sie nicht auf Ansprache und Zuwendung. Wenn sie die akute Ateminsuffizienz übersteht und die Intensivstation wieder verlassen kann, hält man eine ausgedehnte Lähmung sowie eine dauerhafte Beeinträchtigung von Sprache und Kommunikationsfähigkeit mit einer höheren Pflegebedürftigkeit für sehr wahrscheinlich. Die Nachbarn von Frau A als einzige Bezugspersonen kommen, um sich nach dem Zustand zu erkundigen. Dabei legen sie eine Patientenverfügung und eine Vorsorgevollmacht vor, in der sie als Bevollmächtigte genannt sind.
Die Patientenverfügung ist 8 Jahre alt. Darin heißt es:

> „Wenn ich durch eine Krankheit oder einen Unfall so schwer geschädigt bin, dass ich mich nie mehr mit meiner Umgebung verständigen kann und schwere geistige und körperliche Einschränkungen dauerhaft bestehen bleiben, so dass ich mich nicht mehr selbst versorgen kann, lehne ich jede intensivmedizinische Behandlung ab. Ich möchte dann weder künstlich beatmet noch mit anderen Geräten am Leben erhalten werden. Auch eine künstliche Ernährung soll dann nicht durchgeführt werden."

Die Nachbarn verweisen auf diesen Text und fordern, die Beatmung und sonstige Therapie einzustellen und Frau A ihrem Willen entsprechend ruhig sterben zu lassen.

Kommentar

Hier ist der Wille klar formuliert. Die Verfügung ist konkret auf die körperlichen Einschränkungen, die eingeschränkte Kommunikationsfähigkeit und die nicht mögliche Selbstversorgung bezogen, die schon vor Bekanntwerden der Verfügung von den Neurologen prognostiziert wurden. Aussagen über abgelehnte Therapiemaßnahmen wie Beatmung und Ernährung sind ebenso explizit enthalten. Die Bevollmächtigen sind benannt und äußern sich im Sinne der Patientin. Es muss darauf geachtet werden, dass sie in ihrer Bevollmächtigung für diese Aufgaben bevollmächtigt sind. Wenn auch die Ärzte primär noch nicht über eine Therapiebegrenzung gesprochen haben, ist eine Einigung zwischen Ärzten und Bevollmächtigten im Sinne der Patientenverfügung leicht erreichbar. Mögliche Bedenken, ob das Alter der Verfügung ihren Aussagewert mindert, können von den Bevollmächtigten ausgeräumt werden. Wären sie nicht benannt, so müsste ein Betreuer bestellt werden, der sich in gleicher Weise wie die Bevollmächtigten auf die konkreten Aussagen in der Verfügung berufen kann und wird. Eine Beendigung der invasiven Maßnahmen und eine Therapiezieländerung im Sinne einer Palliativversorgung sind ethisch angezeigt und rechtlich erlaubt. Die Beatmung kann beendet werden. Das Gesetz hilft durch die Klärung der Zuständigkeiten. Die Situation war vor dem 1. September 2009 aber in der Praxis durch die frühere Rechtsprechung genauso. Insofern hat das Gesetz am Entscheidungsprozess und -ergebnis nichts geändert.

Fall 2

Dieselbe Situation wie in Fall 1, doch die Frau hat keine Patientenverfügung und niemanden als Bevollmächtigte beauftragt.

Kommentar

Die Situation ist ungleich schwieriger, aber auch nicht anders als vor Beschluss des Gesetzes. Wenn im Team Zweifel aufkommen und die Prognose in Frage gestellt wird, weil sie ja nur als „sehr wahrscheinlich" eingestuft wird und Kompensationsmechanismen bei abgelaufenem Apoplex sehr hoch sind und als schwer abschätzbar gelten, wird die Therapie weitergeführt werden müssen. Der immer wieder aufkommende Erfahrungshinweis, dass man schon viel schwerere Fälle erlebt hat, bei denen eine gute Rehabilitation erreicht wurde, trägt ebenso dazu bei wie die Unklarheit darüber, mit welcher Form von Einschränkungen die Frau ihr weiteres Leben noch zu führen bereit ist. Das Gesetzt hilft in diesem Falle nicht.

Fall 3

Ein 80-jähriger Mann mit einem metastasierten Coloncarcinom und einer chronisch obstruktiven Lungenerkrankung (Asthma) wohnt im Pflegeheim. Er hat eine christliche Patientenverfügung ohne ergänzende Zusätze verfasst. Darin heißt es:

„Für den Fall, dass ich meinen Willen nicht mehr bilden oder äußern kann, verfüge ich: An mir sollen keine lebensverlängernden Maßnahmen vorgenommen werden, wenn nach bestem ärztlichem Wissen und Gewissen festgestellt wird, dass jede lebenserhaltende Maßnahme ohne Aussicht auf Besserung ist und mein

Sterben nur verlängern würde. Ärztliche Begleitung und Behandlung sowie sorgsame Pflege sollen in diesen Fällen auf die Linderung von Beschwerden, wie z.B. Schmerzen, Unruhe, Angst, Atemnot oder Übelkeit, gerichtet sein, selbst wenn durch die notwendige Schmerztherapie eine Lebensverkürzung nicht auszuschließen ist. Ich möchte in Würde und Frieden sterben können, nach Möglichkeit in Nähe und Kontakt mit meinen Angehörigen und nahe stehenden Personen und in meiner vertrauten Umgebung."

Da er mit seinem Sohn kaum Kontakt hat, hat er keine Vorsorgevollmacht ausgestellt. Er geht davon aus, dass die Mitarbeitenden im Heim und auch sein Hausarzt „schon das Richtige tun und mich nicht unnötig quälen".

Spät abends kommt es zu einem schweren Asthmaanfall. Die Altenpflegerin im Heim alarmiert den Rettungsdienst, weil der Hausarzt nicht erreichbar ist. Der Mann ist bei Eintreffen des Notarztes bewusstlos. In der Hektik der Situation denkt im Heim niemand an die Patientenverfügung. Der Notarzt fragt auch nicht danach. Er intubiert den Mann und bringt ihn beatmet auf die Intensivstation der Klinik.

Kommentar

Die Patientenverfügung greift nicht, selbst wenn sie in der Situation dem Notarzt vorgelegen hätte. Sie ist nicht konkret auf die Situation bezogen und beinhaltet nicht die Ablehnung einer Beatmung. Auch auf der Intensivstation bei Vorlegen der Verfügung ist damit nicht die Therapiezieländerung von kurativ auf palliativ zwingend zu begründen. Der Asthmaanfall ist als solcher therapierbar. Das Stadium der onkologischen Erkrankung ist erst nach genauer Untersuchung beurteilbar. Das Maligom per se darf kein Grund sein, eine akut lebensbedrohliche Situation aus anderer Ursache nicht zu therapieren.

Diese Konstellation ist in der klinischen Praxis nicht selten. Das Gesetz legt fest, dass die verfasste Verfügung für die Situation nicht gilt. Das verhindert falsche Erwartungen von Patient und Angehörigen und kann die Ärzte sicherer bei der Einordnung dieses Textes machen, bringt aber für die aktuelle Entscheidung keine Hilfe. Es stellt bestenfalls einen Appell dar, seine Patientenverfügung so zu konkretisieren, dass in dieser Situation nicht gewollte Maßnahmen nicht begonnen werden oder beendet werden können, und eine Bevollmächtigung zu verfügen, damit ein Gesprächspartner für die Entscheidungsträger vorhanden ist.

Der Fall weist auf die Notwendigkeit hin, in Pflegeeinrichtungen Patientenverfügungen und andere Willensäußerungen von Bewohnern für Notfall- und Entscheidungssituationen verfügbar zu halten. Ebenso sollte der Notarzt nach solchen Verfügungen fragen. Denn bei konkret auf die Situation bezogener Verfügung wäre sie verbindlich. Wenn der Mann eine Beatmung abgelehnt und ein Sterbenlassen in dieser Situation gewünscht hätte, brauchte nicht der Rettungsdienst gerufen zu werden, sondern nur der ärztliche Bereitschaftsdienst. Beide hätten dann auch auf invasive Maßnahmen und den Transport in die Klinik verzichten und eine angemessene Palliativmedizin initiieren können.

4. Fazit

Die gesetzliche Regelung hat einige begriffliche Klärungen gebracht und Zuständigkeiten verteilt. Das bringt den Umgang mit dem vorausverfügten Willen von Patienten aus einer Grauzone heraus, in der sich dieses Feld trotz aller Fortbildungen, Rechtsprechungen und ethischen Deklarationen lange Jahre befand und immer noch befindet. Es ist zu hoffen, dass durch diese Klärung häufiger und leichter darüber nachgedacht wird, wie mit Willensbekundungen umzugehen ist.

Es bleiben andererseits in der konkreten Praxis beim Umgang mit Patienten und Pflegebedürftigen viele Fragen offen.[10] Das liegt daran, dass die jeweilige Situation selten in aller Differenziertheit vorauszuahnen und damit letztlich nicht planbar ist. Die Individualität des Sterbens entzieht sich einer so detaillierten Planung, wie es das Patientenverfügungsgesetz versucht. Die Unklarheiten, die trotz des Gesetzes bleiben, können Anlass sein, sich differenzierter Gedanken über seine eigenen Vorstellungen zu machen, was man möchte und was nicht, und die Verfügungen exakter zu formulieren. Und sie sollten Anlass sein, frühzeitig einen Bevollmächtigten zu benennen, der als Gesprächspartner in der konkreten Entscheidungssituation dem Willen des nicht mehr Äußerungs- oder Entscheidungsfähigen Geltung verschaffen kann. Ob dazu ein Gesetz nötig war?

Im konkreten klinischen Alltag muss man prüfen, was besser ungeregelt geblieben wäre und wo man nachbessern muss. Es ist wichtiger, Ärzte und Pflegende, die Entscheidungen am Ende des Lebens treffen müssen, im Umgang mit moralischen Werten, in Kommunikation und emotionaler Kompetenz zu schulen, als das Gesetz zu überarbeiten, um die Unklarheiten ausräumen zu wollen, die sich letztlich einer absoluten Regelung entziehen.

Literatur

DORSEL, D. (2010): *Patientenverfügungsgesetz – Fluch oder Segen? Gratwanderung zwischen Autonomie und Fürsorge*, in: Westfälisches Ärzteblatt 3, 8–11.

HANNICH, H.J. (1987): *Medizinische Psychologie in der Intensivbehandlung*, Anaesthesiologie und Intensivmedizin, Bd. 175, Berlin.

MAY, A.T., BROKMANN, J.C. (2010): *Medizinische und medizinethische Grundlagen der Vorsorgemöglichkeiten*, in: Anaesthesist 59, 118–125.

REHBOCK. T. (2005): *Personsein in Grenzsituationen*, Paderborn.

---

[10] DORSEL 2010; ULSENHEIMER 2010.

SALOMON, F. (1985): *Beatmung: Ja oder Nein? Ethische Überlegungen zu Grenzfragen der Intensivmedizin*, in: Anästhesiologie – Intensivtherapie – Notfallmedizin 20, 143–146.

– (2009): *Das Menschenbild als Entscheidungshintergrund intensivmedizinischen Handelns*, in: SALOMON, F. (Hg.): Praxisbuch Ethik in der Intensivmedizin, Berlin, 65–74.

SCHROTH, U. (2007): *Ärztliches Handeln und strafrechtlicher Maßstab. Medizinische Eingriffe ohne und mit Einwilligung, ohne und mit Indikation*, in: ROXIN, C., SCHROTH, U. (Hg.): Handbuch des Medizinstrafrechts, 3. Aufl., Stuttgart, 21–46.

SIMON, A. (2007): *Einstellungen von Ärzten und Vormundschaftsrichtern im Umgang mit lebenserhaltenden Maßnahmen*, in: UEBERSCHÄR, E., CHARBONNIER, R. (Hg.): Lebensverlängernde Maßnahmen beenden? Loccumer Protokolle 72/05, Rehburg-Loccum, 9–15.

STRÄTLING, M., SCHMUCKER, P. (2004): *Entscheidungen am Lebensende in der Intensivmedizin, Teil II*, in: Anästhesiologie – Intensivmedizin – Notfallmedizin – Schmerztherapie 39, 361–378.

ULSENHEIMER, K. (2010): *Neue Regelung der Patientenverfügung. Welche Konsequenzen ergeben sich für die Praxis?*, in: Anaesthesist 59, 111–117.

VERREL, T. (2009): *Die Rolle des Rechts bei Behandlungsentscheidungen am Lebensende*, in: SALOMON, F. (Hg.): Praxisbuch Ethik in der Intensivmedizin, Berlin, 75–88.

Ärztliche Entscheidungen in Grenzsituationen. Patientenverfügungen als Instrumente des Dialogs

von Christof Müller-Busch

Abstract: Im Spannungsfeld von Sorge für den kranken Menschen und der Selbstbestimmung des Betroffenen hat der Begriff der medizinischen Indikation für ärztliches Handeln eine zentrale Bedeutung. Unter den Bedingungen der modernen Medizin haben die Möglichkeiten zur künstlichen Lebensverlängerung zunehmend auch zu der Frage geführt, wie sinnvoll deren Einsatz ist. Nicht alles, was getan werden kann, muss auch getan werden. Patientenverfügungen als Instrumente des Dialogs haben eine wichtige Funktion, um in schwierigen Situationen Nutzen und Schaden von Behandlungsoptionen gegeneinander abzuwägen und zu verantwortungsvollen Entscheidungen im Sinne des betroffenen Patienten zu gelangen. Da Patientenverfügungen mit sehr unterschiedlicher Präzision formuliert werden, geht es in der Praxis in der Regel darum, im Spannungsfeld zwischen Willen und Wohl eines Menschen Konsens über die medizinische Indikation zu finden. Die Beschäftigung mit dem Willen des Patienten ist zwar nach den Grundsätzen der Bundesärztekammer eine Grundbedingung ärztlichen Handelns, allerdings ist die Ermittlung des Willens eines Patienten bisher kein Gegenstand der ärztlichen Ausbildung.

Keywords: Ärztliches Ethos, Dialog, Medizinische Indikation, Patientenverfügung, Advance Care Planning, Wille und Wohl.

1. Einleitung

Ärztliches Handeln in sterbenahen Situationen beruht auf ethischen Grundsätzen und einem moralischen Selbstverständnis, welches im Spannungsfeld von Sorge für den kranken Menschen und der Selbstbestimmung des Betroffenen auch berücksichtigen muss, dass Entscheidungen am Ende des Lebens in den letzten Jahren zunehmend zum Thema öffentlicher Diskussionen und kontroverser Debatten geworden sind. Die moderne Medizin kann fast alle Organe ersetzen bzw. ihre Funktionen künstlich aufrechterhalten. So können beim Auftreten einer zum Tode führenden Erkrankung oder eines unumkehrbaren Multiorganversagens Probleme und Konflikte entstehen, ob und wie lange diese Maßnahmen durchgeführt werden sollen und nach welchen Kriterien auf sie verzichtet werden kann.

2. Sterben als Entscheidungsproblem unter den Bedingungen der modernen Medizin

Auch wenn der Sterbeprozess selbst sich letztlich der Steuerbarkeit entzieht und seinen eigenen Regeln folgt, sind es zunehmend Entscheidungen zum Einsatz bzw. zum Verzicht medizinischer Handlungsmöglichkeiten in der letzten Lebensphase eines Menschen, die sowohl den Zeitpunkt des Todes als auch den Ort und die Art des Sterbens wesentlich mitbestimmen. Im Vordergrund des Sterbens steht nicht mehr wie früher nur das Nachlassen elementarer Lebens- und Körperfunktionen, sondern die vor dem Eintritt des biologischen Organversagens liegende Lebensphase wird durch Einflussfaktoren geprägt, für die sowohl individuelle Einstellungen und Verhaltensweisen wie auch gesellschaftliche Normen und Wertvorstellungen von Bedeutung sind. Besonders bei alten Menschen hat das dazu geführt, dass deren Rückzug mit Schwäche, Bettlägerigkeit, Interesseverlust, weniger Essen und Trinken und wissend ahnendem Abschiednehmen nicht immer nur Ausdruck der körperlichen Bedingungen ist, sondern dass für die Lebenswelten und das Verhalten von vielen alten Menschen auch psychische und soziale Gründe eine Rolle spielen, die dazu geführt haben, neben dem biologischen auch ein soziales und ein psychisches Sterben zu unterscheiden, das Entscheidungen am Lebensende mitbestimmt.

Nicht alles, was in der Medizin getan werden kann, muss auch getan werden, und die physiologische Begründung der Indikation für eine medizinische Maßnahme ist schon lange keine ausreichende Rechtfertigung mehr dafür, dass diese auch durchgeführt werden muss. In diesem Zusammenhang gewinnt Kommunikation in fortschreitenden und fortgeschrittenen Erkrankungssituationen eine zunehmende Bedeutung. Die Frage nach den Kriterien zum Einsatz bzw. zum Verzicht von potentiell lebensverlängernden Maßnahmen in der Medizin sowie zum Verhalten in Notsituationen kann nicht unabhängig von der Frage gesehen werden, was solche Maßnahmen für den Betroffenen, seine Lebenssituation und sein soziales Umfeld bedeuten, wobei im Dialog der Beteiligten Kommunikation über die Aussichten auf Erfolg zum Nutzen des Betroffenen ebenso von Bedeutung ist wie Fragen zur Prognose, die trotz aller Unsicherheiten der Vorhersage als wichtigste Grundlage für eine gemeinsame Entscheidungsfindung in Grenzsituationen angesehen werden.

2.1 Die Bedeutung von Patientenverfügungen für die Entscheidungsfindung

Das im September 2009 in Kraft getretene Patientenverfügungsgesetz[1] wird sich in der Praxis bewähren müssen. Wie und ob diese rechtliche Regelung den schwierigen Entscheidungsproblemen in sterbenahen Situationen gerecht wird, kann nur die Zukunft zeigen. Sicherlich waren die bisherigen Gerichtsentscheide nicht eindeutig, und sowohl bei Ärzten als auch bei Juristen bestanden Unsicherheiten, wann und für welche Situationen Patientenverfügungen gültig seien. Ein Gesetz kann gewiss nur sehr begrenzt die moralische Verantwortung für den Umgang mit Problemen und Konflikten regeln; dennoch ist das neue Gesetz ein wichtiger Beitrag, die Bedeutung der Selbstbestimmung und des Willens für die Durchführung medizinischer Maßnahmen zu stärken. Es sollte jedoch nicht vergessen werden, dass die eigentliche Problematik darin liegt, wie im Rahmen des medizinischen Fortschritts und der medizinischen Möglichkeiten das Sterben wieder als untrennbarer Teil des Lebens begriffen und als solcher wahrgenommen, akzeptiert und respektiert werden kann.

Nach der Gesetzeslage seit September 2009 ist eine Patientenverfügung eine schriftlich abgefasste vorsorgliche Willensbekundung eines einwilligungsfähigen, volljährigen Menschen, in der er konkrete Behandlungswünsche für bestimmte Situationen der Nichteinwilligungsfähigkeit niederlegt. Eine Patientenverfügung ist verbindlich, wenn in ihr die Entscheidungssituation genau benannt wurde. Vorsorgebevollmächtigte bzw. Betreuer haben in einer solchen Situation den in der Patientenverfügung festgelegten Behandlungswünschen Ausdruck zu verschaffen, andererseits – sollte diese nicht präzise genug sein oder keine Patientenverfügung vorliegen – den aufgrund konkreter Anhaltspunkte ermittelten „mutmaßlichen Willen" in Relation zur medizinischen Indikation zu setzen. Dies ist bzw. sollte zwar auch schon bisher Grundlage für medizinische Entscheidungen sein, war aber in dieser Deutlichkeit nur durch einige – teilweise missverständliche – richterliche Entscheidungen, nicht jedoch gesetzlich geregelt.

Die Notwendigkeit des Dialogs aus dem Blickwinkel des Patientenwillens in Bezug auf eine medizinische Indikation im Fall der Nichteinwilligungsfähigkeit des Betroffenen ist ein Kernelement des neuen Gesetzes zur Änderung des Betreuungsrechts. Ziel dieses Dialogs ist es, zu einer Verständigung bzw. einem Konsens zu kommen – eine sicherlich nicht immer ganz einfache Aufgabe, und eine Herausforderung, wenn es darum geht, in Grenzsituationen Entscheidungen zu treffen.

---

[1] *Drittes Gesetz zur Änderung des Betreuungsrechts*, Bundesgesetzblatt 2009 Teil I Nr. 48, 2286–2287 (abgedruckt in: Jahrbuch für Wissenschaft und Ethik, Bd. 14 (2009), 363–365).

2.2 Schlüsselbegriff ‚Medizinische Indikation'

Der Begriff der ‚Medizinischen Indikation' bekommt eine Schlüsselrolle für die medizinische Praxis, für juristische Entscheidungen wie auch für medizinethische Überlegungen in Grenzsituationen. Die Unschärfen dieses Begriffes werden jedoch erst bei genauer Analyse der medizinischen Praxis erkennbar: So haben einerseits wissenschaftliche Erkenntnisse und Erfahrungen, aber auch subjektive Faktoren des Arztes, seine Interessen und Wertvorstellungen Einfluss auf die Indikationsstellung, ebenso wie die Berücksichtigung der Lebenssituation, das Alter, die Belastbarkeit des Betroffenen. Hinzu kommen aber noch weitere Aspekte wie die sozialen und ökonomischen Rahmenbedingungen, Budgets, Fallpauschalen, Verfügbarkeit von Handlungsoptionen sowie allgemeine gesellschaftliche Wertvorstellungen, das soziale Umfeld und das vorherrschende Ethos. So sind z.B. für viele Menschen der Verlust der Autarkie und die Aussicht auf einen Lebensvollzug in Abhängigkeit nicht vereinbar mit einem lebenswerten Leben und inakzeptabel. ‚Medizinische Indikation' ist keine eindeutige bzw. unabhängige Variable. Sie entwickelt sich eigentlich erst im Dialog, in der Beziehung und in der Auseinandersetzung mit einem kranken Menschen. Solange der kranke und schwerstkranke Mensch selbst urteils- und willensfähig ist, lassen sich die eine medizinische Indikation begründenden Behandlungsziele auch im Gespräch miteinander klären und festlegen, auch wenn die Kommunikation in Grenzsituationen ärztlicherseits häufig zu sehr von der fachspezifischen Sichtweise über den Einsatz von Möglichkeiten und zu wenig von den Erwartungen aus Patientenperspektive bestimmt wird. Bei nicht einwilligungsfähigen Patienten gilt im Grunde der gleiche Anspruch, nämlich zu bestimmen, welche Behandlungsziele mit einer angebotenen medizinischen Maßnahme erreicht werden sollen. Und in diesem Zusammenhang bekommen Willensbekundungen, Vorabverfügungen, Vorstellungen und Erwartungen, aber auch Instrumente wie Patientenverfügungen und Vorsorgeplanung eine wichtige Funktion für den Dialog.

3. Bedingungen des Sterbens im 21. Jahrhundert

Im Jahre 2007 verstarben in Deutschland ca. 830.000 Menschen. Mehr als 50% aller Verstorbenen waren über 80 Jahre alt. Die Zahl der Hochaltrigen und damit auch der pflegebedürftigen Menschen ist besonders in den letzten 30 Jahren ständig gestiegen und wird in den nächsten Jahren weiter steigen.[2] So wird die Anzahl der über 80-Jährigen in etwa 15 Jahren im Vergleich zu heute fast verdoppelt sein. Das

---

[2] DEUTSCHER BUNDESTAG (2002): *Vierter Bericht zur Lage der älteren Generation in der Bundesrepublik Deutschland: Risiken, Lebensqualität und Versorgung Hochaltriger – unter besonderer Berücksichtigung demenzieller Erkrankungen*, BT-Drucksache 14/8822.

Statistische Bundesamt rechnet im Jahre 2050 mit 8 Millionen Menschen im Alter von 80 Jahren und mehr. 80% der über 80-Jährigen leben mit und leiden an mindestens zwei chronischen Erkrankungen. Das Nebeneinander von verschiedenen Krankheiten, die gleichzeitig oder auch zeitlich versetzt auftreten und die vielfach zu den chronischen Krankheiten gehören – die Multimorbidität –, ist ein Charakteristikum des älteren Menschen. Schon jetzt liegt der Anteil der Pflegebedürftigen bei den 80- bis 84-Jährigen bei fast 40% und bei den über 90-Jährigen bei über 60%.[3]

Der Schlaganfall stellt die häufigste Ursache für erworbene Behinderungen im Erwachsenenalter dar. Ca. 500.000 pflegebedürftige Schlaganfallkranke mit Spätfolgen sind zu jedem Zeitpunkt zu versorgen. Ein weiterer Grund für eine erworbene Entscheidungsunfähigkeit sind Wiederbelebungen nach einem Herz-Kreislaufstillstand. Ca. 90.000 bis 150.000 Menschen jährlich erleiden in Deutschland einen Herzinfarkt – Tendenz zunehmend. Der Herzstillstand ist mit 70% der häufigste Anlass für eine Wiederbelebung. Mindestens 20% der reanimierten Menschen bleiben in einem länger andauernden Zustand der Nichtentscheidungsfähigkeit. Auch die Demenzerkrankungen nehmen im Zusammenhang mit der Pflegebedürftigkeit einen hohen Stellenwert ein. Bei den über 80-Jährigen ist heute jeder fünfte von einer Demenz betroffen, bei den über 90-Jährigen jeder dritte. In den nächsten Jahren ist mit einem Anstieg der Zahl Demenzerkrankter zu rechnen: Bis zum Jahr 2020 wird ihre Zahl von derzeit ca. 1,4 Millionen auf ca. 2 Millionen und bis zum Jahr 2050 auf mehr als 3 Millionen anwachsen.[4]

Immer mehr Menschen sterben nicht plötzlich und unerwartet, sondern nach einer längeren Behandlungsphase aufgrund von Entscheidungen über die Begrenzung oder den Abbruch potentiell lebensverlängernder Maßnahmen. Diese Entscheidungen stellen eine große Herausforderung nicht nur für die betroffenen Patienten und deren Angehörige, sondern auch für die beteiligten Ärzte dar. Der plötzliche Tod ohne ärztliche Begleitung ist selten. Medizinische Maßnahmen, oder besser: der Verzicht auf die Anwendung medizinischer Möglichkeiten, tragen in über 80% aller Sterbefälle wesentlich zur Lebensbegrenzung bei, wobei das Nichtanbieten, die Nichteinleitung und der Abbruch von medizinischen Maßnahmen, um das Sterben zuzulassen (sogenannte passive Sterbehilfe), ganz im Vordergrund steht und die aktive Beendigung des Lebens (Tötung auf Verlangen = Euthanasie bzw. assistierter Suizid) nur in wenigen Ländern Europas rechtlich und moralisch akzeptiert ist und unterschiedliche Traditionen hat. Eine in verschiedenen Ländern Europas durchgeführte Studie zeigt, dass in ca. 50% aller Todesfälle im Vorfeld des Todes bewusst Entscheidungen zu lebenserhaltenden Maßnahmen getroffen wur-

---

[3] STATISTISCHES BUNDESAMT (2006): *Diagnosedaten der Patienten und Patientinnen in Krankenhäusern (einschl. Sterbe- und Stundenfälle)*, Fachserie 12, Reihe 6.2.1., Juli 2006, Wiesbaden.
[4] DEUTSCHES INSTITUT FÜR WIRTSCHAFTSFORSCHUNG (DIW) (2001): *Wochenbericht des DIW Berlin 5/01: Starker Anstieg der Pflegebedürftigkeit zu erwarten: Vorausschätzungen bis 2020 mit Ausblick auf 2050*, http://www.diw.de/sixcms/detail.php/286205 (Stand: Juli 2010).

den.⁵ Entscheidungen zum Verzicht auf medizinische Möglichkeiten müssen besonders häufig auf Intensivstationen getroffen werden, wo in Krankenhäusern fast 20% der Menschen sterben.⁶ Allerdings bestehen zu der Frage, wann und auf welche Maßnahmen verzichtet werden darf, um den Tod bzw. das Sterben zuzulassen, bei Ärzten, Juristen und in der Öffentlichkeit sehr unterschiedliche Meinungen.

‚Weiß mein Arzt, was ich will?' – Immer mehr Menschen fürchten, mit ihren Vorstellungen und Entscheidungen zu Behandlungen am Ende des Lebens, bei Demenz oder schwerster zerebraler Schädigung nicht ausreichend beachtet zu werden. Die Angst vor Pflegebedürftigkeit nach einem akuten Ereignis z.B. in Folge eines Schlaganfalls oder einer Reanimation beschäftigt Menschen ebenso wie die Angst vor einer demenziellen Entwicklung, vor einem langsamen Dahinsiechen, vor Schmerzen und besonders davor, anderen zur Last zu fallen.

4. Vorsorgende Willensbekundungen

Nach verschieden Schätzungen haben mehr als 8 Millionen Menschen über 18 Jahren in Deutschland eine Patientenverfügung.⁷ Das ist mit ca. 11–12% zwar ein recht geringer Anteil der deutschen Bevölkerung; dennoch möchten diejenigen, die eine Patientenverfügung verfasst haben, sicherlich die Gewissheit haben, dass ihr Selbstbestimmungsrecht in einer Phase schwerer Erkrankung auch verbindlich respektiert wird. In der seit einigen Jahren durchgeführten Kerndokumentation der *Deutschen Gesellschaft für Palliativmedizin (DGP)* lag der Anteil von Menschen mit Patientenverfügungen in palliativmedizinischen Betreuungssituationen mit 15–20% deutlich höher, obwohl gerade dort eine Patientenverfügung nur selten als Entscheidungshilfe herangezogen werden muss, da die meisten Palliativpatienten bis zur Sterbephase weitgehend für sich selbst entscheiden können und oft auch bis zuletzt ein kontinuierlicher Dialog stattfindet.⁸

Für viele sterbenskranke Menschen und eine zunehmend größere Anzahl von chronisch Kranken und älteren Menschen hat die Gewissheit, dass ihr Wille respek-

---

⁵ VAN DER HEIDE, A., DELIENS, L., FAISST, K. NILSTUN, T., NORUP, M., PACI, E., VAN DER WAL, G., VAN DER MAAS, P.J. (2003): *End-of-life decision-making in six European countries: descriptive study*, in: Lancet 362, 345–350.

⁶ VINCENT, J.L., BERRE, J., CRETEUR, J. (2004): *Withholding and withdrawing life prolonging treatment in the intensive care unit: a current European perspective*, in: Chronic Respiratoy Disease 1, 115–120.

⁷ VON WRANGEL, C. (2009): *Patientenverfügung ins Ungewisse. Kommentar*, in: Frankfurter Allgemeine Zeitung, 1. März 2009.

⁸ RADBRUCH, L., STIEL, S., NAUCK, F., JASPERS, B., OSTGATHE, C., VOLTZ, R. (2009): *Das Lebensende gestalten. Vorstellungen von Palliativpatienten zu Patientenverfügungen, Sterbewunsch und aktiver Sterbehilfe*, in: Zeitschrift für Palliativmedizin 2009 (1), 27–32.

tiert wird, wenn sie eine Patientenverfügung besitzen, eine beruhigende und Angst mindernde Funktion. Allerdings haben viele Patienten Hemmungen, mit ihren Ärzten über diese Ängste und über existenzielle Fragen zu sprechen; auch nehmen sich Ärzte häufig zu wenig Zeit bzw. haben zu wenig Erfahrung, um auf diese Fragen einzugehen.

Sicherlich versucht nur eine Minderheit, durch Vorsorgevollmachten und Patientenverfügungen Handlungshinweise zu geben; die meisten vertrauen auf den ‚guten Arzt', der schon weiß, was richtig ist. Die Beschäftigung mit Sterben und Tod ist für die überwiegende Mehrheit der Deutschen ein Thema, dem sie sich ungern stellen, die meisten vertrauen darauf, dass am Ende des Lebens die richtigen Entscheidungen für sie getroffen werden.

Vorsorgende Willensbekundungen können nicht alles regeln. Aber sie können für die Ärzte, für die Angehörigen oder auch für den betreffenden Patienten im Falle der Nichtentscheidungsfähigkeit wegweisend sein. Im Idealfall wurden sie nach kompetenter ärztlicher Beratung erstellt und mit einer Vorsorgevollmacht verbunden. Dennoch werden in einer Patientenverfügung immer Situationen vorweggenommen, für die es keine Erfahrungen aus eigenem Erleben gibt. In fortgeschrittenen Krankheitssituationen verändern sich zumindest bei entscheidungsfähigen Menschen viele Sichtweisen und oft auch der früher einmal zum Ausdruck gebrachte Wille zu Handlungsoptionen, die sie in einer Patientenverfügung festgelegt haben, wenn es um Entscheidungen zur Behandlungsbegrenzung geht.

4.1 Ärztliches Selbstverständnis und Arzt-Patient-Beziehung in der modernen Medizin

Arzt-Patient-Beziehungen sind gekennzeichnet durch eine Asymmetrie, die darin zum Ausdruck kommt, dass der Arzt durch seine Fachkompetenz Krankheitssituationen im Hinblick auf Prognose und Verlauf meist besser einschätzen kann als der in dieser Hinsicht in der Regel unerfahrene, aber dennoch Hilfe suchende Patient. Diese Fachkompetenz führt jedoch auch dazu, dass häufig erwartet wird, dass mit der gleichen Kompetenz von den Ärzten auch beurteilt werden kann, was für den anderen richtig und gut ist. Das führt in sterbenahen Situationen zu Unsicherheiten und Konflikten, wenn es darum geht, medizinische Möglichkeiten zu begrenzen oder diese – auch mit ungewisser Aussicht auf Erfolg – einzusetzen und dabei dem Willen bzw. den Wertvorstellungen des Patienten gerecht zu werden.

Durch die Möglichkeiten und die Komplexität der modernen Medizin hat sich in den letzten 50 Jahren das ärztliche Selbstverständnis entscheidend gewandelt. Die neuen Informations- und Kommunikationsmöglichkeiten haben zudem dazu geführt, dass medizinisches Wissen zwar sehr breit verfügbar ist, aber nicht überall anwendbar. Die Grenzen der medizinischen Möglichkeiten sind nicht mehr klar – zumal im wirtschaftlichen Wettbewerb auch die Gesundheitsversorgung als Markt entdeckt wurde und von den Regeln der Ökonomie bestimmt wird. Gleichzeitig sind die Erwartungen an diese Möglichkeiten gestiegen. Die Vorstellungen und

Wünsche der Patienten als Betroffene und der Angehörigen spielen für Entscheidungen zu Behandlungsoptionen eine zunehmend größere Rolle, so dass sich die Arzt-Patient-Beziehung auch mehr von einem eher paternalistisch geprägten Modell, in dem der Arzt wusste, was für seinen Patienten gut ist, zu einem mehr partnerschaftlich orientierten deliberativen Modell hin entwickelt hat, in dem es durchaus um gemeinsames Ringen um den richtigen Weg geht, in dem aber auch unterschiedliche Auffassungen über die verschiedenen Rollen im der Arzt-Patient-Beziehung zum Ausdruck kommen.[9] Sowohl das paternalistische Modell wie auch das deliberative Modell bergen ein Konfliktpotential in sich, das sowohl bei Ärztinnen und Ärzten als auch bei Betroffenen zu Verunsicherung im Rollenverständnis, aber auch in den Erwartungen an den anderen geführt hat. Einerseits wird von Ärzten erwartet, dass sie schon wissen, was gut ist, wenn Patienten nicht mehr entscheidungsfähig sind, andererseits werden deren Möglichkeiten hinterfragt, wenn der Erfolg von Maßnahmen nicht den Erwartungen der Betroffenen bzw. deren Angehörigen entspricht.

Die Beziehungen zwischen Ärzten und Patienten bzw. deren Angehörigen werden weniger durch situationsbezogenes Vertrauen auf Hilfe durch die Möglichkeiten der Medizin geprägt – indem es um umfassende Problemlösungen in der Konfrontation mit Krankheiten und den damit verbundenen Fragen geht, wozu auch die Auseinandersetzung um existentielle Fragen gehört –; sie kreisen eher um die Frage, nach welchen Regeln bestimmte Behandlungsoptionen eingesetzt bzw. durchgeführt werden können bzw. sollten. Das gilt ganz besonders auch dann, wenn es um den Einsatz oder den Verzicht auf Möglichkeiten zur Lebensverlängerung geht.

Hinzu kommt, dass sich durch die fachorientierte Spezialisierung im ärztlichen Selbstverständnis eine Sicht entwickelt hat, die den kranken Menschen sehr stark krankheits-, organ- oder funktionsbezogen sieht und ihn in weiteren Dimensionen (z.B. in den Erfahrungen des Krankseins, in sozialen Bezügen, unter spirituellen Gesichtspunkten und ontologischen Bestimmungen) nur wenig berücksichtigt. Ein Ansatz, der diese Aspekte mit erfasst, wird jedoch in solchen Situationen wichtig, in denen es um Entscheidungen geht, die auch die Möglichkeit des Sterbenlassens beinhalten, z.B. in der Altersmedizin. Im professionellen Selbstverständnis sehen sich heute Ärzte selten als Ansprechpartner für diese Fragen, sondern oft nur als spezialisierte Experten für bestimmte körperliche oder seelische Bereiche, denen gegenüber sie sich allerdings hoch verpflichtet und fachspezifisch berufsethisch verantwortlich fühlen.

---

[9] EMANUEL, E., EMANUEL, L.L. (1992): *Four Models of the Physician-Patient Relationship*, in: Journal of the American Medical Association 267, 2221–2226.

4.2 Medizinische Indikation im Spannungsfeld von Wohl und Wille

Auch die Entwicklung, dass sich der traditionelle Grundsatz des Patientenwohls (*salus aegroti suprema lex*) zugunsten einer stärker auf den Willen des Patienten bezogenen Orientierung (*voluntas aegroti suprema lex*) für die Durchführung therapeutischer Optionen verschoben hat, führte zu einer veränderten Rollenbestimmung des Arztes. Die Durchführung medizinischer Maßnahmen benötigt inzwischen ganz selbstverständlich eine rechtliche Legitimierung – auch im Notfall und besonders auch beim nicht einwilligungsfähigen Menschen. Die scheinbare Verrechtlichung der Medizin hat sicherlich auch dazu geführt, die Frage nach der medizinischen Indikation nochmals neu zu stellen und die eigentlichen Aufgaben und Ziele medizinischen Handelns zu hinterfragen. Medizinische Indikation orientiert sich nicht mehr nur an den technischen Möglichkeiten des Lebenserhalts um jeden Preis, sondern muss auch andere Kriterien wie Lebensqualität, Behandlungsrisiko und Autonomie berücksichtigen. Die von Alexander Mitscherlich und Thure von Uexküll stammende Charakterisierung von Krankheit als Autonomieverlust[10], wodurch die Wiederherstellung und Förderung von Autonomie als das eigentliche Ziel therapeutischen Handels angesehen wird, stellt eine hilfreiche Orientierung für die Bestimmung von Zielvorstellungen im Rahmen der Indikationsstellung therapeutischer Optionen dar – trotz oder vielleicht auch wegen der unterschiedlichen Dimensionen des Autonomiebegriffes. Allerdings werden diese Aspekte in der Ärzteschaft nicht immer ausreichend respektiert und reflektiert, so dass es zu Konflikten auf der Rechtsebene kommt, in der das Kriterium des Willens des Betroffenen für die Beurteilung von Handlungsmaßnahmen eine herausragende Rolle spielt.

Wenn am Ende des Lebens die freie Urteils- und Entscheidungsfähigkeit eines Menschen eingeschränkt ist, das Fühlen sich mehr und mehr auf die – auch dem nahen Umfeld oft wenig zugängliche – eigene Erlebniswelt konzentriert und vielleicht nur noch wenig nachvollziehbare Willensmanifestationen erkennbar sind, dann bedeutet die Sorge und Begleitung eines solchen Menschen wie in der Anfangsphase des Lebens auch Bereitschaft zur Mitverantwortung für das besondere autonome Sterben dieses Menschen.

Insofern ist die Beschäftigung mit dem Willen des Patienten eine Grundbedingung ärztlichen Handelns geworden. Dennoch ist die Ermittlung des Willens eines Patienten eigentlich kein Gegenstand der ärztlichen Ausbildung, so dass die Ermittlung des Willens besonders dann mit Unsicherheiten verbunden ist, wenn die Selbstbestimmungsfähigkeit bzw. Entscheidungsfähigkeit eines Menschen eingeschränkt oder nicht mehr vorhanden ist. Dies ist in sterbenahen Situationen häufig der Fall und gilt in einer besonderen Weise für Menschen mit schwerster zerebraler Schädigung.

---

[10] VON UEXKÜLL, T., WESIACK, W. (1988): *Theorie der Humanmedizin. Grundlagen ärztlichen Denken und Handelns*, München; MITSCHERLICH, A. (1948): *Freiheit und Unfreiheit in der Krankheit*, Hamburg.

Ein wichtiger Aspekt im Zusammenhang mit der Willensermittlung bei Schwerstkranken ist die Erfahrung, dass in Grenzsituationen von entscheidungsfähigen Menschen oft Änderungen früherer Einstellungen und eines früher bekundeten Willens festgestellt werden können, die das Bemühen, dem Willen des Patienten in der aktuellen Situation gerecht zu werden, erschweren, so dass die Kommunikation und die Art der Information von Schwerstkranken berücksichtigen muss, dass aktueller Wille und antizipierter Wille in einem Spannungsfeld zueinander stehen bzw. sich widersprechen können.

Dabei muss im Bemühen, dem Willen des Patienten gerecht zu werden, zwischen Entscheidungsfähigkeit und Willensfähigkeit differenziert werden. Während für den entscheidungsfähigen Patienten die Möglichkeit besteht, selbst bestimmte Grenzen zu ziehen, gewinnt eine Bestimmung der aktuellen Willensorientierung, d.h. die Ermittlung des sogenannten mutmaßlichen Willens bei nicht oder nicht mehr entscheidungs- und selbstbestimmungsfähigen Menschen, dann eine besondere Aktualität, wenn in konkreten Entscheidungssituationen Patientenverfügungen zwar als verbindliche antizipierende Willensbekundungen anerkannt werden, aber doch berechtigte Zweifel entstanden sind, ob diese auch in der aktuellen Situation als fortbestehend angesehen würden. Die Frage, nach welchen Kriterien Patientenverfügungen in Grenzsituationen fortwirkend respektiert werden müssen, hat nicht nur eine rechtliche, sondern auch eine medizinethische, moralische und philosophisch-wissenschaftliche Dimension, die nicht nur innerhalb der Ärzteschaft kontrovers diskutiert wird.

4.3 Grundsätze der Bundesärztekammer

Die *Grundsätze der Bundesärztekammer zur ärztlichen Sterbebegleitung* und die inzwischen aktualisierten *Empfehlungen der Bundesärztekammer und der Zentralen Ethikkommission bei der Bundesärztekammer zum Umgang mit Vorsorgevollmacht und Patientenverfügung in der ärztlichen Praxis* sind ein gutes, aber oft zu wenig bekanntes und manchmal auch als nicht ausreichend empfundenes Instrument zur Orientierung in Grenzsituationen.

In den *Grundsätzen der Bundesärztekammer zur ärztlichen Sterbebegleitung* werden aus standespolitischer und ethischer Perspektive Kriterien zur Entscheidungsfindung für medizinische Maßnahmen am Lebensende bei nicht bzw. eingeschränkt entscheidungsfähigen Patienten benannt. Eine erste Fassung entstand 1979 als Richtlinien zur Sterbehilfe. Die Entwicklungen im Ausland, die Rechtsprechungen in Deutschland und die mit der Entwicklung medizinisch-technischer und pharmakologischer Möglichkeiten in Grenzsituationen entstandenen Probleme haben dazu geführt, dass die ursprünglichen Richtlinien mehrfach überarbeitet wurden. Auch die zuletzt im Jahre 2004 revidierte Fassung[11] befindet sich erneut in Überarbeitung. Im Gegensatz zu vielen anderen standespolitischen und ethischen Stellungnahmen handelt es sich bei den *Grundsätzen* um ein Papier von knapp zwei Seiten, in denen die wesentlichen Aspekte in der Begleitung schwerstkranker und sterbender Patienten angesprochen werden.

Im Vergleich zu Richtlinien in anderen Ländern, z.B. der *Schweizerischen Akademie der Medizinischen Wissenschaften (SAMW)* bzw. der *British Medical Association (BMA)* in Großbritannien, konzentrieren sich die deutschen Grundsätze mehr auf die gesundheitlichen Bedingungen und eine Unterscheidung von Patientengruppen, bei denen eine Therapiebegrenzung oder Therapiezieländerung in Erwägung gezogen wird bzw. werden muss und eine moralische Haltung des Arztes gefordert wird: (1) Ärztliche Pflichten bei Sterbenden, (2) Verhalten bei Patienten mit infauster Prognose und (3) Behandlung bei schwerster zerebraler Schädigung und anhaltender Bewusstlosigkeit. In der Schweiz orientieren sich entsprechende Richtlinien stärker an ethischen Implikationen, während in Großbritannien Kriterien benannt werden, die unter gesundheitlichen und Werteaspekten dem ‚besten Interesse' des Patienten zugeordnet werden können.

Eine wichtige Frage ist immer, ob und in welcher Form Grundsätze, die sich auf verschiedene Patientengruppen beziehen, auch für die besondere Situation des Einzelfalls eine wirksame Unterstützung darstellen können. Leider ist die Kenntnis der Grundsätze der BÄK bei deutschen Ärzten noch zu wenig verbreitet. Deswegen wurden die Grundsätze im Jahre 2007 durch die *Empfehlungen der Bundesärztekammer und der Zentralen Ethikkommission bei der Bundesärztekammer zum Umgang mit Vorsorgevollmacht und Patientenverfügung in der ärztlichen Praxis* ergänzt, in denen die Bedeutung des Willens und von Vorausverfügungen nochmals präzisiert wurde.[12] Hinzu kommt, dass Konflikte und Probleme am Lebensende in Deutschland nur wenig transparent gemacht werden, so dass über die Bedeutung der Grundsätze für den Umgang mit Entscheidungsproblemen und Konflikten am Lebensende nur wenig bekannt ist. Allerdings zeigte eine Untersuchung der *Deutschen Gesellschaft für Palliativ-*

---

[11] BUNDESÄRZTEKAMMER (BÄK) (2004): *Grundsätze der Bundesärztekammer zur ärztlichen Sterbebegleitung*, in: Deutsches Ärzteblatt 101 (19), A1298–1299 (abgedruckt in: Jahrbuch für Wissenschaft und Ethik, Bd. 9 (2004), 491–494).

[12] BUNDESÄRZTEKAMMER (BÄK), ZENTRALE ETHIKKOMMISSION BEI DER BUNDESÄRZTEKAMMER (ZEKO) (2007): *Empfehlungen der Bundesärztekammer und der Zentralen Ethikkommission bei der Bundesärztekammer zum Umgang mit Vorsorgevollmacht und Patientenverfügung in der ärztlichen Praxis*, in: Deutsches Ärzteblatt 104 (13), A891–896 (abgedruckt in: Jahrbuch für Wissenschaft und Ethik, Bd. 13 (2008), 441–452). Aktualisiert: BUNDESÄRZTEKAMMER (BÄK), ZENTRALE ETHIKKOMMISSION BEI DER BUNDESÄRZTEKAMMER (ZEKO) (2010): *Empfehlungen der Bundesärztekammer und der Zentralen Ethikkommission bei der Bundesärztekammer zum Umgang mit Vorsorgevollmacht und Patientenverfügung in der ärztlichen Praxis*, in: Deutsches Ärzteblatt 107 (18), A877–882 (abgedruckt in diesem Jahrbuch auf den Seiten 463–473).

medizin im Jahre 2004, dass Ärzte, denen die ethischen Prinzipien, wie sie z.B. in den Grundsätzen der Bundesärztekammer niedergelegt sind, bekannt waren, deutlich seltener eine Legalisierung der Tötung und eine Legitimation des assistierten Suizids befürworteten als die Ärzte, denen diese Grundsätze weniger bekannt waren.[13] Der besondere Wert der Grundsätze als orientierendes Instrument ergibt sich für den einzelnen Arzt sicherlich vor allem in der Auseinandersetzung mit Entscheidungsproblemen im Einzelfall. Die moralische Verantwortung für einen an ethischen Prinzipien[14] orientierten Umgang mit Konflikten in sterbenahen Situationen lässt sich jedoch nicht durch Grundsätze oder die Rechtsprechung ersetzen.

5. Patientenverfügungen als Instrumente des Dialogs

Für die Praxis muss zwischen eingeschränkter Entscheidungsfähigkeit in sterbenahen Situationen bei weit fortgeschrittenen lebenslimitierenden Erkrankungen ohne Besserungsmöglichkeit und eingeschränkter oder fehlender Entscheidungsfähigkeit bei lebensbedrohlichen Erkrankungen, z.B. bei Komplikationen oder Exazerbationen von chronischen Tumor-, Lungen- oder Herzerkrankungen oder anderen Krankheiten, unterschieden werden. Als Beispiele zu nennen wären etwa das Auftreten einer gastrointestinalen Blutung bei einer fortgeschrittenen Tumorerkrankung oder ein Lungenödem bzw. eine schwere Pneumonie bei multimorbiden evtl. hochbetagten Menschen. Diese Beispiele mögen nur die schwierigen Entscheidungssituationen bei Patienten mit schlechter Prognose aber potentieller Besserungsmöglichkeit verdeutlichen. Schließlich besteht ein Unterschied im Entscheidungsprozess bei Entscheidungsunfähigkeit infolge schwerster primärer oder zerebraler Schädigung.

Die Definition des Begriffs der schwersten zerebralen Schädigung und anhaltender Bewusstlosigkeit, der in den Grundsätzen der BÄK verwendet wird, ist schwierig und wird auch international nicht einheitlich verwendet. So fallen darunter u.a. Krankheiten und Traumen des ZNS bei vorher selbstständigen, willens- und entscheidungsfähigen Menschen, Geburtsschäden und demenzielle Entwicklungen. Gemeinsam ist diesen Menschen, dass eine ‚normale' Kommunikation über das Instrument der Sprache nur sehr eingeschränkt oder gar nicht vorhanden ist, dass sie für ihre Lebensfähigkeit in hohem Maße auf andere ‚gesunde' Menschen ange-

---

[13] MÜLLER-BUSCH, H.C., KLASCHIK, E., ODUNCU, F.S., SCHINDLER, T., WOSKANJAN, S. (2003): *Euthanasie bei unerträglichem Leid? Eine Studie der Deutschen Gesellschaft für Palliativmedizin zum Thema Sterbehilfe im Jahre 2002*, in: Zeitschrift für Palliativmedizin 4 (3), 75–84.

[14] BEAUCHAMP, T.L., CHILDRESS, J.F. (1994): *Principles of Biomedical Ethics*, 3rd ed., New York.

wiesen sind und dass kognitive, emotionale, affektive, motorische Äußerungen und Willensmanifestationen – soweit erkennbar – der Interpretation anderer bedürfen.

Neuere Erkenntnisse in der neurologischen Rehabilitation weisen darauf hin, dass die Verbesserung von zerebralen Funktionen und Leistungen auch noch nach längerer Zeit möglich ist, so dass sich nicht nur die Frage stellt, wann bei einem Menschen mit schwerster zerebraler Schädigung von Irreversibilität gesprochen werden kann, sondern auch, wie aktuelles Handeln in Relation zum aktuellen, mutmaßlichen, natürlichen bzw. zum antizipierten Willen zu bewerten ist.[15] Von besonderer Bedeutung dabei ist, wie aktuelle Gestik in Relation zu evtl. vorhandenen früheren Äußerungen oder Festlegungen bei der Ermittlung des sogenannten mutmaßlichen Willens interpretiert wird – zumal das Kriterium des mutmaßlichen Willens im neuen Gesetzestext zwar hervorgehoben wird, aber im Hinblick darauf, wie z.B. aktuelle gestische, emotionale und körpersprachliche Äußerungen und Reaktionen als Bestätigung oder Widerruf vorheriger Wertbestimmungen oder Festlegungen zu bewerten sind, nicht eindeutig ist – besonders in Situationen, in denen in einer Patientenverfügung nicht eindeutig auf die Gestik in der aktuell zu bewertenden Entscheidungssituation eingegangen wurde.

Dies gilt auch für sterbenahe Situationen. Auch hier müssen kontextuelle oder situative Willensäußerungen oder Reaktionen häufig mit früheren verbalen oder schriftlichen Willensbekundungen des Patienten in Beziehung gesetzt werden – sie berühren aber auch die eigenen und allgemeinen Wertvorstellungen und Überzeugungen der betreuenden Professionen. Das Kriterium der medizinischen Indikation einer Begrenzung kurativer Maßnahmen zugunsten palliativer Konzepte erhält hier eine stärkere Gewichtung – nicht alles, was im Hinblick auf Lebenszeitverlängerung getan werden kann, muss auch getan werden.

Die Entscheidung, medizinische Maßnahmen im Einzelfall anzubieten, durchzuführen, zu begrenzen oder zu unterlassen, verlangt die Berücksichtigung von mindestens fünf Aspekten, die in ihrer Relation zueinander sorgfältig gewichtet und miteinander in Beziehung gesetzt werden müssen. Dies gilt in einem besonderen Maße für Menschen mit schwerster zerebraler Schädigung und darauf beruhender eingeschränkter oder fehlender Entscheidungsfähigkeit:

1. *Medizinische Indikation* (prognostischer Nutzen einer diagnostischen und/oder therapeutischen Maßnahme – individuelle Evidenz, empirische und physiologische Begründung, auch im Hinblick auf Lebensqualität und Lebenszeit).
2. Die *Belastung* durch medizinische Maßnahmen und die *Belastbarkeit* des Betroffenen.
3 Die *Lebenssituation*, das Umfeld des Betroffenen, seine biographische Entwicklung, soziale Zusammenhänge, Verwirklichungsmöglichkeiten, Alter.

---

[15] ZIEGER, A. (2005): *Verweildauer und Remission bei Koma-Patienten. Outcome-Analyse über 7 Jahre Frührehabilitation*, in: REHA aktuell 2005 (4), 9–29.

4. Der *Wille* des Betroffenen bzw. bei nicht einwilligungsfähigen Patienten der mutmaßliche bzw. vorab verfügte Wille und die Entscheidung des gesetzlichen oder bevollmächtigten Vertreters.
5. Die *Wertvorstellungen* des Betroffenen.

Die Entscheidungskriterien, nach denen Sterben zugelassen wird, werden im Einzelfall inzwischen sehr stark von individuellen Wertvorstellungen und Lebensvollzügen bestimmt. Vorsorgende Willensbekundungen z.B. durch Patientenverfügungen sind deshalb ein wichtiges Hilfsmittel, den Dialog mit Betroffenen und Angehörigen in Grenzsituationen zu fördern.

5.1 Zum praktischen Umgang mit Patientenverfügungen

Im Umgang mit einer Patientenverfügungen muss darauf geachtet werden, ob diese als rechtswirksame Handlungsverpflichtung in bestimmten Situationen der Nichtentscheidungsfähigkeit gedacht ist oder als Orientierungshilfe zum Dialog, um in schwierigen Situationen Nutzen und Schaden gegeneinander abzuwägen, verantwortungsvolle Entscheidungen über Behandlungsoptionen im Sinne des betroffenen Patienten zu ermöglichen und seinen individuellen Werten entsprechend zu handeln.

In der Praxis können drei verschiedene Formen unterschieden werden:

1. die Patientenverfügung als *rechtswirksame und verbindliche Willensbekundung*, die Maßnahmen zu vermeiden oder zu begrenzen versucht, die ein durch schwerste Einschränkungen gekennzeichnetes Leben künstlich verlängern bzw. das Sterben verhindern und die in der Regel als Übertherapie ohne einen nachvollziehbaren Effekt für den Betroffenen angesehen werden;
2. die Patientenverfügung als *rechtswirksame Handlungsverpflichtung*, die eine Entscheidungssituation so genau vorweg beschreiben muss, dass eine evtl. mögliche andere Behandlungsoption nicht durchgeführt werden darf, und die das Handeln in einer konkreten Situation der Nichtentscheidungsfähigkeit rechtsverpflichtend festlegt;
3. die Patientenverfügung als *Instrument zum Dialog mit Angehörigen und Betroffenen* bzw. als *Orientierungshilfe*, die Ärzten in schwierigen Entscheidungssituationen ermöglichen soll, im Sinne des Patienten, nach seinem mutmaßlichen Willen und seinen individuellen Werten entsprechend zu handeln.[16]

Eine Patientenverfügung als rechtswirksame Handlungsverpflichtung muss eine konkrete Situation und für sie zur Disposition stehende Handlungsoptionen detailliert

---

[16] MÜLLER-BUSCH, H.C. (2008): *Selbstbestimmung im Dialog. Respektierung und Förderung von Autonomie aus palliativmedizinischer Sicht*, Berlin, 10–19.

beschreiben, sie muss auch auf die Möglichkeit eingehen, dass in dieser Situation sich Hinweise zeigen, dass die in der Vorausverfügung gemachten Festlegungen zurückgenommen werden – eine praktisch fast nicht umsetzbare Herausforderung an die Vorstellungskraft eines Menschen bzgl. seiner Wertvorstellungen in der Zukunft. Deswegen geht es in der Regel in Patientenverfügungen mit unterschiedlicher Präzision darum, im Spannungsfeld zwischen Willen und Wohl eines Menschen Konsens über die medizinische Indikation zu finden. In sterbenahen Situationen werden immer medizinische Entscheidungen gefordert und notwendig sein, bei denen die Fortführung oder Aufnahme von Maßnahmen zur potentiellen Lebensverlängerung, eine Therapiebegrenzung und/oder Änderung des Therapiezieles erwogen werden muss.

Nicht alles kann und muss durch Patientenverfügungen geregelt werden, die Verpflichtung zum Handeln ist aber umso verbindlicher, je genauer eine Situation und bestimmte Handlungsmaßnahmen (z.B. maschinelle Beatmung, Tracheotomie, künstliche Ernährung über Sonden, Antibiotikagaben, Bluttransfusionen etc.) auch benannt sind.

Da sich im Laufe der Zeit gerade bei entscheidungsfähigen, schwerstkranken Menschen die Einstellungen und Vorstellungen zu Sinn und Nutzen von Behandlungsmöglichkeiten ändern, sollte daran gedacht werden, dass die für das Wirksamwerden einer Patientenverfügung festgelegten Situationen meistens nicht aus eigenem Erleben, sondern in der Regel aus der Außensicht solcher Situationen entstanden sind. Die Realität einer Lebenssituation z.B. mit Demenz scheint im Erleben des Betroffenen oft anders zu sein, als man sich das als Außenstehender vorstellt.

5.2 Advance Care Planning

Eine sinnvolle – und auch sich ändernden Einstellungen bei progredienter bzw. chronischer Erkrankung gerecht werdende – Ergänzung zum Formular „Patientenverfügung" stellt das Konzept des „Advance Care Planning" oder der „Umfassenden Vorsorgeplanung" dar.

Advance Care Planning wurde in den 1990er Jahren in den USA entwickelt[17] und ist in Deutschland bisher nur wenig bekannt. Es handelt sich dabei weniger um eine Festlegung von Anweisungen, wie sie in einer Patientenverfügung möglichst präzise und schriftlich formuliert werden sollen, als um einen systematischen Begleitprozess bzw. Dialog, der allerdings auch dokumentiert werden sollte. Gegenüber der Patientenverfügung hat der umfassende Vorsorgeplan den Vorteil, dass er die Festlegung von Behandlungspräferenzen für einen Zeitpunkt in ferner Zukunft vermeidet und man sich im Dialog stattdessen unterschiedlichen Szenarien im Krankheits-

---

[17] EMANUEL L.L., VON GUNTEN, C.F., FERRIS, F.D. (2000): *Advance Care Planning*, in: Archives of Family Medicine 2000 (9), 1181–1187.

verlauf z.B. bei Notfällen oder Komplikationen anzunähern versucht.[18] Durch die Konfrontation mit einer bedrohlichen Erkrankung und die Erfahrungen mit ihrer Krankheit entwickeln sich für die Betroffenen im Verlauf veränderte Lebens- und Zeitperspektiven. Diese können kontinuierlich in den Dialog und in die mit dem Patienten bzw. den Angehörigen getroffenen Entscheidungen einfließen und die Entscheidungsfindung im Falle von Entscheidungsunfähigkeit des Patienten erleichtern. Advance Care Planning schließt die Benennung eines Vorsorgebevollmächtigten oder Betreuers nicht aus. Auch eine Patientenverfügung kann im Rahmen des Advance Care Planning und für den Dialogprozess eine wichtige Ergänzung und hilfreiche Orientierung darstellen.

Advance Care Planning eignet sich besonders für Menschen, die im Laufe chronischer und progredienter Erkrankungen, aber auch mit zunehmendem Alter mit Fragen zu Entscheidungen und Therapiezielen im weiteren Krankheitsverlauf konfrontiert werden. Es handelt sich um eine kontinuierliche gemeinsame krankheitsbezogene Zukunftsplanung, die sich sehr stark an den Wertvorstellungen des Betroffenen orientiert. Im Wesentlichen stellt diese Form der Vorsorgeplanung eine Dokumentation von mit dem Arzt gemeinsam formulierten Therapiezielen und Strategien für krankheitsspezifische Notfälle, aber auch andere Situationen dar, die regelmäßig überprüft und angepasst werden sollten.

Dabei werden Verlaufsszenarios und Verschlechterungen des aktuellen Gesundheitszustandes antizipiert und Behandlungsmaßnahmen bzw. Betreuungswünsche für den Fall akuter Komplikationen festgelegt. Das Vorgehen wird von Betroffenen, Angehörigen und den behandelnden Ärzten zeitnah und konkret abgesprochen und dokumentiert, wobei der Plan in der Regel erst zum Einsatz kommt, wenn die Erkrankung als fortgeschritten, unheilbar und zum Tode führend angesehen wird. Ein wichtiges Ziel der Vorsorgeplanung besteht darin, die Akzeptanz des Sterbens und das weitere Vorgehen in sterbenahen Situationen zu erleichtern, unangemessenen Aktionismus und sinnlose Überbehandlung zu vermeiden und sich in gemeinsamem Konsens auf eine optimale Leidensminderung zu konzentrieren.

Zum umfassenden Vorsorgeplan gehören nicht nur Vereinbarungen in Notfallsituationen, sondern auch die Verständigung darüber, wann der Wendepunkt in Richtung Palliativbetreuung gekommen ist. Dies ist nicht immer einfach und erfordert eine einfühlsame Kommunikation zur Beurteilung von Behandlungsoptionen in Relation zum Willen und den Erwartungen des Betroffenen. Bei älteren Menschen mit zunehmender Demenz sollte darauf geachtet werden, dass unter Berücksichtigung der Gesamtsituation solange wie möglich mit dem Betroffenen selbst die Vorstellungen zum weiteren Vorgehen besprochen und dokumentiert werden.

Umfassende Vorsorgeplanung ist ein sinnvolles und lebensnahes Konzept, in dem es besonders in terminalen Erkrankungsstadien darum geht, die Möglichkeiten des Machbaren und des physiologisch Begründeten in ihrer Bedeutung und Sinnhaftigkeit für den einzelnen Patienten zu erkennen und im Konsens mit den Betrof-

---

[18] SAHM, S. (2006): *Sterbebegleitung und Patientenverfügung*, Frankfurt a.M.

fenen durch bewusste, aber auch nachvollziehbare und transparente Begrenzung Belastungen zu vermeiden. Ein wichtiges Anliegen daher ist, den ethischen Grundkonflikt zwischen ärztlichem Heilungsauftrag, medizinisch Machbarem und moralisch menschlich Vertretbarem nicht allein zu entscheiden, auch wenn die Folgen von Entscheidungen zu Begrenzungen und Therapiezieländerungen in Richtung Tod in den ärztlichen Verantwortungsbereich gehören. Lebensschutz bedeutet nicht, Sterben und den Tod um jeden Preis zu verhindern. Sterben zulassen und begleiten bedeutet auch, in engem Dialog und Konsens mit allen Beteiligten Fragen des individuellen Lebenswerts, Lebenssinns und der Lebensqualität für Entscheidungen zum Lebensende aufzunehmen und zu berücksichtigen. Bei nicht entscheidungsfähigen Patienten – und das ist in sterbenahen Situationen fast immer der Fall – ist eine effektive Kommunikation und reflektierte Entscheidungsfindung zur Begrenzung potentiell lebensverlängernder Maßnahmen und zur Therapiezieländerung ein wichtiger Schritt, schwerstkranken Menschen mit lebenslimitierenden Erkrankungen ein Sterben unter menschenwürdigen Bedingungen zu ermöglichen. Wir müssen uns darüber klarer werden, dass Entscheidungen am Ende des Lebens notwendig, aber eine gemeinsame Angelegenheit aller Betroffenen sind, dass sie Beziehung und Dialog erforderlich machen und dass es dabei nicht um Macht und Positionen geht, sondern um ein gemeinsames Ringen um Ungewisses.

Verfügen über das Unverfügbare?
Die Patientenverfügung als unvollkommene Antwort auf die ethische Herausforderung des Sterbens

von Giovanni Maio

Abstract: Der Beitrag nimmt sich der Patientenverfügung aus einer grundlegenden Perspektive an. Der Autor geht davon aus, dass die Patientenverfügung ein Signum des Umgangs unserer Zeit mit existenziellen Grundfragen ist. Vor diesem Hintergrund wird untersucht, welche Grundannahmen über das gute Sterben und damit über das Menschsein vorausgesetzt werden, wenn gegenwärtig die Patientenverfügung als Lösung des Menschheitsproblems Sterben angesehen bzw. dazu stilisiert wird. Der Anspruch der absoluten Kontrollierbarkeit und die implizite lebensverneinende Grundeinstellung, die die Debatte um die Patientenverfügung begleiten, werden grundsätzlich hinterfragt. Der Wert der Patientenverfügung hängt vor allen Dingen davon ab, wie viel Beziehung investiert wird, um sie angemessen zu interpretieren. Daher wird dafür plädiert, die Patientenverfügung nicht als Ersatz für eine solche Beziehung zu betrachten, sondern sie als Auftrag zur stärkeren Investition in eine Beziehungsmedizin zu verstehen.

Keywords: Patientenverfügung, Kontingenz, Schicksal, Autonomie, Kultur des Sterbens.

1. Einleitung

Die Patientenverfügung ist so etwas wie ein Signum des Umgangs unserer Zeit mit existenziellen Grundfragen und zugleich auch Kristallisationspunkt einer bestimmten Kultur des Umgangs in der Medizin. Daher sollen gerade diese grundlegenden Fragen im Vordergrund des Beitrags stehen. Dies ist umso notwendiger, als es in den Diskussionen vor und nach dem neuen Gesetz überwiegend Stellungnahmen gegeben hat, die sich auf die praktischen Konsequenzen, auf die Pragmatik und schließlich auf den Aspekt der Rechtssicherheit konzentrierten.[1] Das ist auch verständlich, denn das Gesetz berührt viele ganz konkrete praktische Umstände, die jetzt neu bzw. wieder bedacht werden müssen. Und doch hat der so fokussierte Blick auf die Pragmatik einiges verdeckt, was auch nach einem Gesetz immer noch oder gar mehr denn je mit reflektiert werden muss. Gerade die Ethik als die Dis-

---

[1] Siehe z.B. JOX, R.J. (2009): *Verbindlichkeit der Patientenverfügung im Urteil ihrer Verfasser*, in: Ethik in der Medizin 21 (1), 21–31.

ziplin, die sich mit dem Begriff des Guten beschäftigt, muss nach mehr fragen als nur danach, wie gehandelt werden soll. Die Ethik muss sich genauso mit den Hintergrundannahmen beschäftigen, die in den Debatten implizit mitschwingen. Welche Vorstellung vom Guten, welche Grundannahme über ein gutes Sterben, welche Vorstellung über das Menschsein verbergen sich hinter den geführten Debatten um die Patientenverfügung? Diesen Fragen nachzugehen und die Patientenverfügungsdiskussion in einen breiteren Denkkontext zu stellen, ist Aufgabe dieses Beitrags. Er versteht sich nicht als Plädoyer gegen ein Gesetz – hierfür müsste man andere Argumente anführen als die, die hier erörtert werden können. Vielmehr geht es um ein Plädoyer, den größeren Horizont in den Blick zu nehmen und über die pragmatischen Fragen hinaus die grundlegenden Fragen des Menschseins mit zu reflektieren, weil ohne eine solche Grundreflexion auch und gerade das Problemfeld der Patientenverfügung nicht adäquat ausgeleuchtet wäre.

2. Solipsistisches Verständnis von Autonomie

Die Patientenverfügung ist gerade in den politischen Debatten immer wieder als Instrument zur Sicherung der Patientenautonomie stilisiert worden.[2] Die Autonomie des Patienten zu respektieren, ist eine Grundmaxime einer jeden Behandlung; anders wird man dem Menschen in seiner Einzigartigkeit, in seiner Unverwechselbarkeit, in seiner grundsätzlichen Unverfügbarkeit nicht gerecht. Daher ist die Patientenautonomie nicht erst aufgrund des neuen Gesetzes zu beachten, sondern sie ist eine Grundmaxime aller Behandlungen, wenn wir von einem respektvollen Umgang sprechen wollen.[3] Die Diskussion um die Patientenverfügung wirft somit nicht die – längst entschiedene – Frage auf, ob man die Autonomie respektieren soll oder nicht, sondern sie lässt die Frage aufkommen, ob mit der Patientenverfügung tatsächlich das eingelöst wird, was mit ihr in den Debatten versprochen wurde, nämlich die Autonomie zu stärken. Hier gibt es mehrere Fallstricke.

Zunächst gilt es zu bedenken, dass Entscheidungen des Patienten nicht etwas sind, was man konservieren und dann – quasi per Mausklick – abrufen kann. Damit ein Mensch tatsächlich in seinem Sinne entscheiden kann, muss die Autonomie erst einmal hergestellt werden. Der Patient muss sich in ein Verhältnis zu seiner Krankheit bringen, um überhaupt in einer autonomen Weise mit dem Ende des Lebens umzugehen. Dieses Sich-ins-Verhältnis-Bringen braucht Zeit. Es braucht die Auseinandersetzung, es braucht Gespräche, es braucht Beratung. All das ist im Gesetz

---

[2] Siehe z.B. ZYPRIES, B. (2008): *Selbstbestimmung bis zum Ende*, in: Frankfurter Rundschau vom 26. Juni 2008, 12.

[3] Siehe z.B. BECKMANN, J.P. (1998): *Patientenverfügungen: Autonomie und Selbstbestimmung vor dem Hintergrund eines im Wandel begriffenen Arzt-Patienten-Verhältnisses*, in: Zeitschrift für medizinische Ethik 44 (2), 143–156.

nicht vorgesehen, nicht erwähnt, vollkommen außer Acht gelassen. Natürlich ist es möglich, dass ein Mensch eine Verfügung ausstellt und darin genau das wiedergibt, was seine Individualität ausmacht. Oft aber wird es so sein, dass Menschen erst zu ihrer Einstellung finden müssen, indem sie sich austauschen, indem sie fragen, indem sie Erfahrungen sammeln. Das Gesetz, das keine Aufklärung fordert und sonst keine weiteren Kriterien benennt, nach denen die Aufgeklärtheit einer Willensentscheidung über die Patientenverfügung bemessen werden könnte, ist sicher eine Stärkung der starken und selbstbewussten, kundigen und krankheitserfahrenen Menschen. Ob es aber auch eine Stärkung von Patienten ist, die wenig Erfahrung haben, wenig Auseinandersetzung, wenig Austausch hatten und wenig selbstbewusst sind, ist eher fraglich.[4] Die Praxis wird zeigen, wie mit Patientenverfügungen umgegangen werden wird; in jedem Fall wird es immer viele Menschen geben, die nur dann in ihrer Autonomie tatsächlich respektiert werden, wenn jemand da ist, der ihnen hilft, zu einer wohlüberlegten und ausgereiften Entscheidung über sich zu gelangen. Die Herausforderung des neuen Gesetzes liegt weniger darin, dass die Verfügungen möglicherweise nicht befolgt werden. Die Herausforderung liegt im Gegenteil darin, dass zukünftig Patientenverfügungen befolgt werden, von denen man nicht weiß, ob der Patient tatsächlich wusste, was er da unterschrieb. Die erste Unsicherheit liegt also schon im Grad des Aufgeklärtseins, in der tatsächlichen Mündigkeit, mit der die Verfügung erstellt wird.

Die zweite Unsicherheit liegt in der nicht zu beseitigenden potentiellen Kluft zwischen faktischer Einstellung von heute und antizipierter (und damit hypothetischer) Einstellung von morgen. Zwar gilt auch sonst, dass wir Verantwortung für antizipatorische Entscheidungen übernehmen müssen, aber im Kontext des Sterbens als einer Grenzsituation des Menschen ist dies umso schwerwiegender, da gerade hier viele Studien belegen, dass man dazu neigt, in gesunden Tagen sich die eigene Einstellung des Krankgewordenseins zu negativ auszumalen.[5] Auch hier käme einer etwaigen Aufklärungsarbeit gerade der Ärzte eine große Bedeutung zu, einer Aufklärungsarbeit, die aber nirgendwo gefordert wird. Ein adäquater Umgang mit der Patientenverfügung kann eben nur dann gewährleistet sein, wenn man diese grundsätzliche Fehlbarkeit als nicht wegzuwischendes Element der Patientenverfügung stets mit bedenkt und sich nicht in einer Sicherheit wiegt, die sich am Ende als trügerisch erweist. Die große Gefahr der gesetzlichen Regelung der Patientenverfügung liegt gerade in der Scheinsicherheit, die die Form des Gesetzes vielen Menschen suggeriert.[6]

---

[4] Siehe näher dazu MAIO, G. (2009a): *Sterbehilfe nach Checkliste? Zu den Fallstricken einer rechtlichen Verankerung der Patientenverfügung*, in: Deutsche Medizinische Wochenschrift 134, 1565–1566.

[5] SAHM, S. (2006): *Sterbebegleitung und Patientenverfügung. Ärztliches Handeln an den Grenzen von Ethik und Recht*, Frankfurt a.M.

[6] MAIO, G. (2008): *Hauptsache mein Wille geschehe? Der Trend zur Patientenverfügung in seiner ethischen Unzulänglichkeit*, in: Deutsche Medizinische Wochenschrift 133 (49), 2582–2585.

Die dritte Unsicherheit liegt in der Sprache selbst. Die Befürworter einer gesetzlichen Lösung gehen allzu oft davon aus, dass sich mit Worten genau das ausdrücken lässt, was später ganz konkret zu tun ist. Genau hierin liegt aber ein grundlegendes Missverständnis. Damit aus einem Schriftstück eine Handlungsanweisung resultieren kann, muss das Schriftstück zunächst einer Interpretation unterzogen werden. Man muss kein Strukturalist sein, um zu erkennen, dass dieser Interpretationsprozess ein sehr komplexer und äußerst anspruchsvoller Prozess ist, wenn man ihn ernst nehmen möchte. Vor allen Dingen gilt dies für Begriffe, die in sich wenig konkret sind, wie z.B. das „menschenunwürdige" Sterben oder die „lebenserhaltenden Maßnahmen". Unter diesen Sammelbegriffen können sich die verschiedensten Inhalte verbergen. In diesen genannten Fällen ließe sich die Vagheit durch eine begriffliche Schärfung minimieren. Doch auch wenn die Begriffe etwas genauer und spezifischer sind, wird man ohne eine Interpretationsarbeit nicht auskommen können. Um diese Interpretation tatsächlich gut machen zu können, wird man sich in der Regel mit dem Umfeld des Patienten auseinanderzusetzen haben, denn gerade dieses Umfeld wird Auskunft darüber geben können, wie der eine oder andere Ausdruck des Patienten zu interpretieren ist.[7] Allein das Schriftstück zu nehmen und aus dem Schriftstück ohne Beschäftigung mit dem Kranken selbst und seinem Umfeld eine Handlungsanweisung abzuleiten, wird kein adäquater Umgang mit der Patientenverfügung sein.

3. Formulare als Ersatz für Beziehungen

Patientenverfügungen können nur dann wirklich eine Stärkung der Autonomie bedeuten, wenn man sich auch bei Vorliegen einer Verfügung mit dem Patienten selbst beschäftigt und nicht die Verfügung als Ersatz für eine Beziehung sieht. Diese Beziehung ist auch bei nicht mehr einwilligungsfähigen Patienten, bei Patienten mit Demenz oder mit geistiger Behinderung möglich und vor allem notwendig. Auch und gerade im Umgang mit diesen schwachen Patienten wird man eine gute Medizin nicht einfach dadurch erreichen, dass man Patientenverfügungen befolgt, sondern letztlich nur dadurch, dass man sich einlässt auf den Kranken, sich mit ihm beschäftigt und versucht, auch in der Situation der Nichteinwilligungsfähigkeit auf den Patienten zu hören. Dieses Sich-Einlassen auf den Patienten wird durch die Patientenverfügung nicht einfach obsolet und verzichtbar – im Gegenteil. Gerade wenn eine Patientenverfügung vorliegt, ist dies ein besonderer Auftrag, sich mit dem Patienten zu beschäftigen. Patientenverfügungen müssen – wenn bestimmte Kriterien erfüllt sind – unbedingt befolgt werden, aber dieses Befolgen wird dem Patien-

---

[7] MAIO, G. (2009b): *Zum Verhältnis von Autonomie und verstehender Sorge*, in: WEIDMANN-HÜGLE, T., CHRISTEN, M. (Hg.): Ethikdialog in der Wissenschaft, Basel, 115–124.

ten nur dann gerecht werden, wenn davor eine Beziehung entstanden ist und dieses Befolgen eben nicht als Ersatz der Beziehung betrachtet wird.

Dieser Hinweis ist nicht rein akademisch, denn viele Ärzte haben das neue Gesetz zur Patientenverfügung mit großer Erleichterung aufgenommen. Erleichterung deswegen, weil sie sich damit erhoffen, in ihrer Verantwortung entlastet zu werden. Eine Entlastung für die Ärzte, weil diese meinen, sie bräuchten sich – wenn schon eine Verfügung vorliegt – dann nicht weiter für eine gute Entscheidung persönlich zu engagieren, weil doch in dem Schriftstück alles festgelegt sei. Es ist zu erwarten, dass sich ein Automatismus einschleichen wird, nach dem Motto: Liegt eine Verfügung vor, ist alles klar, liegt keine vor, muss man sich in Gesprächen mit den Angehörigen auseinandersetzen. Zwar schreibt das Gesetz vor, dass Angehörigen Gelegenheit zur Äußerung gegeben werden soll, aber dennoch droht ein solcher Schematismus, allein schon deswegen, weil die modernen marktwirtschaftlich ausgerichteten Krankenhäuser durch das ökonomisierte System immer mehr auf Hochtouren getrimmt werden und immer weniger Ressourcen für das ruhige Gespräch mit den Patienten, mit den Angehörigen freigehalten werden.[8]

4. Formulare als Therapie des Vertrauensverlustes

Menschen haben Angst vor dem Sterben, erst recht vor dem Sterben in der Klinik, weil viele erfahren haben, dass viele Ärzte keine guten Gesprächspartner in Sachen Zulassen des Sterbens sind, sondern eher gute Techniker in der Verhinderung des Sterbens. Diese Angst versucht man nun, mit Formularen zu bändigen. Vor diesem Hintergrund können Patientenverfügungen sozusagen als Schutzschilder betrachtet werden, die (potentielle) Patienten sich frühzeitig besorgen, um damit zu verhindern, dass sie in den Strudel der entmachtenden Reparaturfabrik Krankenhaus hineingerissen werden. Nun kann man sagen, dass innerhalb einer so defizitären Medizin die Patientenverfügung von daher eine Notwendigkeit darstellt. Verzichtete man auf eine solche Verfügung, liefe man Gefahr, als Mensch der Maschinerie Krankenhaus zum Opfer zu fallen. Und doch stellt sich hier die Frage, ob denn die Patientenverfügung tatsächlich die richtige Lösung für das zugrunde liegende Problem ist. Offensichtlich liegt der so breiten Verwendung von Patientenverfügungen oft ein fehlendes Vertrauen in die Humanität der modernen Medizin zugrunde. Dieses fehlende Vertrauen kann nicht durch eine Flut an Formularen behoben werden – im Gegenteil. Je mehr Formulare ausgefüllt werden, umso argwöhnischer wird man darauf achten, dass diese ja beachtet werden. Am Ende stehen eine Spirale der Formalitäten und der Verlust einer Kultur des sprechenden Miteinanders. Wenn tat-

---

[8] MAIO, G. (2009c): *Und wo bleibt die Zuwendung? Zur Entpersonalisierung der Arzt-Patient-Beziehung in der modernen Medizin*, in: Der Onkologe 15 (10), 972–979.

sächlich das fehlende Vertrauen in die Medizin Ursache vieler Patientenverfügungen ist, so wäre es eine angemessene Reaktion der modernen Medizin, darin zu investieren, dass dieses Vertrauen zurückgewonnen wird.

Das Grundproblem liegt ja gerade nicht im Fehlen von Formularen, sondern im Fehlen von Beziehungen, im Fehlen von Gesprächen, im Fehlen der Zeit für den kranken Menschen, aber auch im Fehlen einer bestimmten Grundhaltung des Lassen-Könnens, die im Medizinstudium kaum gelehrt wird. Betrachtet man diesen größeren Rahmen, der die Debatte um die Patientenverfügung hat aufkommen lassen, dann wird deutlich, dass die Patientenverfügung stellenweise eben nur eine oberflächliche Kur ist, die das Grundproblem nicht behandelt, sondern eher noch verschärft. Es gilt sicher nicht für alle Verfügungen, aber wenn ein Großteil der Verfügungen ausgestellt wird, weil die Menschen Angst davor haben, in der Klinik ansonsten ihrer Würde beraubt zu werden, dann ist die Patientenverfügung nur innerhalb eines unguten Systems ein geeignetes Mittel, um sich zur Wehr zu setzen. Eine ethisch unreflektierte Medizin, die nur nach Zweckmäßigkeitsgesichtspunkten zu fragen gelernt hat, braucht Patientenverfügungen, damit der Mensch dadurch wieder sichtbar wird. Doch ein solcher Zustand ist eher eine Resignation als zukunftsweisend. Zukunftsweisend kann es nur sein, diesen defizitären Zustand zu beheben, damit die Menschen gerade nicht mehr glauben, dass sie nur mit einer Patientenverfügung gewappnet in der Klinik als Menschen gut bestehen können. Je mehr man auf die Patientenverfügung setzt und dabei den größeren Denkkontext unreflektiert lässt, desto mehr könnte man Zeuge werden eines Wettrüstens mit Patientenverfügungen innerhalb eines in sich wenig vertrauenerweckenden Systems Medizin.

5. Ausdruck einer Ideologie der Unabhängigkeit

In den Diskussionen um Patientenverfügungen werden immer wieder Situationen benannt, in denen das Befolgen einer Patientenverfügung als Aufforderung zur Beendigung aller therapeutischen Maßnahmen angezeigt sein soll.[9] Diese Situationen werden nicht nur als finale Zustände beschrieben, in denen alle technische Apparatur nur eine Verhinderung eines nicht aufhaltbaren Sterbeprozesses darstellte. Oft genug scheint allein die Situation der Hilfsbedürftigkeit, des Angewiesenseins auf die Hilfe anderer, die Situation des Nicht-mehr-sich-selbst-versorgen-Könnens auszureichen für ein Mandat zum Therapieabbruch. Es geht hier nicht um eine morali-

---

[9] Siehe z.B. die Broschüre des Bundesjustizministeriums zur Patientenverfügung, BUNDESMINISTERIUM DER JUSTIZ (2010): *Patientenverfügung. Leiden – Krankheit – Sterben. Wie bestimme ich, was medizinisch unternommen werden soll, wenn ich entscheidungsunfähig bin?*, http://www.bmj.bund.de/Publikationen/Patientenvefuegung_oe.html (Stand: Juli 2010), 36.

sche Bewertung solcher Willensbekundungen; es geht auch nicht darum zu sagen, dass man solche Willensbekundungen nicht befolgen solle. In einer liberalen Gesellschaft ist man gezwungen, Therapieverweigerungen jedweder Art zu respektieren. Und dennoch ist es wichtig, näher darüber nachzudenken, wie es denn überhaupt dazu kommt, dass Menschen heute immer mehr dazu neigen, allein den Zustand des Angewiesenseins auf andere als ausreichenden Grund dafür zu nehmen, dieses Leben komplett abzulehnen.

Solange Patientenverfügungen empfohlen werden, in denen eine Ablehnung jeden Lebens formuliert wird, das nur unter Inanspruchnahme der Hilfe Dritter gelebt werden kann, solange solche Verfügungen immer mehr zur Normalität werden, etabliert sich nach und nach eine deutliche Tendenz zur totalen Abwertung verzichtvollen Lebens, eine Tendenz zur Geringschätzung allen behinderten Lebens, eine Tendenz zur Abschaffung des gebrechlichen Lebens. Je mehr man solche Verfügungen für normal hält, desto weniger wird das Leben in Krankheit als ein Leben betrachtet, das besonderer Zuwendung bedarf, und stattdessen immer mehr als ein Leben, das eigentlich gar nicht sein müsse, wenn man nur der ‚Autonomie' des Patienten mehr Raum geben würde. Dahinter verbirgt sich nicht weniger als eine Ideologie der Unabhängigkeit; Leben wird nur geschätzt, solange der Einzelne ohne Abhängigkeit von der Hilfe Dritter bestehen kann; ab dem Moment, da der Einzelne gebrechlich und angewiesen(er) auf andere wird, wird dieses Leben automatisch zum Unleben. Verbrämt hinter einer Autonomie-Diskussion findet eine Sichtweise auf den Menschen zunehmend Verbreitung, nach der allein der unabhängige, sich selbst versorgende Mensch ein wertvolles und sinnvolles Leben führen kann. Für alles andere Leben erscheint es der breiten Bevölkerung nachvollziehbar, wenn der Tod dem gebrechlichen Leben vorgezogen wird.

Es wird von Autonomie gesprochen, aber im Grunde verwechselt man zuweilen Autonomie mit Unabhängigkeit. Verkannt wird hierbei, dass man auch in den Stunden der größten Gebrechlichkeit seine Autonomie bewahren kann, indem man sich so oder so zu dieser Krankheit verhalten kann; verkannt wird, dass die Glorifizierung des Unangewiesenseins auf die Hilfe Dritter eine Negierung grundlegender anthropologischer Wesensmerkmale des Menschen darstellt. Mit der Ablehnung jeglicher Abhängigkeit wird nicht nur die Abhängigkeit, sondern der Mensch schlechthin abgelehnt, ist doch jeder Mensch von Grund auf ein angewiesenes Wesen, der das Signum der Angewiesenheit nicht aussuchen oder abstreifen kann. Eine solche verkürzte Auffassung von Autonomie verkennt grundlegend, dass jeder Mensch immer schon in einem Verhältnis des Angewiesenseins lebt.[10] Diese Einsicht bleibt vielen Menschen heute vollkommen versperrt, und sie rennen der fixen Illusion hinterher, sie könnten diese *conditio humana* für sich abstreifen. Abstreifen-

---

[10] Siehe hierzu REHBOCK, T. (2005): *Personsein in Grenzsituationen: Zur Kritik der Ethik medizinischen Handelns*, Paderborn; MAIO, G. (2007): *Medizin im Umbruch. Ethisch-anthropologische Grundfragen zu den Paradigmen der modernen Medizin*, in: Zeitschrift für medizinische Ethik 53, 229–254.

Wollen scheint aber nicht der adäquate Umgang mit dem zu sein, was zum Menschsein unweigerlich dazugehört, denn all das führt nur zur Verdrängung, nicht aber zur Verarbeitung.

Eine humane Medizin müsste letzten Endes eintreten für eine Kultur der Angewiesenheit, für eine Kultur, in der das Angewiesensein nicht als Defekt, sondern als Ausgangspunkt und Bestandteil einer humanen Medizin und Welt erfahren werden kann. Das Gleichsetzen von Angewiesensein auf andere und ‚gerechtfertigtem' Beenden von medizinischen Maßnahmen, wie sie in vielen Patientenverfügungen artikuliert wird, ist Anlass genug dafür, dass die Medizin – als eine soziale Errungenschaft – zukünftig mehr darum wirbt, dass auch dieses gebrechliche Leben ein in sich wertvolles Leben ist.

6. Abschaffung des Schicksals im Sterben?

Der moderne Mensch glaubt, das gesamte Leben vollkommen kontrollieren zu müssen, und das, was er nicht kontrollieren kann, lehnt er von vornherein ab. Dass sich der Mensch eine weitestgehende Autonomie bis zum Ende des Lebens wünscht, ist nachvollziehbar, aber wenn dieser Wunsch dazu führt, dass das Leben, ab dem Moment, da diese autonome Kontrolle nicht mehr möglich ist, automatisch als defizitär oder gar als ‚menschenunwürdig' betrachtet wird, ab diesem Augenblick wird der legitime Wunsch zur ideologischen Obsession. Die Mehrzahl der Menschen wird nicht anders können als sich irgendwann in die helfende Hand eines anderen Menschen zu begeben. Wer diese Hand kategorisch ablehnt und das Leben lieber vorher abbrechen möchte, macht sich selbst zum Opfer eines lebensverneinenden Kontrollimperativs. So wird in den Debatten um die Patientenverfügung oft suggeriert, dass die Würde im Sterben nur dann gewahrt werden kann, wenn die Kontrolle über das Geschehen erhalten bleibt. Verkannt wird hierbei grundlegend, dass das Sterben eine Lebensphase ist, die gerade dadurch charakterisiert ist, dass sie sich der absoluten Kontrollierbarkeit entzieht. Nur wenn man sich von dem Bestreben freimacht, auch im Sterben alles unter Kontrolle zu halten, wird man befähigt sein, das Sterben als Teil des Lebens anzunehmen. Daher hat das Ansinnen vieler Patientenverfügungen, auch im Sterben alles zu planen, etwas in sich Widersprüchliches.

Der moderne Mensch möchte alles im Griff haben, er möchte die Kontingenz vollkommen abschaffen, aber er verkennt, dass es zu einem adäquaten Umgang mit dem Sterben gehören kann, das Sterben selbst als Geschick zu betrachten, als eine Fügung, die gerade dadurch Sinn erhält, dass sie sich der absoluten Kontrolle durch den Menschen – glücklicherweise – entzieht. In vielen anderen Denkepochen (mit Ausnahme etwa der Stoa) hat man Art und Zeitpunkt des Sterbens als etwas angesehen, worin der Mensch keinen Anspruch auf Mitgestaltung hat; heute wird nicht nur das Leben selbst, sondern auch das Sterben als etwas gesehen, was der Mensch nicht mehr in guter Hoffnung und Zuversicht erwartet, sondern das er selbst zu gestalten hat. Dies wird oft als Gewinn an Freiheit gedeutet; doch dabei wird außer Acht gelassen, dass diese Haltung des unbedingten Einfluss-nehmen-Wollens zugleich auch ein enormer Verlust sein kann.

Die Vorstellung, dass ein gutes Sterben nur ein durch Verfügungen kontrolliertes Sterben sein kann, ist Produkt einer Zeitströmung, die von dem Verlangen getrieben ist, das gesamte Schicksal abzustreifen und nichts mehr als schicksalhaft zu akzeptieren. Mit einer solchen Grundeinstellung aber macht sich der Mensch zum Gefangenen seiner eigenen Ansprüche. Anstatt sein Schicksal zu beherrschen, macht sich der moderne Mensch gerade durch seinen Kontrollimperativ eigentlich zum Beherrschten. Dies zeigt sich schon an dem ängstlichen Gedanken, den viele ältere Menschen haben, wenn sie auf Patientenverfügungen angesprochen werden, sozusagen als Erinnerung daran, dass man doch nicht einfach so sterben könne, ohne vorher festgelegt zu haben, wie und wo und unter welchen Umständen. Der gegenwärtige Boom der Patientenverfügung ist somit nicht nur ein Gewinn an Einflussmöglichkeiten, sondern zugleich ein Verlust an Lebenskunst, eine Überforderung für viele Menschen, ein symptomatisches Zeichen für den Verlust einer alten Tugend, ohne die kein Mensch gut leben kann, und das ist die Tugend der Gelassenheit, der Zuversicht zu dem, was kommen wird. Der moderne Mensch ist kein Mensch der Zuversicht, sondern ein Mensch der Angst, gerade deswegen, weil er alles kontrollieren möchte und zugleich mit Bangen erahnt, dass es ihm nicht gelingen wird, die wesentlichen Inhalte des Lebens, wie gerade das Sterben, ganz im Griff zu haben.

7. Rolle und Auftrag der Medizin

Die Antwort der modernen Medizin auf die schleichende Angst vieler Menschen vor einem Ausgeliefertsein im Sterben kann unter dieser Perspektive nur darin bestehen, Vertrauen und Zuversicht zu spenden – eine Tugend, die weit von dem entfernt ist, was gegenwärtig in der Patientenverfügungsdebatte verhandelt wird. Daher wird hier dafür plädiert, Patientenverfügungen immer und jederzeit sehr ernst zu nehmen, sie aber nicht wie Checklisten zu behandeln. Patientenverfügungen müssen vielmehr als Auftrag gesehen werden, sich noch viel mehr mit dem Patienten und seinem Umfeld zu beschäftigen, und gleichsam auch als Rückerinnerung daran, dass eine Medizin nur dann human sein wird, wenn sie nicht lediglich Formulare umsetzt, sondern eine neue Kultur des Sterbens auf den Weg bringt und tagtäglich realisiert, eine neue Kultur, die die Patientenverfügung als Teil einer Beziehung begreift und als Chance, früh genug über das Sterben in ein Gespräch zu treten.

Zu Grundlage und Umsetzung der gesetzlichen Regelung der Patientenverfügung aus ethischer Sicht

von Jan P. Beckmann

Abstract: Die gesetzliche Absicherung der Patientenverfügung gründet sich nach dem ausdrücklichen Willen des Gesetzgebers auf den Respekt vor dem autonomiebasierten Selbstbestimmungsrecht des Menschen, das die Möglichkeit einer verbindlichen Vorausbestimmung des Patientenwillens für den Fall der Entscheidungsunfähigkeit einschließt. Im Folgenden geht es um eine Vergewisserung der ethischen Fundierung des Patientenverfügungsgesetzes mit Hilfe einer Klärung der Begriffe der Autonomie und des Selbstbestimmungsrechts, anschließend um die Wirksamkeitsvoraussetzungen einer Patientenverfügung, um die Rolle von Bevollmächtigten bzw. Betreuern sowie um die Umsetzung des vorab verfügten Patientenwillens durch die Ärzte, des Weiteren um die (ungenaue) gesetzliche Regelung des Hinzuziehungserfordernisses des Bevollmächtigten/Betreuers auch bei klarer und einschlägiger Willensbekundung des Patienten sowie um die Abgrenzung gegenüber Suizidbeihilfe und Tötung auf Verlangen. Ergebnis ist, dass die nunmehr vorliegende rechtliche Absicherung des *Fortwirkens* des vorab bestimmten Willens eines Menschen durch eine einschlägige Patientenverfügung einen großen Fortschritt für alle Beteiligten darstellt, indem deutlich wird, dass die Schutzpflicht des Staates aus ethischer Sicht letztlich darin besteht, die Freiheit des Bürgers zu garantieren, derartige Vorausverfügungen zu verfassen.

Keywords: Autonomie, Selbstbestimmungsrecht, Fortwirken von Willensvorausbestimmungen, medizinische Indikation, individuelle Freiheit und staatliche Schutzpflicht.

> „Ich will nicht den Tod der Ärzte sterben, sondern in Freiheit!"
>
> *R.M. Rilke*

1. Fragestellung

Das *Dritte Gesetz zur Änderung des Betreuungsrechts* vom 29. Juli 2009[1], im Folgenden vereinfacht *Patientenverfügungsgesetz (PatVfgG)* genannt, welches „Rechts- und Verhaltenssicherheit für alle Beteiligten"[2] schaffen soll, ist auf viel Zustimmung, teilweise

---

[1] Bundesgesetzblatt 2009 Teil I Nr. 48, 2286–2287 (abgedruckt in: Jahrbuch für Wissenschaft und Ethik, Bd. 14 (2009), 363–365).
[2] Vgl. den Entwurf der Abgeordneten Stünker et al. (STÜNKER, J., KAUCH, M., JOCHIMSEN, L., et al. (2008): *Entwurf eines Dritten Gesetzes zur Änderung des Betreuungsrechts*, BT-

jedoch auch auf Kritik und Skepsis gestoßen. Viel Zustimmung hat die vom Gesetzgeber vorgenommene Fundierung auf den „Grundsatz der Achtung des Selbstbestimmungsrechts"[3] gefunden, welches das Recht auf eine wirksame, für den Arzt verbindliche Vorausfestlegung des Patientenwillens für den Fall der Entscheidungsunfähigkeit einschließt. Neben Kritik an dieser normativen Präferenz sind es vor allem die *allgemeine* Skepsis, ob das Erstellen einer professionellen Patientenverfügung mit ihren fachmedizinischen und formalrechtlichen Anforderungen nicht den sogenannten „Durchschnittsbürger" überfordert, und die *spezielle* Skepsis von medizinischer Seite hinsichtlich der praktischen Durchführbarkeit, die Beachtung verdienen.[4] Im Folgenden geht es um Fragen der Umsetzung einer Patientenverfügung aus ethischer Sicht, wobei ein derartiges Vorhaben eine erneute Vergewisserung hinsichtlich der ethischen Grundlage des PatVfgG voraussetzt. Denn es ist eines, die normative Fundierung dieses Gesetzes zu begreifen, und ein anderes, sie in die Praxis umzusetzen; Ersteres bedarf gegebenenfalls ethischer (und rechtstheoretischer) Reflexion, Letzteres ärztlicher Hilfestellung. So lässt sich die doppelte Zielsetzung des Folgenden in die Frage zusammenfassen: Wie lässt sich die normative Grundlage des PatVfgG in der Praxis aus ethischer Sicht verwirklichen?[5]

Zur Erinnerung: Ein urteils- und entscheidungsfähiger Patient kann legal und ethisch legitim jederzeit sämtliche ärztlichen und pflegerischen Handlungen an ihm wirksam untersagen; Zuwiderhandlungen können strafbare Körperverletzung sein. Dies gilt auch dann, wenn der Patient sich dadurch selbst schädigt, ja selbst dann, wenn er danach zu Tode kommt. Der Patient hat mithin das Recht, seinen eigenen Lebensschutz jederzeit seinem Selbstbestimmungsrecht zu unterwerfen (*salus ex voluntate suprema lex*). Rechtlich-ethische Grundlage sind die Prinzipien der Men-

---

Drucksache 16/8442), der mit Änderungen vom 15. Mai 2009 (DEUTSCHER BUNDESTAG (2009): *Beschlussempfehlung und Bericht des Rechtsausschusses (6. Ausschuss)*, BT-Drucksache 16/13314, Buchstabe a) zur Beschlussempfehlung wurde.

[3] DEUTSCHER BUNDESTAG 2009 (BT-Drucksache 16/13314), Buchstabe a, 4. Vgl. STÜNKER, J. (2008): *Selbstbestimmung bis zum Lebensende. Die Reform der Patientenverfügung*, in: Deutsche Richter-Zeitung, August/September 2008, 248–249.

[4] So sieht die Evangelische Kirche Deutschlands (EKD) laut Presseerklärung vom 19. Juni 2009 „keine Verbesserung gegenüber der bisherigen Rechtslage". „Die Balance zwischen Selbstbestimmung und Fürsorge", so Bischof Huber, stimme nicht. Erzbischof Zollitsch spricht von einer „einseitigen Betonung der Selbstbestimmung des Patienten". Der Präsident der Bundesärztekammer (BÄK) Professor Hoppe hat in seiner Rede auf dem Deutschen Ärztetag am 11. Mai 2010 festgestellt: „Nun ist das neue Betreuungsrechtsänderungsgesetz zwar in Kraft, aber ob es wirklich hilfreich ist, ist zweifelhaft."

[5] Der Verfasser ist den Mitgliedern des philosophisch-medizinischen Arbeitskreises des *Allgemeinen Krankenhauses Hagen*, insbesondere der Vorsitzeden Richterin a.D. am Oberlandesgericht Hamm, Frau Dr. jur. Anne Figge-Schoetzau, für wertvollen fachlichen Rat zu Dank verpflichtet.

schenwürde und der Autonomie sowie speziell das allgemeine Persönlichkeits- und das Selbstbestimmungsrecht des Menschen.

Wie unsere Rechtsordnung räumt auch unsere Ethikkultur seit der neuzeitlichen Aufklärung dem autonomiebasierten Selbstbestimmungsrecht des Einzelnen einen entscheidenden Rang ein. Im Hinblick auf ärztliche Krankheitsmaßnahmen bedeutet dies, dass der Arzt gegebenenfalls hinnehmen muss, dass sein Patient verstirbt, obwohl medizinisch wirksame Maßnahmen erfolgreicher Lebensrettung gegeben sind, ‚nur' weil der aufgeklärte entscheidungsfähige Patient dieselben ablehnt. Denn: Niemand ist verpflichtet, ein durch schwere Krankheit gezeichnetes Leben fortzusetzen oder ein zu Ende gehendes Leben verlängern zu lassen, nur weil dies medizinisch möglich wäre.[6] Der vieldiskutierte Gedanke einer Begrenzung der Reichweite des Vorausverfügungsrechts auf Fallkonstellationen, in denen das „Grundleiden einen irreversiblen tödlichen Verlauf"[7] angenommen hat, so dass der Lebensschutz mithin nur deswegen dem Selbstbestimmungsrecht untergeordnet ist, weil das Leben nicht mehr wirksam geschützt werden kann, ist vom Gesetzgeber nicht übernommen worden. Doch die seit Längerem – und teilweise immer noch – diskutierte Frage lautet: Kann dies im Falle der Entscheidungs*unfähigkeit in gleicher Weise auch vom vorausverfügten* Willen gelten? Das neue PatVfgG gibt hierauf eine Antwort.

Dem vom Gesetzgeber betonten Vorrang des Selbstbestimmungsrechts im Zweifel auch vor dem Lebensschutz wird immer wieder – und das dürfte trotz der neuen Gesetzgebung auch weiterhin so sein – entgegengehalten, dass derartige ‚schematische' Lösungen dem Einzelfall nicht gerecht werden können.[8] Schon in den *Überlegungen zum Umgang mit Patientenverfügungen aus evangelischer Sicht der EKD* aus dem Jahre 2005 hieß es: „Es steht kaum zu erwarten, dass allgemeine Regeln gefunden

---

[6] Vgl. BUNDESÄRZTEKAMMER (BÄK) (2004): *Grundsätze der Bundesärztekammer zur ärztlichen Sterbebegleitung*, in: Deutsches Ärzteblatt 101 (19), A1298–1299 (abgedruckt in: Jahrbuch für Wissenschaft und Ethik, Bd. 9 (2004), 491–494). Dazu: BECKMANN, J.P. (2009): *Ethische Herausforderungen der modernen Medizin*, Freiburg i.Br., München, Teil IV, 422–442.

[7] So der seinerzeitige Beschluss des XII. Zivilsenats des Bundesgerichtshofs (BGH) vom 17. März 2003, in: Neue Juristische Wochenschrift 2003, 1588; desgleichen der Vorschlag der Mehrheit der Enquete-Kommission „Ethik und Recht der modernen Medizin" des XV. Deutschen Bundestages im „Zwischenbericht Patientenverfügungen" vom 13. September 2004 (ENQUETE-KOMMISSION DES DEUTSCHEN BUNDESTAGES „ETHIK UND RECHT DER MODERNEN MEDIZIN" (2004): *Zwischenbericht Patientenverfügungen*, BT-Drucksache 15/3700). Vgl. dazu BECKMANN, J.P. (2005): *Selbstbestimmung versus Lebensschutz? Zum Zwischenbericht der Enquete-Kommission des Deutschen Bundestages „Ethik und Recht der modernen Medizin" zur rechtlichen Verankerung von Patientenverfügungen*, in: Jahrbuch für Wissenschaft und Ethik, Bd. 10, 55–86, bes. 66 f.

[8] Vgl. den Entwurf der Abgeordneten Zöller et al. (ZÖLLER, W., FAUST, H.G., DÄUBLER-GMELIN, H., et al. (2008): *Entwurf eines Gesetzes zur Klarstellung der Verbindlichkeit von Patientenverfügungen (Patientenverfügungsverbindlichkeitsgesetz – PVVG)*, BT-Drucksache 16/11493).

werden, die jeden Einzelfall hinreichend erfassen können. In vielen, wenn nicht den meisten Fällen wird die Entscheidung vielmehr eine Ermessensfrage sein." Man könne „nicht davon ausgehen, [...] mit Rechtsbestimmungen alle Einzelfälle im Detail zu erfassen".[9] Auch in den soeben erschienenen *Empfehlungen der Bundesärztekammer zum Umgang mit Vorsorgevollmacht und Patientenverfügung* heißt es im Vorwort: „Die Vielfalt möglicher Situationen, in die ein Mensch geraten kann, macht es schwierig, eine Vorausbestimmung treffend zu artikulieren."[10] Hinter derlei Bedenken steht ein Missverständnis im Hinblick auf das Verhältnis zwischen allgemeiner Regelung und konkretem Einzelfall: Es wird unterstellt, dass angesichts der unbestreitbaren Tatsache, dass jeder Einzelfall einmalig ist, die Subsumierbarkeit unter eine allgemeine Regel naturgemäß inadäquat sein muss. Das Verhältnis zwischen Einzelfall und allgemeiner Regel ist aber nicht das der Subsumption des Ersteren unter Letztere, sondern das des Übergangs aus der faktischen in die normative Ebene. Ein solcher Übergang ist seiner Natur nach inkongruent, weil kategorial different.

Das entscheidend Neue am PatVfgG ist im Effekt die Gleichstellung des Patienten, der für den Fall seiner Entscheidungsunfähigkeit eine Vorausverfügung seines Willens vorgenommen hat, *insoweit* mit dem Patienten, der aktual zustimmungsfähig ist. Gestützt auf sein Selbstbestimmungsrecht legt der Verfügende mit einer Patientenverfügung fest, welchen ärztlichen und pflegerischen Maßnahmen er in welchen Situationen seine Zustimmung im Voraus gibt bzw. versagt. Gemäß PatVfgG hat der nicht mehr einwilligungsfähige Patient, der für die aktuelle Gesundheitssituation, in der er sich befindet, eine eindeutige und einschlägige Vorausverfügung geschaffen hat und bei dem ernstzunehmende Hinweise, dass er seinen Willen inzwischen geändert hätte, fehlen, dieselben Rechte wie der einwilligungsfähige Patient: auf die Respektierung seiner Willensentscheidung. Setzt sich der Arzt über eine solche eindeutige Verfügung hinweg, so erfüllt er genauso wie bei einem einwilligungsfähigen Patienten den Tatbestand strafbarer Körperverletzung.[11] Das Selbstbestimmungsrecht wirkt mithin auch über den Zustand der aktiven Inanspruchnahme seitens des Individuums fort in Situationen eingeschränkter Einsichts- und fehlender Einwilligungsfähigkeit hinein. Der Gesetzgeber hat mit dem PatVfgG anerkannt, dass dies rechtlich sicherzustellen ist. Entscheidend ist, dass die Patientenverfügung im Zustand uneingeschränkter Einwilligungsfähigkeit verfasst worden ist, in Schriftform vorliegt und nicht nur die Wertvorstellungen und Wünsche des Verfügenden

---

[9] EVANGELISCHE KIRCHE DEUTSCHLANDS (EKD) (2005): *Überlegungen zum Umgang mit Patientenverfügungen aus evangelischer Sicht*, in: EKD-Texte 80, 22–23.

[10] BUNDESÄRZTEKAMMER (BÄK), ZENTRALE ETHIKKOMMISSION BEI DER BUNDESÄRZTEKAMMER (ZEKO) (2010): *Empfehlungen der Bundesärztekammer und der Zentralen Ethikkommission bei der Bundesärztekammer zum Umgang mit Vorsorgevollmacht und Patientenverfügung in der ärztlichen Praxis*, in: Deutsches Ärzteblatt 107 (18), A877–882 (abgedruckt in diesem Jahrbuch auf den Seiten 463–473).

[11] § 223 StGB; siehe auch § 823 Abs. 1 BGB.

klar formuliert, sondern auch die Gesundheitssituationen, für die diese Wünsche gelten sollen, mit hinreichender Deutlichkeit beschreibt.

Aus dem Skizzierten wird deutlich, dass die Umsetzung des Gesetzes nicht unerhebliche Anforderungen an die Beteiligten stellt:

- Vom Einzelnen, der sich für die Abfassung einer Patientenverfügung entscheidet, wird erwartet, dass er *erstens* seine Wertvorstellungen und Wünsche deutlich artikuliert und *zweitens* die gesundheitlichen Situationen (schweres inkurables Leiden, dauernder Verlust der Kommunikationsfähigkeit, Demenz, Sterbephase etc.), für die seine Verfügung gelten soll, so umfassend wie möglich und so präzise wie nötig beschreibt. Ersteres setzt eine Auseinandersetzung mit der eigenen Endlichkeit voraus, Letzteres dürfte dem medizinischen Laien i.d.R. kaum ohne ärztliche Beratung angemessen gelingen.
- Der behandelnde Arzt muss prüfen „welche ärztliche Maßnahme im Hinblick auf den Gesundheitszustand und die Prognose des Patienten indiziert ist".[12]
- Der Bevollmächtigte bzw. Betreuer muss zusammen mit dem behandelnden Arzt diese Maßnahme „unter Berücksichtigung des Patientenwillens als Grundlage für die nach § 1901a zu treffende Entscheidung" erörtern.[13]
- *Last but not least* müssen die Angehörigen, denen zwar bei Klarheit des Zutreffens der Verfügung vielfach belastende Entscheidungen abgenommen werden, im Fall der Einschlägigkeit der Verfügung und des Fehlens von Anzeichen für eine Willensänderung des Patienten das entsprechende pflichtgemäße Handeln von Bevollmächtigtem/Betreuer und Arzt hinnehmen.

Eine adäquate Erfüllung des Genannten erfordert ein erhöhtes Maß an Sachinformation, Aufklärung und gegebenenfalls Hilfe, den über 200 Musterverfügungen im Netz zum Trotz.[14] Auch wäre es ein folgenreicher Irrtum, würde man glauben, mit

---

[12] § 1901b Abs. 1 BGB.
[13] Ibid.
[14] Aus der Fülle von Patientenverfügungs-Mustern seien die des *Bundesjustizministeriums (BMJ)* (www.bmj.bund.de) sowie des *Bayerischen Staatsministeriums der Justiz und für Verbraucherschutz* (www.justiz.bayern.de) genannt. Auch einzelne Landesärztekammern bieten Muster an, z.B. die Ärztekammer Hamburg (www.aerztekammer-hamburg.de/ patienten/patientenverfuegung.pdf). Es empfiehlt sich für den einzelnen Patienten jedoch dringend, bei Verwendung von Patientenverfügungs-Mustern auf eine genaue Formulierung der persönlichen Wertvorstellungen, der (Nicht-)Behandlungswünsche sowie der Situationen zu achten, für die die Patientenverfügung gelten soll. Vgl. KIELSTEIN, R., SASS, H.-M., MAY, A. (2010): *Die persönliche Patientenverfügung. Ein Arbeitsbuch zur Vorbereitung mit Bausteinen und Modellen*, 6. Aufl., Bochum. Vgl. auch die Beiträge in: FREWER, A., FAHR, U., RASCHER, W. (Hg.) (2009): *Patientenverfügung und Ethik. Beiträge zur guten klinischen Praxis*, Jahrbuch für Ethik in der Klinik, Bd. 2, Würzburg, sowie VETTER, P., MARCKMANN, G. (2009): *Gesetzliche Regelung der Patientenverfügung: Was ändert sich in der Praxis?*, in: Ärzteblatt Baden-Württemberg 2009 (9), 370–374.

der Verrechtlichung der Patientenverfügung seien alle diese Fragen ein für allemal beantwortet. Das hat seine Ursache nicht nur in der Einmaligkeit eines jeden Einzelfalls, sondern mehr noch in möglichen Unklarheiten hinsichtlich der normativen Grundlage des PatVfgG.

2. Zur normativen Grundlage des Patientenverfügungsgesetzes

2.1 Das Verhältnis zwischen Autonomie und Selbstbestimmungsrecht

Die vom Gesetzgeber vorgenommene Fundierung des Rechts des Einzelnen auf Erstellung (bzw. auf Nichterstellung)[15] einer Patientenverfügung auf den Respekt vor der Autonomie und dem Selbstbestimmungsrecht des Menschen[16] lässt aus ethischer Sicht eine erneute Vergewisserung über die Bedeutung beider Begriffe angezeigt erscheinen.[17] ‚Autonomie' (von griechisch *autós* = ‚selbst' und *nómos* = ‚Gesetz', wörtlich ‚Selbstgesetzlichkeit') wird in der Öffentlichkeit nicht selten als Ausdruck schrankenloser Emanzipation des Individuums von tradierten Vorstellungen oder als Stichwort für ein angeblich uneingeschränktes ‚Herrsein über einen selbst und das eigene Leben' oder als ‚gesellschaftliche und/oder moralische Ungebundenheit' verstanden. Derartige Autonomieverständnisse verkennen die fundamentale *soziale* Struktur dieses Begriffs, in die jedermann eingebunden ist. Danach besteht die Autonomie des Einzelnen gerade nicht darin, dass er sich seine Gesetze ohne Rücksicht auf den Mitmenschen selbst gibt; ‚Autonomie' impliziert vielmehr notwendig den Respekt vor der Autonomie des Mitmenschen: Autonom ist *jeder* Mensch; Autonomie stellt als solche eine die Menschen *miteinander verbindende* Besonderheit dar. Der Begriff ‚Autonomie' enthielte einen inneren Widerspruch, ließe man seine soziale Dimension außer Acht. Hinzu kommt: Der Einzelne ist insofern autonom

---

[15] BGB § 1901a Abs. 4, Satz 1: „Niemand kann zur Errichtung einer Patientenverfügung verpflichtet werden."

[16] Schon im Bericht der Abgeordneten Granold et al. vom 27. Mai 2009, heißt es, dass „der Respekt vor dem Selbstbestimmungsrecht des Einzelnen gebietet [...], die Zahl der rechtlichen Voraussetzungen für eine wirksame PV möglichst gering zu halten und so die Abfassung wirksamer Patientenverfügungen für jedermann so leicht wie möglich zu machen" (DEUTSCHER BUNDESTAG 2009 (BT-Drucksache 16/13314), 18–23, 21 f.).

[17] Zum Folgenden vgl.: BECKMANN, J.P. (1998): *Patientenverfügungen: Autonomie und Selbstbestimmung vor dem Hintergrund eines im Wandel begriffenen Arzt-Patienten-Verhältnisses*, in: Zeitschrift für medizinische Ethik 44 (2), 143–156 (wiederabgedruckt in: SCHOCKENHOFF, E., BUCH, A.J., VOLKENANDT, M., WETZSTEIN, V. (Hg.) (2005): Medizinische Ethik im Wandel. Grundlagen – Konkretionen – Perspektiven, Stuttgart, 287–299).

im Sinne von ‚selbstgesetzgebend', als es die anderen ebenfalls sind, denn er vermag sich ‚seine' Gesetze nur so zu geben, dass sie auch für alle anderen dieselbe Geltung besitzen können; andernfalls läge nicht Autonomie, sondern ihr Gegenteil, Heteronomie, vor. Autonomie impliziert insoweit notwendig Selbstbindung[18], wie es Kants ‚kategorischer Imperativ' auf den Punkt gebracht hat.[19]

Auch dient der Terminus ‚Autonomie' genau genommen nicht zur Bezeichnung für bestimmte Zustände oder Fähigkeiten des Menschen. Denn der Zustände gibt es viele (jung/alt, arm/reich, gesund/krank, stark/schwach etc.), und Fähigkeiten variieren alters- und/oder krankheitsbedingt temporär oder dauerhaft. Man würde mithin Menschen, die aufgrund ihres Alters und/oder ihrer Krankheit temporär oder dauerhaft über die entsprechenden Geistes- und/oder Willenskräfte nicht verfügen, aus dem Autonomieverständnis teilweise oder ganz ausgrenzen. Der minderjährige Patient wäre dann noch nicht, der Altersdemente nicht mehr und der geistig stark Behinderte zeit seines Lebens nicht autonom. Ein Begriff jedoch, der nicht nur alles und jedes, sondern darüber hinaus auch Konträres (wie jung/alt oder gesund/krank etc.) bezeichnen soll, büßt seine Eindeutigkeit bis hin zur Unkenntlichkeit ein. Dessen ungeachtet trifft man im medizinisch-ärztlichen Bereich nicht selten auf Feststellungen von der Art, die Autonomie des Patienten X sei alters- und/oder krankheitsbedingt eingeschränkt oder nicht mehr gegeben, mit der Folge, dass nunmehr andere (Ärzte, Pflegepersonal, Verwandte) kompensatorisch einspringen und stellvertretend für den Patienten entscheiden müssten. Dies kann jedoch zu einer Verletzung der Persönlichkeitsrechte des Patienten und im Extremfall zum Gegenteil von Autonomie, zur Heteronomie, zur Fremdbestimmung führen.

Will man den Begriff der ‚Autonomie' weder zu weit (‚Zustand') noch zu eng (‚Fähigkeit'), sondern sowohl präzise als auch universell verwenden, scheint sich die Möglichkeit anzubieten, darunter ein persönliches (Anspruchs- und Abwehr-)Recht zu verstehen, das Recht nämlich, stets und damit auch in Gesundheitsfragen über sich selbst entscheiden zu dürfen und vor Fremdbestimmung sicher zu sein. Dieses Autonomieverständnis hätte, insbesondere im medizinisch-ärztlichen Bereich, zwar den deutlichen Vorzug vor den beiden vorgenannten Verständnissen, weil seine Nichtbeachtung als rechtliche Verletzung und möglicherweise darüber hinaus als ethisch illegitim anzusehen wäre. Diesem Vorzug steht jedoch der erhebliche Nachteil gegenüber, dass das Arzt-Patient-Verhältnis permanent als Bereich kaum lösbarer Rechtskonflikte zu betrachten wäre: zwischen der Autonomie des Patienten nämlich und derjenigen des Arztes.

---

[18] Vgl. Kants Rede von der „Fähigkeit, allgemein gesetzgebend, obgleich mit dem Beding, eben dieser Gesetzgebung zugleich selbst unterworfen zu sein" (KANT, I. (1785): *Grundlegung zur Metaphysik der Sitten*, Berlin 1907 (ND 1968), Akad.-Ausg. IV, 440, BA 64).

[19] „Handle so, daß du die Menschheit, sowohl in deiner Person als in der Person eines jeden anderen, jederzeit zugleich als Zweck, niemals bloß als Mittel brauchest" (ibid., BA 66); der kategorische Imperativ ist nach Kant das „Prinzip der Autonomie" (vgl. ibid. BA 83).

Die genannten Schwierigkeiten vermeidet die begriffliche Unterscheidung zwischen ‚Autonomie' und ‚Selbstbestimmung(-srecht)'. Autonomie meint danach eine allen Menschen ungeachtet ihres Zustandes und ihrer intellektuellen oder willensmäßigen Fähigkeiten zukommende *Eigentümlichkeit*, Selbstbestimmung hingegen die jeweilige *Manifestation* dieser Eigentümlichkeit durch Inanspruchnahme des gleichnamigen Rechts. Beides kann man voneinander nicht trennen; es voneinander zu unterscheiden aber ist deswegen sinnvoll, wenn nicht notwendig, weil man auf diese Weise dem Umstand gerecht werden kann, dass der Mensch unabhängig von den Möglichkeiten der Manifestation dieser seiner Eigentümlichkeit *immer autonom* ist; hierin liegt die *essentielle* Seite der Autonomie, ungeachtet des Umstandes, dass er dieselbe *nicht immer* manifestieren kann; in Letzterem besteht die *funktionale* Seite der Autonomie. Das Verhältnis beider Seiten menschlicher Autonomie besteht freilich darin, dass die genannte *Eigentümlichkeit* logisch und ursächlich ihrer *Manifestierbarkeit* vorausgeht: Nicht weil und wenn der Mensch über sich selbst bestimmen kann, ist er autonom, sondern weil er autonom ist, besitzt er das Recht, über sich selbst zu bestimmen. Das hat seinen Grund darin, dass Autonomie kein Recht, sondern ein Prinzip ist, das anthropologische Prinzip nämlich, dass jeder Mensch unabhängig von Umständen oder Fähigkeiten *um seiner selbst willen* zu respektieren ist. Autonom ist der Mensch nicht als isolierter Einzelner, sondern in der Gemeinschaft mit den – ebenso autonomen – Mitmenschen.

2.2 Bedeutung des Dargelegten für die Patientenverfügung

Damit zeigt sich die zentrale Bedeutung von Autonomie: Dieselbe basiert auf dem moralischen Subjektsein des Menschen, d.h. der Eigentümlichkeit jedes Menschen, *von ihm selbst her* Subjekt und Urheber des eigenen Tuns und Lassens zu sein.[20] Der Subjektstatus des autonomen Individuums ist wiederum nicht abhängig vom faktischen Zustand noch von irgendwelchen Fähigkeiten desselben, sondern gilt davon unabhängig von jedermann und zu jeder Zeit. Zwar mag das Neugeborene, das Kleinkind, der narkotisierte OP-Patient, der Altersdemente oder der geistig stark Behinderte seinen davon unberührten Status als zu respektierendes Subjekt seines Tuns und Lassens temporär oder dauerhaft nicht *manifestieren* können, doch ändert dies nichts an seiner ihm wie allen anderen Menschen *eigentümlichen Verfasstheit*, als

---

[20] Das hier vorgestellte Autonomieverständnis lässt die häufig anzutreffende Rede von durch Alter und/oder Krankheit ‚verminderter Autonomie' oder von ‚Autonomiegraden' nicht zu: Autonomie als Wesensmerkmal des Menschen und sein Subjektsein als Kern der Autonomie kennen naturgemäß kein ‚Mehr oder Weniger'. Vgl. dagegen ROTHAAR, M., KIPKE, R. (2009): *Die Patientenverfügung als Ersatzinstrument. Differenzierung von Autonomiegraden als Grundlage für einen angemessenen Umgang mit Patientenverfügungen*, in: FREWER, A., FAHR, U., RASCHER, W. (Hg.): Patientenverfügung und Ethik. Beiträge zur guten klinischen Praxis, Jahrbuch für Ethik in der Klinik, Bd. 2, Würzburg, 20–32.

Subjekt verantwortlichen Tuns und Lassens betrachtet und respektiert werden zu müssen.

Einen Menschen ohne oder gar gegen seinen Willen vollständig fremdzubestimmen, ihn *in toto* den Zwecksetzungen Dritter zu unterwerfen, ihn seines moralischen Subjektstatus, seines Er-selbst-Seins und damit seiner ausnahmslosen Unverfügbarkeit durch Dritte zu berauben und ihn zu einem reinen Etwas-Sein zu machen („Objektverbot")[21], wäre ein Verstoß gegen seine vom Grundgesetz geschützte Menschenwürde. Denn wie die Selbstgesetzlichkeit hat auch die Menschenwürde nichts mit intellektuellen Fähigkeiten oder sozialen Leistungen des Einzelnen zu tun, sondern kommt jedem unabhängig von alledem vom Beginn seines Lebens bis zu seinem Ende *von ihm selbst her* zu. Als menschliche Grundverfasstheit und nicht als Leistung verstanden sowie als Anerkennungssachverhalt und nicht als Zuerkennungsprodukt gewertet, gehören Menschenwürde und Autonomie zu den Grundlagen der Gesellschaft und ihres Umgangs mit dem Einzelnen als einer Beziehung zwischen freien, einander wechselseitig respektierenden Handlungspartnern. Ärztliche Fürsorge ist insoweit nicht Kompensation für angeblich eingeschränkte oder nicht mehr vorhandene Patientenautonomie, sondern Antwort auf die Nöte des *autonomen,* d.h. grundsätzlich als Zweck *an* ihm selbst (nicht *für* ihn selbst!) zu respektierenden Patienten.

Vor dem Hintergrund des Dargelegten gilt es zu sehen, wie und in welchem Umfang der Gesetzgeber im neuen PatVerfG das autonomiebasierte Selbstbestimmungsrecht des Patienten umsetzt, der für den Fall der Entscheidungsunfähigkeit eine Patientenverfügung verfasst hat.

3. Fragen der Umsetzung des Patientenverfügungsgesetzes aus ethischer Sicht

3.1 Wirksamkeitsvoraussetzungen

Wirksamkeitsvoraussetzungen einer Patientenverfügung sind laut PatVfgG neben Einwilligungsfähigkeit bei Abfassung der Verfügung *formal* (1) Volljährigkeit und (2) Schriftlichkeit und *materiell* (3) Einschlägigkeit. Nun erscheint es auch aus ethi-

---

[21] Die *Charta der UN* vom 26. Juni 1945 spricht von „Würde und Wert der menschlichen Persönlichkeit", die *Allgemeine Erklärung der Menschenrechte* vom 10. Dezember 1948 in Art. 1 davon, dass alle Menschen „gleich an Würde" geboren seien, und das Grundgesetz (GG) stellt in Art. 1 fest: „Die Würde des Menschen ist unantastbar." „Die Menschenwürde ist getroffen, wenn der konkrete Mensch zum Objekt, zu einem bloßen Mittel, zur vertretbaren Größe herabgewürdigt wird" (DÜRIG, G. (1958): *Art. 1,* in: MAUNZ, T., DÜRIG, G.: Kommentar zum Grundgesetz, München, Rn. 1-121).

scher Sicht selbstverständlich, dass der Verfasser einer Patientenverfügung, der damit für den Fall seiner in Zukunft möglicherweise eintretenden Entscheidungsunfähigkeit seinen Willen vorab erklärt, zum Zeitpunkt der Abfassung der Verfügung uneingeschränkt entscheidungs- bzw. einwilligungsfähig ist. Doch gilt das nur für Erwachsene?

3.1.1 Volljährigkeit

Als aus ethischer Sicht sehr problematisch erscheint die gesetzliche Festlegung auf Volljährigkeit[22] und damit die Ausgrenzung einwilligungsfähiger Minderjähriger, die laut Gesetz keine wirksame Patientenverfügung verfassen können. Mag die Einschränkung des *Selbstbestimmungsrechts* Jugendlicher aus rechtlicher Sicht in Übereinstimmung mit der generellen Bedeutung der gesetzlichen Volljährigkeit noch möglich sein, so ist gleichwohl speziell im Gesundheitsbereich die Gefahr einer Verletzung des Respekts vor der *Autonomie* junger Menschen durch Fremdbestimmung nicht gebannt. Lehnt ein *einwilligungsfähiger* Minderjähriger *bei voller Einsichtsfähigkeit* in die Vorzüge und Risiken einer ärztlichen Maßnahme dieselbe ab, so ist dies mit Rücksicht auf die Unverfügbarkeit der Person für die Ärzte aus ethischer Sicht deswegen verbindlich, weil ein Sich-darüber-Hinwegsetzen die betreffende ärztliche Maßnahme u.U. zu einer der menschlichen Autonomie und Würde fundamental entgegenstehenden *Zwangsbehandlung* machen würde. Das PatVfgG scheint aus ethischer Sicht diesbezüglich hinter den längst erreichten Stand der Respektierung des Willens auch Heranwachsender zurückzufallen. Dass bei Minderjährigen in Gesundheitsfragen der gesetzliche Vertreter (i.d.R. die Eltern) die Entscheidungsgewalt besitzen, stellt aus ethischer Sicht kein Recht (,elterliche Gewalt'), sondern eine Pflicht dar, die Pflicht nämlich, derartige Entscheidungen *nicht* auf den eigenen Willen, sondern unter Respektierung der Unverfügbarkeit auch Minderjähriger auf deren Willen und Wohl zu gründen. Dies aber heißt, die Willensäußerung des Minderjährigen in dem Maße wirksam werden zu lassen, wie Einsichts- und Einwilligungsfähigkeit der Betreffenden gegeben sind. Schon längst gilt im Falle einwilligungsfähiger Minderjähriger deren möglicher Protest gegen einen ärztlichen Eingriff aus ethischer Sicht als ein ernstzunehmender und gegebenenfalls ärztlicherseits zu befolgender Wunsch. So stellen auch die schon genannten Empfehlungen der BÄK fest, dass „solche Äußerungen [...] bei der Entscheidungsfindung im Kontext mit den Befugnissen der sorgeberechtigten Eltern bei der ärztlichen Behandlung des minderjährigen Patienten mit wachsender Reife zu beachten" sind.[23] Hinsichtlich der ethisch problematischen Bindung des Rechts einer Vorausverfügung an die Volljährigkeit ist nicht auszuschließen, dass auch die Rechtsprechung sich dieser Frage annehmen wird bzw. muss.

---

[22] § 1901a Abs. 1 Satz 1 BGB.
[23] BÄK, ZEKO 2010, A878 (in diesem Jahrbuch auf Seite 464).

3.1.2 Schriftlichkeit

Die Vorschrift der Schriftform ist unter Sicherheitsaspekten zu begrüßen: Sie bietet einen erhöhten Schutz für den Verfügenden vor Missverständnissen, für den Arzt vor grundlosen Rechenschaftsforderungen und für die Angehörigen vor möglicherweise gewissensbelastenden Auskünften. Das Institut der Schriftlichkeit wäre jedoch in ethischer Hinsicht problematisch, würden damit *mündliche* Verfügungen nicht ebenfalls als Ausdruck autonomiebasierter Selbstbestimmung betrachtet. Dass mündliche Verfügungen keine Patientenverfügungen sind, ist Ergebnis einer *rechtlichen Entscheidung* des Gesetzgebers; sie kann jedoch keine *ethische Bewertung* der Eingrenzung des Respekts vor der Autonomie sein. Die gesetzliche Vorschrift der Schriftlichkeit kann als Abwägungsergebnis zwischen der genannten Schutzwirkung auf der einen und dem Autonomierespekt auf der anderen Seite zugunsten des Ersteren angesehen werden. Dass der Gesetzgeber im Übrigen auch mündlichen Vorausverfügungen Bedeutung zumisst, erhellt aus den Bestimmungen des § 1901a Abs. 2 BGB, wonach bei Nichtvorliegen einer Patientenverfügung „die Behandlungswünsche oder der mutmaßliche Wille [...] festzustellen ist". Ein mündlich geäußerter Wille ist ethisch – und übrigens wohl auch rechtlich – durchaus kein nur *mutmaßlicher* Wille, von dem er sich schon durch die Ausdrücklichkeit unterscheidet; er teilt mit Letzterem lediglich die *gesetzliche* Einordnung als Nicht-Patientenverfügung, ungeachtet seiner ethischen Validität als authentische Manifestation des Selbstbestimmungsrechts. *Fortwirkung* im Sinne des PatVfgG hat freilich nur der *schriftliche* Wille; liegt nur eine mündliche Willenserklärung vor, *entscheidet* ein anderer, nämlich der (rechtsgeschäftliche) Bevollmächtigte bzw. der (gesetzliche) Betreuer (s.u.), dies freilich im Namen des Patienten und nach Maßgabe seines Willens, sofern derselbe zumindest mündlich bekannt ist; andernfalls unter Berücksichtigung seines mutmaßlichen Willens. Ein mündlich bekannter Wille ist etwas anderes als ein mutmaßlicher Wille – ein zumindest aus ethischer Sicht wohl zu beachtender Unterschied.

3.1.3 Einschlägigkeit

Eine Patientenverfügung muss *materialiter* so formuliert sein, dass sie nicht nur den Willen des Verfügenden und seine Wertvorstellungen klar wiedergibt, sondern auch die gesundheitlichen Situationen hinreichend beschreibt, für die sie gelten soll, damit sie von den Ärzten richtig verstanden werden kann.[24] Gängige Formulierungen wie „keine Wiederbelebungsmaßnahmen", „keine Schläuche", „keine Antibiotika" u.Ä. sind zu allgemein und bilden daher für die aktuelle Situation keine gesicherte Grundlage für die Willensfeststellung. Gegen das Erfordernis der Einschlägigkeit gibt es aus ethischer Sicht insoweit keine Einwände, sieht man von der Schwierigkeit der Gratwanderung zwischen (erforderlicher) hinreichender Beschreibung einerseits und (nahezu unmöglicher) wissenschaftlicher Präzision andererseits einmal ab; umso

---

[24] Vgl. LIPP, V. (2005): *Patientenautonomie und Lebensschutz*, Göttingen, 24 f.

wichtiger ist die Angabe der persönlichen Wertvorstellungen des Verfügenden. Entscheidend ist vor allem, *wer* das Vorliegen der geforderten Übereinstimmung mit der aktuellen Situation des entscheidungsunfähigen Patienten feststellt bzw. *wie* es zu einer Bewertung kommt. Diesbezüglich sieht der Gesetzgeber die Hinzuziehung eines persönlichen Bevollmächtigten bzw., falls der Verfügende einen solchen nicht ernannt und auch keine Betreuungsverfügung erlassen hat, die Bestellung eines gesetzlichen Betreuers vor.

3.2 Bevollmächtigter bzw. Betreuer

Im PatVfgG heißt es, dass, wenn „ein einwilligungsfähiger Volljähriger für den Fall seiner Einwilligungsunfähigkeit schriftlich festgelegt hat, ob er in bestimmte, zum Zeitpunkt der Festlegung noch nicht unmittelbar bevorstehende Untersuchungen seines Gesundheitszustandes, Heilbehandlungen oder ärztliche Eingriffe einwilligt oder sie untersagt (Patientenverfügung)", der *Betreuer* (bzw. der *Bevollmächtigte*) prüft, „ob diese Festlegungen auf die aktuelle Lebens- und Behandlungssituation zutreffen". Ist dies der Fall, so muss er „dem Willen des Betreuten Ausdruck und Geltung" verschaffen.[25] Für den Fall, dass die Aussagen in der Patientenverfügung hingegen uneindeutig sind oder eine Vorausverfügung gar nicht vorliegt, müssen die Ärzte und der Bevollmächtigte bzw. Betreuer den *mutmaßlichen Willen* feststellen. Hinsichtlich des *mutmaßlichen Willens* gilt nicht dasjenige, was ‚man' gemeinhin tut, sondern es gelten individuelle konkrete Anhaltspunkte aus früheren Äußerungen des Patienten. Hierzu sind Personen aus der sozialen Umgebung des Patienten, nahe Angehörige, Vertrauenspersonen etc. gegebenenfalls hinzuzuziehen. Die Gesetzesformulierung („Angehörigen ist Gelegenheit zur Äußerung zu geben"[26]) könnte freilich geeignet sein, einen zentralen ethischen Gedanken zu verfehlen, den nämlich, dass Dritte grundsätzlich kein eigenes Willensäußerungsrecht besitzen, sondern eine auf Wahrheit verpflichtete Informationspflicht hinsichtlich der ihnen bekannten Willensbekundungen des Patienten, wie in § 1901b Abs. 1 BGB festgelegt.

Sodann: Dass niemand zur Errichtung einer Patientenverfügung verpflichtet ist, sagt das Gesetz ausdrücklich[27]; ethisch leitet sich auch dies vom autonomiebasierten Selbstbestimmungsrecht des Einzelnen ab. Aus dem gleichen Grunde kann niemand verpflichtet werden, einen Bevollmächtigten zu ernennen; doch dazu findet sich im Gesetz nichts, gleichwohl aber darüber, dass der behandelnde Arzt, nachdem er geprüft hat, „welche ärztliche Maßnahme im Hinblick auf den Gesamtzustand und die Prognose des Patienten indiziert ist", zusammen mit dem Bevollmächtigten bzw. Betreuer „diese Maßnahme unter Berücksichtigung des Patientenwillens als Grund-

---

[25] § 1901a Abs. 1 BGB.
[26] § 1901b Abs. 2 BGB.
[27] § 1901a Abs. 4 BGB.

lage für die nach § 1901a zu treffende Entscheidung" erörtert.[28] Offenbar wird vorausgesetzt, dass es entweder einen Bevollmächtigten oder eine Betreuungsverfügung seitens des Patienten gibt oder, falls weder das eine noch das andere vorliegt, dass das Betreuungsgericht einen Betreuer einsetzt. Doch: Muss das Betreuungsgericht *in jedem Fall* einen Betreuer ernennen? Hierbei handelt es sich nicht nur um eine rein rechtliche Frage, die vermutlich zu – nicht notwendig einheitlicher – Rechtsprechung durch die Gerichte führen wird. Ethisch stellt sich die Frage, ob es nicht eine *unzulässige* oder zumindest *unverhältnismäßige* Einschränkung des Selbstbestimmungsrechts des Menschen bedeutet, wenn er zwar das Recht zur Erstellung einer Patientenverfügung hat, zugleich aber einen Bevollmächtigten bestellen oder eine Betreuungsverfügung errichten bzw. bei Nichtbestellung derselben die gerichtliche Ernennung eines Betreuers hinnehmen *muss*. Warum deckt das autonomiebasierte Selbstbestimmungsrecht nicht auch das Recht des Verfügenden ab, dem Arzt *allein* die pflichtgemäße Entscheidung darüber zuzutrauen, ob die Verfügung auf die aktuelle Situation zutrifft? Und: Eine für den konkreten Fall einschlägige Patientenverfügung ist *als solche* für den Arzt verbindlich. Warum bedarf es neben der Patientenverfügung *in jedem Fall* einer persönlichen Stellvertretung durch einen Bevollmächtigten oder ersatzweise eines gesetzlichen Vertreters in Form eines gerichtlich bestellten Betreuers?

Zugunsten einer solchen Regelung ließe sich die Sicherung des Schutzes des Patienten anführen. Doch Schutz wovor bzw. vor wem? Warum traut der Gesetzgeber dem Arzt nicht zu, eine Patientenverfügung gemäß dem Patientenwillen umzusetzen, sofern derselbe für den aktuellen Krankheitszustand einschlägig ist und keine Hinweise auf eine Willensänderung vorliegen? Die Antwort des Gesetzgebers ist diesbezüglich unklar bzw. unausdrücklich.[29] Mögliche Folge: Der Arzt wird, um sich vor möglichen rechtlichen Verfahren zu schützen, versucht sein, bei fehlendem Bevollmächtigten nicht aus seiner ärztlichen Verpflichtung heraus, sondern einzig zu seinem rechtlichen Schutz sicherheitshalber häufig, wenn nicht in der Regel eine Betreuung zu beantragen, und dies selbst dann, wenn er keinerlei Zweifel an der Einschlägigkeit der Patientenverfügung und der Willenserklärung des Patienten hat. Abgesehen davon, dass dies zu einer erheblichen Zunahme von Anträgen beim Betreuungsgericht führen dürfte, was man noch als ‚Bürokratismus' hinnehmen könnte, ergeben sich aus ethischer Sicht die folgenden Probleme: (1) Während der Zeit bis zur gerichtlichen Betreuerbestellung ist der Arzt verpflichtet, keine irreversiblen Tatbestände zu schaffen; das aber könnte ein Handeln gegen den Willen des Patienten darstellen. Eine Zwangsbehandlung ist jedoch mit dem Respekt vor der Autonomie und dem Selbstbestimmungsrecht des Patienten nicht zu vereinbaren. (2) Sodann: Der Arzt ist u.U. gezwungen, während der genannten Zeitspanne Maßnahmen zu treffen oder zu unterlassen, die gegen seine Verpflichtung des Niemals-Schadens verstoßen; aus ethischer Sicht stellt dies gegebenenfalls eine unzumutbare

---

[28] § 1901b Abs. 1 BGB.
[29] So auch BÄK, ZEKO 2010, A879 (in diesem Jahrbuch auf Seite 467).

Verpflichtung des Arztes dar. Nicht zuletzt (3): Eine für die aktuelle Krankheitssituation einschlägige Patientenverfügung bei gleichzeitigem Fehlen von Anhaltspunkten für eine Willensänderung des Patienten dürfte auch nach Einsetzung eines Betreuers nicht anders beurteilt werden, und falls doch, dürfte das Betreuungsgericht dies gemäß § 1904 Abs. 3 BGB korrigieren. Fazit: Eine *ausnahmslose* Betreuerbestellung im Falle fehlender Bevollmächtigung dient nicht dem Schutz des Patienten, sondern demjenigen des Arztes; dies nicht nur zum Schaden des Patienten, sondern auch unter Hinnahme möglicher Zwangsbehandlung und damit einer nicht rechtfertigungsfähigen Verletzung des Respekts vor der körperlichen Integrität eines Menschen und seiner Autonomie, von der Belastung für das ärztliche Ethos des Niemals-Schadens abgesehen. Der BÄK und der ZEKO ist daher mit Nachdruck zuzustimmen, wenn sie in ihren *Empfehlungen* feststellen:

„Die Bundesärztekammer und die ZEKO sind – wie das Bundesministerium der Justiz – der Auffassung, dass eine eindeutige Patientenverfügung den Arzt direkt bindet. Sofern der Arzt keinen berechtigten Zweifel daran hat, dass die vorhandene Patientenverfügung auf die aktuelle Lebens- und Behandlungssituation zutrifft, hat er auf ihrer Grundlage zu entscheiden."[30]

3.3 Medizinische Indikation und die Zusammenarbeit zwischen Arzt und Bevollmächtigtem/Betreuer aus ethischer Sicht

Eine andere Frage geht dahin, ob die im Gesetz genannte Verpflichtung der Zusammenarbeit zwischen Arzt und Bevollmächtigtem bzw. Betreuer geeignet ist, die ärztliche Zuständigkeit ungebührlich einzuschränken. Nun sind Voraussetzungen einer Beantwortung der Frage, ob die aktuelle Krankheitssituation des Patienten von seiner Patientenverfügung betroffen ist, Anamnese und Diagnose, d.h. die medizinische Feststellung der aktuellen Krankheitssituation und die Schaffung der Grundlage für die dann normalerweise folgende Indikationsstellung. Zu alledem ist naturgemäß nur der Arzt befähigt und befugt. Nichtärztliche Dritte wie Angehörige, aber auch Bevollmächtigte bzw. Betreuer können und dürfen zu derartigen *medizinischen* Handlungen nichts beitragen; die betreffenden Pflichten, aber auch die Ver-

---

[30] Ibid., A 879 (in diesem Jahrbuch auf Seite 468). Ähnlich BORASIO, D., HEẞLER, H.-J., WIESING, U. (2009): *Patientenverfügungsgesetz. Umsetzung in der klinischen Praxis*, in: Deutsches Ärzteblatt 106 (40), A1952–1957, hier A1954: „Eine auf die aktuellen Umstände genau zutreffende Patientenverfügung ist unmittelbar zu beachten, auch wenn es keinen Betreuer oder Bevollmächtigten gibt. Ein Betreuer muss wegen des Grundsatzes der Erforderlichkeit (§ 1896 Abs. 2 S. 1 BGB) in einer solchen Situation gar nicht bestellt werden, weil man ihn zur Umsetzung des Patientenwillens nicht braucht. [...] Die gesetzliche Neuregelung sollte nicht dazu verleiten, jetzt in allen Fällen ‚vorsichtshalber' eine Betreuung bei Gericht anzuregen."

antwortung dafür liegen allein beim Arzt. Gegenstand der mit dem Bevollmächtigten bzw. Betreuer *gemeinsam* zu entscheidenden Frage sind nicht Anamnese und Diagnose und damit die aktuelle Krankheitssituation, sondern die Frage, ob die Patientenverfügung darauf zutrifft bzw. dafür einschlägig ist. Gilt dies auch von der Indikation? Laut § 1901b Abs. 1 BGB ist dies der Fall, und die *Empfehlungen* der BÄK und der ZEKO unterstreichen dies.[31] Wie stellt sich dies aus ethischer Sicht dar?

3.3.1 Exkurs zur Indikation

Das Konzept ‚medizinische Indikation' besitzt eine komplexe Struktur und Funktion, in welcher Ursachen (Krank*heit* als naturhafter Prozess) ebenso eine Rolle spielen wie Gründe (Krank*sein* als nichtgewolltes Ereignis) und nicht zuletzt die Entscheidung des Patienten. Die Indikation besitzt mithin eine Erhebungs-, eine Normierungs- und eine Entscheidungsfunktion. An allen drei Funktionen ist nicht nur der Arzt, sondern auch der Patient mit seiner Willensentscheidung beteiligt. Indikation beginnt auf Seiten des Patienten wie des Arztes mit je einem eigenen Entwurf: Für jeden der beiden ist von Anfang an etwas ‚indiziert': für den Patienten im Sinne eines *Sich-Zeigens*, für den Arzt im Sinne eines *Indizes*. Der Patient zeigt etwas in seinen Augen Interventionsbedürftiges an, gibt mithin einen Willen kund; der Arzt erblickt darin Hinweise für entsprechendes Handeln. ‚Indikation' meint mithin keineswegs etwas rein auf die medizinische Wissenschaft Beschränktes. Auch ist Indikation nicht ausschließlich handlungsbezogen, etwa in dem Sinne von: ‚Weil x wegen y angezeigt ist, muss x getan werden.' Vielmehr kommt der Indikation eine, wie Klaus Gahl sagt, „Scharnierfunktion"[32] zu: zwischen dem vom Patienten Gewollten und dem vom Arzt Festgestellten. Weil Anzeigen (des Patienten) und Anzeichen (für den Arzt) vorliegen, bedarf es einer Indikations*stellung*. Die Verbindung zwischen Patient und Arzt besteht bei der Erarbeitung der Indikation darin, dass zwar die Indikations*stellung* allein vom Arzt vorgenommen wird, bei der Indikations*festsetzung* jedoch bereits der Rückbezug auf den Patienten und seinen Willen ins Spiel kommt, geht es doch um die gemeinsame Festlegung des Behandlungsziels (sachlich besser, wenngleich sprachlich unschön: des ‚Zusammenhandlungsziels'). Hinsichtlich der ‚medizinischen Indikation' kommt mithin dem autonomiebasierten Selbstbestimmungsrecht des Patienten zentrale Bedeutung zu.

Damit beantwortet sich die Frage, ob der Arzt *unabhängig* von der Patientenverfügung zunächst nach einer Indikation sucht, um anschließend zu entscheiden, ob er

---

[31] „Die Indikationsstellung und die Prüfung der Einwilligungsfähigkeit ist Aufgabe des Arztes" (BÄK, ZEKO 2010, A881 (in diesem Jahrbuch auf Seite 471)).

[32] GAHL, K. (2005): *Indikation – zur Begründungsstruktur ärztlichen Handelns*, in: GETHMANN-SIEFERT, A., GAHL, K., HENCKEL, U. (Hg.): Wissen und Verantwortung. Festschrift für Jan P. Beckmann, Bd. 2: Studien zur medizinischen Ethik, Freiburg i.Br., München, 115–126, hier 116.

einen Behandlungsvorschlag anbieten *kann*, oder ob der Arzt von Anfang an darauf achtet, welchen Formen der Behandlung der Patient seine Zustimmung gibt und welchen er sie versagt. Da auch das Bestimmen einer Indikation ärztliches Handeln darstellt, muss ihm die Zustimmung des Patienten bzw. seines Vertreters nach Aufklärung vorausgehen. Dass jedoch eine Indikationsstellung nicht ohne patientenseitige Zustimmung legitim ist, impliziert nicht, dass Letztere in Erstere eingeht: Der Arzt erstellt die Indikation pflichtgemäß aufgrund medizinisch-ärztlicher Kriterien. Der Patient – gegebenenfalls vertreten durch seinen Bevollmächtigten bzw. Betreuer – hat zwar das Recht, der Vornahme einer medizinischen Indikationsstellung seine Zustimmung zu versagen, nicht aber das Recht, dem Arzt die medizinische Seite der Indikationsstellung vorzuschreiben. Eine Indikation wird ärztlicherseits *erstellt*, eine Behandlungsmaßnahme wird unter der Voraussetzung des *informed consent* des Patienten zwischen beiden *vereinbart*. An dieser Unterscheidung ist schon aus rechtlichen Gründen wegen der unterschiedlichen Verantwortungsbereiche von Arzt (Hilfe) und Patient (Selbstbestimmungsrecht) – etwa hinsichtlich von Haftungsfällen – festzuhalten.[33] Gleichwohl sind beide, wenngleich ein jeder mit der ihm eigenen Kompetenz und im Rahmen der je eigenen Verantwortung, aufgerufen, gemeinsam das weitere Vorgehen zu entscheiden.[34]

Bildet man diese Struktur auf die Situation des entscheidungsunfähigen Patienten mit Patientenverfügung ab, so wird verständlich, was es heißt: Arzt und Bevollmächtigter bzw. Betreuer prüfen gemeinsam, ob die Patientenverfügung eine für die aktuelle Krankheitssituation einschlägige Willenserklärung des Patienten enthält. Diese Willenserklärung bezieht sich naturgemäß auf – gewünschte oder unerwünschte – ärztliche Maßnahmen, ergo müssen dieselben zuvor via Anamnese, Diagnose und Indikations*stellung* ärztlicherseits eruiert werden. Doch wenn der Arzt daraufhin eine Indikation *festsetzt* und ein Behandlungsangebot unterbreitet, muss geprüft werden, ob dasselbe den in der Patientenverfügung festgehaltenen Wünschen des Patienten entspricht. Hier wird deutlich, was vielfach übersehen wird: Patientenverfügungen haben genau genommen nicht medizinische Indikations*stellungen* zum Gegenstand, sondern ärztliche Maßnahmen, „Behandlungsangebote" in der Sprache des Gesetzgebers. Für den Umgang mit dem Behandlungsangebot sind Arzt und Patient bzw. im Falle von dessen Einwilligungsunfähigkeit sein Bevollmächtigter bzw. Betreuer zuständig. (Nur) bei Dissens ist das Betreuungsgericht anzurufen. Dasselbe tritt – ethisch gesehen – nicht an die Stelle des in der Verfügung niedergelegten Patientenwillens, sondern muss eben diesem Willen, sofern für die Situation einschlägig, Geltung verschaffen.

---

[33] Hinweis dank Mitteilung von Frau Dr. jur. A. Figge-Schoetzau vom 29. November 2009 an den Verfasser.

[34] Für Einzelheiten siehe den Entscheidungsbaum in BORASIO, HEßLER, WIESING 2009, A1954.

3.4 Zur Rolle des Betreuungsgerichts

Das Betreuungsgericht ist zum einen anzurufen, wenn sich Arzt und Bevollmächtigter bzw. Betreuer über die Einleitung einer Maßnahme oder deren Fortsetzung oder Einstellung *nicht* einig sind[35], und zum anderen immer dann, wenn es um die Einwilligung des Bevollmächtigten bzw. Betreuers „in eine Untersuchung des Gesundheitszustands, eine Heilbehandlung oder einen ärztlichen Eingriff" geht, bei dem „die begründete Gefahr besteht, dass der Betreute auf Grund der Maßnahme stirbt oder einen schweren und länger dauernden gesundheitlichen Schaden erleidet"[36]. Zwar muss das Gericht in beiden Fällen zustimmen, „wenn die Einwilligung, die Nichteinwilligung oder der Widerruf der Einwilligung dem Willen des Betreuten entspricht"[37], doch fragt sich aus der Perspektive des Respekts vor dem Selbstbestimmungsrecht, warum der Gesetzgeber *auch in klaren Fällen* die genannten Gefahren von Zwangsbehandlungen und des Verstoßes gegen das ärztliche Ethos des Niemals-Schadens in Kauf nimmt.

3.5 Zur Frage der Notwendigkeit der Betreuerbestellung bei einem vom Patienten gewünschten Abstand von lebenserhaltenden Maßnahmen

Ungeklärt erscheint auch, ob der Arzt im Falle einer vom Patienten gewünschten Unterlassung oder Einstellung lebenserhaltender Maßnahmen *in jedem Fall* bei fehlender Bevollmächtigung vom Gericht einen Betreuer bestellen lassen muss[38] oder ob er bei entsprechender Klarheit und Eindeutigkeit der Verfügung dem Patientenwillen folgend handeln darf bzw. muss. *Dafür* spricht die Verbindlichkeit einer klaren, den aktuellen Krankheitszustand des Patienten eindeutig treffenden Verfügung, *dagegen* das Fehlen einer Art ‚Sicherheitsmaßnahme' gegen irreversible Handlungen. Der mit Letzterem verbundene Tutiorismus muss sich freilich gegen die schon genannten Gefahren einer – bis zur Betreuerbestellung erfolgenden – möglichen Zwangsbehandlung wappnen und damit u.U. einen massiven Eingriff in das Selbstbestimmungsrecht des Patienten hinnehmen; ethisch betrachtet wäre der Schutzgedanke des Gesetzgebers insofern mit einem Risiko der Verletzung des Respekts vor der Autonomie und dem Selbstbestimmungsrecht des Einzelnen belastet. Hinzu kommt die noch schwerwiegendere Tatsache einer Zwangsbehandlung infolge des § 287 Abs. 3 des *Gesetzes über das Verfahren in Familiensachen und in den Angelegenheiten*

---

[35] § 1904 Abs. 2 BGB.
[36] § 1904 Abs. 1 und 2 BGB.
[37] § 1904 Abs. 3 BGB
[38] Das Gesetz spricht in § 1896 Abs. 2 BGB nicht von (ausnahmsloser) Notwendigkeit, sondern von (gegebenenfalls vorliegender) Erforderlichkeit. Danach ist eine Betreuerbestellung nicht erforderlich, wenn die Angelegenheiten des Patienten durch einen Bevollmächtigten ebenso gut besorgt werden können.

der freiwilligen Gerichtsbarkeit (FamFG) vom 17. Dezember 2008[39], dem zufolge „ein Beschluss, der die Genehmigung nach § 1904 Abs. 2 des Bürgerlichen Gesetzbuchs zum Gegenstand hat, erst zwei Wochen nach Bekanntgabe an den Betreuer oder Bevollmächtigten sowie an den Verfahrenspfleger wirksam wird", ganz abgesehen vom Recht Dritter auf Überprüfung bei Verdacht auf Missbrauch. Verschlingt schon die Betreuerbestellung kostbare Zeit, so verlängert sich dies infolge von Anhörungsvorschriften, der Bestellung eines Verfahrenspflegers sowie der Einholung von Sachverständigengutachten erheblich. Während dieser Zeit müssen die Ärzte *in dubio pro vita* handeln und dabei möglicherweise Maßnahmen vornehmen, die der Patient in seiner Verfügung abgelehnt hat; dies alles befindet sich ethisch im Konflikt mit dem Respekt vor der Autonomie und dem Selbstbestimmungsrecht eines Menschen und stellt insoweit möglicherweise zugleich eine Missachtung seiner Würde dar.

Ungeklärt im Gesetz ist die Frage, ob der ablehnenden Haltung des Patienten in seiner Verfügung auch dann stattzugeben ist, wenn das Therapieangebot des Arztes begründete Aussicht auf eine Heilung hat. Nimmt man die Situation des entscheidungsfähigen Patienten als Maßstab, wird man die Frage bejahen: ohne informierte Zustimmung keine Legitimität ärztlichen Handelns. Ob dies auch für die Patientenverfügung gilt, dürfte die Gerichte nachhaltig beschäftigen. Aus ethischer Sicht entscheidend dürfte dabei sein, wie die Frage zu beantworten ist, ob der Einzelne in seiner Autonomie die Hinnahme seines *medizinisch vermeidbaren* Todes *vorab verfügen* kann oder ob dies entweder mit der Schutzpflicht des Staates oder dem Selbstbestimmungsrecht der Ärzte kollidiert.

3.6 Verwischung der Grenzen gegenüber der Suizidbeihilfe oder der Tötung auf Verlangen?

Enthält eine Patientenverfügung die Untersagung der Vornahme oder Fortsetzung lebenserhaltender Maßnahmen, so stellt sich nicht nur rechtlich, sondern auch ethisch die Frage, ob dies von der Beihilfe zum Suizid und vor allem vom Straftatbestand der Tötung auf Verlangen sicher abzugrenzen ist, und falls ja, wie eine derartige Abgrenzung zu begründen ist. Der entscheidungsfähige Patient hat das Recht, seine Zustimmung zu lebenserhaltenden ärztlichen Maßnahmen rechtlich wirksam und ethisch legitim jederzeit zu verweigern. Ethische Grundlage ist, wie dargelegt, das autonomiebasierte Selbstbestimmungsrecht des Menschen. Vom (ärztlich) assistierten Suizid[40] unterscheidet sich diese Situation dadurch, dass anders als beim Suizid keine *Lebensverneinung*, sondern eine *Erlaubnisverweigerung* vorliegt, ungeachtet des

---

[39] Bundesgesetzblatt 2008 Teil I Nr. 61, 2586–2743.
[40] Zur Frage, ob ärztliche Suizidbeihilfe u.U. als palliative Maßnahme gelten kann, vgl. DE RIDDER, M. (2010): *Wie wollen wir sterben? Ein ärztliches Plädoyer für eine neue Sterbekultur in Zeiten der Hochleistungsmedizin*, München.

Umstandes, dass dieselbe mit der *Hinnahme* des Todes verbunden ist; der Suizident hingegen nimmt nicht seinen Tod hin, er zielt ihn *intentione directa* an. Auch von der Tötung auf Verlangen unterscheidet sich die Weigerung eines Patienten, lebenserhaltenden Maßnahmen zuzustimmen: Nicht nur strebt er die Todesfolge nicht an, sondern nimmt sie lediglich hin; vor allem *instrumentalisiert* er nicht den Arzt zum Zwecke einer strafbewehrten Handlung nach § 216 StGB, was einen massiven Verstoß gegen dessen Autonomie darstellen würde. Ethisch und logisch gesehen ließe sich die Zulassung der Tötung auf Verlangen nur durch einen fundamentalen Widerspruch ‚rechtfertigen‘, indem man nämlich eben das verletzte, was als Grundlage für die Begründung des entsprechenden Ansinnens bemüht wird, den Respekt nämlich vor der Autonomie, d.h. der fundamentalen Unverfügbarkeit des Menschen, die im vorliegenden Fall der Patient *auf Kosten des Arztes* beansprucht. Der Patient fordert genau dasjenige für sich ein, was er dem Arzt versagt: den Respekt vor der Unverfügbarkeit. Die Dinge liegen auch im Falle einer wirksamen Patientenverfügung nicht anders: Enthält dieselbe eine Ablehnung der Aufnahme oder der Fortsetzung lebenserhaltender Maßnahmen unter Hinnahme des Todes, so ist ihr, sofern es keinen Anlass zum Zweifel am Willen des Verfügenden gibt, deswegen zu folgen, weil sein vorausverfügter Wille unverändert fortgilt; enthält die Patientenverfügung hingegen den Wunsch nach Suizidassistenz oder gar nach Tötung auf Verlangen, ist dies auch aus ethischer Sicht aus den genannten Gründen *ex ante* unvertretbar.

Ob das neue PatVfgG die genannte Grenzziehung mit der erforderlichen Klarheit enthält bzw. wie sich der § 1901a BGB zu § 216 StGB verhält, muss gegebenenfalls durch die Rechtsprechung geklärt werden. Eine diesbezügliche Klärung ist aus ethischer Sicht umso dringlicher, als Unklarheiten hinsichtlich des Wirksamkeitsbereichs des § 216 bei Bevollmächtigten bzw. Betreuern und vor allem bei den Ärzten zu Vorsichts(be-)handlungen führen können, die vom fortwirkenden Willen des Patienten nicht gedeckt sind.[41] Auch ist es aus ethischer Sicht unzumutbar, dass sich Bevollmächtigte bzw. Betreuer sowie Ärzte, die sich an einen wirksam erklärten und für die Gesundheitssituation des Patienten einschlägigen Wunsch halten wollen, ihrer Verpflichtung nicht nachkommen können, weil sie sich *dadurch* der Gefahr einer Strafverfolgung nach § 216 StGB oder § 323c StGB aussetzen. Entscheidend sind Freiverantwortlichkeit und Freiwilligkeit des Patientenwunsches.

---

[41] Vgl. den Diskussionsbeitrag des Verfassers auf dem 66. Deutschen Juristentag zur Patientenverfügung, in: DEUTSCHER JURISTENTAG (Hg.) (2006): *Verhandlungen des 66. Deutscher Juristentages. Stuttgart 2006*, Band II/2: Sitzungsberichte (Diskussion und Beschlussfassung), Freiburg i.Br. 2007, N. 147-149.

3.7 „Natürliche" vs. „nicht natürliche Todesursache"

Der den Tod eines Menschen feststellende Arzt muss bekanntlich die Todesursache auf dem Totenschein vermerken. Dabei hat er die Wahl zwischen den Angaben „natürlich", „nicht natürlich" und „unbekannt". Als „natürlich" gilt der Tod infolge nicht mehr behandelbarer Krankheit, als „nicht natürlich" der Tod durch „Einwirkung Dritter". Kann Letzteres auch für den Fall von auf Wunsch des Patienten nicht eingeleiteten Behandlungsmaßnahmen oder deren Nichtfortsetzung gelten? Da das Sterben im Krankenhaus i.d.R. von ärztlichen Maßnahmen begleitet wird, die auf den ausdrücklichen Wunsch des Patienten entweder vorgenommen oder abgebrochen oder gar nicht erst aufgenommen werden, fiele nahezu jeder ärztlich begleitete Tod unter die Kategorie „Einwirkung Dritter" und damit „nicht natürlich", mit der Folge evtl. nachträglicher staatsanwaltlicher Überprüfung. Es würde jedoch dem dem PatVfgG zugrunde liegenden Respekt vor der Autonomie und dem Selbstbestimmungsrecht des Patienten zuwiderlaufen, würde man seine Willensentscheidung *post mortem* indirekt einer (straf-)rechtlichen Bewertung unterziehen. Möglicherweise hilft schon eine Präzisierung des Begriffs der „Einwirkung Dritter", der ohne eine solche Präzisierung vom pflichtgemäßen ärztlichen Handeln auf Wunsch des Patienten auf der einen bis hin zur verbrecherischen Gewalttat auf der anderen Seite zu reichen scheint. Es kann jedenfalls auch ethisch nicht angehen, dass man ein vom Patienten aktuell oder durch einschlägige Verfügung ausdrücklich gewünschtes Sterbenlassen im Falle pflichtgemäßer ärztlicher Begleitung entweder unter einen am Merkmal der Gewalttat orientierten Begriff fallen lässt oder aber den Begriff ärztlich begleiteten Sterbens derartig entleert, dass darunter nur noch ärztliches Nichtstun fällt. Stattdessen muss – gegebenenfalls durch richterliche Gesetzesfortschreibung – klargestellt werden, dass der Respekt vor der Ablehnung der Aufnahme oder Fortsetzung lebenserhaltender Maßnahmen ärztliches Tun nicht nur nicht ausschließt, sondern dasselbe naturgemäß unvermeidlich macht: Unterlassen und Abbruch sind ihrer Natur nach *Handlungen*[42] und gehören, sofern dieselben auf Wunsch des Patienten geschehen, zu den ärztlichen Pflichten, auch wenn bei Erfüllung derselben der Tod des Patienten hinzunehmen ist. Wenn der Arzt den Tatbestand einer Körperverletzung vermeidet, dann kann er sich nicht *deswegen* bzw. *insoweit* eines Tötungstatbestands schuldig machen.[43] Es geht nicht an, das Sterben-

---

[42] Näheres siehe BIRNBACHER, D. (1995): *Tun und Unterlassen*, Stuttgart. Dort findet sich u.a. eine Prüfung der Fragen, ob „Unterlassungen kausale Wirksamkeit" zukommt (ibid., 65 ff.), ob das „Geschehenlassen eine besondere Form des Unterlassens" ist (ibid., 100 ff.) und ob „die Unterscheidung zwischen Handeln und Unterlassen als solche moralisch bedeutsam" ist (ibid., 117 ff.).

[43] Der Verfasser nimmt dankbar den Vorschlag von Frau Dr. jur. A. Figge-Schoetzau vom 20. April 2010 auf, dass der Arzt gegebenenfalls auf dem Totenschein hinter „natürlich" anfügt: „nach Beendigung der künstlichen Ernährung bzw. Abstellen des Beatmungsgerätes entsprechend der Verfügung des Patienten".

lassen eines Menschen trotz medizinischer Möglichkeiten, die der Patient jedoch ablehnt, u.U. als Tötung durch Unterlassen einzustufen, während der eine solche Einstufung vermeidende ärztliche Eingriff wegen Fehlens der Zustimmung des Patienten als strafbare Körperverletzung nach § 223 StGB in Betracht kommt. Es ist insoweit zu bedauern, dass der Gesetzgeber sich nicht auch der – ethisch zulässigen passiven und indirekten – ärztlichen Sterbehilfe angenommen hat.

4. Fazit

Im Lichte des Dargelegten ist die Eingangsfrage ‚Wie lässt sich die normative Grundlage des PatVfgG in der Praxis aus ethischer Sicht verwirklichen?' dahingehend zu beantworten, dass man das entscheidend Neue und Zukunftweisende des PatVfgG in der Gründung der gesetzlichen Verankerung der Patientenverfügung auf das verfassungsrechtlich verbürgte und in der ethischen Tradition der europäischen Aufklärung wurzelnde autonomiebasierte Selbstbestimmungsrecht des Menschen erblickt und dies auf das *Fortwirken* seines vorausbestimmten Willens durch eine einschlägige Patientenverfügung überträgt. Damit hat der Einzelne in der Diskussion um sein Wohl und seinen Willen auch im Fall seiner Entscheidungs*unfähigkeit* das letzte Wort. Ausweispflichtig sind nicht die Autonomie noch das Selbstbestimmungsrecht noch der Wille des Menschen, sondern die an ihm vorgenommenen Handlungen Dritter. Es hätte den Respekt vor dem Selbstbestimmungsrecht des Menschen fragwürdig erscheinen lassen, hätte man dasselbe nur an Einwilligungs*fähigkeit* gebunden. Und: Ein Aufdrängen der Errungenschaften der modernen Medizin, die Grenzen des Lebens ohne den wirklichen oder zumindest mutmaßlichen Willen des Patienten immer weiter auszudehnen, ist nicht nur rechtswidrig, es widerspricht in elementarer Weise zugleich ethisch dem Respekt vor der Autonomie und dem Selbstbestimmungsrecht des Menschen.

Letzteres zu beachten und die aufgezeigten Lücken, Ungenauigkeiten und Überarbeitungsnotwendigkeiten des PatVfgG in der ärztlichen Praxis – und, wenn nicht anders möglich, durch die Rechtsprechung – aufzuarbeiten, wird die Aufgabe der nahen Zukunft sein, gilt es doch, den neuzeitlichen Aufklärungsgedanken des grundsätzlich unverfügbaren Individuums *unter Beachtung desselben Status des Mitmenschen* zu verwirklichen und dabei zu begreifen, dass die Schutzpflicht des Staates aus ethischer Sicht letztlich nicht darin besteht, das Leben des Einzelnen im Zweifel auch ohne oder gar gegen seine Zustimmung zu schützen, sondern darin, die Freiheit des Einzelnen, entsprechende Entscheidungen *auch im Voraus* wirksam zu treffen, zu sichern. Denn: Freiheit und Autonomie bedingen einander.

II. Dokumentation

Ethics of Synthetic Biology

Recommendations*

European Group on Ethics in Science and New Technologies (EGE)

(November 2009)

4.1. Defining terminology and scope of the Opinion

As already described in the first chapter of the Opinion, synthetic biology is a new research field that results from the convergence of different technological and scientific disciplines and allows a better understanding of biological systems, their complexity and emergent properties that derive from the interaction of complex pathways. At the same time it allows the production of bio-products which may have a direct use in a variety of sectors such as bio-remedies, bio-fuels, raw-materials or biomedical tools – vaccines for example –, or new bio-defence agents. The Group recognises that it is difficult to draw sharp lines between already established practices in biological research and the new approach of synthetic biology. Nevertheless, there is a gradual transition from modification to fabrication of biological systems, from engineering of simple to complex systems, and from adaptation of natural biological systems to engineering (or designing) of partially or totally artificial biological systems.

An internationally agreed definition of this research sector does not exist yet and this may create confusion with regard to scientific and regulatory frames to apply to different uses of synthetic biology. An internationally recognised definition of synthetic biology is therefore needed in particular if the research and applications of synthetic biology are to be regulated.

The Group's understanding of synthetic biology[205], nevertheless, includes at least: 1) the design of minimal cells or organisms[206] (including minimal genomes), 2) the identification and use of biological 'parts' (the toolkit); 3) the construction of totally or partially artificial biological systems.

Specific concerns address its potential applications in the fields of biomedicine, biopharmaceuticals, chemical industry, environment and energy, production of smart materials and biomaterials particularly but not exclusively from the viewpoint of safety and security.[207] Beyond this, the debate is about aspects of justice, governance, science and society dialogue, intellectual property and philosophical discussions about life[208] (See Chapters 3.1 and 3.2). As for other new technologies, syn-

---

* Das vollständige Dokument, dessen Abschnitt 4 „Recommendations" hier abgedruckt wird, ist im World Wide Web unter der Adresse „http://ec.europa.eu/european_group_ethics/docs/opinion25_en.pdf" verfügbar. [Anm. d. Red.]
[205] See chapter 1.3 of the Opinion.
[206] The term organism is here intended to include acellular, unicellular or multi-cellular biological entities that may be enhanced or modified.
[207] See Andrew Balmer & Paul Martin: Synthetic Biology. Social and Ethical Challenges. May 2008. http://www.bbsrc.ac.uk/publications/corporate/synthetic_biology.pdf.
[208] See Markus Schmidt, Helge Togersen, Agomoni Ganguli-Mitra, Alexander Kelle, Anna Deplazes, Nikola Biller-Andorno: SYNBIOSAFE e-conference: online community discussion on the societal aspects of

thetic biology must respect the international frame on ethics and human rights (see Chapter 2.3 of this Opinion) and in particular the respect of human dignity, which is conceived as not only a fundamental right in itself but 'the real basis of fundamental rights'[209].

Other ethics principles that have to also be taken into account include, *inter alia*, the principle of *safety*; the principle of *sustainability*, the principle of justice, the principle of *precaution*, the principle of *freedom of research* as well as by the principle of *proportionality*[210].

4.2. Safety

In dealing with the ethical questions raised by synthetic biology a basic requirement is that both research and applications do not produce any specific harm to human health but also to the environment. In this respect safety is a pre-requisite to any use of synthetic biology. Many of the safety issues relevant to synthetic biology were already considered three decades ago at the meeting on recombinant DNA at the Asilomar Conference Centre in Pacific Grove, California, which opened a debate on the ethics of the newly emerging technologies based on DNA, focusing in particular on the safety of transmitting genes from one organism to another organism via a vector such as a virus or a plasmid. At present, legislation on bio-safety exists in the EU, including legislation to protect human and animal health and environment, or people exposed to biological agents and other hazardous agents. The question is whether the above mentioned frame responds entirely to the specific features of synthetic biology.

When addressed from a safety viewpoint synthetic biology opens a number of concerns, such as, *inter alia:* how to assess the safety of organisms that have a genome derived using recombinant DNA techniques and that allow the production of systems combining elements from multiple sources. How to evaluate such constructions for biological safety in organisms that may contain genes or proteins that have never existed together in a biological organism or that contain newly designed biological functions that do not exist in nature remains unclear.

A further concern relates to unknown risks to the environment and public health, determined by unexpected interactions between synthetic microorganisms and the environment or other organisms in it. Horizontal gene transfer and its potential impact to the balance of the ecosystems, or the interaction of synthetic microorganisms with naturally-occurring substances or unforeseen evolution of synthetic biology agents are all risks that may derive from the non contained use of synthetic biology agents or from inadvertent presence of the organisms in the environment.

Biosafety concerns regarding synthetic biology also affect risk assessment methods existing in the EU in relation to biology. The assessment methods for GMOs are based on a comparison of the altered organism with the natural organisms on which they are based, considering each individual trait introduced[211]. Synthetic biology will produce organisms with multiple traits from multiple organisms, and therefore it may be difficult to predict their properties.

---

      synthetic biology. In: Systems and Synthetic Biology (2008) September 16. Online: http://www.zora.uzh.ch/3947/2/Schmidt_m_torg.V.pdf.
      Paul Rabinow & Gaymon Bennett: From Bio-Ethics to Human Practice. Working Paper # 11, 2007 http://anthropos-lab.net/wp/publications/2007/08/workingpaperno11.pdf.
[209] Declaration concerning the explanations relating to the Charter of Fundamental Rights.
[210] According to which (1) the goal or objective of the research must be important: (2) the methods used must be necessary to achieve the goals; and (3) there are no other less controversial or risky methods that could be used to achieve the same goal.
[211] See risk assessment methods as discussed in the EGE Opinion on ethics of nanomedicine.

The biosafety of synthetic biology products is heavily debated between scientists and decision makers. Some scientists have even proposed that in absence of clear biosafety data all synthetic biology research protocols should take place in Biological Safety Level -P3 or P4 -laboratories with clear implications for the development of this scientific sector.

The Group is of the opinion that bio-safety considerations are pre-requisites for the promotion and implementation of an EU synthetic biology research program, both nationally and internationally.

Recommendation No 1: The Group recommends that any use of synthetic biology should be conditional on specific safety issues identified in this Opinion. Therefore the Group asks:

1) The Commission to initiate a study on current risk assessment procedures in the EU. The study should (a) make a survey of relevant bio-safety procedures, (b) identify possible gaps in the current bio-safety regulation to effectively assess organisms and novel products developed through synthetic biology; (c) indicate the mechanism to fill the identified gaps.

2) The identified risk assessment procedure should then be carried out by the competent Authorities within the EU (e.g. EC, EMEA and EFSA) and National Authorities.

3) This should be conditional for financing of synthetic biology research and the marketing of synthetic biology products in the EU.

Recommendation No 2: The Group proposes that, when the above biosafety rules are defined, the Commission starts an international debate with relevant counterparts to facilitate a standardised approach to bio-safety of synthetic biology for public and private funded trials. Instruments for the monitoring of the implementation of such provisions should be conceived as integral part of the bio-safety rules (including £liability issues).

Recommendation No 3: The Group advocates that a Code of Conduct for research on synthetic microorganisms should be prepared by the Commission. The Code should, for example, assure that synthetic biology organisms are manufactured in a way that they cannot autonomously survive if accidental release into the environment would take place.

4.2.1. Environmental applications

The Group is aware that synthetic biology has potential environmental applications. The Group acknowledges current synthetic biology research, for instance, to reduce environmental contaminants (bioremediation), such as heavy metals, pesticides and radioactive material. The Group is aware of current research to produce synthetic biology agents able to degrade pesticides to reduce their environmental impact[212] or to produce biosensors for polluted water[213]. The Group states that the goal of increasing environment protection and producing new detection tools is positive and may increase human welfare and environment protection. Specific concerns arise, however, from a bio-safety point of view when environmental applications of synthetic biology are envisaged and therefore adequate assessment of safety and environmental impact should be carried out before any environmental release is approved.

In the area of environmental applications, the fabrication of antipollution biological systems or organisms must be analyzed with respect to the protection of workers and citizens, freedom of

---

[212] See http://pbd.lbl.gov/synthbio/aims.htm.
[213] Arsenic contamination of drinking water is a problem in developing parts of the world, such as Bangladesh. See: Aleksic J, Bizzari F, Cai Y et al. (2007) Development of a novel biosensor for the detection of arsenic in drinking water *Synthetic Biology*, IET 1: 87–90.

consumers, and responsibility, including the responsibility for animals, plants, and the environment in general.

> *Recommendation No 4: The Group recommends that before an organism, fabricated or modified via synthetic biology, is released into the environment, ecological long term impact assessment studies must be carried out. Data resulting from such studies should then be evaluated taking into account the precautionary principle[214] and the measures foreseen in the EU legislation (Directive on the deliberate release into the environment of genetically modified organisms). In the absence of a favourable assessment the release of organisms fabricated or modified should not be authorised.*

4.2.2. Energy and sustainable chemical industry

The Group is aware that synthetic biology could contribute to the development of a sustainable chemical industry in particular the production of synthetic biology microorganisms aimed to substitute agents and methods currently used by organic chemical industry for its production of raw materials.

As far use of synthetic biology for *energy purposes* the Group is also aware that synthetic biology research is currently aimed at engineering bacteria to produce organic compounds[215] aimed to substitute petrol as well as research seeking to engineer bacteria to produce the fuel hydrogen from different sources[216].

The Group acknowledges that these possibilities are made more significant by dwindling fossil fuel reserves, which currently provide the raw materials and by the impact on climate of the combustion of fossil fuels. The Group is however concerned about possible safety implications and therefore proposes the following:

> *Recommendation No 5: The Group proposes that the use of synthetic biology for alternative energy supply in EU Member States would be complementary to the EU renewable energy plan, and that international research trials (e.g. EU-USA) be promoted and co-financed to favour an integrated international approach.*

> *Recommendation No 6: The Group recommends that competent authorities properly monitor the authorisation procedures for the production of synthetic biology-derived chemicals and materials, if not identical to equivalent substances, by taking into consideration (a) risk assessment factors and (b) safety of workers exposed to synthetic biology chemical agents and (c) environment protection.*

As far use of synthetic biology for *chemical products and novel materials*, are concerned the Group is aware that chemical products not intended for food or feed derived from genetically modified organisms do not require specific labelling identifying them as genetically modified. The Group is aware that virtually all synthetic biology products that contain or are organisms or that are derived from such organisms in food or feed, must be labelled as being genetically modified. The Group is however concerned about possible uses of synthetic biology in the cosmetic and textile industry.

> *Recommendation No 7: The Group asserts that the protection of consumers' rights is a key factor to consider in EU market and stresses that labelling of specific synthetic biology products, such as cosmetics and textiles, should be explored.*

---

[214] 2001/18/EC, 98/81/EC and regulatory freame in chapter 2.1 of the Opinion.
[215] Such as fatty acids which are optimal for use as biodiesel or other energy rich compounds.
[216] See also: LS9 (www.ls9.com), Amyris (www.amyris.com), OPX Biotechnologies (www.opxbiotechnologies.com), Solazyme (www.solazyme.com), Gevo (www.gevo.com).

4.2.3. Biomedicine and biopharmaceuticals production

Synthetic biology has potential in medical applications such as to improve and develop biosensors, drugs, therapies, devices and cells with new properties that may be used to improve human health or therapeutic methods. Applications of synthetic biology are expected in drug production, development of new vaccines, medical devices such as biosensors, diagnostics, virus synthesis for genetic therapies, and potential uses in cancer therapy.

The Group is aware that medical uses of synthetic biology at the moment are at a basic research stage and that clinical applications of new drugs and methods are still far from being available to patients.

As described in chapter two of this Opinion, the Group argues that medical applications of synthetic biology must not contravene the fundamental rights and ethics framework outlined earlier and be conditional on strict biosafety provisions. For currently envisaged products the existing regulatory framework is generally adequate to regulate the use of synthetic biology and must be implemented.

> *Recommendation No 8: The Group recommends that further to the application of scientific and legal frameworks, specific ethics considerations have also to be addressed by the competent Authorities (such as EMEA[217]) when drugs and medical products will result from synthetic biology protocols. Data on medical applications of synthetic biology carried out in EU MS or resulting from EU funding should be collected by relevant bodies in the countries where such trials take place and made available internationally.*

4.3. Biosecurity, prevention of bioterrorism and dual uses

The EGE is aware of the possible use or misuse of synthetic biology in relation to biosecurity as well as of current research in this specific sector carried out in the EU and USA. Synthetic biology may permit the development of new tools that could be useful for military purposes ranging from biomaterials to bioweapons. Ethical analysis must assess the balance between security and the need for transparency:

- the production and potential use of synthetic biology materials or systems in national security policies, including the production of bioweapons. These uses must be within current national and international regulatory frameworks. Transparency and release of information may impact on misuse for terrorist purposes – but open societies must find ways to deal with the difficult balance between citizens' right to information on the one hand, and the need to protect their security.

- the production and potential use of synthetic biology materials or systems for terrorist purposes, above all the production of biological systems that can have a massive destructive potential. Misuse of any kind of synthetic biology knowledge needs to be addressed.

- the production of synthetic organisms outside recognised institutions. Since synthetic biology materials and procedures are publicly available, biohacking is another scenario that requires governance with respect to security.

---

[217] As required by EU legislation Synthetic biology medical products will be assessed from a safety viewpoint. The relevant MS and EU (EMEA) Authorities should be sure that safety considerations expressed in this Opinion are taken prior authorisation procedures of both clinical and research trials and marketing procedures.

The EGE is also aware of the recent EC Communication adopted on June 24, 2009[218], defining the new EU *Chemical, Biological, Radiological or Nuclear (CBRN)* policy. The Group considers this initiative valuable but not yet sufficient for an ethically sound and democratic approach to bio-security in the EU and beyond. The Group welcomes the embedding of ethics into the curricula of biosecurity scientists, including specific actions to better clarify the ethical dimension of synthetic biology uses for bio security.

In synthetic biology applications, however, information about the fabrication of synthetic viruses, for example, may lead to a new wave of bio-terrorism. There has not been much discussion about how this could be handled. Soldiers' and civilians' health must be secured, transparency maintained as far as possible, and research permitted only under strict monitoring. As described in chapter three of this Opinion, the Group argues that security and military applications of synthetic biology must not contravene the fundamental rights and ethics frameworks outlined in the opinion. The task of preventing terrorist and/or malicious uses of synthetic biology raises the moral dilemma of dual use for researchers as well as for democratic states. Some intended and unintended dual purposes can be foreseen but others not. One way of dealing with the dual use dilemma is through control mechanisms such as licensing and registering the tools used by synthetic biology.

Examples of actions that may be used to prevent unacceptable military or terrorist actions include: 1) a centralised database be developed at least at EU level, or preferably at international level where all DNA synthesisers would be registered by competent authorities; 2) departments or research groups dealing with biosecurity and biodefence use of synthetic biology should be licensed in the above registry; 3) criteria for the publication of data on highly pathogenic viruses or toxic agents be defined at Member State and EU level.[219]

Moreover, ethical issues that arise because of the potential for dual use should be dealt with at the educational level. Fostering individual and institutional responsibility through ethics discussion on synthetic biology is a key issue.

> *Recommendation No 9: The Group recommends that the Convention on the Prohibition of the Development, Production and Stockpiling of Bacteriological (Biological) and Toxin Weapons and on Their Destruction should incorporate provisions on the limitation or prohibition of research in synthetic biology.*

> *Recommendation No 10: The Group asks the Commission to define, in consultation with the EGE, a comprehensive security and ethics framework for synthetic biology.*

> *Recommendation No 11: The Group recommends that the European Commission 1) ensure that databases are available to all who use them; 2) provides the legal systems for companies to report to Competent Authorities when asked to synthesise suspicious sequences whilst ensuring privacy; 3) identifies the chain of responsibility for placing particular sequences in the database(s) and identifying them as potentially harmful.*

4.4. Governance

The Group also advocates that if a technology is considered for use in the EU, its effects should be carefully studied and evaluated through an impact assessment that includes both the risks and benefits of the new technologies and the risks and benefits of the technologies replaced. This assessment should be in the context of the integrated approach to synthetic biology where environmental

---

[218] COM(2009) 273 final; SEC(2009) 874; SEC(2009) 790; SEC(2009) 791.
[219] Regulations are in place for genetically modified organisms which would include those fabricated using synthetic biology techniques in Europe that require registration and/or approval of the facilities where these organisms can be grown and studied. See also p.40 of this Opinion and Art. 7 of EC/98/81.

and social implications are taken into account. In addition to technical risk governance, a broader approach must be developed that is better able than present instruments to adjust to possible changes, in the environment, in societies, in market economics or in national policies. The ethics of synthetic biology should deal with a case-by-case study of the benefits and perils of this technology for specific ecological settings as well as with potential risks and benefits for the whole biosphere.[220]

A responsible use of synthetic biology would imply using governance tools in order to encourage scientific advances and uses of research which may benefit human health; help save energy and reduce the negative effects of climate change and at the same time to safeguard it from misuse; i.e. bioterrorism and protect biosafety and bioesecurity. This is not an easy task and poses a number of dilemmas for the EU to engage in.

a) General dilemmas: How can governance tools

- encourage beneficial use and prevent misuse; when dual use is possible?
- encourage transparency without creating risks of misuses?
- secure against misuse without introducing unwanted censorship on publication etc. ?

b) Specific governance challenges: How can the EU use Governance tools to

- take into account that synthetic biology includes a great number of areas with very different levels and intensity of regulations and identified possible gaps in securing biosafety and biosecurity?
- identify areas where soft-law will provide sufficient protection and areas where hard law is deemed necessarily (see recommendation 2 on biosafety rules and recommendation 9 on the Convention on biological weapons)?
- encourage professional responsibilities for individual researches and institutions (including scientists who are not necessarily used to work with living organisms and the specific problems this entails) and to supplement the Code of conduct proposed in recommendation No 3?
- play a role in the need for global governance on synthetic biology?

The Group expresses its concerns on the existing fragmented regulatory framework, which may not be sufficient to properly regulate current and emerging aspects of synthetic biology. It also stresses the need to explore a proper model of synthetic biology governance (soft law, codes of conducts etc.), also taking into consideration potential risks of delocalisation of research trials in countries where regulation may be less stringent than the one proposed in the EU.

Recommendation No 13: The Group urges the Commission to propose a robust governance framework for synthetic biology and put it in place in the EU. The Commission should review the legislation applicable to synthetic biology and assess its relevance to address the issues raised by synthetic biology. The above framework should address relevant stakeholders (scientists, industries, military agents, and political and administrative agents) and clearly indicate their responsibilities.

---

[220] See Markus Schmidt, Helge Togersen, Agomoni Ganguli-Mitra, Alexander Kelle, Anna Deplazes, Nikola Biller-Andorno: SYNBIOSAFE e-conference: online community discussion on the societal aspects of synthetic biology. In: Systems and Synthetic Biology (2008) September 16. Online: http://www.zora.uzh.ch/3947/2/Schmidt_m_torg.V.pdf.
Paul Rabinow & Gaymon Bennett: From Bio-Ethics to Human Practice. Working Paper # 11, 2007 http://anthropos-lab.net/wp/publications/2007/08/workingpaperno11.pdf.

Recommendation No 14: The relevant science communities should be encouraged to establish ethical, preferably global, guidelines which may act as signposts and lead science institutions and individual researchers to assess the impact of their work including the consequences of misuse[221].

Recommendation No 15: EGE Proposes that the EU takes up the question of governance of synthetic biology in relevant global fora.

4.5. Intellectual property

4.5.1. Patenting and common heritage

The questions raised by the patenting of biological methods and materials have been a subject of heated debate for some time and it is now being discussed in different disciplines. The function of patents to stimulate research and its applications and to promote public disclosure of the basis of applications may be jeopardized by the massive number of applications of patents related to genetic material and biological methods. At the same time the appropriation of elements of biological organisms by specific industrial actors has also raised a number of ethical questions. Article 7 of the Patent Directive in relation to Biotechnological Inventions states 'The Commission's European Group on Ethics in Science and New Technologies evaluates all ethical aspects of biotechnology.' This is the only Article of the Directive that has not been implemented in the rules implementing the Directive of the EPO or the patent offices of the Member States. It is difficult to implement as it specifies no action and is not addressed in any of the other Articles. There have often been complaints from Patent Offices that the morality clauses in European Patent Law are difficult to interpret (or even that they should be addressed by other legislation). The Group proposes that where there is a general issue raised by a particular patent application in the field of biotechnology (including nanotechnology and synthetic biology) that the relevant Patent Offices ask the EGE for advice in the general area identified in the application.

As far as the patenting and common heritage issue is concerned, the Group acknowledges the complexity of the topic, as already indicated in Annex I of this Opinion. The Group stresses that general ethical issues involved in patent applications have to be addressed properly in the patent allocation system.

Recommendation No 16: The EGE proposes that debates on the most appropriate ways to ensure the public access to the results of synthetic biology is launched. These debates should include also what can be object of patent and what should be available through open access.

Recommendation No 17: The EU Patent Directive (98/44/EC) defines the EGE as the Body to assess ethics implications related to patents. The Group urges the European Patent Office and the National Patent Offices to take account of Article 7 of the Patent Directive and refer contentious ethical issues of a general relevance to the EGE for consideration. This is particularly important if a class of inventions that ought not to be directly exploited commercially[222] has to be defined.

---

[221] See Unesco MOST Ethical guidelines for international comparative social science research.

[222] EC/98/44, Article 6.2 provides an indicative list of exclusion from patentability, namely '(a) processes for cloning human beings; (b) processes for modifying the germ line genetic identity of human beings; (c) uses of human embryos for industrial or commercial purposes; (d) processes for modifying the genetic identity of animals which are likely to cause them suffering without any substantial medical benefit to man or animal, and also animals resulting from such processes.' The Directive, Art 7, also states that 'The Commission's European Group on Ethics in Science and New Technologies evaluates all ethical aspects of biotechnology.'

4.5.2. Trade and global justice

The Group is aware of the global dimension of synthetic biology and its applications and considers economic development and growth of social welfare as a positive goal of the EU. Synthetic biology may contribute to the socio-economic prosperity of the EU and beyond. The Group welcomes this possibility; insofar principles of the EU Charter of fundamental rights and main EU fundamental values are not negatively affected by this technological sector and the trade of its products. The EGE therefore has concerns about the possible risks of a technology divide within the EU and between developed and less developed countries.

The EGE recommends the embedding of the EU fundamental values into the global trade of synthetic biology products. As in previous Opinions (such as Opinion 23[223] and Opinion 24[224]), the Group underlines the need of introducing ethics considerations in the global trade and World Trade Organisations policy actions.

Actions to avoid a greater technological divide should then be taken. If trials involving synthetic biology products are being conducted in developing and emerging countries the same ethical standards as are required within the EU must be implemented[225]. UN Millennium goals should be implemented.

Recommendation No 18: The EGE recommends that when synthetic biology is discussed at international level, including the WTO, the ethical issues associated to the technology should be addressed[226]. This should be taken into account in the Doha round negotiations.

Recommendation No 19: The EGE urges that EU Biosafety standards for synthetic biology products as identified in recommendations No 1, 2 and 5 of this Opinion are adopted as minimal standards for EU import-export of synthetic biology products.

Recommendation No 20: The Group recommends specific EU actions to avoid new gaps between EU and developing and emerging countries, or within EU Members States, and to put into effect the recommendations expressed in this Opinion. Such actions should be introduced in bilateral and multilateral science programmes of the EU and in the EU policies concerning developing and emerging countries.

4.6. Science and society dialogue

As elaborated in Chapter 3 of this Opinion, the ethics of synthetic biology is complex and the identified conceptual questions need an effective science and society dialogue.

The perception of synthetic biology is influenced by social, cultural and ethical considerations about manipulating life, economic implications for developed and developing regions, issues related to ownership and intellectual property, concerns about environmental degradation and potential military uses, and so on. Traditional and interactive media play an important role in shaping people's views on new and emerging technologies, including synthetic biology. Each of these issues deserves thorough consideration and public participation. This raises wider issues of trust and confidence building between the scientific community and the public, including the need to promote proper debate. It ultimately leads to issues of deliberative democracy, including questions about who draws the lines between what is allowed, acceptable, and what is not; and who overviews those who draw the lines.

---

[223] http://ec.europa.eu/european_group_ethics/activities/docs/opinion23_en.pdf.
[224] http://ec.europa.eu/european_group_ethics/docs/opinion24_en.pdf.
[225] http://ec.europa.eu/european_group_ethics/docs/avis17_en.pdf.
[226] See Chapters 2.2.b and 2.2.c of this Opinion.

Social scientists have suggested that upstream engagement could be productive for a development of science and technology consistent with societal expectations, concerns, and wishes.[227] Many scientists working in synthetic biology are already aware of the importance of public engagement, and to this end, they have engaged in activities such as debates, podcasts and blogs.

Public debate needs to be properly informed about the effective features and potentials of synthetic biology and this may raise difficulties of identifying, estimating and managing risks in an area where there are considerable uncertainties and knowledge gaps, and when the short-term and long-term risks may be different. Similar considerations apply to 'hype' benefits, where the public is confronted, with the assistance of media and science fiction writers, with unrealistic scenarios on synthetic biology products (for example, synthetic biology hype with regard to the curability of all diseases or bio-remedy to environmental pollution of prospects for energy crisis). Non-documented hopes or fears communicated to the public distort the public debate on synthetic biology.

> *Recommendation No 21: The Group asks the EU and EU Member States to take actions to promote public debates and engagement amongst the stakeholders in order to identify main societal concerns in the different areas covered by synthetic biology.*
>
> *Recommendation No 22: The Group recommends that journalists, editors, including science editors, and other stakeholders promote responsible reporting on synthetic biology.*
>
> *Recommendation No 23: In order to promote a comprehensive approach to new technologies by the media the Group asks the Commission to stimulate specific actions, such as, inter alia, creating fora, seminars and courses, addressing the implications of synthetic biology in the media.*

4.7. Research

It has been observed for quite some time that basic research, the fundament of all different applications in a given field, has been pushed to the background in research funding programmes. Even though basic research is not to be sharply separated from applied research, the former needs public funding, and this should be the policy of the European Union.

A key novelty synthetic biology introduces in the scientific method of modern biology is the possibility not only to use deductive approaches from observed phenomena but synthesising heuristic tools that allow in themselves exploring basic biology phenomena. Basic research in synthetic biology is however not necessarily connected to market and industrial interests and is therefore dependent on public financing. The Group is concerned that this may lead to a lack of adequate funding of EU basic research in a near future, and that this may jeopardise the role the EU research may play in global governance of synthetic biology.

In parallel, the ethical debate on synthetic biology addresses issues related to the ethical legitimacy of manufacturing living organisms, similar to the debate on engineering life. Human intervention in nature, which includes the environment and other living organisms, also raises concerns over the 'naturalness' of intervention and 'manufacturing life'.[228] The Group therefore underlines the need of financing EU interdisciplinary research projects on the relation between humans and nature, particularly with regard to questions concerning the views towards life.

---

[227] http://www.bbsrc.ac.uk/organisation/policies/reviews/scientific_areas/0806_synthetic_biology.pdf.
[228] John Harris, 'Who's Afraid of a Synthetic Human?' The Times, May 17, 2008. Colin Nickerson, 'A Quest to Create Life Out of Synthetics,' Boston Globe, April 2, 2008. Erik Parens, 'Making Cells Like Computers,' Boston Globe, February 18, 2008.
Natalie Angier, 'Pursuing Synthetic Life, Dazzled by Reality,' New York Times, February 5, 2008.

Recommendation No 24: The Group invites the Commission to support basic research in the fields of biology, chemistry, energy and materials science and engineering and applied research as identified in this Opinion. This should be reflected in the R&D EU research Framework Programmes budget. A similar invitation is addressed to EU member states in their national R&D programmes.

Recommendation No 25: The Group requests the EU to properly finance interdisciplinary research on the following aspects of synthetic biology:

— risk assessment and safety;

— security uses of synthetic biology;

— ethical, legal and social implications

— governance;

— science and society (including media and the public).

This should be reflected in the R&D EU research Framework Programmes budget. Similar request is addressed to EU MS in their national R&D programmes.

Recommendation No 26: The Group notes that synthetic biology could lead, in the future, to a paradigm shift in understanding concepts of life. It therefore calls on the Commission to initiate an open intercultural forum to address the issues, to include philosophical and religious input.

Synthetische Biologie. Stellungnahme*

Deutsche Forschungsgemeinschaft (DFG),
acatech – Deutsche Akademie der Technikwissenschaften,
Deutsche Akademie der Naturforscher Leopoldina

(Juli 2009)

Vorwort

Auf Grundlage der Disziplinen Biologie, Molekularbiologie, Chemie, Biotechnologie sowie der Informationstechnologie und Ingenieurwissenschaften entwickelt sich derzeit ein neues Forschungsfeld, das als Synthetische Biologie bezeichnet wird. In jüngster Zeit hat es – auch international – besondere Aufmerksamkeit erlangt.

Die Synthetische Biologie kann wesentlich zum Erkenntnisgewinn in der Grundlagenforschung beitragen. Darüber hinaus eröffnet sie mittelfristig Möglichkeiten biotechnologischer Anwendungen, wie zum Beispiel im Bereich neuer und verbesserter Diagnostika, Impfstoffe und Medikamente oder auch bei der Entwicklung neuer Biosensoren oder Biomaterialien bis hin zu Biokraftstoffen.

Gleichzeitig wirft das Forschungsgebiet neue Fragen auf, zum Beispiel zu rechtlichen Aspekten im Rahmen der biologischen Sicherheit oder dem Schutz vor Missbrauch, ebenso zur wirtschaftlichen Verwertung und zu ethischen Aspekten.

Vor diesem Hintergrund haben die Deutsche Forschungsgemeinschaft (DFG), acatech – Deutsche Akademie der Technikwissenschaften – und die Deutsche Akademie der Naturforscher Leopoldina – Nationale Akademie der Wissenschaften – ihre Kräfte gebündelt und eine gemeinsame Stellungnahme zu den möglichen Chancen und Risiken der Synthetischen Biologie erarbeitet.

Um einen konstruktiven Dialog zwischen den Disziplinen anzuregen, wurde von den drei Organisationen ein gemeinsamer, internationaler Workshop initiiert. Wissenschaftlerinnen und Wissenschaftler aus den Bereichen Biochemie, Molekularbiologie, Genetik, Mikrobiologie, Virologie, der Chemie und Physik sowie aus den Sozial- und Geisteswissenschaften trafen sich zu einem Informationsaustausch, ergänzt durch Vertreterinnen und Vertreter aus öffentlichen Einrichtungen und der Industrie. Die Informationen aus den Vorträgen und den ausführlichen Diskussionsrunden bilden die Grundlage für die folgende Stellungnahme. Diese richtet sich an Vertreterinnen und

---

* Das vollständige Dokument, zu dem neben dem hier abgedruckten Haupttext ein Anhang gehört, ist im World Wide Web unter der Adresse „http://www.dfg.de/download/pdf/dfg_im_profil/reden_stellungnahmen/2009/stellungnahme_synthetische_biologie.pdf" verfügbar.
  Die deutschsprachige Vorab-Version der Stellungnahme zur „Synthetischen Biologie" sowie weitere Informationen zum Thema sind auf der DFG-Homepage zu finden unter: www.dfg.de.
  Die deutsch-englische Printversion der DFG-Publikation „Synthetische Biologie/Synthetic Biology" ist erschienen im WILEY-VCH Verlag GmbH & Co. KGaA, Weinheim, © 2009, ISBN 978-3-527-32791-1. Unter www.wiley-vch.de ist das Werk direkt zu beziehen. [Anm. d. Red.]

Vertreter der Politik und Behörden, an die Öffentlichkeit und nicht zuletzt an die wissenschaftliche Gemeinschaft.

Die Synthetische Biologie konzentriert sich derzeit noch überwiegend auf die Grundlagenforschung.

Wie bei jeder neuen Technologie, die einen bedeutenden Einfluss entwickelt, ist neben den wirtschaftlichen Chancen und dem wissenschaftlichen Forschungsinteresse auch die Frage der nicht beabsichtigten Nebenfolgen frühzeitig zu behandeln. Dies bedeutet vor allem, dass Risiken und Chancen, soweit möglich, abgeschätzt werden und die Lehren daraus bereits in das Design und die Anwendungsbedingungen der neuen Technologie einfließen müssen. Zudem ist der frühzeitige und offene Dialog mit der Öffentlichkeit wie bei jeder neuen Technologie wichtig. Nur so kann in einer demokratischen und pluralen Gesellschaft ein verantwortungsvolles Innovationsklima geschaffen werden.

So ist nicht nur die Hoffnung auf Erkenntnis groß, sondern auch der Bedarf für eine breite wissenschaftliche sowie öffentliche Erörterung der Fragen bei zukünftigen Anwendungsmöglichkeiten, da die Chancen und Herausforderungen einer sorgfältigen Abwägung unterzogen werden sollen.

Juli 2009

Prof. Dr.-Ing. Matthias Kleiner	Prof. Dr. Reinhard Hüttl	Prof. Dr. Volker ter Meulen
Präsident	Präsident	Präsident
Deutsche Forschungsgemeinschaft	acatech – Deutsche Akademie der Technikwissenschaften	Deutsche Akademie der Naturforscher Leopoldina

Kapitel 1 – Zusammenfassung und Empfehlungen

Die Synthetische Biologie basiert auf den Erkenntnissen der molekularen Biologie, der Entschlüsselung kompletter Genome, der ganzheitlichen Betrachtung biologischer Systeme und dem technologischen Fortschritt bei der Synthese und Analyse von Nukleinsäuren. Sie führt ein weites Spektrum an naturwissenschaftlichen Disziplinen zusammen und verfolgt dabei ingenieurwissenschaftliche Prinzipien. Das spezifische Merkmal der Synthetischen Biologie ist, dass sie biologische Systeme wesentlich verändert und gegebenenfalls mit chemisch synthetisierten Komponenten zu neuen Einheiten kombiniert. Dabei können Eigenschaften entstehen, wie sie in natürlich vorkommenden Organismen bisher nicht bekannt sind.

Die Synthetische Biologie steht für ein Forschungs- und Anwendungsgebiet, das sich nicht strikt von den herkömmlichen gentechnischen und biotechnologischen Verfahren unterscheidet und deshalb als eine Weiterentwicklung dieser Disziplinen und der damit verfolgten Ziele verstanden werden kann. Die vorliegende Stellungnahme behandelt im ersten Teil ausgewählte grundlagenorientierte Gebiete der Synthetischen Biologie:

– Die technologischen Fortschritte bei der Synthese und Analyse von Nukleinsäuren. Durch sie werden nicht nur die Verfahren der rekombinanten Gentechnik erleichtert, sondern auch erhebliche Fortschritte bei der Gentherapie eröffnet.

– Die Konstruktion von Minimalzellen mit synthetisch hergestellten oder genetisch verkleinerten Genomen mit dem Ziel, eine kleinste lebensfähige Einheit zu gewinnen. Derartige Zellen sind unter definierten Laborbedingungen lebensfähig, haben jedoch eingeschränkte Fähigkeiten, sich an natürlichen Standorten zu vermehren.

– Die Synthese von Protozellen mit Merkmalen lebender Zellen. Es ist beabsichtigt, sie langfristig – ebenso wie die Minimalzellen – als „Chassis" für die Herstellung von Substanzen einzusetzen.

- Die Produktion neuer Biomoleküle durch baukastenartiges Zusammenfügen einzelner Stoffwechselfunktionen. Diese können aus verschiedensten genetischen Spenderorganismen stammen.
- Die Konstruktion regulatorischer Schaltkreise, die auf externe Reize reagieren. Diese erlauben es, komplexe biologische oder synthetische Prozesse zu steuern.
- Die Konzeption sogenannter „orthogonaler Systeme". Dabei werden modifizierte zelluläre Zellmaschinerien eingesetzt, um beispielsweise neuartige Biopolymere zu erzeugen.

Die gegenwärtigen Arbeiten auf dem Gebiet der Synthetischen Biologie bewegen sich überwiegend noch auf der Ebene der Grundlagenforschung. Es ist zu erwarten, dass daraus wichtige wissenschaftliche Erkenntnisse resultieren werden, die die Entwicklung von neuen Medikamenten und Therapieverfahren sowie die Produktion von Industriechemikalien und die Konzeption von katalytischen Prozessen nachhaltig beeinflussen. Damit kann es der Synthetischen Biologie gelingen, Organismen herzustellen, die nur unter kontrollierten Bedingungen überleben können.

Wie ist das Marktpotenzial einzuschätzen? Welches sind die wissenschaftlichen Rahmenbedingungen? Birgt die Synthetische Biologie neben diesen vielfältigen Chancen auch mögliche Risiken? Diese Fragen werden aus aktueller Sicht im zweiten Teil der Stellungnahme behandelt. Dabei werden folgende Aspekte diskutiert:

- Die ökonomische Bedeutung der Synthetischen Biologie lässt sich derzeit zwar noch nicht präzise abschätzen; es sind jedoch bereits marktnahe Produkte erkennbar, die sowohl für die industrielle Verwertung als auch den gesellschaftlichen Nutzen vielversprechende Perspektiven bieten. Der Katalog umfasst Medikamente, Nukleinsäure-Vakzine, neuartige Verfahren zur Gentherapie, umwelt- und ressourcenschonende Fein- und Industriechemikalien, Biobrennstoffe sowie neue Werkstoffe wie polymere Verbindungen.
- Die wissenschaftlichen Rahmenbedingungen für die Synthetische Biologie in Deutschland werden als günstig eingeschätzt. Es gibt sowohl auf europäischer als auch nationaler Ebene erste Förderprogramme, die diese Disziplinen gezielt berücksichtigen. Durch die Überlappung mit konventionell biotechnologischen und molekularbiologischen Vorhaben werden Projekte der Synthetischen Biologie auch in anderen Themenschwerpunkten gefördert. Grundlegende Infrastrukturen sind vorhanden oder in existierenden Forschungszentren ausbaufähig. Eine positive Ausgangssituation wird in der Stärke der Fachrichtungen Chemie und Mikrobiologie gesehen. Die interdisziplinäre Ausrichtung der Synthetischen Biologie erfordert ein abgestimmtes Ausbildungskonzept für Naturwissenschaftlerinnen und Naturwissenschaftler sowie Ingenieurinnen und Ingenieure.
- Ähnlich wie bei der Gentechnik, aber auch der konventionellen Züchtung treten bei der Synthetischen Biologie Risiken in Bezug auf biologische Sicherheit (Biosafety) oder in Bezug auf Missbrauchsmöglichkeiten (Biosecurity) auf. Es ist noch eine offene Frage, ob die Risiken der Synthetischen Biologie anders gelagert oder in ihrer Größenordnung anders einzuschätzen sind als die Risiken der bisherigen Genforschung. Zunächst ist davon auszugehen, dass die bestehenden Regelungen und Regulierungen ausreichen, um diese Risiken zu vermeiden oder abzumildern. Wichtig ist aber eine gesellschaftliche Begleitforschung, die frühzeitig neue Risiken erkennen hilft, damit mögliche Fehlentwicklungen von vornherein vermieden werden können. In Bezug auf die biologische Sicherheit sind die Risiken der gegenwärtigen Forschung innerhalb der Synthetischen Biologie durch gesetzliche Regelungen angemessen erfasst und reguliert. Einige der in der Synthetischen Biologie verwendeten Ansätze tragen sogar zu einer Erhöhung der biologischen Sicherheit im Umgang mit genetisch modifizierten Organismen bei. Ein mögliches Missbrauchspotenzial der Synthetischen Biologie stellt der kommerzielle Erwerb von DNA-Sequenzen dar, basierend auf öffentlich verfügbaren Genomdaten. In Deutschland existieren

aber schon heute gesetzliche Regelungen, die dieses Missbrauchsrisiko einschränken (GenTG, Infektionsschutzgesetz, Kriegswaffenkontrollgesetz, Außenwirtschaftsgesetz). Neben den gesetzlichen Regelungen existieren noch freiwillige Selbstverpflichtungen, die innerhalb der wissenschaftlichen Gemeinschaft und der Industrie beim Umgang mit Toxinen und Krankheitserregern sowie bei der Überprüfung der Seriosität der Besteller von Nukleinsäuresequenzen gelten. Auch haben sich Forscher und Hersteller synthetischer Nukleinsäuren darauf verständigt, die potenziellen Gefahren, die von den angeforderten Nukleinsäurepräparaten ausgehen könnten, zu bestimmen und durch geeignete Maßnahmen zu entschärfen.

– Weil sich bei einigen Anwendungen die Grenzen zwischen Lebendigem und Technisch-Konstruiertem verwischen, hat dies in der Öffentlichkeit zu der Besorgnis geführt, dass hier der Mensch ethische Grenzen überschreite. Dabei wird argumentiert, dass die Identität des Lebendigen leide, wenn neuartiges Leben geschaffen werde, und dass sich der Mensch durch solche Eingriffe zum Schöpfer aufspiele. Dem wird entgegengehalten, dass eine Beeinflussung der natürlichen Evolution keineswegs grundsätzlich ethisch unzulässig sei und auch nicht den Respekt vor dem Leben schmälern müsse. Mit der Anwendung der Synthetischen Biologie sind zudem erhebliche Nutzenpotenziale verbunden, wie etwa für die Medizin oder den Umweltschutz. Aus ethischer Sicht bedarf es einer angemessenen Beurteilung und Abwägung gegen mögliche Risiken der Synthetischen Biologie. Solche und andere Fragen müssen im Diskurs mit allen gesellschaftlichen Gruppen erörtert werden.

Als Resümee der vorliegenden Stellungnahme werden folgende Empfehlungen gegeben:

(1) Die Synthetische Biologie stellt eine konsequente Weiterentwicklung bestehender Methoden der molekularen Biologie dar und besitzt ein großes Innovationspotenzial, von dem sowohl die Grundlagenforschung als auch die industrielle Anwendung profitieren werden. Da sich die anwendungsbezogenen Projekte vorwiegend noch auf konzeptionellen Ebenen bewegen, sollte die Grundlagenforschung gestärkt werden und zukünftig bei der Planung wissenschaftlicher Förderprogramme Berücksichtigung finden.

(2) Der Erfolg der Synthetischen Biologie wird maßgeblich davon abhängen, inwieweit es gelingen wird, die verschiedensten Disziplinen in Forschungszentren und Forschungsverbünden zusammenzuführen und Infrastrukturen zu bündeln. Darüber hinaus sollten angehende junge Wissenschaftlerinnen und Wissenschaftler im Rahmen des Bachelor-, Master- und Graduiertenstudiums mit der Thematik vertraut gemacht und durch Öffnung neuer beruflicher Perspektiven auf das Fachgebiet vorbereitet werden.

(3) Bei der ökonomischen Verwertung der Synthetischen Biologie ist zu beachten, dass diese nicht nur von einer starken, im internationalen Wettbewerb konkurrenzfähigen Forschung abhängt, sondern dass auch die rechtlichen und die gesellschaftlichen Rahmenbedingungen mitbestimmend für den Erfolg oder Misserfolg dieser neuen Technologie sind. Für eine wirtschaftlich erfolgreiche Verwertung der neuen Technologie sowie für ihre gesellschaftliche Akzeptanz ist eine frühzeitige Begleitforschung zu den Chancen und Risiken sinnvoll. Dabei gilt es, das technische Design sozialverträglich auszuloten, um eine Verstärkung der Chancen und eine Minderung der Risiken herbeizuführen. Die wirtschaftliche Verwertung der im Rahmen der Synthetischen Biologie entwickelten Verfahren und Produkte sollte prinzipiell dem gleichen patentrechtlichen Schutz unterliegen, der auch für die herkömmlichen rekombinanten Genprodukte oder Genfragmente gilt. Minimalzellen und Protozellen sollten urheberrechtlich geschützt werden können (am besten durch Patente), um einen wirtschaftlichen Anreiz für Investitionen in neue Techniken zu geben.

(4) Bezüglich der biologischen Sicherheit (Biosafety) und des Missbrauchsrisikos (Biosecurity) sind die bestehenden Gesetze in Deutschland nach dem heutigen Forschungsstand ausreichend. Aufgrund der dynamischen und vielfältigen Entwicklungen wird jedoch empfohlen,

- die Zentrale Kommission für die Biologische Sicherheit (ZKBS) zu beauftragen, ein wissenschaftliches Monitoring durchzuführen, um die aktuellen Entwicklungen sachverständig und kritisch zu begleiten und
- für Freisetzungen und Handhabung in geschlossenen Systemen von Organismen der Synthetischen Biologie, die keinen Referenzorganismus in der Natur haben, klar definierte Kriterien zur Risikoabschätzung festzulegen.

Zur Reduzierung des Missbrauchsrisikos wird vorgeschlagen,

- eine Kontaktstelle mit einer standardisierten Datenbank zur Überprüfung der DNA-Sequenzen einzurichten, an die sich Unternehmen bei fragwürdigen Bestellungen wenden können und
- Mitarbeiterinnen und Mitarbeiter im Rahmen von Unterweisungen nach der Gentechnik-Sicherheitsverordnung (GenTSV) über mögliche Missbrauchsrisiken der Synthetischen Biologie aufzuklären.
- Sollten sich zusätzliche Regeln für die Risikobewertung, Überwachung und Kontrolle der Forschung und Anwendung der Synthetischen Biologie im Verlauf der Entwicklung als notwendig herausstellen, so wird empfohlen, diese in Form von international anerkannten Grundsätzen zu verfassen, die Vorbild für nationale Regelungen sein könnten.

(5) Soweit bewährte Methoden der Technikfolgenbeurteilung und der Risikoanalyse nicht greifen oder bei den zu erwartenden Auswirkungen hohe Unsicherheiten herrschen, muss das Vorsorgeprinzip gelten. Außerdem ist es ratsam, durch die Schaffung geeigneter interdisziplinärer Diskussionsplattformen die Selbstkontrolle der Wissenschaft zu fördern. Für Fragen der ethischen Beurteilung von technisch konstruierten Lebensformen sollte möglichst zeitnah ein öffentlicher Dialog geführt werden. In diesem Dialog sollten die Argumente ausgetauscht und die verschiedenen Interpretationen des Lebendigen gegenüber dem Nichtlebendigen diskutiert werden. Als Ziel des Diskurses ist die ethische Bewertung kopierender oder auch de novo synthetisierender Interventionen in die vorgefundene Natur anzustreben.

Kapitel 2 – Einführung

In einem interdisziplinären Umfeld von Biologie, Chemie, Physik, Mathematik, Ingenieurwissenschaften, Biotechnologie und Informationstechnik verstärkt sich seit wenigen Jahren eine Forschungsrichtung, die als Synthetische Biologie bezeichnet wird.[1, 2, 3, 4, 5] Wissenschaftler der unterschiedlichsten Fachrichtungen arbeiten dabei zusammen, um biologische Systeme mit neuen, definierten Eigenschaften zu konzipieren. Dabei sollen die Systeme vornehmlich künstlich hergestellt bzw. nachgebaut werden, mit dem Ziel, neue biologische Komponenten sowie neuartige lebende Organismen, die in der Natur in dieser Form nicht bekannt sind, zu gewinnen. Geleitet von ingenieurwissenschaftlichen Prinzipien, werden dabei fortgeschrittene Methoden der Molekularbiologie, der rekombinanten Gentechnik und der chemischen Synthese von biologischen Bausteinen vereint.

---

[1] Hartwell LH, Hopfield JJ, Leibler S, Murray AW; From molecular to modular cell biology. Nature, 1999, 402, C47–C52.
[2] Benner SA, Sismour AM; Synthetic Biology. Nat. Rev. Genet., 2005, 6, 533–543.
[3] Endy D; Foundations for engineering biology. Nature, 2005, 438, 449–453.
[4] Andrianantoandro E, Basu S, Karig DK, Weiss R; Synthetic biology: new engineering rules for an emerging discipline. Mol. Syst. Biol., 2006, 2, 0028.
[5] Heinemann M, Panke S; Synthetic Biology – putting engineering into biology. Bioinformatics, 2006, 22, 2790–2799.

Basierend auf einem von Menschen entworfenen rationalen Design sollen durch die Zusammenführung von synthetischen und biologischen Einheiten neue Stoffe und Systeme, zum Beispiel neuartige polymere Moleküle, Gewebe, ganze Zellen und Organismen, geschaffen werden.

Sind diese der Synthetischen Biologie zugrunde liegenden Strategien und die daraus resultierenden Produkte tatsächlich revolutionär neu? Bereits im Jahr 1912 erschien in der Veröffentlichung von Stéphane Leduc der Begriff „La Biologie Synthétique"[6] und im gleichen Jahr formulierte Jacques Loeb, dass es möglich sein sollte, künstliche lebende Systeme zu generieren.[7] Nach der Verwendung des Begriffs „Synthetische Biologie" in den Ausführungen von Waclaw Szybalski[8] wird der heutige Sinninhalt der Synthetischen Biologie vor allem geprägt durch den Bericht von Eric Kool aus dem Jahr 2000 zum Einbau von künstlichen chemischen Komponenten in biologische Systeme.[9] Durch die technologischen Innovationen bei Nukleinsäuresynthesen und DNA-Sequenzierungen hat das Gebiet der Synthetischen Biologie zweifelsfrei einen rasanten dynamischen Verlauf genommen. Es besteht allerdings ein fließender Übergang zwischen der Synthetischen Biologie und den seit über 30 Jahren im Einsatz befindlichen gentechnologischen Verfahren, zum Beispiel zur Gewinnung von rekombinanten Genprodukten.

Das Potenzial der Synthetischen Biologie ist weit gefächert. Die Forschungsrichtung trägt erheblich zum Erkenntnisgewinn auf der Ebene der Grundlagenforschung bei, indem sie zum Beispiel versucht, Antworten auf die Frage nach den Voraussetzungen für die Lebensfähigkeit von Zellen zu liefern. Darüber hinaus eröffnet die Synthetische Biologie neue Möglichkeiten biotechnologischer Anwendungen, beispielsweise die Entwicklung verbesserter, auf den individuellen Patienten zugeschnittener Pharmaka, Impfstoffe und Diagnostika, die Bereitstellung synthetischer Genvektoren für eine erfolgreiche Gentherapie sowie die Konzeption spezifischer Biosensoren, biologischer Brennstoffzellen und Zellfabriken für die Produktion neuartiger Biomaterialien. Die Synthetische Biologie umfasst Verfahren zur großtechnischen Gewinnung von Biobrennstoffen wie Ethanol, Methanol und Wasserstoff und zur Beseitigung umweltschädlicher Substanzen. Sie strebt an, Organismen in ihren Merkmalen so gezielt zu verändern, dass sie, mit grundlegend neuen, vom Menschen entworfenen Eigenschaften versehen, besondere Leistungen vollbringen.

Die vorliegende Stellungnahme zielt in Kapitel 3 darauf ab, zunächst den naturwissenschaftlichen Hintergrund für ausgewählte Bereiche der Synthetischen Biologie zu vermitteln und die Bedeutung für den allgemeinen wissenschaftlichen Erkenntnisgewinn aufzuzeigen. Sechs Themenkomplexe werden vertiefend diskutiert:

- Die chemisch-enzymatische Synthese von Nukleinsäuren bis hin zu kompletten Genomen. Sie ist ein Instrumentarium, mit dem Gensequenzen gezielt optimiert und verändert werden können. Entstehende Produkte können beispielsweise bei der Herstellung von DNA-Vakzinen und in der somatischen Gentherapie zum Einsatz kommen.

- Die Konstruktion von Zellen mit einem Minimalgenom. Diese auch als „Chassis" bezeichnete genetische Plattform trägt das Mindestmaß an unentbehrlichen Informationen für die Lebensfähigkeit einer Zelle. Minimalzellen geben Aufschluss über die evolutionäre Anpassung von Organismen an natürliche Standorte.

---

[6] Leduc S; La biologie synthétique. In: Études de biophysique. A. Poinat (ed.), Paris, 1912.
[7] Loeb J; The mechanistic conception of life. In: Biological Essays. University of Chicago Press, Chicago, 1912.
[8] Szybalski W; In vivo and in vitro Initiation of Transcription, 405. In: A. Kohn and A. Shatkay (Eds.), Control of Gene Expression, 23–24, and Discussion, 404–405 (Szybalski's concept of Synthetic Biology), 411–412, 415–417. New York: Plenum Press, 1974.
[9] Vgl. Rawls R; Synthetic Biology makes its debut. Chem. Eng. News, 2000, 78, 49–53.

- Die Synthese von Protozellen. Deren Bauplan folgt entweder biologischen oder physikalischen Prinzipien. Protozellen können als Modelle lebender Zellen betrachtet werden.
- Die Produktion von Biomolekülen in einem bisher noch nicht verfügbaren Maßstab. Durch gentechnisches Zusammenfügen kompletter Stoffwechselreaktionswege nach dem Baukastenprinzip („BioBricks") kann es gelingen, neuartige Substanzen oder Produktionsformen zu entwickeln.
- Die Konzeption von regulatorischen Schaltkreisen („regulatory circuits"). Sie sind mit empfindlichen sensorischen Funktionen ausgestattet und können netzartig zelluläre oder industrielle Prozesse steuern.
- Der Einsatz modifizierter zellulärer Maschinen im Rahmen der sogenannten „orthogonalen Systeme". Diese Vorgehensweise erlaubt beispielsweise die Herstellung von polymeren Verbindungen aus chemischen Bausteinen nach dem Reißbrettprinzip.

Das umfangreiche, zum Teil noch visionäre Spektrum der Synthetischen Biologie wirft zudem eine Vielzahl von Fragen auf, die in Kapitel 4 der Stellungnahme angesprochen werden:

- Worin besteht der wirtschaftliche Nutzen der Synthetischen Biologie und inwieweit profitiert die Gesellschaft von den neuen Entwicklungen?
- Besteht die Gefahr der Entstehung von Monopolen auf diesem Forschungsgebiet?
- Geht von der Synthetischen Biologie ein besonderes Risikopotenzial aus, das zusätzliche Sicherheitsvorkehrungen erfordert, oder reichen die vorhandenen gesetzlichen Bestimmungen und die dafür zuständigen Überwachungsgremien für den Einsatz der Synthetischen Biologie aus?
- Welche ethischen Überlegungen begleiten die Synthetische Biologie, insbesondere solche Projekte, die auf die Herstellung synthetischer Zellen abzielen oder die Freisetzung neuartiger Organismen vorsehen?

Kapitel 3 – Ausgewählte Forschungsfelder

3.1. Chemische Synthesen von Genen und Genomen

Zu den wichtigen Fortschritten in Richtung einer Synthetischen Biologie gehört, dass DNA beliebiger Sequenz und fast beliebiger Länge ohne Matrize synthetisiert werden kann und damit die *de-novo*-Synthese von Genen und sogar ganzer Genome möglich geworden ist. Damit lassen sich neue biologische Funktionen prinzipiell auf dem Reißbrett entwerfen und für Forschungs- und Anwendungszwecke einsetzen. Eine unschätzbare Hilfe dabei sind die Informationen, die durch die neuen Hochdurchsatz-Sequenziertechnologien bereitgestellt werden.[10, 11]

In der herkömmlichen Oligonukleotidsynthese werden kurzkettige Einzelstrang-DNA-Moleküle (~5 bis ~50 Nukleotide) in automatisierten Prozessen sequenzspezifisch synthetisiert. Die Gensynthese verknüpft mehrere Oligonukleotide mittels gestaffelter Polymerasekettenreaktionen, Chip-basierter Methoden oder den Zusammenbau an der Festphase und Plasmidklonierungen zu langkettigen synthetischen DNA-Sequenzen.[12] Somit können mehrere Kilobasen (kb) Erbinforma-

---

[10] Hall N; Advanced sequencing technologies and their wider impact in microbiology. J. Exp. Biol., 2007, 210, 1518–1525
[11] Church GM; Genomes for all. Sci. Am., 2006, 294, 46–54.
[12] Tian J, Gong H, Sheng N, Zhou X, Gulari E, Gao X, Church G; Accurate multiplex gene synthesis from programmable DNA microchips. Nature, 2004, 432, 1050–1054.

tion gemäß der Sequenzvorgabe des Experimentators erzeugt werden. Die Maximalvariante der Gensynthese ist die Genomsynthese, bei der die gesamte Erbinformation von Viren oder Bakterien und künftig auch die minimaler eukaryonter Genome (s. Kap. 3.2.) neu aufgebaut wird. Spektakuläre Beispiele der letzten Zeit sind die Totalsynthese des Poliomyelitis-(Kinderlähmungs-) Virus-Genoms (~7,5 kb)[13] und des sehr viel größeren *Mycoplasma*-Genoms (~583 kb)[14].

Die neuen Möglichkeiten zur Synthese definierter, großer DNA-Fragmente werden die gesamte lebenswissenschaftliche Forschung entscheidend beeinflussen. Langkettige DNA-Sequenzen werden kommerziell und in hoher Qualität für jedes Labor und für nahezu jede Anwendung zugänglich. Dies wird langfristig zur Einsparung von Finanzmitteln und zur Verminderung des Zeitaufwands für die Herstellung genetischer Konstrukte führen.

Die Möglichkeit, Erbinformation von potenziell hoch pathogenen Viren durch DNA-Synthesen zu erzeugen, birgt aber auch Gefahren von Missbrauch. In diesem Zusammenhang hat die gezielte Bestellung „biowaffengeeigneter" DNA-Sequenzen durch einen britischen Reporter Aufsehen erregt.[15] Daher unterliegen die Anbieter von DNA-Synthesen besonderen Auflagen, deren Inhalte Gegenstand laufender Diskussionen sind. Führende kommerzielle Anbieter von DNA-Synthesen versuchen, potenziellen Gefahren durch selbstverpflichtende Kodices vorzubeugen (s. Kap. 4.3.).

Die technologischen Grundlagen der Gensynthese wurden vor mehr als 20 Jahren etabliert. Technologische Fortschritte steigern die Produktivität und Qualität der Prozesse und senken kontinuierlich die Kosten. Heute bieten weltweit mehrere Dutzend Firmen kommerziell DNA-Synthesen an. Darunter befinden sich marktführende Unternehmen in Europa (Deutschland) und den USA. Während kurze DNA-Fragmente von 0,1 bis 1 kb innerhalb weniger Tage lieferbar sind, kann die Synthese eines relativ großen Genoms (zum Beispiel ein hypothetisches Minimalgenom in der Größe von ~110 kb)[16] mit allen notwendigen Qualitätskontrollen derzeit bis zu einem Jahr dauern. Zum Vergleich: Das Genom des Bakteriums *Escherichia coli* K-12 umfasst ~4,6 Mb und das menschliche Genom ~3000 Mb.

Die chemische Synthese von DNA ermöglicht ferner die Entwicklung neuartiger, sequenzoptimierter DNA-Bibliotheken oder den Aufbau rekombinanter Gensequenzen, die mehrere künstlich zusammengefügte funktionelle Domänen vereinigen. So dient die DNA-Synthese der Herstellung Kodon-optimierter Varianten menschlicher cDNAs, die unter Beibehaltung der natürlichen Aminosäuresequenz über bessere Expressionseigenschaften nach dem Gentransfer in menschliche oder nicht menschliche Zellen verfügen.

Die gegenwärtige Anwendung synthetischer DNA im Bereich der Medikamentenentwicklung betrifft DNA-Vakzine und die somatische Gentherapie.

Im ersten Anwendungsbeispiel, DNA-Vakzine, werden diese wie herkömmliche Impfstoffe eingesetzt und führen zur Bildung von Antigenen unter Nutzung der körpereigenen Proteinsynthesemaschinerie. Die so gebildeten Antigene rufen ihrerseits eine Immunantwort hervor. Für den Hersteller der Vakzine entfiele die Produktion und Reinigung der Antigene im großen Maßstab.

---

[13] Cello J, Aniko VP, Wimmer E; Chemical synthesis of poliovirus cDNA: Generation of infectious virus in the absence of natural template. Science, 2002, 297, 1016–1018.

[14] Gibson DG, Benders GA, Andrews-Pfannkoch C, Denisova EA, Baden-Tillson H, Zaveri J, Stockwell TB, Brownley A, Thomas DW, Algire MA, Merryman C, Young L, Noskov VN, Glass JI, Venter JC, Hutchison CA 3rd, Smith HO; Complete chemical synthesis, assembly, and cloning of a Mycoplasma genitalium genome. Science, 2008, 319, 1215–1220.

[15] Randerson J; Revealed: the lax laws that could allow assembly of deadly virus DNA. The Guardian, 14 June 2006; www.guardian.co.uk/world/2006/jun/14/terrorism.topstories3.

[16] Forster AS, Church GM; Towards synthesis of a minimal cell. Mol. Syst. Biol., 2006, 2, 45.

Dadurch würde eine größere Flexibilität bei der Auswahl antigener Proteine eröffnet. Beispielsweise ist es durch die Synthese einer Kodon-optimierten Variante von Genombereichen des humanen Immundefizienzvirus Typ 1 (HIV-1) gelungen, einen komplexen DNA-Impfstoff gegen HIV-1 zu erzeugen, das multiple Antigene präsentieren kann.[17] Deren potenzielle Eignung zur Prävention der HIV-1-Infektion muss noch in umfangreichen klinischen Studien geprüft werden. Für die Herstellung von DNA-Vakzinen im großtechnischen Maßstab auf dem Wege der chemischen Synthese ist allerdings der Kostenfaktor derzeit noch viel zu hoch.

Im zweiten Anwendungsbeispiel, der somatischen Gentherapie, ist beabsichtigt, den Transfer rekombinanter DNA in Körperzellen zu nutzen, um Krankheiten zu lindern oder zu heilen. Zahlreiche Anwendungen befinden sich im Stadium der präklinischen Entwicklung oder klinischen Prüfung für Indikationen wie Krebs und entzündliche, degenerative oder monogene Erkrankungen. Zudem werden mittels der Synthese langer Genabschnitte auch neuartige, *in silico* konzipierte Aminosäuresequenzen leichter zugänglich. Solche „Designerproteine" können beispielsweise antivirale Aktivität aufweisen. Wie bei allen Anwendungen der somatischen Gentherapie müssen die biologischen Eigenschaften und möglichen toxikologischen oder immunologischen Reaktionen in umfangreichen präklinischen Studien evaluiert werden, bevor der Einsatz am Menschen möglich wird.

3.2. Entwicklung von Minimalzellen – Zellen reduziert auf essenzielle Lebensfunktionen

Die Synthetische Biologie verfolgt als eines ihrer Ziele die Entwicklung von sogenannten Minimalzellen, die nur unbedingt lebensnotwendige Komponenten enthalten. Minimalzellen sind durch ihre Minimalgenome definiert. Ein Minimalgenom enthält nur solche Gene, die für ein Leben eines bestimmten Organismus unter definierten Bedingungen benötigt werden. Durch die Generierung von Minimalzellen wird zum einen ausgelotet, unter welchen Bedingungen welche Gene einer lebenden Zelle essenziell sind, und zum anderen eine Plattform („Chassis") für den Aufbau neuer Funktionen geschaffen.

Umfangreiche Genomsequenzierungsprojekte haben in der Zwischenzeit gezeigt, dass bakterielle Genome stark in ihrer Größe variieren. Die ersten bakteriellen Genome, die 1995 in den USA sequenziert wurden, betreffen das *Haemophilus-influenzae*-Genom mit 1,83 Mb[18] und das *Mycoplasma-genitalium*-Genom mit 0,58 Mb[19]. Mit der Sequenzierung des 0,82 Mb großen *Mycoplasma-pneumoniae*-Genoms[20] zählt auch eine deutsche Gruppe zu den Pionieren der bakteriellen Genomforschung. In der Zwischenzeit wurden noch deutlich kleinere bakterielle Genome sequenziert: Das *Nanoarchaeum-equitans*-Genom[21] hat eine Größe von 0,49 Mb und das *Buchnera-aphidicola*-Genom[22] von

---

[17] Bojak A, Wild J, Deml L, Wagner R.; Impact of codon usage modification on T cell immunogenicity and longevity of HIV-1 gag-specific DNA vaccines. Intervirology, 2002, 45, 275–286.

[18] Fleischmann RD, Adams MD, White O, Clayton, RA, Kirkness, EF, Kerlavage AR, Bult CJ, Tomb JF, Dougherty BA, Merrick JM et al.; Whole-genome random sequencing and assembly of Haemophilus influenzae Rd. Science, 1995, 269, 496–512.

[19] Fraser CM, Gocayne JD, White O, Adams MD, Clayton RA, Fleischmann RD, Bult CJ, Kerlavage AR, Sutton G, Kelley JM, Fritchman RD, Weidman JF, Small KV, Sandusky M, Fuhrmann J, Nguyen D, Utterback TR, Saudek DM, Phillips CA, Merrick JM, Tomb JF, Dougherty BA, Bott KF, Hu PC, Lucier TS, Peterson SN, Smith HO, Hutchison CA 3rd, Venter JC; The minimal gene complement of Mycoplasma genitalium. Science, 1995, 270, 397–403.

[20] Himmelreich R, Hilbert H, Plagens H, Pirkl E Li BC, Herrmann R; Complete Sequence analysis of the genome of the bacterium Mycoplasma pneumoniae. Nucl. Acids Res., 1996, 24, 4420–4449.

[21] Waters E, Hohn MJ, Ahel I, Graham DE, Adams MD, Barnstead M, Beeson KY, Bibbs L, Bolanos R, Keller M, Kretz K, Lin X, Mathur E, Ni J, Podar M, Richardson T, Sutton GG, Simon M, Soll D, Stetter

0,42 Mb. Als kleinstes bakterielles Genom wird heute das Genom des Endosymbionten *Carsonella ruddii*[23] gehandelt, das nur noch ~0,16 Mb misst. Für alle diese Bakterien gilt, dass ihr an bestimmte Wirte angepasster Lebensstil ihre geringe Genomgröße bedingt. Allerdings zieht dieser Lebensstil auch nach sich, dass diese Bakterien experimentell schwierig zu handhaben sind, was einen großen Nachteil bei der Aufklärung essenzieller Lebensfunktionen darstellt.

Zur Entwicklung von Minimalgenomen kann ein *top-down-* oder ein *bottom-up-*Ansatz gewählt werden. Der *top-down-*Ansatz nutzt die gezielte Reduktion vorhandener Genome, während der *bottom-up-*Ansatz das Minimalgenom aus einzelnen DNA-Fragmenten aufbaut.

Mit der Erzeugung von Minimalzellen verfolgt die Synthetische Biologie zunächst ein wissenschaftliches Ziel. Es sollen vereinfachte zelluläre Systeme generiert werden, die es erleichtern, über die parallele Erfassung von Transkriptom-, Proteom- und Metabolom-Daten das systematische Zusammenspiel von essenziellen Zellmodulen mithilfe der mathematischen Modellierung im Rahmen der Systembiologie zu verstehen.

Zusätzlich ist noch ein anwendungsorientiertes Ziel von Interesse, das die Verwendung von Minimalzellen für unterschiedliche biotechnologische Produktionsprozesse vorsieht. In das Minimalgenom einer Zelle, die als „Chassis" genutzt wird, können genetische Komponenten für gewünschte Stoffwechselleistungen eingebaut und im Hinblick auf eine effiziente Produktion optimiert werden. Im Weiteren spielt bei der beschriebenen Entwicklung von Produktionsstämmen auch der biologische Sicherheitsaspekt eine Rolle. Zunächst wird auf dem Weg zur Erzeugung von Minimalgenomen darauf zu achten sein, dass diese Minimalgenome keine Pathogenitätsdeterminanten tragen. Darüber hinaus ist von großer Bedeutung, dass die Vermehrungsfähigkeit von Minimalzellen in der natürlichen Umwelt stark reduziert ist, da dem Minimalgenom ja gerade all die Gene fehlen, die eine Anpassung an komplexe und variable Umweltbedingungen ermöglichen. Damit hat eine Minimalzelle grundsätzlich eine reduzierte Fitness gegenüber Wildtypzellen und eignet sich aus Sicherheitsaspekten besonders für biotechnologische Prozesse und für eine gezielte Freisetzung.

Der *top-down-*Ansatz zur Erzeugung minimaler Genome wurde in der Zwischenzeit bereits bei mehreren Mikroorganismen erprobt, und zwar bei dem Gram-negativen Bakterium *Escherichia coli (E. coli)*[24], bei den Gram-positiven Bakterien *Bacillus subtilis*[25] und Corynebacterium glutamicum[26] sowie bei der Hefe Saccharomyces cerevisiae[27]. Generell werden zur Genomreduktion nicht essenzielle Gene und intergenische Regionen entfernt. Hierunter fallen zum Beispiel Genregionen,

---

KO, Short JM, Noordewier M; The genome of Nanoarchaeum equitans: insights into early archaeal evolution and derived parasitism. Proc. Natl. Acad. Sci. USA, 2003, 22, 12984–12988.

[22] Pérez-Brocal V, Gil R, Ramos S, Lamelas A, Postigo M, Michelena JM, Silva FJ, Moya A, Latorre A; A small microbial genome: the end of a long symbiotic relationship? Science, 2006, 314, 312–313.

[23] Nakabachi A, Yamashita A, Toh H, Ishikawa H, Dunbar HE, Moran NA, Hattori M; The 160-kilobase genome of the bacterial endosymbiont Carsonella. Science, 2006, 314, 267.

[24] Pósfai G, Plunkett G, Feher T, Frisch D, Keil GM, Umenhoffer K, Kolisnychenko V, Stahl B, Sharma SS, de Arruda M, Burland V, Harcum SW, Blattner FR; Emergent properties of reduced-genome Escherichia coli. Science, 2006, 312, 1044–1046.

[25] Morimoto T, Kadoya R, Endo K, Tohata M, Sawada K, Liu S, Ozawa T, Kodama T, Kakeshita H, Kageyama Y, Manabe K, Kanaya S, Ara K, Ozaki K, Ogasawara N; Enhanced recombinant protein productivity by genome reduction in Bacillus subtilis. DNA Res., 2008, 15, 73–81.

[26] Suzuki N, Nonaka H, Tsuge Y, Inui M, Yukawa H; New multiple-deletion method for the Corynebacterium glutamicum genome, using a mutant lox sequence. Appl. Env. Micr., 2005, 71, 8472–8480.

[27] Murakami K, Tao E, Ito Y, Sugiyama M, Kaneko Y, Harashima S, Sumiya T, Nakamura A, Nishizawa M; Large scale deletions in the Saccharomyces cerevisiae genome create strains with altered regulation of carbon metabolism. Appl. Micr. Biotechnol. 2007, 75, 589–597.

die die Nutzung variabler Nahrungsquellen erlauben oder Elemente für Antworten auf Stresssituationen kodieren. Die Identifizierung von solchen nicht essenziellen Genregionen kann über verschiedene Techniken erfolgen. Als sehr erfolgreich hat sich die Mutationsanalyse erwiesen, wobei u.a. mit Transposons zur Markierung der Mutationsorte gearbeitet wird. Zur gezielten Ausschaltung von Genbereichen durch Deletion ist die annotierte Genomsequenz von ausschlaggebender Bedeutung. Ein interessanter Nebeneffekt ergibt sich dabei aus der systematischen Entfernung von Insertionselementen und Transposons, da hierdurch die für die technische Anwendung wichtige Genomstabilität gesteigert werden kann. Der *top-down*-Ansatz zur Reduktion eines bakteriellen Genoms ist u.a. bei E. coli intensiv verfolgt worden. Das E.-coli-K-12-Genom konnte unter Beibehaltung der Lebensfähigkeit der Zelle in der Zwischenzeit von 4,6 Mb auf 3,7 Mb reduziert werden.[28]

Der *bottom-up*-Ansatz zur Erzeugung von minimalen Genomen geht vom Entwurf einer Gesamtsequenz eines Minimalgenoms am Reißbrett aus, das nach chemischer Komplettsynthese in eine Zellhülle eingebracht wird und zelluläres Leben ermöglichen soll. Ein solcher *bottom-up*-Ansatz kann ohne Zweifel als ein Herzstück der Synthetischen Biologie betrachtet werden. Allein die Entwicklung von Gesamtsequenzen minimaler Genome am Reißbrett erfordert enormes Wissen über das Zusammenspiel einzelner Zellmodule. Ein solches Zusammenspiel muss mit vielfältigen Methoden der Systembiologie erarbeitet werden. Weitere wichtige Einzelschritte des *bottom-up*-Ansatzes sind jedoch bereits erprobt worden. So gelang der Gruppe um Craig Venter die chemische Komplettsynthese des 0,583 Mb großen Genoms von *Mycoplasma genitalium*.[29] Dieses Ergebnis kann als wissenschaftlicher Durchbruch betrachtet werden in Anbetracht der Tatsache, dass dieses Genom aus 5 bis 7 kb großen DNA-Stücken *in vitro* und *in vivo* zusammengesetzt wurde. Außerdem wurde bereits gezeigt, dass ein komplettes mikrobielles Genom in eine Zellhülle transplantiert werden kann. Dies gelang mit dem *Mycoplasma-mycoides*-Genom, das sich nach Transplantation in eine *Mycoplasma-capricolum*-Zellhülle als funktionsfähig erwies.[30] Damit sind erste Grundzüge des *bottom-up*-Ansatzes zur Erzeugung von synthetischen Minimalzellen mit Minimalgenomen bereits verwirklicht.

Es stellt sich nun die interessante Frage, welche Größe ein Minimalgenom jeweils haben muss, um bestimmte Lebensvorgänge verschiedener Organismen zu vermitteln. Diese Frage kann nur zufrieden stellend beantwortet werden, wenn für ausgewählte Mikroorganismen sowohl der *top-down*- als auch der *bottom-up*-Ansatz in einer vereinten Strategie verfolgt wird.

3.3. Generierung von Protozellen – Artifizielle Systeme mit Eigenschaften lebender Zellen

Im Gegensatz zu Minimalzellen sind Protozellen keine lebenden Zellen, sondern artifizielle Einheiten. Sie sind im Labor konstruierte, selbst replizierende Nanosysteme, die viele Eigenschaften von lebenden Zellen aufweisen wie zum Beispiel das Vorhandensein eines mutierbaren Informa-

---

[28] Pósfai G, Plunkett G, Feher T, Frisch D, Keil GM, Umenhoffer K, Kolisnychenko V, Stahl B, Sharma SS, de Arruda M, Burland V, Harcum SW, Blattner FR; Emergent properties of reduced-genome Escherichia coli. Science, 2006, 312, 1044–1046.
[29] Gibson DG, Benders GA, Andrews-Pfannkoch C, Denisova EA, Baden-Tillson H, Zaveri J, Stockwell TB, Brownley A, Thomas DW, Algire MA, Merryman C, Young L, Noskov VN, Glass JI, Venter JC, Hutchison CA 3rd, Smith HO; Complete chemical synthesis, assembly, and cloning of a Mycoplasma genitalium genome. Science, 2008, 319, 1215–1220.
[30] Lartigue C, Glass JI, Alperovich N, Pieper R, Parmar PP, Hutchison CA 3rd, Smith HO, Venter JC; Genome transplantation in bacteria: changing one species to another. Science, 2007, 317, 632–638.

tionsspeichers, eines Stoffwechselsystems und einer umhüllenden Membran, die das System abgrenzt, dennoch für den Austausch von Energie und Materie mit der Umgebung selektiv offen ist. Protozellen gelten als Brücke zwischen belebter und unbelebter Materie.[31, 32] Die Synthese von Protozellen soll helfen, die Prinzipien, die Funktionsweisen und die Entstehung von lebenden Zellen zu verstehen. Damit stellt das Design von Protozellen einen Weg zu lernen dar, nach welchen Grundprinzipien eine lebende Zelle tatsächlich funktioniert und entstehen konnte. Diese Fragestellungen ergeben sich ebenso bei der Generierung von Minimalzellen, weshalb in der Literatur oft Minimalzellen mit zu den Protozellen gezählt werden, obwohl die beiden Begriffe nicht im eigentlichen Sinn synonym sind.[32]

Biobasierte Protozellen werden aus den elementaren Bausteinen von lebenden Zellen konstruiert (DNA, RNA, Proteine, Lipide). Sie können als mögliche Vorläufer von lebenden Zellen angesehen werden. Ein prominentes Beispiel hierfür sind Lipid-Membranvesikel mit eingeschlossenen RNA-Replikationssystemen, die in der Lage sind, Ribonukleotide aufzunehmen und durch Verschmelzung mit im Medium vorhandenen Fettsäure-Mizellen zu wachsen, bis sie sich spontan in zwei „Tochterzellen" teilen.[33, 34, 35] Bemerkenswert ist auch, dass zellfreie Expressionssysteme (DNA → RNA → Protein) in Lipid-Membranvesikel eingebracht werden konnten, was zur Bildung von Nanosystemen führte, die Merkmale lebender Zellen zeigen.[36, 37]

Aber auch chemisch-synthetische künstliche Einheiten mit integrierten komplexen elektrischen Schaltkreisen haben sich zu artifiziellen Zellen programmieren lassen, die Funktionen von lebenden Zellen simulieren.[38]

Neben dem Wissensgewinn verspricht die Entwicklung von Protozellen verschiedenster Herstellung interessante angewandte Perspektiven. So könnten synthetisch hergestellte Miniatur-Fabriken für die Produktion von Medikamenten und Feinchemikalien auf der Basis von Protozellen entwickelt werden, eine Option, die allerdings derzeit noch eine Zukunftsvision ist.[37]

Nach dem gegenwärtigen Wissensstand stammen alle heute lebenden Organismen von einem Urzellen-Pool (Progenoten) ab, aus dem sich vor etwa vier Milliarden Jahren auf dieser Erde alles Leben entwickelt hat. Die heutige Wissenschaft ist noch weit davon entfernt, die Evolution des Lebens im Reagenzglas vollständig nachvollziehen zu können und lebende Zellen komplett *de novo* aufzubauen. Aber bereits bei der Synthese von Protozellen wird die Frage angesprochen, wo die Grenzen zwischen toter und lebender Materie liegen und was Leben eigentlich ausmacht. Hierzu

---

[31] Rasmussen S, Chen L, Deamer D, Krakauer DC, Packard NH, Stadler PF, Bedau MA; Transitions from nonliving to living matter. Science, 2004, 303, 963–965.
[32] Rasmussen S, Bedau MA, Chen L, Deamer D, Krakauer DC, Packard NH and Stadler PF (eds.); Protocells. Bridging Nonliving and Living Matter. MIT Press, Cambridge, 2008.
[33] Hanczyc MM, Fujikawa SM, Szostak JW; Experimental models of primitive cellular compartments: Encapsulation, growth and division. Science, 2003, 302, 618–622.
[34] Chen IA, Roberts RW, Szostak JW; The emergence of competition between model protocells. Science, 2004, 305, 1474–1476.
[35] Mansy SS, Schrum JP, Krishnamurthy M, Tobé S, Treco D, Szostak JW; Template-directed synthesis of a genetic polymer in a model protocell. Nature, 2008, 454, 122–125.
[36] Ishikawa K, Sato K, Shima Y, Urabe I, Yomo T; Expression of a cascading genetic network within liposomes. FEBS Lett., 2004, 576, 387–390.
[37] Noireaux V, Libchaber A; A vesicle bioreactor as a step toward an artificial cell assembly. Proc. Natl. Acad. Sci. U.S.A., 2004, 101, 17669–17674.
[38] McCaskill, JS; Evolutionary microfluidic complementation towards artificial cells. in: Protocells. Bridging Nonliving and Living Matter. eds.: Rasmussen S, Bedau MA, Chen L, Deamer D, Krakauer DC, Packard NH and Stadler PF. MIT Press, Cambridge, 2008, 253–294.

gibt es bereits ethische Richtlinien.[39] Ob die Wissenschaft bei dem Versuch, lebende Zellen zu synthetisieren, ethische Grenzen überschreitet, bedarf eingehender Diskussion. Sollte es tatsächlich gelingen, Blaupausen für lebende Zellen mit neuen Eigenschaften zu entwerfen, muss die Wissenschaft diese Frage beantworten. Ausführungen hierzu finden sich im Kapitel 4.4.

3.4. Design von maßgeschneiderten Stoffwechselwegen

Als ein typisches Beispiel für die Synthetische Biologie wird häufig das Design von maßgeschneiderten Stoffwechselwegen („metabolic engineering") angeführt. Im klassischen Sinne versteht man darunter die Modifizierung bzw. Ergänzung vorhandener Biosynthesekapazitäten entweder in bekannten Produktions- oder in Fremdorganismen. Der gewünschte Stoffwechselweg wird in diesem Fall mit Regelschaltkreisen und Integrationsmodulen auf dem Reißbrett entworfen. Die dazu erforderlichen DNA-Sequenzen werden chemisch synthetisiert, zusammengefügt (rekombiniert) und anschließend in einen geeigneten Empfängerorganismus transferiert.

Der gezielte Transfer einzelner Gene in fremde Wirtsorganismen, wie das Bakterium *Escherichia coli*, die Hefe *Saccharomyces cerevisiae* oder selbst in Humanzellen ist seit den 1970er-Jahren gängige Laborpraxis. Dieser Ansatz, der bereits den Transfer von DNA in einem Umfang von mehreren zehntausend Basenpaaren umfasst, ist besonders im Bereich der Antibiotika- und Aminosäureherstellung oder auch in der Entwicklung transgener Pflanzen beschrieben worden.[40] Im Vordergrund steht dabei die Optimierung des Synthesepotenzials eines Produktionsstammes. Somit wird beim *metabolic engineering* wissenschaftliches Interesse mit einer kommerziellen Anwendung kombiniert.[41]

In jüngerer Zeit konnten auch Wege für artifizielle und in der Natur in dieser Form nicht vorkommende neuartige Biosyntheseprozesse eröffnet werden. Bei dieser Vorgehensweise handelt es sich allerdings weniger um eine neue Technologie als um eine Weiterentwicklung des *metabolic engineering*, wie es seit Mitte der 1980er-Jahre bekannt ist. Handelte es sich bis dahin um die gezielte Veränderung einzelner Gene oder ihrer Regulatoren in einem mehrere Gene umfassenden Biosynthese-Gencluster, gelang 2003 die gentechnische Konstruktion eines kompletten Biosyntheseweges für Isoprenoide in *E. coli*. Dieses Bakterium wurde so programmiert, dass es eine Vorstufe des Antimalaria-Medikaments Artemisinin, die Artemisinsäure, synthetisiert.[42] Dabei wurden Gene aus der Pflanze *Artemisia anna*, der Bäckerhefe sowie bakterielle Gene in *E. coli* zusammengesetzt und mit den notwendigen bakteriellen Kontrollregionen für eine regulierte Genexpression versehen. Drei Jahre später konnte auch die Hefe zum Artemisinsäureproduzenten programmiert werden.[43] Bei der Umsetzung des Verfahrens arbeiten derzeit die Non-Governmental Organisation (NGO) One World Health, das Biotechnologieunternehmen Amrys, die Bill Gates Foundation sowie das Pharmaunternehmen Sanofi-Aventis zusammen. Das Ziel dieser Arbeiten ist die Herstellung des Malariamittels, um es für Patienten in Ländern, in denen die Malaria endemisch ist, kostengünstig verfügbar zu machen.

---

[39] Bedau MA, Parke EC, Tangen U, Hantsche-Tangen B; Ethical guidelines concerning artificial cells. www.istpace.org/Web_Final_Report/the_pace_report/Ethics_final/PACE_ethics.pdf.

[40] Rodriguez E, McDaniel R; Combinatorial biosynthesis of antimicrobials and other natural products. Curr. Opin. Microbiol., 2001, 4, 526–534.

[41] Durot M, Bourguignon PY, Schachter V; Genome-scale models of bacterial metabolism: reconstruction and applications. FEMS Microbiol. Rev., 2009, 33, 164–190.

[42] Martin VJ, Pitera DJ, Withers ST, Newman JD, Keasling JD; Engineering a mevalonate pathway in Escherichia coli for production of terpenoids. Nat. Biotechnol. 2003, 21, 796–802.

[43] Ro DK, Paradise EM, Ouellet M, Fisher KJ, Newman JD, Ndungu JM, Ho KA, Eachus RA, Ham TS, Kirby J, Chang MC, Withers ST, Shiba Y, Sarpong R, Keasling JD; Production of the antimalarial drug precursor artemisinic acid in engineered yeast. Nature, 2006, 440, 940–943.

Ein weiteres Beispiel ist die Synthese von Hydrocortison aus Ethanol in der Bäckerhefe. 2003 gelang dieses Verfahren durch das funktionale Zusammenschalten von 13 Genen, von denen acht menschlichen Ursprungs sind. Auch hier steht die preisgünstige Herstellung des Produkts im Vordergrund.[44] Im Vergleich zur herkömmlichen Totalsynthese von Hydrocortison, die bis zum Endprodukt über 23 chemische und biotechnologische Reaktionsschritte verläuft, stellt dieses Verfahren einen wichtigen Fortschritt im Produktionsverfahren dar.[45]

Neben den oben genannten Arbeiten, die im Bereich der pharmazeutischen Entwicklung angesiedelt sind, gewinnt die Konstruktion synthetischer Gencluster bzw. artifizieller Biosynthesewege auch im Umfeld der industriellen „weißen" Biotechnologie zunehmend an Bedeutung. Es wird unter anderem angestrebt, petrochemische Herstellungsverfahren durch nachhaltige Bioverfahren unter Verwendung nachwachsender Rohstoffe zu ersetzen. Beispielhaft hierfür steht die Bildung eines Ausgangsstoffes für die Herstellung von Nylon.[46]

Einen bemerkenswerten Fortschritt stellt der Transfer umfangreicher Gencluster, die für neue Naturstoffe kodieren, in fremde Wirtsbakterien dar. Darüber hinaus lassen sich „stumme Gencluster" in ihrer Expression aktivieren. Zum Beispiel gelang die funktionale Expression eines Genclusters für die Bildung eines Naturstoffes aus dem Myxobakterium Stigmatella in *Pseudomonas*. Dadurch wurde auch die Möglichkeit eröffnet, den Naturstoff gezielt zu verändern und erheblich verbesserte Produktausbeuten zu erzielen.[47, 48] Ferner gibt es inzwischen verbesserte DNA-Transfersysteme, die eine Klonierung von Genclustern > 80 kb in *E. coli* und deren Expression in anderen Wirtsorganismen, zum Beispiel *Streptomyces lividans*, erlauben. Dieses konnte jüngst für das Polyketidantibiotikum Meridamycin demonstriert werden.[49]

Die Reihe der ausgewählten Beispiele ließe sich weiter ergänzen. Ihnen ist gemein, dass sie auf der detaillierten Kenntnis der Biosynthesewege, einem rationalen Konzept („rational design") und der Weiterentwicklung des gentechnisch experimentellen Methodenrepertoires beruhen. Basierend auf der DNA-Sequenzierung einer Vielzahl von Biosynthesegenclustern und der Aufklärung der zugrunde liegenden Expressionskontrollen wird es in Zukunft üblich sein, die DNA statt auf dem zeitaufwendigen, klassischen Klonierungsweg auch kostengünstig synthetisch herzustellen (s. Kap. 3.1.). Darüber hinaus ist die Möglichkeit gegeben, die genetische Information dem jeweiligen Produktionswirt optimal anzupassen. Hier bietet sich ein bislang noch nicht hinreichend ausgeschöpftes Anwendungspotenzial an.

---

[44] Szczebara FM, Chandelier C, Villeret C, Masurel A, Bourot S, Duport C, Blanchard S, Groisillier A, Testet E, Costaglioli P, Cauet G, Degryse E, Balbuena D, Winter J, Achstetter T, Spagnoli R, Pompon D, Dumas B; Total biosynthesis of hydrocortisone from a simple carbon source in yeast. Nat. Biotechnol., 2003, 21, 143–149.

[45] Redaktion PROCESS; Hefezelle als Wirkstofffabrik. PROCESS, 22.02.2007; www.process.vogel.de/articles/58824/.

[46] Niu W, Draths KM, Frost JW; Benzene-free synthesis of adipic acid. Biotechnol. Prog., 2002, 18, 201–211.

[47] Wenzel SC, Gross F, Zhang Y, Fu J, Stewart AF, Müller R; Heterologous expression of a myxobacterial natural products assembly line in pseudomonads via red/ET recombineering. Chem. Biol., 2005, 12, 349–356.

[48] Perlova O, Gerth K, Kuhlmann S, Zhang Y, Müller R; Novel expression hosts for complex secondary metabolite megasynthetases: Production of myxochromide in the thermopilic isolate Corallococcus macrosporus GT-2. Microb. Cell Fact., 2009, 8, 1–11.

[49] Liu H, Jiang H, Haltli B, Kulowski K, Muszynska E, Feng X, Summers M, Young M, Graziani E, Koehn F, Carter GT, He M; Rapid cloning and heterologous expression of the meridamycin biosynthetic gene cluster using a versatile Escherichia coli- Streptomyces artificial chromosome vector, pSBAC (perpendicular). J. Nat. Prod., 2009, 72, 389–395.

Inweweit beim *metabolic engineering* auch synthetisch konstruierte Produktionswirte wie Minimalzellen und Protozellen zum Einsatz kommen werden, ist von deren Produktbildungskapazitäten abhängig.

3.5. Konstruktion von komplexen genetischen Schaltkreisen

Seit der Beschreibung genetischer Schaltkreise durch Jacob und Monod[50] in den 1960er-Jahren sind Molekularbiologen daran interessiert, die vielfältigen Möglichkeiten zu nutzen, um zelluläre Regulationsvorgänge zu modifizieren und in extern kontrollierbare, genetische Schaltkreise zu überführen.

DNA entwickelt ihre biologische Funktion erst über die exakte Steuerung der Genaktivität. Viren, Bakterien und eukaryontische Zellen nutzen hierzu eine Fülle komplexer Regelmechanismen, die auf der Ebene der Nukleinsäuren als regulatorische Motive niedergelegt sind und in Wechselwirkung mit zellulären Faktoren (RNAs oder Proteine) treten. Die Genaktivität kann so auf allen Ebenen der Genexpression – von der Bildung des Primärtranskripts über die (in Eukaryonten anzutreffende) post-transkriptionelle Modifikation bis hin zur Proteinbiosynthese – fein auf die metabolischen und gewebespezifischen Anforderungen des Zellhaushalts abgestimmt werden.

Das heute in der Biotechnologie am häufigsten eingesetzte künstliche Regelsystem nutzt sogenannte Tetracyclin-sensitive Promotoren. Diese beruhen auf der Adaptation eines bakteriellen Antibiotika-Spürsystems für die kontrollierte Genexpression in Zellen. Tetracyclin-sensitive Promotoren spielen bereits seit vielen Jahren eine große Rolle in der Funktionsanalyse von Genen und sind auch für die biotechnologische Produktherstellung oder die therapeutischen Anwendungen im Sinne einer somatischen Gentherapie interessant.[51]

Eine Vielzahl weiterer genetischer Schaltkreise wurde in den vergangenen Jahren in Zellen eingeführt, die neben der transkriptionellen Kontrolle auch posttranskriptionelle Mechanismen ansteuern; auch das Tetracyclin-regulierte System bleibt weiterhin Gegenstand umfangreicher Optimierungen.[52] Werden nun mehrere solcher Schaltkreise kombiniert, können über positive und negative Rückkopplungen komplexe kybernetische Systeme unterschiedlicher Ausprägung entstehen. Eine paradigmatische Rolle spielt der sogenannte Repressilator, ein oszillierendes regulatorisches System, das auf der Kombination von drei bakteriellen Repressorproteinen beruht.[53] Die Konstruktion noch komplexerer genetischer Schaltkreise wird in zunehmendem Maße von der Entwicklung funktionell definierter Module im Sinne der „BioBricks" profitieren. Ihr Zusammenspiel ist nur bedingt berechenbar und muss daher empirisch überprüft werden.[54, 55] Insofern sind die Grenzen zwischen klassischer Biotechnologie und Synthetischer Biologie bei der Entwicklung künstlicher Schaltkreise fließend.

---

[50] Jacob F, Monod J; Genetic regulatory mechanisms in the synthesis of proteins. J. Mol. Biol., 1961, 3, 318–356.

[51] Goosen M, Bujard H; Studying gene function in eukaryotes by conditional gene inactivation. Annu. Rev. Genet., 2002, 36, 153–173.

[52] Greber D, Fussenegger M; Mammalian synthetic biology: engineering of sophisticated gene networks. J. Biotechnol., 2007, 130, 329–345.

[53] Elowitz MB, Leibler S; A synthetic oscillatory network of transcriptional regulators. Nature, 2000, 403, 335–338.

[54] Stricker J, Cookson S, Bennett MR, Mather WH, Tsimring LS, Hasty J; A fast, robust and tunable synthetic gene oscillator. Nature, 2008, 456, 516–519.

[55] Tigges M, Marquesz-Lago TT, Stelling J, Fussenegger M; A tunable synthetic mammalian oscillator. Nature, 2009, 457, 309–312.

Vom Grundsatz her sollte die Abhängigkeit von Organismen mit künstlichen genetischen Schaltkreisen in ihrer Regulation von exogen applizierbaren Pharmaka bzw. anderen Formen chemisch oder physikalisch definierter Induktoren die biologische Sicherheit erhöhen.

3.6. Schaffung von orthogonalen Biosystemen

Bei der Konstruktion neuartiger Biosysteme spielt die Komplexität eine zentrale Rolle: Neu eingebrachte Moleküle oder Schaltkreise interagieren mit dem bestehenden System. Um möglichst unabhängig voneinander funktionierende Bausteine zu integrieren, verfolgt man das Konzept orthogonaler Biosysteme. Ein möglicher Ertrag ist eine Verbesserung der biologischen Sicherheit.

Orthogonalität bedeutet in diesem Zusammenhang die freie Kombinierbarkeit unabhängiger Bauteile und ist ein technikwissenschaftliches Konstruktionsprinzip, das unter anderem in der Informatik eine wichtige Rolle spielt. Die mit Orthogonalität verbundene Strategie hat zum Ziel, Teilsysteme zu verändern, ohne gleichzeitig andere Teilsysteme erheblich zu stören. Die Verwirklichung von Orthogonalität in biologischen Systemen wird als Voraussetzung für eine Synthetische Biologie im Sinne gezielter Eingriffe gesehen, die über den rein empirischen Ansatz hinausgehen und die nicht in der zellulären Komplexität gefangen sind.[56] Um unabhängig voneinander funktionieren zu können, sollten orthogonale Teilsysteme möglichst „unsichtbar" für den Rest der Zelle sein, also deren Wechselwirkung mit den natürlichen (Teil-)Systemen minimal beeinflussen.

Ein Beispiel ist das Engineering des genetischen Codes: Die Proteine sind in der Regel aus 20 verschiedenen Aminosäuren aufgebaut, die deren Struktur und Funktion prägen. Es gibt freilich keinen chemischen oder biologischen Grund, warum nicht andere als die 20 „kanonischen" Aminosäuren als Bausteine für Proteine biologische Verwendung finden könnten. Um künstliche Aminosäuren an ausgewählten Positionen eines Proteins einzuschleusen, können beispielsweise Kodons modifiziert und die zelluläre Translationsmaschinerie entsprechend angepasst werden, die genetische Information wird dann am Ribosom anders übersetzt.

Ein Ansatz, den genetischen Code gezielt für eine künstliche Aminosäure zu erweitern, basiert darauf, das am wenigsten verwendete Stopp-Kodon für den Einbau dieser Aminosäure zu verwenden. Hierzu müssen eine entsprechend modifizierte Transfer-RNA (tRNA) und das Beladungsenzym in die Zelle eingebracht werden. Idealerweise erkennt diese tRNA ausschließlich das Stopp-Kodon und fügt bei der ribosomalen Proteinsynthese hierfür die zusätzliche Aminosäure ein, ohne dass die Wirkung der bereits vorhandenen tRNAs berührt wird.[57]

Ein anderes Beispiel für ein orthogonales System ist ein verändertes Ribosom, das ein Leseraster aus Quadrupletts, das heißt aus vier statt den üblichen drei Basen je Kodon, bearbeitet.[58] Ziel ist es, zwei unabhängig voneinander arbeitende Übersetzungssysteme in einer Zelle zu etablieren: ein „natürliches" zur Synthese normaler Zellproteine und ein „orthogonales" zur Synthese von Polymeren aus nicht natürlich vorkommenden Aminosäuren. Auf diese Weise könnten lebende Zellen zur Synthese beliebiger Aminosäurepolymere programmiert werden, die als neue Werkstoffe (Zahnimplantate, Knorpel- und Knochenersatz), als therapeutische Wirkstoffe und für Forschungszwecke zur Struktur- und Funktionsaufklärung dienen könnten.

---

[56] Panke S; Synthetic Biology – Engineering in Biotechnology. 2008, Swiss Academy of Technical Sciences (Ed.).
[57] Budisa N, Weitze MD; Den Kode des Lebens erweitern. Spektrum der Wissenschaft, Januar 2009, 42–50.
[58] Wang K, Neumann H, Peak-Chew SY, Chin JW; Evolved orthogonal ribosomes enhance the efficiency of synthetic genetic code expansion. Nat. Biotechnol., 2007, 25, 770–777.

Orthogonale Biosysteme stellen eine Erhöhung der biologischen Sicherheit in Aussicht. So können zum Beispiel Gene, die über einen nicht natürlichen genetischen Code für die Synthese eines bestimmten Genprodukts programmiert sind, ausschließlich in Organismen mit diesem orthogonalen Translationssystem entschlüsselt werden (s. Kap. 4.3.).

Kapitel 4 – Aktuelle Herausforderungen

4.1. Ökonomische Aspekte

4.1.1 Marktpotenziale

Die ökonomischen Aussichten der Synthetischen Biologie lassen sich an den kommerziellen Verwendungsmöglichkeiten im industriellen und medizinischen Bereich messen sowie an Lizenzeinnahmen und am Schutz des geistigen Eigentums durch Patente ablesen. Wenn sich die Synthetische Biologie bislang auch noch weitgehend im Forschungsstadium befindet, so zeichnen sich bereits jetzt attraktive Marktpotenziale ab. Dabei liegen die ökonomisch interessanten Möglichkeiten in der erhöhten Produktivität durch die Verbesserung von Herstellungsprozessen, der Gewinnung neuer Produkte, der Beschleunigung von Entwicklungszeiten durch Standardisierung biologischer Bauteile und Etablierung neuer Produktionskonzepte. Hohe Marktpotenziale bezogen auf den Produktionsstandort Deutschland sind vor allem im Bereich der Weißen Biotechnologie, der Bioenergie sowie in der Medizin zu erwarten. Neue Produktionsverfahren zeichnen sich durch die Schaffung bislang nicht bekannter Synthesewege ab, und Möglichkeiten werden eröffnet, Produktionsstämme mit verbesserten Eigenschaften zu konstruieren. Zudem entwickeln sich Dienstleistungen im Bereich der Analyse und Herstellung von Nukleinsäuren, die auf Technologien zurückgreifen, die bereits unter Patentschutz stehen.

Die in Deutschland traditionell starke chemische Industrie nutzt bereits heute vielfältige Verfahren der Weißen Biotechnologie. Hieran lässt sich erkennen, welches Potenzial in der Schaffung neuer Prozesse mittels Synthetischer Biologie liegt. Diese Prozesse könnten neue Rohstoffquellen nutzen, natürliche Ressourcen sparen helfen und Abfälle vermeiden. Zum Beispiel wird die als Futtermittelzusatz benötigte Aminosäure Lysin derzeit mit klassischen biotechnologischen Verfahren im Maßstab von 700 000 Tonnen jährlich produziert, was einem Marktwert von 1,4 Milliarden Euro entspricht. In Anbetracht dieses hohen Umsatzes können schon kleinste Optimierungen in dem biotechnologischen Verfahren erhebliche wirtschaftliche Relevanz haben. Deshalb hat das *metabolic engineering* in dem Marktkonzept eine beachtliche Bedeutung (s. Kap. 3.4.).

Mit der Umstellung einer auf fossilen Rohstoffen basierten Produkt- und Energiewirtschaft auf erneuerbare Ressourcen gibt es zukünftig zwei Ansätze zur konzeptionellen Umstellung dieser Industriezweige. Aus ökonomischen Erwägungen ist es zunächst sinnvoll, heute verwendete Ausgangsverbindungen auf der Basis nachwachsender Rohstoffe zu produzieren, da auf diese Weise bestehende Produktionsanlagen weiter genutzt werden können. Mittelfristig ist ein Ersatz petrochemischer Ausgangsverbindungen durch biologisch leicht zugängliche Substanzen anzustreben, was eine schrittweise Umstellung der Produktionsverfahren und -anlagen zur Folge hätte.[59]

Die Synthetische Biologie verspricht auch neue Strategien zur Gewinnung von Biokraftstoffen. Biokraftstoffe der ersten Generation basieren auf Pflanzen, die auch als Nahrungsmittel dienen. Angesichts begrenzter Kapazitäten der Agrarflächen entsteht so eine Spannung zum Nahrungs-

---

[59] Eine starke Biologisierung der Wirtschaft im Rahmen einer Bioökonomie wird prognostiziert: Man erwartet, dass Biomaterialien und Bioenergie bis 2030 ein Drittel der Industrieproduktion in Europa ausmachen werden, vgl. „En Route to the Knowledge-based Bio-Economy", Cologne Paper, Mai 2007.

mittelanbau. Verfahren zur Herstellung von Biokraftstoffen der zweiten Generation nutzen die ganze Pflanze, also insbesondere Teile, die als Nahrungsmittel nicht infrage kommen. Solche Verfahren, bei denen beispielsweise Ethanol aus Agrarabfällen und pflanzlichen Reststoffen gewonnen wird, könnten durch die Synthetische Biologie beflügelt werden. Auch die Gewinnung von Bio-Wasserstoff aus Wasser und Sonnenenergie könnte langfristig mithilfe maßgeschneiderter Mikroorganismen oder biomimetisch konzipierter Katalysatoren ein technisch durchaus realisierbares Verfahren werden. Forschungen auf diesen Gebieten werden durch große Ölkonzerne und durch die Energiewirtschaft aufmerksam verfolgt und teilweise unterstützt.

Vielfältige Marktpotenziale bieten sich für die Synthetische Biologie im Bereich der medizinischen Diagnostik und Prävention, der Arzneimittelentwicklung sowie dem Einsatz alternativer Therapieverfahren an. Auf mögliche Anwendungen im Bereich der Medizin, der Arzneimittelentwicklung und der Wirkstoffproduktion wurde in den Kapiteln 3.1. und 3.4. bereits hingewiesen.

Um neue Marktpotenziale wirtschaftlich gewinnbringend zu erschließen und um den Transfer des Grundlagenwissens in die Anwendung zu beschleunigen, sind eine weitere Stärkung der interdisziplinären Arbeitsweise und eine frühe Beteiligung der ingenieurwissenschaftlichen Fachrichtungen erforderlich.

4.1.2 Patentrechtliche Fragen

Gene und Genfragmente, die für eine bestimmte Funktion kodieren, lassen sich patentieren, in Europa geregelt durch die EU-Richtlinie 98/44/EC[60] und deren Implementierung in das Europäische Patentübereinkommen. Dies trifft auch auf synthetische Elemente zu, die teilweise als „BioBricks" bezeichnet werden. Für Aufsehen haben 2007 US-amerikanische und internationale Patentanmeldungen des J. Craig Venter Institute gesorgt, in dem exklusive Eigentumsrechte an mehreren essenziellen Genen von *Mycoplasma* und einem synthetischen Organismus (*Mycoplasma laboratorium*) angemeldet wurden, der mithilfe dieser Gene wachsen und sich eigenständig replizieren können soll. Die Tür zur Sicherung von Eigentumsrechten an gentechnisch veränderten Organismen (GVO) wurde bereits 1980 durch eine Entscheidung des amerikanischen Obersten Gerichtshofs aufgestoßen, der im Fall Chakrabarty befand, dass ein GVO nicht als Produkt der Natur angesehen werden kann und daher grundsätzlich, das heißt, sofern weitere Voraussetzungen (zum Beispiel Neuheitswert) erfüllt sind, patentierbar ist.[61] In Europa sind mikrobiologische Verfahren und die mithilfe dieser Verfahren gewonnenen Erzeugnisse grundsätzlich patentierbar (Art. 53b) EPÜ). Ebenso ist biologisches Material, das mithilfe eines technischen Verfahrens aus seiner natürlichen Umgebung isoliert oder hergestellt wird, auch wenn es in der Natur schon vorhanden war, patentierbar (Regel 27a) EPÜ).

Die Patentierung von GVO gewährt demjenigen, der – etwa aufgrund aufwendiger Forschung und durch geistige Leistung – eine Erfindung gemacht hat, einen Marktvorsprung, indem er andere auf Zeit von der gewerblichen Benutzung der patentierten Erfindung ausschließen oder sie ihnen gegen Lizenzen gestatten kann. Zudem fördern Patente die wissenschaftliche Entwicklung dadurch, dass die Erfindung so deutlich und vollständig zu offenbaren ist, dass ein Fachmann sie ausführen kann; damit werden der Öffentlichkeit Kenntnisse zur Verfügung gestellt, auf deren Grundlage Weiterentwicklungen und Verbesserungen stattfinden können. Jedoch wird auf die Gefahr einer Mono-

---

[60] Directive 98/44/EC of the European Parliament and of the Council of 6 July 1998 on the legal protection of biotechnological inventions, http://eur-lex.europa.eu/LexUriServ/LexUriServ.do?uri=OJ:L:1998:213:0013:0021:EN:PDF.

[61] Diamond vs. Chakrabarty, 447 U.S. 303 (1980), US Supreme Court, http://caselaw.lp.findlaw.com/scripts/getcase.pl?navby=CASE&court=US&vol=447&page=303.

polstellung auf synthetische Organismen verwiesen, die zu einer Vormachtstellung einzelner Unternehmen führen könnte.[62] Dies kann insbesondere kritisch sein, wenn sich bestimmte Plattformtechnologien als Standard oder de-facto-Standard etablieren. Befürchtet wird ein mangelnder Zugang zu gesellschaftlich wichtigen Forschungsmaterialien und Anwendungsmöglichkeiten, falls entsprechende Patente zu weit gefasst sind. Ein weiteres Problem könnte die Entstehung von sogenannten „Patent thickets (Patentdickichten)", wie sie aus der Elektronikindustrie bekannt sind, darstellen.[63] Da für die Synthetische Biologie oft eine große Anzahl von „Bausteinen" benötigt wird, könnte die Existenz zahlreicher Rechte an diesen Bausteinen, die möglicherweise von verschiedenen Rechteinhabern gehalten werden, die Entwicklung neuer Produkte erschweren.[64] Um einen solchen Trend zu verhindern, wird von einigen Organisationen, wie der gemeinnützigen BioBricks Foundation, Wert auf frei zugängliche Ressourcen für die Synthetische Biologie gelegt. Die Stiftung hat sich insbesondere zum Ziel gesetzt, DNA-Bausteine, mit denen Biosynthesesysteme zusammengesetzt werden können, der Öffentlichkeit frei zugänglich zu machen.[65] Es ist allerdings nicht immer ersichtlich, ob nicht doch gewisse Einzelbestandteile der zur Verfügung gestellten „BioBricks" bereits anderweitig patentrechtlich geschützt sind.

Von weiten Patenten kann eine mittelbare Behinderung der Forschung insofern ausgehen, als kommerzielle Unternehmen wenig geneigt sind, in Forschungsbereiche zu investieren, deren spätere anwendungsbezogene Umsetzung bereits umfassend von Patenten erfasst ist. Auch eine unmittelbare Behinderung der Forschung ist nicht von der Hand zu weisen. Handlungen zu Versuchszwecken, die sich auf den Gegenstand der patentierten Erfindung beziehen, sind nach § 11 Nr. 2 PatG ausdrücklich von der Wirkung des Patents ausgenommen. Gleiches gilt für die Nutzung biologischen Materials zum Zweck der Züchtung, Entdeckung und Entwicklung einer neuen Pflanzensorte (§ 11 Nr. 2a PatG) sowie für Studien und Versuche sowie die sich daraus ergebenden praktischen Anforderungen, die für die Erlangung einer arzneimittelrechtlichen Genehmigung für das Inverkehrbringen in der Europäischen Union oder einer arzneimittelrechtlichen Zulassung in den Mitgliedstaaten der Europäischen Union oder in Drittstaaten erforderlich sind (§ 11 Nr. 2b PatG). Das Versuchsprivileg findet seine Grenze unter anderem darin, dass Versuche nur dann unschädlich sind, wenn sie den patentierten Gegenstand als Objekt der Untersuchung nutzen und nicht lediglich als ein Mittel zu deren Durchführung.

4.2. Forschungsförderung und Ausbildung

Die Synthetische Biologie ist seit etwa 2003 in den Blickpunkt der Forschungsförderung geraten. Inzwischen gibt es eine Reihe nationaler Schwerpunkte, zum Beispiel in Großbritannien, Dänemark, in den Niederlanden und der Schweiz sowie in Frankreich und Deutschland, wofür beispielhaft der im Rahmen der Exzellenzinitiative von der DFG geförderte Exzellenzcluster „bioss" (Biological Signalling Studies) der Universität Freiburg steht, der die Methoden der Synthetischen Biologie mit Studien zur biologischen Signalübertragung verbindet.

Von den einzelnen europäischen Fördermaßnahmen, die gezielt Themen der Synthetischen Biologie zum Inhalt haben, werden hier nur einige beispielhaft aufgeführt. Bereits im 6. Rahmenprogramm der Europäischen Kommission wurden von 2007 bis 2008 innerhalb der „NEST (New

---

[62] Siehe zum Beispiel ETC Group (Action group on Erosion, Technology and Concentration); Extreme Genetic Engineering: An Introduction to Synthetic Biology. 2007, 1–64.
[63] Shapiro C; Navigating the Patent Thicket: Cross Licenses, Patent Pools, and Standard Setting. Innovation Policy and the Economy, 2000, 1, 119–150.
[64] Henkel J, Maurer SM; The economics of synthetic biology. Mol. Syst. Biol., 2007, 3, 117.
[65] http://bbf.openwetware.org/.

and Emerging Science and Technology) Pathfinder Initiative" 18 Projekte mit einem Volumen von 24,7 Millionen Euro gefördert. Darunter befanden sich nicht nur Vorhaben, die auf die Entwicklung neuer Produkte und Methoden ausgerichtet waren, sondern auch Projekte zur Forschungskommunikation (SynBioComm), Fragen der biologischen Sicherheit und ethische Aspekte (SYNBIOSAFE) sowie strategische Planungen (TESSY – Towards a European Strategy for Synthetic Biology). Es ist davon auszugehen, dass der NEST-Initiative, die 2008/09 ausläuft, neue Projekte im 7. Rahmenprogramm folgen werden. Darüber hinaus wurde von der Europäischen Kommission von 2004 bis 2008 das integrierte Projekt „Progammable Artificial Cell Evolution" (PACE) gefördert. Die Projektgruppe hat „Ethical guide lines concerning artificial cells" herausgegeben, die den derzeitigen Stand der Diskussion für dieses Teilgebiet wiedergeben.[66]

Auch die European Science Foundation (ESF) hat besondere Förderprogramme im Rahmen der Synthetischen Biologie aufgelegt, zum Beispiel eine Ausschreibung zum EuroCore EuroSYNBIO (Synthetic Biology: Engineering Complex Biological Systems). Die Mittel für dieses Programm kommen von den jeweiligen beteiligten nationalen Förderorganisationen, in Deutschland von der DFG. Neben diesen koordinierten Aktivitäten werden auch die themenoffenen Förderverfahren der DFG, zum Beispiel die Einzelförderung, für Projekte aus dem Bereich der Synthetischen Biologie genutzt.

Dieser Überblick zeigt, dass zahlreiche Förderinstrumente zur Forschung auf dem Gebiet der Synthetischen Biologie verfügbar und bei Bedarf ausbaufähig sind. Der Erfolg all dieser Fördermaßnahmen wird jedoch maßgeblich davon abhängen, inwieweit es gelingen wird,

– die unterschiedlichen fachlichen Disziplinen zusammenzuführen, um Synergien zu erzeugen;

– die vorhandenen Infrastrukturen optimal zu nutzen und durch konzertierte Maßnahmen effizient zu ergänzen;

– weitsichtig die Grundlagenforschung zu berücksichtigen, da sich noch viele Gebiete der Synthetischen Biologie auf der Ebene des elementaren Erkenntnisgewinns bewegen;

– zugleich frühzeitig den Anwendungsaspekt in die strategische Planung einzubeziehen, um eine schnellere Transformation in die industrielle Nutzung zu erwirken;

– durch Information und Kommunikation eine Transparenz zu schaffen, die zur Akzeptanz dieser Forschungsrichtung in der Öffentlichkeit beiträgt.

Schließlich wird der Erfolg der Synthetischen Biologie von der Qualifikation, dem Ideenreichtum und der Motivation junger Nachwuchswissenschaftlerinnen und Nachwuchswissenschaftler abhängig sein.

Um der letztgenannten Voraussetzung gerecht zu werden, ist es erforderlich, Aspekte der Synthetischen Biologie in den Ausbildungsplänen von Naturwissenschaftlerinnen und Naturwissenschaftlern und Ingenieurinnen und Ingenieuren zu verankern. Die Bachelor- und Masterstudiengänge in Europa und eine zunehmende Zahl von Graduiertenkollegs und Doktorandenakademien bieten hierzu Möglichkeiten, die bisher nicht in einem wünschenswerten Umfang genutzt werden. So sollten Biologinnen und Biologen bereits zu einem frühen Zeitpunkt die Möglichkeit erhalten, ihre grundlegenden Kenntnisse in Chemie, Physik und Mathematik zu vertiefen, um ihre Fähigkeit zum quantitativen Denken zu stärken. Andererseits sollten auch Naturwissenschaftlerinnen und Naturwissenschaftler aus nicht lebenswissenschaftlichen Disziplinen sowie Ingenieurinnen und Ingenieure Einblicke in die Physiologie und Biochemie lebender Organismen und in die Techniken der

---

[66] Bedau MA, Parke EC, Tangen U, Hantsche-Tangen B; Ethical guidelines concerning artificial cells. www.istpace.org/Web_Final_Report/the_pace_report/Ethics_final/PACE_ethics.pdf.

Molekularbiologie erhalten. Dies ist für eine gemeinsame Sprachfindung, ein konzertiertes Vorgehen und ein produktives Handeln unerlässlich.

Diese Vorgehensweise könnte in einem frühen Stadium der Ausbildung gezielt Interessen wecken, junge Wissenschaftlerinnen und Wissenschaftler für eine interdisziplinäre Arbeit begeistern und die Bereitschaft zur Teamarbeit fördern. Eine Möglichkeit zur Motivation bietet unter anderem der seit 2003 stattfindende Wettbewerb iGEM (international Genetically Engineered Machine Competition), bei dem Arbeitsgruppen aus der ganzen Welt ihre Ideen im Rahmen der Synthetischen Biologie einer kritischen Jury präsentieren.

Schließlich sollten den Studienabsolventinnen und -absolventen, die einen anspruchsvollen Ausbildungsweg durchlaufen haben, auch attraktive berufliche Aussichten sowohl im akademischen als auch industriellen Bereich geboten werden.

4.3. Sicherheitsfragen

Die meisten der im Kapitel 3 aufgeführten Forschungsrichtungen der Synthetischen Biologie verwenden molekularbiologische Methoden der Gentechnik. Über die Gentechnik hinaus wird durch die Umsetzung ingenieurwissenschaftlicher Prinzipien in der Synthetischen Biologie ein neuer Aspekt eingeführt.[67, 68, 69, 70] Dieser Ansatz führt nach Meinung einiger Wissenschaftlerinnen und Wissenschaftler weg vom bisherigen Analysieren und Modifizieren, hin zum Synthetisieren und Konstruieren in der Synthetischen Biologie.[71] Das Ziel der Synthetischen Biologie, Genome *in vitro* zu synthetisieren und neuartige Organismen ohne Referenz in der Umwelt zu kreieren, stellt an die biologische Sicherheit in Laboratorien oder bei Freisetzungen (Biosafety) bisher keine zusätzlichen Anforderungen und birgt hinsichtlich der Missbrauchsmöglichkeiten (Biosecurity) dieser Technologie aus heutiger Sicht keine andersartigen Risiken als die Gentechnik. Eine gesetzliche Regulierung speziell für die Synthetische Biologie ist derzeit aus diesen Gründen nicht erforderlich.

Aufgrund der schnellen Entwicklung wird zum jetzigen Zeitpunkt jedoch ein Monitoring der Arbeiten auf dem Gebiet der Synthetischen Biologie durch die ZKBS (Zentrale Kommission für die Biologische Sicherheit) empfohlen und die Einrichtung einer behördlichen Kontaktstelle für Unternehmen aus dem Bereich der *in-vitro*-Synthese von Nukleinsäuren vorgeschlagen. Diese Kontaktstelle sollte den Unternehmen Informationen zum Risikopotenzial einzelner Nukleinsäuren zur Verfügung stellen können. Die Einrichtung einer wissenschaftlich fundierten und international abgestimmten Datenbanklösung erscheint hierfür notwendig (s. Kap. 4.3.3).

4.3.1 Biologische Sicherheit (Biosafety)

Biologische Systeme unterliegen dem Einfluss vielfältiger Signale, die über Signalkomponenten – ähnlich einem elektronischen Schaltplansystem – in das Netzwerk Zelle integriert werden und der evolutionären Veränderung unterliegen. Über unvermutete und neue Wechselwirkungen könnten bei künstlichen biologischen Systemen unerwartete Eigenschaften auftreten und zu unkalkulier-

---

[67] Forum Genforschung; Synthetic Biology. 2007, Platform of the Swiss Academy of Science.
[68] Benner SA, Sismour AM; Synthetic Biology. Nat. Rev. Genet., 2005, 6, 533–543.
[69] Heinemann M, Panke S; Synthetic Biology – putting engineering into biology. Bioinformatics, 2006, 22, 2790–2799.
[70] Keasling JD; Synthetic biology for synthetic chemistry. ACS Chem. Biol., 2008, 3, 64–76.
[71] van Est R, de Vriend H, Walhout B; Constructing Life. The World of Synthetic Biology. The Hague, Rathenau Institute. 2007, 1–16.

baren Risiken bei einer absichtlichen oder unabsichtlichen Freisetzung von solchen Systemen führen.[72, 73, 74, 75]

Die gleiche Diskussion um die Komplexität biologischer Systeme und potenzieller Risiken gab es Mitte der 1970er-Jahre, nachdem erstmals DNA über Artgrenzen hinweg von einem Organismus auf einen anderen übertragen wurde.[76] Als wesentliche Risiken bei der Herstellung von gentechnisch veränderten Organismen wurden deren absichtliche und unabsichtliche Freisetzung mit unvorhersehbaren Folgen für die Gesundheit von Menschen und Tieren sowie für die Umwelt in ihrem Wirkungsgefüge betrachtet. Diesen Bedenken wurde und wird Rechnung getragen, indem für die Gentechnik ein Risikomanagement etabliert wurde, das für gentechnische Experimente das vermutete Risiko als vorhandenes Risiko annimmt (Vorsorgeprinzip).[77] Mit dem Arbeiten in risikobezogenen Sicherheitslaboren und durch den schrittweisen Übergang vom Sicherheitslabor über zum Beispiel ein Gewächshaus bis hin zur Freisetzung wurde ein technisches Management des angenommenen Risikos von GVO möglich. Mithilfe der biologischen Sicherheitsforschung wurden als biologische Sicherheitsmaßnahmen bezeichnete Vektor-Empfänger-Systeme entwickelt, die außerhalb einer gentechnischen Anlage nicht vermehrungsfähig sind, eine begrenzte Lebenserwartung haben und in einem geringeren Umfang als Wildtyporganismen am horizontalen Gentransfer teilnehmen.[78] Dieses Risikomanagement für gentechnische Arbeiten und die beschriebenen Werkzeuge bilden die Grundlage der Risikobewertung für GVO und gentechnische Arbeiten nach dem deutschen Gentechnikgesetz (GenTG), welches die Systemrichtlinie 98/81/EWG und die Freisetzungsrichtlinie 2001/18/EG der EU umsetzt.[79]

Nach dem GenTG entsprechen die meisten der in Kapitel 3 beschriebenen Arbeiten der Synthetischen Biologie gentechnischen Arbeiten. Eine neue Qualität der aus der Gentechnik bekannten Risiken aufgrund des großen Umfangs an neu rekombinierter Nukleinsäuresequenz ist in diesen Arbeiten nicht zu erkennen; in der Gentechnik werden schon seit vielen Jahren Nukleinsäureabschnitte von 50 kb bis mehrere 100 kb über spezielle Vektoren, wie BACs oder YACs, in Zellen übertragen.[80]

Für absichtliche Freisetzungen von Organismen der Synthetischen Biologie, für die kein charakterisierter Referenzorganismus in der Natur existiert, ist vor der Genehmigung einer Freisetzung in die Umwelt die Etablierung neuer Evaluationssysteme (Modellökosysteme wie Mikro- und Mesokosmen) zur Risikoabschätzung zu erwägen. Hier bietet das GenTG die Grundlagen für die Charakterisierung dieser Organismen, damit eine sinnvolle Risikobeurteilung durchgeführt werden kann.

---

[72] Bhutkar A; Synthetic biology: navigating the challenges ahead. J. Biolaw Bus., 2005, 8, 19–29.
[73] Church G; Let us go forth and safely multiply. Nature, 2005, 438, 423.
[74] Schmidt, M; SYNBIOSAFE – safety and ethical aspects of synthetic biology. 2007, Internet Communication.
[75] Tucker JB, Zilinskas RA; The Promise and Perils of Synthetic Biology. The new Atlantis. Spring 2006, 25–45.
[76] Berg P, Baltimore D, Boyer HW, Cohen SN, Davis RW, Hogness DS, Nathans D, Roblin R, Watson JD, Weissman S, Zinder ND; Letter: Potential biohazards of recombinant DNA molecules. Science, 1974, 185, 303.
[77] Berg P, Baltimore D, Brenner S, Roblin RO (III), Singer MF; Asilomar conference on recombinant DNA molecules. Science, 1975, 188, 991–994.
[78] Kruczek I, Buhk HJ; Risk evaluation. Methods Find Exp. Clin. Pharmacol., 1994, 16, 519–523.
[79] Gentechnikgesetz in der Fassung der Bekanntmachung vom 16. Dezember 1993 (BGBl. I S. 2066), zuletzt geändert durch Artikel 1 des Gesetzes vom 1. April 2008. Bundesgesetzblatt, 499.
[80] Burke DT, Carle GF, Olson MV; Cloning large segments of exogenous DNA into yeast by means of artificial chromosome vectors. Science, 1987, 263, 806–812.

Einige Teilbereiche der Synthetischen Biologie fallen nicht zwangsläufig unter das GenTG. So sind beispielsweise die *de-novo*-DNA-Synthese als Technik der Veränderung genetischen Materials und die Bewertung von mittels Synthetischer Biologie hergestellten Organismen mit einer natürlich vorkommenden Sequenz, die nicht über Rekombinationstechniken zusammengefügt wurde, noch nicht abschließend bewertet. Allerdings ist eine Risikobeurteilung und -kontrolle dieser Organismen mit den Werkzeugen des GenTG problemlos möglich. Eine eventuell in Zukunft notwendige Präzisierung der Zuordnung von Organismen, die nicht von natürlichen Organismen abgeleitet, sondern *de novo* erschaffen werden, sollte bei einer späteren Aktualisierung des GenTG überprüft werden. Das GenTG ist derzeit nicht anwendbar auf artifizielle Zellen, also solche, die nicht fähig sind, sich zu vermehren oder genetisches Material zu übertragen. Aber auch solche Bereiche der Synthetischen Biologie sind über das Chemikaliengesetz, das Arbeitsschutzgesetz und – wenn es sich um Arzneimittel handelt – das Arzneimittelgesetz in eine Risikobewertung zum Schutz von Mensch und Umwelt einbezogen.[81, 82, 83] Aus Sicht der biologischen Sicherheit besitzen weder zellähnliche Systeme noch subgenomische, replikationsdefekte Nukleinsäuren ein Gefährdungspotenzial, weil beide nicht infektiös und nicht vermehrungsfähig sind und sich demzufolge nicht ausbreiten können.

Insofern sind die derzeitigen Arbeiten der Synthetischen Biologie in eine umfassende und ihrem Risiko angemessene Beurteilung eingebunden, sodass augenblicklich keine neuen gesetzlichen Regelungen für erforderlich gehalten werden.

4.3.2 Synthetische Biologie als Sicherheitstechnik

Die in Abschnitt 3.1 dargestellte *de-novo*-Synthese von Nukleinsäuren bietet Möglichkeiten, einen Beitrag zur Erhöhung der Sicherheit bei absichtlicher und unabsichtlicher Freisetzung zu leisten. Vor der Herstellung einer synthetischen Nukleinsäure aus chemischen Bausteinen muss die Sequenzabfolge am Computer definiert werden. Synthetisch hergestellte Elemente oder Organismen besitzen somit eine bekannte Nukleinsäuresequenz. Die Optimierung der *in-vitro*-Synthese von Nukleinsäuren zur Produktion immer längerer Sequenzen ist eine Methode, selten vorkommende Klonierungsartefakte weiter zu minimieren; sie kann darüber hinaus zur Vermeidung von mobilen genetischen Elementen in synthetisch hergestellten Genomen genutzt werden. Durch die *in-vitro*-DNA-Synthese können auch nicht natürliche Nukleotide zur Herstellung der Bauteile und Organismen verwendet werden, die nur von spezifisch veränderten und in der Natur nicht vorkommenden Polymerasen erkannt werden.

Unabhängig von der *in-vitro*-DNA-Synthese ist auch die Verwendung von nicht natürlichen Aminosäuren denkbar, die nur von entsprechend angepassten Ribosomen in Polypeptide eingebaut werden können. Durch die Abhängigkeit von künstlichen Nährstoffen sind die synthetischen Elemente in der Natur nicht aktiv bzw. synthetisch hergestellte Organismen nicht überlebensfähig. Mit der zusätzlichen Integration von synthetischen Schaltkreisen (s. Kap. 3.5.) oder Inaktivierungsmechanismen in die Genome von synthetisch hergestellten Organismen und durch die Verwendung nicht natürlicher Nährstoffe ist eine mehrfache Absicherung realisierbar. Die Synthetische Biologie baut somit auf dem Konzept der biologischen Sicherheitsmaßnahmen aus der Gentechnik auf und macht die Minimalzelle, die nur in einer definierten Umgebung eine begrenzte Aufgabe erfüllen

---

[81] Chemikaliengesetz in der Fassung der Bekanntmachung vom 2. Juli 2008. Bundesgesetzblatt, 1146.
[82] Arzneimittelgesetz in der Fassung der Bekanntmachung vom 12. Dezember 2005 (BGBl I S. 3394), zuletzt geändert durch Artikel 9 Abs. 1 des Gesetzes vom 23. November 2007. Bundesgesetzblatt, 2631.
[83] Arbeitsschutzgesetz vom 7. August 1996 (BGBl I S. 1246), zuletzt geändert durch Artikel 15 Abs. 89 des Gesetzes vom 5. Februar 2009. Bundesgesetzblatt, 160.

kann, zum Ziel einer konsequenten Weiterentwicklung, die das Gefährdungspotenzial im Falle einer Freisetzung weiter verringert.

4.3.3 Schutz vor Missbrauch (Biosecurity)

Der vorsätzliche Missbrauch biologischer Substanzen und Organismen für terroristische Zwecke ist eine latente Bedrohung, welche in vielfältigen Variationen diskutiert wird und unterschiedlichste Szenarien bereithält (zum Beispiel Anschlagsszenarien durch Pocken, Ebola, Anthrax, Ricin). Geeignete Maßnahmen zum Schutz vor missbräuchlicher Anwendung sind daher notwendig.

Neue technische Methoden zur Genomsequenzierung und die Bereitstellung von Genomsequenzen in öffentlichen Datenbanken erleichtern grundsätzlich den Zugang zu genetischen Daten, auch von pathogenen Organismen und biologischen Toxinen. Dieser leichter werdende Zugriff auf Genomdaten und insbesondere die Möglichkeit, definierte Nukleinsäuresequenzen direkt über das Internet bei DNA-Synthese-Firmen zu bestellen, werden daher als spezifisches Gefährdungspotenzial der Synthetischen Biologie diskutiert.[84, 85, 86, 87] In diesem Zusammenhang ist zu bedenken, dass im Bereich der Viren in den vergangenen Jahren bereits eine Reihe von Genomen hoch pathogener Erreger synthetisiert wurde, zu denen u.a. das Poliomyelitis- (Kinderlähmungs-)Virus gehört. Es besteht die Befürchtung, dass Einzelpersonen, terroristische Organisationen oder Staaten damit die Möglichkeit haben, pathogene Organismen oder Toxine zu rekonstruieren und für feindliche oder kriegerische Handlungen einzusetzen. Einen ähnlich bedenklichen Ansatz könnten Personen verfolgen, die wie Computer-Hacker und Computer-Virenkonstrukteure als interessierte Laien Zugang zu einzelnen synthetischen Elementen oder den notwendigen Ausgangsstoffen bekommen und in einer unkontrollierten Umgebung synthetische Systeme bis hin zu Mikroorganismen herstellen.

Aufgrund der Vielzahl von Eigenschaften, die einen Krankheitserreger auszeichnen (zum Beispiel Pathogenität, Infektiosität, Wirtsspezifität), wird weniger davon ausgegangen, dass neue, infektiösere Pathogene synthetisch erschaffen werden könnten, sondern vielmehr davon, dass existierende Erreger rekonstruiert oder modifiziert werden (s. Kap. 3.1.). Aufgrund der hohen technischen und logistischen Anforderungen werden die Möglichkeiten von Einzelpersonen, diese Techniken zu missbrauchen, als gering eingeschätzt.

Wie bei allen *dual-use*-Technologien verfolgt der Schutz vor Missbrauch oder „Biosecurity" auch bei der Synthetischen Biologie das Ziel, die Eventualität eines Missbrauchs durch gezielte Maßnahmen so weit wie möglich zu minimieren. In Deutschland existieren verschiedene gesetzliche Regelungen, die das Missbrauchsrisiko der Synthetischen Biologie schon jetzt weitgehend einschränken. Im Gentechnikgesetz wird die Genehmigung zur Errichtung und für den Betrieb einer gentechnischen Anlage abhängig gemacht von der Zuverlässigkeit des Betreibers und der für die Leitung und Aufsicht verantwortlichen Personen. Außerdem dürfen keine Tatsachen vorliegen, die dem Abkommen zu chemischen und biologischen Waffen und dem Kriegswaffenkontrollgesetz entgegenstehen.[88] Nach dem Gesetz über die Kontrolle von Kriegswaffen ist es in Deutschland verboten, biologische oder chemische Waffen zu entwickeln, herzustellen oder mit ihnen Handel zu treiben. Zudem verzichtet die Bundesrepublik Deutschland auf die Herstellung der in der Kriegswaffenliste auf-

---

[84] Bhutkar A; Synthetic biology: navigating the challenges ahead. J. Biolaw. Bus., 2005, 8, 19–29.
[85] Schmidt M; SYNBIOSAFE – safety and ethical aspects of synthetic biology. 2007, Internet Communication.
[86] Schmidt M; Diffusion of synthetic biology: a challenge to biosafety. Syst. Synth. Biol., 2008, 2, 1–6.
[87] Tucker JB, Zilinskas RA; The promise and perils of synthetic biology. New Atlantis, 2006, 12, 25–45.
[88] Gentechnikgesetz in der Fassung der Bekanntmachung vom 16. Dezember 1993 (BGBl. I S. 2066), zuletzt geändert durch Artikel 1 des Gesetzes vom 1. April 2008. Bundesgesetzblatt, 499. 1-4-2008.

geführten biologischen Kampfmittel, zu denen genetisch modifizierte Mikroorganismen oder genetische Elemente, die von den in dieser Liste aufgeführten pathogenen Mikroorganismen abstammen, gehören.[89] Nach dem Außenwirtschaftsgesetz bedarf die Ausfuhr von genetischen Elementen und genetisch modifizierten Organismen in Nicht-EU-Staaten einer Genehmigung durch das Bundesamt für Wirtschaft und Ausfuhrkontrolle (BAFA).[90] Einer besonderen Kontrolle unterliegt auch der Versand größerer DNA-Fragmente durch die Gewerbeaufsicht, das BAFA, durch die HADEX und K-Liste, die in besonderem Maße den Versand von Genen oder Genfragmenten einschränkt, die zur Herstellung biologischer Waffen verwendet werden können.

Diese Regularien werden durch freiwillige Selbstverpflichtungen aus Forschung und Industrie zusätzlich unterstützt. Die Deutsche Forschungsgemeinschaft versucht mit dem im April 2008 veröffentlichten Verhaltenskodex[91] für die Arbeit mit hoch pathogenen Mikroorganismen und Toxinen die Aufmerksamkeit insbesondere von Wissenschaftlerinnen und Wissenschaftlern für die Frage des möglichen Missbrauchs von Arbeiten in diesem Gebiet zu wecken und Hinweise für den Umgang zu geben.

In der Industry Association Synthetic Biology (IASB)[92] oder dem International Consortium for Polynucleotide Synthesis (ICPS)[93] organisierte Unternehmen haben sich in ihren Arbeitsgrundsätzen verpflichtet, die Adressen ihrer Kunden und die zu synthetisierenden Sequenzen auf Pathogenitätsfaktoren und Toxine zu überprüfen und auffällige oder suspekte Aufträge abzulehnen. Die Unternehmen verfolgen teilweise einen sehr konservativen Kurs, indem sie nach der Überprüfung Auftragssynthesen sogar ablehnen, auch, um eine mögliche Gefährdung ihrer eigenen Mitarbeiterinnen und Mitarbeiter auszuschließen. Über all diese Maßnahmen hinaus wäre eine Optimierung und Standardisierung der verwendeten Screening-Methoden, mit denen DNA-Sequenzen auf mögliche Pathogenitätsfaktoren oder Toxine untersucht werden, hilfreich. Eine wissenschaftlich fundierte Datenbanklösung zur standardisierten Überprüfung von DNA-Sequenzen erscheint notwendig – diese darf jedoch nicht nur auf Deutschland oder Europa beschränkt bleiben. In Zweifelsfällen brauchen Firmen, die synthetische Nukleinsäuren herstellen, aber eine nationale Kontaktstelle, an die sie sich bei auffälligen Bestellungen wenden können.

Die immer leichtere Verfügbarkeit von DNA-Sequenzen wird zu einer Verbreitung von Techniken der Molekularbiologie und Genetik in andere wissenschaftliche Disziplinen wie zum Beispiel die Ingenieurwissenschaften führen, in denen bisher kaum Erfahrungen im Umgang mit biologischen Agenzien vorliegen. In diesen Bereichen sollte zukünftig die Gentechniksicherheitsverordnung für die Projektleitung gelten.

4.3.4 Begleitendes Monitoring

Die schnellen und vielfältigen Entwicklungen der Synthetischen Biologie lassen nur schwer abschätzen, ob sie zukünftig andere Regelungen verlangen. Daher ist eine kontinuierliche wissenschaftliche Begleitung und gegebenenfalls Evaluation von Fragen der biologischen Sicherheit erforderlich. Der Gesetzgeber sollte die ZKBS mit der sicherheitsrelevanten wissenschaftlichen Beglei-

---

[89] Gesetz über die Kontrolle von Kriegswaffen in der Fassung der Bekanntmachung vom 22. November 1990 (BGBl. I S. 2506), zuletzt geändert durch Artikel 24 der Verordnung vom 31. Oktober 2006. Bundesgesetzblatt, 2407. 2006.
[90] Außenwirtschaftsgesetz in der Fassung der Bekanntmachung vom 26. Juni 2006. Bundesgesetzblatt, 1386. 2006.
[91] www.dfg.de/aktuelles_presse/reden_stellungnahmen/2008/download/codex_dualuse_0804.pdf.
[92] www.ia-sb.eu/.
[93] http://pgen.us/ICPS.htm.

tung der Synthetischen Biologie beauftragen. Dieses im GenTG verankerte Gremium berät seit 1978 die Bundesregierung und die Länder in Fragen der Sicherheit in der Gentechnik. In der ZKBS wirken neben der Wissenschaft weitere gesellschaftliche Gruppierungen mit, die zum Beispiel den Arbeitsschutz, Verbraucherschutz und Umweltschutz vertreten. In Kooperation mit den für die Genehmigung und Überwachung von gentechnischen Arbeiten und Anlagen zuständigen Behörden der Länder und des Bundes hat sie in den letzten 30 Jahren ein gesellschaftlich akzeptiertes System der Risikobewertung für im Genom modifizierte Organismen mit entwickelt. In diesem System wird kontinuierlich der aktuelle Stand von Wissenschaft und Technik berücksichtigt. Anhand ihrer Sach- und Fachkompetenz ist die ZKBS in der Lage, die wissenschaftliche Literatur zur Synthetischen Biologie sicherheitsbezogen zu verfolgen. Darüber hinaus könnte die oben vorgeschlagene Kontaktstelle in Kooperation mit der ZKBS bei Erkennbarwerden neuer Risiken Ansatzpunkte zur Justierung der bestehenden Regularien an die Anforderungen des Gefährdungspotenzials der Synthetischen Biologie erarbeiten.

Wie schon bei der Gentechnik sollten eventuell notwendige, dann noch auszuarbeitende Regeln für die Überwachung und Kontrolle der Forschung und Anwendung der Synthetischen Biologie nicht nur von einzelnen Staaten national aufgestellt werden, sondern als international anerkannte Grundsätze formuliert werden, an denen sich nationale Regelungen orientieren.

4.4. Ethische Fragen

Die beispielsweise im Abschnitt 4.3. diskutierten Fragen nach unbeabsichtigten Schäden oder vorsätzlichem Missbrauch im Zusammenhang mit der Synthetischen Biologie sind für deren ethische Beurteilung ebenso relevant wie die in Abschnitt 4.1. implizierten Gerechtigkeitsfragen etwa im Zusammenhang mit geistigen Eigentumsrechten, Patenten und Nutzungsrechten. Solche Probleme sind – was sie keineswegs relativiert – im Prinzip aus anderen Sektoren der modernen biomedizinischen Forschung bekannt und sollten vor diesem Hintergrund diskutiert und gehandhabt werden.

Da weite Bereiche der Synthetischen Biologie eine Weiterentwicklung der molekularen Biologie und Gentechnik darstellen, sind viele bewährte Methoden der Technikfolgenabschätzung und der Risikobeurteilung anwendbar. Allerdings sind in den Fällen, bei denen es keine natürlichen Referenzsysteme gibt, neue Maßstäbe für die Risikobeurteilung notwendig. Denn mit der Neuentwicklung von synthetischen Organismen eröffnen sich noch wenig erforschte Unsicherheitsspielräume, die einen sorgfältigen Umgang erforderlich machen. Vor allem bei hoher Komplexität und Unsicherheit sind die Regeln des Vorsorgeprinzips anzuwenden. Darunter fallen vor allem das Prinzip des „containment" von Anwendungen (räumliche oder zeitliche Begrenzung), ein intensives Monitoring der Folgen und eine flexible problemgerechte Anpassung der Regulierung an die empirische Praxis. Für die Beurteilung der Folgen sind Szenarien zu erarbeiten, die auch unbeabsichtigte Schädigungen von Menschen, Landwirtschaft und Umwelt berücksichtigen. Manche Risiken können durch spezifische Mechanismen der Synthetischen Biologie verringert werden, etwa dadurch, dass die hergestellten Entitäten außerhalb des Labors voraussichtlich nicht überlebensfähig sind oder nicht an der Evolution teilhaben. Grundsätzlich ist aus ethischer Sicht der mögliche Schaden (Risiko) gegen den möglichen Nutzen (Chancen) abzuwägen.

Genuin neue ethische Fragen sehen manche Bioethiker durch den Anspruch der Synthetischen Biologie aufgeworfen, neuartiges Leben zu erschaffen. Hier nämlich gehe es um fundamentale und neue Aspekte unseres Verständnisses von Leben im Gegensatz zu Artefakten oder Maschinen, um Fragen nach Wert und Gefährdung des Lebendigen und insofern auch um das Selbstverständnis des Menschen.[94] Schon diese These von der Neuartigkeit der ethischen Fragen wird allerdings von anderen Bioethikern bestritten, die keinen Bedarf für eine eigene „Synthetic Bioethics" sehen,[95] sondern die genannten Fragen als Facetten bekannter Probleme ansehen und behandeln wollen – bekannt aus den Debatten zur Herstellung transgener Pflanzen und Tiere, zum Klonen, zur Chimärenbildung oder Zellreprogrammierung, aber auch zur assistierten Reproduktion und zum genetischen Enhancement.

Unstrittig ist jedoch, dass diese Fragen unter den Experten für Ethik aufgearbeitet und dann in die öffentliche Diskussion eingebracht werden sollen. Dies sollte bereits im Vorfeld der geplanten technischen Weiterentwicklungen geschehen. Es ist vorstellbar, dass für die strukturierte Diskussion eine entsprechende Plattform vorgesehen wird.

Für diese anstehenden Debatten lassen sich einige Thesen und Desiderate formulieren.

(1) Es ist weder das Ziel noch ein für absehbare Zeit realistisch erscheinendes Ergebnis der Synthetischen Biologie, durch Synthese oder Manipulation neuartige höhere Lebewesen zu schaffen. Es geht ihr vielmehr um die Veränderung und die *de-novo*-Synthese von Mikroorganismen, einzelnen Zellen und Zellpopulationen. Gleichwohl führt bereits diese begrenzte Zielsetzung zu grundlegenden Fragen nach der Definition des Lebens; auch sollten weitergehende Optionen zumindest hypothetisch im Auge behalten werden.

(2) Unser alltägliches Vorverständnis von ‚Leben' wird von einer Pluralität zum Teil unvereinbarer kultur- und traditionsrelativer Kriterien bestimmt (morphologische Schemata, religiös geprägtes Naturverständnis, naturwissenschaftliche Allgemeinbildung). Darüber hinaus gehen aber auch verschiedene wissenschaftliche Disziplinen mit ihren spezifischen Forschungsansätzen und Zielen von einem unterschiedlichen Verständnis des Lebens aus. Wenn man zum Beispiel ein in den Naturwissenschaften gängiges Konzept zur Definition des Lebens verallgemeinern würde, wonach die Aufrechterhaltung des Stoffwechsels, die Fähigkeit zur evolutionären Veränderung und die Fähigkeit zur Reproduktion drei notwendige Bedingungen von Leben sind, würden etwa Maultiere, die wie viele Hybride[96] nicht fortpflanzungsfähig sind, nicht unter die Definition des Lebendigen (und damit zum Beispiel auch nicht unter die Tierschutzgesetze) fallen – ein offensichtlich unangemessenes Ergebnis. Für eine effiziente, in verständlicher und verlässlicher Kommunikation geführte Debatte über die Herausforderungen der Synthetischen Biologie bedarf es deshalb einer problemangemessenen, möglichst einheitlichen Bestimmung des Lebendigen und einer möglichst eindeutigen Abgrenzung gegen das Nichtlebendige. Von daher sind die von manchen Vertreterinnen und Vertretern der Synthetischen Biologie verwendeten Begriffe und Metaphern (zum Beispiel ‚lebendige Maschinen') semantisch problematisch, indem sie die Grenze zwischen Lebendigem und ‚toter Materie' zu verwischen scheinen.

(3) Bei der Beschreibung von Entitäten ist bereits begrifflich – und *vor* aller Bewertung – zwischen ihren Eigenschaften, etwa ihren Funktionsfähigkeiten und Entwicklungspotenzialen, und den Bedingungen ihrer Entstehung (durch natürliche Prozesse, durch Synthese oder durch genetische Eingriffe) zu unterscheiden. Nur so lässt sich der potenziellen Komplexität denkbarer Formen des Lebendigen gerecht werden.

---

[94] So Boldt J, Müller O; Newtons of the leaves of grass. Nat. Biotechnol., 2008, 26, 387–389; Boldt J, Müller O, Maio G; Synthetische Biologie. Eine ethisch-philosophische Analyse. 2009, Bern: Kap. 6.
[95] Zum Beispiel: Parens E, Johnston J, Moses J; Ethics. Do we need "synthetic bioethics"? Science, 2008, 321, 1449.
[96] Hier ist das Hybrid aus einer Kreuzung zwischen einer Pferdestute und einem Eselshengst hervorgegangen.

(4) Moralische Argumente zugunsten der Herstellung synthetischen Lebens beziehen sich auf den erhofften Nutzen für Medizin, Landwirtschaft, Energieproduktion oder Umwelt, dem zufolge die Anwendung der Synthetischen Biologie nicht nur erlaubt, sondern sogar geboten ist. Ferner wird die Synthetische Biologie unter Hinweis auf ökonomische Vorteile und schließlich auf die Forschungsfreiheit gerechtfertigt, die allerdings nach allgemeinem Konsens durch andere Grundrechte wie das Recht auf körperliche Unversehrtheit in Schranken gehalten wird.

(5) Zu den *fundamentalen* ethischen Einwänden *gegen* Anwendungen der Synthetischen Biologie könnten gehören:

(a) dass diese unzulässig in die Schöpfung oder sakrosankten Prozesse der Natur eingriffen (man spiele Gott),

(b) dass sie durch die Herstellung neuartiger Lebewesen die Integrität der Natur zerstöre bzw. die Ordnung der Lebewesen und Arten beschädige oder

(c) dass wir das Leben im Zuge seiner fortschreitenden ‚Herstellbarkeit' vielleicht nicht mehr in angemessener Weise respektieren und schützen würden.[97]

Die beiden ersten Arten von Einwänden leben von starken weltanschaulichen bzw. metaphysischen Prämissen, die sicher nicht von allen Menschen, auch innerhalb von religiösen Gemeinschaften, geteilt werden.

(a) Argumenten des unzulässigen Eingriffs in die Schöpfung oder in die Abläufe der Natur liegt etwa die religiöse Vorstellung zugrunde, nur Gott dürfe Leben schaffen. Hier werden also nicht die möglichen Produkte der Eingriffe kritisiert, sondern der Prozess ihrer Herstellung. Doch auch wenn man zugesteht, dass die Welt von einem Gott erschaffen wurde, folgt daraus noch nicht, dass es dem Menschen verboten sein soll, Leben synthetisch zu erzeugen. Wenn man unterstellt, dass allen oder einigen Lebewesen ein eigenständiger intrinsischer Wert zukommt, ist zudem keineswegs ausgeschlossen, dies auch auf synthetisch hergestelltes Leben zu beziehen. Und schließlich lässt sich nicht plausibel machen, warum andere tief gehende Eingriffe in die Natur (zum Beispiel medizinische Behandlungen) dann grundsätzlich positiver beurteilt werden dürften.

(b) Auch Argumente, denen zufolge es ethisch problematisch ist, *neuartige*, also in der bisherigen Natur nicht vorkommende Lebewesen herzustellen, können in dieser Grundsätzlichkeit nicht überzeugen. So lässt sich die Vorstellung von einer an sich integren Natur, die lediglich durch den Menschen gestört wird, kaum mit elementaren Erfahrungen der Selbstzerstörung der Natur, natürlicher Aggression, dem Vorkommen von Seuchen und schweren Krankheiten usw. in Einklang bringen. Überdies widerspricht die Idee einer fixen und sakrosankten Ordnung der Lebewesen und Arten bereits den natürlichen biologischen Phänomenen der Veränderung, der Durchmischung oder dem Aussterben von Arten.

(c) Der Einwand, die Anwendungen der Synthetischen Biologie könnten unser Grundverständnis vom Leben im Allgemeinen und von der Schutzwürdigkeit menschlichen Lebens im Besonderen negativ beeinflussen, bedarf in seiner Bedrohlichkeit gewiss der gründlichen Analyse, erscheint aber doch auf den ersten Blick einigermaßen spekulativ. Die Baupläne des Lebendigen besser verstehen, reproduzieren oder manipulieren zu können, sollte an unseren ethischen Einstellungen gegenüber Natur und Individuen ebenso wenig etwas ändern, wie es die teilweise Beherrschbarkeit krankhafter Veränderungen getan hat.

---

[97] Vgl. Boldt J, Müller O, Maio G; Synthetische Biologie. Eine ethisch-philosophische Analyse. 2009, Bern: Kap. 6.

(6) Die Debatte über die Selbstregulierung der Wissenschaft wird gerade in Bezug auf die Synthetische Biologie kontrovers geführt. In der Wissenschaft wird die verantwortliche Wahrnehmung der Forschungsfreiheit durchaus ernst genommen. Im Jahr 2006 wurden auf der Tagung „Synthetic-Biology 2.0" in Berkeley Konzepte zur Selbstregulierung diskutiert und der Öffentlichkeit vorgestellt[98]. Dabei wurden vor allem Wege gesucht, eine Balance zwischen freier Zugänglichkeit von Daten und der Verhinderung von deren Missbrauch zu finden. In einem offenen Brief haben allerdings 35 NGOs diesen Ansatz der Selbstregulierung als nicht ausreichend kritisiert und einen weiterreichenden gesellschaftlichen Dialog gefordert.[99] In dem Brief wird eine Parallele zu der „Asilomar Conference on Recombinant DNA" gezogen, bei der 1975 eine Gruppe von 140 Wissenschaftlerinnen und Wissenschaftlern auf der Basis des Vorsorgeprinzips zu Selbstregulierung im Umgang mit rekombinanter DNA aufgerufen hatte. Dieser Aufruf habe dazu geführt, dass die Kontrolle der Gentechnologie lange Zeit in zu großem Maße der Wissenschaft überlassen wurde. Die Ansätze der Selbstregulierung der Wissenschaft sind seit dem oben genannten Konzeptvorschlag bisher nicht fortgesetzt worden.

(7) Alle diese Überlegungen gilt es für das innovative Forschungsgebiet der Synthetischen Biologie gründlich, interdisziplinär und kontextübergreifend zu diskutieren. Erforderlich sind daher eine frühzeitige ethische Begleitforschung und kritische Reflexion auf die verantwortungsvolle Wahrnehmung der Forschungsfreiheit in der Wissenschaft. Zudem bedarf es intensiver Bemühungen, die Öffentlichkeit frühzeitig über das Geschehen im Labor aufzuklären, Risiken und Chancen aufzuzeigen und die ethische Reflexion zu ermöglichen.[100]

---

[98] Vgl. Schmidt M, Torgersen H, Ganguli-Mitra A, Kelle A, Deplazes A, Biller-Andorno N; „SYNBIOSAFE e-conference: online community discussion on the societal aspects of synthetic biology", in: Systems and Synthetic Biology (Online First Publication, 2008 Sep 18): 11 S. Public declaration from the Second International Meeting on Synthetic Biology (May 20–22, 2006, Berkeley, CA), http://hdl.handle.net/1721.1/32982 (Juli, 2008).

[99] NEWS RELEASE, 19th May 2006, Global Coalition Sounds the Alarm on Synthetic Biology, Demands Oversight and Societal Debate, www.etcgroup.org/en/materials/publications.html?pub_id=8 (November 2008)

[100] So auch Schmidt M, Torgersen H, Ganguli-Mitra A, Kelle A, Deplazes A, Biller-Andorno N; „SYNBIOSAFE e-conference: online community discussion on the societal aspects of synthetic biology", in: Systems and Synthetic Biology (Online First Publication, 2008 Sep 18): 11 S.

He Who Pays the Piper Calls the Tune? On Funding and the Development of Medical Knowledge*

Health Council of the Netherlands

(December 2009)

1 Introduction

1.1 Background

Scientific knowledge and knowledge development are essential for promoting public health and health care and for government policy with that objective. The Health Council of the Netherlands has the task of advising government and Parliament on the latest scientific developments concerning public health. Since the Health Council of the Netherlands merged with the Advisory Council on Health Research (RGO) in 2008, its tasks have also included advising on health research priorities. The Health Council of the Netherlands therefore not only assesses the substance, reliability and quality of available knowledge but also advises on the public health 'research agenda', which indicates where there is a need for new knowledge and how it can be met.

Knowledge development is not a neutral, separate phenomenon. Prescriptive processes also influence the establishment of the research agenda. Particular interests play a role too, in addition to social values and norms, such as the aim of providing proper health care. Commercial influences also have an impact. After all, given the major significance of scientific knowledge for care-related markets – as in the fields of drugs, diagnostic devices and foods with health claims – commercial companies have a considerable interest in generating medical and health care knowledge. Commercial companies have therefore long been involved in Research & Development (R&D) and sponsoring scientific research. This is not guided solely by public health requirements but equally by the anticipated prospect of profitably marketing the knowledge obtained and the resulting products.

This process has produced a great deal of knowledge and many opportunities of importance for public health but there are also risks. This is because scientific knowledge production that is directed too much by commercial interests – possibly in the form of PPPs – can be an obstacle to ensuring the independence, reliability and balance of knowledge development and the public health research agenda. Sooner or later this can have consequences for public health.

Various prescriptive angles of approach are possible for studying how the knowledge agenda and knowledge production are affected by research sponsoring:

- The approach to the subject studied. The incentive to study a particular subject will be greater when the valorisation and potential profits expected to be obtained from the results are higher. Research depends heavily on public funding when it concerns subjects involving little, if any,

---

* Das vollständige Dokument, zu dem auch eine „Executive summary"sowie drei „Annexe" gehören, ist im World Wide Web unter der Adresse „http://www.ceg.nl/data/file/He%20who%20pays%20the%20piper %20calls%20the%20tune.pdf" verfügbar. [Anm.d.Red.]

anticipated profit, such as long-term *public health* interventions relating to behaviour changes. Public funds are relatively modest, as is their duration. The question arises as to whether existing social flows of funding for research are commensurate with the social importance of the research concerned and whether there might be an imbalance. Consider for example the mechanism whereby the public implicitly funds the continuity of R&D in the pharmaceutical industry through drug prices, while no such mechanism exists for funding R&D into interventions in the field of public health and care.

- The approach to the available research capacity. There are limits to the extent to which clinical researchers but also doctors and patients can participate in research. An increase in the extent to which this capacity is used for commercially oriented research – for which attractive research budgets and payments per included patient are generally provided – decreases the field of play for other research. Consequently, the choices which research institutions and individual researchers make in connection with this have prescriptive implications.
- The approach to the research results. Many scientific publications have appeared in recent years that indicate a relationship between the type of sponsor (commercial or otherwise) and the results of the research conducted.
- The approach to reporting and disseminating research results. The results of sponsored research are not always published and disseminated through accessible scientific channels as a matter of course.

This advisory report on ethical concerns has been written against this background. The prescriptive angle of approach involves bringing forward observations and points for agendas in relation to how sponsoring, industrial or otherwise, influences medical and health research. Observations raise fundamental ethical questions about the degree to which the parties concerned are allowed to set their own research priorities and about the responsibility to adjust these (sections 3.2 and 3.5). The focus is particularly on the implications for the public health research agenda. Key fields which jointly account for a considerable portion of health research are used as an example, namely

- drug research
- research into diagnostic devices
- research relating to healthy food
- public health research in general.

Besides industrial sponsors, other sponsors such as government and charitable funds also influence the agenda for research and its execution. The fact that, for example, charitable funds, such as collection-box funds, exist for some diseases and not for others may also lead to distortions in knowledge development. All kinds of particular interests and compromises may also play a role in government decision-making concerned with setting the agenda and priorities for research paid for with public funds (which public interest should be given priority?). Issues of this kind are also worthy of attention but are only discussed briefly in this advisory report, namely in connection with seeking balance between public and private funding.

1.2 Question and aim

The question is: what is known about the implications of the system of industrial sponsoring for the development of biomedical knowledge, and what ethical questions does it pose? A distinction is made between four stages in knowledge development, namely

a   Setting the agenda and priorities for the knowledge that should be developed;

b Developing that knowledge through research;

c Disseminating the knowledge (which includes disseminating research results and education); and

d The knowledge's practical application, including through the development of directives.

This distinction is clarifying but rather artificial. The process is actually cyclical and the various stages overlap. This advisory report focuses primarily on the first two stages (a. setting the agenda and priorities, and b. knowledge development through research) and on the third stage (c) insofar as it concerns the publication of research. These are the issues that are closest to the core business of the Health Council of the Netherlands. A recent RVZ report placed the emphasis more on the third and fourth stages.[1]

The terms 'sponsoring' and 'sponsor' have the meaning of 'funding' and 'financier' in this advisory report. This meaning differs from that given in the Good Clinical Practice (GCP) Directive. The GCP Directive defines 'sponsor' as: *An individual, company, institution, or organization which takes responsibility for the initiation, management, and/or financing of a clinical trial.*

This advisory report is intended to draw attention to the issues concerned and to explore them.

1.3 Approach

This advisory report is based on a background study commissioned by the Health Council of the Netherlands and conducted by Professor R. Bal *et al.*, as well as a study of reference literature and interviews with experts. The background study can be consulted on the websites of the Centre for Ethics and Health (http://www.ceg.nl) and the Health Council of the Netherlands (http://www.gezondheidsraad.nl). The names and positions of the interviewees are provided in annex 1.

1.4 Accountability

This advisory report was drawn up by the Health Council of the Netherlands' Standing Committee on Medical Ethics and Health Law. It was revised by the Advisory Council on Health Research and the Standing Committee on Medicine. The case study on nutritional research (2.7) was discussed with the Standing Committee on Nutrition and the case study on public health research (2.8) was discussed with the Standing Committee on Public Health. The advisory report has been published under the aegis of the Centre for Ethics and Health (CEG), a partnership between the Health Council of the Netherlands and the Council for Public Health and Health Care (RVZ). The Health Council of the Netherlands is responsible for the advisory report's content.

2 Industrial sponsoring and the research agenda

Following the sections on agenda-setting (2.1) funding (2.2), clinical research (2.3) and the role of public-private partnerships (2.4), in this chapter we explore how the method of sponsoring influences the research agenda in various fields of medical knowledge. It involves four case studies, namely Drug research (2.5); Research into diagnostic devices (2.6); Nutritional research (2.7); and Public health research (2.8). This leads to the identification of knowledge gaps.

2.1 Setting the agenda and priorities

The first stage of knowledge development is that of setting the agenda and priorities. This stage is crucial for the entire process. This is because there is little chance of research being conducted into a subject or field that has not been identified as potentially interesting or significant, and without research no knowledge of that subject or field will be developed. Despite the importance of this stage, it has been studied much less than the other stages.

As already established, knowledge development is not a neutral phenomenon. The process through which knowledge becomes available to promote health and good care is directed, consciously or otherwise. These possibly implicit steering mechanisms have prescriptive implications. The question of how the flow of knowledge is influenced is a socially prescriptive issue. The first stage of knowledge development, that of setting the agenda and priorities, is precisely where the prescriptive feature of the process is seen most clearly. We explore this feature here while primarily looking for knowledge gaps.

The development of medical possibilities, especially drugs, largely takes place through corporate production. This has led to some remarkable successes which are of benefit to many patients every day. However, at the same time, Industry especially tends to take an interest in subjects and develop fields of knowledge which can be expected to be 'marketable' within the foreseeable future, which is to say can be expected to enable money to be made in one way or another. This is understandable: a business has to be profitable to ensure its continuity. However, it does also mean that the corporate sector will not voluntarily develop knowledge with an unlikely or uncertain 'marketability', whereas this type of knowledge could offer major benefits from the public health point of view. The public health knowledge requirement mainly plays a role in the composition of the industrial research agenda where need coincides with commercial feasibility or the prospect of making a profit. The assumption here is that if high profits are anticipated from a given product, there will also be a major need for it from the public health point of view.

The compatibility of this commercial feasibility and public health interests is not being questioned here. The position adopted in this advisory report (and substantiated with case studies) is that the development of biomedical knowledge would be unbalanced, if knowledge development became excessively dependent on industrial research. This would also have adverse consequences for the quality of prevention and care. It is therefore in the public's interest to closely monitor the need for knowledge development from the public health point of view.

Manufacturers can affect the research agenda directly by funding research. They can also influence the research agenda indirectly, through the people who conduct the research, because companies establish endowed professorships or maintain close contact with researchers. In the case of an endowed professorship funded by a company, the professor's research is often conducted in a field in which the company has an interest, so there is a direct effect on agenda-setting for the research. A study in the Dutch daily newspaper, the *Volkskrant* (12 April 2008), showed that almost a quarter (1313) of the 5481 chairs at Dutch Universities were funded externally. Some of these involved corporate sponsoring: 27 percent of the 1313 externally funded chairs were paid for by companies.

2.2 Funding

Research funds are not only provided by industry but also government, the European Union and charitable funds, such as the Dutch Heart Foundation, the Diabetes fund, Dutch Cancer Society (KWF) and (indirectly) by the Postcode Lottery. In this sense the terms public sector (government, EU) and private sector are also used, whereby the latter can be subdivided into the non-profit sector (charitable funds) and profit sector (industry).

As a consequence of the Lisbon agreements (2000), European Union member states agreed in 2002 that they would endeavour to spend 3% of their Gross National Product (GNP) on Research & Development. A third of this has to come from public investments and two thirds from private investments. As an EU member state, the Netherlands is bound by this obligation of means. However, public investments in research and development in the Netherlands amount to only 0.7 to 0.8% of GNP, which is 0.2 to 0.3% below the agreed standard of 1%. For a GNP of 600 billion euros, this amounts to a shortfall of more than 1 billion euros, as noted in December 2008 by Professor P. Nijkamp in his parting speech as NWO chairman. His conclusion was that the Netherlands, as a respectable scientific country, is still failing to invest sufficient funds in research (see also the newspaper interview in the *Volkskrant* of 3 January 2009). However, the business sector's score is even lower, as the percentage for private investments fluctuates at around 1% of GNP instead of the 2% it ought to be.

In 2001 the fifteen EU countries spent an average of 1.98% of their Gross Domestic Product (GPD) on R&D, of which 56% was paid for by the business sector. This was well below investments in R&D in the United States and Japan. R&D expenditure in the United States was 2.72% of GDP, with the business sector accounting for 67% of expenditure, and the figure for Japan was 3.07% of GDP, with the business sector accounting for 73% of expenditure (UK Postnote 2004). All the above figures concern R&D in general.

The following applies to biomedical R&D. Expenditure on biomedical R&D in 2004 in the non-market sector was between 0.37 and 0.40% of GDP in the United States, while the fifteen 'old' EU countries spent an average of only 0.17% of GDP. The percentage in the United States is therefore more than twice as high. This background should be taken into account when considering the recommendations made in 2007 by the European Science Foundation (ESF) and the European Medical Research Council (EMRC) that public funds for medical research in Europe should be doubled within ten years, that is to at least 0.25% of GNP, with an increasing share for PPP programmes (see section 2.4) (http://www.esf.org).

The size of health-related R&D expenditure in the Netherlands is as follows. Total R&D expenditure in the Netherlands in 2003 was 1702 million euros, of which universities and UMCs accounted for 653 million, the pharmaceutical industry for 462 million, other industries and the wholesale trade for 254 million, research companies for 187 million and institutions other than universities and UMCs for 146 million (figures from talk by H. Smid, director of the Netherlands Organisation for Health Research and Development (ZonMw), on 1 October 2008, in Utrecht).

The government has established organisations such as ZonMw and the Advisory Council on Health Research (RGO), also with a view to achieving balanced knowledge development and promoting research into socially important topics in the field of public health and health care. Moreover, the Royal Netherlands Academy for Arts and Sciences (KNAW) and the Netherlands Organisation for Scientific Research (NWO) are responsible for fundamental or basic research, whereby the focus is on knowledge development.

ZonMw, Netherlands organisation for health research and development, provides public funds (from the Ministry of Health, Welfare and Sport and NWO) for knowledge generation in the field of health research, development and policy (http://www.zonmw.nl). In 2007 ZonMw subsidised projects (not only scientific research but also projects concerned with implementation) for a sum of around 155 million euros, of which around 111 million was funded by the Ministry of Health, Welfare and Sport, 35 million by NWO, and the remaining 9 million by third parties (charitable funds, other ministries). The RGO which, following its merger in 2008, is now part of the Health Council of the Netherlands, has the task of providing advisory reports for the Minister of Health, Welfare and Sport, the Minister of Education, Culture and Science, and the Minister of Economic Affairs, on priorities in health research, care research and developing new technologies in the sector, as well as on the associated infrastructure, whereby the public health perspective is always the starting point. Setting the agenda and priorities for research is therefore an important aspect of RGO's mission and vision.

On several occasions the RGO's advisory reports have resulted in ZonMw research programmes.[2] Examples include the RGO advisory reports on rehabilitation (1998), public mental health and mental health care (1999), prevention (2001), infectious diseases (2003) and medical care for older people (2006). The RGO advisory reports on public health (2000-2003) resulted in a ZonMw programme for Academic Collaborative Centres for Public Health, and in nine collaborative centres. The government also adopted an RGO advisory report which presented a research agenda for medical biotechnology (2006), in which the highest priorities were a. obesity/diabetes mellitus/cardiovascular diseases, b. cancer, c. disorders of the locomotor apparatus, especially osteoarthritis.

However some RGO advisory reports had less impact, such as the RGO advisory reports on trauma care (2002) and occupational medicine (2003). There are still some knowledge 'blank spots' in the field of trauma care and occupational medicine which need to be filled from the public health point of view. A case study in a recent RGO advisory report[3] confirmed a blank spot in academic research in the field of occupational medicine. Another example of a field of research with blank spots is drug research (see also RGO advisory report on the Dutch knowledge infrastructure for the pharmaceutical care sector: *Kennisinfrastructuur Farmaceutische Zorg* (2005). Some subjects were not taken up by the industry and ZonMw also paid little attention to them because hardly any assignments were granted for them. An example of this was research into the responsible phasing out of drugs, which is not compulsory for their registration.

2.3 Clinical research

In the case of the funds available for academic research a distinction is generally made between the 'first', 'second', 'third' and 'fourth' 'flow of funds'. The terms first and second flow of funds have a well-defined meaning: first flow of funds means the university budget from the Minister of Education, Culture and Science (the state grant) and second flow of funds means subsidies from ZonMw and NWO. The way in which the term third flow of funds is given shape can vary (see for example http://www.hiil.nl/nwohome.nsf/pages/NWOP_6EYCLQ and[4]). In this advisory report we consider the third flow of funds as subsidies from ministries, the European Union and private non-profit funds (hereinafter referred to as charitable funds), and we consider the fourth flow of funds as funding by the business sector. Researchers and research institutions may also have funds at their disposal from specific legacies and donations from private individuals.

Since the mid-nineteen-eighties government has urged universities to exploit the fourth flow of funds, namely by conducting more contractual research with the business sector as the client. The first flow of funds for research has remained the same over the years or increased slightly whereas the other flows of funding have tended to increase relatively more. Universities went in search of other sources of funding to supplement the fixed university budget. The volume of research commissioned by industry, including the pharmaceutical industry, increased; academic medical research and industrial research became increasingly intertwined.

This development is valued in various ways. The positive aspects are usually emphasised (more money and therefore more research opportunities) while recognising the necessity of assurances for the independence of the research to be conducted.[5] Academic researchers are sometimes so successful in the cooperation with industry that they are able to implement their academic research agenda (*investigator-driven research*) with the aid of funding from the fourth flow of funds. This mainly concerns large research groups that conduct research for many manufacturers, rather than just one. Their strategy is that working in this approach enables them to prevent an individual manufacturer from exerting too much influence on their research agenda.

There are also downsides to this increased interrelatedness. There is a risk that the (relative) ease with which industrial funds can be obtained for research (not always peer review, as is the case with subsidies from ZonMw and charitable funds, less competition with colleague researchers) and the size of the fees paid by industry may carry some weight in the composition of the academic research agenda, which could detract from the attention paid to the social benefit and quality. We illustrate this below with a few examples taken from academic medical practice.

The public health benefits of some research projects commissioned by industry are questionable. A case in point is the placebo-controlled trial of the efficacy of a new drug for a condition for which several efficacious drugs are already on the market (*me-toos*[6]). Research demonstrating the added value of a new drug vis-à-vis an existing drug is much more important because it is more in line with the needs of patients and doctors (see also section 2.5). Other no less important research includes that in which pharmacological and non-pharmacological interventions are compared, or complex strategies, of which drugs may form a component, along with other medical or paramedical treatments, such as clinical diagnostics and the use of diagnostic technology, surgical and obstetric techniques, rehabilitation methods and psychotherapeutic interventions. This may also involve protocols built up step by step or guidelines which may include diagnostic, therapeutic and follow-up elements. Generally beyond the scope of industrial sponsoring, clinical research of this kind is necessary throughout health care. And because it frequently concerns more than one possible condition, it often fails to qualify for funding by charitable funds. Public funding, through the budgets of university medical centres or otherwise, is therefore vital here. However, the large size of this field of research makes it necessary to create additional sources. The fact that this is beginning to be seen internationally too is illustrated by the recent initiative of the United States government to give *comparative effectiveness research* a major financial injection (see concluding section 4.2).

The high payments manufacturers make for each patient included, sometimes amounting to thousands of euros, may be an additional problem. Whether or not the size of the payment is acceptable depends on issues such as what has to be done in aid of the research. For example, a research nurse must sometimes be appointed. Patients are generally unaware that a particular payment is being made for their participation. The fact that payments for one trial may be much higher than for another for no apparent reason is a thorny issue. In such cases there is a danger of the size of the payments determining whether the research is conducted, rather than the need from the public health point of view. In fact the practice is that the field displays a great deal of interest in conducting trials involving the highest payments. Trials addressing a meaningful or more meaningful question but which pay much less per patient are less likely to get off the ground.

The above examples also raise the question as to which research patients may be exposed. Is it ethically responsible to ask patients to participate in research that is of secondary importance to public health, for example placebo-controlled *me-too* trials? This also involves the professional ethics and integrity of the individual researchers. They could refuse to work on *me-too trials* to which they did not wish to expose patients because they could not see the benefit of doing so. Besides placebo-controlled trials, comparative research can also be ethically problematic. If the new drug is no better and at best just as good as an existing drug, also with regard to side-effects, should subjects/patients be exposed to it? The fact that such an objective is accepted in aid of registration does not necessarily mean that it is ethically acceptable. And would the acceptability change if it could be demonstrated that *me-too* preparations made drugs cheaper?

It should be noted here that in the Netherlands scientific and ethical appraisal of medical research involving human subjects is subject to the regulations of the Medical Research (Human Subjects) Act. Research of this kind should be able to meet the scientific and ethical requirements of either a recognised Medical Ethics Review Committee (METC) or the Central Committee on Research Involving Human Subjects (CCMO). These committees only provide a positive assessment if it is 'reasonably plausible that the scientific research will lead to new medical insights' (section 3, subsection a, WMO). This is therefore concerned with new scientific insights. The burning question is whether this can also be deemed to include making drugs cheaper.

Questions may also arise from the point of view of corporate social responsibility regarding the use of the – by definition limited – number of prospective subjects/patients. University hospitals conduct so much research that they almost have a shortage of patients. It is even more important to get the priorities right in such situations, whereby not only the scientific interests but also society's interests are important. Research capacity is by definition limited and can only be deployed once, and the time of doctors/researchers is particularly expensive. University Medical Centres have three main tasks: care, research and education/training. This could also lead to tension in the endeavour to provide good care.

Practically all the university hospitals have developed research codes in recent years to clarify the border between authorised and unauthorised treatment and between responsible and irresponsible treatment in the field of clinical research. Most general hospitals have no such codes yet these hospitals also conduct research commissioned by the business sector. The greatest likelihood of dubious research (*me-too trials*, seeding trials (covered in section 3.4)) exists where no strong research infrastructure has been developed. This is more likely to be the case in general hospitals and general practices than in university hospitals, although clinical research on those sites is also subject to review by METCs*.

Essential questions concerning the composition of the research agenda are therefore: where do the priorities of a doctor/researcher and patient lie and which parties influence the priorities? To what extent is this affected by motives such as the ease of obtaining research contracts and financial considerations (income for the research group, higher individual earnings)? From the public interest point of view, which subjects should be high on the agenda but frequently have a lower place because other matters are given priority? And the key question: what can be done about this?

2.4 Public-Private Partnerships

A Public-Private Partnership (PPP) is a type of cooperation between public sector and the private sector, in which the two sectors carry out projects jointly. The intention is that by combining their strengths the two sectors can achieve more and better results than through working separately. A strong point of the business sector is that it generally has market insight and investment opportunities at its disposal, while government has a good idea of public health requirements. In the field of medical research PPPs can prove their value internationally, for example in the development of priority medicines. PPPs are also suitable for bridging the gap between fundamental research and applied clinical research (translational research) because partnerships like these enable knowledge and expertise acquired in the individual sectors to be exchanged, which can give knowledge development and implementation new impulses.

The Dutch government encourages public-private partnerships, by, for example, providing funds from the Economic Structure Enhancing Fund (FES). This fund (around 40 percent of natural gas revenues) is for strengthening the infrastructure in the Netherlands, including the technology and knowledge infrastructure. The incentive mainly focuses on parts of the infrastructure in which the Netherlands has a good starting position from the international point of view. The idea is this is

---

* However, phase IV research is not always covered by the Medical Research Involving Human Subjects Act. Phase IV research not covered by the Medical Research Involving Human Subjects Act is not subject to METC or CCMO review. Also see the footnote in section 3.4.

where major innovative and economic successes can be achieved in due course for little extra investment.

Examples of PPPs in the Netherlands include Top institute Pharma (TiPharma, drug research, http://www.tipharma.com), BioMedical Materials programme (BMM, development of new biomedical materials and their application, http://www.bmm-program.nl), Centre for Translational Molecular Medicine (CTMM, development of medical technology for early diagnosis and new patient-specific treatments for severe diseases, http://www.ctmm.nl), Top Institute Food and Nutrition (TiFN, development of innovative food products and technologies, http://www.tifn.nl) and (in formation) Top Institute Grow Old Healthily (Ti-GO, science and technology for growing old healthily and being an active participant in the community for longer, http://www.ti-go.nl). Researchers from universities, academic centres and large companies work together through these links. ZonMw also encourages and increasingly uses PPP-like constructions, in connection with disease management, for example.

In terms of the economic aspect, research can roughly be divided into three types:

– Research that is certain to be financially lucrative (some of the research into new drugs, for example)
– Research which has a chance of producing economically valorisable results
– Research that is certain not to produce commercially marketable results, such as much of the research into collective public health interventions.

PPPs mainly conduct research into the second type. In the first type of research there is no direct need for public-private partnerships because the research is taken up adequately by the business sector. The last of the aforementioned types of research is unsuitable for the PPP model because companies are generally unwilling to invest time and money in it.

Is it acceptable for government to use public funds for research which is not certain to be economically valorisable? This seems just as acceptable as investing in research that will never be valorisable, provided it concerns knowledge development that serves a public health interest. It is essential that clear agreements are concluded beforehand about the division of revenue, if the developed knowledge can be made financially lucrative. It is reasonable for part of the revenue to flow back to the public domain, in proportion to the government investment. It is therefore important to ask what agreements were made about this at the commencement of the PPPs.

2.5 Case study: drug research

The WHO report *Priority medicines for Europe and the World* (2004)[7] identified 'gaps' in drug research and the associated innovation and identified seventeen conditions which should either be paid more attention to in drug research or for which prevention is especially effective. Drug development for specific groups of patients and for developing countries should be given precedence. The European Union and European Medicines Evaluation Agency (EMEA) have started to flesh out the research agenda for this. ZonMw is also working on this (see below). TiPharma's research agenda was also determined under the influence of this WHO report. *Drug development* is the pharmaceutical industry's *core business*. In the sections below we examine which drug research the manufacturers are willing to fund on the basis of this mission and which research they are not willing to fund. This enables us to identify knowledge gaps.

When new drugs come onto the market, it is often not known whether they work better than the drugs which are already on the market

Until recently, when a new drug came onto the market, in more than half the cases we only knew that it was more efficacious than a placebo. We had no knowledge of whether it was more efficacious than the standard treatment; in other words it was not known whether the drug actually signified an improvement for patients.[8] This did not apply to drugs such as those for treating cancer and cardiovascular diseases, as the research in aid of registration was always required to compare them with the standard treatment because it would be unethical to withhold treatment from severely ill patients. If at all possible, for the registration of a new drug, manufacturers will tend to limit their research to a placebo-controlled trial, because this is more likely than a comparative study to lead to significant results. A comparative study conducted after the new drug's registration is often necessary to determine whether the new drug is actually better. However these studies are frequently not conducted.

What are the possible consequences of this for patients? It may mean that they are given less efficacious or less safe drugs than necessary.

> The fact that drug research was or still is often placebo-controlled calls into question the acceptability of this situation. Guidelines exist on the acceptability of placebo and 'no treatment' approaches in drug research. It is assumed in article 29 of the *Declaration of Helsinki* (2000) that a new method of treatment should in principle be compared with the best (preventive, diagnostic, therapeutic) method available. The article only permits placebo or 'no treatment' approaches if no proven efficacious method is available. In an explanatory note to the article of 2002, the World Medical Association (WMA) named the types of circumstances in which a placebo-controlled trial may be ethically quite acceptable when proven efficacious treatments are available, for example when there are good methodological reasons for using placebos. In 2002 the CCMO confirmed that sound scientific reasons may exist for using placebos in clinical utility studies.[9]

> The WMA's explanatory note was clarified in 2008 and included in the text of the *Declaration*. The article concerned (32) now reads as follows: *The benefits, risks, burdens and effectiveness of a new intervention must be tested against those of the best current proven intervention, except in the following circumstances:*

> – *The use of placebo, or no treatment, is acceptable in studies where no current proven intervention exists; or*

> – *Where for compelling and scientifically sound methodological reasons the use of placebo is necessary to determine the efficacy or safety of an intervention and the patients who receive placebo or no treatment will not be subject to any risk of serious or irreversible harm. Extreme care must be taken to avoid abuse of this option.*

> The starting point for the EMEA, the European Medicines Agency, is *ICH Guideline E10 on the 'Choice of control group and related issues in clinical trials'*. This guideline is one of the many drawn up by the International Conference on Harmonization (ICH) with the intention of providing a basis for the format of drug research that is part of a registration dossier. The Efficacy Working Party (EWP) of the Committee for proprietary medicinal products (CPMP), which is part of EMEA, also drafted guidelines specifically intended for certain classes of disorders, such as for the treatment of depression, hypertension, heart failure and epilepsy. The various guidelines of the CPMP and ICH contain all kinds of variants for research formats in which a placebo group may be acceptable when a proven effective therapy exists.[9]

> According to the registration authorities, the clinical utility of new drugs can indeed sometimes be demonstrated without placebo-controlled trials. However, they believe placebo-controlled trials are essential in other cases.[10] (See also http://www.cbg-meb.nl under the headings Human Medicines, News, Overview, 25 February 2008 – Why placebo if there is an active treatment

available?) According to CPMP it is not in the interest of patients to always require that the new drug must be found to be more effective than the standard treatment (*superiority trial*) because this would impede the marketing of new drugs that are just as effective as existing drugs but have fewer side-effects. One alternative to the *superiority trial* is the *non-inferiority trial*, which is a trial in which it is attempted to demonstrate that the new drug is just as effective as (or equivalent to) the standard treatment. The CPMP points out that *trials* of this kind are intrinsically less reliable than superiority trials.[10] The fact that such a trial shows that the new drug is equivalent to the standard treatment does not demonstrate that the new drug is also actually effective. The observed effect could also be the result of the condition taking its natural course. To provide a definite answer the two 'arms' of the study are supplemented with a third 'arm' in the form of a placebo group. It can be concluded that the new drug is not effective if the effect in the placebo group is equivalent to that in the two groups receiving treatment. However, if the effect in the placebo group is less than that in the treated groups, it may rightly be concluded that the new drug contains an active ingredient.

Given the limited availability of trials in which a new drug is compared with an existing effective drug, while such a trial should be the rule when a proven effective treatment is available, the question arises as to whether registration authorities in the recent past have provided too many opportunities for placebo-controlled trials. It was with good reason that the World Medical Association included the warning in the *Declaration of Helsinki* that extreme care must be taken to avoid abuse of the second exception. EMEA and CPMP have become clearer in their guidelines over the years: for registration they increasingly ask for research conducted using an *active comparator*.

Moreover, in the situation in the Netherlands, a drug which is on the market only qualifies for payment following a recommendation by the Committee for Pharmaceutical Help (CFH) of the Health Care Insurance Board (CVZ). The CFH's assessment is primarily based on comparative research (comparison with existing drugs). Consequently, a drug only qualifies for payment if it is just as good or better and just as safe or safer than an existing drug. In short, if only placebo-controlled trials are available when suitable drugs exist, the drug will often not qualify for payment. This is a major incentive for the pharmaceutical industry to conduct comparative research.

The patient population studied usually includes only relatively healthy middle-aged people

Another knowledge gap relates to the fact that trials in phase 3 (that preceding registration) are often conducted in relatively homogeneous groups of middle-aged subjects without comorbidity.[*] It is often not known at the time of registration whether and to what extent a drug works for people with more than one chronic disorder or for people who are taking several medicines at the same time, or for children, adolescents and elderly people.

Registered new drugs are nevertheless prescribed for patients in these groups. Additional trials are sometimes conducted in these groups when a drug has been on the market for a number of years. However, this is also selective. The pharmaceutical industry does not conduct trials with these groups; this is also in connection with the ethical complexity of doing so, the perceived risks and/or subjects' incapacity.

---

[*] However, there are good methodological reasons for conducting phase-3 trials in tightly controlled groups. In clinical utility studies it is advisable not to incorporate too many variables (age, comorbidity, comedication, etc.) as doing so would only reduce the *power* of the study. Research conducted with specific patient groups is often separate research. Methodologically a tiered approach of this kind is better than a large trial with many variables/confounders. The effect in daily practice can be studied in a later phase (phase 4).

In general practice medicine there is a major need for knowledge of effects/side-effects of medicines in a patient group which is far more representative for general practice than the group in which phase-3 trials are usually conducted, especially in the case of patients with multimorbidity (see Health Council's advisory report no. 2008/01 *Health care for the elderly with multimorbidity*). The inclusion criteria for clinical trials conducted in aid of registration are only met by a small percentage of the patient population in primary health care. For example, the figure for studies of the clinical utility of medicines for heart failure is only 13 to 25 percent. Little is known about the interaction of drugs that are often used in combination, such as statins and chemotherapy, yet this knowledge is of major importance for medical practice.

Medicines prescribed for children are not always tested on children

Drug research involving children is an example of a field that has long been neglected (see also chapter 3, Medicines for children, in: Ethics and Health Monitoring Report 2003[11]) but which has begun to receive more attention in recent years within the scope of priority medicines. The importance of research of this kind is clear from, for example, the discussion revolving around the frequent use of a certain type of antidepressant drugs, the SSRIs, by children. Although the efficacy and safety of these drugs had not been adequately proven for their use by children, they were nevertheless widely prescribed for children.[12-14] The drugs increased the risk of suicide, a side-effect of which the manufacturer was aware but had withheld information.[15, 16] The new EU Directive stipulates that trials involving children must conducted before a new drug can be registered for use by children. To encourage industry to conduct more trials involving children, it has been decided that the patent on a drug will be extended by six months if the results of a trial involving children are submitted to the registration authority at the time of registration. The hope is that this approach will gradually close the knowledge gap.

In this respect it is extremely important that this leads to research into the clinical utility of drugs which are actually needed in paediatrics. This has thus far not been the case: industry has mainly involved children in trials to test drugs that were promising from the marketing point of view (antidepressants and mood stabilisers, drugs to reduce cholesterol levels, etc.).[17] The new EU Directive cannot help with the lack of knowledge on the efficacy and sideeffects in children of existing drugs that have already been registered.

In the Netherlands, scientific research involving children is also subject to statutory restrictions. Scientific research involving minors is prohibited unless the research can benefit the children involved or unless the research can only be conducted with their cooperation, involves negligible risks and the objections to it are minimal (section 4, subsection 1, WMO). The Doek Committee, a committee established by the Ministry of Health, Welfare and Sport and the Ministry of Justice, is currently examining the extent to which it would be advisable to broaden the present scope for conducting medical research involving minors when the results cannot benefit the subjects (non-therapeutic research). This involves finding the right balance between, on the one hand, protecting minors participating in trials and, on the other hand, increasing knowledge of their prospects for treatment. The Doek Committee intends to present its advisory report to the Minister of Justice and the State Secretary for Health, Welfare and Sport at the end of 2009.

The *Medicines for Children Research Network* (MCRN) was set up in 2008. The network will promote the coordination, quality and pace of research into medicines for children and adolescents. The network receives financial support from the Ministry of Health, Welfare and Sport, the Netherlands Federation of University Medical Centres (NFU) and various large pharmaceutical companies (http://www.mcrn.nl). The network has modest funds, although the government provided a substantial financial contribution for its establishment.

Little is known about long-term effects

Knowledge about the long-term effects of drugs is also absolutely insufficient. Drug research is usually short term (6 to 12 weeks). The follow-up period for research into drugs for chronic conditions is often limited. We frequently know nothing of the side-effects after one or more years of use.

It is extremely important for research into the clinical utility of new drugs to use clinically relevant outcome measures, such as morbidity, mortality and quality of life. However, in drug research in aid of registration, intermediate end points are often found, such as blood pressure, blood sugar level, and cholesterol, which may or may not be clinically relevant. Some times there is no alternative, such as for a condition for which no other treatment currently exists, when the effects of a drug can only be expected after a very long period and the effects at the intermediate end points appear promising. In such cases this does not release the manufacturer from the responsibility of demonstrating the ultimate effects on the basis of concrete outcome measures, if necessary after introduction to the market.

The fact that a new drug has been registered for use for a particular indication does not therefore mean that efficacy has also been demonstrated at clinically relevant end points. The example of the *me-too* rosuvastatin is illustrative of this. This drug came onto the market in the Netherlands at a time when four other statins had already been registered. A year after rosuvastatin was placed on the market, the CBG clarified the product information, owing to the occurrence of a severe side-effect. Two years after market introduction, a search for rosuvastatin in Pubmed revealed forty Randomized Controlled Trials (RCTs) which only included surrogate and laboratory parameters, and no clinical cardiovascular end points. Nevertheless, doctors frequently prescribed the drug as a result of effective marketing (*Geneesmiddelenbulletin* 2005 (July), 39, 83-84).

Another area in which we often find ourselves in the dark concerns the effect of a given medicine vis-à-vis a disorder's natural course: what is the outcome over time for people who receive no treatment in comparison with those who receive treatment? Long-term research of this kind is difficult and expensive. It can also be ethically problematic because a group of patients has to forgo treatment for a long period. Moreover, it is difficult to finance if there is little interest in it for the industry.

The latter also applies to research into the responsible phasing out of drugs, especially in situations involving cumulative polypharmacy. The ZonMw programme Priority Medicines for the Elderly addresses the subject of polypharmacy and multimorbidity.

Little is known about side-effects

Drug research should pay more attention to research into severe side-effects than has been the case thus far in *Post Marketing Surveillance* (PMS). In the first few years after a new drug's registration there are often many gaps in what is know about its side-effects; the clinical trial model is not especially suitable for identifying side-effects that occur less frequently. When a new drug comes onto the market its efficacy has generally been determined through trials involving a few thousand patients. The most frequently occurring side-effects are known by then. However, some severe, less frequently occurring side-effects only come to light after the drug's registration when its use is widespread. Over the past decade, ten to fifteen drugs have been taken off the market because they proved to have unacceptable side-effects (cardiac abnormality and so forth). These included COX-2 inhibitors, such as rofecoxib (Vioxx) and valdecoxib, cerivastatin and various antibiotics. The indication for many drugs has been clarified or the precautionary measures in the product information have been clarified, so that fewer people qualify to be prescribed it (new antidiabetics such as rosiglitazone and pioglitazone, and other COX-2 inhibitors).

Special attention should be paid to side-effects that only occur in the long-term, which means after ten to twenty years, and which can therefore only be identified after many years. Such side-effects are not necessarily uncommon. An example of this is the occurrence of damage to the heart caused by anthracyclines in chemotherapy. *Post Marketing Surveillance* should therefore cover a period of ten to twenty years after a drug has been placed on the market.

For several years now, EU regulations have obliged manufacturers to provide the registration authority with a *Risk Management Plan* when submitting applications, especially in the case of medicines containing a new active ingredient. The obligation is intended to increase the likelihood of detecting side-effects, rare or otherwise.

Manufacturers sometimes make little effort to change off-label use into registered use

Sometimes it is not sufficiently in the interest of a manufacturer to register a drug for a given indication, so no research is conducted into the drug's use for that indication and doctors continue to depend on *off-label* use for the indication concerned. This applies for example in the case of the drug misoprostol (Cytotec). The manufacturer only registered the drug as a gastric protector but in practice it proved to be efficacious in countering continued bleeding after childbirth, pregnancy termination and accelerating the completion of miscarriages. As such, the drug has an important function in obstetrics.[18-20] Doctors who wish to use the drug for these indications are required to state in the *informed consent* procedure that it is being used *offlabel*. An inherent part of such use is that no research, industrial or otherwise, is conducted that meets the clinical utility and safety requirements stipulated by the registration authority for use of the drug for a given indication. Funding from a non-industrial source is necessary to get clinical trials off the ground that would meet the requirements.

Few trials of competitive, cheaper drugs

There have also been few trials of long-established or novel, cheaper drugs which appear promising according to individual experiences of doctors or patients but which may compete with drugs that are already on the market. Long-established drugs for which trials are no longer conducted include tuberculostatics. Closer study of the kinetic-dynamic relationship and mechanisms of side-effects could possibly enable these drugs to be used more effectively and safely. However, manufacturers do not carry out this type of research. Research of this kind therefore depends on government funding.

Few trials of compliance

Efficacy at clinical end points has been convincingly demonstrated for many drugs that have been on the market for longer. Nevertheless, large groups of patients either do not take these drugs or take the wrong dose. The reason for this is unclear. Is this attributable to the doctor, the patient, or how health care is organised? More research into therapy compliance could provide clarity about this, so that the intended use of the drug could be promoted more effectively. Pharmacists could help pay for this research because they also have an interest in proper use.

Research to be subsidised by ZonMw

ZonMw is currently attempting to fill some of the aforementioned gaps in drug research. The initiatives are summarised below.

Following on from the WHO's report on priority medicines[7], ZonMw has submitted four proposals for research programmes to the Ministry of Health, Welfare and Sport since 2006:

- Priority Medicines for Children
- Priority Medicines for the Elderly
- Priority Medicines for Antimicrobial Resistance
- Priority Medicines for Rare Conditions and Orphan Drugs.

The state of affairs regarding these proposals is as follows. The programmes *Priority Medicines for Children* and *Priority medicines for the Elderly* started in 2009. The programme concerning antimicrobial resistance will start in late 2009. The strategic research programme concerning rare conditions and orphan drugs still has to be commissioned by the Ministry of Health, Welfare and Sport.

ZonMw also presented advisory reports to the Ministry of Health, Welfare and Sport, on for example *fixed dose combination*, but this has thus far not resulted in any definite commission from the Ministry of Health, Welfare and Sport. In the summer of 2008 ZonMw conducted inventory studies of a total of eight diseases, likewise in response to the WHO report on priority medicines The studies were combined in two reports. The diseases were pandemic influenza, Alzheimer's disease, chronic obstructive pulmonary disease (COPD) and arthrosis, and HIV/AIDS, tuberculosis, *neglected diseases* and malaria. The reports include numerous recommendations for research.

In early July 2009 ZonMw presented the Ministry of Health, Welfare and Sport with the advisory report on the proper use of medicines ('Goed gebruik van geneesmiddelen'). The advisory report includes recommendations for tackling the knowledge gaps in drug research. The proper use of medicines is concerned with using registered drugs effectively, safely and efficiently. ZonMw hosted an *invitational conference* concerned with this on 24 September 2008. Participants made an interim assessment of drug research in the Netherlands. The main conclusions were presented in the advisory report. Participants were of the opinion that a lot of gains could still be made in the area of the proper prescription and use of drugs. Targeted scientific research in four areas could result in better treatment for patients:

- Are drugs prescribed when necessary?
- Is the right medicine at the right dose prescribed?
- Can the drug be used for other indications and is this done?
- Is the drug used properly?

The Minister of Health, Welfare and Sport has indicated that he also sees improving the use of medicines as an innovation, all be it a different type of innovation from the discovery of a new drug. After all, the impact on care could be just as great. The minister seeks to set priorities in cooperation with the Ministry of Education, Culture and Science and the Ministry of Economic Affairs.

Conclusion

The conclusion is that knowledge of drugs is limited and will probably remain so, if we leave ist development entirely to the pharmaceutical industry:

- Research is still hardly ever conducted that has little prospect of valorisation, such as research into drugs for rare diseases or research into the responsible phasing out of drugs

- When new drugs come onto the market, it is often not known whether they work better than the drugs which are already on the market
- In many cases there is a lack of research into the efficacy of new drugs among groups composed of children, adolescents, elderly people or patients with multimorbidity, for example
- Little is known about the long-term effects of drugs. At the time drugs are placed on the market their efficacy at clinically relevant endpoints has often not yet been demonstrated
- *Post Marketing Surveillance* by manufacturers is too limited (long-term clinical utility, infrequent and/or late side-effects)
- Manufacturers sometimes make little effort to change *off-label* use into registered use
- Once a new drug has been registered, there is often a lack of follow-up research, also known as *outcome research*. Research of this kind is essential for determining the new drug's actual value in daily medical practice. There might be an important task here for drug research paid for by public funds or public-private funds
- Initiatives have been taken to close the gaps in drug knowledge, for example:
  - WHO report Priority medicines for Europe and the World
  - ZonMw's development of the theme concerned with the proper use of medicines
  - Establishment of the Medicines for Children Research Network (MCRN) with support from the industry, amongst others.

2.6 Case study: research into diagnostic devices

The terms 'diagnostic' and 'diagnostic devices' are ambiguous. A distinction is made between various diagnostic categories in the background study to this advisory report:

- pre-diagnostic processes/devices, such as prenatal and genetic tests
- anamnesis (i.e. case histories), physical examinations and instruments, such as those used for blood tests, that enable doctors to make the usual clinical diagnosis as part of compiling the case history
- secondary diagnostic devices, such as imaging technologies, scopes, scanners, laboratory tests, and certain function tests, such as the cardio stress test
- devices for monitoring (following a particular treatment's progress for a patient)
- new diagnostic devices, such as genetic tests based on a mouth swab, and total body scans
- all kinds of do-it-yourself tests.

Moreover, there is a lack of clarity about the distinction between a diagnostic test and a biomarker, which can be used for disease identification and monitoring, so the collective term 'diagnostic devices' is also used in relation to biomarkers.

The collective term 'diagnostic industry' is used to refer to a large, fragmented whole with an extremely diverse composition. It includes multinationals such as Philips, Siemens and Johnson & Johnson, but also a growing number of small and medium-sized enterprises producing a variety of devices for health care technology. It involves a segment of the market which is developing rapidly.

While stringent statutory rules apply to marketing new drugs in Europe, this is much less the case for diagnostic instruments.[21] At most, EU regulations oblige manufacturers to guarantee that the devices or processes concerned really do measure what they purport to measure and that they are safe to use, which means that they will not cause any direct physical harm to the people using them. The rules on these instruments in the United States are generally stricter than those in the European Union. Barring a few exceptions, EU regulations contain no clear obligation for the manufacturer to submit proof of the diagnostic validity and clinical benefit of the diagnostic instrument. It is often unclear when a test of this kind comes onto the market whether patients will actually benefit from its use and whether its use is cost-effective.* Practitioners or hospitals wishing to make use of given diagnostic devices often have to conduct their own reliability tests. This is usually not done owing to a lack of financial and other resources. Consequently, substantiation of the diagnostic instrument's efficacy and cost-effectiveness is often inadequate. Moreover, many diagnostic methods and technologies are not interesting for the 'market' but are extremely important for daily practice, such as case histories, physical examinations and simple, additional blood tests. Hardly any funds are available for studies of the validity of this range of such important instruments.

Using a suggestion made by one of the interviewees within the scope of the background study, to enable comments on the development of the research agenda, it may be helpful to divide the development process of diagnostic instruments into different phases.

The first phase is concerned with the development of the actual product. The manufacturer clearly has a great deal of influence in this phase. Some initiatives for innovations are taken from the scientific sector. Examples of this in the field of screening include the HPV DNA test for cervical cancer and the PCA3 test for prostate cancer.

The second phase is concerned with evaluating the instrument. There is a major need in this phase for additional research, publicly funded if necessary, at least for as long as legislation sets so few requirements and manufacturers do no more than what is statutorily required of them, which is usually the case. In addition to research conducted by general hospitals/university hospitals, cooperation between industry and universities of technology could be considered during this phase. Cooperation of this kind is already underway in Delft, Eindhoven and Twente. The manufacturer's overall influence decreases during this phase and the agenda is mainly determined by researchers.

The third phase is concerned with the instrument's implementation. This is the joint responsibility of insurers, hospitals and medical practitioners. Research may be necessary during this phase too. In this phase the research agenda is determined by the parties responsible for taking decisions.

There are currently no research programmes in the Netherlands that encompass the entire process outlined above. The *Centre for Translational Molecular Medicine* (CTMM) aims to establish such a programme but attention is currently mainly focused on the development phase. The same applies to the NWO programme 'New instruments for health care'. We must also realise that the theory and methodology of the evaluation of diagnostics still lag behind research into the clinical utility of treatment. Research into the clinical utility of medical tests is often more difficult to set up than research into medical treatments, partly because of the often indirect relationship between a test benefit and a health benefit.[21] Difficult methodological issues include the lack of a *gold standard* (an uncontested standard used to calibrate new diagnostic tests), the complexity of diagnostic strategies, conclusively demonstrating the added value of new methods vis-à-vis existing practice, and selecting the right control conditions for this. Diaprognostic research is extremely complex and involves the influence of diagnostics on the prognosis, including the effect of therapy.[22] This applies all the more so to differential diagnostic research, in which more than one disorder has to be taken into account, especially in the case of aspecific complaints with a large 'problem space', such as fatigue or listlessness.

---

* On the other hand, manufacturers wishing to have their product included in the basic health service entitlement package must be able to demonstrate its clinical utility and cost-effectiveness.

From the point of view of the importance to public health, in every phase of development of diagnostic instruments there is a need for research that goes beyond simply examining their safety, especially in the case of research into the diagnostic validity and clinical benefits of the instruments. Research is also required into the health care significance of the use made of the instruments. This requires larger investments in *Post Marketing Surveillance*. On the one hand, more quantitative research is necessary to provide better substantiation of the efficacy and cost-effectiveness of the instruments, while on the other hand there is a need for qualitative research to evaluate individual experiences of those who use the instruments.

Few funds are generally available for research into diagnostic devices and the diagnostic process. According to one of the interviewees it is difficult to obtain funding for diagnostic research, not only from industry but also from charitable funds. Experience has shown that these funds are preferably spent on preventing and treating pre-selected diseases. Moreover, differential diagnostic research often concerns a large number of possible disease outcomes. The professional groups should also do much more to develop quality criteria for diagnostics. If hospitals already provide funding for research into diagnostics, they only do so on a limited scale. Research into diagnostics and diagnostic devices largely depends on public funding.

Diagnostic research could also benefit from recent initiatives to bring together knowledge and experience from industrial and academic researchers. A few important new developments in this area are mentioned below.

A Public-Private Partnership was established which operates in the field of diagnostics, namely the *Center for Translational Molecular Medicine* (CTMM). Its mission is to develop medical technology that enables accurate, early diagnosis and new individualised treatment of severe diseases, such as cancer, cardiovascular diseases, neurodegenerative diseases (Alzheimer's disease), and infectious diseases and auto-immune diseases. Participants include universities/UMCs, medical technology manufacturers (especially Philips), chemical companies and drug manufacturers. The centre is at Eindhoven University of Technology. The Dutch government supports the initiative by making a substantial contribution from the Economic Structure Enhancing Fund (FES). Charitable funds such as the Dutch Heart Foundation, Dutch Cancer Society (KWF) and the Dutch Alzheimer Foundation also provide support. The centre's first nine projects started in 2008 (combined budget: 150 million euro (http://www.ctmm.nl). The next series of projects (with the same budget) can start during 2009.

In October 2008 NWO announced phase one of a start-up programme 'New instruments for health care' (http://www.nwo.nl/nig). Funds totalling 9 million euros have been provided for the research programme (of which a sum of 3 million has been earmarked for R&D for instruments that contribute to safe extramural care). The start-up programme focuses on R&D for developing innovative equipment and devices for promoting health, prevention, diagnostics, prognostics and treatment of diseases and people with a disability. The key aim is to encourage development of new health care instruments (care products) that also generate new activity, employment opportunities and prosperity (economic products).

The purpose is to provide a major impulse to fundamentally strengthen the knowledge infrastructure in phase 2. The intention is to establish *Centres of Excellence* in the Netherlands in which science, companies and health care are integrated in public-private partnerships and work together systematically to accelerate the innovation and application of new medical instruments. Twenty-four ideas were submitted for centres of this kind in early 2009. Support for this initiative has been identified in the research field. The next step should be to establish a national 'Vision on the R&D structure for new instruments in health care' in 2010, according to a combined *top-down & bottom-up* approach (further details at http://www.nwo.nl/nig).

Within the scope of the Health Care Efficiency Research programme, ZonMw subsidises research into the cost-effectiveness of diagnostic interventions (see http://www.zonmw.nl/nl/onderwerpen/werpen/alle-programma-s/doelmatigheidsonderzoek/de).

In the autumn of 2009, RGO began processing a request for an advisory report from the Ministry of Health, Welfare and Sport concerning a Medical Products Research Agenda (drugs, biotechnology products and medical instruments). The aim is to complete the advisory report in 2010.

Publication of the WHO final report on the *Priority Medical Devices project* is expected in 2010 (http://www.who.int/medical_devices/access/en/). The report will indicate priorities or preferred directions for the development of medical instruments from the point of view of public health and health care. Countries affiliated with the WHO will then be able to use the research agenda as a basis for their work over the coming years.

Several advisory reports of the Health Council of the Netherlands referred to the major importance of research into the diagnostic validity and clinical benefit of diagnostic tests using body material. Numerous tests using body material are currently marketed which have not been demonstrated to have any diagnostic validity and clinical benefit. Manufacturers could be obliged – at the EU level – to produce evidence of a test's validity and benefit before marketing it. This would provide major incentive for industrial research into diagnostic devices of this kind.

The conclusions are as follows:

- Research into diagnostic devices lags behind therapeutic research
- The methodology for this research is more complex than that for research into treatment
- Most of the focus in research into diagnostic devices is on innovative technology. Research into the validity and cost-effectiveness of existing routine diagnostics, such as case histories and physical examinations, is almost non-existent
- European rules for marketing diagnostic devices are less stringent than rules for marketing medicinal products
- Funding is relatively limited for research into diagnostic devices, especially for the evaluation of clinical effects
- Initiatives are also starting to fill the gaps in this area, such as:
  - CTMM
  - NWO programme: New instruments for health care
  - ZonMw programme: Health Care Efficiency Research
  - WHO's Priority Medical Devices Project.

2.7 Case study: nutritional research

Although nutritional research also covers food technology (research into food aroma, colour and taste, for example), the term nutritional research is only used here to refer to research into how foods and their ingredients affect health. Nutritional research of this kind differs from drug research, although the boundary between medicines and foods is becoming increasingly blurred by the marketing of functional foods[*]. Drug research produces new compounds, either synthetic com-

---

[*] *Functional foods* are foods with added ingredients which are claimed to promote health.

pounds or natural substances that the producer has recently discovered. The producer obtains the patent on the compounds and can charge a high sale price for them for the duration of the patent, thereby recouping research costs. Conversely, foods and their ingredients have long existed and been known about, at least partially. The effect of these compounds on health still has to be established. This is an expensive and difficult process. There are few prospects for patenting as the actual compounds are not novel. It is difficult to protect investments in research into the health effects of foods. The food industry is not generally inclined to make major investments in research of this kind.

Nutritional and health claims

Under the regime of new EU legislation, as of 2010 vague health claims, such as '... aids our natural resistance', will no longer be permitted. References to disease prevention, such as 'eating ... prevents prostate cancer', are only permitted if such an effect has been conclusively demonstrated. This is because European Regulation 1924/2006 on nutrition and health claims made on foods entered into force on 1 July 2007. The regulation harmonises the rules on nutrition and health claims laid down nationally by EU member states. In the Netherlands, the regulation has been incorporated in the nutrition labelling for foodstuffs decree (Warenwetbesluit voedingswaarde-informatie levensmiddelen).

The *European Food Safety Authority* (EFSA) is working on a list of permitted claims which should be completed in 2010. EFSA advises the European Commission on whether a claim should be permitted. Many of the claims EFSA has already assessed resulted in advice against authorisation (http://www.efsa.europa.eu). It remains to be seen whether EFSA's assessment will encourage industrial nutritional research.

Agenda-setting and funding

The main financiers of nutritional research in the Netherlands are the food industry and, in the case of government funding, the Ministry of Economic Affairs. Other financiers include the European Union, ZonMw (the Ministry of Health, Welfare and Sport, NWO), NWO (Ministry of Education, Culture and Science), the Ministry of Health, Welfare and Sport and the Ministry of Agriculture, Nature and Food Quality, and charitable funds. An outline of the types of research that are funded and by which parties is provided below.

Basic research

Basic, precompetitive nutritional research in the Netherlands is largely funded by the *Top Institute Food and Nutrition* (TiFN), in Wageningen (http:// www.tifn.nl), a Public-Private Partnership in which academic researchers from Wageningen, Maastricht and Groningen, research institutions such as the Netherlands Organisation for Applied Scientific Research (TNO), the Netherlands Institute for Health Services Research (NIZO) and the food industry work together. TiFN's main sponsors are the Ministry of Economic Affairs and various food manufacturers (TiFN Annual Report 2007). TiFN's budget in 2007 was more than 25 million euros, of which more than 6 million came from industrial partners. An example of basic nutritional research is *nutrigenomics*, which studies the interaction between nutrition and genes. Industry has a significant say in the composition of TiFN's research agenda, while government, especially the Ministry of Health, Welfare and Sport has little, if any, involvement (*Background study*, page 17). Research conducted by food manufacturers is concerned with subjects such as patentable food ingredients, for example yoghurt bacteria. Dairy products containing such patented bacteria account for part of the *functional foods* market. It has not been proven that these products promote health.[23]

Application-oriented research

The European Union also funds a great deal of nutritional research. This is more concerned with application-oriented research than basic research. Applications for research funding within the scope of an EU Framework Programme have to be made in cooperation with the business sector, and a plan has to be submitted containing ideas on how the research results will lead to novel, commercially interesting products. Industry can exert a great deal of influence on setting the agenda for the subjects. EU funds have been and are still used to fund various types of nutritional research, such as research into micro-nutrients, obesity and fatty acids. Diogenes (Diet, Obesity and Genes) research is also financed within the scope of the EU Framework Programme. This research is being conducted by 29 European research institutions, and the University of Maastricht is the secretary. The aim is to gain a better understanding of how obesity arises and what role nutrition and heredity play in it. The ultimate aim is to provide a basis for ideas for innovative products and nutritional concepts to help people avoid gaining weight. Participation by industry should enable the concepts to be achieved.

The aforementioned universities and VU University Amsterdam conduct the applied research and it is funded by ZonMw, charitable funds such as the Dutch Heart Foundation and the Dutch Cancer Society (KWF), as well as food manufacturers. Funding from manufacturers is mainly in the form of contractual research. Applied research is research into ways of improving public health through interventions in the nutritional situation. This type of research is divided into:

– research into intermediate end points, such as blood pressure, blood sugar level, and cholesterol. This is usually short-term research;

– research into clinical end points, such as death, disease and quality of life. This is mainly long-term research.

ZonMw, charitable funds and manufacturers mainly fund applied research at intermediate end points. Manufacturers have no direct influence on the research agenda of ZonMw and charitable funds but in their present subsidy policy ZonMw and NWO encourage researchers to cooperate with institutions and companies that develop commercially innovative activities in the health care market. This sets high demands for maintaining research independence. The Ministry of Health, Welfare and Sport has a great deal of influence on ZonMw's agenda because the ministry earmarks funds for particular programmes. Manufacturers determine the research agenda for research they commission universities and research institutions to conduct (contractual research).

Applied research into clinical end points

It is generally difficult to attract funding for applied nutritional research into clinical end points. Manufacturers conduct little research of this kind because demonstrating a causal relationship between a food or ingredient and the health of trial subjects requires long-term trials, which are expensive. There is also little likelihood of ZonMw conducting trials to study the relationship between foods or ingredients and health/disease, not only because the cost usually exceeds the ZonMw budgets but mainly because trials of this kind are at the interface of fundamental research and applied research, which makes them difficult to fit into the programmes. Themes that are of major importance for public health are consequently not taken up. These include research into the relationship between food ingredients and health (lycopene to combat prostate cancer, flavonoids to combat cardiovascular diseases, the role of carbohydrates in the development of diabetes). The market provides no mechanism for recouping the cost of research and development; a company that invested a lot of money in this type of research would jeopardise its own continuity.

For example, tea is highly promoted with references to anti-oxidants. However, a tea manufacturer would not give heart patients tea or tea extracts for several years to study whether they had a heart attack. The risk that it might prove ineffective is too great. However, even if it proved to be effective the producer would still lose the funds invested because tea cannot be patented.

However, applied research into clinical end points is occasionally conducted in the Netherlands, for example when it is possible to attract the interest of various sponsors, as in the case of the large-scale intervention research conducted by the University of Wageningen into the effect of n-3 fatty acids on cardiovascular diseases. This is mainly funded by the Dutch Heart Foundation. The research was also made possible by the National Institute of Health (NIH) in the United States and a margarine manufacturer that contributes by developing, producing and distributing margarine.

Another form of applied research related to nutrition is research into the effects of providing information on a healthy lifestyle. This type of research could also be seen as part of public health research (see section 2.8). Within the scope of its Academic Collaborative Centres for Public Health programme, ZonMw funds the National Lifestyle Campaigns programme, part of which is concerned with nutrition. The aim of the programme is not only to carry out the campaigns but also to improve their quality and evaluation. The programme includes research into the effects of the information. Industry cannot influence the selection of the parts to be evaluated. The programme is in keeping with the policy priorities of the Ministry of Health, Welfare and Sport.

In April 2007 ZonMw published a programming study commissioned by the Ministry of Agriculture, Nature and Food Quality and the Ministry of Health, Welfare and Sport: *What shall we eat? Challenges for research into nutrition and health in the Netherlands*. It identified nutritional and health research needs. ZonMw is currently developing a long-term programme with joint funding from the Ministry of Health, Welfare and Sport and the Ministry of Agriculture, Nature and Food Quality: 'Healthy nutrition'. A total of four million euros has been provided for the programme's implementation during the period from 2010 to 2013. The research will examine questions such as:

– to what extent do novel foods vis-à-vis traditional foods contribute to healthy dietary habits?

– is there a link between dietary habits and the development of chronic diseases? If there is, what is the relationship?

– what are the determinants of consumer behaviour?

This all focuses specifically on the target groups low Socio-economic status (SES), young people, the chronically ill and elderly people (Jaarplan ZonMw 2009, Programmarapportages, dl II, pages 63-64). Only limited funding is available for this ambitious research programme.

Conclusion

The conclusion is that industry exerts an influence on the agenda for basic nutritional research because it provides a considerable amount of the funding. Contractual research is another way in which industry influences the agenda for applied nutritional research into intermediate end points. Applied nutritional research can be divided into contractual research for industry and research programmes for ZonMw, supported by the Ministry of Health, Welfare and Sport and the Ministry of Agriculture, Nature and Food Quality. Applied nutritional research into intermediate end points still has many 'blank spots'. Almost no intervention research is conducted into the relationship between foods and clinical end points. Research of this kind is hardly ever conducted or funded by the food industry. The high costs and difficulty of fitting it into the programming mean that it also fails to qualify for subsidies from ZonMw or NWO. Themes that are of major importance for public health are consequently not taken up.

2.8 Case study: public health research

The term public health refers to both the health of the public and social activities concerned with protecting or promoting the health of the public. Public health *research* is by definition concerned with a population or parts of a population. It can be divided into three types: 1. Descriptive research (which delineates trends, for example); 2. Determinant research (determinants of a healthy/unhealthy environment or healthy/unhealthy behaviour); 3. Intervention research (knowledge of effects of interventions, preventive or otherwise). Nutritional research as defined in section 2.7 could also be seen as part of public health research. The same applies to research discussed in section 2.6 into screening methods and do-it-yourself tests.

The broad field of public health research differs from that of drug research and research into diagnostic devices. It was decided to explore this field precisely because of the effect of this contrast. Commercial interests play a role in drug research and research into diagnostic devices; this research is concerned with the manufacture of products on which profits can be made. To do so, companies have to market the products. If certain research is a precondition for this, companies will make a commercial assessment about investing in the research concerned.

Conversely, the field of public health research does not generally involve any commercial interests and products that have to be marketed. Descriptive research and determinant research are not conducted in this field with a view to making products financially lucrative but in connection with public health interests. Behaviour-oriented interventions could possibly be classified as 'products'. Consider for example information campaigns; interventions which teach people with a chronic disease how to improve the way they deal with it; interventions to combat smoking; or movement therapy programmes for overweight people. However, if they exist at all, marketing opportunities for such 'products' are very limited, also because the products are not patentable. Private financiers in the profit sector express little, if any, interest in developing them. Because public health research is concerned with protecting or promoting public interests, knowledge development is mainly dependent on public funding. Most public health research is paid for with public funds. Industrial sponsors therefore have no influence at all on the agenda for public health research. However, the lack of industrial sponsoring in this field is most certainly apparent in knowledge development.

The situation is less clear-cut in some subsectors of public health. The development of vaccines for use throughout the population or screening techniques is more comparable with the development of drugs, as major commercial interests play a role alongside public health interests. This also applies in the case of research into the effects on public health of products for which marketing opportunities are threatened (realistically or otherwise) by health risks, for example the development of mobile telephony. This has led to unrest in the community about the supposed hazardous effects of mobile phone masts on surrounding residents and of mobile telephones on their users. The business sector has a keen interest in the results of public health research such as research into the health risks of mobile telephony. There was consequently a great deal of discussion about the possible contribution of private financiers to the ZonMw Electromagnetic Fields and Health programme. The Dutch government ultimately decided not to join forces with private financiers in the profit sector.

There are also other fields of public health research which involve commercial interests and in which manufacturers might be willing to invest. These include research to ascertain the harm (or absence of harm) to the health of young people caused by drinking *Breezers* or other alcoholic drinks, or the consumption of *fast food*. If public-private partnerships in funding this type of research were feasible, it would in any case be necessary to guarantee the independence of the research owing to the profit sector's major interest in obtaining particular results, namely evidence of the absence of harm to health.

However, the qualification that commercial interests of this kind exist in some subsectors of public health does not undermine the conclusion regarding the majority of public health research. The conclusion is that public health research, which is by definition in the public interest, depends almost entirely on public funding.

Structure and funding of public health research

Public health *research* takes place at various University Medical Centres (UMCs). The research at UMCs usually receives funds from the first flow of funds, although the amounts are relatively modest. Systematic public health funding also concerns funds, possibly labelled, which go straight to institutions outside the university which conduct public health research, namely the National Institute of Public Health and Environmental Protection (RIVM), the Netherlands Organisation for Applied Scientific Research (TNO), Netherlands Institute for Health Services Research (NIVEL), the Netherlands Institute of Mental Health and Addiction (Trimbos Institute) and various Municipal Health Centres (GGDs).

Public health research largely depends on project-based funding by ZonMw. In the nineteennineties various small funds of the Ministry of Health, Welfare and Sport and the Prevention Fund were merged into one large fund: ZonMw, the Netherlands Organisation for Health Research and Development. The ZonMw Prevention programme, the Academic Collaborative Centre for Public Health (AW-PG) programme, and the relatively new Youth Health Care programme are important sources of funding for public health research. This always concerns temporary funding. The aim of the AW-PG programme is to obtain more systematic funding from other sources, such as university centres and municipal authorities.

Research in the field of employment and health, which can also be seen as public health research, has a different type of funding. It is not funded by the Ministry of Health, Welfare and Sport and the Ministry for Youth and Families but by the Ministry of Social Affairs and Employment and the large social security implementing bodies, such as the Employee Insurance Agency (UWV) and the former Joint Administration Office (GAK). This is temporary funding but sometimes involves relatively large, long-term research programmes.

Composition of research agenda

Given its central role in funding public health research, government also has a significant say in the composition of the research agenda in this field. Prioritising would be unavoidable even if public funding for this research was increased. Some subjects will receive more attention than others. The decision on which knowledge gaps will remain and which will be closed is ultimately subject to political consideration. The process of political decision-making is not discussed further here but it is clear that all kinds of particular interests may play a role.

The Advisory Council on Health Research (RGO) advises the government on the composition of the research agenda for public health research. RGO has been closely involved in this research since 2000 and has identified numerous gaps in knowledge on public health, in the field of determinant research, for example. RGO took the view that the largest need for research was in the field of interventions. The things RGO called for included an incentive programme to be set up under the responsibility of ZonMw to tackle the gaps in determinant research and intervention research.

The RGO advisory reports on public health (2000-2003) resulted in a ZonMw programme for Academic Collaborative Centres for Public Health, and in nine collaborative centres. RGO's recommendations for determinant research and intervention research were not really worked out in detail in ZonMw's third Prevention Programme. RGO presented an advisory letter in February 2009 on the content of the fourth Prevention Programme. RGO's advisory letter placed the emphasis on translational prevention research, methodological innovation, screening and systematic evaluation of the prevention programme.

The fourth Prevention Programme started in June 2009. The programme's priorities are:

– Prevention of lifestyle-related disorders by promoting a healthy lifestyle and healthy living environment
– Prevention of psychological disorders that cause a high burden of disease and affect participation in the community and the quality of life
– Early detection through population screening and screening programmes
– Preventive interventions in care.

The fourth Prevention Programme has seven sub-programmes. One such intervention (Gezonde Slagkracht), the ZonMw programme concerned with obesity, alcohol, smoking and drug use, focuses on supporting public health. Adopting an integrated approach, it encourages the further use and distribution by local authorities of projects that have proved to be effective. The aim is also to further develop, i.e. theoretically substantiate and describe, promising local interventions concerned with preventing obesity, alcohol misuse, smoking and/or drug use, and arrange for them to be presented for accreditation by RIVM's Centre for Healthy Life Style. Duration: 2009 to 2014; budget: 10 million euros.

Conclusion

The conclusion is that industrial sponsors have no influence over the research agenda for most public health research: companies rarely fund public health research because there are few, if any, opportunities for making public health 'products' financially lucrative. Research in this field is very largely paid for by public funds. Government rather than the business sector sets the agenda and priorities for this research. All kinds of particular interests may play a role in government prioritisation but analysis of this decision-making process is beyond the scope of the present advisory report. A relatively large part of public health research takes place in institutions outside universities. Public health *research* largely depends on project-based funding, owing to the limited availability of systematic sources of funding. Gaps in knowledge of public health mainly relate to the determinants of a healthy/unhealthy environment and healthy/unhealthy behaviour, and to interventions.

3 Industrial sponsoring and research

This chapter first summarises the main results of the case studies discussed in the previous chapter (drug research, and research into diagnostic devices, healthy nutrition and public health). We indicate what is known about the influence of industrial sponsoring on the research agenda in the four subsectors of medical knowledge concerned and examine the mechanisms that play a role in this (3.1). We continue with a description of what is known of the influence of industrial sponsoring on knowledge development through research (3.3 and 3.4). The findings are always described in relation to an ethical perspective: what ethical questions arise from the findings (3.2 and 3.5)? Adopting a prescriptive framework as far as possible, the next chapter offers suggestions on how the identified problems might be tackled, whereby the focus is on the influence that the various parties concerned are able to exert.

3.1 How the research agenda is influenced by sponsoring

The first stage of the cycle of knowledge development is that of setting the agenda and priorities for areas in which knowledge has to be developed. We examined this stage in the preceding chapter by means of four case studies.

Results of case studies

The case study on drug research showed that the pharmaceutical industry mainly sets the agenda for research that is required for the registration of a drug. This is understandable from the manufacturer's point of view. However, if knowledge development depended entirely on the agenda that industry sets for research, a great deal of knowledge needed for rational decision-making on patient treatment would be absent. Important gaps in drug knowledge concern:

- The development of drugs for rare disorders (orphan drugs)
- The value of new drugs in daily medical practice
- The efficacy of drugs in specific patient groups, such as those composed of children, elderly people, or patients with more than one disorder
- The long-term effects of drugs
- The side-effects of drugs
- The responsible phasing out of drugs
- The effects of drugs vis-à-vis other interventions (surgical interventions, counselling, movement therapy, dietary changes).

A particularly striking point in the case study concerning diagnostic devices is the limited knowledge of diagnostic validity and clinical benefit of diagnostic instruments, especially in the case of do-it-yourself tests. Manufacturers will only put research into this subject on the agenda if EU regulations make it a precondition for permission to market the products. Knowledge of the diagnostic validity and clinical benefit of products of this kind is a good example of the type of knowledge that doctors or lay persons ought to have to enable them to take rational decisions on the use of the products.

Thirdly, there are the main results of the case study concerning nutritional research. Industry exerts an influence on the agenda for basic nutritional research because it provides a considerable amount of the funding. Contractual research is another way in which industry influences the agenda for applied nutritional research into intermediate end points (blood pressure, blood sugar level, cholesterol, etc.). This research still has many blank spots. Applied nutritional research into clinical end points (morbidity, mortality, quality of life) can best be described as one big 'blank spot', yet this intervention research is of major importance for public health. There is little likelihood of getting the food industry interested in it.

The final case study is on public health. This showed that industry exerts no influence at all on the research agenda for most public health research. Companies do not usually fund public health research, because prospects for making products in this field financially lucrative are generally lacking (although they do indeed exist for some components of public health). Government largely determines the agenda and priorities for research in this field, whereby political considerations and frequent compromises have to be made. There are also large gaps in knowledge of public health, especially regarding the determinants of a healthy/unhealthy environment and healthy/unhealthy behaviour, and regarding interventions.

Analysis

The fields of knowledge studied are subject to all the consequences of what is also known as *crowding out*. This refers to the phenomenon that in fields of knowledge in which product sales and making profit play little, if any, role, development lags behind development in economically valorisable fields of knowledge, even if there is a definite need for the knowledge concerned from the public health point of view. In the case studies we discovered several mechanisms which can play a role in this crowding-out effect. The main ones are:

- Firstly, industry tends not to conduct more research than is required for a new product's registration, as in the case of drugs and diagnostic devices
- Secondly, there are relatively few possibilities for patenting, as is the case with research into the effect of foods on health and in the case of public health research
- Thirdly, the demand for commercial products is sometimes too low in certain domains, such as public health.

3.2 Ethical questions concerning research agenda-setting

We have defined some ethical questions below that arise from the above findings:

- Does the phenomenon we describe as *crowding out* lead to a lack of balance or possibly even a lack of justification in selections and results concerning knowledge development?
- Should industry and other research scientists be permitted to set their own research priorities? Are there limits to freedom of this kind?
- Does government have a responsibility 'to steer'? When? On what grounds? How much funding should government invest in knowledge development that is important from the public health point of view?

These fundamental questions are only raised here and not answered. The questions will require further discussion. Chapter 4 provides suggestions on the direction to take in starting to answer some of the questions.

3.3 How sponsoring influences knowledge development through research

In the development of knowledge, the stage of setting the agenda and priorities is followed by that of developing knowledge through research. A summary is provided below of what is known from international reference literature about the influence of industrial sponsoring during this stage.

Results of reference literature study

The influence of sponsoring on research has been written about extensively over the years and hotly discussed. Chief editors of major medical journals focused attention on the problem.[24-27] The percentage of clinical trials funded by industry over the past ten to fifteen years has certainly increased sharply.[28] Frequently arising aspects of sponsored trials are the following. The research protocol is drawn up in cooperation with industry. Industry or a trial agency contracted by industry often recruits the necessary doctors and possibly also the patients, and collects the data. Industry sometimes performs the data analysis. The manuscript is sometimes written in collaboration with industry. Co-authors often include industry employees and other authors are often consultants to the same industry. In extreme cases they may even hire a *ghostwriter*.[29] However, it is often emphasised that authors were always able to examine the research data and concurred with the publication.[30]

International literature shows that when a company funds research into one of its own products, the results are more favourable for the product concerned than the results of alternatively funded research concerning the same product. In short, research sponsored by industry is significantly more often favourable for the product of the industry concerned. Examples of cases in which this has been demonstrated include a third-generation oral contraceptive[31], calcium-channel antagonists[32], and statins[33]. This also applies to nutritional research into soft drinks and milk[34] and of a compound for losing weight (sucrosepolyester)[35]. Systematic reviews[36], meta-analyses[37, 38] and pharmaco-economic studies (cost-effectiveness studies)[39, 40] are subject to the same distortion.

This distortion in favour of the sponsor's product is disturbing, also because it can harm trust in research. If the results of systematic reviews and meta-analyses are also questionable, there is a danger of the basis of guidelines – in fact the entire concept of *evidence-based medicine* – being undermined. This could destroy the basis of decision-making on patient treatment in the field. Moreover, patients who participate in clinical trials should be able to count on the trial being scientifically sound and that it will lead to an honest report in scientific reference literature. It would otherwise be unethical to ask them to participate in such trials.

Analysis

An important question concerns how this distortion in favour of the sponsor's product can be explained. Vandenbroucke and Van der Meer[30] provide explanations at three levels, namely a. comparisons using a placebo, b. selective publication, and c. the selection of a favourable comparison.[37]

Comparison with a Placebo

The new drug is compared with a placebo whereas the comparison ought to be made with a proven efficacious treatment. This was also mentioned in section 2.5. Vandenbroucke and Van der Meer emphasise that in that case an essential principle of a *randomized controlled trial* has not been fulfilled: the uncertainty principle. According to this principle, the odds of each of the compared therapies emerging from the trial as the best must be equal. The real question concerns that about which there is genuine uncertainty. This question is concerned with whether the new drug is more efficacious than existing drugs, rather than whether the new drug is more efficacious than a placebo, and this is indeed likely to be the case, if the new drug comes from a class of efficacious drugs. A placebo is used more often in sponsored research than in unsponsored research and the results for a new drug are consequently more likely to appear favourable.[41]

Selective Publication

Favourable trial results are published more often than unfavourable trial results.[42-44] There are various reasons for this, one of which is the influence of the sponsor. Researchers play a part in this too, as they are less likely to provide journal editors with a report on research that did not lead to a positive result, on the assumption that it will be rejected anyway. Journals editors (editors and reviewers, as the case may be) influence the selection process; they are mainly interested in publishing articles that have consequences for clinical practice or the way of thinking about a disorder. Sponsors themselves will also put more effort into ensuring publication of a trial report with favourable results; details of such a trial are often published several times and the authors put forward the most favourable results. Another factor that plays a role is that the publication of sponsored trials is a substantial source of income for journals, as the sponsor is sure to purchase reprints.

Choosing a Favourable Comparison

In comparative research, comparisons are chosen which are more likely to increase the odds of the outcome for the experimental drug being favourable. For example, a drug is chosen which is likely, or is known, to be inferior. Or more underhand, the administered dose of the control drug is slightly lower than the standard dose, whereas a slightly higher or variable dose of the experimental drug is administered. When the aim is to demonstrate that the experimental drug has fewer side-effects, the administered dose of the control drug is slightly higher than that of the experimental drug. Research results can also be influenced by selecting subjects/patients or not properly taking into account those who drop out.[26] The fact that such methods are indeed used is clear from research in which published data can be compared with registration data.[42, 43] Results become more favourable in relation to an increase in the health of the research population. It was pointed out in section 2.5 that drugs are often tested in a younger research population, with milder comorbidity and fewer severe disorders than the group for which the drug is actually intended. Such factors can lead to bizarre results.[30] For example, successive trials of various manufacturers found that drug A was better than drug B, drug B was better than C, and C was in turn better than A, depending on which manufacturer funded the trial concerned.[45]

To what extent do findings like this also apply to medical research in the Netherlands? Is it true, as some parties assume, that such trials in the Netherlands are less susceptible to this type of influence because the trials are subject to the requirements of the Medical Research (Human Subjects) Act and supervision and review by METC and/or CCMO? We cannot answer these questions because no research has been conducted on this subject and opinions of experts and those concerned differ widely. However, medical research in other EU countries and in the United States, where the majority of medical research is conducted, is also subject to supervision and review.

Be this as it may, the fact is that, like doctors anywhere else in the world, when treating patients, doctors in the Netherlands have to base their decisions on evidence obtained from international reference literature. If this is subject to distortion, it interferes with decisionmaking in the Dutch health care sector too.

3.4 Research for marketing purposes: seeding trials

The stages of disseminating the newly acquired knowledge and its application in the field start once the research has been completed. It is an acknowledged fact that manufacturers exert a great deal of influence in favour of their own product in these stages too.[1] However, these stages are beyond the scope of this advisory report (see section 1.2).

Here we only discuss the phenomenon of seeding trials; these trials are conducted under the pretext of scientific research during phase IV, the phase after a new drug's registration, and are used solely for marketing objectives. Rather than being based on any genuinely interesting question their purposes is to encourage doctors to prescribe a new drug by familiarising them with it. Randomly selected from international reference literature, an example of a seeding trial is the ADVANTAGE trial, in which the drugs rofecoxib and naproxen were compared.[46]

In April 2009, the Dutch Health Care Inspectorate published a report on a study of seeding trials.[47] It comprised a study of reference literature, interviews and an analysis of documents from the licensees of various drugs. The aim was to discover the mechanism of phase IV research with marketing objectives, so that when requested to participate in them, practitioners would be aware of what was really being asked of them before deciding whether to take part. The mechanism turned out to involve a combination of elements, such as large numbers of practitioners and patients, excessive payments in relation to the work to be done and a lack of clarity about the usefulness and necessity of the trial. Phase IV research that is used for marketing purposes is mainly found in the category phase IV not subject to the requirements of the Medical Research (Human Subjects) Act*, and then mainly for certain drug groups, including *me-too* preparations. According to the inspectorate, the number of patients involved in seeding trials in the Netherlands annually ranges from in the tens to in the thousands.

3.5 Ethical questions concerning knowledge development through research

- What are the ethical implications for the actions of doctors/researchers and their institutions in the light of the discovery in the reference literature of distortion in favour of the sponsor's product? What are the implications of this for science journals and their editorial staff? Are there implications for industrial sponsors/manufacturers?
- Is the distinction between phase III and phase IV research important in decisions of doctors/researchers about whether to cooperate with sponsored research?
- Does the Dutch government have a responsibility to steer? On what grounds? What could the government do?

These questions could also be discussed in greater detail. The next chapter provides suggestions on the direction to take in starting to answer some of the questions.

4 Guide for the parties concerned

Adopting a prescriptive framework as far as possible, this chapter provides suggestions on how the identified problems might be tackled, whereby we first focus on research agenda-setting (section 4.2) and then on the research (section 4.3). The question always concerns the contribution to possible solutions that can be provided by the various parties involved (doctors/researchers, journals and their editorial staff, industrial sponsors, government). The findings of the preceding chapters are first recapitulated (4.1).

---

* Medical Research is defined in section 1, subsection b, of the Medical Research (Human Subjects) Act as research in which activities or ways of behaving are imposed on trial subjects. This is always the case in phase I, II and III research. This is therefore always subject to the requirements of the Medical Research (Human Subjects) Act. However, in phase IV research activities or ways of behaving are not always imposed on trial subjects. For example, no extra activities are imposed on patients when they are already receiving the drug as part of their treatment and the data are collected on the basis of activities which already take place within the scope of their care. In such cases the research is not subject to the requirements of the Medical Research (Human Subjects) Act and it need not be reviewed by METC or CCMO.

4.1 Summary of the findings

Concerning Industrial Sponsoring

– Industry sets the research agenda on the basis of its own mission (*drug development*)
– This involves conducting *me-too* trials
– Not all the research conducted by industry is reported in scientific literature
– There is a risk of research being distorted in favour of a manufacturer's own product.

Concerning Government

– Without publicly funded drug research, knowledge of drugs will remain limited
– Knowledge development in some subsectors, such as public health, largely depends on public funding
– Government encourages universities to use money from the first flow of funds to attract money from the fourth flow of funds (funding from industry)
– Government encourages public-private partnerships in the field of research (TiPharma and TiFN, for example)
– Government is pulling back and has only limited involvement with the content of research agenda
– Government expenditure on research is relatively small.

4.2 How should research agenda-setting be tackled?

This advisory report identified important gaps in biomedical knowledge and discussed why industrial sponsors will not be filling in these 'blank spots' in the near future. These findings should be cause for the parties concerned (doctors/researchers and their institutions, industry, government) to reflect further (in public) on their role and responsibility in funding and setting the agenda and priorities for biomedical research. Aspects of the prescriptive framework are always mentioned which they could use for this. This enables the parties concerned to contribute to the social debate on the subject.

By doctors/researchers and their institutions

Section 2.3 described the forces to which clinical research in the Netherlands is exposed and the situations in which there is a likelihood of dubious research. The potential research capacity and the number of available trial subjects/patients in biomedical research are limited. In view of the results of the case studies and the *crowding-out* effect (section 3.1), the concern is that this capacity is not always used to generate the most urgently needed knowledge from the public health point of view.

It was also stressed that in the Netherlands scientific and ethical appraisal of medical research involving human subjects is subject to the regulations of the Medical Research (Human Subjects) Act. The research should be able to meet the scientific and ethical requirements of a recognised Medical Ethics Review Committee (METC) or the Central Committee on Research Involving Human Subjects (CCMO). One of the statutory requirements is that it must be plausible that the research will lead to new medical insights. Research for which this is not plausible should be rejected by an METC.

However, doctors, researchers, research managers and directors of research institutions, care institutions and academic centres cannot shift their responsibility for the composition of the research agenda to an METC. This falls under their own responsibility. Composing a research agenda involves making decisions on the use of the research infrastructure and the burden on the patient population. These decisions have an ethical aspect: the research infrastructure and patient population should be used for research which fulfils a public health or scientific need. The public health interest should weigh heavily in agenda-setting and prioritisation. Placing research projects on the agenda that are less useful from the public health point of view to obtain income for a research group, raises the question of whether the interest served by this is in proportion to the objections and the risk to the trial subject (section 3, subsection c, WMO).

It is extremely important for doctors, researchers, research managers and directors to not only discuss their research agenda with each other, but also their reasons for giving one research project a higher priority than another, so that they continue to be critical of each other and keep each other alert. The Association of Medical Specialists could play a role in this. The review framework of the WMO could be helpful in these discussions.

By industry

Research would be in conflict with the WMO if it could not reasonably be expected to produce new medical knowledge; an example of this would be research into a drug that could at best only be as good as an existing drug, also with regard to side-effects (*me-too* trials). Research of this kind may well be placed on an industrial agenda but there would be statutory objections to conducting it in the form of a clinical trial in the Netherlands. It goes without saying that companies must abide by the law when conducting research.

It is not a task of the Health Council of the Netherlands and the Centre for Ethics and Health to present companies with a prescriptive framework for composing their research agenda. Scientific and corporate objectives are different; there is nothing wrong with this. However, all parties, including industry, are accountable for the social responsibility. Recommendations in the WHO report on *Priority Medicines*, for example, have not only had an impact on TiPharma's research agenda but also on those of individual pharmaceutical companies. Corporate Social Responsibility offers a prescriptive framework that can help companies critically analyse their own operations (see further http://www.mvonederland.nl/).

Within the scope of the recommendation below to increase funding for research, manufacturers could voluntarily contribute to one or more public funds, without setting conditions on how the funds must be spent. Such a gesture could be made by the pharmaceutical industry in particular, also in aid of restoring its image, which has become rather tarnished over the past decade. Manufacturers of medical equipment could contribute, as could other companies that receive their income or part of it from health care, such as the ICT sector.

By government

According to section 22, subsection 1, of the Dutch Constitution, it is the government's duty to take measures to promote public health. Part of this duty is to foster the development of medical knowledge because it is essential for public health. Government has the freedom to decide how ambitiously it fulfils this subtask. Government has been retreating over the past twenty years and has mainly fulfilled this subtask by providing funds for research and encouraging public-private partnerships. However, government funding for research has remained below the norm agreed within the EU for research. Moreover, public-private partnerships will not focus on knowledge that cannot be economically valorised, yet there is a major need for this knowledge in the field.

Government could fulfil its constitutional task of knowledge development with a higher level of ambition. It could do this by increasing research funding and more actively steering the way the agenda and priorities for subjects are set in order to compensate for the crowding-out effect (see section 3.2) and unbalanced growth in knowledge development. By becoming more actively involved in research agenda-setting, government could promote the development of knowledge which is hardly, if at all, valorisable and could encourage investigatordriven research. It could adopt various approaches to this.

Firstly, government could endeavour to create a better balance between the various flows of funding. Since the nineteen-eighties, central government has urged universities to use money from the first flow of funds to attract money from the fourth flow of funds (contractual research), a policy which has certainly borne fruit. However, tension exists between this policy and compensating for 'market failure' and crowding out, it has traditionally been the task of academia to develop knowledge that is not economically valorisable. Government policy could impede this traditional academic task. This aspect would deserve to be considered when evaluating policy.

Secondly, government has the option of actively encouraging the development of biomedical knowledge to fill in the 'blank spots'. We identified the blank spots in chapter 2 by exploring four subsectors of medical knowledge, namely drugs, diagnostics, healthy nutrition and public health. Deploying more research funds through the second flow of funds (earmarking) would enable government to actively promote knowledge development in particular fields.

In chapter 3 we identified the mechanisms that play a role in the emergence of blank spots in the four subsectors. However, these mechanisms are not equally relevant for all four subsectors. Each subsector has its own dynamics: a given field is mainly affected by one mechanism while a different mechanism affects another field. Therefore, solutions for the agenda-setting problem of each of the subsectors should not always be sought in the same direction. The directions in which solutions should be sought may be different, depending on the dynamics of the subsector concerned. It may sometimes also be advisable to have different incentive measures alongside each other.

One possibility could be to incorporate more incentives in existing regulations, at the EU level or otherwise, to encourage the business sector to conduct particular research. Various options could be considered for this:

– Tightening registration rules. A precondition for registering a drug could for instance be the manufacturer's provision of funds for (independent!) phase IV research into that drug, to enable its long-term effects to be studied, for example. Another example is using stricter registration rules to compel independent research into the responsible phasing out of drugs

– A tax benefit for companies that conduct certain research. This option was chosen to encourage research into orphan drugs

– Increased patent protection in return for certain research. This method is used to encourage drug research involving children. The patent on a drug can be extended by six months if the results of a trial involving children are submitted to the registration authority at the time of the drug's registration

– Clarification or tightening of the 'essential requirements' of European directives (the IVD Directive, for example) so that a diagnostic device may only be marketed if proof of its diagnostic validity and clinical benefit can be submitted. An intermediate step towards such a tightening of the requirements could be the temporary approval of a diagnostic device, subject to obliging the manufacturer to deliver the aforementioned proof within a given period

- Facilitating legislation and regulations at the EU level and national level. Examples include de Regulation on medicinal products for use in the Paediatric population and the Regulation on Orphan Medicinal Products.

European law restricts the possibilities for incorporating incentives for the business sector in national regulations. However, even if such possibilities were available, it would still not be advisable to have stricter rules than other EU countries, in view of the repercussions for research this could have on the market. This is because companies will tend to move their research to countries where the rules are less strict.

Thirdly, government can jointly determine the development of the research agenda for Public-Private Partnerships (PPPs) such as TiFN and TiPharma. The underlying idea of Public-Private Partnerships was that partnerships of this kind would enable government to influence the research agenda. However, the extent of government influence in recent years is unclear: no research has been conducted into how PPP agendas and priorities are established (see *Background study*). The business sector appears to have more influence than the government on the research agenda of TiPharma and TiFN. Be this as it may, becoming more actively involved with the research agenda of PPPs would enable government to arrange for the development of valorisable knowledge that is of major importance for public health to be placed high on the research agenda of PPPs of this kind.

The PPP model is unsuitable for generating knowledge of interventions which cannot be used to earn money, which is the case with many public health interventions. Developing this type of knowledge will continue to depend on public and charitable funds. The fourth approach government could take to compensate for the crowding-out effect would therefore be to increase public funds for research, in a situation in which the Netherlands continues to fall short of the norm for R&D investments set by the EU. Obliging the pharmaceutical industry, for example, to donate a percentage of its turnover to one or more public funds would provide a fundamental increase for research that is relevant to public health, such as non-commercial drug research. Italy opted to adopt this type of obligation (five percent of the pharmaceutical industry's marketing budget, which represents an annual sum of around 40 million euros).[48] The idea is that the research agenda of these funds can be devoted entirely to the public health need, without any commercial influence. However, the authors of the *Background study* doubt the possibility of preventing commercial influences on the research agendas of these funds; in their view the commercial sector and public sector are too intertwined.

In the past there was a lack of support for this option in the Netherlands but this could change. A sensitive issue continues to be that this approach could compel the business sector to contribute funds for generating knowledge with which it would ultimately have to compete (for example the development of an efficacious movement therapy for obesity, which could compete with a pill to treat obesity). This option has the limitation that the intended financial obligation should preferably be imposed at the international level, otherwise there would be a considerable risk of manufacturers moving to countries that had no such obligation.

The following possibility is another way of achieving a fundamental increase in public funds for research. The pharmaceutical industry lets the community pay towards the costs of R&D for its products; these costs are included in drug prices. By way of analogy with this, a small fixed percentage of the annual turnover of health insurance companies could conceivably be earmarked for research which should be a priority from the public health point of view but which cannot be funded by the private sector or available public funds. This could be used for public health research, but also for quality-of-care research or fundamental research. This would probably result in a slight increase in the insurance premium contributions paid by everyone. However, the intention is for research of this kind to ultimately lead to more clinical utility and efficiency in health care and in health benefits, which could result in a decrease in prices and premiums.

Funds obtained in this way could be transferred to public funds. These funds could enable the money that became available to be divided between biomedical research that meets a public health need, such as non-commercial drug research or public health research. The structure of decision-making on how these funds ought to be spent should include assurances that independent experts will be involved, as is the case with funding through the public research funds. An advantage of such a flow of funding is that it would be constant, thereby making R&D funds less vulnerable to spending cuts than funding per project or programme.

Finally, mention should be made of the recent initiative by the US government to provide a major financial incentive for comparative effectiveness research. The aim is to learn more about the efficacy and cost-effectiveness of various treatments for the same disease. It is intended to make health care decision-making more rational and eventually to save money by discouraging less effective treatments.

4.3 How can distortions in sponsored research be combated?

International literature shows that distortion in the results of industrially sponsored research is a real problem. The distortion relates to the fact that when a company funds research into one of its own products, the results are more favourable for the product concerned than the results of alternatively funded research concerning the same product. Section 3.3 discussed the mechanisms which can lead to the distortion and undermine trust in research.

The position adopted here is not that, in view of the distortion, it would be better to prohibit all industrial sponsoring of research. It would be more advisable to try to solve the problem by ensuring that a counterweight is included in all research to prevent this type of distortion from occurring.[1] It is important to bear in mind the international character of the problem. The approach to it requires a joint effort at the international level by many countries. The Netherlands can only pay a limited role in solving the problem.

The main explanations for the type of distortion discussed were a. comparisons using a placebo, b. selective publication, and c. the selection of a favourable comparison. This immediately provides us with the main starting points for tackling the problem: if an accepted alternative treatment is available, placebo-controlled trials should be further reduced; research results that are disappointing for the sponsor should also be published; the optimum dose must be administered of the drug with which the comparison is being made. In short, the quality of trials should be improved.

An examination follows of the contribution that the various parties concerned could make, and to a considerable extent do make, to solving the problem. Many of the steps towards achieving this have been started in recent years. The parties concerned are: 1. researchers and their institutions, 2. journals and their editorial staff, 3. industry, and 4. government.

By researchers and their institutions

The existing prescriptive frameworks available to researchers are the principles of Good Clinical Practice (GCP), research codes of institutions/hospitals and the KNAW's Declaration of Scientific Independence.[49] Researchers who conduct contractual research should in any case always ask themselves whether the role of the financier is in keeping with the GCP principles. The Association of Medical Specialists could develop a research code for general hospitals. Scientific associations could draft a code of ethics for biomedical research. Researchers would then be able to publicly undertake to abide by the code, or take an oath or pledge to abide by it in their work. Study programmes of trainee researchers should focus more on the ethics of conducting research *(research ethics)*.

The independence of the researcher(s) may be a particularly effective way of compensating for research results that are distorted in favour of sponsors. The compensatory effect increases in proportion to the researcher's independence. Doctors/researchers should adopt a more assertive and aloof and thereby more independent attitude towards industrial sponsors. Reducing conflicts of interest between the sponsor and the researcher reduces the need for the researcher to be 'agreeable' to the sponsor, which reduces the likelihood of bias in research results. Vandenbroucke and Van der Meer cite as an example of an existing construction with a greater distance from industry, the Clinical Trial Service Unit, in Oxford, the UK, where not only the research initiative and design are in the hands of researchers but also all data collection, processing and interpretation, and only the researchers themselves write the publication.[30]

Researchers can refuse to conduct unnecessary placebo-controlled trials by invoking the Declaration of Helsinki. Research managers can invoke the same declaration to exclude this type of research from their research agenda. Administering the optimal dose of the drug with which the experimental drug is being compared might seem to be an obvious requirement from the scientific point of view but apparently it is not. The researcher is responsible for research design, data collection and data analysis. This requires the researcher's active involvement. The assignment of responsibilities should be agreed with the sponsor before research commences. These agreements must be ethically acceptable. It is extremely important for researchers/clinicians to take the same line in this, as sponsors will otherwise easily find replacement researchers/clinicians with more flexible standards.

It is not sufficient for people to state that they have abided by the GCP principles; the important issue is verification that the research has actually been conducted in accordance with the GCP principles. The credibility of the results must be verified by monitoring while the research is being conducted. It is precisely this verification which is still inadequate in practice: the quality assurance of research and research institutions needs to be improved. According to the GCP guidelines, research publications should describe how, and on the basis of which assumptions, the results were obtained, and which predetermined statistical methods and statistical supporting information were used. This not only applies to the actual research report but also to journal articles based on the report. Articles must also be GCP-proof.

The possibility of sponsors preventing or delaying publication of research results that they find disagreeable must be prevented. Researchers must ensure that their freedom to publish is guaranteed in the research contract. They should not sign contracts containing stipulations that the sponsor may delay or prevent publications of research results for a long time. They can also stipulate in the contract with the sponsor that any data files relating to the research that are generated will be available in the public domain for secondary analysis.[50] It is important to have widely available standard contracts, so that researchers are not constantly having to reinvent the wheel in their negotiations with sponsors. An industry-university model contract is being drafted which will safeguard freedom to publish. The second edition of the AMC's Research Code has been published.[5] In 2005 KNAW drafted a Declaration of Scientific Independence to which researchers and clients can commit themselves.[49] The Declaration states that the scientist is always free to publish the findings of the research within a reasonable period (two months, with six months generally being the maximum). Since November 2008, METC reviews of research must also assess the content of the research contract, which includes assessing agreements on the publication of results.[51] METCs can counter unnecessary research by stipulating in their review that a clinical trial will only be permitted on condition that its necessity is apparent from a meta-analysis which also includes unpublished trials.

Researchers need to be especially alert in phase IV research (the phase after a drug's registration), as this is the phase in which the sponsor's marketing objectives may play a role. Moreover, not all phase IV research is covered by the WMO (see footnote in section 3.4). Doctors and researchers could develop their own professional standards for research not covered by the WMO.[47] The aim of this is that, armed with such standards, doctors would be in a better position to assess whether they were being asked to participate in a *seeding trial*. They should be aware that seeding trials produce no new knowledge and cannot therefore be scientifically justified.

Researchers should in general be open and honest about financial links and conflicts of interest. However, transparency alone is not enough and is certainly not a panacea. Transparency can also have the opposite effect in that openness about conflicts of interest can sometimes intensify the conflicts.[52] The parties who are open then appear to be more biased, rather than less. Those on the receiving end of openness are also not always aware of how to deal with it properly.[52] It is therefore more advisable to avoid conflicts of interest altogether. This means, for example, that doctors/researchers receive no personal remuneration or fee and accept no financial support, such as opportunities to attend congresses and payment of the associated costs. It also enhances their credibility, if they are not shareholders in the company sponsoring them. The *Institute of Medicine* (IOM) recommends research institutions to establish a policy that individuals generally may not conduct research with human participants if they have a significant financial interest in an existing or potential product or a company that could be affected by the outcome of the research.[53]

By journals and their editorial staff

Editorial staff of journals could help promote transparency by requiring researchers submitting a manuscript to complete a declaration of interests statement to be published with the article. The major medical journals have made this their policy.[54]

Editorial staff are helpful in promoting the quality of research by drafting criteria for proper research and proper research reporting (see for example *Consolidated Standards for Reporting Trials* (CONSORT guidelines) of *Standards for the Reporting of Diagnostic Accuracy Studies* (STARD guidelines), by, where necessary, bringing the requirements for manuscript acceptance up to date and tightening them and actually applying the criteria and requirements in editorial decision-making. In the case of placebo-controlled trials, editorial staff must always request written arguments. This helps ensure that the beneficial effects of new drugs are not overstated. They ensure that all the data, including negative data, are published. To combat superfluous research, they make publication of a report on a clinical trial subject to the condition that the necessity of the trial is apparent from a meta-analysis which included not only published but also unpublished trials.

The *International Committee of Medical Journal Editors* (ICMJE), in which many influential medical journals are represented, decided that from 2005 articles would only be published on research that had been reported in a recognised public trial register.[55] The details of any sponsors must also be reported in the public trial register. Most journals have now made this part of their editorial policy. The aim of this is to combat selective publication and also the withholding of research results that are disagreeable to the sponsor*.

Deciding to make publication of research articles subject to providing the editors with the research design or protocol is taking this even a step further. Editors could decide to place the protocols on

---

* Vandenbroucke and Van der Meer doubt that reporting in a recognised trial register will be sufficient to achieve the intended effect.[30] They believe that an obligation to publish should be introduced, in addition to the obligation to register.

a website, to make them available to everyone.[56] The journal JAMA requires the data of studies sponsored by industry to be analysed by statisticians '*at an academic center*' and not just by statisticians of the company that funded the research. Not everyone agrees with this requirement.[57]

Some parties think that all these measures together will still not provide an adequate remedy. A former editor of the *British Medical Journal* has therefore made a radical proposal, namely, stop publishing trials in journals.[26] Protocols and results of trials could be made public on regulated websites. Journals would then have the task of critically discussing trials. This is an attractive suggestion but is it feasible? Journals generate a substantial part of their income by publishing sponsored trials, as the sponsor is certain to purchase reprints. Moreover, trials generally attract a large number of readers.

By industry

Industrial sponsors could play a big part in reducing the distortion of research results in favour of their own products. A hopeful sign is that Nefarma, the Dutch Association of the Researchbased Pharmaceutical Industry, has sided with the proposed publication of research data from the CCMO register (see below *By government*). Some companies have undertaken to post on their own website, within a specified period, the results of all their research, both positive and negative. US law obliges companies to report their clinical trials to the public register established by the *National Institutes of Health* (NIH) (www.ClinicalTrials.gov).

Sponsors who leave as much as possible of research planning and monitoring to researchers show that they understand the problem and are taking responsibility for dealing with it. The less involved the sponsor is in designing and conducting research, the more reliable and authoritative the results will be. In due course, the sponsor can reap the benefits of this too. A question manufacturers should ask themselves is whether they should be involved with RCTs (phase 3 research) or whether it might be better to leave them entirely to independent doctors/ researchers to conduct.[58]

Sponsors can commit themselves to the KNAW's Declaration of Scientific Independence.[49] According to the declaration, the sponsor is never entitled to prevent the publication of research results, and at most may only delay publication by a period of not more than six months (although when issues of intellectual property are involved a period of twelve months is acceptable).

The Medicines Advertising Code Foundation (CGR) is a self-regulating body of the pharmaceutical industry. The Dutch Health Care Inspectorate (IGZ) has proposed that CGR should take responsibility for reducing seeding trials, by, for example, arranging a compulsory preventive review prior to phase IV research, especially that which is not subject to the Medical Research (Human Subjects) Act.[47] Consultations are underway between the pharmaceutical industry, IGZ and KNMG about setting up a separate review body for this type of research. Industrial sponsors could draw up their own guidelines for good sponsoring practice within the scope of self-regulation, somewhat analogous to the guidelines for *good clinical practice*.[59]

By government

Since the Medical Research (Human Subjects) Act entered into force in 1999, it has been compulsory in the Netherlands to report medical research involving human subjects to CCMO. CCMO's public trial register has been operational since the end of 2008. The application for the register's accreditation by the WHO has been submitted. Publication of the research data contained in this register was originally still on a voluntary basis but in the autumn of 2009 it will become standard practice to place key data from a research protocol in the public CCMO register. The register is prospective and now complies with the list of twenty items drawn up by the WHO which have been adopted by the *International Committee of Medical Journal Editors* (ICMJE). Anyone will be able to consult the register. If accreditation is obtained form the WHO, publication by means of this register will also be recognised by the editors of biomedical journals.

All parties now agree that public *trial* registers are essential for combating selective publication. Is it necessary to include entire research protocols in a register of this kind? Only the key data of protocols will be filed in the CCMO register. Obliging research protocols to be registered and publishing the registered data enables a government to prevent research results from being concealed or details being presented as research results when they are not.[60] Sir Iain Chalmers, one of the founders of the *Cochrane Collaboration*, is in favour of making research protocols public.[61]

The CCMO register does not yet contain any research results. It is the intention to include them in the future. The United States is a step ahead of the European Union with the obligation to report the results of clinical trials. Under *FDA Amendment Act 801*, from September 2008 companies will be obliged by law to place certain research results in the public domain.[62] And from January 2009 the same will apply to certain data concerning safety.*

The question arises of whether it might not be better for governments to simply prohibit placebo-controlled drug research, unless there is still no effective treatment available for comparison. However, less radical but equally effective methods are conceivable for reducing the use of placebo-controlled trials. Consider for example the possibility of METCs supervising the research more closely or of tightening the registration requirements for new drugs. For example, the new drug could be required to be more effective than the main competitive drugs. Requirements could only be made more stringent in this way at the EU level.

A statutory measure with another purpose and implementable at the national level would be to restrict some points of the industry-university contractual freedom. A statutory restriction like this could for example be used to combat excessive payments for each patient to be included. However, such a measure would only be advisable if the recently tightened METC supervision displayed demonstrable shortcomings. (For details on tightening supervision, see section 4.3 under the heading *By researchers and their institutions*).

In its report on seeding trials the inspectorate recommended that legislation or policy should include general rules on phase IV research that is not subject to the Medical Research (Human Subjects) Act. This recommendation is underscored here. Abuses are made of phase IV research, although the extent of the abuse is unclear.

Government could also help tackle the identified problem indirectly. It could do this by for example promoting the understanding that the independence of science needs to be strengthened, by for example focusing attention on the individual researcher's scientific integrity in education and research.[5, 49, 64, 65] The ethics of research (*research ethics*) could be given a much more prominent place in the education of trainee doctors/researchers. Government could work to improve the infrastructure for research, to make knowledge development generally less dependent on industrial sponsoring.

---

* This development comes with a warning from the united editors of the *PLoS* medical journals, which are accessible free of charge on the internet: how reliable will results placed in the public domain be, now that their quality is not monitored by peer review? Is there a danger that results will be misused for advertising? Public registers make it all the more necessary to have researchers who are not dependent on the pharmaceutical industry for their income.[63]

References

1 Farmaceutische industrie en geneesmiddelengebruik. Evenwicht tussen publiek en bedrijfsbelang. Den Haag: Raad voor de Volksgezondheid en Zorg; 2008: 09/02.

2 Performance and Perspective. Report for international review. The Hague: Health Council of the Netherlands; 2008: A08/03.

3 Raad voor Gezondheidsonderzoek. Onderzoek dat ertoe doet. De responsiviteit van universitair medische centra op vraagstukken in volksgezondheid en gezondheidszorg. Den Haag: Raad voor Gezondheidsonderzoek; 2007: 57. Internet: www.gr.nl.

4 Erop of eronder. Financiering van (bio)medisch wetenschappelijk onderzoek. Advies van de Raad voor Medische Wetenschappen. Amsterdam: Koninklijke Nederlandse Akademie van Wetenschappen; 2005.

5 Onafhankelijk in wetenschap: researchcode AMC. Tweede herziene druk. Amsterdam: AMC; 2006.

6 Angell M. The truth about drug companies. How they deceive us and what to do about it. New York: Random House; 2004.

7 Kaplan W, Laing R. Priority medicines for Europe and the world. Geneva: World Health Organization, Department of Essential Drugs and Medicines Policy; 2004.

8 Luijn JC van, Gribnau FW, Leufkens HG. Availability of comparative trials for the assessment of new medicines in the European Union at the moment of market authorization. Br J Clin Pharmacol 2007; 63(2): 159-162.

9 Verklaring van Helsinki (versie: 52nd WMA General Assembly, Edinburgh, Scotland, oktober 2000): de visie van de CCMO op artikel 29 en 30. Den Haag: CCMO; 2002.

10 EMEA/CPMP Position statement on the use of placebo in clinical trials with regard to the revised Declaration of Helsinki. London: EMEA; 2001.

11 Gezondheidsraad. Signalering Ethiek en Gezondheid 2003 Gezondheidsraad: rapportage in het kader van het Centrum voor Ethiek en Gezondheid. Den Haag: Gezondheidsraad; 2003: 2003/08. Internet: www.gr.nl.

12 Jureidini JN, Doecke CJ, Mansfield PR, Haby MM, Menkes DB, Tonkin AL. Efficacy and safety of antidepressants for children and adolescents. BMJ 2004; 328(7444): 879-883.

13 Whittington CJ, Kendall T, Fonagy P, Cottrell D, Cotgrove A, Boddington E. Selective serotonin reuptake inhibitors in childhood depression: systematic review of published versus unpublished data. Lancet 2004; 363(9418): 1341-1345.

14 Kondro W, Sibbald B. Drug company experts advised staff to withhold data about SSRI use in children. CMAJ 2004; 170(5): 783.

15 McGoey L, Jackson E. Seroxat and the suppression of clinical trial data: regulatory failure and the uses of legal ambiguity. J Med Ethics 2009; 35(2): 107-112.

16 Dehue T. De depressie-epidemie. Over de plicht het lot in eigen hand te nemen. Amsterdam enz.: Augustus; 2008.

17 Boots I, Sukhai RN, Klein RH, Holl RA, Wit JM, Cohen AF et al. Stimulation programs for pediatric drug research – do children really benefit? Eur J Pediatr 2007; 166(8): 849-855.

18 ACOG committe opinion. New U.S. Food and Drug Administration labeling on Cytotec (misoprostol) use and pregnancy. Number 283, May 2003. Int J Gynaecol Obstet 2003; 82(1): 137–138.

19 Bozhinova S. [Is it already time to legalize the usage of Cytotec (Misoprostol) in the obstetrics' practice?]. Akush Ginekol (Sofiia) 2007; 46(9): 56–61.

20 Hofmeyr GJ, Gulmezoglu AM. Vaginal misoprostol for cervical ripening and induction of labour. Cochrane Database Syst Rev 2003;(1): CD000941.

21 Knottnerus JA, Buntinx Fe. The Evidence Base of Clinical Diagnosis. Theory and methods of diagnostic research. 2nd ed. Chichester, West Sussex: Wiley-Blackwell; 2009.

22 Knottnerus JA. Challenges in dia-prognostic research. J Epidemiol Community Health 2002; 56(5): 340–341.

23 Katan MB. [The probiotic yogurt Activia shortens intestinal transit, but has not been shown to promote defecation]. Ned Tijdschr Geneeskd 2008; 152(13): 727–730.

24 Deangelis CD, Thornton JP. Preserving Confidentiality in the Peer Review Process. JAMA 2008.

25 Angell M. Is academic medicine for sale? N Engl J Med 2000; 342(20): 1516–1518.

26 Smith R. Medical journals are an extension of the marketing arm of pharmaceutical companies. PLoS Med 2005; 2(5): e138.

27 Angell M. Industry-sponsored clinical research: a broken system. JAMA 2008; 300(9): 1069–1071.

28 Patsopoulos NA, Ioannidis JP, Analatos AA. Origin and funding of the most frequently cited papers in medicine: database analysis. BMJ 2006; 332(7549): 1061–1064.

29 Ross JS, Hill KP, Egilman DS, Krumholz HM. Guest authorship and ghostwriting in publications related to rofecoxib: a case study of industry documents from rofecoxib litigation. JAMA 2008; 299(15): 1800–1812.

30 Vandenbroucke JP, van der Meer JW. Onafhankelijkheid van medici en van medisch onderzoek. Ned Tijdschr Geneeskd 2009; 153(28): 1356–1358.

31 Kemmeren JM, Algra A, Grobbee DE. Third generation oral contraceptives and risk of venous thrombosis: meta-analysis. BMJ 2001; 323(7305): 131–134.

32 Stelfox HT, Chua G, O'Rourke K, Detsky AS. Conflict of interest in the debate over calcium-channel antagonists. N Engl J Med 1998; 338(2): 101–106.

33 Bero L, Oostvogel F, Bacchetti P, Lee K. Factors associated with findings of published trials of drug-drug comparisons: why some statins appear more efficacious than others. PLoS Med 2007; 4(6): e184.

34 Lesser LI, Ebbeling CB, Goozner M, Wypij D, Ludwig DS. Relationship between funding source and conclusion among nutrition-related scientific articles. PLoS Med 2007; 4(1): e5.

35 Levine J, Gussow JD, Hastings D, Eccher A. Authors' financial relationships with the food and beverage industry and their published positions on the fat substitute olestra. Am J Public Health 2003; 93(4): 664–669.

36 Bekelman JE, Li Y, Gross CP. Scope and impact of financial conflicts of interest in biomedical research: a systematic review. JAMA 2003; 289(4): 454–465.

37 Lexchin J, Bero LA, Djulbegovic B, Clark O. Pharmaceutical industry sponsorship and research outcome and quality: systematic review. BMJ 2003; 326(7400): 1167-1170.

38 Jorgensen AW, Hilden J, Gotzsche PC. Cochrane reviews compared with industry supported meta-analyses and other metaanalyses of the same drugs: systematic review. BMJ 2006; 333(7572): 782.

39 Chauhan D, Miners AH, Fischer AJ. Exploration of the difference in results of economic submissions to the National Institute of Clinical Excellence by manufacturers and assessment groups. Int J Technol Assess Health Care 2007; 23(1): 96-100.

40 Friedberg M, Saffran B, Stinson TJ, Nelson W, Bennett CL. Evaluation of conflict of interest in economic analyses of new drugs used in oncology. JAMA 1999; 282(15): 1453-1457.

41 Djulbegovic B, Lacevic M, Cantor A, Fields KK, Bennett CL, Adams JR et al. The uncertainty principle and industry-sponsored research. Lancet 2000; 356(9230): 635-638.

42 Melander H, hlqvist-Rastad J, Meijer G, Beermann B. Evidence b(i)ased medicine – selective reporting from studies sponsored by pharmaceutical industry: review of studies in new drug applications. BMJ 2003; 326(7400): 1171-1173.

43 Turner EH, Matthews AM, Linardatos E, Tell RA, Rosenthal R. Selective publication of antidepressant trials and its influence on apparent efficacy. N Engl J Med 2008; 358(3): 252-260.

44 Rising K, Bacchetti P, Bero L. Reporting bias in drug trials submitted to the food and drug administration: review of publication and presentation. PLoS Med 2008; 5(11): e217.

45 Heres S, Davis J, Maino K, Jetzinger E, Kissling W, Leucht S. Why olanzapine beats risperidone, risperidone beats quetiapine, and quetiapine beats olanzapine: an exploratory analysis of head-to-head comparison studies of second-generation antipsychotics. Am J Psychiatry 2006; 163(2): 185-194.

46 Hill KP, Ross JS, Egilman DS, Krumholz HM. The ADVANTAGE seeding trial: a review of internal documents. Ann Intern Med 2008; 149(4): 251-258.

47 Fase IV-onderzoek als marketinginstrument: beïnvloeding van voorschrijfgedrag door combinatie van elementen. Marketingdoeleinden bij onderzoek met geregistreerde geneesmiddelen. Den Haag: Inspectie voor de Gezondheidszorg; 2009: IGZ 09-26.

48 Independent research on drugs funded by the Italian Medicines Agency. Roma: AIFA; 2007.

49 Wetenschap op bestelling. Over de omgang tussen wetenschappelijk onderzoekers en hun opdrachtgevers. Amsterdam: KNAW; 2005. Internet: www.knaw.nl.

50 Van gegevens verzekerd. Kennis over de volksgezondheid in Nederland nu en in de toekomst. Den Haag: Raad voor Gezondheidsonderzoek; 2008: Publicatie nr. 58.

51 CCMO-richtlijn Beoordeling onderzoekscontract. Staatscourant 2008; 2008 (25 november)(905)

52 Cain DM, Detsky AS. Everyone's a little bit biased (even physicians). JAMA 2008; 299(24): 2893-2895.

53 Institute of Medicine (IOM). Conflict of Interest in Medical Research, Education and Practice. Washington. DC: The National Academies Press; 2009.

54 Drazen JM, Van Der Weyden MB, Sahni P, Rosenberg J, Marusic A, Laine C et al. Uniform Format for Disclosure of Competing Interests inICMJE Journals. N Engl J Med 2009.

55 Deangelis CD, Drazen JM, Frizelle FA, Haug C, Hoey J, Horton R *et al.* Clinical trial registration: a statement from the International Committee of Medical Journal Editors. JAMA 2004; 292(11): 1363–1364.

56 Chalmers I, Altman DG. How can medical journals help prevent poor medical research? Some opportunities presented by electronic publishing. Lancet 1999; 353(9151): 490–493.

57 Rothman KJ, Evans S. Extra scrutiny for industry funded studies. BMJ 2005; 331(7529): 1350–1351.

58 Garattini S, Chalmers I. Patients and the public deserve big changes in evaluation of drugs. BMJ 2009; 338: b1025.

59 Knottnerus JA. Onderzoekssamenwerking tussen academie en industrie:.effecten en neveneffecten. Amsterdam: Koninklijke Nederlandse Academie van Wetenschappen; 2000.

60 Al-Marzouki S, Roberts I, Marshall T, Evans S. The effect of scientific misconduct on the results of clinical trials: a Delphi survey. Contemp Clin Trials 2005; 26(3): 331–337.

61 Gornall J. Industry attack on academics. BMJ 2009; 338(14 maart): 626–628.

62 Wood AJ. Progress and deficiencies in the registration of clinical trials. N Engl J Med 2009; 360(8): 824–830.

63 Next stop, don't block the doors: opening up access to clinical trials results. PLoS Med 2008; 5(7): e160.

64 Notitie Wetenschappelijke Integriteit. Over normen van wetenschappelijk onderzoek en een Landelijk Orgaan voor Wetenschappelijke Integriteit (LOWI). Amsterdam, Koninklijke Nederlandse Akademie van Wetenschappen (KNAW), enz., 2001.

65 De Nederlandse Gedragscode Wetenschapsbeoefening. Principes van goed wetenschappelijk onderwijs en onderzoek. s.l.: VSNU; 2004.

Society and the Communication of Scientific and Medical Information: Ethical Issues*

*Comité Consultatif National d'Éthique
pour les Sciences de la Vie et de la Santé (CCNE), France*

(February 2010)

Introduction

Professor Alain Fischer, at the time a member of CCNE, asked the Committee to consider the ethical issues involved in communicating scientific and medical information to the media. Some of these statements may give rise to false hopes or disillusion and magnify some of society's doubts on the role of scientific research, in particular medical research. CCNE addressed this singularly sensitive issue, but extended its scope, and is proposing recommendations aiming to improve the quality of the information that scientists should pass on to society. They should help members of the public to gain a better understanding of the potential impact, individually or collectively, of advances in the biological and medical sciences.

The relations between science/medicine and society, particularly as regards scientific information and its dissemination, have in fact changed considerably over the last fifteen years and raise a number of new ethical issues. This change has come about, to some extent, through the complete technological revolution brought to society by generalised access to the Internet. Today, thanks to the Internet, everyone can obtain limitless scientific information, some of which is well founded (via access to recognised scientific journals or information posted on-line by undisputed institutions such as the *Collège de France*) but also information which is either insufficiently validated or not validated at all. This change stems also from the emergence or re-emergence of risks that citizens see as directly or indirectly linked to scientific breakthroughs – often because they are not aware of the facts of the case. Some examples are: the appearance of bacteria multi-resistant to antibiotics, the crossing of species barriers and appearance of the so-called 'mad-cow' disease, re-emergence of diseases that were thought to have been almost entirely eradicated (tuberculosis). Apart from these known risks, more hypothetical risks, such as those connected to the impact on human health of GMOs or of mobile telephones are the subject of numerous discussions within society. Finally, subjects which earned a great deal of media exposure, such as the contaminated blood or growth hormone court cases, encouraged the public to consider from a more general angle the risks that could be generated by some scientific discoveries.

In 2002, the *Conseil Economique et Social* pointed out that: "growing public concern over some aspects of scientific development was less directly related to science itself than to its applications"[1]. A concept in general terms, the actual progress achieved by a scientific discovery and its therapeutic

---

* Das Dokument ist im World Wide Web unter der Adresse „http://www.ccne-ethique.fr/docs/CCNE_Avis_109Eng.pdf" verfügbar. [Anm. d. Red.]
[1] Interim report by the Conseil Economique et Social: "Société du Savoir et Citoyenneté", December 2002.

impact are reasonably comprehensible for the public at large. It is therefore deontologically important to give citizens reliable information on the fundamental aspects of a discovery and to be particularly cautious in commenting on potential applications. As Alain Fischer said in his referral: "premature or rash communication of information which *in fine* may turn out to be invalid is counterproductive"[2]. Such announcements can lead to a real confidence crisis and thereby a breakdown of the dialogue between the scientific community and the public.

Contrary to the private dialogue between doctor and patient, the interchange between the scientific community and society is not direct. In most case, those who "disseminate information", the "media", step in. They play an important role and it may well go beyond being simply a messenger. A major problem with this transmission, in particular by the 'mass media', is that that the scientific message is often conveyed without there being any precise information on who will be receiving it[3]. The diversity of cultures and expectations of those receiving the message is a reflection of the diversity of society as a whole. To be precise and comprehensible for the majority of your audience, without simplifying the message to an extreme for fear of it becoming inaccurate as a result, requires effort and skill to a degree that is often underestimated.

One of the major reasons underlying this Opinion is in fact closely connected to the concept of "informed consent", one of the fundamental ground rules of medical and scientific ethics for over sixty years. The information imparted by a doctor or a scientist must be such that those who receive it can make a free and informed decision: opt for a given treatment in preference to another, accept or refuse to participate in a research project, etc. If the information is incorrectly transmitted – if it is not complete, honest and comprehensible for a layman – 'informed consent' becomes meaningless.

In 1995[4], CCNE had already discussed issues connected to the dissemination of scientific information, mainly as regards its mediation – and therefore its transmission – and focused on proposals for deontological rules mostly aimed at the media. The main thrust was on the potential conflict between scientific breakthroughs reported by the media and the probable lapse of time between a fundamental scientific discovery and its possible applications – marketing a vaccine, for example – and the need for that lapse of time to be clearly stated and discussed. CCNE emphasised that responsible scientific information must include a note of caution on its limitations and mention the pluralist concern for the possibility of contradiction and/or criticism. The Committee deplored the excessive, and increasingly excessive, insistence on early publication by researchers, which was likely to generate unsound practices. The report highlighted an emerging crisis born of the advent of the Internet and also noted that the increasingly important role of money is a factor that can be detrimental to the honesty and independence of information.

In fifteen years, both the scientific community and the dissemination of information have changed considerably in certain respects. This Opinion, which aims to complement Opinion N° 45, seeks to underline the new ethical issues related to the communication of scientific and medical information to society and to formulate relevant recommendations.

---

[2] Alain Fischer, letter of referral to CCNE concerning *"... communication of scientific and medical information to the media"*, November 23, 2007.

[3] "The act of communication is intended to seduce, convince or share. Generally those who receive the information are not in phase with you. All attempts to communicate are frustrating and lead to the discovery of non-communication (...) The process of transfer or transmission turns into a process of negotiation". Dominique Wolton, in Conseil national de l'Ordre des Médecins Paris, les jeudi de l'Ordre, April 26, 2007. "Ethique de l'information médicale".

[4] CCNE's Opinion N° 45 on Ethical questions arising from the transmission of scientific information concerning research in biology and medicine. May 31, 1995.

Report

I. Science, communication and society: a new situation

I.1 Society's current image of science

According to an opinion poll organised by the *Institut CSA* and circulated by the *Ministère de l'Enseignement Supérieur et de la Recherche* in 2007, 94% of French public opinion consider that science is useful to society and 85% trust science[5]. It would seem, however, that today's society is more critical of science, in particular of scientific 'certainties', than it was several decades ago at a time when a degree of scientism sometimes prevailed. The reasons for such change are numerous, some of which are mentioned above (the Internet revolution, the high degree of media exposure granted to certain medical risks, etc.). So as to prevent this critical attitude, in itself both legitimate and beneficial, from evolving into mistrust, scientific and technical research needs be transparent and the public must be kept constantly informed of progress. It could be said that science needs to be accountable to society.

One of the major reasons why the public is becoming wary of science's contribution to society stems from the confusion or the lack of discrimination between the importance of a scientific discovery and its possible applications. Generally, the public sees science through the prism of potential applications. But scientific discoveries are frequently related to fundamental concepts or mechanisms whose actual impact as applications can only rarely be anticipated: was it likely, for instance, that the laser, which was a discovery in fundamental physics, was going to be used to treat ocular disorders, as well as for several other medical applications?

The image of science and the image of scientists do not entirely coincide perceptually. Society as a whole sees scientists as experts from whom almost messianic answers to questions are sometimes expected.[6] Scientists, by their very nature, question and question themselves perpetually. Answers, for a scientist, are more like a call for more questions and the start of new research than an end in themselves.

In the past, science has played a part in the development of convictions and values in most of the societies existing today. Scientific work was occasionally in conflict with the beliefs of the time. Scientists played a decisive role in their revision, thus contributing to the emergence of new cultural – or even anthropological – references.

No one can deny that in the course of our history, Science has been the source of progress and has contributed to improving human well being. The gradual increase in life expectancy is linked, at least partly, to progress in curative or preventive (vaccines) medicine and to behaviour (hygiene) which is a direct result of scientific discoveries. While it must be emphasised that certain philosophical and/or religious beliefs may still lead to negative attitudes or reactions to scientific advances, they are more and more in the minority and the intrinsically beneficial nature of knowledge is generally recognised.

And yet, the 20th century marked a turning point in the direction of progressive awareness of the absence of identity between the development of scientific knowledge and the progress of humanity.

---

[5] "Les Français et la science", poll by the Institut CSA – October 2007 – N° 0701190C.

[6] "What is strange is that living under the overwhelming pressure of current events, increasingly cut off from the future, where prophecy fails, an obscure message is sought from divinatory genetics. Very often, the promise of an awesome future, mastery leading to loss of mastery, destabilises public opinion. Perhaps 'anxiety alone can define the future' (Cioran). A hypertrophic, invasive today is the companion of an increasingly disquieting tomorrow (...) where *proof, without concern, is demanded of science* ..." (Didier Sicard, former President of CCNE, March 20, 2004).

Need we mention the explosion of the atomic bomb as only one extreme example? As a result, certain scientific discoveries are called into question because of the risks they may generate and concurrently, a climate of mistrust is created that we should attempt to dispel as soon as possible. Consequently, there has been a gradual development of recognition for certain citizen alarm mechanisms to warn society of possible dangers. Yet scientists and physicians and their respective institutions are *a priori* the first to be able to identify an event that could conceivably present a potential danger for human beings and their environment. While they may not be the only ones who can do so, their obvious duty is to bring such an event to the attention of civil society and of the authorities. But it must also be emphasised that confirming or disputing the existence of some dangers may require extensive, and sometimes non-conclusive, scientific research.

I.2 Differing expectations by scientists and non scientists: a thirst for knowledge or a thirst for certainty

When he introduced the public for the first time to the theory of relativity in 1919, the French astronomer Charles Nordmann, wrote: "Science is like a clearing in the forest of the unknown. The more science extends the clearing, the closer it brings us to the unknown." In other words, increasing the extent of scientific knowledge and experience does not only reduce the distance between known and unknown, but above all it reveals the extent of the unknown. As scientists well know, an item of knowledge is never acquired once and for all; it is a marker in time and is fated to be modified, complemented and sometimes overturned. Scientists accept uncertainty and know that to drive back its limits does not mean that uncertainty is eliminated[7]. Citizens, on the contrary, to construct their lives, and "decision makers", to define public policies, would like to have the support of a platform of knowledge graced with stability and from which uncertainty has been banished.

The issue of uncertainty is therefore at the heart of any scientific information, particularly if the information has a personal impact and the person who receives it needs reassurance. Demographic studies, for example, evaluate scientifically the risk of developing an illness or handicap on the basis of various data or characteristics (behaviour, obesity, genetic mutation). Such studies establish whether in the population under study, there is or is not a link between a given characteristic and the possible onset and severity of a disease. But the interpretation on an individual basis of this item of statistical information is a complex matter. Special counselling units (genetics, prevention) were set up for this very purpose. And yet, the message conveyed by some companies "selling" so-called predictive medicine, clearly insists on individual risk and "motivates" the public to call on them in the hope of "knowing" a hypothetical medical future.

Increasingly, the authorities are asking scientists to serve as experts in public decision-making processes dealing with risk diagnosis and evaluation and the possible implementation of the precautionary principle. The CNRS (The French National Centre for Scientific Research) Ethics Committee (COMETS), in its report on "Ethics and Scientific Expertise"[8], expressed the hope that expert opinions could "become an effective interface between scientists and the various players of life in society: the public at large, institutional and political entities, industrial and economic actors. They could then create dialogues and contribute to the development of civil society's scientific culture and, vice versa, better understanding of society's expectations by the scientific community". However, as COMETS had written in 1996, "scientists are not always or not only experts. They are more than that, insofar as their knowledge, their approach, their questions, go well beyond mere

---

[7] "Science obliterates the ignorance of yesterday and reveals the ignorance of tomorrow", David Gross, Nobel Prize in Physics 2004.
[8] COMETS report on ethics and scientific expertise (September 2005).

expertise"[9]. Furthermore and most particularly, as Jean-Marc Lévy-Leblond[10], rightly remarked, "the expertise of the few prevents the competence of the many". He also said that "scientific expertise used to camouflage political and economic responsibility is one of the more harmful consequences of the mythification of science".

I.3 Involvement of citizens in scientific decisions and orientations

The accountability of science to society, particularly the bio- and health sciences, would not be a major issue if it did not affect so profoundly the life and environment of human beings. The Age of Enlightenment completed the task of making science sacred, to the extent that it was almost beyond the reach of critical evaluation by the democratic representation. Yet, the image of science in society and the consensual decisions which may be taken greatly depend on the status of the dialogue that can be engaged between scientists and laymen.

For scientific or medical matters to have any real chance of participating in society's decisions and developments, it is of crucial importance that every citizen is given multi-faceted and critical information on these subjects. The *"Centres de Culture Scientifique Technique et Industrielle" (CCSTI*[11]*)*, among them the *Cité des Sciences et de l'Industrie de Paris,* are forums for this dialogue between science and citizens. They facilitate access to, and understanding of, scientific results. However, they are not able to respond to all the needs for discussion and information about science and scientific methods and achievements. Other types of exchange between science and society could be organised.

I.3.1 Estates General

Another kind of constructive dialogue could be organised, in particular when the consequences of scientific and technological decisions are of a political nature: "Estates General", such as those which were organised to prepare for the parliamentary debate on the revision of the French laws on bioethics. Such occasions gain extensive media coverage and enable politicians, scientists, experts and citizens, some of whom are sufficiently qualified in scientific matters to participate in the discussion, to gather together. After frequently meaningful debate, in which the participation of laymen and specialists is sometimes difficult to tell apart, reports are drafted and politicians can make good use of them to throw light on their own discussions.

I.3.2 Citizen forums

Estates General are similar to the *"conférences de citoyens"*[12], introduced into France some ten years ago, based on the Danish model (called Consensus Conferences) where, since 1987, they have filled

---

[9] Rapport du COMETS sur la diffusion des savoirs (mars 1996) (COMETS www.cnrs.fr).

[10] Quoted by C. Granjou: L'expertise scientifique à destination politique. Cahiers internationaux de sociologie 2003/1 N° 114. P175–183.

[11] CCSTIs (Centres for Scientific, Technical and Industrial Culture) were created in the 1970s and were given the task of spreading scientific culture to every kind of audience, young ones in particular. There are now some 30 such centres across France, and they receive about 2 million visitors and 15,000 school classes every year. Three thousand researchers participate in their activities which include discovery, transfer of knowledge outside the school environment and the organisation of discussions between the scientific community and society as a whole.

[12] See, for example: http://www.rezoscience.ch/rp/sc/outils/glossaire1.html or for a specific theme: http://www.meetingmindseurope.org/france_site.aspx?SGREF=159.

an advisory role to Parliament through the Danish Board of Technology. They could be described as an adaptation of the medical Consensus Conferences which are discussions organised by a number of learned societies and which are intended to assist medical decision making. These are mostly organised in the U.S. and in France. The difference, however, is that a central role is given to a panel of "ordinary citizens" ("lay people"), which chooses the themes for discussion, the experts participating and prepares the conference's conclusions and recommendations. Such consensus conferences are always focused on subjects of scientific and/or technological controversy with a powerful impact on society, such as the GMOs, nanotechnology or the use made of genetic data.

This method of participation is based on the fact that a given individual is always "someone else's layman" and that the only important qualification is being an "enlightened citizen"[13]. It is supported by the hypothesis, proven by experience, that citizen panels are mature and capable of dealing with sometimes very complex subjects. This is not so much an endeavour to make science accessible to the public ("public understanding of science") as inducing the public to take a more active role in science and its consequences ("public involvement in science"). This format of citizen forums was one of the methods used in the Estates General on Bioethics, together with lively discussions on the Internet and more "traditional" forums.

In some circles, mainly political ones, there was concern regarding a possible blurring of functions between these citizen forums and debate in representative assemblies, French Parliament in particular. These conferences are obviously not designed to act as a substitute for representative democracy; they are intended to throw light on a subject before a decision is taken and to enhance democratic deliberation. Participating citizens are not "representative" of the population as a whole. They are small in numbers and acquire sufficient basic understanding of the subject to enable them to participate in informed and thorough reflection. The superior quality of the considerations and opinions which are generated by these conferences show that motivated laymen are perfectly capable of acquiring information and education, as long as the quality of information delivered is of a high standard, contradictory in nature and pertinent. It is true, however, that setting up citizen panels, in view of their size and lack of representativeness, does raise a certain number of ethical issues, in particular those connected to the possible exclusion of specific categories, age groups, etc.

I.4 A crisis in scientific aspirations

Over the last fifteen years, there has been a drop of 40 to 45% in the number of people wishing to enter scientific callings. This decline is all the more alarming because, unfortunately, it relates to important sciences such as biology, physics and chemistry. The situation is truly disastrous for these disciplines. Mathematics are also in decline but less dramatically at 25%. The figures for this disaffection cannot be interpreted simply or univocally[14], but it would appear that while the French public continues to state its faith in the sciences, many young people find the study of fundamental science very unattractive – almost repellent – and prefer to turn to more applied disciplines and/or professional channels.

The reasons for this disinterest are numerous. One of them is clearly financial and current efforts to upgrade researchers' salaries at an early stage, i.e. when they are preparing their doctoral thesis, and to rehabilitate the "docteur ès sciences" title so that it can rival with that of engineer, will probably help to enhance the attractiveness of scientific careers. Nevertheless, and this is one of the issues

---

[13] Hearing of Marie-Agnès Bernardis, *chargée de mission* at the *Cité des Sciences*, April 23, 2009.
[14] *"Attractivité des études scientifiques: crise de foi, retour d'affection et main invisible du progrès."* Working document, February 19, 2006, Olivier Las Vergnas: http://enviedesavoir.org/stock/desaffection42.htm.

with which we are concerned here, scientists sometimes do have an unfavourable image, perhaps connected to lack of information concerning the work they do. As the 2002 Porchet report noted: "It is up to members of the scientific community and those researchers who also teach to explain how they work and how academia is organised"[15].

I.5 New kinds of pressure on scientists

Pressure on researchers keeps increasing as evaluation procedures grow more rigid and as quantitative as possible. Such pressure is particularly strong on researchers at the start of their career, but their more senior colleagues are not exempt. Apart from the impact factor of a journal, quantitative criteria include the number of times and how long an article is quoted, etc. Bibliometrics are a tool used more and more frequently to measure a researcher's productivity. It has become one of the essentials, but – and no one disputes this – it must corrected and/or completed by direct scientific evaluation of the quality of work concerned. A redefinition of the criteria for evaluation would appear to be urgently required.

Although we are not claiming any cause and effect between such pressure and unacceptable behaviour, the ambition to the first to publish in an advanced field of research can lead, as the media have pointed out, to "enhancing results", or even "organised fraud" or "mendacious publication", all of which have a devastating effect on the image of science in the eyes of society.

I.6 Financial issues

Any research needs financial backing. It may originate from various sources: public (central government or regional authorities; or private (foundations financed by donors or industry). For any particular project, there may be several sources. Procedures for obtaining financing include, more often than not, competitive selection based on a scientific evaluation of projects. Scientists who have raised funds do have some obligation to their backers. They normally communicate their results, provide information on the advances they have contributed to and demonstrate that funds have been used to good effect.

But they may also be tempted to publish results prematurely or embellish possible outcomes so that their audience, current or possible future sponsors, are suitably impressed. This problem is particularly acute when financing is provided by donors who are likely to be attracted by the mirage of applications that the current status of research cannot possibly, in fact, predict with certainty. Extreme vigilance is not always exercised in screening scientific communication linked to, or preceding, calls on public generosity.

First in line for receiving scientific information are the media, specialising in scientific matters or addressing the general public, journalists on the lookout for scoops or news that could enhance their employers' media coverage and financial prosperity (reviews, written press, television, etc.). Scientific publications, like the rest of the media, are usually business enterprises. Despite the marked improvement in the scientific background of specialised journalists and the laudably high quality of the scientific pages in some non specialist newspapers, the fact remains that making an important announcement has a direct impact on the number of copies or subscriptions sold. Obviously, such outcomes have a decisive effect on the way in which the scientific fact is presented to the scientific community or to society as a whole and the situation may generate preferential con-

---

[15] Maurice Porchet (2002): Report for the Minister of Education on young people and their attitude to scientific education: Les raisons de la "désaffection"; un plan d'action.

nections, or even collusion between certain journalists and certain researchers. It may go as far as creating links of subordination between researcher and journalist. It can also lead to injustice with certain researchers having less access to the media than their fellows.

The editors of scientific journals are therefore in a position of control, not just over "passing fads", but also over the circumstances in which society will be receiving a message and can react to it. Since scientific publication is increasingly the main criteria for the evaluation of scientists, their team and their laboratory, as well as the institutions which house and finance them, there is a risk that scientific strategies are perhaps not so much piloted as at least influenced by the "big media magnates", from the scientific or non scientific world of journalism, whereas they should in fact merely be involved as observers.

The financing of research by the private sector, be it industry or associations, may also create links of subordination. Contracts between public sector research teams (CNRS, INSERM, universities, etc.) and private financiers usually include clauses to protect against major problems (researcher's freedom to publish, for example), but they cannot control some of the more subtle links. Some scientists are, for that matter, hostile to seeking private sources of finance since they consider that such practices are at a double disadvantage: having fundamental research masterminded by its possible applications and the creation of a link of subordination between researchers and economic players.

II. Specificity of the transmission and reception of scientific and medical information

II.1 Transmission of information within the scientific and medical community: communication between scientists

Scientists make the results of their work public through oral presentations – generally in English – in conferences, where they are exposed to criticism from their peers, and/or in print in scientific journals, also in English, which are subject to rules of evaluation and selection, all the more severe when the journal is highly regarded. A publication's impact factor is the subject of painstaking calculation and is regularly updated. Reviews such as *Nature, Science* or *Cell* have the highest impact factors. Increasingly, publication in one of the leading journals has important consequences for a researcher: peer recognition, easier access to financial support for future research, personal bonuses, scientific awards, etc.

The primary filter for the evaluation of results is activated before their publication. Several experts, generally anonymous, are tasked by the editorial team to examine the research protocol, the methods of analysis, the results themselves and the exactness of the conclusions: this is known as "peer review". But the essential validation of results, that which confers on them in the long term true scientific worth, is passing the test of repeatability. To progress from the status of important data to that of proven scientific breakthrough, results must be repeated independently by another laboratory. Such validation can only take place once the results of the first research have been published. When the data is not confirmed, it is to be noted that, regrettably, despite the disclaimer being public, it never attracts as much media attention as the initial publication. It is also to be deplored that the negative results of research are not made known to the general public because it is difficult to publish them.

Subscriptions to scientific journals, either in hard copy or electronically, are very expensive so that those who are not too well off (for instance scientists in countries of the South or small universities lacking endowment, etc.) are denied the information. In reaction to these financial constraints and restrictions, the Nobel prize-winner Harold Varmus, inspired by the example of free sharing of recent data by physicists, and spurred on by the outstanding acceleration of biological research, advocated the setting up of what are called today "open sources" and made it possible, in spite of opposition from scientific publications, for new forms of scientific dissemination to see the light of day[16]. These new on-line methods of publication, together with the creation of new tools for that purpose, also make it possible to evaluate the impact of an article on the scientific community without delay. In an Opinion published in 2007, the CNRS Ethics Committee, recommended a diversification of public and private methods of scientific publication[17].

II.2 Transmission of scientific and medical information to society

II.2.1 Language limitations

Scientists use very specialised technical language which can give rise to misunderstanding or incomprehension.

Science is divided into domains and sub-domains, themes and sub-themes. In biological and medical research, language used by specialists in each sub-domain has become ever more specific, to the point that it is opaque for other scientists, and *a fortiori* for the general public. The vocabulary, not to say the *jargon*, particular to each scientific domain cuts it off and isolates it. In the circumstances, it is hardly surprising if the man in the street finds it difficult to comprehend the exact scope of a scientific discovery, even though he has an idea that it may have repercussions, perhaps on his own lifestyle. As a result, popularization is of crucial importance.

It is true that some concepts and data are easier to explain and understand than others. At first glance, this is the case for biology and particularly for health-related subjects which, more than other sciences, are of direct concern to the ordinary citizen. However, biology and medicine, particularly since they have turned "molecular", have become sciences which are no longer contained within the confines of "description" and have reached the "analysis of mechanisms" stage. To gain a thorough understanding of them is now as difficult as for more abstract sciences such as particle physics or astronomy.

Scientists and all those who play a part in the transmission and dissemination of scientific and medical information are confronted with the huge gap, which is constantly becoming broader, between everyday and scientific language. When scientists are alone able to understand completely the information they wish or are required to disseminate, they have to rely on modesty and lucidity: the vocabulary they use is crucially important. The extreme variability in the level of scientific and technical culture of the man in the street must be taken into account. It is up to scientists to adapt and use ordinary language and avoid using specialised vocabulary in their communication. And all this must be accomplished without falling into triteness and approximation.

It is important to emphasise that writing and speaking about bioethics regularly brings us face to face with the limits of language. We all know the extent to which expressions such as "gestational surrogacy", "organ donation", "supernumerary embryos" and even "palliative care" or "therapeutic cloning" were the subject of spirited discussion, although they are now used in texts of law.

---

[16] Interview of Harold Varmus by Richard Poynder, June 5, 2006: "I believe that science is one of those activities that improves the state of the world," replies Varmus, "and once you realise how important publication is in the series of acts that constitutes the doing of science, and once you understand the incredible transformation of that publication process that the Internet, and software, and the whole digital world, now promises it is hard not to be pretty passionate about trying to make that part of the scientific universe work more effectively." (http://poynder.blogspot.com/2006/06/interview-withharold-varmus.html).

[17] COMETS Report on "Reflexion éthique sur la diffusion des résultats de la recherché" (Ethical considerations regarding research results) (March 2007).

To sum up, for scientific communication to be as clear and effective as possible, it is important to weed out ambiguities to the fullest extent and to seek the most appropriate language, even though we know that this is bound to be an asymptotic endeavour.

II.2.2 Difficulties linked to differences in basic scientific education

The CSA poll quoted above[5] revealed a contrast between the generally good image people have of science and their lack of interest in the subject: 47% only of the people polled professed any interest in scientific matters. And yet, since the 1980s, at both national and regional level, the Ministry of Research[18] in particular, Parliament and also Regional Authorities have conducted a very energetic policy in favour of scientific and technical culture. A number of institutions (Cité des Sciences, museums and scientific theme parks, etc.) were either bolstered or created. A very recent initiative, the creation of a new public institution for the dissemination of scientific and technical culture, is much to be applauded ("Universcience", which brings together the competence of the *Palais de la Découverte* and the *Cité des Sciences et de l'Industrie,* with the task of propagating a taste for science within the community, of giving science a place at the heart of society and to help everyone gain a better understanding of the world we live in and the changes it is undergoing).

Although scientific and technological education is largely recognised as being a major social and political challenge, average knowledge levels are still too low. A very large majority of secondary school pupils view scientific subjects as difficult, if not downright forbidding. And yet, the scientific curriculum is still considered to be representative of excellence in our system of education, in particular because of the specific capacity for analysis and reflection that it provides. But alas, it is not the route followed by the majority and pupils who choose other curricula will be that portion of the public whose basic scientific education will be too limited for a good grasp of scientific information on the advances of scientific research.

Is this situation due to the intrinsic difficulty of scientific subjects, or is it the way in which they are taught; or perhaps the school syllabuses themselves generate such generalised demotivation? Many associations are working on cultivating a "taste for science", an essential requirement if future citizens are to consider science favourably. In June 2000, the Minister for Education praised a scheme called *'La main à la pâte'* (Hands On), an excellent initiative fathered by Georges Charpak and the French Academy of Science, with the support of the *'Institut National de la Recherche Pédagogique'* (National Institute for Pedagogical Research) and announced a plan for the renovation of scientific and technological education but, so far, this has not been implemented.

We are therefore at a time when every effort should be made to ensure that a majority of schoolchildren, after receiving basic education (primary school), are aware of how scientists work and, enlightened by the history of science, understand that progress is the result of multiple scientific adventures, the consequences of which were initially unpredictable. Scientific teaching in schools should describe the sciences as a fascinating intellectual adventure at the very heart of the human odyssey.

II.2.3 Means of communication, the 'media' and the Internet revolution

CCNE had already underlined in 1995 that "biological and medical research involves social and human aspects or effects which pose moral problems. Intelligible, accurate and honest information

---

[18] Jean Pierre Chevènement, Minister for Research 1981–84 and Hubert Curien, Minister for Research, 1984–86, 1988–93.

on the scientific data underlying these aspects and effects is therefore a prerequisite for the personal reflection and public debate which these problems necessitate"[19]. The Opinion emphasised that the logic of communication for journalists differs considerably from that followed by scientists. Be it reported in the daily newspapers or other media, factual "objective" data is often obscured by more journalistic considerations. Unfortunately, the advent of the Internet has not modified this state of affairs. On the contrary, it may have fuelled the confusion between too much information and a sufficient degree of knowledge.

The term "media", habitually used to designate those who transmit information, includes scientific journals, publications for popularising scientific information, the general press, radio, television, the Internet or the CCSTIs. Each of them has a function of its own, a particular public, constraints and its specific position in regard to researchers and in the relationship between science and society. It is, at least in part, via such media, that scientists make the results of their research known to the world at large. An article published in the general printed press on the subject of new results can be based on an interview with the scientist concerned, or on a press release issued with the publication of such results – the release being the work in some cases of the scientific review in which the results are published – and/or the institution (CNRS, INSERM, university, etc.) in which the researcher works. In none of these cases, however, does the scientist fully control the way in which his or her work will be reported by the journalist, even if, as is quite often the case, the journalist asks the researcher to review the article. In radio and television, generally a few seconds out of an interview with the scientist are broadcast. This is a perilous exercise for the scientist because, out of context, the two or three sentences which are extracted can distort the meaning of the results.

Researchers are not trained to cope with the difficulties and pitfalls of these methods for the publication of their results. Should universities consider including a course on scientific communication to their programme of study? Over the past ten years or more, several French universities have organised master's degrees to train for this mode of communication. Schools of journalism also give such training and the university courses aim to complement science degrees with tuition on the concepts and techniques particular to the various media and pedagogical tools for communicating with various audiences. It seems likely that better cooperation between researchers and the media would help to improve the efficacy of such communication.

The written press, radio, television and now the Internet are all developing, each in its own format, a mode of communication based on the latest trends and "scoops" which interferes with their role as mediators between science and society, in a way which very few of them are able to break free of. The corollary of this *de facto* situation is the creation of a system of recognition by society which can go as far as turning some scientists into "stars", sometimes far more than would be earned by peer-recognition. Some of these scientific stars are excellent communicators, which can only be a reason to rejoice. However, a thirst for public recognition inhabiting some others has led to a few highly publicised and unfortunate incidents which were extremely harmful for the image and the representation of scientists in the eyes of society. Taking advantage of the public's growing appetite for scientific novelty (possibly to exacerbate its fears), the mass media is now open to the presentation of preliminary results, the pertinence of which cannot be assessed by a lay audience for the domain concerned. Until recently, this was only allowed to happen for particularly important scientific breakthroughs.

An increasing number of scientific journals, both generalist and/or specialised, communicate the contents of articles to press agencies; this does not absolve the authors of such articles from their

---

[19] CCNE Opinion N° 45 on Ethical questions arising from the transmission of scientific information concerning research in biology and medicine. May 31, 1995.

responsibility for such announcements. The responsibility is today distributed between scientists – personally – and their institutions which, ever more frequently, participate in the media storm engulfing in particular biological and medical subjects. Furthermore, communicating an excess of scientific facts to, not just scientific journalists who are able to transform some of them into information, but also to mass media who pass them on unprocessed, may not put scientists or their institutions in a position of strength as regards the media. On the contrary, it can make them media dependent.

In the last few years, we have been witness to extensive changes in scientific and medical communication, due to the generalisation of access to data networks via the Worldwide Web. The Internet, offering as it does an abundance of information on every subject, provides the illusion of universal knowledge accessible to everyone and creates a thirst for quickly-acquired knowledge. But what it does not do is make apparent the need to develop a critical attitude. As a result, doctors are sometimes faced with patients who are no longer naive, but are not correctly informed.

The government has taken steps to supervise more effectively the medical sites and forums which flourish on the Internet. Hundreds of health-related sites in France offer more or less objective and verified medical information. To counter such abuse and "ensure that health-related information given to patients is as complete and reliable as possible", Parliament voted in March 2009 an amendment to the law on "Hospitals, Patients, Health and Regions", inviting such sites to show on their home page their link with institutional sites: national health insurance establishments, French Health Products Safety Agency (AFFSSAPS), or the French National Authority for Health (HAS). This is a complement to the system set up in November 2007, under HAS supervision[20], of a voluntary certification process for health-related web sites which has proved to be hugely successful: over 700 sites meeting the criteria have been awarded certification[21].

What is beginning to exist for the so-called "health" sites, is not extended to the large number of "encyclopaedias" emerging on the web. Although in the absolute, if scientific data is universalised, this can be viewed as a good thing, the validation required to turn it into scientific "information" is missing and would require considerable investment on the part of the scientific community.

II.2.4 Challenges particular to the transmission of medical information

Scientific breakthroughs followed by applications modifying our life environment reach us through various perception filters that sometimes do not leave us much leeway for detachment and freedom of appreciation. When they are related to the biosciences, health in particular, the filters are shattered by contact with our innermost feelings.

Among the specificities of communication concerning the biological and medical sciences, one must be addressed particularly in view of its considerable ethical repercussions, i.e. perception at a personal level. The media-conveyed results of biomedical research can give rise to groundless fears and hopes, and elicit unreasonable behavioural changes. Another specific characteristic which applies to the life and health sciences to an even greater degree than to other domains, is the astonishing speed with which is acquired new knowledge that may disprove earlier data. One of the fun-

---

[20] http://www.has-sante.fr/portail/jcms/c_334538/la-certification-des-sites-internet-sante.
[21] The Health On the Net Foundation is a benchmark as regards the promotion and availability of online information on health and medicine, as well as on its appropriate and effective use. It defines a code of conduct (HONcode). When a website conforms to the code, it is allowed to display the HON logo on its home page (http://www.hon.ch/index_f.html). The foundation has signed a partnership agreement with the French National Authority for Health (HAS).

damental challenges of communicating and disseminating medical information is therefore to convince the public that data which has been the subject of formal review, correction and even public debate can be emended by the progress of knowledge.

Many people may feel concerned by a new scientific issue such as global warming. In this particular case, any solution will be essentially collective, although everyone can make an individual contribution. In the life and health sciences, the announcement of a new event, such as the serious mad cow epizootic outbreak and its human consequences, or that of any other epidemic, primarily affects us collectively. But in the event of communication on the potential dangers of mass vaccination, the situation is different since it is at an almost exclusively individual level that the information is received. Similarly, the announcement of a new genetic test is pertinent at the most intimate personal level. The information provided in each of these examples therefore responds to very different challenges.

Citizens need to feel they are respected and properly informed of the true therapeutic prospects of the great scientific breakthroughs that hit the headlines. They are entitled to clear information when dangers such as epidemics and pandemics emerge, and also to be sure that they will be consistently kept informed should an event occur which concerns them closely, or even remotely. The dialogue between doctors, scientists and experts in the life sciences on the one hand, and citizens on the other, should aspire to more clarity, simplicity and even humility. This is a necessary condition if society is to be spared the build-up of false hopes, in particular as regards curative or preventive medicine.

A special point must be made regarding crisis situations – be they related to health, to the media or to natural disasters – during which scientists and doctors are asked to inform the public. Assuredly, information is not delivered in the same way in an emergency (one minute on television) and at other times. Communication is all the more difficult because, more often than not, the subject is a hypothetical or confirmed risk of direct concern to one section of the population (multiple sclerosis, vaccination against hepatitis B, a cluster of cancers in a school, etc.) or the population as a whole. Nevertheless, it is in the midst of a crisis that the public wants scientific information and that it becomes aware of the issues and seeks to comprehend fully the impact of the information. The health sector could benefit from the kind of analysis that has been made in other domains, industry in particular, with a view to gaining more insight on the specificities of communication in a time of crisis.

Recommendations

The transmission by researchers of scientific information to the public has recently undergone a great deal of change, in particular as regards speed and the number of forms of communication, essentially as a result of the electronic revolution. Society has high expectations of science, but there remains nevertheless, a certain degree of discontent, sometimes mistrust, and above all an intense need of information in the presence of breakthroughs that are known to have an impact on personal wellbeing or that of society in general. In the light of this situation, CCNE makes the following recommendations.

Make perfectly clear to citizens that the validation of scientific information is of critical importance

It is important for the public to be certain that the information it receives via various media is validated. But no one is more qualified than the researcher concerned to validate scientific information.

The first level of validation for new information takes place before results are published in the scientific journals. The public needs to know that fact.

The second level occurs when the original information is published, i.e. transmitted to the public, scientific or lay. A specialised scientific public is capable of reading an article describing a scientific discovery or breakthrough, but a scientific public which is not as familiar with a given subject may find it difficult to understand. The scientific journals provide a certain form of popularisation for that public. Journalists working in these scientific journals are generally extremely capable.

When the information reaches the general public, a new line needs to be crossed. The general public needs a translation, a complete form of popularisation. In this instance, it is most desirable that the information transmitted, generally through a journalist, is validated whenever possible by the researcher concerned as regards the implications and importance it may have for the public.

The growing inclination on the part of certain scientists and their institutions to disseminate a large number of results to the public via the general media should be tempered by an appreciation of the level of interest that such results may have for society as a whole. Close and constant exchange between scientists and the media, as well as precise scientific validation of the facts being reported, enable media translation to be as rigorous and respectful of the context in which the scientific fact becomes meaningful. *CCNE highly recommends such exchanges between scientists and the media.*

Since information is increasingly available from websites, public use of good quality sites must be encouraged, in particular via information on how such sites are "validated".

An important fact, namely that the validity of an item of information can be revised or modulated after new results are acquired, must also be made public. More publications should be devoted to reporting on modifications or amendments to results.

Urge and encourage scientists to improve their communication skills

– *Urge and encourage scientists to increase their involvement with the validation and transmission of scientific information to society.* Scientists and/or physicians are not experts in communication, but it is absolutely essential that they should be directly involved in the validation of scientific information. For doctors, such validation requires, in particular, some degree of continuing education.

It would also be well if scientists and doctors were regularly involved in the transmission of information and in discussions on the impact of science on society. At a time when society is very eager for information, motivating scientists to participate in such debates requires that this activity be recognised by evaluators as an integral part of their activity. It would also be essential that scientists, when they speak in public, clearly distinguish between what is known to science, what is currently hypothetical and what represents their own personal views. Making a very clear distinction between what one knows for a fact and what one supposes is crucial. One of the first tasks of popularisers is to set out this difference very clearly. Competent popularisers are also those who are able to set a scientific or medical breakthrough in its proper context, who take the trouble of relating its history and underlining its importance while steering clear of any exaggeration under the influence of media pressure or of a thirst for fame.

– *Encourage a greater sense of responsibility in the scientific community, particularly on the part of those who, when speaking to the public at large, might be tempted to exaggerate the significance of their results. Alert scientists to the need for the greatest intellectual honesty and rectitude when they participate in media fund-raising campaigns and calls on public charity.*

– *Make sure that scientific breakthroughs are not divulged prematurely.*

Encourage action to raise the level of basic scientific education

– *Raise the level of interest in science generally*[22]. A taste for discovery is one of the characteristics of childhood curiosity[23], but it tends to disappear as they grow older. The Gago report on the situation in Europe[24] mentions surveys showing that by the time they leave primary school, half of European children believe that science and technology are not within their grasp. This proportion rises to 90% at the end of secondary school and increases further as they pass their final secondary education exams, even for those who are following a scientific curriculum. To promote scientific and technological education, these disciplines must be open to the broadest possible school population, whose interest and proficiency in science and the scientific mindset have been aroused since elementary school. The Rocard[25] report to the European Commission made a study of the measures that should be taken to raise more enthusiasm for the sciences in young people. It sets out recommendations regarding the need for collective action to improve the teaching of science and the steps to be taken at various local, national and European levels. CCNE supports these recommendations.

– *Encourage the teaching of science at an early age:* teaching science in primary and secondary school has a lasting influence on the average scientific competence of the population and therefore on its capacity to understand the language spoken by the scientific community. In order to achieve this, the scientific curricula should be reviewed, supplemented and made more attractive. In the medium term, such action should serve to increase the number of young people who are keen to enter into higher education in scientific disciplines, particular in biology and medicine. The purpose of such action is not promoting the teaching of science to the detriment of other educational pursuits, but to increase the integration of science within other disciplines (history, sociology, etc.). Science, however, should be introduced as an integral part of general culture at a very early stage of schooling and also in the training of the future elite, be they political leaders, economists or journalists.

– *Promote the teaching of two very educational subjects, the scientific approach and the history of the sciences.* Reverting to scientific education based on learning the history of the sciences and on scientific methods (concepts and experiments) would provide a greater number of students with a solid foundation for reflection leading to improving their understanding of scientific novelty.

– *Encourage research organisations and institutions to open their doors to the public at large.* The major research organisations and institutions, such as CNRS, INSERM, CEA, INRA as well as the *Institut Pasteur*, the *Institut Curie,* the *Académie des Sciences* and the *Académie de Médecine* (who are all beginning to take this path), would enhance their visibility and their level of communication if they were more open to the public at large, in particular they could make their journals available to the public and invest in some degree of popularisation of their activity. Opening out to the public in this way would certainly help to curb the shortfall in scientific vocations.

– *Increase the number of scientific programmes on radio and television.* The number of scientific and medical broadcasts on public radio and television is currently very low: the importance of such programmes

---

[22] *"As long as researchers are not familiar heroes of films and television series, as long as Bernard Pivot sees Claude Hagège and Nicole Le Douarin as aliens from outer space, as long as Philippe Sollers has not investigated the fate of cloned ewes and Michel Houellebecq is alone in celebrating elementary particles, science will not be on our daily agenda".* Françoise Tristani-Potteaux, Journal du CNRS, June 2001.
[23] Charpak G., Léna P., Quéré Y. L'Enfant et la science. O. Jacob, 2005.
[24] M. Gago. *Europe needs more scientists.* Report to the EU, 2006.
[25] Science Education NOW: A renewed Pedagogy for the Future of Europe. M. Rocard, P. Csermely, D. Jorde, D. Lenzen, H. Walberg-Henriksson & V. Hemmo. 18/06/2007.

is all the more worthy of emphasis and support since public audiovisual information is much more independent of advertising and audience measuring ratings than its "private" counterpart.

In conclusion,

Society expects a great deal from science and wishes to be adequately informed of scientific matters. The Internet revolution, coming on the heels of the audiovisual revolution, is overwhelming us with information, but this excess has not managed to eradicate the enormous gap between the scientist or the doctor and the citizen or the politician. Indeed, it has been said that this lack of understanding seems to be increasing as scientific progress increases its pace. It is therefore more important than ever that the scientific community remain in constant touch with the expectations of a highly varied civil society, composed of citizens some of whom are only occasionally interested in scientific issues and therefore need to be informed and made aware of their significance, but also of those who, while they are not scientists, have a real intellectual interest in scientific matters, or again those who are interested in science for specific personal reasons, such as ill health or infirmity.

CCNE hopes that, remaining fully respectful of freedoms – for individuals and the media alike – the communication of scientific and medical information to society can take place in a spirit of complete trust between scientists and society, as well as between scientists and the scientific and general media. It proposes several recommendations, some of which do no more than relay recent private or public initiatives, that could help in the medium term to renew the interest for scientific careers so essential to the future of this country.

Paris, February 4, 2010

Hinweise und Regeln der Max-Planck-Gesellschaft zum verantwortlichen Umgang mit Forschungsfreiheit und Forschungsrisiken[*]

Max-Planck-Gesellschaft (MPG)

(Februar 2010)

I. Einführende Hinweise

A. Forschungsfreiheit und Verantwortung des Wissenschaftlers

Forschung ist eine der wesentlichen Grundlagen für die Fortschritte der Menschheit. Sie dient der Wissensvermehrung und fördert Gesundheit, Wohlstand und Sicherheit der Menschen sowie den Schutz der Umwelt. Zentrale Voraussetzung hierfür ist vor allem die Freiheit der Forschung, die durch das Grundgesetz besonders geschützt ist und die nur zum Schutz anderer wichtiger verfassungsrechtlich geschützter Werte begrenzt werden kann.[1] Eine erfolgreiche Grundlagenforschung erfordert weiter die Transparenz, den freien Informationsaustausch sowie die Veröffentlichung von Forschungsergebnissen.

Mit den Erfolgen einer freien und transparenten Forschung gehen jedoch auch Risiken einher.[2] Diese resultieren nicht nur unmittelbar aus eigenem fahrlässigem oder vorsätzlichem Fehlverhalten von Wissenschaftlern.[3] Daneben besteht bei einzelnen Forschungen die mittelbare Gefahr, dass – für sich genommen neutrale oder nützliche – Ergebnisse durch andere Personen zu schädlichen

---

[*] Das Dokument ist im World Wide Web unter der Adresse „http://www.mpil.de/shared/data/pdf/mpg_regeln_ethische_forschung.pdf" verfügbar. [Anm. d. Red.]
Die nachfolgenden „Hinweise und Regeln der Max-Planck-Gesellschaft zum verantwortlichen Umgang mit Forschungsfreiheit und Forschungsrisiken" wurden im Auftrag des Wissenschaftlichen Rats der Max-Planck-Gesellschaft von der Arbeitsgruppe „Sicherheits- und Verteidigungsforschung" mit Unterstützung des Ethikrats der Max-Planck-Gesellschaft entworfen und von beiden Gremien einstimmig gebilligt. Der Wissenschaftliche Rat der Max-Planck-Gesellschaft hat die Regelungen in seiner Sitzung vom 18. Februar 2010 zustimmend zur Kenntnis genommen und beschlossen, dem Senat der Max-Planck-Gesellschaft die Verabschiedung der Regelungen zu empfehlen.

[1] Artikel 5 Absatz 3 Grundgesetz.

[2] Diese Risiken wurden in Deutschland in der Zeit des Nationalsozialismus besonders deutlich. Die Max-Planck-Gesellschaft und ihre Angehörigen sind sich insoweit der einschlägigen früheren Forschungen in der Kaiser-Wilhelm-Gesellschaft für das nationalsozialistische Unrechtssystem bewusst. Die Geschichte der Kaiser-Wilhelm-Gesellschaft ist für die Max-Planck-Gesellschaft deswegen auch ein besonderes Vermächtnis, den potentiellen Missbrauch von Forschungsergebnissen rechtzeitig zu bedenken und ihm so wirksam wie möglich zu beggnen. Vgl. dazu auch die Erklärung der Max-Planck-Gesellschaft und ihres früheren Präsidenten *Hubert Markl*, in: Max-Planck-Gesellschaft (Hrsg), Biowissenschaften und Menschenversuche an Kaiser-Wilhelm-Instituten – Die Verbindung nach Auschwitz, Symposium in Berlin, 2001.

[3] Bezeichnungen wie „Forscher", „Wissenschaftler" u.a. sind in diesem Text als Funktionsbezeichnungen zu verstehen, die stets beide Geschlechter umfassen.

Zwecken missbraucht werden.[4] Diese Möglichkeit des „Dual Use" erschwert oder verhindert heute in vielen Bereichen eine klare Unterscheidung von „guter" und „böser" Forschung, von Zivil- und Rüstungsforschung, von Verteidigungs- und Angriffsforschung sowie von Forschung für „friedliche" und für „terroristische" Anwendungen. Die „Dual Use"-Problematik muss auch in der wissensgetriebenen Grundlagenforschung beachtet werden, deren Resultate oft nicht vorhersehbar sind und deren Ergebnisse deswegen per se nicht gut oder schlecht sind.

In diesem komplexen Spannungsfeld von Nutzen und Risiken ist die Forschung in der Max-Planck-Gesellschaft dem Wohl der Menschheit und dem Schutz der Umwelt verpflichtet. Der Wissenschaftler muss deswegen eine – unmittelbare und mittelbare – Schädigung von Mensch und Umwelt so weit wie möglich vermeiden oder vermindern. Er soll deswegen neben der Machbarkeit der Forschung nach Möglichkeit auch deren Folgen und ihre Beherrschbarkeit berücksichtigen. Der Forschung in der Max-Planck-Gesellschaft sind damit nicht nur rechtliche, sondern auch ethische Grenzen gesetzt.

B. Grenzen der Forschung

Die Grenzen der Forschung werden zunächst durch *rechtliche Normen* bestimmt. Diese können zum Schutz wichtiger verfassungsrechtlich geschützter Güter die Forschungsfreiheit begrenzen, wenn dies verhältnismäßig ist. Die einschlägigen Bestimmungen haben dabei unterschiedliche Zielsetzungen und Ansatzpunkte: Sie können Forschungsziele ausschließen (z.B. die Entwicklung von Atom- und Biowaffen), Methoden reglementieren (z.B. für bestimmte Experimente am Menschen) oder den Export von Wissen, Dienstleistungen und Produkten in bestimmte Länder untersagen (z.B. im Rahmen des deutschen Außenwirtschaftsrechts oder der EG-Verordnung für die Ausfuhrkontrolle von Gütern und Technologien mit doppeltem Verwendungszweck). Diese Regelungen sind in der Max-Planck-Gesellschaft strikt einzuhalten. Verstöße gegen sie können zu erheblichen Sanktionen, langwierigen Verfahren sowie einem Reputationsverlust des Wissenschaftlers, seines Instituts und der Max-Planck-Gesellschaft führen.

Das staatliche Recht ist jedoch nicht immer in der Lage, Risiken und Missbrauchsmöglichkeiten der Forschung vollständig und effektiv zu normieren. Der potentielle Missbrauch einzelner Forschungen kann insbesondere nicht dadurch verhindert werden, dass Forschung per se unter einen Generalverdacht gestellt und staatlich umfassend reguliert wird. Selbst detaillierte gesetzliche Regelungen würden den differenzierten und sich rasch ändernden globalen Problemen von gebietsspezifischen

---

[4] Im Bereich der Verteidigungs- und Waffentechnik können etwa die Materialforschung und die Nanotechnologie zur Entwicklung von Angriffswaffen führen; die Forschung zu friedlichen Robotern kann den Bau von Kriegsrobotern ermöglichen; die Entwicklung von geschosshemmenden Materialien für Panzerungen und Schutzwesten fördert auch einen verbesserten Schutz von Angreifern; die friedliche Nutzung der Kernenergie kann die Entwicklung von Massenvernichtungsmitteln begünstigen. Forschungsergebnisse zu pathogenen Mikroorganismen und Toxinen sind auch für neue Biowaffen und für terroristische Anschläge nutzbar. Forschungen in der molekularen Pflanzengenetik können zu Bioangriffen auf Saatgut und Forschungen an Stammzellen zur Schaffung von Hybriden missbraucht werden. In der Informatik können Forschungen zum Schutz gegen Computerviren nicht nur deren Verhinderung, sondern auch deren Verbreitung fördern.

Die Dual Use-Problematik von Forschungsergebnissen zeigt sich aber auch in den Geisteswissenschaften: So können psychologische, medizinische oder neurobiologische Forschungen der Optimierung von aggressiven Vernehmungstechniken und Foltermaßnahmen dienen. Kriminologische und soziologische Forschungen können die Persönlichkeits- und Datenschutzrechte von Probanden verletzen. Rechtsgutachten können in schwierigen Grenzbereichen Verstöße gegen Menschenrechte oder die Souveränität der Staaten begünstigen. Missbrauchsrisiken bestehen daher in den meisten Forschungsbereichen.

Risiken nicht ausreichend Rechnung tragen und darüber hinaus leicht in Konflikt mit der verfassungsrechtlich garantierten Forschungsfreiheit geraten.

Der einzelne Wissenschaftler darf sich daher aber auch nicht mit der Einhaltung der gesetzlichen Regelungen begnügen, sondern muss weitergehende ethische Grundsätze berücksichtigen. Er soll dabei sein Wissen, seine Erfahrung und seine Fähigkeiten einsetzen, um die einschlägigen Risiken einer Schädigung von Mensch und Umwelt zu erkennen und abzuschätzen. In kritischen Fällen muss er eine persönliche Entscheidung über die Grenzen seiner Arbeit treffen, die er im Rahmen seiner Forschungsfreiheit selbst verantwortet. Dies kann dazu führen, dass Vorhaben, auch wenn sie gesetzlich nicht verboten sind, im Einzelfall nur in modifizierter Form oder überhaupt nicht durchgeführt werden.

Die nachfolgenden – vom Wissenschaftlichen Rat und vom Senat der Max-Planck-Gesellschaft beschlossenen – Regeln unterstützen die in der Max-Planck-Gesellschaft tätigen Personen bei der Umsetzung dieser Grundsätze. Sie sind kein staatlich durchsetzbares Recht. Sie sollen vielmehr mit einer ethischen Leitlinie im Wege der Selbstregulierung Missbrauch der Forschung verhindern und Risiken vermeiden, gleichzeitig aber auch ein Verfahren zur Verfügung stellen, mit dem der Wissenschaftler ethische Zweifelsfragen besser lösen und dadurch auch dem Vorwurf unethischen Verhaltens vorbeugen kann. Die für die gesamte Max-Planck-Gesellschaft geltenden Regelungen sind dabei nicht abschließend, sondern werden durch weitere fachspezifische Maßnahmen der Selbstregulierung ergänzt.[5] Die Max-Planck-Gesellschaft begrüßt es deswegen auch, wenn die Institute und ihre Mitarbeiter sich auf der Grundlage der vorliegenden Hinweise und Regeln auch außerhalb der Max-Planck-Gesellschaft an der Entwicklung von weiteren fach- und berufsspezifischen Regelungen beteiligen, so dass Risiken in transparenter Weise diskutiert und vermieden werden können. Diese speziellen Codes fördern zusammen mit den nachfolgenden Regeln den Einsatz der Max-Planck-Gesellschaft für eine exzellente Grundlagenforschung zum Wohle von Menschheit und Umwelt.

II. Regeln zum verantwortlichen Umgang mit Forschungsfreiheit und Forschungsrisiken in der Max-Planck-Gesellschaft

A. *Allgemeine Zielsetzung und Anwendungsbereich*

1. *Zielsetzung*

Die vorliegenden Regeln sollen im Wege der Selbstregulierung mit einer ethischen Leitlinie Missbrauch der Forschung verhindern und Risiken vermeiden. Sie schaffen dazu auch ein Verfahren, mit dem der Forscher ethische Zweifelsfragen besser lösen und dadurch dem Vorwurf unethischen Verhaltens vorbeugen kann.

---

[5] Vgl. z.B. für den Bereich der Forschung am Menschen: Deklaration des Weltärztebundes von Helsinki/Tokio (1964/75) mit verschiedenen späteren Revisionen. Für den Bereich der Bio-Sicherheit: Deutsche Forschungsgemeinschaft – Verhaltenskodex: Arbeit mit hoch pathogenen Mikroorganismen und Toxinen, 2008; National Science Advisory Board for Bio Security, Proposed Framework for the Oversight of Dual Use Life Sciences Research: Strategy for Minimizing the Potential Misuse of Research Information, 2007, Strategic Plan for Outreach and Education On Dual Use Research Issues, 2008; Royal Netherlands Academy of Arts and Sciences, A Code of Conduct for Bio Security, Report by the Bio Security Working Group, Amsterdam August 2007.

2. Anwendungsbereich

Die Regeln gelten für alle, die in Einrichtungen der Max-Planck-Gesellschaft arbeiten oder mit deren Mitteln an anderer Stelle arbeiten. Sie sollen von den Forschern der Max-Planck-Gesellschaft auch bei ihrer wissenschaftlichen Tätigkeit außerhalb dieser Gesellschaft berücksichtigt werden, z.B. im Rahmen ihrer beratenden Tätigkeit oder ihrer Mitverantwortung für Unternehmen oder Zeitschriften. Bei ihrer Anwendung auf die in der Max-Planck-Gesellschaft tätigen Personen ist der Status der verschiedenen Forscher (insb. Wissenschaftliche Mitglieder, Forschungsgruppenleiter, externe Wissenschaftliche Mitglieder, Wissenschaftliche Mitarbeiter, Doktoranden, Gastwissenschaftler) und der nichtwissenschaftlichen Mitarbeiter zu berücksichtigen. Der Status dieser Personen kann Einfluss auf deren Forschungsfreiheit und ein eventuelles Weisungsrecht der Max-Planck-Gesellschaft ihnen gegenüber haben.

3. Verhältnis der Regelungen zu anderen Vorschriften

Die vorliegenden Regeln treten neben die „Regeln zur Sicherung guter wissenschaftlicher Praxis" der Max-Planck-Gesellschaft. Sie können als allgemeine Bestimmungen für alle Forschungsbereiche durch spezifische Maßnahmen der Selbstregulierung ergänzt werden, die von anderen Institutionen für spezielle Forschungsbereiche geschaffen wurden und geschaffen werden. Soweit diese speziellen Codes den hier niedergelegten allgemeinen Grundsätzen entsprechen und nicht gegen die grundrechtlich geschützte Forschungsfreiheit verstoßen, können sie die vorliegenden Regeln ergänzen und präzisieren. Rechtliche Bestimmungen gehen den vorliegenden Bestimmungen sowie anderen Maßnahmen der Selbstregulierung vor.

B. Rechtliche Grenzen der Forschung

Für die in Deutschland tätigen Forscher der Max-Planck-Gesellschaft gilt das deutsche Recht. Für Institute oder Partnerinstitute der Max-Planck-Gesellschaft im Ausland gilt grundsätzlich das am jeweiligen Ort geltende Recht. Im Ausland tätige Forscher können zusätzlich auch ihrem nationalen Recht unterliegen. Darüber hinaus ist das Völkerrecht zu beachten.[6] Rechtsvorschriften gelten nur, wenn sie nicht gegen höherrangiges oder vorrangiges Recht (insb. international geltende Menschenrechte) verstoßen.

Für die Einhaltung der geltenden rechtlichen Regelungen ist jeder Wissenschaftler selbst verantwortlich. Er hat sich über die für ihn und sein Forschungsgebiet geltenden Vorschriften zu vergewissern und für ihre Einhaltung im Rahmen seiner Zuständigkeit Sorge zu tragen. Eine Unkenntnis des geltenden Rechts entlastet ihn in aller Regel nicht.

Die Generalverwaltung der Max-Planck-Gesellschaft unterstützt die Institute bei der Einhaltung der rechtlichen Vorschriften (vgl. unten D.2). Dadurch nimmt sie auch ihre gesetzliche Aufsichtspflicht wahr, die bei Rechtsverstößen innerhalb der Max-Planck-Gesellschaft ein Einschreiten gebieten kann.

---

[6] Z.B. Schutz der Menschenrechte, humanitäres Völkerrecht, Kriegsvölkerrecht, Folter- und Gewaltverbot, Biodiversitäts-Konvention.

C. Grundsätze ethisch verantwortbarer Forschung

1. Allgemeiner Grundsatz

Die Forschung in der Max-Planck-Gesellschaft dient der Wissensvermehrung und ist dem Wohl der Menschheit und dem Schutz der Umwelt verpflichtet. Der Wissenschaftler hat deswegen eine – unmittelbare und mittelbare – Schädigung von Mensch und Umwelt so weit wie möglich zu vermeiden oder zu vermindern.

Der Forscher darf sich bei einschlägigen Entscheidungen nicht mit der Einhaltung der rechtlichen Regeln begnügen, sondern er hat auch ethische Grundsätze zu beachten. Ihm muss die Gefahr des Missbrauchs von Forschung grundsätzlich bewusst sein. In kritischen Fällen muss er eine persönliche Entscheidung über das bei seiner Forschung Verantwortbare treffen.

Ein verantwortlicher Umgang mit Forschung umfasst im Falle missbrauchsgefährdeter Forschung insbesondere die nachfolgend angesprochenen Maßnahmen: das Erkennen und Minimieren von Forschungsrisiken, den sorgfältigen Umgang mit Veröffentlichungen, die Dokumentation von Risiken sowie Maßnahmen der Aufklärung und Schulung. Diese Maßnahmen sollen die Forschung allerdings nicht unzulässig behindern und stehen daher unter dem Vorbehalt ihrer Möglichkeit und Verhältnismäßigkeit.

2. Risikoanalyse

Die Kenntnis der möglichen Risiken ist die Voraussetzung dafür, dass Forschung verantwortlich erfolgen kann. Eine zentrale Voraussetzung für die Vermeidung oder zumindest die Kontrolle von Forschungsrisiken ist daher – sowohl in der grundlagenorientierten als auch in der angewandten Forschung – die Bewusstmachung der einschlägigen Gefahren. Der Forscher soll deswegen so weit wie möglich die Folgen sowie die Einsatz- und Missbrauchsmöglichkeiten seiner Arbeiten und deren Beherrschbarkeit mitbedenken. Potentiell risikobehafteten Forschungsvorhaben soll daher eine Prüfung der mit ihnen verbundenen Risiken für die Menschenwürde, für Leben oder Gesundheit von Menschen, für die Umwelt und für andere wichtige verfassungsrechtlich geschützte Güter vorausgehen.

Das Erkennen von Forschungsrisiken betrifft nicht nur die Risiken des eigenen Verhaltens. Der Forscher soll darüber hinaus bei missbrauchsgefährdeten Arbeiten auch die Folgen seiner Forschung berücksichtigen, die er zu neutralen oder nützlichen Zwecken durchführt, deren Ergebnisse dann jedoch von anderen Personen zu schädlichen Zwecken eingesetzt oder missbraucht werden können. Risikoanalyse und Folgenabschätzung verlangen daher Offenheit des Denkens und Verantwortung. Für die Forscher kann es insbesondere angebracht sein, sich über den Kontext des Forschungsvorhabens oder über die Person eines Auftraggebers oder Kooperationspartners oder über deren Auftraggeber zu informieren.

3. Risikominimierung

Der Forscher und alle anderen mitwirkenden Personen sollen die Risiken der Durchführung und der Verwendung ihrer Arbeiten für Menschenwürde, Leben, Gesundheit, Freiheit und Eigentum der Menschen sowie den Schutz der Umwelt so weit wie möglich minimieren. Diese Maßnahmen zur Risikominimierung sollen sowohl vor Beginn als auch während eines laufenden Forschungsvorhabens geprüft und durchgeführt werden.

Dies kann dazu führen, dass Sicherheitsmaßnahmen (z.B. gegen die Freisetzung oder den Diebstahl von gefährlichen Stoffen aus Laboren) durchgeführt oder dass die Vertraulichkeit der Forschungsergebnisse durch physische, organisatorische und personelle Schutzmaßnahmen sowie eine größere

Rechnersicherheit verbessert werden. Das Transparenzgebot steht derartigen Sicherungen und Zugriffsbeschränkungen nicht entgegen, da es nicht verlangt, dass Forschungsergebnisse jederzeit und jedermann zugänglich sind (vgl. auch C.4).

Bei missbrauchsgefährdeter Forschung sind die Mitarbeiter und Kooperationspartner sorgfältig und auch unter Berücksichtigung ihrer Verlässlichkeit und ihres Verantwortungsbewusstseins auszuwählen. Soweit staatliche Stellen Aufgaben der Sicherheitsüberprüfung erfüllen, bietet sich etwa bei Risiken einer Proliferation von sicherheitsrelevanten Forschungsergebnissen eine entsprechende Zusammenarbeit an.

Maßnahmen zur Risikominimierung können auch darin bestehen, dass einzelne Forschungen nur für oder nur mit bestimmten Kooperationspartnern durchgeführt werden. Auch wenn internationale Kooperation ein Grundprinzip erfolgreicher Forschung ist, kann sich unter dem Aspekt der Risikominimierung daher im Einzelfall eine Einschränkung der internationalen Zusammenarbeit oder ein Verzicht auf Partner oder Mitarbeiter aus bestimmten Staaten empfehlen. Anhaltspunkte für Staaten, bei denen ein Missbrauch bestimmter Forschungsergebnisse zu befürchten ist, können sich aus den nationalen und internationalen Vorschriften und Listen über Ausfuhrbeschränkungen ergeben.

4. Veröffentlichungen

Einer verantwortlichen und frühzeitigen Prüfung bedürfen – bereits vor Projektbeginn – in Bereichen von risikoreicher Forschung die möglichen Folgen einer Veröffentlichung der Ergebnisse. Dies gilt besonders dann, wenn leicht umsetzbare Forschungsergebnisse ohne zusätzliches Wissen und ohne aufwendige Umsetzungs- und Anwendungsprozesse zu spezifischen Gefahren oder großen Schäden führen können.

In diesen Fällen kollidieren Sicherheitsinteressen mit den in der Max-Planck-Gesellschaft geltenden Grundsätzen der Transparenz, des freien Informationsaustauschs sowie insbesondere der Veröffentlichung von Forschungsergebnissen.[7] Deren Austausch und deren Veröffentlichung sind wichtige Faktoren für den wissenschaftlichen Fortschritt. In vielen Risikobereichen ermöglicht die Offenlegung von Ergebnissen auch die Entwicklung von Schutzmaßnahmen (z.B. Impfstoffe im Gesundheitswesen oder Antivirenprogramme in der Informatik). Eine Unterdrückung von Forschungsergebnissen kann demgegenüber dazu führen, dass ein wirksamer Schutz gegen ihre missbräuchliche Anwendung durch totalitäre Regime, terroristische Gruppen, organisierte Straftäter oder Einzeltäter nicht möglich ist.

Die Gebote der Transparenz und der Kommunikation schließen nicht aus, dass der Wissenschaftler bestimmte Risiken seiner Forschung durch eine Modifikation der Kommunikation und der Veröffentlichung seiner Ergebnisse minimiert. Er kann die Ergebnisse seiner Arbeiten auch nicht sofort, sondern zeitlich verzögert publizieren. Bei Forschungsergebnissen mit einem hohen Missbrauchspotential können in speziellen Fällen die für einen Missbrauch besonders relevanten Teilergebnisse von der Publikation ausgenommen werden.

Der Forscher kann einzelne Ergebnisse seiner Arbeiten in besonderen Fällen auch nur mit bestimmten Personen teilen. Ein völliger Verzicht auf Kommunikation und Veröffentlichung der Forschungsergebnisse kommt als ultima ratio in Betracht. Er ist nur in speziellen Einzelfällen – eventuell auf bestimmte Zeit – gerechtfertigt. Forschung, die von Anfang an unter dem Siegel

---

[7] Vgl. Max-Planck-Gesellschaft, Regeln zur Sicherung guter wissenschaftlicher Praxis, 2009, Ziff. 1c.

gegenständlich umfassender und zeitlich unabsehbarer Geheimhaltung steht, ist mit dem Selbstverständnis der Max-Planck-Gesellschaft unvereinbar.

Die vorgenannten Grundsätze gelten auch, wenn Angehörige der Max-Planck-Gesellschaft als Herausgeber von Zeitschriften oder Büchern tätig sind. Mitarbeiter in derartigen Positionen sollen in entsprechenden Risikobereichen darauf hinwirken, dass die Publikation von Forschungsergebnissen sowie die Politik der von ihnen unterstützten Verlage und anderen Institutionen mit den hier genannten Grundsätzen vereinbar ist.

5. Verzicht auf nicht verantwortbare Forschung als ultima ratio

Primäres Ziel der Risikoanalyse ist eine verantwortliche Durchführung und Kommunikation der Forschung. Im Einzelfall kann die verantwortliche Entscheidung des Forschers allerdings als ultima ratio zur Folge haben, dass eine bestimmte Forschung mit einem nicht zu begrenzenden und unverhältnismäßigen Risikopotential nicht durchgeführt wird, selbst wenn ihr kein gesetzliches Verbot entgegensteht.

Bei Arbeiten, die neben positiven auch schädliche Wirkungen haben können, sind, insbesondere im Bereich der Dual Use-Forschung, Kriterien für eventuelle Grenzen schwer zu bestimmen und anzuwenden. Die nach der Definition von möglichen Schutzmaßnahmen erforderliche ethische Bewertung der verbleibenden Risiken kann jedoch durch die Beantwortung der Frage unterstützt werden, ob bei einer entsprechenden Abwägung der potentielle Schaden den potentiellen Nutzen der Forschung übersteigt.

Bei dieser Abwägung sind sowohl die Höhe des möglichen Schadens als auch das Risiko des Schadenseintritts zu berücksichtigen. In Fällen mit drohenden Gefahren sollte abgeschätzt werden, wie hoch ein eventueller Schaden wäre, wie wahrscheinlich das Schadensrisiko ist, ob die Forschungsergebnisse unmittelbar für schädliche Zwecke einsetzbar sind oder ob schwierige Umsetzungsprozesse erforderlich sind, und ob die Verwendung der Ergebnisse beherrschbar ist. Entscheidungserheblich kann auch sein, wer Kooperationspartner, Auftraggeber, Nutzer oder Finanzier der Forschung ist. Muss davon ausgegangen werden, dass bestimmte missbrauchsgefährdete Forschungsvorhaben von anderen Stellen ohne entsprechende Sicherheitsstandards oder zu missbräuchlichen Zwecken durchgeführt werden, kann Forschung mit dem Ziel der Abwehr solcher Gefahren bzw. der Minimierung von daraus drohenden Schäden akzeptabel sein.

6. Dokumentation und Mitteilung von Risiken

Wenn Forschungen zu Risiken für die Menschenwürde, für Leben oder Gesundheit von Menschen, für die Umwelt oder für andere wichtige verfassungsrechtlich geschützte Güter führen, so sollen diese Risiken, ihre Abwägung mit dem voraussichtlichen Nutzen und die zu ihrer Minimierung getroffenen Maßnahmen vor Beginn und bei Veränderungen auch während der Arbeiten dokumentiert werden.

Bei entsprechenden Risiken sollte der Wissenschaftler die Dokumentation vor Beginn der Forschung der Ethikkommission oder dem zuständigen Vizepräsidenten zur Kenntnis bringen.

In Forschungsanträgen an die Max-Planck-Gesellschaft und an andere Förderinstitutionen soll auf entsprechende Risiken und Maßnahmen zu ihrer Minimierung hingewiesen werden. Dabei sind die vorgesehenen Maßnahmen darzustellen. Auch der Fachbeirat des Instituts soll über besondere Risiken und Maßnahmen zu ihrer Verminderung möglichst frühzeitig informiert werden und dazu in seinem Bericht auch Stellung nehmen.

7. Schulung und Aufklärung

Auf Institutsebene und vor allem in der Schulung des wissenschaftlichen Nachwuchses der Max-Planck-Gesellschaft sollen Grundsätze eines verantwortungsvollen Umgangs mit Forschungsrisiken vermittelt und vorgelebt werden. Dabei soll auch auf die fachspezifischen Regeln zur Risikominimierung im jeweiligen Forschungsgebiet eingegangen werden. Soweit Forscher der Max-Planck-Gesellschaft an Universitäten oder anderen Institutionen unterrichten, sollen sie auch dort dazu beitragen, das Bewusstsein für diese Fragen zu wecken und zu schärfen.

D. Organisatorische Zuständigkeiten

1. Verantwortliche Personen

Die Prüfung einer Vereinbarkeit der Forschung mit rechtlichen Vorschriften, Maßnahmen der Selbstregulierung und ethischen Grundsätzen obliegt zunächst den für das Projekt zuständigen Wissenschaftlern. Letztlich sind – insbesondere im Rahmen der rechtlich gebotenen Aufsichtspflicht – die Vorgesetzten des Wissenschaftlers verantwortlich.

Die beteiligten Wissenschaftler sollen primär den verantwortlichen Wissenschaftler, sofern im Einzelfall erforderlich aber auch den Leiter der Forschungsabteilung, den geschäftsführenden Direktor des jeweiligen Instituts sowie in besonderen Fällen die Leitung der Max-Planck-Gesellschaft auf geschehene oder bevorstehende Rechtsverstöße sowie auf ethische Bedenken hinweisen, ohne dass ihnen dadurch Nachteile entstehen dürfen.

Die vorliegend genannten Grundsätze gelten entsprechend, wenn Wissenschaftler der Max-Planck-Gesellschaft als Gutachter bei der Evaluation von Projekten anderer Forscher tätig sind. Mitarbeiter in derartigen Positionen sollen in Risikobereichen darauf achten, dass Forschungsanträge eventuelle Risiken der Forschung erörtern und minimieren.

Die wissenschaftlichen Mitglieder, Mitarbeiter und Doktoranden der Max-Planck-Gesellschaft können sich bei Fragen nach den *rechtlichen* Grenzen der Forschung an die Compliance-Stelle und die Rechtsabteilung der Generalverwaltung wenden, und bei Fragen nach *ethischen* Grenzen an die Ethikkommission der Max-Planck-Gesellschaft. Die auf Institutsebene gewählte Ombudsperson kann ebenfalls Ansprechpartner der Mitarbeiter für Fragen der Forschungsrisiken und der Forschungsethik sein.

2. Compliance im Hinblick auf Rechtsvorschriften

In der Generalverwaltung ist neben der Rechtsabteilung eine besondere Compliance-Stelle dafür zuständig, den Präsidenten und die Institute bei der Einhaltung der Rechtsvorschriften über die Grenzen der Forschung zu unterstützen.

Diese Stelle berät den Präsidenten und die Institute, stellt die einschlägigen Regelwerke zur Verfügung und schult die an den Instituten Tätigen in einschlägigen Maßnahmen. Sie kann im erforderlichen Umfang Auskünfte von den Instituten einholen. Die Compliance-Stelle berichtet unmittelbar dem Präsidenten und dem zuständigen Vizepräsidenten.

Die in der Max-Planck-Gesellschaft Tätigen können sich jederzeit an die Compliance-Stelle wenden, wenn nach ihrer Meinung in der Max-Planck-Gesellschaft rechtliche Bestimmungen zum

Schutz vor Missbrauch der Forschung nicht eingehalten werden. Die Regularien zum Schutz der „Whistleblower"[8] sind entsprechend anzuwenden.

Verstößt Forschung gegen *rechtlich verbindliche Vorschriften*, so nehmen der Präsident oder der zuständige Institutsdirektor die erforderlichen rechtlichen und sonstigen Maßnahmen vor.

3. Ethikkommission

Zur Beratung von Angelegenheiten, die sich aus der Umsetzung dieser Regeln ergeben, wird eine Ethikkommission gebildet. Diese steht den in der Max-Planck-Gesellschaft tätigen Forschern bei Fragen der Forschungsethik zur Verfügung, vermittelt bei einschlägigen Meinungsverschiedenheiten zwischen Forschern und kann Empfehlungen zur Durchführung von Forschungsprojekten abgeben.

Die Ethikkommission besteht aus drei permanenten Mitgliedern der Max-Planck-Gesellschaft (Stammkommission), die unterschiedlichen Sektionen angehören und zusammen mit ihren Vertretern auf Vorschlag ihrer Sektionen vom wissenschaftlichen Rat gewählt werden. Die drei Mitglieder wählen den Vorsitzenden der Stammkommission. Ihre Amtszeit beträgt drei Jahre.

In den einzelnen Verfahren zur Bewertung von Forschungsprojekten gehört der Ethikkommission auch der Vorsitzende der betroffenen Sektion an. Darüber hinaus können die Mitglieder der Stammkommission und der zuständige Sektionsvorsitzende bis zu zwei weitere stimmberechtigte Mitglieder in die für ein konkretes Verfahren zuständige Kommission wählen, die in Fragen der Forschungsethik, auf dem betroffenen Wissenschaftsgebiet oder in anderen entscheidungsrelevanten Bereichen besondere Fachkenntnisse haben. Die Kommission soll im Hinblick auf naturwissenschaftliche und geisteswissenschaftliche Mitglieder interdisziplinär besetzt sein. Sie kann für die einzelnen Verfahren einen Berichterstatter ernennen.

Die Ethikkommission kann von jedem projektbeteiligten oder projektverantwortlichen Forscher mit der Prüfung befasst werden, ob ein geplantes oder laufendes Projekt mit den vorliegenden Regeln vereinbar ist. Bei Zweifeln über die Vereinbarkeit einer Forschung mit den vorliegenden Ethikregeln kann sie auch vom Präsidenten sowie bei Vorliegen eines berechtigten Interesses von jedem wissenschaftlichen Mitglied, von jedem Mitarbeiter oder Doktoranden der Max-Planck-Gesellschaft sowie von externen Kooperationspartnern angerufen werden. Für Hinweisgeber gelten o.g. die Regularien zum Schutz der „Whistleblower" (Ziff. 9 der Regeln der Max-Planck-Gesellschaft zur Sicherung guter wissenschaftlicher Praxis).

Jeder verantwortliche Forscher ist über Zweifel an der Vereinbarkeit seiner Forschungen mit den vorliegenden Regeln unverzüglich zu informieren und von der Ethikkommission anzuhören. Er hat das Recht, jederzeit eine schriftliche oder mündliche Stellungnahme abzugeben und die entsprechenden Unterlagen so weit wie möglich einzusehen. Er ist über die wesentlichen Verfahrensschritte der Kommission zu informieren und kann an Anhörungen und Befragungen teilnehmen. Über die abschließende Empfehlung der Ethikkommission und der sie tragenden Gründe ist er unverzüglich durch Übersendung der schriftlichen Stellungnahme der Kommission zu unterrichten.

Die Ethikkommission kann (nicht stimmberechtigte) Sachverständige zu ihren Beratungen hinzuziehen. Sie kann zur Aufklärung eines Sachverhalts vom Institutsdirektor und von Mitarbeitern Auskünfte verlangen und geeignete Auskunftspersonen persönlich oder schriftlich befragen. Des Weiteren kann sie den Vorsitzenden des Fachbeirats des betroffenen Instituts um eine Stellungnahme bitten.

---

[8] Vgl. Max-Planck-Gesellschaft, Regeln zur Sicherung guter wissenschaftlicher Praxis, 2009, Ziff. 9.

Eine Empfehlung der Ethikkommission über die Vereinbarkeit oder Nichtvereinbarkeit von Forschung mit diesen Regeln bedarf einer Mehrheit ihrer Mitglieder. Bei Stimmengleichheit entscheidet in allen Abstimmungen die Stimme des Vorsitzenden. Das Gleiche gilt, wenn die Ethikkommission auf der Grundlage der vorliegenden Regeln Empfehlungen über die Art und Weise der Durchführung eines Forschungsvorhabens oder dessen Nichtdurchführung abgibt. Die genannten Entscheidungen kann die Ethikkommission auf der Grundlage eines Vorschlags des Berichterstatters im schriftlichen Verfahren (auch per E-Mail) treffen, wenn der oder die Betroffene(n) zuvor zu dem Vorschlag des Berichterstatters Stellung nehmen konnte(n).

Die Ethikkommission berichtet dem Wissenschaftlichen Rat regelmäßig über ihre Arbeit.

Die Ethikkommission kann sich im Rahmen dieser Bestimmungen mit Zustimmung des Wissenschaftlichen Rats und des Senats eine eigene Verfahrensordnung zur Untersuchung des Umgangs mit Forschungsrisiken geben. Soweit für die Ethikkommission keine speziellen Regelungen anwendbar sind, gelten in Verfahren über die rechtlichen Grenzen der Forschung die Vorschriften über die förmliche Untersuchung der Verfahrensordnung bei Verdacht auf wissenschaftliches Fehlverhalten entsprechend.

E. Anwendbarkeit

Diese Regeln werden einen Monat nach ihrer Verabschiedung durch den Senat angewandt.

Competing Responsibilities? Addressing the Security Risks of Biological Research in Academia*

*American Association for the Advancement of Science (AAAS),
Association of American Universities (AAU),
Association of Public and Land-grant Universities (APLU), USA*

(January 2010)

Executive Summary:
Introduction and Key Suggestions

New discoveries in the biological sciences and new applications of biotechnology offer the potential for vast societal benefits but also have led to increased national security concerns. In 2001, concerns over bioterrorism resulted in significant increases in funding for basic and applied biodefense research – for example, pathogenicity studies and vaccine and drug development – which prompted increased investments in the construction of high-containment facilities to address the biosafety risks associated with that research. At the same time, concerns about the potential exploitation of emerging biotechnologies and the risk of possible theft of dangerous pathogens initiated policy debates on how to minimize security risks.

A few highly publicized cases of accidental exposures of laboratory researchers to harmful pathogens as well as the accusation of a researcher from the U.S. Army Medical Research Institute for Infectious Diseases (USAMRIID) as the perpetrator of the 2001 anthrax attacks prompted additional review of biosafety and biosecurity[1] initiatives in the United States. While strategies to address biosafety and biosecurity may differ, there are a few parallel concepts that may achieve both safety and security. Current policy debates center around issues common to both safety and security. Two examples of common issues include good research practices and vetting of personnel. The Appendix provides a brief background of current biosecurity policy debates and additional information.

Efforts have been made by the federal government to engage stakeholders in discussions of proposed policy actions. The National Science Advisory Board for Biosecurity (NSABB), the National Security Council (NSC), and interagency policy groups have reached out to the scientific community to raise awareness of biosecurity concerns and seek input on ongoing policy activities. The Office of Science and Technology Policy of the White House (OSTP), Federal Bureau of Investi-

---

* Das Dokument ist im World Wide Web unter der Adresse „http://cstsp.aaas.org/files/Competing%20 Responsibilities%20AAAS%20AAU%20APLU%20report%20final.pdf" verfügbar. [Anm. d. Red.]
[1] Biosafety refers to the prevention of accidental exposures to laboratory biological agents whereas biosecurity refers to prevention of intentional exploitation, theft, and/or release of biological agents. These terms are often described as separate concepts with distinct mitigating activities in the U.S. however, many countries describe biosecurity and biosafety as a single concept. The Biosafety in Microbiological and Biomedical Laboratories (BMBL) guidelines has added a section on biosecurity and the World Health Organization publishes a Laboratory Biosecurity Manual.

gation (FBI), and Office of the Director of National Intelligence (ODNI) have initiated a few specific biosecurity outreach activities. Similarly, the academic community has taken steps to address security concerns within their institutions and have contributed to discussions and other outreach activities to engage stakeholders, like local law enforcement and the public. Despite these efforts, more needs to be done to facilitate communication and engagement among the scientific community, security community and law enforcement, and policy-makers that benefit both the conduct and advancement of science and national security interests. While the security and scientific communities understand the importance of advancing research, assessing risks associated with that research, and implementing good research practices, there are differing perspectives on what constitutes a proper balance between these activities.

On January 21 and 22, 2010, the American Association for the Advancement of Science (AAAS), the Association of American Universities (AAU), and the Association of Public and Land-grant Universities (APLU) hosted a meeting with university leadership, scientists, representatives of the security community, and policy-makers to explore the perceptions of risk held by different communities, review current policy discussions to minimize those risks, address potential barriers and challenges academic institutions face in dealing with national security requirements, and suggest actions to improve the collaborative environment to promote research and education in the biological sciences while minimizing potential national security risks. This meeting was supported by the Alfred P. Sloan Foundation.

Emerging Themes and Suggested Policy Actions

Several overarching themes emerged from the meeting: 1) the scientific and security communities share the same goal – ensuring public safety – giving them a common base on which to build relationships to address security concerns; 2) promoting and maintaining mutual trust among the scientific community, security community, policy-makers, and the public is critical to addressing potential security risks associated with advancing research; 3) safety and security measures must be addressed at the institutional level in order to best reflect internal structure and policies and local laws; and 4) leadership is important in fostering a safe, ethical, and secure research environment. The federal government and security community should work with the academic community to develop national policies, provide specific guidance on laboratory biosecurity that builds on existing programs, and learn how to interact effectively with university leadership and scientists. Correspondingly, the scientific community has a responsibility to continue to address biosecurity concerns by taking action to promote good practices in biological research, improve communication with the security community, and actively engage the policy process.

Listed below are policy options and actions that were suggested by meeting participants to minimize security risks while promoting education and research. Implementation of and detailed guidance for the suggested policy actions may be difficult to achieve but may allow institutions to best address critical national security concerns. The meeting sponsors made no attempt during the meeting to have participants reach a consensus on these suggestions although participants reviewing the report indicated their support for them. In addition, the suggested recommendations do not necessarily reflect the views of AAAS, AAU, or APLU.

Suggestion 1:   Communication between Academia and the Public: *The biological sciences community should continue to foster communication and build trust with the public, particularly those living in the vicinity of research institutions.*

Suggestion 2: Communication between the Scientific and Security Communities: *The security and scientific communities should continue to work together to foster relationships, improve communication, and build trust.*

Suggestion 3: High-level Support for Good Research Practices at Academic Institutions: *Research institutions should provide high-level support and attention to ensure that effective processes are in place to secure laboratories that are conducting research with pathogens and toxins posing the highest safety and security concerns. This level of support should be provided regardless of whether regulations are imposed by the government.*

Suggestion 4: Sustainable Guidance for Securing Select Agents: *Government regulators should provide flexible and adaptable guidance to ensure that select agent regulations can be implemented effectively and appropriately over time.*

Suggestion 5: Harmonization of Common Science and Security Requirements: *The federal government should reduce financial and administrative burdens on research institutions and increase the use of good safety and security practices by harmonizing select agent policies across all relevant agencies, and by building a common regulatory structure for safety and security of laboratory hazards, such as radioactive materials, harmful chemicals, and dangerous biological agents.*

Suggestion 6: Scientific Input in the Policy Process: *Policy-makers should enhance efforts to incorporate input from the scientific community during the policy development process to effectively address security concerns while minimizing associated administrative burdens and consequent missed research opportunities, and to ensure buy-in for the policies.*

Suggestion 7: Scientific Input in Expanding and Promoting Good Research Practices: *Universities and non-governmental organizations should enhance their existing programs and increase the involvement of scientists in developing and promoting good practices in ethics, safety, and security.*

Suggestion 8: University-based Threat Assessment Teams: *Universities should establish or expand threat and/or risk assessment and management teams to address different hazards experienced on their campuses.*

Meeting Summary

Perceptions of Risk

In order to create effective policies that promote scientific inquiry while minimizing any potential security risks, it is important to engage the scientific community, federal and state regulators, policy-makers, and intelligence and security officials in developing local and national policies in a deliberate and transparent manner. Although the federal government has engaged the scientific community on critical policy issues, many national security requirements developed to prevent exploitation or theft of biological equipment and materials still do not necessarily contribute to either enhanced security or the progress of research. Some of these requirements, such as requiring security clearances for equipment that poses minimal threat of misuse, may have reduced the credibility of regulators and policy-makers. Facilitating engagement and interaction between the scientific and security communities requires that each community familiarize itself with the other's culture and daily experiences to promote understanding of the rationale, perception, and implementation of policies.[2]

---

[2] In some states, requirements to disclose information requirements may contribute to less secure research environments.

The language used by different stakeholders is an important contributing factor in any discussions between technical and security experts about risks and threats.

The Security Community's Perceptions

The law enforcement, intelligence, and security communities have information that malicious actors have expressed an interest in using chemical, biological, and/or radiological agents to inflict harm, and that these individuals and groups seek to acquire the requisite knowledge, materials, and/or agents from legitimate facilities.[3] When interacting with the scientific community or the public, the security community often uses messages (e.g., 'we are at war with Al Qaeda' or 'war on terrorism') or images (e.g., the 9/11 World Trade Center attacks or the 2001 anthrax laced letters) to present a compelling case for increased security at research facilities. The security community has to take into account the national security concerns they routinely face with possible consequences of a deliberate attack as well as provide the appropriate information to prevent or promote preparedness for an attack. To facilitate these activities, the security community tries to find ways to continually monitor the situation, for example, by examining openly published scientific literature to stay current with technological advances and identify research activities that may have the potential to be exploited maliciously. However, approaching the scientific community with general threats rather than acknowledging or addressing the more tangible threats that research institutions routinely face (e.g., cyber crimes, eco-terrorism, campus shootings), can make the security community be perceived as insensitive to the conduct and governance of science. This can result in scientists fearing that proposed remedies would unduly hamper the advancement of life sciences research and biotechnology.[4] These attitudes can be detrimental to building relationships with the scientific community.

The Scientific Community's Perceptions

The biological sciences community is diverse, and scientists can be grouped into several categories based on their discipline, educational background, research area, and work experiences. These categories contribute heavily to a scientist's perception of risk. In general, scientists do not necessarily perceive that harmful organisms by themselves make effective biological weapons or that basic research confers knowledge and tools that could contribute to the successful development of biological weapons. If scientists have experience working with a particular microorganism or technology, they may not share the perception of risk that security officials or intelligence experts have regarding the same agent or technology. Further influencing the way the scientific community per-

---

[3] The definitions of threat and risk are important in these conversations. Often, the term "threat" is used to refer to tools, agents, and technologies that could potentially be used for harm, but the term should be used to represent an entity that has the intent and the capability to do harm. Scientific tools, techniques, agents, knowledge, experience, and other similar factors contribute to the actor's capability. Since biotechnology is expanding globally, penetrating markets in a wide range of industrial sectors, and advancing rapidly for fully legitimate commercial and scientific reasons, the intelligence community cannot solely rely on assessing access to tools, agents, technologies, and/or knowledge to understand the bioterrorism threat. Instead, it must determine intent of potential adversaries. A more complete picture of the impact of a deliberate biological attack includes assessments of a population's vulnerability and the consequences of a successful attack.

[4] For additional information about scientists' views regarding law enforcement, see Hafer N, Vos CJ, McAllister M, Lorenzi G, Moore C, Berger KM, Stebbins M. How Scientists View Law Enforcement. Science Progress. Feb 2009. (http://www.scienceprogress.org/wp-content/uploads/2009/02/how_scientists_view_law_enforcement.pdf).

ceives risk is that they do not equate increased paperwork with enhanced security or safety. In addition, the international scientific community may not share the same perspective about weapons of mass destruction (WMD) risks and potentially overall risks (ethical, environmental, safety, and security risks) as the American security community and may not necessarily agree with U.S. policies on biosecurity.

Open Communication, Trust, and the Policy Process

Fostering relationships among these disparate groups as well as with the public was repeatedly raised by meeting participants as critical to advancing scientific research and addressing issues of accountability. Demonstrating to the public, policy-makers, and security experts that universities take national security concerns and requirements seriously, that their scientists act responsibly, and that mechanisms are in place to oversee the universities' research activities is absolutely critical to build trust among the communities. Scientists who engage in and are committed to promoting trust and building relationships with the security community, public, and policymakers can act as role models and leaders to the rest of the scientific community.

Promoting Communication between the Scientific Community and the Public

Fostering relationships with the public is absolutely critical to the conduct of science in the 21st century because the entire operation and success of the biological enterprise is heavily dependent on public trust. Some scientists perceive that the public does not have trust in the scientific community's ability to act responsibly to address risks associated with biological research. There is no evidence that public opinion on this issue has been systematically assessed. There is evidence however, that members of the security and policy-making communities doubt whether the scientists can act responsibly.[5] To address this issue, scientific societies and the federal government have developed educational programs to assist scientists in becoming effective communicators about their research, including research-associated risks and how those risks are addressed.[6] Similarly, research institutions have administrative staff and faculty that oversee biological research[7] and screen personnel. However, these programs are not marketed or described using terms familiar to the security community, leading the security community and the public to believe that adequate procedures are not in place to address current or emerging biosecurity concerns.

To promote transparency and communication with the public, many universities have actively engaged with residents in their neighboring communities about the types of research they conduct

---

[5] At a December, 2008 hearing of the Senate Homeland Security and Governmental Affairs Committee, witness Robin Cleveland, a member of the Commission on the Prevention of Weapons of Mass Destruction Proliferation and Terrorism, testified that scientists do not act responsibly and mandatory education should be required to educate scientists about security risks of their research. (see http://hsgac.senate.gov/public/index.cfm?FuseAction=Hearings.Hearing&Hearing_ID=d0d0b4c1-d1d1-4b7a-9c16-fd9af22 d97e0) This hearing resulted in the writing of the WMD Prevention and Preparedness Act (S.1649, 111th Congress).

[6] The current Responsible Conduct of Research (RCR) training in the U.S. provides educational topics and tools to address ethical and safe laboratory practices. American graduate students supported by the National Institutes of Health and the National Science Foundation are required to be trained in RCR. See http://ori.dhhs.gov/education/, http://www.nsf.gov/pubs/policydocs/rcr/faqs_mar10.pdf, for additional information.

[7] Examples include biosafety professionals, Institutional Biosafety Committees (, Institutional Animal Care and Use Committees, and Institutional Review Bodies.

and the measures they have in place to protect their employees, students, animals used in research, and the general public. Some institutions, for example, conduct tours of their facilities.[8] Recognizing that communication is an important part of building public trust about biodefense research, universities have begun to issue press releases that highlight the research being conducted on campus and its societal benefit. Opportunities to foster relationships between the scientific community and public do not stop at the local level, and it is incumbent upon the research community to expand that dialogue to the global level. There are also numerous opportunities to address public trust issues in science locally and globally via scientific collaborations and scholarly meetings.

Promoting Communication among Scientists, Policy-makers, and the Security Community

Policy-makers and the security community must demonstrate to the academic community that their guidance, regulations, and statutes are reasonable, based on evidence that such measures are necessary (i.e. the threat is real), and can have a measurable impact at reducing emerging threats and potential risks associated with scientific research. The increased attention given to biosecurity in 2009 – eight years after 9/11 and the anthrax mailings – leads many in the scientific community to ask, "why the urgency?" The issue of urgency affects the type, process, and quality of policies being developed. Moving past general urgency to immediate threats would provide critical opportunities to foster dialogue and a deliberative policy discussion that includes all relevant stakeholders and ultimately results in the development of more effective policies. The security community and policy-makers need to acquaint themselves with university organization and governance as well as interact with scientists on tangible threats (e.g., animal rights incidents and campus violence) rather than simply addressing amorphous national security threats.

Most of the recent policy discussions have been driven by a few discrete incidents – the 2001 anthrax attacks and the fear of insider threats, and a small number of recent accidental exposures to select agents.[9] Developing policies in response to rare occurrences may result in greater vulnerability and increased unintended consequences in the longer term. Some university administrators believe that the National Science Advisory Board for Biosecurity (NSABB) has been very responsive and thoughtful, but that its approach to address the dual use life sciences issues[10] reflects today's political concerns rather than an interest in creating a sustainable mechanism that helps scientists and university leadership to understand how to deal with the dual use potential of current and future technologies. Since laboratory biosecurity policies and the dual use dilemma will affect the scientific and academic community broadly, policy discussions need to be deliberate and rational, include all stakeholders as active participants in the policymaking process, articulate the risks clearly, develop policies that are adaptable to evolving risks, and incorporate regulatory measures or guidance based on their efficacy for minimizing potential risks. This continued and expanded engagement could help identify solutions for pressing security concerns that can be easily implemented in academia and impart confidence in the policies with scientific leaders.

---

[8] There is concern from members of the scientific community that wide-spread implementation of tours of laboratory and/or animal facilities may not be feasible as they may make research institutions more vulnerable to threats, such as eco-terrorism.

[9] Kaiser, J. *Accidents Spur a Closer Look at Risks at Biodefense Labs*. Science, 28 Sept 2007; 317: 1852–1854.

[10] The term dual use is used to describe the misapplication of legitimate biological research for harmful purposes.

Accountability, Audits, and Metrics

Currently, the executive branch of the U.S. government prefers to develop guidance rather than additional regulation or statute to address biosecurity concerns in an attempt to avoid increasing the burden on research institutions and provide sufficient flexibility for the guidance to adapt to emerging biotechnologies. Even so, the pace of science, especially in the biological arena, is advancing very rapidly, and federal oversight bodies may not be nimble enough to respond accordingly. Guidance is considered by university administrators as *de facto* regulation, and requisite administrative and financial resources must be dedicated for compliance with guidance. However, in the absence of evidence identifying security measures that could be uniformly and effectively implemented, laboratory biosafety and biosecurity, including physical and personnel security, may be best addressed by the research institutions themselves and by using a combination of guidance and regulation. These policy actions would be most effective if they had a demonstrable impact on minimizing the risks of biological research while also minimizing the administrative burden already felt by principal investigators (PIs) and laboratory heads or managers.[11] Much of the current policy discussions about laboratory biosecurity and misuse of biological research relies on personal responsibility among individual researchers and perceptive laboratory heads to identify suspicious behaviors or activities, but provides little guidance on the roles and responsibilities of scientists and institutional administrators in these matters.

Metrics

Research institutions recognize that compliance with regulations and guidelines is one critical component of effective research and laboratory management. However, the existing Select Agent Program and the agencies that support select agent research as well as other agencies and organizations that oversee aspects of biological research promote a culture of compliance instead of cultivating a culture of safety and security. Checklists used for compliance purposes tend to include tangible or quantifiable measures such as physical barriers, databases, inventory controls, and lists of personnel rather than addressing the potentially more effective, qualitative security measures, such as building trust and relationships among scientists, institutional administrators, local law enforcement, and/or the public. Fostering communication and trust is critical to the implementation of effective security measures, raising awareness of the biosecurity problem, and promoting a cultural change within the scientific community that stresses personal responsibility and facility security.[12] However, cultural changes (for example, a culture of security awareness) cannot be captured by current audit mechanisms – i.e., checking boxes. Instead, a system based on performance may be more effective at achieving a cultural shift that is more sensitive to biosecurity risks and concerns. Several universities consider the real audits to be the less regimented and more free-flowing exchanges between compliance inspectors or law enforcement – including DHS and the FBI – and the researchers and administrators under review. As policies are being developed to address laboratory biosecurity and the dual use dilemma and as more infectious agents are characterized, there is a need to develop

---

[11] Currently, PIs spend about 42% of their time dealing with administrative tasks associated with their research and institutional responsibilities. See Federal Demonstration Partnership's (FDP) Faculty Burden Survey Paper at http://sites.nationalacademies.org/PGA/fdp/. For additional information, see Leshner, A. Reduce Administrative Burdens. *Science*. 12 Dec 2008; 322(5908): 1609.

[12] The scientific community became more accepting of personal and facility security as a result of animal terrorism.

compliance and inspection mechanisms that stress safety awareness and a security mindset over mere compliance.[13]

Inspections

Another troublesome issue is the multiple yet uncoordinated inspections to which institutions performing select agent research are subject. The Department of Health and Human Services Centers for Disease Control and Prevention (CDC) and/or Department of Agriculture (USDA) Animal and Plant Health Inspection Service (APHIS) have an integrated inspection program and conduct periodic inspections to review compliance with the Select Agent Program requirements, which includes principles prescribed in the *Biosafety in Microbiological and Biomedical Laboratories* (BMBL) manual.[14] This system improves as more information about effective security measures and corrective actions to mitigate risks at research institutions are identified. The Department of Defense (DoD) and the Department of Homeland Security (DHS) may conduct separate inspections of the select agent research they fund at associated facilities in order to assess compliance with agency-specific requirements. Currently, these inspections are not conducted jointly with the CDC and/or APHIS and some of these agency-specific requirements may conflict with the requirements of the Select Agent Program. The CDC is open to integrating inspections with DoD and DHS, and the *Report of the Working Group on Strengthening Laboratory Biosecurity in United States*[15] recommended that the federal government establish a system to coordinate oversight and inspection of select agent laboratories. However, if the contractual requirements still differ among agencies and programs, even joint inspections may not alleviate the burdens associated with these inspections.

Moreover, institutions conducting research involving select agents may be subject to a wide variety of other audits and inspections, each of which can be costly and time-intensive. The inspecting agencies may differ based on the type of laboratory – hospital, basic research, private industry/manufacturing, or vivarium – and may include the funding agency, the Occupational Health and Safety Administration, the Association for Assessment and Accreditation of Laboratory Animal Care International, the Environmental Protection Agency, state departments of health, the Food and Drug Administration, the Federal Aviation Administration, the Department of Transportation, the National Institute for Occupational Safety and Health, the Nuclear Regulatory Commission, the Centers for Medicare and Medicaid Services (Clinical Laboratory Improvement Amendments), or the Joint Commission.[16] An audit is conducted for each inspection to ensure that the research institution is in full compliance with the inspection agency's requirements; each audit is time-intensive and costly.

Costs of Laboratory Biosecurity Requirements

Compliance with the Select Agent Program is quite costly and burdensome for many research institutions, particularly given that they are currently subject to many different regulatory requirements. In addition to the requirements of their funding agencies, research institutions often must

---

[13] These types of policies would promote safety and security as complementary objectives with a common basis.

[14] Center for Disease Control and Prevention and National Institutes of Health, *Biosafety in Microbiological and Biomedical Laboratories, 5th Edition*. See http://www.cdc.gov/od/OHS/biosfty/bmbl5/bmbl5toc.htm for more information.

[15] See http://www.hhs.gov/aspr/omsph/biosecurity/biosecurity-report.pdf for more information.

[16] See http://www.jointcommission.org/ for more information.

implement procedures to minimize the security risks associated with other laboratory activities or functions as well as university-wide functions. Universities must make a commitment to provide substantial administrative and financial resources if their researchers want to work on select agents. University research programs already face over 30 unfunded research compliance mandates[17] and adding more will stretch the finite human and financial resources even thinner. Except for the National Biocontainment Laboratories,[18] costs for compliance cannot be funded from direct costs of research. Although the National Institute of Allergy and Infectious Diseases (NIAID) biodefense budget increased dramatically after 2001 stimulating scientists to seek biodefense funding, many scientists who worked with human, animal, or plant microorganisms that were placed on the select agent list consequently abandoned their research and pathogen or toxin collections for less restrictive work. This may have been due to the financial and administrative burdens imposed on laboratories conducting work with pathogens and toxins on the select agent list.

The unintended consequences of current and proposed policies and opportunity costs must also be factored into the overall burden of regulations, laws, and guidance and acknowledged in any trust-building exercises or policymaking activities. These opportunity costs are very difficult to quantify. All U.S. biodefense priorities are interconnected and measures for select agents could negatively affect medical countermeasure development and infectious disease surveillance, and could also have a negative impact on other sectors, like energy (e.g., biofuels), public health, and agriculture. Adverse effects may be experienced if research is temporarily halted because of audits or inventorying agents, or if collections are destroyed when entire research portfolios are abandoned due to associated burdens or retirement (with no continuation of the work).

Animal disease laboratories find conducting research with infectious agents in natural animal hosts difficult and costly under existing select agent regulations. In addition, few facilities exist for conducting animal studies using zoonotic select agent pathogens. Many researchers study diseases in surrogate animals rather than the natural animal host, which can reduce the administrative and financial burdens associated with the research. However, the use of animal surrogates to study animal pathogens is scientifically less robust than conducting the research in the natural animal host. This problem is further complicated by the lack of financial resources and guidance provided by the USDA.

The Select Agent Program and Personnel Security

Since the alleged perpetrator of the 2001 anthrax letters was a government researcher at the U.S. Army Medical Research Institute for Infectious Diseases (USAMRIID), the bio- and homeland security communities have been very involved in policy discussions on preventing the 'insider threat' and have been exploring ways to strengthen methods for screening personnel and ensuring they can be trusted to work with select agents.[19] Researchers and institutional administrators, professional relationships, and professional responsibility are critical for personnel security and can be more effective than physical security measures or background checks.[20] For example, one university experienced a situation in which an animal rights activist, dressed as a researcher, tried to gain access to an animal housing facility without proper key card access. The attempt failed only because

---

[17] Council on Government Regulations, Federal Regulatory Changes, Since 1991. Accessed April 9, 2010.
[18] See http://grants1.nih.gov/grants/guide/notice-files/NOT-AI-02-038.html for additional information.
[19] All personnel with access to select agents have to be approved and registered by the CDC and/or APHIS, a process that requires security risk assessments by the FBI, which is comprised of database checks.
[20] See also National Research Council. Responsible Research with Biological Select Agents and Toxins. National Academy Press. (Washington, DC, 2009).

an approved employee noticed the person was wearing jewelry, which is not allowed in that animal research laboratory according to university policy. Another university experienced an animal rights attack that was believed to have been carried out by an insider, but for which the FBI has yet to catch the perpetrator. Security procedures therefore had to be developed under the assumption that the perpetrator may still be working in the facility. This incident also prompted the university to consider characteristics contributing to inappropriate behavior. These incidents support the involvement of the scientific community in setting the boundaries for acceptable and unacceptable laboratory behavior.

Screening and Monitoring Employees

Universities are interested in having employee evaluation systems in place to prevent tangible safety and security concerns. They see the value in having institutions take responsibility for their employees. However, universities face legal barriers, such as privacy and antidiscrimination laws, when attempting to acquire potentially derogatory information about prospective employees from former employers and other references. This becomes an even more delicate balancing act if an institution seeks to remove an employee who has acted suspiciously or unsafely from the laboratory environment, and to get a better understanding of any potential impacts on safety and security posed by an employee in counseling. Although universities informally communicate with each other to learn more about prospective employees and almost every university has a faculty and staff evaluation system, these systems are not thought of as adequately addressing the 'insider threat' because they are not widely publicized or cohesive. In addition, the recent shooting at Fort Hood demonstrated the difficulties of identifying problematic behavior when relevant and revealing information is not integrated into a single system, when people are reluctant to report problems, and when no mechanisms exist to prevent rehiring of individuals with a prior history of problematic behavior.

Select Agent Approval of Graduate Students

Personnel security programs are particularly challenging to implement in institutions, such as universities, whose missions include educating undergraduate and graduate students. Graduate students choose their thesis laboratory by rotating through a few laboratories for a few months during the beginning of their graduate studies. These rotations are not very compatible with the lengthy and costly security risk assessment process currently required to grant access to select agents. This limits the pool of students available to work in select agent laboratories because in the absence of rotations, the students do not have an opportunity to gain awareness of the laboratory environment as well as available research and training opportunities in select agent laboratories. Universities would have to approve all graduate students who might have any interest in working in a select agent laboratory, provide students with an escort during their time in a select agent laboratory, or expect students to assess the working environment and possible thesis projects in select agent laboratories without having actually worked in one. An alternative solution of streamlining the security risk assessment process to expedite approval for incoming graduate students would be problematic, since the public and policy-makers may view granting select agent access to relatively unknown individuals – i.e., new graduate or undergraduate students – as irresponsible.

Responsible Conduct of Research

Personal responsibility and research integrity are critical aspects of current biosecurity discussions. The NSABB, scientific societies, and the international biosecurity community have advocated for codes of conduct for all life scientists that would make exploitation of biological research for malicious purposes taboo. Some believe that codes of conduct could address concerns about unsafe and suspicious behavior and bypass legislative measures for regulating behavior but may not sufficiently address concerns from the homeland security community. However, others, including some bioethicists, are skeptical about the use of codes of conduct to change behavior because the biological sciences community is very heterogeneous. Codes of conduct are effective for people with a common sense of research conduct, but the behaviors of researchers working in the biological sciences may vary by fields of study, disciplines, facility, and laboratory management and make it difficult to achieve a common sense of conduct. This challenge is exacerbated at the global level. In addition, demonstrating to senior scientists the need for codes of conduct or other methods to raise awareness of biosecurity issues is difficult because mid- to late-career scientists tend to think they have a deeper understanding of the applications of their research and responsible conduct in science than the security community, and because there have been very few cases of misuse of biological research.

Training Scientists about Biosecurity Issues

Training can be thought to induce a cultural change in the scientific community by raising awareness of important issues. The NSABB, a number of scientific societies, and the international biosecurity community are currently investigating programs that train scientists about the dual use dilemma. Though a few academic programs address the dual use dilemma in biosafety training programs,[21] more have addressed this issue within the broader context of responsible conduct of research (RCR).[22] One institution educates its American and foreign graduate students and postdoctoral fellows about the dual use dilemma in one lecture of the responsible conduct of research program using simulations and small group discussions. The Regional Biocontainment Laboratories and National Biocontainment Laboratories are required to provide biosafety and biosecurity training.[23] The Federation of American Scientists,[24] Southeastern Regional Center of Excellence of Emerging Infections and Biodefense,[25] the Center for Arms Control and Nonproliferation,[26] and the University of Bradford, UK[27] have developed online training modules to introduce scientists to broader biosecurity issues and the dual use dilemma. The National Institutes of Health and the National Science Foundation require RCR training for certain grant awardees. Much like audits for the Select Agent Program, the RCR system is more of a "check-the-box" requirement rather than a system that trains scientists to identify lapses in responsible behavior and act accordingly. Very recently, RCR training has included biosafety,[28] and there are currently discussions about including the dual use dilemma and possibly other biosecurity topics as well. Scientists already take biosafety

---

[21] See http://cstsp.aaas.org/dualuse.html for more information.
[22] The RCR system is a conceptual framework used to engage students on issues, such as social responsibility, mentoring or role modeling.
[23] The Regional and National Biocontainment Laboratories were established but the National Institute of Allergy and Infectious Diseases to perform research focused on identifying strategies for prevention, detection, diagnosis, and treatment of dangerous pathogens and toxins. See http://grants1.nih.gov/grants/guide/notice-files/NOT-AI-02-038.html for more information.
[24] See http://www.fas.org/biosecurity/education/dualuse/index.html for more information.
[25] See http://sercebtraining.duhs.duke.edu/Demographics.asp for more information.
[26] See http://www.politicsandthelifesciences.org/Biosecurity_course_folder/base.html for more information.
[27] See http://www.brad.ac.uk/acad/sbtwc/dube/resource/index.html for more information.
[28] The National Institute of Health. Update on the Requirement for Instruction in the Responsible Conduct of Research. NOT-OD-10-019. November 24, 2009.

training very seriously, having every incentive to conduct their research safely to protect themselves, coworkers, their neighbors, and the surrounding environment from accidental exposure.

Implementation of biosafety measures and training programs is both a contractual and a regulatory requirement for select agent laboratories. Unlike biosafety training, biosecurity training is considerably more difficult to develop. Very little guidance has been provided to the scientific community for characterizing the dual use potential of research activities, weighing the risks and benefits of research activities, determining suspicious behavior, and communicating research methods and findings that have the potential for exploitation.

Communication of Research[29]

To allow science to advance and for experiments to be reproduced, basic and applied research and their methods are published in open literature. However, open literature can be used for both legitimate and malicious purposes. Quite a few university leaders are aware that terrorists look at the open scientific literature, but this level of awareness is not necessarily representative of the entire scientific community. With concerns over exploitation of legitimate biological research for malicious purposes, communication of research methods, findings, and potential applications has been an important part of biosecurity policy discussions. In 2003, policy-makers, editors of premier scientific and medical journals, and scientists issued a statement about responsible communication of life science research at the time of publication or earlier.[30] The NSABB has developed a series of tools for communicating research with dual use potential. The NSABB noted that all communications should be considered for their dual use potential but that only those manuscripts deemed to be of concern should be more thoroughly assessed by reviewers.[31] Currently, the journals *Science, Nature, Bioterrorism and Biosecurity*, and those published by the American Society of Microbiology ask reviewers of manuscripts to assess the dual use potential of the research. Very few papers have been flagged or elicited discussion as a result of this process, and all were eventually published with supporting commentary or modification of the manuscript. Authors have been willing to cooperate if revisions to manuscripts do not affect the scientific content or conclusions. At the same time, leaders in the scientific community are quick to caution that communication strategies and policies should be developed and implemented very carefully so they do not set a bad precedent of modifying manuscripts in ways that eliminate the reproducibility of experiments (i.e., by abbreviating

---

[29] In 1995, President Reagan issued National Security Decision Directive 189 (NSDD-189), which states that publication of basic, fundamental research that is not determined to be classified should not be otherwise restricted. NSDD-189 was reiterated in 2001 by Condeleezza Rice, then National Security Advisor. However, this Directive is not self-enforcing, and many universities report that their research funding instruments contain restrictions on their treatment of "sensitive but unclassified" information. These "troublesome clauses" have so far primarily affected physical science and engineering research, particularly those done under subcontract to private firms, but universities are concerned that this practice will transfer to life science grants as well. This may not become a widespread practice in biological research because the National Institutes of Health and National Science Foundation, the primary U.S. government funding agencies of life science research, cannot utilize such restrictions. The Bush administration issued a Presidential Memorandum (Designation and Sharing of Controlled Unclassified Information) asking federal agencies to use the term Confidential Unclassified Information (CUI) instead of Sensitive but Unclassified (SBU).

[30] Journal Editors and Authors Group. *Statement on Scientific Publication and Security*. Science, 2003 Feb 21; 299(5610): 1149.

[31] National Science Advisory Board for Biosecurity. *Proposed Framework for the Oversight of Dual Use Life Sciences Research: Strategies for Minimizing the Potential Misuse of Research Information*. 2007. See http://oba.od.nih.gov/biosecurity/pdf/Framework%20for%20transmittal%200807_Sept07.pdf for more information.

descriptions of research methods). The issue of communication of dual use life science research will be complicated by increasing knowledge about infectious agents and emerging biotechnologies, and the risks they may pose.

Information Sharing of Best Practices and Isolating Scientists

Development of best practices in biosafety and biosecurity benefits greatly from the sharing of problems and corrective actions among appropriate stakeholders. While there was support for a more formal mechanism to share best practices at the 'Competing Responsibilities' meeting, there was concern that sharing this information with the general public or the news media could impede these efforts. New safety and security measures may not necessarily be incorporated into best practices in the absence of protected peer-to-peer communication, existing measures may not improve without peer review or additional information, and biosafety or biosecurity measures, if not shared, would not necessarily evolve with the risks posed by new technologies or biological research.[32] Sharing of best practices in biosafety and biosecurity with other research institutions may be jeopardized as select agent policies become more restrictive and consequently, select agent laboratories become more isolated from the rest of the academic and institutional communities. Isolation may compromise the quality of the research by limiting peer review, collaboration, intellectual contributions from outside colleagues, or innovative ideas. This isolation also may affect education and laboratory training and could negatively impact the overall conduct of research and employee morale.

Emerging Themes and Suggested Policy Actions

Although efforts have been made to promote communication and trust between the scientific and security communities, more can be done to ensure that institutions can most efficiently and effectively use their limited resources to minimize national security concerns while promoting beneficial science. Listed below are policy options and actions that were suggested by meeting participants to minimize security risks while promoting education and research. Implementation of and detailed guidance for the suggested policy actions may be difficult to achieve but may allow institutions to best address critical national security concerns. The meeting sponsors made no attempt during the meeting to have participants reach a consensus on these suggestions although participants reviewing the report indicated their support for them. In addition, the suggested recommendations do not necessarily reflect the views of AAAS, AAU, or APLU.

Suggestion 1: Communication between Academia and the Public: *The biological sciences community should continue to foster communication and build trust with public, particularly those living in the vicinity of research institutions.*

---

[32] Prior to 1969 when the U.S. had an offensive biological weapons program, the laboratories at Fort Detrick developed a system of biosafety that used risk assessments to identify risky agents and appropriate containment measures that addressed those risks. The classified environment of the former U.S. offensive biological weapons program imposed barriers to sharing biosafey information with the civilian population. After the U.S. offensive program was dissolved in 1969, the biosafety practices were complied in the BMBL and made available to all research facilities housing infectious agents. The guidance for assessing the level of risk posed by an agent has been made more prominent in the 5th Edition of the BMBL.

To alleviate the public's distrust of scientists and biomedical research, some universities have engaged their local communities to address key ethical and security concerns. One university included stakeholders in an all-hazards discussion after the institution was awarded a U.S. government contract for a biosafety level 3 laboratory. They worked through three scenarios with community stakeholders, which included law enforcement. The major challenge is to find productive lines of communication with the public to change their perception about the benefits and risks of research.

Specific suggestions:

1) Institutions should expand current efforts to inform the public that procedures are in place to prevent unsafe, unethical, or insecure research.

2) The scientific community should use the media to promote the beneficial uses of laboratories and research activities.

3) Universities, the public, the security community, and policy-makers should reconcile issues associated with information sharing and the public's need for greater transparency. Greater transparency may mean greater vulnerability to the institution and possibly to national security.

Suggestion 2: Communication between the Scientific and Security Communities: *The security and scientific communities should continue to work together to foster relationships, improve communication, and build trust.*

General threats used to increase awareness of national security concerns do very little to build the trust and understanding between these disparate communities that is essential if they are to work together to address security risks. These messages may imply that scientists are either unaware of or indifferent to the September 11 attacks, or that they are somehow directly culpable for terrorist interest in biological weapons. More effective methods of communicating and cultivating trust include understanding university practices, acknowledging the benefits of scientific research and education, promoting the continuation of good research practices within the scientific community, and using tangible examples of the misuse of science, such as showing specific scientific papers that have been found in terrorist manuals. The security and scientific communities need to foster mutual communication and trust if any existing or future policies on laboratory biosecurity, the dual use dilemma, or other national security issues are to be successfully addressed.

Specific suggestions:

1) The security community should use better examples of the risks. These examples could include unwitting cooptation of a scientist or inappropriate activities undertaken by a disgruntled individual.

2) The FBI Weapons of Mass Destruction (WMD) Directorate should continue its dialogue with the scientific community, and field WMD Coordinators should become involved in institutional exercises to raise the level of trust and familiarity between members of the scientific community and their local FBI officials.

3) The scientific and security communities should work together to identify solutions to current problems. Forums like the AAAS-AAU-APLU 'Competing Responsibilities' meeting should be continued and expanded to form smaller, multi-disciplinary 'task forces' to address the evolving biosecurity and national security concerns with university and scientific leadership.

Suggestion 3: High-level Support for Good Research Practices at Academic Institutions: *Research institutions should provide high-level support and attention to ensure that effective processes are in place to secure laboratories that are conducting research with pathogens and toxins posing the highest safety and security concerns. This level of support should be provided regardless of whether regulations are imposed by the government.*

The unreported, accidental exposure of a laboratory researcher with the causative agent of brucellosis, a select agent, at Texas A&M University in 2006 resulted in significant changes by the university and the CDC. This incident prompted the CDC to continually improve inspections and guidance for compliance with the Select Agent Program (see *Suggestion 4*). The university reorganized its governance structure by elevating the level of the official who oversees select agent research and compliance with select agent regulations so that this position reports directly to the Vice President of Research. The oversight staff has financial and administrative support from university leadership to make all necessary improvements to laboratory security.

These changes require significant financial and administrative support from university leadership. At Texas A&M University, a university president promoted transparency, education of safe and secure conduct, and a higher level of safety and security for select agent laboratories. Not every institution can make equivalent changes, but movement in this direction can help to address competing, and sometimes conflicting, requirements. With limited resources, convincing institutional leaders that they should heavily invest in safeguards to prevent exploitation or theft of biological research and/or select agents may be very difficult. This is especially true if institutional leaders believe existing mechanisms for securing laboratories from cyber crimes, eco-terrorism, and other tangible threats will contribute to compliance with requirements for minimizing national security risks. Further, institutional leaders, faculty, and other scientists may question the rationale for imposing costly and/or cumbersome laboratory biosecurity policies if malicious individuals can readily evade them by going to other countries or research facilities.

Specific suggestions:

1) Institutions should seek champions within the university administration and faculty for biosecurity. In some cases, the additional investments needed to implement biosecurity measures can be minimal or non-existent.

2) Universities should institutionalize risk management. Additional mechanisms may be needed to evaluate the efficacy of measures used to secure laboratories.

3) Mechanisms should be developed to standardize the education and qualifications of people who can handle the biosecurity and biosafety of select agent laboratories.

4) Institutional leaders should engage scientists in their institution on safety and security issues.

5) Some universities have established centralized research oversight offices. All universities should consider having a similar office.

Suggestion 4: Sustainable Guidance for Securing Select Agents: *Government regulators should provide flexible and adaptable guidance to ensure that select agent regulations effectively and appropriately over time.*

The Texas A&M University incident was reported to the CDC public health system but not directly to the CDC Select Agent Program because the exposed researcher was treated with readily available therapeutics and did not pose a public health risk to the community. Lack of guidance for what constitutes "exposure" and "release" of a biological agent is a major problem that needs defining, especially when corrective actions could be taken. There is no clear guidance for what constitutes acceptable facility and personnel security. The CDC cited unauthorized access to select agents for the exposed individual who was escorted by an approved individual. In general, universities have, on their own, required mandatory laboratory registration for all biosafety level 3 and 4 laboratories on their campuses. At one university, registration includes application, permitting, and approval of research proposals by the Institutional Biosafety Committee and local public health commission.

Specific suggestions:

1) Because relationships are critical to the success of personnel security, scientists should promote regular interaction among their colleagues about research and security, safety, and ethical concerns.

2) Any biosecurity guidance provided by the federal government has to be holistic, sustainable, reasonable relative to the actual risks of the research, and done in collaboration with universities. The guidance should provide a mechanism by which university leadership can report if there is a problem.

3) The U.S. government should provide specific guidance based on community input for personnel security and identifying suspicious behavior. Systems should be developed through which universities can check background information about candidate employees. There needs to be a mechanism to share good practices in personnel security. Guidance needs to be provided for requesting approval for rotating graduate students, visiting faculty, and hiring new personnel to work in select agent laboratories.

4) To improve efficiency, guidance should leverage existing infrastructure to address tangible and national security concerns, and to minimize costs where appropriate.

5) To promote compliance and prevent unfunded security mandates from diverting resources from other research activities, the U.S. government should provide dedicated funds for select agent security.

6) Inspectors should be knowledgeable about effective biosafety and biosecurity measures, and be educated about university practices.

7) The U.S. government should ensure that select agent requirements are implemented consistently across government agencies and research institutions.

8) Examples of real situations should be used to raise awareness of biosecurity issues with all scientists, not just those working with select agents. While the use of specific national security examples for raising awareness may not be appropriate if they are not publicly known, examples described in public sources can be used.[33]

9) More guidance should be provided to develop educational programs to teach scientists about the dual use dilemma and laboratory biosecurity issues.

10) The U.S. government should develop separate reporting mechanisms for occupational exposures to dangerous pathogens and for actual releases into the environment or surrounding population, and these mechanisms should incorporate a system to stratify incidents based on

---

[33] A recent individual, who was educated at American universities (undergraduate and graduate), was suspected of considering exploitation of biology for malicious purposes. Hughes, CJ. *Pakistani Scientist Found Guilty of Shootings.* NY Times. 3 Feb 2010. See http://www.nytimes.com/2010/02/04/nyregion/04siddiqui.html for more information. Global Security Newswire. *Suspected Al-Qaeda Member Convicted in Shooting Attempt.* 4 Feb 2010. See http://www.globalsecuritynewswire.org/gsn/nw_20100204_4160.php for more information.

risk. Universities should be afforded more autonomy to categorize exposures and appropriately report them. Universities can engage the FBI in this assessment to help determine whether an exposure is intentional or accidental. This reporting system and guidance should be also developed for animal exposures.

11) The scientific and security communities should work together to develop appropriate and suitable mechanisms for screening and monitoring personnel. The scientific community should be receptive to continually monitoring personnel for unsafe and/or suspicious behavior. The security community needs to recognize that policing colleagues could have a chilling effect on collaborations and the culture of science.

12) Universities should be encouraged to inform local public health and law enforcement about the potential risks associated with the biological research conducted on the campus.

Suggestion 5: Harmonization of Common Science and Security Requirements: *The federal government should reduce financial and administrative burdens on research institutions and increase the use of good safety and security practices by harmonizing select agent policies across all relevant agencies, and by building a common regulatory structure for safety and security of laboratory hazards, such as radioactive materials, harmful chemicals, and dangerous biological agents.*

At the meeting, biosecurity policies were described as a "wonderful patchwork of regulatory oversight that is unrelated to other regulatory oversight activities." Universities must comply with numerous requirements to secure radioactive materials, restrict access to irradiators, secure chemical laboratories, secure and restrict access to select agents, track foreign visa holders, and implement increasingly more complex export control and deemed export policies. These requirements impose significant financial and administrative burdens on institutions, and some require redundant functions.[34] Some examples where harmonizing requirements across agencies include: 1) the CDC and NIH have worked together to develop and periodically update the BMBL guidelines; 2) the CDC and APHIS work together to regulate the Select Agent Program and associated inspections and audits; 3) the CDC, APHIS and FBI coordinate their efforts to screen individuals and facilities prior to select agent approval; and 4) the Executive Branch of the U.S. government has and continues to undergo several interagency policy development activities on a variety of biosecurity-related issues.

Specific suggestions:

1) The security and policy-making communities should stop looking at biosecurity as a singular problem and take a more integrated approach to security.

2) The federal government should thoughtfully integrate the requirements and oversight of the Select Agent Program across all agencies with the input of the research community. Extrapolating from how facilities and administrative costs/indirect rates are negotiated, oversight of select agents could be the responsibility of the primary funder of research at the institution, to which all other relevant funding agencies would defer their responsibilities. Such an approach could only work if security policies are harmonized across all relevant agencies, and if all agencies agreed with this "leader/follower" approach. At the very least, there should be a mechanism allowing universities to crossreference their audits across agencies that fund or conduct select agent research.

---

[34] The European Union has developed an integrated risk management system that attempts to address several risks.

3) Common requirements and oversight should be developed for redundant elements that cut across many different national security requirements and integrated into a single security framework. A mechanism should be developed to allow universities to crossreference audits across several national security requirements.

4) Federal agencies should share information with each other and should work in a unified structure or team.

5) The U.S. government should ensure that strategic federal policy actions are being implemented as intended.

6) Universities should be allowed to directly recover their costs for compliance with select agent regulations.

Suggestion 6: Scientific Input in the Policy Process: *Policy-makers should enhance efforts to incorporate input from the scientific community during the policy development process to effectively address security concerns while minimizing associated administrative burdens and consequent missed research opportunities, and to ensure buy-in for the policies.*

After the 2001 anthrax mailings, one state's governor sent armed National Guardsmen to secure a laboratory that housed the vaccine (harmless) strain of anthrax. Meeting attendees described the different perceptions of this action by different communities: the governor considered his action to be decisive and successful; the public was shocked and angry that the university had been allowed to house pathogens that were dangerous; scientists found little value added by the extreme measures for securing a nonpathogenic organism.[35] To inspire confidence and buy-in among scientists, policies and consequences have to be reasonable and reflect the risks of the incident in question, and they should not appear to be motivated by alternative security or political agendas. Inclusion of all stakeholders in the policy-making process can inform the development of laws, regulations, and guidance that can be effective at minimizing biosecurity risks while maximizing available resources and promoting scientific research and education.

Specific suggestions:

1) The scientific community, security community, policy-makers, and the public should engage each other to discuss current biosecurity risks and consider how to manage them.

2) The policy process for addressing biosecurity concerns should include significant input from the scientific community (practitioners and administrators) and should be sustainable. The scientific community should contribute more to policy initiatives that impact their discipline and this contribution should be rewarded by institutional administrators.

3) The scientific and security communities should determine the total cost of compliance with security policies, including costs associated with missed research opportunities. They also should assess the degree to which current policies mitigate biosecurity risks and whether the security benefit is worth the aggregate cost.

4) Scientists should be involved in determining how to define dual use and how to develop risk assessment tools for teaching students how to identify contentious experiments.

---

[35] A guard was stationed outside the laboratory for seven years until the laboratory experienced an attack by an animal rights organization and installed cameras. See Yardley J and Caney D. *Anxiety Grows as Anthrax Mystery Lingers.* NY Times. 12 Oct 2001 for additional information.

Suggestion 7: Scientific Input in Expanding and Promoting Good Research Practices: *Universities and scientific professional societies should enhance their existing programs and increase the involvement of scientists in developing and promoting good practices in ethics, safety, and security.*

Senior scientists play a key role in promoting cultural change within the scientific community by setting an example with their own behavior and by teaching younger scientists about best practices and the responsible conduct of science. To get scientists involved in biosecurity issues, one university asked faculty to help set up the new biosafety level 3 laboratory. The faculty recognized associated biosecurity concerns and promoted safe and secure conduct. The Texas A&M University incident highlighted the need to share good practices among the scientific community and to put mechanisms in place to prevent adverse incidents from occurring. However, methods for addressing biological risks may be difficult to generalize across different institutions.

Specific suggestions:

1) An information system should be established to allow the scientific community to share good practices while keeping it out of the public domain.

2) Scientists should be vested in a culture of personal and scientific responsibility which is supported by university leadership. Other instances in which the culture of the scientific community has been changed, such as human subject experimentation and recombinant DNA research, should be evaluated for useful information regarding current issues with biosecurity.

3) The scientific community should help identify appropriate risk prevention and mitigation strategies as well as alert the security community of potential emerging risks.

4) Universities should evaluate all biological containment laboratory personnel for their ability to work safely and securely with select agents before gaining access to them. These evaluations may exceed existing biosafety training programs that assess an individual's ability to reliably perform under the stressful conditions of high containment laboratories.

5) All scientists should be trained and re-trained periodically on core ethical, safety, and security principles. Biological risks should be rationally articulated to promote buy-in from younger scientists. The objective should be to convey that since science can be used for good and bad, taking precautions is acting responsibly. Scientific societies should promote mentoring on good research and scientific practices.

6) The scientific community should inform the security community and policy-makers about existing best practices in place to ensure research with dangerous pathogens and toxins is safe and secure.

Suggestion 8: University-based Threat Assessment Teams: *Universities should establish or expand threat and/or risk assessment and management teams to address different hazards experienced on their campuses.*

Campus shootings prompted several universities to establish threat assessment teams on their campuses. Members of these teams come from multiple disciplines and provide various functions to the universities. One university has had a great experience with teams assessing and identifying solutions to complex threats. Because the teams are made up of community residents as well as university members, assessments and potential solutions can address community – or institution – specific issues and provide institution-specific guidance.

Specific suggestions:

1) The U.S. government needs to standardize methods for laboratory risk assessments.

2) The security community has to realistically consider the threats at a university and address more tangible threats in ways that could help address national security threats.

3) The security community needs to clearly articulate to the scientific community the differences between risk and threat, and biosafety and biosecurity.

Conclusions

In 2009, many biosecurity concerns became prominent in the policy community. These included development of recommendations for strengthening laboratory biosecurity; introduction of legislation proposing improvements in laboratory biosecurity, international engagement, and global health; and the U.S. *National Strategy for Countering Biological Threats*. This U.S. strategy lists goals that span responsible conduct in science, malicious exploitation of biological research and materials, and global health security. Following the Competing Responsibilities meeting, the congressionally mandated Commission on the Prevention of WMD Proliferation and Terrorism released a report card scoring the federal government's response to the Commission's initial recommendations in *World at Risk* (2008).[36] Of note, they claimed that prolonged policy discussions are forcing us to lose ground against adversaries that are moving at a faster pace. They urged congressional action to address laboratory biosecurity concerns, and they gave the federal government a barely passing grade for improving the security of high containment laboratories. On the same day, the White House publicly stated that it did not agree with the conclusions of the report card.[37] Unfounded perceptions of inadequate security could be detrimental to research and education at universities that support select agent research. However, acting hastily to improve security could compromise U.S. biodefense goals by over-regulating and restricting necessary research. This meeting summary hopefully has demonstrated the progress that has been made at universities and in the federal government to minimize the risks of biological research. It also relays specific challenges that were identified at the meeting and provides suggestions for remedying those challenges. Meeting participants were interested in continuing dialogues similar to the one described here. Implementation of the suggested policy options and actions may be difficult but with continued efforts by the academic and security community to discuss critical science and security matters, policies may be developed that promote scientific inquiry and minimize national security concerns.

Appendix
Background and Additional Discussion

Malicious exploitation of the biological sciences is a relatively new concept to most scientists. After the U.S. ended its offensive biological weapons program in 1969 and the Biological Weapons Convention was signed in 1972 (ratified by the U.S. in 1975), generations of biologists have been trained without specific education about the exploitation of biological research to create biological weapons. In the academic setting, biosecurity referred to protecting research animals from infections; in agriculture, to the protection of livestock; in environmental policy, to protection against invasive species. Biological, chemical, or radiation safety were taught, as appropriate, to scientists working with hazardous biological, chemical, or radiological materials, respectively, to protect

---

[36] Commission on the Prevention of WMD Proliferation and Terrorism. *Prevention of WMD Proliferation and Terrorism Report Card.* 2010. See http://www.preventwmd.gov/prevention_of_wmd_proliferation_and_terrorism_report_card/ for more information.

[37] Emanuel, M. *WH Responds to WMD Report.* Fox News.com. 26 Jan 2010. See http://whitehouse.blogs.foxnews.com/2010/01/26/wh-responds-to-wmd-report/ for more information.

themselves, co-workers, and surrounding population and environment. As violent animal rights activists started targeting researchers and facilities, universities started to implement physical security measures to minimize the risks posed by animal rights activists. Since 2001, the sharp increase in civilian biodefense funding for priority threat agents, the extension of the Select Agent Program to regulate possession of select agents, and the increased attention given by the security community to the exploitation of biological research, knowledge, and materials by malicious individuals have all contributed to redefining of the term "biosecurity" to mean the protection of society against the deliberate use of biological agents to inflict harm. In practice, some universities have already started to educate students about the dual use dilemma and have established programs for vetting personnel with access to select agents.

The Public Health Security and Bioterrorism Preparedness and Response Act of 2002[38] – a bill that expanded the Select Agent Program[39] – required that security measures employed for select agents be commensurate with the risks those agents pose and complement the procedures prescribed in the *Biosafety for Microbiological and Biomedical Laboratories* (BMBL) manual. This manual was initially written in the early 1980's by the Centers for Disease Control and Prevention (CDC) and National Institutes of Health (NIH) to ensure safe laboratory operation, and has undergone four major revisions since then. The fifth edition, which was released in 2007, prominently addresses risk assessment and includes a section on biosecurity.[40] The World Health Organization also publishes a laboratory biosecurity guidance document.[41] Biosafety and biosecurity are complementary and overlapping disciplines, and both are necessary to address complex national security concerns about exploitation of biological research for malicious purposes.

Dual Use Dilemma

Within the last few years, increased scrutiny has been placed on biological research, especially that of infectious diseases. Prompted by a National Research Council Report *Biotechnology Research in an Age of Terrorism*,[42] the U.S. government established the National Science Advisory Board for Biosecurity (NSABB) to develop recommendations for oversight and education of legitimate biological research that could be misapplied for malicious purposes, termed "dual use" research.[43] The NSABB – made up life scientists, security experts, intelligence experts, and lawyers – developed criteria for identifying dual use experiments, overseeing and communicating such research, and raising the awareness of dual use issues within the scientific community. The NSABB also provided recommendations to minimize security risks associated with synthesizing select agent genomes. The federal government is currently reviewing the oversight recommendations and has already issued

---

[38] Public Law 107-188.
[39] The Select Agent Program was initially created to restrict transfer of pathogens and toxins that could pose severe public health risks. In 2002, the Public Health Security and Bioterrorism Preparedness and Response Act expanded the program to include animal and plant pathogen and toxins that pose severs risks to animal and plant health and products and to restrict possession of all agents on the select agent list. See http://www.selectagents.gov/ for more information.
[40] Center for Disease Control and Prevention and National Institutes of Health, *Biosafety in Microbiological and Biomedical Laboratories, 5th Edition*. See http://www.cdc.gov/od/OHS/biosfty/bmbl5/bmbl5toc.htm for more information.
[41] World Health Organization, *Laboratory Biosecurity Guidance*. See http://www.who.int/csr/resources/publications/biosafety/WHO_CDS_EPR_2006_6.pdf for more information.
[42] National Research Council. Biotechnology Research in an Age of Terrorism. Nat Acad Press, 2004. See http://www.nap.edu/catalog.php?record_id=10827 for more information.
[43] See http://oba.od.nih.gov/biosecurity/biosecurity.html for more information.

draft *Screening Framework Guidance for Synthetic Double-Stranded DNA Providers.*[44] In addition, it has issued draft language adding synthetic nucleic acids to the recombinant DNA guidelines.[45]

Identifying the dual use potential of immediate concern of basic research experiments can be very difficult. However, recognizing the dual use potential of experiments is easier as the research becomes more applied or more closely resembles engineering systems. Very little guidance is available to help scientists determine how to mitigate the risks of an experiment found to have dual use potential. Scientific societies can play a major role in raising awareness and educating scientists about dual use life sciences research and current policy debates on the issue. A few academic institutions have programs that educate students about the dual use dilemma.[46] There have been efforts to educate biosafety professionals on biosecurity concepts. While many of these individuals may have received basic training about the dual use dilemma, they may struggle with identifying and/or characterizing research activities as having dual use potential, especially if the experiments are not necessarily described by the criteria identified by the NSABB as "dual-use research of concern." Though the Southeastern Regional Center of Excellence for Emerging Infections and Biodefense (SERCEB) has developed an online training module[47] that was given to research personnel, including faculty funded by SERCEB grants, there has been no wide-spread effort to proactively address this issue with faculty members. No standard curriculum exists to educate and/or train individuals about the dual use dilemma but there are efforts within the U.S. and globally to catalogue existing education programs to inform development of standardized curricula. While the NSABB has not produced curricula, its report proposing an oversight regime for "dual use research of concern" has been used as educational material in the university setting. One university that educates its younger graduate students and post-doctoral fellows on dual use issues has found that these scientists are more interested and responsive to such discussions than more senior faculty or scientists. There have been some misconceptions by foreign students who think they may be prohibited from participating in research that has dual use potential. Educational modules must not only address such misconceptions and serve to make students aware of biosecurity issues, but they must also allow students to understand stakeholder perspectives and foster trust among all stakeholders.

Laboratory Biosecurity

In December 2008, the congressionally mandated Commission on the Prevention of WMD Proliferation and Terrorism (WMD Commission) asserted that a WMD attack is more likely than not to occur by 2013, and that a biological attack is more likely to occur than nuclear attack.[48] The WMD Commission's report, *World at Risk*, cited the globalization and increased availability of biotechnology and the emergence of ever more advanced biotechnologies on the horizon as contributing to the perception that advancing biotechnology is a national security concern. The report and subsequent Congressional testimony by some of the commissioners prompted Senators Lieberman and Collins, chair and ranking members of the Senate Homeland Security and Governmental Affairs Committee (HSGAC), to announce their intent to draft legislation that would address the concerns highlighted in the report and hearing, and to request input from stakeholders following

---

[44] See http://www.thefederalregister.com/d.p/2009-11-27-E9-28328 for more information.
[45] See http://oba.od.nih.gov/oba/RAC/meetings/jun2009/Final%20Published%20FRN.pdf for more information.
[46] See http://cstsp.aaas.org/dualuse.html for more information.
[47] See http://sercebtraining.duhs.duke.edu/Demographics.asp for more information.
[48] Commission on the Prevention of WMD Proliferation and Terrorism. World At Risk. 2008. See http://www.preventwmd.gov/report/ for more information.

introduction of that bill.[49] The WMD Prevention and Preparedness Act[50] was introduced in September 2009 and was reported favorably out of the HSGAC in November 2009. Title I of this legislation addresses laboratory biosecurity by creating a Tier I list of biological agents that pose the greatest security risks to the U.S. and assigning the development and oversight of appropriate measures to secure those agents to the Department of Homeland Security (DHS). In crafting Title I of the bill, the HSGAC recognized that placing uniform security measures on agents with varying risks can dilute regulatory resources. The scientific community, which is generally in favor of stratifying the select agent list, nevertheless cautioned that lists of harmful pathogens and toxins are rigid and less likely to adapt to evolving biological risks. Scientific societies have expressed concerns over assigning DHS, an agency with limited experience working with the biological sciences community, as the lead oversight agency for securing personnel working with and laboratories housing Tier I agents. Developing and applying security measures for a heterogeneous population – i.e., academic researchers – is more difficult than applying such measures at organizations whose personnel are more uniform, like the military or law enforcement. Title II of the legislation addresses distribution of medical interventions, microbial forensics, and risk communication; Title III provides the Department of State with the authority to engage the international scientific community on security issues, addresses international public health workforce shortages, and attempts to improve international infectious disease surveillance; Title IV addresses government organization; and Title V addresses citizen engagement. The White House has expressed their support for Titles II-V but at the time of this writing has not issued a position on Title I. In April 2010, the WMD Prevention and Preparedness Act was introduced in the House of Representatives.[51]

In early 2009, the White House issued Executive Order (EO) 13486, *Strengthening Laboratory Biosecurity in the United States*, to address security concerns associated with the Select Agent Program and personnel security.[52] This EO was issued at the end of the Bush Administration and was supported by the Obama Administration. The EO established an interagency working group to review the Select Agent Program, laboratory biosecurity, and personnel security.[53] The White House asked the NSABB[54] and the National Academy of Sciences[55] to provide independent assessments of personnel assurance and the Select Agent Program. The Defense Science Board[56] also reviewed select

---

[49] See http://hsgac.senate.gov/public/index.cfm?FuseAction=Hearings.Hearing&Hearing_ID=d0d0b4c1-d1d1-4b7a-9c16-fd9af22d97e0 and http://hsgac.senate.gov/public/index.cfm?FuseAction=Press.MajorityNews&ContentRecord_id=6664d8e5-7e9c-9af9-730a-0e660c7adf40&Region_id=&Issue_id= for more information.

[50] S.1649.

[51] H.R.5057.

[52] See http://georgewbush-whitehouse.archives.gov/news/releases/2009/01/20090109-6.html for more information.

[53] Personnel reliability programs (PRP) were initially developed to ensure the reliability of personnel working with nuclear weapons. Some of these programs have been modified to apply to personnel working with select agents. The accusation of Bruce Ivins, a researcher at USAMRIID, as the 2001 anthrax perpetrator prompted current policy discussions on personnel security, which has also been referred to as "personnel assurance" or "personnel reliability."

[54] National Science Advisory Board for Biosecurity. *Enhancing Personnel Reliability among Individuals with Access to Select Agents*. 2009. See http://oba.od.nih.gov/biosecurity/meetings/200905T/NSABB%20Final%20Report%20on%20PR%205-29-09.pdf for more information.

[55] National Research Council. *Responsible Research with Biological Agents and Toxins*. Nat Acad Press, 2009. See http://books.nap.edu/catalog.php?record_id=12774 for more information.

[56] Defense Science Board. Report of the Defense Science Board Task Force on Department of Defense Biological Safety and Security Program. 2009. See http://www.stormingmedia.us/69/6941/A694105.html for more information.

agent oversight within the Department of Defense; its report contributed to the interagency working group report. The interagency working group report was submitted to the White House in July 2009 and publicly released in January 2010.[57] This report recommended improvements to the Select Agent Program, particularly personnel security and physical security, but it recommended leaving full oversight over the Select Agent Program to the agencies currently having that responsibility: the CDC, within the Department of Health and Human Services, and the Animal and Plant Health Inspection Service (APHIS), within the Department of Agriculture. The report called for stratification of the select agent list, with security measures commensurate with the risks for each tier. Recommendations for enhancing existing policies regarding secure transportation of select agents were also included in the report. The White House is currently reviewing the recommendations and has initiated a policy process to consider implementation of them.

As the federal government was reviewing the Select Agent Program, the National Security Council was developing an overall strategy for countering biological threats. The White House released the resulting strategy, titled *National Strategy for Countering Biological Threats*,[58] in December 2009 at the Biological Weapons Convention 2009 Meeting of States Parties.[59] The strategy listed seven strategic objectives designed to protect the U.S. against misapplication of the biological sciences for malicious purposes: 1) promote global health security; 2) reinforce norms of safe and responsible conduct; 3) obtain timely and accurate insight on current and emerging risks; 4) take reasonable steps to reduce the potential for exploitation of the life sciences; 5) expand our capability to prevent, attribute, and apprehend individuals with ill-intent; 6) communicate effectively with all stakeholders; and 7) transform the international dialogue on biological threats. With a commitment to biosecurity from the Obama Administration, these objectives form the basis for existing and future policies and investments in preventing deliberate biological incidents, and the U.S. government has already started taking steps to implement them. The objectives of stakeholder engagement, reinforcement of norms, and minimizing the potential for misusing the biological sciences were of greatest relevance to the AAAS-AAUAPLU Competing Responsibilities meeting. Other than regulating biological select agents and toxins, the federal government favors issuing guidance rather than regulation or statute to achieve many these objectives.

Biosecurity Outreach

With strong support from the administration, the U.S. government has initiated outreach activities to improve engagement and communication with the scientific community on biosecurity issues. The White House Office of Science and Technology Policy (OSTP) is creating a single, authoritative website that highlights ongoing biosecurity policy and program activities. This website is not yet publicly available but seeks to inform the scientific community about ongoing policy debates and programmatic activities in biodefense and provide a mechanism where scientists can contribute to the policy debates and voice their concerns. OSTP has also started using social media tools to engage younger scientists to raise awareness of biosecurity issues and to contribute to policy discussions. The Office of the Director of National Intelligence has initiated a fully transparent initiative to raise awareness within the scientific community about biosecurity concerns regarding personnel and research activities. The Federal Bureau of Investigation's Weapons of Mass Destruction

---

[57] U.S. Department of Health and Human Services. *Report on the Working Group on Strengthening Laboratory Biosecurity in the United States*. 2009. See http://www.hhs.gov/aspr/omsph/biosecurity/biosecurity-report.pdf for more information.

[58] See http://www.whitehouse.gov/sites/default/files/National_Strategy_for_Countering_BioThreats.pdf for more information.

[59] See http://geneva.usmission.gov/2009/12/09/tauscher-bwc/ for more information.

(WMD) Directorate has been very active in reaching out to academic and other research institutions on laboratory biosecurity issues. WMD Coordinators in each FBI field office are required to interact with local research institutions, raise awareness of biosecurity issues, and provide a point of contact for institutional administrators in case of a suspicious incident. The FBI WMD Outreach Program has also engaged in interacting with amateur scientists, students and mentors of the iGEM (International Genetically Engineered Machines) competition, and synthetic DNA manufacturers. The FBI is planning meetings to build relationships and raise awareness of biosecurity issues with biosafety professionals, and Institutional Biosafety Committees, Institutional Animal and Care and Use Committees, and Institutional Review Boards. These outreach activities have generated interest in hosting a meeting on various aspects of laboratory biosecurity by the Department of Health and Human Services' Office of Research Integrity, which will be held in November 2010.[60] The FBI points to its interactions with synthetic DNA manufacturers and the draft *Screening Framework Guidance for Synthetic Double-Stranded DNA Providers*[61] as a success story for its outreach efforts and its ability to narrow the gap in policymaking between the U.S. government and the industry stakeholders.

---

[60] Some of these meetings are being organized in cooperation with HHS, the Department of State, and AAAS Center for Science, Technology and Security Policy.
[61] See http://www.thefederalregister.com/d.p/2009-11-27-E9-28328 for more information.

Biometrics:
Enhancing Security or Invading Privacy?

Executive Summary*

Irish Council for Bioethics

(November 2009)

Recent years have been characterised by a more stringent requirement for people to be identifiable in response to security threats and to combat the escalating problems of identity theft. This increasing need to determine who an individual is has resulted in substantial growth in the implementation and use of biometric applications. Biometrics, as physical or physiological features, or behavioural traits, represent "something you are" rather than something you have (*e.g.* an identity [ID] card) or something you know (*e.g.* a password or personal identification number [PIN]) and as such are considered to provide a more robust confirmation of a person's identity. While people are, generally, more familiar with certain biometric modalities such as fingerprint, face, iris and signature, numerous other modalities are also being used, including voice, hand geometry, odour and gait (manner of walking).

Prior to being utilised for biometric recognition, a given physiological or behavioural characteristic is usually evaluated against the seven pillars of biometrics, namely: *universality* (all individuals should have the characteristic); *distinctiveness* (ability to distinguish between different individuals); *permanence* (should remain largely unchanged throughout the individual's life); *collectability* (relatively easy to be presented and measured quantitatively); *performance* (level of accuracy and speed of recognition); *acceptability* (an individual's willingness to accept the particular biometric); and *resistance to circumvention* (degree of difficulty required to defeat/bypass the system). Based on such evaluations it is clear that there are strong and weak biometric modalities, with the stronger biometrics meeting more of the seven criteria.

Biometric modalities offer a stronger assurance of identity as they cannot be lost or forgotten, they are difficult to copy, forge or share, and they require the individual to be present at the time of identification. However, biometric systems are not infallible and they are prone to errors and are vulnerable to attack. Since biometric information is an integral part of an individual, the potential to misuse or abuse this information poses a serious threat to privacy. Depending on the practical and technical measures taken during the design, implementation and operation of biometric systems, concerns relating to privacy may be diminished.

Considering the developments in biometric technologies, the increasing incidences of their deployment, and the diversity of their applications, the Council considers it imperative that the ethical, social and legal issues pertaining to the use of biometrics are examined and discussed. Similarly to other developments in science and technology, the challenges posed are not with biometric tech-

---

* Das vollständige Dokument ist im World Wide Web unter der Adresse „http://www.bioethics.ie/uploads/docs/Final_Biometrics_Doc_HighRes.pdf" verfügbar. [Anm. d. Red.]

nologies *per se*, but in the manner they are applied and how the resulting data are dealt with. The use of biometric systems and applications raises a number of ethical questions, particularly issues of human dignity and identity (individuality) and basic rights such as privacy, autonomy, bodily integrity, confidentiality, equity and, in the case of criminal investigation, due process.

The Irish Council for Bioethics is of the view that, when implemented appropriately and managed correctly, biometric technologies can both improve security and enhance privacy. However, this positive view of biometrics is tempered by the knowledge that these technologies could have significant implications for an individual's privacy. Consequently, the Council places paramount importance on respecting and protecting an individual's autonomy as well as his/her personal and informational privacy with regard to the collection, use and storage of his/her biometric and other personal information.

In particular circumstances, the Council acknowledges that it may be appropriate to override certain individual rights for the benefit of the common good. However, the Council is concerned that this principle may be over utilised in order to implement certain applications without adequate justification. To be justified, the Council takes the view that a biometric application must represent a proportional response to meeting the challenge at hand. This requires providing a detailed rationale for the necessity of using biometrics as opposed to some alternative technology or methodology. Given the concerns raised in relation to biometric technologies, the acceptance of, and trust in, such technologies and those operating them requires transparency and accountability in conjunction with dialogue and feedback between all the parties involved.

The Council considers it imperative to determine whether or not a biometric application is essential and can be justified, prior to its introduction. Each application should, therefore, be appraised using the principle of proportionality. Employing this principle involves striking a balance between the end the application is attempting to achieve and the means by which it will be realised. This requires a detailed assessment of the intended application and its potential impacts, *i.e.* can it be considered as adequate, relevant and not excessive in those particular circumstances? The analysis should include an examination of the various alternatives, including the non-biometric options, and the financial and technological resources required, in addition to the ethical and legal ramifications of the application in question. When such assessments are based on accurate evidence and valid reasoning and are conducted transparently, the application is more likely to be justified.

> In the Council's opinion, the justification of implementing a biometric application is reliant on the application being considered proportionate. Biometric applications should, therefore, be assessed on a case-by-case basis, which involves a consideration of the relevance and necessity of employing biometric technologies, given the proposed purpose of the system, the environment in which it will be used, and the level of efficiency and degree of reliability required to achieve the proposed purpose.

The emergence of mandatory biometric programmes in a number of spheres of public life – ranging from travel and immigration to employment – has the potential to impact on an individual's rights and civil liberties. While recognising that the use of biometric technologies raises particular ethical concerns regarding the rights and interests ordinarily held by all individuals, the possibility still arises that some of these rights may legitimately be limited or overridden where a given biometric application is deemed to be necessary to uphold some common good. Biometric applications are being implemented increasingly by government agencies by appealing to the common good as represented by policies of national and international security, public safety and law enforcement. Governments argue that allowing an individual to opt out of a national biometric programme could impact on the ability of the state to fulfil its responsibility to protect the rights of other citizens. Therefore, while the mandatory enrolment in specific biometric programmes may result in a limiting of a particular individual's right to privacy and autonomy in controlling the use and availability of his/her personal information and the right to opt out, the envisaged improvement in security and safety for everyone is often considered to justify the negative impact at the level of the individual. Nonetheless, deciding when the common good should prevail over an individual's rights is not always evident. The Council is concerned that the common good argument is increasingly being used to justify incursions into people's privacy. The recourse to utilise the common good argument needs to be convincing and based on credible reasoning.

> While an individual's rights and civil liberties are deserving of respect and are subject to legal protection, the Council recognises that these rights may be overridden by the state under certain circumstances for the benefit of the common good. However, the Council expresses concern that the argument of upholding the common good may be employed too readily as the reason for implementing particular programmes and applications. Therefore, given the limitations such programmes can place on an individual's civil liberties, there needs to be a proportionate justification and rationale for invoking the common good argument.

While the deployment and use of biometric technologies have increased significantly in recent times, biometrics is still a relatively new concept for many people to fully grasp. Several international studies have indicated that the use of biometric technologies often evokes fears of privacy and civil liberties infringements among the general public. Public acceptance of biometric applications is dependent on the degree of trust in the technology itself and in those operating the applications. In order to encourage increased trust and acceptance, the onus is on system operators to demonstrate both transparency and accountability in the development, implementation and use of biometrics. Facilitating an open and honest discussion between all the relevant stakeholders prior to the implementation of a particular application is an integral part of this trust model. Providing information about the purpose, necessity and proportionality of a given application can help to improve awareness and foster understanding, even among those who may disagree with the application.

> The Council believes that increased transparency and honesty regarding biometric technologies, applications, the use to which an individual's biometric information will be put and who will have access to this information is essential in garnering the trust and acceptance of the intended users of these systems. This includes providing information on the most up to date independent research and developments in biometrics and accurate information on the role the biometric application will play in resolving the particular problem at hand. An important aspect of this transparency is the need for a full and frank debate on the issues raised by all parties who will be involved in the proposed application, prior to the establishment of the proposed programme. This is considered particularly important for applications where participation will be mandatory.

Undoubtedly, biometric technologies can provide an accurate and rapid method of identification, thereby enhancing privacy and security – for example, by helping to secure personal information; by assisting an individual to retain control over his/her own information; or by reducing the likelihood of identity theft. However, concerns have been raised regarding the potential for this technology to diminish the level of control an individual has over his/her personal information. These privacy concerns are manifest in two spheres, namely personal privacy (*i.e.* fears about the erosion of personal identity and bodily integrity) and informational privacy, such as fears about the misuse of information and "function creep" (where information collected for a particular purpose is subsequently used for something else).

While defining what exactly privacy is may prove difficult, many people recognise that the right to privacy is of intrinsic importance to them. Many people retain a "sense of privacy", *i.e.* an understanding that certain aspects of their life are no one else's business, but their own. This view is perpetuated through the frequent descriptions of the concept of privacy as an individual's right to be left alone or a barrier against intrusion from the outside world. Privacy facilitates our understanding of our sense of self, *i.e.* the recognition that our bodies, our thoughts and our actions are our own, which is important for the attribution of moral responsibilities. Our ability to control who has access to us and information pertaining to us is closely linked to our ability to form and maintain different types of social relationship with different people. Since our interactions and experiences with other people contribute to our sense of self and of belonging, the concept of privacy is, thus, interconnected with personal identity.

If biometrics were to become the default method of identification there are concerns that this could result in the redefinition of the body as identifying information. The "informatisation" of the body could potentially enable the categorisation and, as a consequence, the discrimination of an individual. Categorisation is often conducted as a method of social control, with people being assigned to different categories, *e.g.* immigrant, suspect, criminal. Ascribing an identity to an individual or labelling him/her in such a way not only has a direct impact on him/her, but also on how he/she is perceived within society. By categorising someone based on their body, it could become difficult for that person to rid him/herself of their assigned identity, even where it is inaccurate or the result of a misidentification.

In addition, stigmatisation and discrimination could also be manifest towards those individuals who wish to use a particular system, but consistently experience problems, *e.g.* due to an injury, a medical condition or some form of disability. Such individuals could, therefore, be excluded from a particular service because they cannot use the "normal" biometric system, resulting in discrimination because their body does not conform to some preset biometric criterion. It is the view of the Council that effective fallback procedures and alternative systems need to be in place to ensure such individuals are not disenfranchised or discriminated against.

> The Council recognises the need to establish and/or corroborate the identification of an individual in a globalised world and the many advantages of so doing. However, the method(s) of identification used should in no way be taken to define or categorise a person's identity in a more substantive sense. Indeed, the inappropriate use of bodily information to categorise, stigmatise or discriminate in any way should be resisted strongly. With that in mind, the Council recommends that respect for human dignity should be at the forefront of considerations by policy makers and the biometrics community when designing, implementing and operating biometric technologies and applications.

The informational privacy concerns raised in relation to biometric technologies all stem from the level of control a given individual has over his/her biometric (and other personal) information. The Council see the concept of privacy as a means of controlling a person's personal information, as being interconnected with the notion of bodily integrity and the inviolability of a person's body. Moreover, the inability to control information pertaining to us has implications for our autonomy, dignity and the respect afforded to us as persons.

> An individual's biometric information is an intrinsic element of that person. The Council, therefore, recommends that the right to bodily integrity and respect for privacy should apply not only to an individual's body, but also to any information derived from the body, including his/her biometric information.

By providing an inherent link to a given individual's identity, biometric information could potentially be used for numerous different purposes beyond just recognition. This usability of biometric information also increases the opportunity for function creep. Privacy concerns about function creep tend to arise where the purpose of collecting and using the biometric information is not made clear, since the individuals concerned cannot control what their personal information is to be used for. Improvements in the level of interoperability between different biometric systems (which enable greater information sharing) further accentuates these privacy concerns. The Council recognises that suitable protocols are also needed to control the access to, and the use of, databases containing people's biometric and related information.

The Council is of the opinion that, in order to respect and uphold an individual's privacy and confidentiality, biometric applications should utilise only information required to meet a clear, limited and specified purpose. Therefore, any subsequent attempts to use the information for another purpose or to share it with third parties without the knowledge and consent of the individual should be prohibited.

In addition, the Council recommends that appropriate information and access management procedures should be established for all biometric applications to ensure that:

– system operators and system providers are properly trained with regard to their obligations to respect and protect the information;

– system operators and system providers can access only the information they require to conduct their job.

The ability to amalgamate biometric and other personal information can lead to detailed individual profiles being created. Profiling is conducted for a number of different reasons, including for marketing purposes, with the intention of tackling crime, as well as improving public safety and national security. However, questions have been raised regarding the success and, therefore, the justification of these potentially invasive measures.

Profiling invokes fears of discrimination against certain groups within society, for example, through racial profiling, particularly where the operation and management of such measures is not wholly transparent. Such concerns may be alleviated if the rationale for employing the profiling measures is made apparent. In the Council's opinion, the credibility, justification and acceptance of these measures is dependent on the evidence used to support their implementation.

The Council believes that it is essential that profiling measures do not target particular groups within society unfairly or disproportionately. In addition, where an individual is profiled, this should be done in an appropriate manner based on valid reasoning and evidence, and in accordance with due process to ensure that his/her rights and civil liberties are respected and upheld.

The ability of an individual to maintain control over the use of and access to his/her biometric and personal information relates not only to issues of privacy and bodily integrity but also to autonomy. Informed consent is an integral component of exercising one's autonomy. From the Council's perspective, it is imperative that an individual's decision about participating in a biometric application is based on all the details relevant to that application, including what personal information will be collected, the purpose for which it is being collected, how and where the information will be stored, who will have access to it, and whether or not he/she will be able to access, review and amend the stored information.

However, quite apart from being informed of such details, it is important that the individual understands the purpose and implications of the application as well as the potential consequences of his/her own decision to participate or not. Concerns raised in relation to user understanding are particularly relevant for certain potentially vulnerable groups within society, which may not fully appreciate the implications of their participation. Children especially could be vulnerable to being "softened up" to the habitual provision of biometric and other information without being aware of the privacy implications. In the view of the Council, safeguards and procedures need to be in place to ensure that such individuals are protected, but also not disenfranchised. Accordingly, the decisions such individuals make regarding their participation should be facilitated whenever possible, but a parent or legal guardian should be able to act in the person's interest if he/she is not deemed to be competent to make the decision for him/herself.

In order to make the decision whether or not to participate in a biometric programme an individual should be fully and accurately informed and should understand all theissues and implications relating to the provision of his/her information. The Council considers that the issue of user understanding is of particular importance for biometric applications that will be used by potentially vulnerable groups (*e.g.* the elderly, the very young or those with mental and/or learning disabilities). Where such individuals are deemed competent and aware of the consequences of their decision, this decision should be respected. However, if the person is not considered competent, decisions regarding his/her participation should be made by his/her parent or legal guardian. In the case of biometric applications involving children (*i.e.* individuals under 18 years of age), the assent of the child should be sought as well as the consent of his/her parent or legal guardian.

The ability to collect some forms of biometric information covertly means that an individual's consent may not always be sought prior to acquiring his/her information. While such covert collection (*e.g.* surveillance) is usually conducted for the purposes of crime prevention and detection, the Council is of the opinion that there is a limited number of scenarios where such covert collection could be justified. Acquiring someone's information without his/her knowledge, consent or cooperation impinges on his/her privacy and autonomy and often evokes fears of a "Big Brother" type society where everyone is under suspicion. The potential participants of such surveillance activities need to be made aware not only that their biometric information could be collected, but also the reasons for its collection.

Where biometric information is to be collected without an individual's cooperation, the Council considers that, subject to legal exceptions, system operators have an obligation to notify the potential participants (whether willing or unwilling) that the collection of biometric information is ongoing in that area. Moreover, system operations should also provide some explanation as to why the biometric information is being collected and who will have access to it.

In exercising one's autonomy, the principle of informed consent implies that a person's decision whether or not to participate in a given biometric application is voluntary. An individual should, therefore, be entitled to opt out of a biometric programme should he/she so wish. Moreover, when someone opts out of a biometric system, he/she should not be placed at a disadvantage to those who are willing to utilise that system. In the Council's view, the failure to provide non-biometric alternative systems would discriminate against those individuals who are unwilling to provide their biometric information. In addition, non-biometric systems should not be downgraded or neglected as a means of encouraging or coercing people to use biometric systems.

Notwithstanding certain compulsory biometric applications, the Council recommends that an individual should be entitled to exercise his/her autonomy freely and without any external influences when deciding whether or not to enrol in a given application. The Council considers it important that non-biometric alternative systems should be made available, where practicable, for those individuals who do not want to use the biometric system, and individuals should not be disenfranchised or discriminated against by choosing not to participate in a given biometric programme.

When an individual opts to enrol in a given biometric application, he/she provides his/her biometric information for the purposes of being recognised, *i.e.* for verification or identification. However, given the nature of biometric information, it may also be possible to derive additional medical and sensitive personal information from certain biometric identifiers. The possible privacy implications this could have for the individual involved, should such information be used for another purpose, is of concern to the Council.

In line with the *Data Protection Acts* (1988 and 2003), the Council recommends that biometric systems should only collect that information required to fulfil a prescribed purpose. Since the overarching purpose of biometric systems is to verify or identify a given individual, any additional medical or sensitive personal information collected incidentally, which is not needed for recognition purposes, should be deleted from the system.

In the Council's view, the rights of privacy, autonomy and bodily integrity ensure that an individual retains a level of control and ownership over his/her personal information even after this information has been collected and stored. Individuals should, therefore, be able to determine the nature of the information about them being stored. Moreover, an individual should also be entitled to certify that any stored information pertaining to him/her is accurate and up to date. To facilitate such clarifications, system operators need to implement review and audit mechanisms. Such auditing measures would also help to identify information that is no longer relevant or appropriate to continue storing, for example, information relating to someone who has left the biometric programme or has died.

While recommending that an individual should be entitled to access and review information pertaining to him/her, the Council concedes that, under certain circumstances (*i.e.* in the interest of the common good), an individual may be prohibited from accessing this information. Such a situation might arise where the individual's information is necessary to a criminal investigation.

> An individual should have the right to access any collected and/or stored information relating to him/her and to review and amend it where necessary, subject to legal exceptions. Moreover, if an individual no longer wishes to utilise the biometric application or the original purpose of the application has been achieved, then any biometric and other personal information about that person should be deleted from the system.

Notwithstanding the recommendations made pertaining to the collection, storage of, and access to biometric information, several technical and practical measures can be implemented to ensure the security and privacy of an individual's biometric information. When enrolling in a biometric system, the salient discriminatory features from an individual's biometric modality (*e.g.* his/her fingerprint) are extracted and used to generate a template, which is a digital, numeric representation of that modality. Using templates, particularly where they are encrypted, as opposed to raw images makes it much more difficult to regenerate the original biometric information, thus, offering greater privacy protection. Biometric systems operate in two basic modes, namely (i) verification and (ii) identification. Verification involves a one-to-one comparison to authenticate an individual's claimed identity, whereas identification involves comparing an individual's template with all the templates in a given database (*i.e.* a one-to-many comparison). Verification-based systems enable an individual to retain control over his/her biometric information because his/her template can be stored locally (*e.g.* on a smart card)[1] and not in a centralised database, unlike identification-based systems. In the Council's opinion, verification-based systems, therefore, provide better safeguards for privacy. While preferring biometric systems that do not utilise centralised databases, the Council acknowledges that such databases may be required for certain applications. However, in order to counteract threats of data mining[2] and function creep, in such cases, an individual's biometric information should be stored separately from his/her other personal information. Further efforts that can be taken to increase both privacy and security include the use of cryptosystems and biometric encryption, which enables template comparison and matching to be conducted in an encrypted domain (*e.g.* by using a password or key generated from a biometric feature).

---

[1] A smart card is a card shaped portable data carrying device, which contains a microchip that can be used to both store and process data.
[2] Data mining is data research and analysis aiming to extract hidden trends or correlations from large data sets or to identify strategic information.

> The Council recommends that certain technical and practical measures should be established in order to ensure the integrity of an individual's personal and informational privacy. Therefore, subject to justifiable exceptions, templates should be used instead of raw images; applications should be verification-based as opposed to identificationbased; systems using databases should store the biometric information separately to other personal information, with these databases being connected by a secure network; and cryptographic systems and biometric encryption should be implemented.

Privacy is a fundamental right that is recognised in many international instruments and regulations, for example, all European countries have enacted legislation safeguarding privacy and Directive 95/46/EC of the European Union (EU) focuses directly on protecting personal data. However, while privacy legislation is well established in most jurisdictions, there is, currently, very little legislation in Europe or further afield which deals specifically with biometric technologies. Concerns have thus been raised in a number of quarters about the ability of existing legislation to provide sufficient protection to biometric information. Consequently, there have been calls, which the Council echoes, for privacy legislation to be reviewed and updated to take account of developments in the use of biometrics and related technologies.

> The Council recommends that biometric data should be classified as sensitive personal information and as such afforded greater protection. Consequently, the Council is of the opinion that Ireland's existing data protection legislation does not deal sufficiently with the privacy concerns presented by the increasingly mainstream use of biometrics. The Council welcomes the decision by the Minister for Justice, Equality and Law Reform in November 2008 to establish a committee to review current legislation and urges the committee to consider the privacy/data protection implications arising from biometric technologies.

Humanbiobanken für die Forschung. Stellungnahme*

Deutscher Ethikrat

(Juni 2010)

1 Humanbiobanken: Überblick und Entwicklungen

1.1 Einleitung

Als Humanbiobanken bezeichnet man gemeinhin Sammlungen von Proben menschlicher Körpersubstanzen (z.B. Gewebe, Blut, DNA), die mit personenbezogenen Daten und soziodemografischen Informationen über die Spender[1] des Materials verknüpft sind. Sie haben einen Doppelcharakter als Proben- und Datensammlungen.[2] Die meisten derzeit existierenden Biobanken sind Forschungsbiobanken, also Einrichtungen, die Proben und Daten humanen Ursprungs sammeln und sie entweder für die Eigenforschung nutzen oder Dritten für Forschungszwecke zur Verfügung stellen. Sie spielen bei der Erforschung der Ursachen und Mechanismen zahlreicher Erkrankungen und ihrer Behandlung eine zentrale Rolle. Daneben gibt es auch Biobanken, deren eingelagertes Material zu diagnostischen und zu therapeutischen Zwecken verwendet wird. Klassische Beispiele dafür sind Pathologische Institute, Blutspendedienste oder Nabelschnurblutbanken.

Gegenstand dieser Stellungnahme sind Humanbiobanken für die wissenschaftliche Forschung (nachfolgend als Biobanken bezeichnet). Dies sind Sammlungen von menschlichen biologischen Materialien, die mit gesundheitsbezogenen und anderen Angaben über die Spender verknüpft sind. Ihr Zweck ist die Verwendung der Bestände für die wissenschaftliche Forschung. Sie sind für die Nutzung zu verschiedenen und teilweise sich erst künftig ergebenden Forschungszwecken konzipiert.[3]

Biobanken werfen ethische und rechtliche Fragen auf, die vom Schutz individueller Rechte bis hin zur globalen Governance von Forschungsinfrastrukturen reichen. Das im Februar 2010 in Kraft

---

* Das Dokument ist im World Wide Web unter der Adresse „http://www.ethikrat.org/dateien/pdf/stellungnahme-humanbiobanken-fuer-die-forschung.pdf" verfügbar. Die Stellungnahme kann in gedruckter Fassung kostenfrei bei der Geschäftsstelle des Deutschen Ethikrates angefordert werden. [Anm. d. Red.]
[1] Der Einfachheit halber wird in dieser Stellungnahme die maskuline Form für beide Geschlechter verwendet.
[2] Nationaler Ethikrat (Hg.): Biobanken für die Forschung. Stellungnahme. Berlin: 2004, S. 9. Auch online im Internet: http://www.ethikrat.org/dateien /pdf/NER_Stellungnahme_Biobanken.pdf [27.05.2010].
[3] Biobanken, die menschliche biologische Materialien wie beispielsweise Nabelschnurblut für therapeutische Zwecke einlagern, sind nicht Gegenstand dieser Stellungnahme. Sie werden in Europa durch die Richtlinie 2004/23/EG des Europäischen Parlaments und des Rates vom 31. März 2004 zur Festlegung von Qualitäts- und Sicherheitsstandards für die Spende, Beschaffung, Testung, Verarbeitung, Konservierung, Lagerung und Verteilung von menschlichen Geweben und Zellen (sog. Geweberichtlinie, ABL. EU Nr. L 102 S. 48) und in Deutschland durch das der Umsetzung der Geweberichtlinie dienende Gesetz über Qualität und Sicherheit von menschlichen Geweben und Zellen (Gewebegesetz, BGBl. 2007 I, S. 1574) sowie durch die dadurch bewirkten Änderungen des Transplantationsgesetzes und des Arzneimittelgesetzes geregelt.

getretene Gesetz über genetische Untersuchungen am Menschen (Gendiagnostikgesetz – GenDG) regelt diese Fragen nicht. Gemäß § 2 Abs. 2 gilt das Gesetz unter anderem nicht für genetische Untersuchungen und Analysen, die zu Forschungszwecken vorgenommen werden. Von daher existieren für den Bereich der Biobanken bislang in Deutschland keine spezifischen rechtlichen Vorschriften.

Sowohl der Nationale Ethikrat[4] als auch die Enquete-Kommission[5] des Deutschen Bundestages haben sich in früheren Stellungnahmen mit Biobanken befasst und Empfehlungen zum Umgang mit Proben und Daten humanen Ursprungs formuliert, die Ansatzpunkte für eine mögliche Regelung von Biobanken enthalten. Seither hat die Entwicklung in diesem Bereich jedoch an Dynamik gewonnen. Es werden nicht nur ständig weitere Biobanken etabliert, sondern auch ihre Nutzung nimmt neue Formen und Dimensionen an, die eine erneute Befassung mit dem Thema notwendig machen.

Allerdings erfordern die aktuellen Entwicklungen keine vollständig neue Bewertung, sodass der Deutsche Ethikrat mit der vorliegenden Stellungnahme an die vorstehend genannten Veröffentlichungen anknüpfen kann.

Die aktuellen Entwicklungen im Bereich der Etablierung von Biobanken und der Biobankforschung lassen sich folgendermaßen zusammenfassen:[6]

1.2 Quantitative Ausweitung

National wie international steigt die Zahl der bekannten Biobanken und die der damit verbundenen Aktivitäten. Biobankregister, die die quantitative Entwicklung von Biobanken verlässlich dokumentieren, befinden sich zwar derzeit erst noch im Aufbau, doch allein der sprunghafte Anstieg der Erwähnungen von Humanbiobanken in der Fachliteratur deutet auf eine starke Ausweitung hin: Die Zahl der wissenschaftlichen Artikel, die sich auf Humanbiobanken beziehen, hat sich seit 2004 verfünffacht.[7] Für zahlreiche Forschungsprojekte, die sich mit der Identifizierung von genetischen Risikofaktoren oder Fragen der genetischen Epidemiologie befassen, werden eigene Biobanken etabliert. Eine der aktuellen Neugründungen ist die sogenannte Helmholtz-Kohorte[8], eine groß angelegte Bevölkerungsstudie, die zur Erforschung häufiger chronischer Erkrankungen wie Diabetes, Krebs, Herz-Kreislauf- und Demenz-Erkrankungen angelegt wird und Proben von 200.000 Personen umfassen soll.

Damit rückt das Projekt in die Größenordnung nationaler Biobanken, wie sie seit einiger Zeit in Großbritannien, Norwegen, Schweden oder anderen Ländern aufgebaut werden. Die auf 500.000 Personen ausgelegte *UK Biobank* enthält zurzeit Proben und Daten von bereits über 450.000 Perso-

---

[4] Nationaler Ethikrat 2004 (vgl. Fn. 2).
[5] Die Enquete-Kommission Recht und Ethik der modernen Medizin hat sich in ihrem Schlussbericht im Rahmen des Themas „Genetische Daten" mit Forschungsbiobanken beschäftigt. Siehe Deutscher Bundestag (Hg.): Enquete-Kommission Recht und Ethik der modernen Medizin. Schlussbericht. Berlin: 2002, S. 324–328. Auch online im Internet: http://dip21.bundestag.de/dip21/btd/14/090/1409020.pdf [27.05.2010], hier S. 150–152.
[6] Kollek, R.: Biobanken – medizinischer Fortschritt und datenschutzrechtliche Probleme. Vorgänge 47, 184 (2008), S. 59–69.
[7] Abfrage der Telematikplattform für medizinische Forschungsnetze (TMF) bei PubMed, persönliche Auskunft von Roman Siddiqui, TMF.
[8] Vgl. Pressemitteilung des Helmholtz-Zentrums für Infektionsforschung vom 13.11.2008. Online im Internet: http://www.helmholtz-hzi.de/de/presse_und_oeffentlichkeit/pressemitteilungen/ansicht/article/complete/neuer_round_table_fuer_forschung_und_gesundheitspolitik [27.05.2010].

nen.⁹ In der norwegischen Biobank *Biohealth Norway* sollen ebenfalls 500.000 Personen erfasst werden, was einem Zehntel der Gesamtbevölkerung entspricht.¹⁰ Im schwedischen nationalen Biobank-Programm sind bereits zwischen 50 und 100 Millionen Proben erfasst; der Zuwachs beträgt drei bis vier Millionen Proben pro Jahr.¹¹ Diese Beispiele illustrieren die wachsende Bedeutung von Biobanken. Ein Ende dieser Entwicklung ist derzeit nicht abzusehen.

1.3 Steigerung des Informationsgehaltes

Die probenbezogenen Dateien in Biobanken enthalten neben den klinischen Daten eines Patienten oder Spenders (Blutwerte, Krankheitsdiagnosen, Ergebnisse bildgebender Verfahren, etc.) zunehmend mehr soziodemografische Daten, genetische Daten und Informationen über den Lebensstil. Durch wiederholte Datenerhebung sowie wissenschaftliche Analysen, deren Ergebnisse teilweise in die Dateien aufgenommen werden, wird ihr Informationsgehalt ständig größer. Tendenziell ist der Informationsgehalt menschlichen biologischen Materials unerschöpflich.

Durch die Zunahme der gespeicherten Angaben werden die Datensätze auch immer individueller; schließlich gibt es nur noch eine einzige Person, die eine bestimmte Kombination von Merkmalen aufweist. Dies hat weitreichende Konsequenzen für die Anonymisierbarkeit bzw. Pseudonymisierbarkeit der Datensätze (siehe 1.4 und 2.4).

1.4 Wachsende Re-Identifizierbarkeit

Die probenbezogenen Daten werden in der Regel pseudonymisiert und in dieser Form gespeichert oder an andere Forscher weitergegeben. „Pseudonymisieren ist das Ersetzen des Namens und anderer Identifikationsmerkmale durch ein Kennzeichen zu dem Zweck, die Bestimmung des Betroffenen auszuschließen oder wesentlich zu erschweren."¹² Die Verbindung zwischen pseudonymisierten Daten und identifizierenden Daten des Spenders (Name, Adresse, Telefonnummer etc.) kann nur durch autorisierte und zur Verschwiegenheit verpflichtete Personen hergestellt werden.

Anonymisieren bedeutet, dass personenbezogene Daten derart verändert werden, „dass die Einzelangaben über persönliche oder sachliche Verhältnisse nicht mehr oder nur mit einem unverhältnismäßig großen Aufwand an Zeit, Kosten und Arbeitskraft einer bestimmten oder bestimmbaren Person zugeordnet werden können."¹³ Zusätzlich wird der Code, der eine Verbindung zwischen Proben und Daten einerseits und dem Spender andererseits herstellen kann, irreversibel gelöscht.

Je mehr Einzeldaten allerdings ein Datensatz enthält, desto schwieriger ist er zu pseudonymisieren oder zu anonymisieren, da die Gesamtheit der Einzeldaten, je mehr es sind, umso eher nur noch auf ein bestimmtes Individuum zutrifft. Genetische Analysen verschärfen dieses Problem, da sie häufig ein individuelles, unverwechselbares genetisches Muster oder „Profil" einer Person erzeu-

---

9   Stand 03.05.2010: 459.120 Personen. Vgl. http://www.ukbiobank.ac.uk [03.05.2010].
10 Vgl. http://www.fhi.no/eway/default.aspx?pid=238&trg=MainArea_5811&MainArea_5811=5906:0:15, 4627:1:0:0:::0:0 [03.05.2010].
11 Von einzelnen Personen werden wiederholt Proben genommen und gespeichert. Vgl. http://www.biobanks.se [03.05.2010].
12 § 3 Abs. 6a Bundesdatenschutzgesetz (BDSG).
13 § 3 Abs. 6 BDSG.

gen.[14] Liegt an einer anderen Stelle identifizierbares Referenzmaterial vor, könnte der Spender trotz Pseudonymisierung oder Anonymisierung des Datensatzes oder der Probe identifiziert werden.

1.5 Vernetzung

Um kleine Effekte einzelner, die Gesundheit beeinflussender Faktoren entdecken zu können, ist die Untersuchung einer großen Anzahl von Individuen notwendig. Einzelne Biobanken verfügen jedoch oftmals nicht über die erforderliche Zahl gut charakterisierter Spendermaterialien. Eine Lösung dieses Problems besteht darin, verschiedene Biobanken zu vernetzen, ihre Datensätze zusammenzuführen und gemeinsam auszuwerten. Dies ermöglicht den Zugang zu größeren Kohorten, als dies über einzelne Biobanken möglich wäre.

In Deutschland wird die Umsetzung dieser Überlegungen beispielsweise vom Bundesministerium für Bildung und Forschung nachdrücklich gefördert. Entwickelt werden dabei unter anderem Konzepte zur Vernetzung von Biobanken und zur Effizienzsteigerung ihrer Nutzung. Modellhaft erprobt und technisch umgesetzt wird ein derartiges Konzept derzeit z.B. im Rahmen der *Central Research Infrastructure for molecular Pathology* (CRIP).[15] Über diese Infrastruktur werden Informationen über humane Gewebeproben und Daten, die in den angeschlossenen Pathologischen Instituten in Deutschland und Österreich lagern, für die internetbasierte Anbahnung von Forschungsprojekten zur Verfügung gestellt. Eine weitere Vernetzung existiert unter ausgewählten Biobanken, die dem Nationalen Genomforschungsnetz (NGFN) angehören. Integriert wurden die Biobanken der Kompetenznetze Pädiatrische Onkologie und Hämatologie, Demenzen, Herzinsuffizienz, Sepsis, Parkinson sowie HIV/AIDS. Dabei wurde ähnlich wie bei CRIP eine zentrale Anlaufstelle zur Anforderung von Biomaterialien etabliert, die Projektanträge externer Partner an das jeweilige Netz weiterleiten. Insgesamt gelten diese Modelle als Vorstufen zur Integration deutscher Biobanken in europäische Forschungsverbünde (siehe 1.6).[16]

1.6 Internationalisierung

Der Trend zur Vernetzung zeigt sich auch auf internationaler Ebene. Im März 2008 wurde beispielsweise im Rahmen eines durch die EU-Kommission geförderten Projektes des *European Strategy Forum on Research Infrastructures* die *European Biobanking and Biomolecular Resources Research Infrastructure* (BBMRI) etabliert, der ca. 100 Biobanken aus ganz Europa angehören sollen.[17] Ziel dieser Initiative ist es, eine organisatorische Infrastruktur für die europaweite Vernetzung von Biobanken zu schaffen und den rechtlich bislang nur unzureichend geklärten grenzüberschreitenden Austausch von Proben und Daten für die Forschung zu ermöglichen.

---

[14] Vgl. auch Greely, H. T.: The uneasy ethical and legal underpinnings of largescale genomic biobanks. Annual Review of Genomics and Human Genetics 8 (2007), S. 343–364;
Heeney, C. et al.: Assessing the Privacy Risks of Data Sharing in Genomics. Public Health Genomics (Online), vom 29.03.2010;
Karp, D. R. et al.: Ethical and practical issues associated with aggregating databases. PLoS Medicine 5, 9 (2008), e190;
Malin, B.: Re-identification of familial database records. AMIA Annual Symposium Proceedings (2006), S. 524–528;
Malin, B.; Sweeney, L.: Re-identification of DNA through an automated linkage process. AMIA Annual Symposium Proceedings (2001), S. 423–427.
[15] Siehe näher http://www.crip.fraunhofer.de/de/site_overview [23.4.2010].
[16] Vgl. http://www.bbmri.de [03.05.2010].
[17] Vgl. http://www.bbmri.eu [03.05.2010].

Auch über Europa hinausgehende multinationale Zusammenschlüsse von Biobanken werden diskutiert. In solchen Fällen würden die Daten den Rechtsraum der Europäischen Union verlassen und ihre Handhabung würde nicht mehr durch das gemeinsame Datenschutzrecht erfasst. Für den Transfer von Forschungsproben als solchen und den Umgang mit ihnen bestehen bislang weder innerhalb der EU noch darüber hinaus international verbindliche Regeln oder Übereinkommen.

1.7 Privatisierung und Kommerzialisierung

Forschungsbiobanken befinden sich zwar überwiegend, aber keinesfalls ausschließlich in öffentlicher Trägerschaft. Beispielsweise legen viele national und international tätige pharmazeutische Unternehmen im Zusammenhang mit klinischen Studien Biobanken an. Diese Proben dienen nicht nur der Eigenforschung, sondern werden unter Umständen auch an Dritte veräußert. Solche Verkäufe sind Bestandteil des Geschäftsmodells einiger Unternehmen, die Biobanken aufbauen und betreiben.[18]

Andere Unternehmen bieten biomedizinische bzw. genetische Dienstleistungen wie beispielsweise Untersuchungen auf Krankheitsveranlagungen oder genetisch bedingte Arzneimittelunverträglichkeiten an. Darüber hinaus betreiben sie teilweise auch Forschung unter Verwendung der ihnen zur Verfügung gestellten Proben und Daten, beispielsweise zur Verbesserung ihrer eigenen Angebote. Dabei kann auch Partnerunternehmen Zugriff auf persönliche Informationen der Kunden gewährt werden.[19]

1.8 Ausweitung der Nutzungszwecke und Zugriff Dritter

Bis vor nicht allzu langer Zeit wurden Gewebesammlungen vor allem in der biologischen und medizinischen Grundlagenforschung benutzt. Im Zuge der Genomforschung und der Entwicklung der individualisierten Medizin sind solche Sammlungen zunehmend auch für den Bereich der angewandten Forschung, wie beispielweise die Medikamentenentwicklung, interessant geworden. In der genetischen Epidemiologie werden solche Probensammlungen vermehrt genutzt, um die Verteilung genetischer Krankheitsanfälligkeiten und unterschiedliche Populationen zu erfassen und auf dieser Grundlage gesundheitspolitische Strategien zu entwickeln.

Nicht nur die Forschungseinrichtungen, die Biobanken angelegt haben, sondern auch Dritte können an der Nutzung von Biobanken interessiert sein. Dies gilt beispielsweise für Versicherungen und Arbeitgeber, aber auch für staatliche Stellen, etwa im Rahmen der Gefahrenabwehr bzw. der Strafverfolgung sowie für die Identifizierung von Katastrophenopfern oder Identitätsfeststellung im Zusammenhang mit zivilrechtlichen Auseinandersetzungen. In Schweden ist eine derartige Nutzung von Biobanken bereits erfolgt.[20] Zurzeit wird diskutiert, ob das schwedische Biobankgesetz geändert und die Zugangsmöglichkeiten für Ermittlungsarbeiten der Polizei erweitert werden sollen.[21] Auch in Deutschland ist ein Zugriff der Sicherheitsbehörden auf Biobankproben und -daten grund-

---

[18] Vgl. u.a. http://www.indivumed.com [04.05.2010].
[19] Beispiele für diese Gruppe von Unternehmen sind *23andMe* aus den USA (www.23andme.com), *deCODEme* aus Island (www.decodeme.com) oder *Navigenics* aus Kalifornien (www.navigenics.com).
[20] Beispielsweise wurde die nationsweite PKU-Biobank, die seit 1975 DNA von jedem Neugeborenen zur Erforschung der Stoffwechselkrankheit Phenylketonurie (PKU) sammelt, genutzt, um 2003 den Mörder der schwedischen Außenministerin Anna Lindh zu überführen und um Opfer des Tsunamis im Dezember 2004 zu identifizieren.
[21] Schwedisches *Kommittédirektiv* 2008:71. Online im Internet: http://www.sou.gov.se/kommittedirektiv/2008/dir2008_71.pdf [03.05.2010].

sätzlich möglich. Es ist davon auszugehen, dass das Interesse an der Nutzung systematisch angelegter und informationsreicher Biobanken bei privaten und staatlichen Akteuren steigen wird. Durch einen solchen Zugriff werden zentrale persönlichkeits- und datenschutzrechtliche Fragen aufgeworfen.

2 Schutz von Grundrechten: Hintergrund und neue Herausforderungen

2.1 Einleitung

Grundsätzlich gilt für die Biobankforschung das, was für die Forschung am Menschen generell gilt: Die vom Grundgesetz gewährten Grundrechte der Betroffenen sind zu achten; ihre Würde und ihr Recht auf Leben und körperliche Unversehrtheit sind ebenso zu respektieren wie ihr Persönlichkeitsrecht und ihr Recht auf informationelle Selbstbestimmung.

Die verfassungsrechtlich garantierte Forschungsfreiheit entbindet nicht von der Verpflichtung, diese Grundrechte zu wahren. Eingriffe in die körperliche Integrität bedürfen deshalb – solange sie nicht durch eine gesetzliche Regelung gerechtfertigt sind – einer ausdrücklichen Einwilligung der Betroffenen. Dieser Einwilligung muss eine angemessene Information über Zweck, Bedeutung sowie Tragweite des Eingriffs vorausgehen (informierte Einwilligung). Wenn also Blut- oder Gewebeproben speziell zum Zweck der Forschung und/oder der Einlagerung in eine Biobank aus dem Körper eines Menschen entnommen werden, bedarf dies der informierten Einwilligung des Spenders. Das Gleiche trifft für die Erhebung und Verarbeitung personenbezogener Daten für Forschungszwecke zu: Ohne informierte Einwilligung der Betroffenen ist sie rechtswidrig, sofern nicht gesetzlich etwas anderes bestimmt ist.

Im Zusammenhang mit der Forschung an bereits vom Körper getrenntem Material, das zum Beispiel zum Zweck der Diagnose und Therapie entnommen wurde, im Nachhinein aber für die Forschung verwendet werden soll, ist die unverfügbare Würde des Menschen nicht infrage gestellt; die Würdegarantie kommt hier nur als Verstärkung anderer Grundrechtsaspekte wie des allgemeinen Persönlichkeitsschutzes und der informationellen Selbstbestimmung in den Blick. Keine der grundrechtlichen Schutzgarantien zugunsten der Spender gilt absolut, vielmehr unterliegen sie der Güter- und Interessenabwägung. Speziell im Hinblick auf das Erfordernis der informierten Einwilligung zur Verwendung von Biomaterialien und -daten ist deshalb im Rahmen solcher Abwägungen auch die Hochrangigkeit der Forschungsfreiheit zu berücksichtigen. Die Datenschutzgesetze des Bundes und der Länder ermöglichen es, über eine Güter- und Interessenabwägung der wissenschaftlichen Forschung selbst dort den Vorrang vor dem Erfordernis einer Einwilligung einzuräumen, wo besonders sensitive und deshalb speziell geschützte Daten, wie etwa Angaben zur Gesundheit oder zum Sexualleben, verarbeitet werden sollen. Trotz teilweise uneinheitlicher Regelungen (siehe 2.2), ist grundsätzliche Voraussetzung für eine Datenverwendung, dass das wissenschaftliche Interesse die Interessen der Betroffenen überwiegt und sich der Forschungszweck lediglich auf diesem Weg oder ansonsten nur mit unverhältnismäßigem Aufwand verwirklichen lässt. Diese Güter- und Interessenabwägung kann auch bezogen auf die Verwendung der Körpermaterialien angewandt werden.[22]

Die Bereitschaft zu Konzessionen an die Informationserwartungen der wissenschaftlichen Forschung ist mithin nicht zu übersehen. Wie eingangs dargestellt, weist die Biobankforschung jedoch eine Reihe von Besonderheiten auf, denen bisherige Regelungen zur klinisch-medizinischen Forschung oder zum Datenschutz nicht oder nur unzureichend Rechnung tragen. Deshalb fehlen

---

[22] Nationaler Ethikrat 2004, S. 50 ff. (vgl. Fn. 2).

Regelungen für Biobanken, die diese Eigenarten berücksichtigen. Wie dringlich solche Regelungen sind, wird nachfolgend skizziert.

2.2 Zweckgebundene Verwendung von Daten

Für die Biobank-Forschung gilt im Ausgangspunkt genauso wie sonst: Personenbezogene Daten[23] dürfen nur für einen im Voraus bestimmten Zweck erhoben und verwendet werden.[24]

Die Datenschutzgesetze des Bundes und der Länder sowie die zum Teil auf Länderebene bestehenden Krankenhaus- bzw. Gesundheitsdatenschutzgesetze und -verordnungen regeln allerdings in sehr unterschiedlicher Weise, inwieweit von diesem Grundsatz abgewichen werden kann. Spezielle Vorschriften, die auf die strukturellen Besonderheiten von Biobanken in Bezug auf die Zweckbindung eingehen, fehlen. Unterschiedliche Vorschriften bestehen für die wissenschaftliche Forschung in öffentlichen und nichtöffentlichen Stellen, eine Unterscheidung, die insbesondere bezogen auf Biobanken nicht überzeugend ist. In manchen Ländern ist die Einwilligung des Betroffenen nur bei der Eigenforschung innerhalb des jeweiligen Krankenhauses entbehrlich. In anderen Ländern ist die Verwendung personenbezogener Daten weitergehend auch bei wissenschaftlicher Forschung außerhalb der jeweiligen Einrichtung ohne Einwilligung des Betroffenen zulässig. Insofern variieren die rechtlichen Anforderungen erheblich. Zum Teil wird darauf abgestellt, dass schutzwürdige Belange des Betroffenen nicht beeinträchtigt werden. Andere Bestimmungen erlauben die Verwendung der Daten für Forschungszwecke demgegenüber auch dann, wenn das öffentliche Interesse an der Durchführung des Forschungsvorhabens die schutzwürdigen Belange des Betroffenen überwiegt bzw. erheblich überwiegt; zum Teil wird dabei zusätzlich verlangt, dass der Forschungszweck auf andere Weise nicht oder nur mit unverhältnismäßigem Aufwand erreicht werden kann. Manche Datenschutzgesetze sprechen pauschal von „Forschung", während andere die Datenverarbeitung nur „für ein bestimmtes Forschungsvorhaben" erlauben. Teilweise wird ergänzend eine Einbeziehung von Datenschutzbeauftragten oder Genehmigungsbehörden verlangt.

Mit dem Zweckbindungsgrundsatz verknüpft ist die Frage, wie konkret sich die vom Spender erteilte Einwilligung auf die spätere Verwendung des Proben- und Datenmaterials beziehen muss. Diese Frage wird von den Datenschutzgesetzen ebenfalls nicht hinreichend deutlich beantwortet. Die Auffassungen zum Beispiel von Datenschutzbeauftragten und Ethikkommissionen darüber differieren erheblich. Zum Teil wird verlangt, dass der Spender das konkrete Forschungsprojekt kennen müsse, für das sein Proben- und Datenmaterial verwendet werden soll. Andere lassen die Kenntnis der Forschungsrichtung (z.B. Krebsforschung, Demenzforschung) genügen. Für wieder andere ist eine noch weiter reichende Einwilligung („medizinische Forschung") ausreichend. Auf der einen Seite wird darauf hingewiesen, dass der Spender keine *informierte* Einwilligung erteilen könne, wenn er nicht wisse, worin genau er einwillige. Der Zweck „medizinische Forschung" sei darüber hinaus nicht präzise genug, um dem Spender die Reichweite seiner Einwilligung vor Augen zu führen. Dem wird auf der anderen Seite entgegengehalten, dass es zum Selbstbestimmungsrecht eines Menschen gehöre, sich im Bewusstsein von Unsicherheit auf eben diese Unsicherheit einlas-

---

[23] Im Gegensatz zu anonymisierten Daten sind pseudonymisierte Daten auch personenbezogen, da der Personenbezug weiterhin existiert.

[24] Exemplarisch § 4 Abs. 1 BDSG: „Die Erhebung, Verarbeitung und Nutzung personenbezogener Daten sind nur zulässig, soweit [es gesetzlich bestimmt oder angeordnet wird] oder der Betroffene eingewilligt hat"; § 4a Abs. 1: „Die Einwilligung ist nur wirksam, wenn sie auf der freien Entscheidung des Betroffenen beruht. Er ist auf den vorgesehenen Zweck der Erhebung, Verarbeitung oder Nutzung sowie, soweit nach den Umständen des Einzelfalls erforderlich oder auf Verlangen, auf die Folgen der Verweigerung der Einwilligung hinzuweisen."

sen zu können. Deshalb müsse der Spender nur über die Unsicherheit der konkreten zukünftigen Verwendung informiert werden und sich damit einverstanden erklären. Das Erfordernis einer eng gefassten Einwilligung würde das Prinzip Biobank als Infrastruktur für noch unbestimmte Forschungszwecke infrage stellen.

2.3 Nutzungsdauer von Forschungsmaterialien und -daten

Die im Datenschutzrecht festgeschriebene Zweckbindung hat die Konsequenz, dass die für einen bestimmten Zweck erhobenen Daten stets lediglich für einen durch die Zweckerfüllung definierten begrenzten Zeitraum verwendbar sind. Das Verarbeitungsziel legt so gesehen nicht nur die Modalitäten der Verwendung, sondern auch ihre Dauer fest. Das Prinzip der *zeitlichen Begrenzung* der Proben- und Datennutzung gehört somit zu den tragenden Säulen, auf denen das heutige Datenschutzkonzept ruht.

Freilich ist die zulässige Dauer der Proben- und Datennutzung wiederum Gegenstand des Streits um die zulässige Reichweite der Einwilligung: Je enger die Einwilligung gefasst wird, umso eher führt dies auch zu einer zeitlichen Begrenzung der Proben- und Datennutzung.

Hinzu kommt Folgendes: Wenn der jeweilige Zweck der Datenerhebung erfüllt ist, folgt daraus grundsätzlich der Zwang zur Vernichtung der Daten. Diese Forderung ist aus dem Blickwinkel von Biobanken als wichtiger Forschungsressource jedoch in dreifacher Hinsicht umso problematischer, je enger der Zweck gefasst ist:

Erstens ist das jeweils benutzte Material nicht schon deshalb überflüssig, weil es für ein inzwischen abgeschlossenes Projekt verarbeitet wurde; vor dem Hintergrund einer eben nicht lediglich an einzelnen Projekten orientierten und wahrgenommenen wissenschaftlichen Forschung bleibt es im Gegenteil eine grundsätzlich unverändert wichtige Informationsquelle.

Zweitens setzen Reflexionen über das ursprüngliche Projekt und erst recht dessen kritische Überprüfung den Zugang zum konkret verwendeten Material voraus. Beides spricht infolgedessen für die weitere Aufbewahrung der Materialien und der daraus erhobenen Daten.

Darüber hinaus können sich drittens nach Abschluss solcher Untersuchungen neue Forschungsfragen ergeben, die sich nur anhand der bereits gewonnenen Materialien und der daraus erhobenen Daten verfolgen lassen. Auch aus dieser Überlegung heraus kann es wünschenswert sein, die Nutzung von Proben und Daten nicht auf ein Forschungsprojekt oder einen bestimmten Zeitraum zu begrenzen.

In vernetzten Systemen, in denen schon aus Gründen der Qualitätssicherung und Datensicherheit zahlreiche Sicherheitskopien von Datensätzen vorhanden sind, ist eine vollständige Löschung der Daten ohnehin kaum zu gewährleisten. Dies betrifft auch den Fall, dass ein Spender seine Einwilligung in die Proben- und Datennutzung später widerruft.[25]

Die Herausforderungen, die sich aus einer tendenziell unbeschränkten zeitlichen Verfügbarkeit einmal erhobener personenbezogener Daten für deren rechtlichen und technischen Schutz ergeben, sind enorm. Eine Abkehr von den bisher an die Verarbeitung personenbezogener Daten gestellten Anforderungen ist umso eher möglich, je stärker sie durch die absolute Unzugänglichkeit der Daten

---

[25] So weist z.B. die *UK Biobank* die Spender darauf hin, dass Proben und Daten von Spendern, die ihre Einwilligung zurückziehen, nicht mehr genutzt werden. Vollständig gelöscht werden könnten die Daten jedoch nicht. Dies sei der Komplexität der Datenverarbeitung und den Maßnahmen geschuldet, die zur Erhaltung der Integrität und Sicherheit der Daten ergriffen werden müssten. Vgl. http://www.ukbiobank. ac.uk/docs/Nofurtheruse.pdf [03.05.2010].

für nicht wissenschaftliche Zwecke kompensiert wird, also einer verbindlich der wissenschaftlichen Forschung vorbehaltenen Nutzung für den jeweils aus ihrer Sicht erforderlichen Zeitraum.

2.4 Anonymisierung und Re-Identifizierung

Datenschutzbedingte Verwendungsschranken beziehen sich auf die Verarbeitung personenbezogener Angaben. Wird der Personenbezug durch Anonymisierung gelöscht, handelt es sich definitionsgemäß nicht mehr um personenbezogene Daten; ihre Nutzung unterliegt deshalb nicht den Beschränkungen des Datenschutzrechts. Aber auch anonymisierte Daten sind stets mit dem Risiko einer Re-Identifizierung behaftet. Proben und Datensätze, die genetische Daten beinhalten, verschärfen dieses Problem (siehe 1.4).

Die Frage, die sich daraus ergibt, lautet, ob sich die wachsende Gefahr der Re-Identifizierbarkeit mit Mitteln neutralisieren lässt, die unmittelbar mit der Funktion und der Organisation von Biobanken zusammenhängen. Kontext und Ziel der Datenverwendung bieten sich auch hier als Anknüpfungspunkte an. Sollte es gelingen, die wissenschaftliche Forschung als Verwendungsgrenze festzuschreiben, ließen sich die Auswirkungen einer möglichen Re-Identifizierung abschätzen; sie blieben auf den wissenschaftlichen Bereich beschränkt.[26] Die Verlässlichkeit einer um der wissenschaftlichen Forschung willen vorgeschriebenen Zugriffssperre gegenüber nicht wissenschaftlichen Nutzungen könnte hier wiederum den Ausschlag geben.

2.5 Information der Spender

So nahe es liegt, nach Regeln für den Umgang mit Proben und Daten in Biobanken zu suchen, die den besonderen Bedingungen des wissenschaftlichen Forschungsprozesses entgegenkommen, so wenig dürfen darüber die Belange der Betroffenen übergangen werden. Klare Verwendungsgrenzen gewährleisten zwar einen gewissen Schutz der Betroffenen. Sie reichen jedoch nicht aus, um deren Rechte und Interessen vollständig zu wahren. Die aus wissenschaftlicher Perspektive notwendige Verarbeitung ihrer Daten muss deshalb an eine auf die Betroffenen ausgerichtete, die Besonderheiten von Biobanken und deren Nutzung klar benennende Information gekoppelt werden.

Die Spender geben Informationen preis, ohne zum Zeitpunkt dieser Preisgabe die spätere Verwendung ihrer Proben und Daten vollständig kennen zu können. Das setzt im Verhältnis von Spender und Biobank ein hohes Maß an Vertrauen voraus. Voraussetzung für dieses Vertrauen ist die Transparenz des Verfahrens und seiner Regeln sowie die der Aktivitäten der Biobank. In dem Maße, in dem die Transparenz rechtlich gesichert wird, ist auch eine gesteigerte Bereitschaft zur Kooperation der Spender und ggf. auch zur Akzeptanz des weiteren Gebrauchs von Proben und Daten zu erwarten. Die Spender hätten dann jederzeit die Möglichkeit, sich über die Tätigkeiten der Biobank und den Verbleib ihrer Proben und Daten zu informieren.

Nicht zuletzt in Anbetracht der ohnehin bestehenden, von den Datenschutzgesetzen tolerierten Informationsdefizite gilt es daher, die sich ständig erweiternden Forschungsmöglichkeiten mit einem Höchstmaß an Transparenz der Aktivitäten von Biobanken und einer kontinuierlichen Dokumentationspflicht zu verbinden. Nur dann könnten die Betroffenen verlässlich verfolgen, was mit ihren Daten geschieht; zudem wären sie dann in der Lage, ihre in den Datenschutzgesetzen garantierten Rechte wirksam wahrzunehmen (z.B. in Form des Widerrufs der Nutzungserlaubnis).

---

[26] Zur Abgrenzung der wissenschaftlichen Forschung von anderen Bereichen siehe Kapitel 3.

Spenderinformation und -einwilligung sind also so zu gestalten, dass die wesentlichen Zwecke und Prozesse der Erhebung und Verarbeitung personenbezogener Proben und Daten im Rahmen der Biobankforschung offengelegt werden und der Spender weiß, worauf er sich einlässt, wenn er seine Proben und Daten für Biobankzwecke zur Verfügung stellt. Darüber hinaus erscheint es jedoch erforderlich, das angesichts der Natur der Biobankforschung notwendigerweise aufseiten der Spender verbleibende Informationsdefizit durch flankierende, Vertrauen und Transparenz schaffende Maßnahmen zu kompensieren.

2.6 Schlussfolgerungen

Die Etablierung von Biobanken erfordert, dass die zurzeit existierenden Bestimmungen für den Schutz des allgemeinen Persönlichkeitsrechts der Spender an die neuen Gegebenheiten angepasst werden. Das vor kurzem verabschiedete Gendiagnostikgesetz hat auf diesen Regelungsbedarf nicht reagiert.[27]

Angesichts der aufgezeigten Herausforderungen sowie der möglichen individuellen und sozialen Implikationen hält der Deutsche Ethikrat eine spezifische gesetzliche Regelung von Biobanken bzw. zur Biobankforschung für erforderlich.

3 „Biobank" als Gegenstand einer spezifischen Regelung: Definition und Abgrenzung

Die sachgerechte Abgrenzung derjenigen Sammlungen von Proben menschlichen Körpermaterials mit zugehörigen Daten, die einer spezifischen *Biobank*regelung zu unterwerfen sind, ist nicht einfach. Dies liegt daran, dass es entsprechende Proben- und Datensammlungen in ganz unterschiedlicher Größe und mit ganz unterschiedlicher Zielrichtung sowie geplanter Aufbewahrungsdauer gibt. Bei einem sehr weiten Verständnis stellt schon die Ansammlung ganz weniger Proben, die zur Beantwortung einer thematisch begrenzten Frage im Rahmen einer Dissertation untersucht und unmittelbar nach Beantwortung der Frage vernichtet werden, eine „Biobank" dar. Es stellt sich die Frage, ob sie den gleichen Anforderungen unterliegen sollte wie eine zeitlich unbefristete nationale Biobank mit Hunderttausenden von Proben. Gegen eine solche Gleichsetzung sprechen sicher Erwägungen der Praktikabilität und der Finanzierbarkeit der Forschung. Zugleich ist es jedoch kaum überzeugend, die Anwendbarkeit einer gesetzlichen Regelung für Biobanken allein von der Zahl der gesammelten Proben abhängig zu machen. Denn die einleitend skizzierten Herausforderungen an den Spenderschutz sind bei z.B. internationaler Verknüpfung jeweils kleiner Materialsammlungen die gleichen wie bei schon je für sich großen Biobanken. Des Weiteren sind subjektive Merkmale, z.B. die *geplante* Verwendungsdauer, nur eingeschränkt als Abgrenzungskriterium tauglich, weil sich Absichten und Pläne schnell ändern können.

Für eine weit gefasste Definition von „Biobanken" als Gegenstand gesetzlicher Regelungen spricht, dass ein Gesetz durchaus bei den Rechtsfolgen differenzieren kann, also auf jeweilige Probleme verschiedener Biobanken unterschiedlich reagieren kann. Die Frage, ob eine Biobank im Sinne der gesetzlichen Regelung vorliegt oder nicht, entscheidet dann nicht darüber, ob bestimmte Biobanken völlig ungeregelt bleiben.

Vor diesem Hintergrund sollte jede Sammlung Gegenstand der nachfolgend vorgeschlagenen gesetzlichen Regelung für Biobanken sein, welche die folgenden drei Kriterien erfüllt:

a) Sie umfasst vom Menschen stammendes erbsubstanzhaltiges Material mit dazugehörigen Daten.

---

[27] Siehe 1.1.

b) Ihre Proben sind mit personenbezogenen Angaben (ggf. pseudonymisiert) und weiteren, insbesondere gesundheitsbezogenen Informationen elektronisch verknüpft.

c) Ihre Proben und Daten werden für Zwecke der wissenschaftlichen Forschung gesammelt, aufbewahrt oder verwendet.

Die hier genannten drei Kriterien erfassen auch Sammlungen, die thematisch und zeitlich eng begrenzt sind und bei denen keine Weitergabe an „andere Stellen" im Sinne des Datenschutzrechts geplant ist. Hierzu gehören zahlreiche projektbezogene Sammlungen, die im Rahmen von Qualifikationsarbeiten, z.B. Dissertationen angelegt werden.

Derartige Sammlungen sollen jedoch keinen unangemessenen Restriktionen unterworfen werden. Gleichwohl sollen für sie die im Folgenden formulierten Privilegien gelten, die das Material und die dazugehörigen Daten vor nicht forschungsbezogenen Zugriffen schützen. Deshalb wird im Folgenden jeweils darzustellen sein, welche Anforderungen auch für solche projektbezogenen Sammlungen und welche nur für thematisch und zeitlich unbegrenzte Biobanken gelten sollen.

Wird eine thematisch und zeitlich eng begrenzte Sammlung nachträglich in eine ohne Begrenzung von Nutzungszweck und -dauer angelegte Biobank überführt, so ist neben der Einwilligung der Spender auch der erweiterte Regelungsrahmen einzuhalten.

Der nachfolgend unterbreitete Vorschlag schützt nicht nur die Belange der Spender und ihre Grundrechte, sondern gewährleistet auch den Schutz der vom Grundgesetz garantierten Freiheit von Wissenschaft und Forschung gemäß Art. 5 Abs. 3 GG. Diese umfasst „die auf wissenschaftlicher Eigengesetzlichkeit beruhenden Prozesse, Verhaltensweisen und Entscheidungen bei der Suche nach Erkenntnissen, ihrer Deutung und Weitergabe".[28] Dies gilt unabhängig davon, ob die Wissenschaft in wissenschaftlichen Hochschulen oder in anderen Organisationsformen, z.B. in Forschungseinrichtungen von Wirtschaftsunternehmen betrieben wird. Ohne Bedeutung für den Begriff der wissenschaftlichen Forschung ist auch die Unterscheidung von Grundlagenforschung und angewandter Forschung; entscheidend ist, dass wissenschaftliche Standards bei der Gewinnung neuer wissenschaftlicher Erkenntnisse gewahrt bleiben.[29]

Von der Wissenschafts- und Forschungsfreiheit sind auch nicht nur die jeweiligen Tätigkeiten, sondern auch Einrichtungen umfasst, die zum Schutz des grundrechtlich gesicherten Freiheitsraumes unerlässlich sind, weil sie die freie wissenschaftliche Betätigung überhaupt erst ermöglichen.[30] Dementsprechend findet sich eine Objektivierung der besonderen Forschungsnützigkeit bestimmter Daten z.B. in den Archivgesetzen des Bundes und der Länder.[31] Auch § 40 Bundesdatenschutzgesetz orientiert sich an der Struktur sowie den Zielen der jeweiligen Einrichtung und nicht am einzelnen Projekt.[32]

Die Beschränkung des nachfolgenden Vorschlags auf Forschungsbiobanken bedeutet auch, dass Sammlungen, die für polizeiliche oder forensische Zwecke angelegt werden, ebenfalls ausgenommen sind. Nicht erfasst sind zudem Sammlungen, deren Zweck darin besteht, die in ihnen enthaltenen Proben und/oder Daten zu verkaufen; sie kommen für die nachfolgend vorgeschlagenen Sonderregelungen nicht in Betracht. Insoweit bleibt es hier bei den bestehenden allgemeinen Rechtsvorschriften.

---

[28] Vgl. BVerfGE 35, 79 [112]; 47, 327 [367]; 90, 1 [11 f.]; 111, 333 [354]; 122, 89 [105].
[29] Krüger, H.: Forschung. In: Flämig, C.; Kimminich, O.; Krüger, H. (Hg.): Handbuch des Wissenschaftsrechts. Berlin: 1996, S. 261, 262 f.
[30] BVerfG, NVwZ 2003, 600; vgl. auch BVerfGE 85, 360, 384 f.
[31] Vgl. § 5 Abs. 3 BArchG.
[32] Simitis, S. (Hg.): Bundesdatenschutzgesetz [Kommentar]. Baden-Baden: 2006, § 40 Rdnr. 35 ff. (38).

Schließlich gilt dies auch für Sammlungen, die ausschließlich für therapeutische (z.B. Nabelschnurblutbanken) oder diagnostische (z.B. Gewebeschnitte oder Proben für pathologische Untersuchungen) Zwecke angelegt oder aufbewahrt werden.[33] Zwar mag die Grenze zwischen Diagnose, Therapie und Forschung gelegentlich schwer zu ziehen sein; dieses Problem besteht jedoch auch in anderen Kontexten, ohne dass die Grenzziehung deshalb als solche infrage gestellt würde. Dies zeigt sich z.B. dann, wenn zu entscheiden ist, ob ein Arzneimittel, dem medizinischen Standard gemäß, im Rahmen eines individuellen Heilversuchs oder aber als Bestandteil einer klinischen Prüfung im Sinne der §§ 40 ff. Arzneimittelgesetz (AMG) eingesetzt werden soll. Auch hier ist die Abgrenzung danach vorzunehmen, ob der Erkenntnisgewinn – hier über den individuellen Fall hinaus – im Vordergrund steht.

Sofern eine Proben- und Datensammlung verschiedenen Zwecken dient, sollte das jeweils höchste Niveau des Spenderschutzes greifen.

4 Vorschlag für ein Regelungskonzept

4.1 Einleitung

Bisherige Konzepte zum Schutz der Spenderinteressen basierten – in Parallele zur herkömmlichen klinischen Forschung – maßgeblich auf der informierten Einwilligung der Spender. Aufgrund der strukturellen Besonderheiten von Biobanken kann der individuellen Einwilligung jedoch nur eine schwache Schutzfunktion zukommen, da sie vor dem Hintergrund begrenzter Informationen gegeben werden muss. Deshalb sollte das Einwilligungskonzept ergänzt werden durch institutionelle und prozedurale Regelungen, die der Biobankforschung zugleich objektive Grenzen setzen wie auch Freiräume schaffen. Dies dürfte die Akzeptanz aufseiten der Spender erhöhen und bisherige datenschutzrechtliche Bedenken ausräumen.

4.2 Das Fünf-Säulen-Konzept

Der Deutsche Ethikrat schlägt ein Fünf-Säulen-Konzept zur Regelung von Biobanken vor. Die fünf Säulen dieses Konzeptes sind:

1. die Etablierung eines Biobankgeheimnisses,
2. die Festlegung der zulässigen Nutzung,
3. die Einbeziehung von Ethikkommissionen,
4. die Qualitätssicherung beim Datenschutz,
5. die Transparenz der Ziele und Verfahrensweisen einer Biobank.

Während das Biobankgeheimnis für alle Biobanken gelten soll, kann bei der Ausgestaltung der übrigen vier Säulen den unterschiedlichen Anforderungen verschiedener Biobanken – insbesondere mit Blick auf die thematische Bestimmtheit der Forschungszwecke – Rechnung getragen werden.

---

[33] Sobald solche Sammlungen auch für Forschungszwecke verwendet werden, gelten jeweils die für projektbezogene oder thematisch und zeitlich nicht begrenzte Humanbiobanken formulierten Regeln.

4.2.1 Biobankgeheimnis

Biobanken bilden den Schnittpunkt von Interaktionen zwischen verschiedenen Akteuren mit je spezifischen Interessenlagen. Die Forschung benötigt Proben und Daten in Form großer Biobanken, um populationsbezogene Ansätze verfolgen zu können. Insbesondere für Längsschnittuntersuchungen und risikogruppenspezifische Analysen sind dafür individualisierbare Angaben notwendig. Biobanken haben – auch wenn im Einzelfall ein konkret definierter Zweck gegeben ist – immer auch den Charakter einer Material- und Datensammlung, die auch für Projekte zur Verfügung stehen kann, die zum Zeitpunkt der Erhebung noch nicht definiert sind. Personen, die Proben und Daten zur Verfügung stellen, geben Informationen preis, ohne zum Zeitpunkt dieser Preisgabe die spätere Verwendung ihrer Proben und Daten vollständig kennen zu können.

Wenn man Biobanken als Ressource für die wissenschaftliche Forschung akzeptiert, sind Regelungen erforderlich, die eine weniger restriktive Zweckbindung für die Nutzung von Biobankmaterialien und -daten zulassen als im geltenden Datenschutzrecht vorgesehen. Über die projektbezogene Zweckbestimmung hinaus muss es zulässig sein, die Zweckbestimmung auf die medizinische Forschung als Ganze zu beziehen. Zugleich verlangen die quantitativen und qualitativen Veränderungen auf dem Gebiet der Biobankenforschung einen entsprechend verstärkten, effektiven und nachhaltigen Schutz der Grundrechte von Spendern.

Einführung und Absicherung eines Biobankgeheimnisses

Dem dargestellten Schutzerfordernis kann am ehesten ein Biobankgeheimnis Rechnung tragen, welches die in Biobanken gespeicherten oder von deren Betreibern weitergegebenen Proben und Daten gegen alle Zugriffe sichert, die nicht durch den Zweck wissenschaftlicher Forschung legitimiert sind. Als Ausgleich für die Zurücknahme einer konkreten Zweckbindung sollte ein allgemeines Biobankgeheimnis den Schutz der in einer Biobank gespeicherten Proben und Daten gegenüber jedermann gewährleisten. Damit ist sowohl das Verhältnis zwischen den Spendern und allen Personen angesprochen, die auf der Basis einer forschungsbezogenen Nutzungserlaubnis Zugang zu Proben und Daten erlangen, als auch die Abschottung der in Biobanken gespeicherten Proben und Daten gegenüber Dritten (z.B. Versicherungen, Arbeitgebern, staatlichen Instanzen). Das Biobankgeheimnis schützt so die Persönlichkeitsrechte und das Recht auf informationelle Selbstbestimmung der Spender gegen privaten Missbrauch sowie gegen hoheitliche Eingriffe. Dies muss für Sammlungen jeder Größe und Art gelten, die von den in Kapitel 3 genannten drei Kriterien erfasst sind.

In seiner konkreten Ausgestaltung muss das Biobankgeheimnis mehrere Schutzrichtungen haben, für die es Vorbilder im geltenden Recht, aber bisher keine konkrete Regelung für Biobanken gibt:

a) Das Biobankgeheimnis muss eine Schweigepflicht umfassen: Es muss untersagt sein, personenbezogene Proben oder Daten an Personen und Stellen außerhalb des Wissenschaftsbereichs weiterzugeben. Adressaten dieser Schweigepflicht sind nicht nur die Betreiber und Angestellten der Biobank, sondern auch die Forscher und deren Helfer, die die Informationen verwenden. Dies könnte durch Ausweitung der Schweigepflicht erreicht werden, wie sie in § 203 Strafgesetzbuch (StGB) verankert ist.

b) Es muss allen, die mit anonymisierten oder pseudonymisierten Proben oder Daten arbeiten, untersagt sein, Maßnahmen zur Identifikation des Spenders zu ergreifen.

c) Externen Stellen (z.B. Versicherungen, Arbeitgebern) muss ein Verbot der Verwendung von personenbezogenen Informationen, die unter Nutzung von Biobankmaterialien erzielt werden, auferlegt werden.

d) Geregelt werden muss außerdem das Zeugnisverweigerungsrecht der schweigepflichtigen Personen (vergleichbar § 53 Strafprozessordnung – StPO), das diese davor bewahrt, als Zeuge aussagen zu müssen und damit ihre Schweigepflicht gegenüber einer staatlichen Stelle zu durchbrechen.

e) Weiterhin muss das Biobankgeheimnis forschungsexternen Personen und Stellen untersagen, auf die im Wissenschaftsbereich verfügbaren, auf einzelne Proben bezogenen Informationen zuzugreifen. Dies wäre analog zu den Beschlagnahmeverboten des § 97 StPO und vor allem entsprechend den Einschränkungen des Datenabgleichs im Sinne der Rasterfahndung in § 98a StPO zu regeln.

Nach der Rechtsprechung des Bundesverfassungsgerichts flankiert und erweitert das Recht auf informationelle Selbstbestimmung den grundrechtlichen Schutz von Verhaltensfreiheit und Privatheit,

„indem es ihn schon auf der Stufe der Persönlichkeitsgefährdung beginnen lässt. Eine derartige Gefährdungslage kann bereits im Vorfeld konkreter Bedrohungen benennbarer Rechtsgüter entstehen, insbesondere wenn personenbezogene Informationen in einer Art und Weise genutzt und verknüpft werden können, die der Betroffene selbst weder überschauen noch verhindern kann. Der Schutzumfang des Rechts auf informationelle Selbstbestimmung beschränkt sich dabei nicht auf Informationen, die bereits ihrer Art nach sensibel sind und schon deshalb grundrechtlich geschützt werden. Auch der Umgang mit personenbezogenen Daten, die für sich genommen nur geringen Informationsgehalt haben, kann, je nach dem Ziel des Zugriffs und den bestehenden Verarbeitungs- und Verknüpfungsmöglichkeiten, grundrechtserhebliche Auswirkungen auf die Privatheit und Verhaltensfreiheit des Betroffenen haben (...). Die mit dem Recht auf informationelle Selbstbestimmung abzuwehrenden Persönlichkeitsgefährdungen ergeben sich aus den vielfältigen Möglichkeiten des Staates und gegebenenfalls auch privater Akteure (...) zur Erhebung, Verarbeitung und Nutzung personenbezogener Daten. Vor allem mittels elektronischer Datenverarbeitung können aus solchen Informationen weitere Informationen erzeugt und so Schlüsse gezogen werden, die sowohl die grundrechtlich geschützten Geheimhaltungsinteressen des Betroffenen beeinträchtigen als auch Eingriffe in seine Verhaltensfreiheit bringen können (...)."[34]

Im Bereich der Biobanken lassen sich vergleichbare Gefährdungslagen identifizieren. Spender, die Proben und Daten zur Verfügung stellen, geben umfangreiche und mitunter sensible Informationen zu ihrer Person preis und sind von daher in ihren Persönlichkeitsrechten besonders schützenswert. Dies gilt umso mehr, als sie den Zugriff – anders als im Rahmen des üblichen Kontakts mit den bisher in der Regel von Schweigepflicht, Zeugnisverweigerungsrecht und Beschlagnahmeverbot erfassten Berufsangehörigen – nicht im eigenen Interesse, sondern altruistisch ermöglichen. Aufgrund dieser Uneigennützigkeit können sie erst recht erwarten, dass diejenigen Personen, die die tatsächliche Verfügungsgewalt über Proben und Daten erlangen, gegenüber Dritten Stillschweigen über diese Informationen bewahren und auch nicht dazu gezwungen werden können, sie gegen ihren Willen preiszugeben. Sofern dies nicht gesetzlich hinreichend abgesichert ist, wird das Vertrauen und damit die Spendebereitschaft derjenigen unterminiert, auf deren Proben und Daten die Wissenschaft angewiesen ist.

Zugleich spricht die grundgesetzlich garantierte Forschungsfreiheit gemäß Art. 5 Abs. 3 GG dafür, den „forschungsinternen" Datenverkehr besonders zu privilegieren und gegenüber anderen (nicht wissenschaftlichen) Bereichen abzuschotten. Dabei kann der betreffende Kreis von Personen, die innerhalb des Wissenschaftsbereichs tätig sind, nicht über berufliche Merkmale eingegrenzt werden,

---

[34] BVerfGE 120, 274 (312 ff.).

sondern ergibt sich aus der funktionalen Zuordnung zum Aufbau und Betrieb einer Biobank. Unter diesem Gesichtspunkt sind alle Personen in den Adressatenkreis eines Biobankgeheimnisses einzubeziehen, die über einen tatsächlichen Zugriff auf Datenschlüssel und identifizierende Daten verfügen. Sie verwalten gewissermaßen den Zugang zur Personalisierungsmöglichkeit der gespeicherten Proben und Daten. Wegen der zunehmenden Möglichkeit der Re-Identifizierung anonymisierter Proben und Daten muss der Adressatenkreis des Biobankgeheimnisses schließlich auch alle Personen umfassen, die Zugriff auf anonymisierte und pseudonymisierte Proben und Daten haben.

Zeugnisverweigerungsrecht und Beschlagnahmeverbot

Das Biobankgeheimnis sollte, wie dargestellt, auch ein Zeugnisverweigerungsrecht und ein darauf aufbauendes Beschlagnahmeverbot umfassen. Das Bundesverfassungsgericht hat im Jahr 1972 zwar darauf hingewiesen, dass jede Ausdehnung des strafprozessualen Zeugnisverweigerungsrechts auf neue Personengruppen die Möglichkeiten der Strafverfolgungsbehörden einschränke und deshalb möglicherweise die Findung einer materiell richtigen Entscheidung beeinträchtige. Insofern ziehe das im Rechtsstaatsprinzip verankerte Interesse an einer funktionsfähigen Strafrechtspflege der beliebigen Erweiterung der zeugnisverweigerungsberechtigten Personen Grenzen.[35]

Jedoch wurde das Bedürfnis nach einer Ausweitung des Kreises der Zeugnisverweigerungsberechtigten durchaus anerkannt. Spätere Ergänzungen des § 53 Abs. 1 S. 1 StPO um weitere Personengruppen, die kraft ihres Berufes mit sensiblen Informationen umzugehen haben, betrafen etwa Drogenberater oder Psychotherapeuten. Auch mit der Schaffung eines Zeugnisverweigerungsrechts für Personen, die mit Biobankmaterialien und -daten umgehen, käme der Gesetzgeber seinem besonderen Schutzauftrag für persönliche Daten nach. Ein Biobankgeheimnis, das ein Zeugnisverweigerungsrecht umfasst, ist nämlich zum Schutz des allgemeinen Persönlichkeitsrechts und des Rechts auf informationelle Selbstbestimmung gemäß Art. 1 in Verbindung mit Art. 2 GG gerechtfertigt.

Gesundheitsdaten sind generell sensible Daten. Das gilt für genetische Daten in gesteigertem Maße. Denn in Verbindung mit anderen Daten, die in epidemiologischen Studien gesammelt werden, können Personen gewissermaßen „durchleuchtet" werden. Damit werden der Kernbereich der menschlichen Lebensführung, die Privatheit und das Recht auf informationelle Selbstbestimmung tangiert. Dem Einwand, dass die Spender oder Patienten ihre Daten freiwillig preisgeben, also gerade ungehindert ihr Recht auf informationelle Selbstbestimmung ausüben, steht entgegen, dass der Einzelne trotz Aufklärung und Einwilligungserklärung nicht abschätzen kann, wer seine Daten zu welchen Zwecken verwendet, insbesondere ob, wann und wie der Staat oder andere Organisationen Zugriff nehmen können.[36]

Das Zeugnisverweigerungsrecht ist nach der Strafprozessordnung mit einem Beschlagnahmeverbot verbunden. § 97 StPO sieht grundsätzlich ein Verbot der Beschlagnahme vor, wenn die Gegenstände sich im Gewahrsam von Personen befinden, die sich auf ein Zeugnisverweigerungsrecht gemäß § 53 StPO berufen können.

Allerdings ermöglichen die Regelungen zur Gefahrenabwehr den Zugriff auf Informationen unter weniger restriktiven Voraussetzungen, als dies bei der Strafverfolgung möglich ist. Denn die Regeln zur Gefahrenabwehr haben nicht die Überführung eines Täters in einem formalisierten Verfahren

---

[35] BVerfGE 33, 367 (383). Die dort entwickelten Grundsätze wurden in ständiger Rechtsprechung fortgeschrieben, vgl. BVerfGE 36, 193 (203, 211); BVerfGE 38, 312 (321); BVerfGE 44, 353 (378); BVerfG, Beschl. v. 18.01.1996, 2 BvR 2886/95, NJW 1996, 1587.
[36] Vgl. BVerfGE 120, 274 (312) – Online-Durchsuchung; 118, 168 (184) – Lauschangriff.

zum Ziel, sondern dienen dem präventiven Schutz der öffentlichen Sicherheit und Ordnung und damit auch der Rechte und Rechtsgüter der Bürger. Die Befugnisse der Behörden zur Gefahrenabwehr, etwa bei unmittelbar bevorstehender Gefahr für Leib oder Leben, sind entsprechend allgemeiner gefasst und gehen weiter.[37]

Selbst im Bereich der Gefahrenabwehr ist es jedoch verfassungsrechtlich problematisch, dem Staat gesetzlich den Zugriff auf die in Biobanken gespeicherten besonders sensiblen Daten, die ausschließlich zu Zwecken wissenschaftlicher Forschung und aus altruistischen Gründen in Biobanken bevorratet werden, zu ermöglichen.[38] Jedenfalls muss vermieden werden, dass die vergleichsweise strengen Regelungen der Strafverfolgung über den Weg der Gefahrenabwehr unterlaufen werden. Deshalb sollte eine gesetzliche Regelung für Biobanken ausdrücklich ein Beweisverwertungsverbot für den Fall vorsehen, dass Informationen für Gefahrenabwehrzwecke gewonnen wurden, jedoch die engeren Voraussetzungen einer Verwendung für Strafverfolgungszwecke nicht vorliegen.[39]

Aus praktischen Gründen mag die Eignung einer Biobank als Informationsquelle für die Tätigkeit der Strafverfolgungs- und Gefahrenabwehrbehörden zweifelhaft sein. Die Wahrscheinlichkeit, dass die Probe bzw. der Datensatz eines Straftäters in einer Biobank gespeichert ist, dürfte derzeit gering sein. Außerdem entsprechen die in wissenschaftlichen Datenbanken gespeicherten DNA-Muster nicht denjenigen DNA-Profilen, die in forensischen Untersuchungen erhoben werden. Ein direkter Abgleich zwischen einer Täterspur (bzw. einem aus zurückgelassenen Körperzellen erhobenen DNA-Profil) und den im Forschungskontext erhobenen DNA-Mustern ist also derzeit nicht möglich. Allerdings haben die Ermittlungen im Fall des Mordes an der schwedischen Außenministerin Anna Lindh gezeigt, dass Biobanken bereits in der Vergangenheit durchaus für die Strafverfolgung geeignet waren.[40] Erst recht sind für die Zukunft Bedingungen vorstellbar, unter denen sich Biobanken stärker zur Gefahrenabwehr oder zu strafrechtliche Ermittlungen eignen können. Zurzeit wird in der Biobankforschung darüber nachgedacht, jede eingelagerte Probe durch die Extraktion eines spezifischen DNA-Musters zweifelsfrei zu beschreiben, und zwar in ähnlicher Weise, wie dies mithilfe forensischer DNA-Untersuchungen bewerkstelligt wird. Der Hintergrund dafür ist das Bemühen um Qualitätssicherung; man möchte vermeiden, dass Proben verwechselt oder bei Beschädigung der Beschriftung unbrauchbar werden.[41] Sollte dies flächendeckend in die Praxis umgesetzt und sollten Biobankproben durch ein universell anwendbares DNA-Muster charakterisiert werden, würde dies die Nutzung von Biobanken für die Gefahrenabwehr- und Strafverfol-

---

[37] Vgl. § 20c Abs. 3 Bundeskriminalamtgesetz (BKAG). Zur Bekämpfung von Gefahren für den Staat, Leib, Leben oder Freiheit kann auch von Zeugnisverweigerungsberechtigten, mit Ausnahme von Strafverteidigern, Geistlichen und Abgeordneten, Auskunft verlangt werden. Weiter etwa § 9a Abs. 2 Polizeigesetz Baden-Württemberg: Soweit eine unmittelbare Gefahr für Leib oder Leben besteht, sind auch bestimmte Berufsgeheimnisträger (z.B. Ärzte) zur Aussage verpflichtet und müssen die Beschlagnahme von Gegenständen in ihrem Gewahrsam dulden.

[38] Siehe dazu insbesondere jüngst die Entscheidung des BVerfG zur Vorratsdatenspeicherung: BVerfG, 1 BvR 256/08 vom 02.03.2010, Absatz-Nr. (1–345). Online im Internet: http://www.bundesverfassungsgericht.de/entscheidungen/rs20100302_1bvr025608.html [03.05.2010].

[39] Vgl. § 20c Abs. 3 S. 5 BKAG, wonach die gewonnenen Informationen nur für die Abwehr bestimmter Gefahren verwendet werden dürfen. Ähnlich etwa § 12 Abs. 2 S. 3 Hessisches Gesetz über Sicherheit und Ordnung; dort ist ausdrücklich eine Verwendungsbeschränkung auf die Zwecke der Gefahrenabwehr angeordnet; eine Verwendung der gewonnenen Erkenntnisse für das Strafverfahren ist ausgeschlossen.

[40] Siehe Fn. 20.

[41] Vgl. Pakstis, A. J. et al.: SNPs for a universal individual identification panel. Human Genetics 127, 3 (2010), S. 315–324;
Pakstis, A. J. et al.: Candidate SNPs for a universal individual identification panel. Human Genetics 121, 3–4 (2007), S. 305–317.

gungsbehörden erheblich erleichtern; aus der Tatortspur könnte dann das gleiche Muster extrahiert und mithilfe eines automatischen Suchverfahrens mit dem der Proben einer Biobank abgeglichen werden.

Wird ein solches Vorgehen möglich, käme es der verdachtsunabhängigen Kontrolle einer Vielzahl von Personen gleich. Bei der gebotenen Abwägung zwischen dem Interesse des Staates an Gefahrenabwehr bzw. Strafverfolgung und dem der Spender am Schutz ihrer hochsensiblen persönlichen Daten ist der Grundsatz der Verhältnismäßigkeit zu beachten: Die Nutzung solcher Daten stellt einen erheblichen Eingriff in den besonders geschützten Bereich der privaten Lebensführung von Tausenden unverdächtiger Probanden dar. Der Staat sollte sich deshalb zurückhalten, zumal ihm genügend andere Mittel zur Verfügung stehen. Der Spenderschutz sollte den Vorrang genießen.

Schlussfolgerungen

Insgesamt muss ein Biobankgeheimnis folgende Voraussetzungen erfüllen:

a) Es muss ab der Gewinnung der Proben und Erhebung zugehöriger Daten für die Dauer ihrer Existenz gelten.

b) Es muss die Verarbeitung und Übermittlung von Proben und zugehörigen Daten allein auf die Zwecke wissenschaftlicher Forschung begrenzen.

c) Es muss die Unzugänglichkeit gegenüber allen forschungsexternen Dritten garantieren und durch entsprechende Verwendungsverbote absichern.

d) Es muss den bestimmungsgemäßen Gebrauch und die auf diesen Gebrauch beschränkte Weitergabe von anonymisierten und pseudonymisierten Proben und Daten ermöglichen und zugleich sicherstellen.

e) Eine Weitergabe personenbezogener Proben und Daten innerhalb der Wissenschaft darf nur erfolgen, soweit dies für Forschungszwecke erforderlich ist.

Ein Biobankgeheimnis im vorstehend dargestellten Sinne kann nur durch Gesetz eingeführt werden.

Das EU-Recht steht einem solchen Gesetz nicht entgegen. Regelungen, die den Datenschutz sichern sollen, beruhen in der Union, jedenfalls im nichtöffentlichen Bereich, auf einer gemeinsamen Grundlage, der EG-Datenschutzrichtlinie von 1995[42], die deshalb auch einen ungehinderten Datenaustausch gewährleistet. Diese Richtlinie sieht allerdings ebenso wenig wie die in den anderen Mitgliedsländern geltenden Vorschriften ein Forschungsgeheimnis vor. Ebenso klar ist, dass die in der Richtlinie enthaltenen Bestimmungen der Forschung entgegenkommen, zugleich jedoch besondere Garantien zum Schutz der Betroffenen verlangen. Das Biobankgeheimnis entspricht genau dieser Erwartung und ist deshalb richtlinienkonform.

---

[42] Richtlinie 95/46/EG des Europäischen Parlaments und des Rates vom 24. Oktober 1995 zum Schutz natürlicher Personen bei der Verarbeitung personenbezogener Daten und zum freien Datenverkehr. Online im Internet: http://eur-lex.europa.eu/LexUriServ/LexUriServ.do?uri=CELEX:31995L0046:DE: NOT [03.05.2010].

4.2.2 Festlegung der zulässigen Nutzung

Einwilligungserfordernis

Grundsätzlich kann die Legitimation zur Verwendung menschlicher Körpersubstanzen und zugehöriger Daten auf zwei Wegen herbeigeführt werden, nämlich über eine gesetzliche Festlegung oder eine individuelle Einwilligung des Spenders. Eine gesetzliche Regelung hat den Vorteil, dass sie abstrakt-generell die Befugnisse zur Verwendung der Proben und Daten festlegt und damit der Forschung ein hohes Maß an Rechtssicherheit und Einheitlichkeit beschert. Dies begegnet aber dem Einwand, dass der damit einhergehende hoheitliche Eingriff in die Persönlichkeitsrechte, insbesondere in das Recht auf informationelle Selbstbestimmung der Spender, kaum zu rechtfertigen ist. Es kann gute Gründe geben, warum jemand seine Proben und Daten nicht für die Forschung oder jedenfalls nicht für bestimmte Forschung zur Verfügung stellen möchte. Eine solche Entscheidung fällt unter die „Privatheit und Verhaltensfreiheit", die nach der zitierten Argumentation des BVerfG (vgl. 4.2.1) grundrechtlichen Schutz genießt. Deshalb sollte am grundsätzlichen Erfordernis einer Einwilligung des jeweiligen Spenders festgehalten werden.[43] Dies gilt erst recht für die Gewinnung von Proben aus dem Körper eines Menschen.

Das Erfordernis der Einwilligung sollte generell auch für Proben und Daten gelten, die erst nach einer geplanten Anonymisierung oder Pseudonymisierung in eine Biobank eingestellt werden sollen. Auch für den Fall, dass eine thematisch und zeitlich eng begrenzte Sammlung ohne geplante Weitergabe an Dritte in eine Biobank ohne derartige Begrenzungen überführt oder umgewandelt werden soll, muss die Einwilligung der Spender hierfür vorliegen.[44]

Individuelle Zweckbindung

Nicht nur die Einwilligung selbst, auch deren Reichweite ist von zentraler Bedeutung für die Arbeit einer Biobank. Mit seiner Einwilligung erteilt der Spender nicht nur eine Nutzungserlaubnis, sondern bewirkt auch ihre Bindung an spezifische Zwecke. Unter der Voraussetzung, dass der Spender darüber hinreichend klar informiert wurde und er entsprechend eingewilligt hat, sollte es möglich sein, dass seine Proben und die damit verbundenen Daten ohne Beschränkung auf ein bestimmtes Forschungsprojekt oder eine bestimmte Forschungsrichtung zeitlich unbegrenzt für wissenschaftliche Forschung verwendet werden. Zugleich sollte dem Spender die Möglichkeit offen stehen, individuell bestimmte Verwendungen, die er nicht wünscht, auszuschließen. Freilich kann der Biobankbetreiber die Spende von Proben, die mit einer aus seiner Sicht zu engen Zweckbindung verknüpft sind, ablehnen.

Zur Absicherung der individuellen Zweckbindung gehört auch, dass der Spender die Einwilligung zur Verwendung der Proben und Daten jederzeit widerrufen kann und dass auf dieses Widerrufsrecht nicht verzichtet werden kann. Der Widerruf kann sich naturgemäß nur auf identifizierbare, noch nicht anonymisierte Proben und Daten beziehen. Zudem sollte keine Pflicht bestehen, bereits erzielte Forschungsergebnisse zu vernichten, sofern darin die Daten nur in aggregierter Form und ohne Personenbezug enthalten sind. Darüber hinaus sollte es möglich sein, mit den Spendern zu

---

[43] Auf das Problem des Einverständnisses nicht einwilligungsfähiger Personen wird hier nicht näher eingegangen. Insoweit wird auf die Stellungnahme „Biobanken für die Forschung" des Nationalen Ethikrates (S. 82 ff., vgl. Fn. 2) und den Bericht der Enquete-Kommission Recht und Ethik der modernen Medizin (S. 329 ff., vgl. Fn. 5) verwiesen.
[44] Für Altproben, die vor dem Inkrafttreten gesetzlicher Regelungen zu Biobanken gewonnen worden sind, verweist der Deutsche Ethikrat auf das allgemeine Datenschutzrecht und auf die Stellungnahme des Nationalen Ethikrates (vgl. Fn. 2).

vereinbaren, dass Proben und Daten im Falle eines Widerrufs der Einwilligung lediglich anonymisiert und nicht vernichtet werden müssen; hierbei muss dem Spender allerdings deutlich erklärt werden, dass eine absolut sichere Anonymisierung in vielen Fällen nicht möglich ist.

Die Zweckbindung muss gesetzlich bzw. vertraglich so konstruiert sein, dass sie nicht nur Biobankbetreiber verpflichtet, sondern alle Personen, die Zugriff auf die Proben und Daten haben. Auf der technischen Ebene kann eine derart „mitlaufende" Nutzungserlaubnis in Gestalt von direkt an die Daten gebundenen *tags*[45] dafür sorgen, dass bei jeder Nutzung die entsprechenden Angaben unmittelbar vorliegen und dass sie mit der Weitergabe von Biobanken oder einzelnen Proben oder Daten ebenfalls unmittelbar weitergegeben werden.

Information der Spender

Wenn auch, wie dargestellt, am Erfordernis der Einwilligung des Spenders festgehalten werden sollte, so gestattet es das geforderte Biobankgeheimnis doch, die Anforderungen an die *Information* des Spenders über zukünftig mögliche Forschungsprojekte einzuschränken. Denn im gleichen Ausmaß, in dem er berechtigterweise darauf vertrauen kann, dass mit seinen Proben und Daten kein Missbrauch getrieben wird, kann er – sofern er dies möchte – als Ausdruck seines Vertrauens auf detaillierte Informationen verzichten. Anders gesagt, kann der Grad der Informiertheit im gleichen Ausmaß gesenkt werden, in dem der Betroffene von Kontrollaufgaben entlastet wird und diese auf andere Institutionen und Sicherungsmechanismen übertragen werden. Das bedeutet:

Sofern der (potenzielle) Spender seine Einwilligung von bestimmten Informationen abhängig macht, müssen ihm entweder diese Informationen gegeben oder es muss auf die Verwendung seiner Proben bzw. Daten für die Biobank verzichtet werden.

Im Übrigen genügt es, wenn ihm ausreichende Informationen über die Aufgaben der Biobank sowie mögliche Übermittlungen an Dritte gegeben werden. Hierzu gehören:

a) Freiwilligkeit der Spende,

b) Träger der Biobank,

c) alleinige Verwendung (einschließlich Weitergabe) für wissenschaftliche Forschungszwecke, die eine spätere kommerzielle Nutzung der Forschungsergebnisse mit einschließen können,

d) Anlässe und Verfahren für eine mögliche erneute Kontaktaufnahme mit dem Spender

– zur Erhebung weiterer Daten,

– zur Einholung einer erweiterten Einwilligung,

– zur Rückmeldung von individuellen Forschungsergebnissen,

e) Anonymisierung oder Pseudonymisierung von Proben und Daten,

f) Hinweis auf die mögliche Weitergabe von Proben und Daten, auch ins europäische oder außereuropäische Ausland,

g) das Recht, die Einwilligung zur Nutzung von Proben und personenbezogenen Daten zu beschränken und zu widerrufen,

---

[45] Der englische Begriff *tag* (deutsch: Etikett, Aufkleber, Auszeichner) steht in der Informatik für die Auszeichnung eines Datenbestandes mit zusätzlichen Informationen, die je nach Verwendungsgebiet sehr unterschiedlichen Zwecken dienen können. *Tags* sind also Meta- oder Zusatzinformationen zu Daten, die über deren Ursprung und/oder Verwendungszweck Auskunft geben.

h) Verbleib von Proben und Daten beim Widerruf und bei Beendigung der Biobank.

4.2.3 Einbeziehung von Ethikkommissionen

Für die Forschung am Menschen oder mit personenbezogenen Daten sehen zahlreiche Vorschriften[46] die Einschaltung einer Ethikkommission vor, manche dabei die bloße Pflicht zur Beratung, manche darüber hinaus die Pflicht zur Einholung eines zustimmenden Votums. Forschung mit Biobankmaterialien wird von den Vorschriften häufig nicht erfasst.

Bei Geltung eines Biobankgeheimnisses ist es nicht erforderlich, ein Votum einer Ethikkommission für jedes einzelne Forschungsprojekt, das mit Biobankproben oder -daten arbeiten soll, gesetzlich vorzusehen. Das Biobankgeheimnis wehrt einen Großteil der mit der Biobankforschung einhergehenden Gefährdung der Persönlichkeitsrechte der Spender ab. Es schützt die Proben und Daten gegen Zugriffe von außen und verhindert ihre forschungsfremde Verwendung.

Bei Sammlungen ohne thematische und zeitliche Begrenzung sind weitere Absicherungen erforderlich. Erstens sollte sich die Biobank einer Systemevaluation unterziehen müssen.[47] Zweitens sollte eine periodische Evaluierung der Aktivitäten der Biobank durch eine Ethikkommission auf der Grundlage eines Berichts erfolgen, der detailliert über die vergangenen Biobankaktivitäten einschließlich der durchgeführten Projekte Auskunft gibt. Die Evaluierung der Biobankaktivitäten wird zudem im Zusammenwirken mit Maßnahmen zur Sicherung der Transparenz (siehe 4.2.5) die Biobankbetreiber veranlassen, ethisch problematische Forschung mit den in der Biobank verfügbaren Proben und Daten nicht zu gestatten.

Ein zustimmendes Votum einer Ethikkommission *vor* Durchführung eines Forschungsprojekts ist auf jeden Fall dann erforderlich, wenn die Forscher mit personenbezogenen, nicht pseudonymisierten Proben und Daten arbeiten wollen oder eine Rekontaktierung der Spender beabsichtigt ist. In beiden Fällen wird besonders intensiv in den persönlichkeitsrechtlichen Bereich des Spenders eingegriffen, was einer vorherigen ethisch-rechtlichen Beurteilung bedarf.

Dies setzt allerdings voraus, dass der Auftrag der Ethikkommission eine entsprechende Zuständigkeit umfasst, was bisher nicht durchgängig der Fall ist. Insofern haben diejenigen Institutionen, die die Zuständigkeit der jeweiligen Ethikkommission festlegen, für eine entsprechende Ausweitung der Zuständigkeit zu sorgen. Neben den für eine Biobank lokal zuständigen Ethikkommissionen sollten sich aber auch die für die betreffenden Forscher zuständigen Ethikkommissionen der Beratung von Biobankprojekten annehmen.

4.2.4 Qualitätssicherung

Mit der Verarbeitung personenbezogener Daten übernimmt die Biobank die Verantwortung für die Datensicherheit. Die zu treffenden Maßnahmen müssen die Persönlichkeitsrechte der Spender während der gesamten Existenz von Proben und Daten, also vom Zeitpunkt ihrer Erhebung bis zu

---

[46] Für bestimmte Fälle (Arzneimittelforschung, Medizinproduktforschung, Forschung mit radioaktiven Stoffen oder ionisierender Strahlung) ist durch Gesetz, für bestimmte Berufe (z.B. Ärzte) durch Berufsrecht, für Angehörige bestimmter Organisationen (z.B. Universitätsangehörige) durch Satzungs- und Organisationsrecht der jeweiligen Einrichtung oder durch Vorgaben von Forschungsförderungsinstitutionen die Einschaltung von interdisziplinär besetzten Ethikkommissionen vorgesehen, soweit es sich um Forschung am Menschen und/oder Forschung mit personenbezogenen Daten handelt.

[47] Vgl. Anlage zu § 9 BDSG.

ihrer Vernichtung sichern. Zu diesem Zweck müssen die folgenden Bedingungen umgesetzt werden:

a) Proben und Daten müssen durch angemessene technische und organisatorische Maßnahmen vor missbräuchlicher Verwendung wirksam geschützt werden.
b) Es muss eine Trennung zwischen den die Betroffenen identifizierenden Daten einerseits und den Proben und übrigen Daten andererseits so früh wie möglich, spätestens aber bei Aufnahme in die Biobank erfolgen.
c) Es sind seitens der Biobank klare Regeln für den Zugang zu und die Nutzung von Proben und Daten festzulegen.

Für thematisch und zeitlich nicht begrenzte Biobanken müssen im Bereich des Datenschutzes weitere qualitätssichernde Maßnahmen etabliert werden. Qualitätssicherung zielt darauf ab, die Eignung von Datenschutzmaßnahmen für den angestrebten Zweck festzustellen und zu überprüfen sowie ihre Qualität langfristig zu sichern. Eine Möglichkeit der Qualitätssicherung besteht beispielsweise darin, das Datenschutzkonzept der Biobank auf seine Vereinbarkeit mit den Vorschriften des Datenschutzes zu prüfen und bewerten zu lassen (Datenschutzaudit). Eine andere Möglichkeit sind regelmäßige, nicht anlassbezogene Überprüfungen der Biobank.

d) Dafür ist es erforderlich, die Aufbau- und Ablauforganisation in der Biobank festzulegen.
e) Die Datenverarbeitung muss transparent gemacht werden. Grundlage dafür ist die lückenlose Dokumentation

   – der Herkunft der aufbewahrten Proben und Daten, ihres Verwendungszwecks, des Kreises der Zugangsberechtigten sowie der Voraussetzungen für den Zugang,
   – der Zugriffe auf Proben und Daten,
   – der Weitergabe von Proben und Daten; die Weitergabe von Proben und Daten sowie die Modalitäten ihrer Nutzung durch Dritte (die Probenempfänger) müssen nachvollziehbar sein und in einem Transfervertrag (*Material Transfer Agreement*) geregelt werden.

f) Weiterhin sind die Verantwortlichkeiten im Bereich des Datenschutzes eindeutig zu definieren; dabei müssen Rollenkonflikte vermieden werden.
g) Als Bedingung für die Möglichkeit von Transparenz ist die Einführung von Arbeitsanweisungen (*Standard Operating Procedures*, SOPs) erforderlich, um eine einheitliche Durchführung datenschutzrelevanter Tätigkeiten sicherzustellen.

4.2.5 Transparenz

Transparenz erfordert für alle Biobanken eine vollständige Dokumentation des Umgangs mit den jeweiligen Proben und Daten, wie sie bereits heute den Anforderungen guter wissenschaftlicher Praxis entspricht.

An thematisch und zeitlich nicht begrenzte Biobanken sind jedoch weitere Anforderungen zu stellen, denn Transparenz ist hier ein wichtiges flankierendes Instrument zum Schutz der Spenderinteressen. Sie ist die Grundlage möglicher Kontrolle, da sie Prozesse der Sammlung, Speicherung und Weitergabe von Proben und Daten nachvollziehbar macht. Im Übrigen dient Transparenz indirekt auch den Interessen der Forscher, da dadurch die Kooperationsbereitschaft von Spendern erhöht werden dürfte.

Das Gebot einer so definierten Transparenz bezieht sich auf die prozedurale und institutionelle Ausgestaltung von thematisch und zeitlich nicht eng begrenzten Biobanken. Angesichts des nicht von vornherein im Detail bestimmbaren Verwendungszwecks von Biobankproben und -daten müssen die Spender während der gesamten Nutzungsdauer der Proben und Daten die Möglichkeit haben, die Sammlungs-, Speicherungs- und Weitergabemodalitäten sowie die Forschungszwecke, für die Proben und Daten im Einzelnen verwendet werden, nachzuvollziehen, um beispielsweise ihr Recht auf Widerruf geltend zu machen. Durch die dauerhafte Sicherung von Transparenz kann die zum Zeitpunkt der Abgabe der Einwilligung eingeschränkte Informiertheit der Spender weitgehend kompensiert werden.

Konkret sollte Transparenz durch folgende Vorkehrungen sichergestellt werden:

a) die Einrichtung eines öffentlich zugänglichen Biobankregisters mit Angaben zum Inhalt und zur Organisationsstruktur der Biobank,

b) den öffentlichen Zugang (z.B. über ein Internetportal) zu

- Angaben zu Rechtsform, datenschutzrechtlich verantwortlichen Stellen, Datenschutzbeauftragten, zuständigen Aufsichtsbehörden,
- der Angabe von Zuständigkeiten im Organisationsbereich der Biobank,
- der Angabe von Ansprechpartnern und Möglichkeiten zur Gewinnung vertiefender Informationen,
- einer klaren und allgemein verständlichen Darstellung der Regeln über Sammlung, Verwendung und Weitergabe von Proben und Daten,
- einer klaren, allgemein verständlichen und aktuellen Darstellung der Zwecke, für die Proben und Daten genutzt bzw. weitergegeben wurden,
- regelmäßig veröffentlichten, allgemein verständlichen Berichten über die Aktivitäten der Biobank[48],
- regelmäßig veröffentlichten Berichten zu Maßnahmen der Qualitätssicherung.

4.3 Internationale Sicherung des Spenderschutzes

Eine internationale Kooperation setzt auch die Möglichkeit voraus, die in inländischen Biobanken vorhandenen Proben und Daten ins Ausland weiterzugeben. In der Regel erfolgt dies in pseudonymisierter oder anonymisierter Form.

Allerdings können mit der Weitergabe pseudonymisierter Proben und Daten erhebliche Komplikationen verbunden sein, wenn die ausländische Rechtsordnung kein vergleichbares Schutzniveau wie im Inland zur Verfügung stellt. Im Inland etablierte Regelungen für Biobanken laufen im Ausland somit ggf. ins Leere. Dann bestünde, bezogen auf ein Biobankgeheimnis, beispielsweise die Gefahr, dass eine ausländische Behörde, die nach ihrem eigenen Recht auf Biobankmaterialien und -daten zugegriffen hat, die daraus gewonnenen Informationen an deutsche Ermittlungsbehörden weiterleitet und diese die Daten zu Strafverfolgungszwecken verwenden.

Vorsorge kann durch mehrere Maßnahmen getroffen werden:

Zum Ersten und vor allem sollte eine strikte Trennung von Biobankmaterialien und -daten einerseits und Referenzlisten andererseits, mit deren Hilfe die pseudonymisierten Proben und Daten den

---

[48] Dies bedeutet nicht, dass alle Spender – ggf. unaufgefordert – über die mithilfe ihrer Probe gewonnenen individuellen Daten informiert werden. Zur Rückmeldung der Forschungsergebnisse an den Spender siehe Nationaler Ethikrat 2004, S. 17, 68 f. (vgl. Fn. 2).

jeweiligen Spendern zugeordnet werden können, stattfinden. Die Referenzlisten bzw. die darin enthaltenen Verknüpfungen mit personenbezogenen Daten sollten nicht ins Ausland weitergegeben werden dürfen.

Zum Zweiten sollte festgelegt werden, dass ausländische Forscher vor Erhalt der Proben und Daten jedenfalls vertraglich zur Einhaltung des Biobankgeheimnisses verpflichtet werden müssen, soweit dies durch die jeweils für sie zuständige Rechtsordnung zulässig ist. Kann die Verpflichtung nicht erfolgen, hat die Biobank zu prüfen, ob wegen einer Gefährdung des Spenderschutzes im Einzelfall die Weitergabe zu versagen ist.

Zum Dritten sollte das Biobankgeheimnis gegen Rechtsunterschiede bei staatlichen Zugriffsmöglichkeiten in der Weise gesichert werden, dass Informationen aufgrund ausländischer Zugriffe auf Proben und Daten jedenfalls im Inland einem strafprozessualen Beweisverwertungsverbot unterliegen, sofern auf die Proben und Daten nicht auch im Inland in rechtmäßiger Weise hätte zugegriffen werden dürfen.

Deutschland sollte die Initiative ergreifen, international einheitliche Schutzstandards für Biobankmaterialien und -daten herbeizuführen. Soweit es um eine Weitergabe innerhalb der Europäischen Union geht, spricht alles dafür, die innerhalb der EU mit der Forschung und dem Datenschutz befassten Gremien möglichst schnell einzuschalten, um eine ebenso explizite wie europaweite Anerkennung des Biobankgeheimnisses zu erreichen.

Über die Grenzen der EU hinaus sollte eine internationale Konvention zu den Voraussetzungen der Verwendung personenbezogener Proben und Daten für Forschungszwecke angeregt werden, die auch auf das Biobankgeheimnis eingehen müsste. Ansätze dazu finden sich in den Empfehlungen des Europarates zur Forschung mit humanem biologischen Material von 2006[49] sowie in den gegenwärtig laufenden Beratungen der OECD, die allerdings bisher lediglich die Vorstufe einer geplanten Empfehlung (*Recommendation on Human Biobanks and Genetic Research Databases*, Juli 2009) darstellen.

5 Zusammenfassung und Empfehlungen

Zusammenfassung

Als Humanbiobanken bezeichnet man gemeinhin Sammlungen von Proben menschlicher Körpersubstanzen (z.B. Gewebe, Blut, DNA), die mit personenbezogenen Daten und soziodemografischen Informationen über die Spender des Materials verknüpft sind. Sie haben einen Doppelcharakter als Proben- und Datensammlungen. Die meisten derzeit existierenden Biobanken sind Forschungsbiobanken, also Einrichtungen, die Proben und Daten humanen Ursprungs sammeln und sie entweder für die Eigenforschung nutzen oder Dritten für Forschungszwecke zur Verfügung stellen. Sie spielen bei der Erforschung der Ursachen und Mechanismen zahlreicher Erkrankungen und ihrer Behandlung eine zentrale Rolle und sind häufig für die Nutzung zu verschiedenen und teilweise sich erst künftig ergebenden Forschungszwecken konzipiert.

Biobanken werfen ethische und rechtliche Fragen auf, die vom Schutz individueller Rechte bis hin zur globalen Regulierung von Forschungsinfrastrukturen reichen. Das im Februar 2010 in Kraft getretene Gesetz über genetische Untersuchungen am Menschen (Gendiagnostikgesetz – GenDG) regelt diese Fragen nicht. Gemäß § 2 Abs. 2 gilt das Gesetz unter anderem nicht für genetische

---

[49] Council of Europe Committee of Ministers (Hg.): Recommendation Rec(2006)4 of the Committee of Ministers to member states on research on biological materials of human origin. Online im Intenet: https://wcd.coe.int/ViewDoc.jsp?id=977859 [27.05.2010].

Untersuchungen und Analysen, die zu Forschungszwecken vorgenommen werden. Von daher existieren für den Bereich der Biobanken bislang in Deutschland keine spezifischen rechtlichen Vorschriften.

Sowohl der Nationale Ethikrat[50] als auch die Enquete- Kommission[51] des Deutschen Bundestages haben sich in früheren Stellungnahmen mit Biobanken befasst. Seither hat die Entwicklung in diesem Bereich jedoch an Dynamik gewonnen. Es werden nicht nur ständig weitere Biobanken etabliert, sondern auch ihre Nutzung nimmt neue Formen und Dimensionen an, die eine erneute Befassung mit dem Thema notwendig machen. Zu den neuen Entwicklungen gehören die quantitative Ausweitung, die Steigerung des Informationsgehaltes, die wachsende Re-Identifizierbarkeit von Spendern, steigende Trends bei der Vernetzung, Internationalisierung, Privatisierung und Kommerzialisierung sowie die Ausweitung der Nutzungszwecke und Zugriffe durch Dritte.

Diese Entwicklungen erfordern, dass die zurzeit existierenden Bestimmungen an die neuen Gegebenheiten angepasst werden.

Vor dem Hintergrund der in dieser Stellungnahme entwickelten Überlegungen und Kriterien formuliert der Deutsche Ethikrat im Folgenden eine Reihe von Empfehlungen für die Umsetzung des hier vorgestellten Fünf-Säulen-Konzeptes. Diese decken nicht alle im Zusammenhang mit der Einrichtung, dem Betrieb und der Regulierung von Biobanken zu berücksichtigenden Gesichtspunkte ab. Bezüglich der hier nicht behandelten Fragen sei auf die eingangs genannte frühere Stellungnahme des Nationalen Ethikrates verwiesen.

I. *Allgemeine Empfehlungen*

I.1 Der Deutsche Ethikrat empfiehlt, gesetzliche Regelungen über Humanbiobanken für die Forschung (nachfolgend: Biobanken) zu erlassen, die den spezifischen Anforderungen an den rechtlichen Schutz der in Biobanken vorhandenen Proben und Daten Rechnung tragen.

I.2 Diese Empfehlungen erstrecken sich auf jede Sammlung, welche die folgenden drei Kriterien erfüllt:

a) Es handelt sich um eine Sammlung von erbsubstanzhaltigem menschlichen Material mit dazugehörigen Daten.

b) Ihre Proben sind mit personenbezogenen Angaben (ggf. pseudonymisiert) und weiteren, insbesondere gesundheitsbezogenen Informationen elektronisch verknüpft.

c) Ihre Proben und Daten werden für Zwecke der wissenschaftlichen Forschung gesammelt, aufbewahrt oder verwendet.

I.3 Der Deutsche Ethikrat empfiehlt, Sammlungen, die thematisch und zeitlich eng begrenzt sind und bei denen keine Weitergabe an andere Stellen im Sinne des Datenschutzrechts geplant ist, von den folgenden Empfehlungen II.3 c), II.4 b), II.5 b) und II.5 c) auszunehmen. Für den Fall, dass eine solche Sammlung in eine Biobank ohne derartige Begrenzungen überführt oder umgewandelt wird, muss eine Einwilligung der Spender hierfür vorliegen, und die Spender müssen über den Verbleib ihrer Proben und Daten informiert werden.

---

[50] Nationaler Ethikrat 2004 (vgl. Fn. 2).
[51] Enquete-Kommission Recht und Ethik der modernen Medizin 2002 (vgl. Fn. 5).

II. Empfehlungen für ein Fünf-Säulen-Konzept

II.1 Biobankgeheimnis

Biobanken als Ressource für die wissenschaftliche Forschung lassen eine enge Zweckbindung bei der Verwendung von Proben und Daten nicht zu. Auch eine Vorausinformation der Spender über die genauen Verwendungszwecke und über die Dauer der Aufbewahrung und Nutzung ist in der Regel nicht möglich. Beides sollte durch eine ausschließlich der wissenschaftlichen Forschung vorbehaltene Nutzung in Verbindung mit einem Biobankgeheimnis kompensiert werden.

Das Biobankgeheimnis muss die folgenden Voraussetzungen erfüllen:

a) Es muss ab der Gewinnung der Proben und Erhebung der zugehörigen Daten für die gesamte Dauer ihrer Existenz gelten.

b) Es muss die Verarbeitung und Übermittlung von Proben und zugehörigen Daten allein auf die Zwecke wissenschaftlicher Forschung begrenzen.

c) Es muss die Unzugänglichkeit gegenüber allen forschungsexternen Dritten garantieren und durch entsprechende Verwendungsverbote absichern.

d) Es muss den bestimmungsgemäßen Gebrauch und die auf diesen Gebrauch beschränkte Weitergabe von anonymisierten und pseudonymisierten Proben und Daten ermöglichen und zugleich sicherstellen.

e) Eine Weitergabe identifizierbarer Proben und Daten innerhalb der Wissenschaft darf nur erfolgen, soweit dies für Forschungszwecke erforderlich ist.

In seiner konkreten Ausgestaltung muss das Biobankgeheimnis mehrere Schutzrichtungen haben, für die es Vorbilder im geltenden Recht, aber bisher keine konkrete Regelung für Biobanken gibt:

f) Das Biobankgeheimnis muss eine Schweigepflicht umfassen: Es muss untersagt sein, personenbezogene Proben oder Daten an Personen und Stellen außerhalb des Wissenschaftsbereichs weiterzugeben. Adressaten dieser Schweigepflicht sind nicht nur die Betreiber und Angestellten der Biobank, sondern auch die Forscher und deren Helfer, die die Informationen verwenden.

g) Es muss allen, die mit anonymisierten oder pseudonymisierten Biobankmaterialien arbeiten, untersagt sein, Maßnahmen zur Identifikation des Spenders zu ergreifen.

h) Externen privaten Stellen (z.B. Versicherungen, Arbeitgebern) muss ein Verbot der Verwendung von personenbezogenen Informationen, die unter Verwendung von Biobankmaterialien erzielt werden, auferlegt werden.

i) Schweigepflichtigen Personen ist ein Zeugnisverweigerungsrecht gegenüber Gerichten und anderen staatlichen Stellen einzuräumen; flankierend dazu ist ein Beschlagnahmeverbot hinsichtlich der vom Biobankgeheimnis umfassten Proben und Daten vorzusehen. Etwaige Erkenntnisse, die im Rahmen der Gefahrenabwehr gewonnen wurden, müssen einem strafprozessualen Verwertungsverbot unterliegen.

II.2 Festlegung der zulässigen Nutzung

a) Voraussetzung für die Verwendung der Proben und Daten in Biobanken sollte grundsätzlich die Einwilligung der Spender sein.

b) Spender müssen hinreichend klar darüber informiert werden, ob ihre Proben und Daten ohne Beschränkung auf ein bestimmtes Forschungsprojekt oder eine bestimmte Forschungsrichtung zeitlich unbegrenzt für wissenschaftliche Forschung verwendet werden sollen.

c) Die Spender sollten die Möglichkeit haben, bestimmte Forschungsrichtungen oder Maßnahmen von ihrer Zustimmung auszunehmen.

d) Die Zweckbindung muss gesetzlich bzw. vertraglich so konstruiert sein, dass sie nicht nur Biobankbetreiber verpflichtet, sondern alle Personen, die Zugriff auf die Proben und Daten haben. Die Nutzungsbedingungen sollten gemeinsam mit der Einwilligung direkt mit den Daten verbunden werden, sodass bei jeder Nutzung die entsprechenden Angaben unmittelbar vorliegen und mit der Weitergabe von Biobanken oder einzelnen Datensätzen bzw. Proben zwangsläufig mit weitergegeben werden.

e) Zur Absicherung der individuellen Zweckbindung gehört auch, dass der Spender die Einwilligung zur Verwendung noch nicht anonymisierter Proben und Daten jederzeit widerrufen kann und dass auf dieses Widerrufsrecht nicht verzichtet werden kann. Es sollte allerdings keine Pflicht bestehen, bereits erzielte Forschungsergebnisse zu vernichten, sofern darin die Daten nur in aggregierter Form und ohne Personenbezug enthalten sind. Darüber hinaus sollte es möglich sein, mit den Spendern zu vereinbaren, dass Proben und Daten im Falle eines Widerrufs der Einwilligung lediglich anonymisiert und nicht vernichtet werden müssen; hierbei muss dem Spender allerdings deutlich erklärt werden, dass eine absolut sichere Anonymisierung in vielen Fällen nicht möglich ist.

f) Das Erfordernis der Einwilligung sollte generell auch für Proben und Daten gelten, die erst nach einer geplanten Anonymisierung oder Pseudonymisierung in eine Biobank eingestellt werden sollen.

II.3 Einbeziehung von Ethikkommissionen

a) Bei Geltung eines Biobankgeheimnisses ist es nicht erforderlich, ein Votum einer Ethikkommission für jedes einzelne Forschungsprojekt, das mit Biobankproben oder –daten arbeiten soll, gesetzlich vorzusehen.

b) Ein zustimmendes Votum einer Ethikkommission sollte jedoch erforderlich sein, wenn mit personenbezogenen Proben und Daten aus einer Biobank gearbeitet werden soll oder eine Rekontaktierung von Spendern beabsichtigt ist.

c) Die Aktivitäten von thematisch und zeitlich nicht begrenzten Biobanken einschließlich der mit ihren Proben und Daten durchgeführten Projekte sollten hinsichtlich ihrer ethischen Vertretbarkeit periodisch aufgrund von Berichten der Biobank durch eine Ethikkommission bewertet werden.

II.4 Qualitätssicherung

a) Die in Biobanken vorgesehenen technischen und organisatorischen Maßnahmen müssen geeignet sein, die Rechte der Spender während der gesamten Existenz der Proben und Daten zu sichern. Entsprechende Organisationsstrukturen und Verfahrensabläufe einschließlich klarer Verantwortlichkeiten, auch hinsichtlich der datenschutzrechtlichen Konformität, sind festzulegen.

b) Zur Sicherstellung dieser Vorkehrungen haben sich thematisch und zeitlich nicht begrenzte Biobanken einer Systemevaluation zu unterziehen. Das Verfahren und die Fristen dafür sind auf gesetzlicher Grundlage zu regeln.

II.5 Transparenz von Zielen und Verfahrenweisen einer Biobank
a) Der Umgang mit Proben und Daten sollte vollständig dokumentiert werden.
b) Es sollte ein öffentliches Biobankregister mit Angaben zu Inhalt und Organisationsstruktur von thematisch und zeitlich nicht begrenzten Biobanken eingerichtet werden.
c) Jede thematisch und zeitlich nicht begrenzte Biobank hat öffentlich zugänglich (z.B. auf einem Internetportal) die folgenden Informationen bereitzustellen:
   – Angaben zu Rechtsform, datenschutzrechtlich verantwortlichen Stellen, Datenschutzbeauftragten, zuständigen Aufsichtsbehörden,
   – die Angabe von Zuständigkeiten im Organisationsbereich der Biobank,
   – die Angabe von Ansprechpartnern und Möglichkeiten zur Gewinnung vertiefender Informationen,
   – eine klare und allgemein verständliche Darstellung der Regeln über Sammlung, Verwendung und Weitergabe von Proben und Daten,
   – eine klare, allgemein verständliche und aktuelle Darstellung der Zwecke, für die Proben und Daten genutzt bzw. weitergegeben wurden,
   – regelmäßige Veröffentlichung von allgemein verständlichen Berichten über die Aktivitäten der Biobank[52];
   – regelmäßige Veröffentlichung von Berichten zu Maßnahmen der Qualitätssicherung.

III. Internationale Sicherung des Spenderschutzes

III.1 Sowohl auf der EU-Ebene als auch international sind verbindliche Schutzstandards anzustreben.

III.2 Soweit im Ausland kein vergleichbares Schutzniveau wie im Inland besteht, sollte eine Kooperation mit Forschern bzw. Forschungseinrichtungen im Ausland nur unter folgenden Voraussetzungen erfolgen:
a) Es sollte eine strikte Trennung von Biobankmaterialien und -daten einerseits und Referenzlisten andererseits, mit deren Hilfe die pseudonymisierten Proben und Daten den jeweiligen Spendern zugeordnet werden können, stattfinden. Die Referenzlisten bzw. die darin enthaltenen Verknüpfungen mit personenbezogenen Daten sollten nicht ins Ausland weitergegeben werden dürfen.
b) Es sollte festgelegt werden, dass diejenigen Personen, die mit Proben und Daten umgehen, vor deren Erhalt jedenfalls vertraglich zur Einhaltung des Biobankgeheimnisses verpflichtet werden, soweit dies durch die jeweils für sie zuständige Rechtsordnung zugelassen wird. Kann die Verpflichtung nicht erfolgen, hat die Biobank zu prüfen, ob wegen einer Gefährdung des Spenderschutzes im Einzelfall die Weitergabe zu versagen ist.
c) Das Biobankgeheimnis sollte gegen Rechtsunterschiede bei staatlichen Zugriffsmöglichkeiten in der Weise gesichert werden, dass Informationen aufgrund ausländischer Zugriffe auf Proben

---

[52] Dies bedeutet nicht, dass alle Spender – ggf. unaufgefordert – über die mit Hilfe ihrer Probe gewonnenen individuellen Daten informiert werden. Zur Rückmeldung der Forschungsergebnisse an den Spender siehe Nationaler Ethikrat 2004, S. 17, 68 f. (vgl. Fn. 2).

und Daten jedenfalls im Inland einem strafprozessualen Beweisverwertungsverbot unterliegen, sofern auf die Proben und Daten nicht auch im Inland in rechtmäßiger Weise hätte zugegriffen werden dürfen.

Ergänzendes Votum

Wir befürworten ohne Einschränkung die Zielstellung des Deutschen Ethikrates, neue Regelungswege für Biobanken zu finden, die das wissenschaftliche Potenzial erbsubstanzhaltiger Zell- und Gewebeproben langfristig und über primäre Zweckbestimmungen hinaus nutzen und mit persönlichen Datensätzen verknüpfen möchten.

Allerdings empfehlen wir, klassische zweck- und zeitbestimmte Projekte, bei denen keine Weitergabe zur anderweitigen Verwendung von Proben und Daten geplant ist, nicht in die vorgeschlagenen Regelungen einzubeziehen und deutlich abzugrenzen. Die hierfür schon jetzt geltenden Bestimmungen zum Daten- und Spenderschutz bei Entnahme von Proben sind hinreichend. Hinzu kommt die Verschwiegenheitspflicht im Rahmen des Arztgeheimnisses und bei nichtärztlichen Naturwissenschaftlern die Möglichkeit, sie über Verpflichtungserklärungen einzubinden.

Trotz der vom Deutschen Ethikrat empfohlenen differenzierten Regelungstiefe befürchten wir, dass es bei der Umsetzung zu erheblichem Regulierungs- und Verwaltungsaufwand kommt. Dies sollte den vielen tausend kleinen und begrenzten Probensammlungen für akademische Qualifizierungsarbeiten und klassische Forschungsprojekte erspart bleiben. Sie sollten nicht als Biobanken im Sinne der Stellungnahme erfasst, sondern davon abgegrenzt werden.

Stefanie Dimmeler, Frank Emmrich, Hildegund Holzheid, Jens Georg Reich

Stellungnahme der Bioethikkommission zu Gen- und Genomtests im Internet[*]

Bioethikkommission beim Bundeskanzleramt, Österreich

(Mai 2010)

1. Einleitung

Das Internet bietet Firmen die Möglichkeit, Produkte und Serviceleistungen Kunden unmittelbar und ohne Zwischenhändler anzubieten. Kunden wiederum haben die Möglichkeit, Produkte oder Serviceleistungen direkt beim Anbieter einzukaufen, unabhängig davon, in welchem Land sich der Anbieter befindet. Für dieses Phänomen der direkten Interaktion zwischen anbietenden Firmen und potenziellen Abnehmern hat sich der englische Begriff *direct-to-consumer* (DTC) Marketing durchgesetzt. Nicht nur nationale Grenzen, sondern auch nationale Rechtsnormen bleiben bei solchen Geschäften häufig unbeachtet. Im Folgenden werden grundlegende Bemerkungen zu Gentests zur Gesundheitsvorsorge gemacht, die österreichische Rechtslage beschrieben, die bestehenden Angebote von Gentests im Internet analysiert sowie die ethischen Herausforderungen der derzeit im Internet angebotenen prädiktiven Gentests zur Gesundheitsvorsorge erörtert.

2. Gentests zur Gesundheitsvorsorge

Die molekulare Genetik in der Medizin ist die Wissenschaft krankheitsrelevanter biologischer Merkmale des menschlichen Erbguts. Sie kommt derzeit in erster Linie zum Nachweis von genetischen Erkrankungen zum Einsatz. Die Idee, Gentests im Rahmen von präventiven Fragestellungen in der Gesundheitsvorsorge einzusetzen, wird seit den 1980 Jahren verfolgt.

Im Rahmen solcher prädiktiver Gentests wird zwischen Untersuchungen zur Erkennung von monogenen bzw. polygenen multifaktoriellen Erkrankungen unterschieden.[1]

2.1 Monogene Erkrankungen

Monogene Erkrankungen sind Erkrankungen, die durch den Defekt eines einzigen der ca. 30.000 Gene des Menschen begründet sind. Ihr gemeinsames Kennzeichen ist, dass die relevante Mutation eindeutig in Bezug zur klinisch-pathologischen Erkrankungsform gestellt werden kann. Im Rahmen solcher monogener Erkrankungen kann das entsprechende Gen aber von unterschiedlichen Mutationen betroffen sein. Daraus resultiert, dass auch monogene Erkrankungen unterschiedlich ausgeprägt sein können. Monogene Krankheitsmerkmale vererben sich normalerweise nach dem Mendelschen Muster und lassen sich oft durch Stammbaumanalysen innerhalb einer Familie

---

[*] Das Dokument ist im World Wide Web unter der Adresse „http://www.bundeskanzleramt.at/DocView.axd?CobId=39456" verfügbar. [Anm. d. Red.]

[1] Hennen, L.; Petermann, T.H.; Sauter, A. (2001). Das genetische Orakel. Prognosen und Diagnosen durch Gentests – eine aktuelle Bilanz. Studien des Büros für Technikfolgen-Abschätzung beim Deutschen Bundestag, Bd. 10, Berlin.

zurückverfolgen. Ein Gen kann in Allelen (verschiedene Formen desselben Gens) vorliegen, die entweder dominant (d.h. sie treten bei Vorhandensein in Erscheinung) oder rezessiv (sie werden in ihrer Wirkung vom dominanten Allel verdeckt) sind.

Ein Individuum kann hinsichtlich eines Gens entweder homozygot (zwei gleiche Allele) oder heterozygot (zwei unterschiedliche Allele, z.B. eines dominant, eines rezessiv) sein. Je nach Erkrankung ist jeder, der ein oder gar zwei Kopien des mutierten Gens erbt, betroffen. Im Falle einer dominant vererbten Mutation führt bereits eine fehlerhafte Kopie des betreffenden Gens zur Manifestation der Erkrankung. Handelt es sich um ein rezessives Gen, bricht die Erkrankung bei der betroffenen Person zwar nicht aus, diese ist jedoch Überträger der Erkrankung und kann diese daher vererben.

Umweltfaktoren, sogenannte exogene Faktoren, sind in Bezug auf den Krankheitsverlauf vernachlässigbar. Beispiele für monogene Erkrankungen sind z.B. Farbenblindheit, erblicher Brustkrebs, einzelne Formen des Dickdarmkrebs, Typ-1-Diabetes, familiäre Hypercholesterinämie, polyzystische Nierenerkrankungen bei Erwachsenen, Zystische Fibrose, Duchenne-Muskeldystrophie, Hämophilie A, Chorea Huntington und Amyotrophe Lateralsklerose.

Prädiktive Gentests in Richtung von monogenen Erkrankungen werden meistens dann durchgeführt, wenn eine entsprechende Erkrankung im familiären Umfeld auftritt und nach der Erstellung eines „Stammbaumes" im Rahmen einer Familienanamnese und einer eingehenden genetischen Beratung der Patient / die Patientin einen konkreten diesbezüglichen Auftrag gibt.

2.2 Polygene multifaktorielle Erkrankungen

Multifaktorielle Erkrankungen bezeichnen Krankheiten, bei deren Ausbruch, auf Grundlage einer genetischen Disposition, Umweltfaktoren entweder auslösend oder modifizierend eine wesentliche Rolle spielen. Hinsichtlich der genetischen Komponente ist meist von einer Vielzahl von Veränderungen in unterschiedlichen Genen auszugehen, deren Wirkung sich summiert, d.h. dass genetische Veränderungen gerade bei multifaktoriellen Erkrankungen zumeist lediglich ein begrenztes Risiko darstellen. Mutationen können somit nicht in eindeutigen Zusammenhang zur klinisch-pathologischen Erkrankungsform gestellt werden.

Typisch für jede Form der genetischen Diagnostik multifaktorieller Krankheiten bzw. Krankheitsdispositionen ist daher die begrenzte Aussagekraft, da ja nur ein erhöhtes Risiko für eine Erkrankung, aber keine sichere Aussage möglich ist.

Die meisten der sogenannten Zivilisationskrankheiten Krebs, Herz-Kreislauf, Stoffwechsel (Diabetes Typ II) und neurodegenerative Erkrankungen (Alzheimer) sind multifaktoriell bedingt.

Die längst noch nicht abgeschlossenen diesbezüglichen Forschungen lassen in der Definition aber vor allem der multifaktoriellen Gewichtung der einzelnen Kriterien (auch wenn sie wissenschaftlich fundiert sind) reichlich Raum für unterschiedliche Interpretationen.

Zur Testung von multifaktoriellen Erkrankungen nützen Wissenschafter in erster Linie Single Nukleotide Polymorphismen (SNPs). Bei der systematischen Genomforschung zeigte sich, dass die DNA-Sequenz des Genoms einer Spezies zahlreiche Varianten aufweist. Durchschnittlich findet man eine derartige Abweichung, die als SNP bezeichnet wird, pro 1.000 Basenpaare. Es gibt aber auch so genannte Hotspots, das sind Regionen in denen Rekombinationen und SNPs gehäuft auftreten. Inzwischen geht man von ca. 10 Mio. SNPs genomweit aus. SNPs entstehen zufällig, z.B. durch „Fehler" bei der Vervielfältigung von DNA und werden, wenn sie die Keimzellen betreffen, vererbt. Die Häufigkeit eines bestimmten SNPs hängt daher einerseits von der Nähe der Verwandtschaft ab, andererseits unterliegen sie, falls sie Einfluss auf Konstitution und Reproduktionsrate haben, einer Selektion. Hierzu zählen alle jene SNPs, die Einfluss auf die Anfälligkeit z.B. für bestimmte Erkrankungen oder auch Infektionen haben. SNPs, die mit Erkrankungen assoziiert sind, können in einer Population nur dann dauerhaft bestehen, wenn sie für die Reproduktionsphase irrelevant sind, d.h. Auswirkungen im höheren Alter haben. Ein wesentliches Merkmal und die klinische Bedeutung dieser krankheitsbegünstigenden SNPs liegt darin, dass sie häufig nur bei bestimmten Umweltbedingungen oder Lebensgewohnheiten zum Tragen kommen und in der Folge zu einer Erkrankung führen. Ein Beispiel: Heterozygote Träger des Faktor V Leiden Polymorphismus haben zwar ein um ca. drei bis fünffach erhöhtes Thromboserisiko gegenüber der Normalbevölkerung, die meisten Träger bekommen aber trotzdem im Laufe ihres Lebens keine Thrombose, außer es kommen exogene Risikofaktoren wie Rauchen oder Kontrazeptiva dazu.

Der Effekt eines einzelnen SNPs hängt von seiner Lokalisation und Ausprägung ab, ist aber in der Regel gering, sodass in den meisten Fällen keine sinnvolle Aussage über ein Erkrankungsrisiko möglich ist, da das genetische Risiko vermutlich erst aus dem Zusammenspielen zahlreicher SNPs verschiedener Gene entsteht. Zur Berechnung eines kumulativen genetischen Risikos müsste man daher einen Großteil der SNPs kennen, die bei einer bestimmten Erkrankung eine Rolle spielen und daraus Algorhythmen entwickeln. Daher liegt das Hauptanwendungsgebiet der SNPs derzeit in der Forschung im Rahmen von genetischen Assoziationsstudien.

3. Gentests im Internet

Seit dem ausgehenden 20. Jahrhundert hat sich vor allem in den USA ein Markt für Gentests im Internet entwickelt. Es bestehen jedoch große Unterschiede in Bezug auf den primären Geschäftsgegenstand sowie die Finalität der angebotenen Tests.

Einerseits werden prädiktive Gentests mit dem Ziel der Gesundheitsvorsorge angeboten, andererseits werden auch Tests vermarktet, die Informationen über die genetische Herkunft einer Person betreffen, nach genetischen Prädispositionen für athletische Höchstleistungen suchen, genetische Vaterschaft feststellen[2] oder für „Matching" im Bereich der Partnervermittlung herangezogen werden.[3] Bei anderen Tests bekommt man die genetische Analyse „gratis", wird aber dazu aufgefordert, bestimmte Produkte (z.B. Nahrungsergänzungsmittel, die auf die individuelle Genvariante zugeschnitten zu sein behaupten) käuflich zu erwerben.[4]

Für umgerechnet etwa 300 bis 2.000 Euro (je nach Bandbreite der Leistungen) analysieren Unternehmen bis zu über eine Million SNPs, also Punkte am Genom, von denen vermutet wird, dass sie – stets im Zusammenwirken mit Lebensstil- und anderen so genannten Umweltfaktoren – bestimmte Krankheiten begünstigen. Die derzeit angebotenen Tests, die im weiteren Sinn mit der Gesundheitsvorsorge zu tun haben, bieten die Testung auf monogene Erkrankungen, auf polygene multifaktorielle Erkrankungen, auf äußere Merkmale (z.B. Augenfarbe) und andere Eigenschaften (z.B. Laktoseintoleranz), sowie auf Medikamentenreaktionen an.[5]

---

[2] Siehe z.B. die Firma Genetic Testing Laboratories (http://www.gtldna.com), die sowohl Prädispositions- als auch Vaterschaftstests anbietet. Die Firma Counsyl (https://www.counsyl.com/) wiederum testet, welche erblichen Krankheiten Paare, die Kinder bekommen möchten, in ihren Genen tragen und daher an ihre Kinder weitergeben könnten.

[3] Zum Beispiel die Website der US-Firma Scientific Match: http://scientificmatch.com/html/index.php.

[4] Siehe etwa das Life Map Nutrition System (http://www.yourdnacode.com/science.htm) oder diese Seite über Genetic Nutrition & Lifestyle Nutrition (http://www.aboutgeneticnutrition.com/Order_Your_Program.html).

[5] Angebot der Firma 23andMe zum Zeitpunkt der Stellungnahme:

3.1 Durchführung der Tests

Die am Test interessierte Person errichtet mit dem Anbieter einen Vertrag, indem sie auf die Geschäftsbedingungen des Anbieters eingeht. Sie wählt die Merkmale bzw. Erkrankungen aus, auf die sie genetisch getestet werden will, und bestellt online ein so genanntes „spit kit". Dieses wird mit einer Speichelprobe befüllt und an die entsprechende Firma retourniert. Einige Wochen später erhält die Person per E-Mail ein Passwort, mit dem sie die entsprechenden Testergebnisse online abrufen kann.

3.2 Qualitätssicherung

Unternehmen, die Gentests im Internet DTC anbieten, sind in unterschiedlichen Staaten registriert. Die strengen Qualitätsstandards des österreichischen Rechts (siehe unten 4) gelten nur für Gentests, die von Unternehmen mit Sitz in Österreich angeboten werden. Für Unternehmen mit Sitz in einem anderen Staat gelten die – zum Teil niedrigeren – Qualitätsstandards, die die jeweilige nationale Rechtsordnung aufstellt, mag auch der Konsument eines solchen Gentests seinen Wohnsitz in Österreich haben. Eine Vielzahl von Unternehmen ist derzeit in den USA beheimatet. Die Kompetenz zur Erlassung von Qualitätsvorschriften, wie sie in Österreich das Gentechnikgesetz trifft (siehe unten 4.2), liegt dort zum Teil bei den Bundesstaaten; dementsprechend unterschiedlich sind die jeweils festgelegten Standards. Der Großteil seriöser Firmen in den USA lässt genetische Analysen jedoch in Labors durchführen, die eine Lizenz im Rahmen des *Clinical Laboratory Improvement Amendment* (CLIA) tragen, welches Qualitätsstandards für klinische Labors festlegt. Ob eine Gentests anbietende Firma die Analyse des genetischen Materials in einem nach innerstaatlichem Recht lizenzierten und kontrollierten Labor durchführt (bzw. durchführen lässt), stellt ein wichtiges Kriterium für die Bewertung der Seriosität eines solchen Services dar.

Die Frage nach der obligatorischen Beiziehung eines medizinischen Spezialisten (in Österreich muss es sich dabei nach § 68 GTG um einen in Humangenetik/Medizinischer Genetik ausgebildeten Facharzt oder einen für das Indikationsgebiet zuständigen behandelnden oder diagnosestellenden Facharzt handeln) zu Zwecken der Qualitätssicherung bei prädiktiven Gentests im Internet ist äußerst komplex. Viele der im Internet erhältlichen Gentests geben nur, oder auch, Informationen weiter, die *nicht* auf die Diagnose oder Feststellung genetischer Krankheitsprädispositionen ausgerichtet sind (z.B. Prädispositionen zu sichtbaren Körpermerkmalen wie Augen- und Haarfarbe;

---

1. Krankheiten: Psoriasis, Breast Cancer, Crohn's Cisease, Type 1 Diabetes, Celiac Disease, Age-related Macular Degeneration, Rheumatoid Athritis, Type 2 Diabetes, Atrial Fibrilation, Venous Thromboembolism, Prostate Cancer, Parkinson's Disease.
2. Betreffend Trägerstatus werden die folgenden Tests angeboten: Alpha-1 Antitrypsin Deficiency, Bloom's Syndrome, Cystic Fibrosis, G6PD Deficiency, Glycogen Storage Disease Type 1a, Hemochromatosis, Limb-girdle Muscular Dystrophy, Mucolipidosis IV, Niemann-Pick Disease Type A, Rhizomelic Chondrodysplasia Punctata Type 1 (RCDP1), Sickle Cell Anemia & Malaria Resistance, Canavan Disease, Connexin 26-Related Sensorineural Hearing Loss, Factor XI Deficiency, Familial Dysautonomia, Fanconi Anemia (FANCC-related), Gaucher Disease, Maple Syrup Urine Disease Type 1B, Tay-Sachs Disease, Torsion Dystonia, BRCA Cancer Mutations (selected).
3. Eigenschaften (traits): Alcohol Flush Reaction, Bitter Taste Perception, Earwax Type, Eye Color, Lactose Intolerance, Malaria Resistance (Duffy Antigen), Muscle Performance, Non-ABO Blood Groups, Norovirus Resistance, Resistance to HIV/AIDS.
4. Medikamenten-Reaktionen (drug response): Alcohol Consumption, Smoking and Risk of Esophageal Cancer, Oral Contraceptives, Hormone Replacement Therapy and Risk of Venous Thromboembolism, Response to Hepatitis C Treatment, Abacavir Hypersensitivity, Clopidogrel Efficacy, Flourouracil Toxicity, Pseudocholinesterase Deficiency, Warfarin Sensitivity.

genetische Abstammung; Prädisposition zu sportlichen Höchstleistungen etc.). Dadurch gestaltet sich die Grenzziehung zwischen DTC Gentests, bei denen die verpflichtende Hinzuziehung eines Facharztes sinnvoll und für die Patienten als schützend und hilfreich erscheint, und solchen, bei denen dies nicht der Fall ist, als sehr schwierig. Der Markt für DTC Gentests im Internet ist derzeit dadurch gekennzeichnet, dass die verpflichtende Hinzuziehung eines Facharztes, von sehr wenigen Ausnahmen abgesehen, *nicht* vorgesehen ist.

3.3 Selbstbestimmung des Patienten und Beratung

Im Rahmen der Vertragserrichtung mit dem Anbieter gibt die Person ihre Zustimmung zur genetischen Testung auf die von ihr ausgewählten Merkmale bzw. Erkrankungen. Sie nimmt weiters zur Kenntnis, dass die Daten der Gentests seitens des betreffenden Anbieters gespeichert werden und bei jeder neuen wissenschaftlichen Erkenntnis „nachanalysiert" werden können. Für den Fall, dass ein genetischer Lokus identifiziert wird, der mit einer bestimmten Krankheit korreliert, kann der Datensatz der betroffenen Person nach diesem bestimmten genetischen Merkmal ohne weitere Einwilligung durchsucht werden. Die Informationen auf der Website werden entsprechend aktualisiert und können von der betroffenen Person eingesehen werden.

Wie oben erwähnt, sind Konsultationen mit einem Arzt oder genetische Beratung in diesem Prozess in der Regel nicht vorgesehen. Die einschlägige kalifornische Firma *Navigenics* (www.nagivenics.com) ist derzeit die einzige im Bereich der genomweiten Tests, die telefonische genetische Beratung ohne Zusatzkosten anbietet. Die Leistungen dieser Firma sind jedoch mit umgerechnet etwa 2.000 Euro deutlich teurer als das Service anderer Anbieter von Genomtests, die in der Regel für weniger als 500 Euro erhältlich sind.

3.4 Datenschutz

Die Maßnahmen zum Datenschutz, die die meisten Anbieter von DTC Gentests im Internet ergreifen, sind in mancherlei Hinsicht strenger, in anderer Hinsicht aber weniger streng gefasst als das österreichische GTG. So geben Firmen in der Regel genetische Informationen ihrer Kunden ohne ausdrückliche Anweisung durch letztere auch nicht an behandelnde Ärzte weiter. Der kalifornische Genomanalyse-Anbieter 23andMe (www.23andMe.com) etwa, der Datensätze von etwa 35.000 Personen gespeichert hat, versichert Kunden in den Allgemeinen Geschäftsbedingungen (*Terms of Service*), dass genetische, phänotypische oder andere persönliche Information niemals ohne ausdrückliche Zustimmung des Kunden an Dritte weitergegeben wird, auch nicht zu Forschungszwecken. (Eine Ausnahme stellt die Weitergabe an Gerichte dar, wenn dies rechtlich gefordert ist.) Einige Firmen geben Datensätze in „anonymisierter" Form an Dritte zu Forschungszwecken weiter.[6]

Ein Sicherheitsrisiko stellt jedoch die Tatsache dar, dass alle Daten – genetische, phänotypische und andere persönliche Daten wie Adressen und Kreditkartennummern – auf einem Internetserver gespeichert und mit einem Passwort über Webseiten zugänglich sind. Trotz hoher Sicherheits-

---

[6] Auch hier kann eine Re-Identifizierung durch Dritte jedoch nicht völlig ausgeschlossen werden (Homer, N. et al. [2008]: Resolving individuals contributing trace amounts of DNA to highly complex mixtures using high-density SNP genotyping microarrays. *PLoS Genetics* 4[e1000167]: 1–9). Einige Kommentatoren gehen noch weiter und argumentieren, genomische Daten seien identifizierende Information per se und können daher niemals „anonymisiert" werden. Siehe etwa McGuire, A.L.; Gibbs, R.A. (2006). No longer de-identified. *Science* 312: 370–371; McGuire, A. L.; Gibbs, R. A. (2006). Meeting the growing demands of genetic research. *Journal of Law, Medicine, and Ethics* 34: 809–812.

vorkehrungen wie der Verschlüsselung von Daten kann bei Datenspeicherung im Internet niemals ausgeschlossen werden, dass unberechtigte Personen auf sie zugreifen. Auch ist eine vollständige und nachhaltige Löschung von Daten im Internet nicht möglich.

Ein zusätzliches Problem bei Gendatenanalysen im Internet entsteht dadurch, dass die Testanbieter nicht kontrollieren können, ob die eingesandte DNA (meist eine Speichelprobe) tatsächlich von der einsendenden Person (oder einem Minderjährigen unter ihrer Obhut) stammt oder nicht. Viele Firmen verlangen eine schriftliche Bestätigung der einsendenden Person, dass sie volljährig und zur Versendung des DNA-Materials berechtigt ist. Diese Maßnahmen sind jedoch kein effizientes Mittel gegen vorsätzliche Täuschung, wie ein Versuch eines Journalistenteams kürzlich gezeigt hat.[7]

4. Rechtliche Aspekte genetischer Analysen

Das Österreichische Gentechnikgesetz (GTG), BGBl. Nr. 510/1994, i.d.g.F., regelt grundsätzlich nur jene Analysen, die zu medizinischen Zwecken durchgeführt werden. Andere Anwendungsfälle, wie etwa der Einsatz im Rahmen der Verbrechensaufklärung oder Vaterschaftsnachweise, sind in anderen gesetzlichen Bestimmungen bzw. gar nicht geregelt.

Die in Österreich geltenden gesetzlichen Regelungen greifen auch nicht in Bezug auf (DTC) Marketing von Gentest durch das Internet. Diese Tests werden zum Großteil von Firmen angeboten, die ihren Sitz in den USA haben, wodurch sie US amerikanischem Recht unterliegen.

Der österreichische Gesetzgeber hat für die Durchführung von genetischen Analysen eine Reihe von Vorschriften zur Sicherheit und Wahrung von allgemein geltenden medizinethischen Grundsätzen der getesteten Person erlassen. Diese beziehen sich auf die Qualität der Untersuchungen, die Selbstbestimmung des Patienten, adäquate medizinische Aufklärung und allenfalls psychologische Beratung sowie den Schutz der durch die Untersuchung anfallenden Daten. Die einschlägigen Bestimmungen werden in Folge im Detail beschrieben, um einen Vergleich der österreichischen Sicherheitsstandards und der berücksichtigten medizinethischen Grundsätze bei Gentests, die unter das österreichische Gentechnikgesetz fallen, zu im Internet angebotenen Gentests zu ermöglichen.

4.1 Definition

Das GTG definiert eine genetische Analyse als Laboranalyse, die zu Aussagen über konkrete Eigenschaften hinsichtlich Anzahl, Struktur oder Sequenz von Chromosomen, Genen oder DNA – Abschnitten oder von Produkten der DNA und deren konkrete chemische Modifikationen führt, und die damit nach dem Stand von Wissenschaft und Technik Aussagen über einen Überträgerstatus, ein Krankheitsrisiko, eine vorliegende Krankheit oder einen Krankheits- oder Therapieverlauf an einem Menschen ermöglicht (§ 4 Z 3 GTG).

Gemäß § 65 (1) GTG dürfen genetische Analysen am Menschen zu medizinischen Zwecken nur nach dem Stand von Wissenschaft und Technik durchgeführt werden. Sie werden in vier Typen unterschieden:

1. Typ 1 dient der Feststellung einer bestehenden Erkrankung, der Vorbereitung einer Therapie oder Kontrolle eines Therapieverlaufs und basiert auf Aussagen über konkrete somatische Ver-

---

[7] Aldhous, P.; Reilly, M. (2009). Special investigation: How my genome was hacked. *The Scientist* (25 March). http://www.newscientist.com/article/mg20127013.800-special-investigation-how-my-genome-was-hacked.html.

änderung von Anzahl, Struktur, Sequenz oder deren konkrete chemische Modifikationen von Chromosomen, Genen oder DNA-Abschnitten.

2. Typ 2 dient der Feststellung einer bestehenden Erkrankung, welche auf einer Keimbahnmutation beruht.

3. Typ 3 dient der Feststellung einer Prädisposition für eine Krankheit, insbesondere der Veranlagung für eine möglicherweise zukünftig ausbrechende genetisch bedingte Erkrankung oder Feststellung eines Überträgerstatus, für welche nach dem Stand von Wissenschaft und Technik Prophylaxe oder Therapie möglich sind.

4. Typ 4 dient der Feststellung einer Prädisposition für eine Krankheit, insbesondere der Veranlagung für eine möglicherweise zukünftig ausbrechende genetisch bedingte Erkrankung oder Feststellung eines Überträgerstatus, für welche nach dem Stand von Wissenschaft und Technik keine Prophylaxe oder Therapie möglich sind.

4.2 Qualitätssicherung

Die Durchführung von genetischen Analysen im Sinne des § 65 Abs. 1 Z 3 und 4 darf gemäß § 68 GTG nur in hierfür zugelassenen Einrichtungen und nur auf Veranlassung eines in Humangenetik/Medizinischer Genetik ausgebildeten Facharztes oder eines für das Indikationsgebiet zuständigen behandelnden oder diagnosestellenden Facharztes erfolgen.

Zur Sicherstellung der Qualität hat gemäß § 68a GTG der Leiter der Einrichtung für jede Einrichtung zur Durchführung von genetischen Analysen des Typs 2, 3 oder 4 einen Laborleiter zu bestellen. Dieser kann mit dem Leiter der Einrichtung ident sein. Der Leiter der Einrichtung hat der Behörde den Laborleiter unter Anschluss der für die bestellte Person erforderlichen Nachweise (Abs. 2) schriftlich bekannt zu geben.

Der Laborleiter muss

1. ein Facharzt für Humangenetik/Medizinische Genetik oder für medizinisch-chemische Labordiagnostik sein, oder

2. über einen Universitätsabschluss aus einem naturwissenschaftlichen Fach, das eine Ausbildung in Molekulargenetik oder Molekularbiologie einschließt, und über eine mindestens zweijährige Erfahrung mit molekulargenetischen Untersuchungen am Menschen verfügen, oder

3. über eine Facharztausbildung, die eine Ausbildung aus Humangenetik/Medizinischer Genetik einschließt, und eine mindestens zweijährige Erfahrung mit molekulargenetischen Untersuchungen am Menschen verfügen, oder,

4. sofern er sich auf genetische Analysen im Rahmen eines medizinischen Sonderfaches beschränkt, über die für dieses Sonderfach erforderliche Facharztausbildung und eine mindestens zweijährige Erfahrung auf dem Gebiet der molekulargenetischen Untersuchung am Menschen verfügen.

4.3 Selbstbestimmung des Patienten und Beratung

Einwilligung und Beratung sind Kernpunkte einer patientenorientierten Regelung, die von möglichst vollständiger Information in medizinischer und psychologischer Hinsicht durch einen nichtdirektiven Beratungsstil sowie durch das Recht auf Widerruf der Zustimmung und durch das Recht auf Nichtwissen gekennzeichnet ist:

§ 69 (1) GTG legt fest, dass eine genetische Analyse des Typs 2, 3 oder 4 einschließlich einer genetischen Analyse im Rahmen einer pränatalen Untersuchung nur nach Vorliegen einer schriftlichen Bestätigung der zu untersuchenden Person durchgeführt werden darf, dass der Patient zuvor durch einen in Humangenetik/Medizinische Genetik ausgebildeten Facharzt oder einen für das Indikationsgebiet zuständigen Facharzt über deren Wesen, Tragweite und Aussagekraft aufgeklärt worden ist und aufgrund eines auf diesem Wissen beruhenden freien Einverständnisses der genetischen Analyse zugestimmt hat.

Die Beratung nach Durchführung einer genetischen Analyse muss die sachbezogene umfassende Erörterung aller Untersuchungsergebnisse und medizinischen Tatsachen sowie mögliche medizinische, soziale und psychische Konsequenzen umfassen. Dabei ist bei entsprechender Disposition für eine erbliche Erkrankung mit gravierenden physischen, psychischen und sozialen Auswirkungen auch auf die Zweckmäßigkeit einer zusätzlichen nichtmedizinischen Beratung durch einen Psychologen oder Psychotherapeuten oder durch einen Sozialarbeiter schriftlich hinzuweisen. Zusätzlich kann auf andere Beratungseinrichtungen und Selbsthilfegruppen hingewiesen werden.

Beratungen vor und nach einer genetischen Analyse dürfen nicht direktiv erfolgen. Der Ratsuchende ist bereits bei Beginn der Beratungsgespräche darauf hinzuweisen, dass er – auch nach erfolgter Einwilligung zur genetischen Analyse oder nach erfolgter Beratung – jederzeit mitteilen kann, dass er das Ergebnis der Analyse und der daraus ableitbaren Konsequenzen nicht erfahren möchte.

Beratungen vor und nach einer genetischen Analyse sind mit einem individuellen Beratungsbrief an den Ratsuchenden abzuschließen, in dem die wesentlichen Inhalte des Beratungsgespräches in allgemein verständlicher Weise zusammengefasst sind.

Dementsprechend sieht das Gesetz auch einen sorgfältigen und abwägenden Umgang mit Verwandten des Patienten bzw. deren Befunden und sonstigen Daten vor:

§ 70 GTG bestimmt, dass der Arzt, der die genetische Analyse veranlasst hat,

1. wenn zur Beurteilung des Ergebnisses einer genetischen Analyse die Einbeziehung von Verwandten der untersuchten Person erforderlich ist, oder,

2. wenn anzunehmen ist, dass eine ernste Gefahr einer Erkrankung von Verwandten der untersuchten Person besteht,

der untersuchten Person empfiehlt, ihren möglicherweise betroffenen Verwandten zu einer humangenetischen Untersuchung und Beratung zu raten.

4.4 Datenschutz

Besondere Bedeutung kommt den umfassenden Vorschriften des GTG zum Datenschutz zu:

Grundsätzlich hat, wer genetische Analysen durchführt oder veranlasst, gemäß § 71 (1) GTG die dabei gewonnenen personenbezogenen Daten geheim zu halten und die folgenden Bestimmungen zu beachten:

1. Der untersuchten Person ist über deren Verlangen Einsicht in alle sie betreffenden Daten zu gewähren.

2. Der untersuchten Person sind unerwartete Ergebnisse mitzuteilen, die von unmittelbarer klinischer Bedeutung sind oder nach denen sie ausdrücklich gefragt hat. Diese Mitteilung ist insbesondere dann, wenn die untersuchte Person nicht danach gefragt hat, so zu gestalten, dass sie auf die untersuchte Person nicht beunruhigend wirkt; in Grenzfällen kann diese Mitteilung gänzlich unterbleiben.

3. Daten in nicht anonymisierter Form (§ 66 Abs. 1) dürfen für einen anderen als den Zweck, für den sie ursprünglich erhoben worden sind, nur mit ausdrücklicher und schriftlicher Zustimmung der untersuchten Person verwendet werden.

4. Daten dürfen unbeschadet der Bestimmungen des § 71a über die Dokumentation der Untersuchungsergebnisse nur übermittelt werden

   a) an Personen, die in der Einrichtung, in der sie erhoben worden sind, mit der Ermittlung, Verarbeitung oder Auswertung der Daten unmittelbar befasst sind,

   b) an die untersuchte Person,

   c) an die in § 69 Abs. 2 genannten Personen,

   d) an den Arzt, der die genetischen Analysen veranlasst hat, und an den behandelnden Arzt,

   e) an andere Personen nur, soweit die untersuchte Person hiezu ausdrücklich und schriftlich zugestimmt hat, wobei ein schriftlicher Widerruf dieser Zustimmung jederzeit möglich ist.

5. Daten müssen vor dem Zugriff Unbefugter in geeigneter Weise geschützt werden.

6. Die Verpflichtungen gemäß Z 3 bis 5 gelten auch für Personen, die bei der Durchführung von genetischen Analysen oder bei der Aufbewahrung oder Verwaltung der dabei erhobenen Daten mitwirken.

Das Datenschutzgesetz 2000 – DSG 2000, BGBl. I Nr. 165/1999, das Gesundheitstelematikgesetz, BGBl. I Nr. 179/2004, sowie Vorschriften, die besondere Verschwiegenheits- oder Meldepflichten beinhalten, gelten zusätzlich.

Eine wichtige datenschutzrechtliche Bestimmung findet sich in § 67 GTG: Dieser bestimmt, dass es Arbeitgebern und Versicherern einschließlich deren Beauftragten und Mitarbeitern verboten ist, Ergebnisse von genetischen Analysen von ihren Arbeitnehmern, Arbeitsuchenden oder Versicherungsnehmern oder Versicherungswerbern zu erheben, zu verlangen, anzunehmen oder sonst zu verwerten. Von diesem Verbot sind auch das Verlangen nach Abgabe und die Annahme von Körpersubstanz für genanalytische Zwecke umfasst.

5. Ethische Herausforderungen

Die ethischen Herausforderungen von DTC Gen- und Genomtest im Internet können anhand von grundlegenden bioethischen Prinzipien diskutiert werden.

5.1 Das Prinzip der Autonomie und das Recht auf Selbstbestimmung

Grundsätzlich kann argumentiert werden, dass jeder Mensch das Recht hat, sich über seinen Gesundheitszustand zu informieren, um auf Basis dieser Information für sein eigenes Wohl zu handeln. Befürworter von DTC Gen- und Genomtests sehen in diesen Tests eine Möglichkeit der Ermächtigung („Empowerment") einer Person, unabhängig von Spezialisten, Gesundheitssystemen und anderen „Gatekeepern", zu genetischen Informationen über sich selbst zu kommen.

Gen- und Genomtests, die im Internet angeboten werden, stellen aus dieser Perspektive betrachtet Personen Informationen zur Verfügung, die als relevant für die autonome Lebensführung und Lebensgestaltung gelten können. In diesem Sinne unterstützt der Zugang zu solchen Tests das Recht auf Selbstbestimmung und selbstständig Entscheidungen zu treffen. Wesentliche Voraussetzungen dafür sind, dass die angebotene genetische Information korrekt ist und dass die an einem Gentest interessierte Person ausreichend über die Art der Tests, die Begrenzung der Aussagekraft, eventuelle Gefahren sowie datenschutzrechtliche Fragen informiert ist. Angesichts der Komplexität der Materie ist zu bezweifeln, dass dies für Personen ohne entsprechende fachliche Beratung möglich ist.

Zu den mit dem Prinzip der Autonomie und dem Recht auf Selbstbestimmung verbundenen ethischen Grundregeln in der Medizin gehört der Informed Consent. Ergebnisse der SNP Tests werden elektronisch gespeichert und können im Fall neuer wissenschaftlicher Erkenntnisse jederzeit ohne weitere Einwilligung „nachanalysiert" werden. Diese Nachanalyse wird ohne Zustimmung bzw. erneute Anforderung seitens der getesteten Person vorgenommen. Dies stellt eine Verletzung des ethischen Prinzips des Informed Consent dar, und es wäre notwendig, von Anbietern der Tests jedenfalls die Einholung der Zustimmung seitens der betroffenen Personen zu fordern.

5.2 Das Nichtschadensprinzip

Das Prinzip des Nichtschadens hat mit der Pflicht der Vermeidung der unterschiedlichen Art von Schäden – psychischen oder physischen – zu tun. Aus der Perspektive dieses Prinzips sind Handlungen problematisch, wenn sie einer anderen Person Schaden zufügen. Wie bereits erläutert, ist die genetische Information, die im Rahmen von Gen- und Genomtests angeboten werden kann, nicht immer eindeutig. Das Risiko für Missverständnisse und Fehlinterpretation muss als bedeutend eingeschätzt werden, da ein Laie die Ergebnisse eines Gentests aus eigener Kraft (aus medizinischer Sicht) nicht ausreichend, kompetent und korrekt interpretieren kann.

Da Gentests im Internet ohne begleitende genetische Beratung angeboten werden, können die Ergebnisse grundlos Ängste schüren. So könnte etwa eine Person, der ein leicht erhöhtes genetisches Risiko für Demenz attestiert wird, eine angstbedingte Verschlechterung ihres Wohlbefindens erfahren, obwohl die Aussagekraft der Tests sehr beschränkt ist und die Person vielleicht niemals von Demenz betroffen sein wird.

Andererseits können Gentests im Internet auch eine Begründung für ungerechtfertigte Erleichterung sein. Ein Testresultat eines Rauchers, das ihm eine (wissenschaftlich und klinisch nicht aussagekräftige) verminderte genetische Prädisposition für Lungenkrebs attestiert, kann diesen zum sorglosen Weiterrauchen animieren. Aus der Sicht des Nichtschadensprinzips sind beide Situationen ethisch bedenklich und zu meiden. Da es sowohl an „Pre-test" (beratendes Vorgespräch) als auch an „Post-test" Beratung fehlt, können weitere Schäden dadurch eintreten, dass selbst im Fall eines medizinisch relevanten Ergebnisses dieses medizinisch nicht weiter verfolgt wird.[8]

5.3 Benefizienzprinzip

Das Benefizienzprinzip – oder das Fürsorgeprinzip – verlangt die aktive Prävention und Beseitigung des Schadens und Förderung des Guten. Gemäß diesem Prinzip hat ein Mensch eine Pflicht gegenüber dem anderen, Nutzen zu bringen und möglichem Schaden vorzubeugen. Weiters sind Nutzen und Schaden in einer Wahlsituation abzuwägen.[9] Dieses Prinzip, das den Nutzen medizinischer Maßnahmen für das Wohl des Patienten anspricht, kann im Konflikt mit der Patientenautonomie stehen.

---

[8] American College of Medicine Genetics Board of Directors (2004). ACMG Statement of Direct-to-Consumer Genetic Testing.

[9] Beauchamp, T.L.; Childress, J.F. (2004). *Principles of Biomedical Ethics.* 4th Ed. New York: Oxford University Press.

In Bezug auf monogene Erkrankungen, deren Verlauf therapeutisch zu beeinflussen ist, ist die Frage nach der Erfüllung des Benefizienzprinzips positiv zu beantworten. In diesem Fall würde eine Person von derartigen Informationen gesundheitlich profitieren.

Die Testung auf monogene Erkrankungen, für die (derzeit) keine Therapien bekannt sind, ist aus der Perspektive des Benefizienzprinzips problematisch. Selbst die Resultate können in diesem Fall als Schaden betrachtet werden, da das Wissen über eine Zukunft mit einer unheilbaren Krankheit (insbesondere einer spät manifestierenden Erkrankung) Menschen psychisch sehr belasten kann. Es sei auf das ebenfalls in der Autonomie begründete Recht auf Nichtwissen verwiesen. Anderseits können derartige Informationen in Bezug auf einen möglichen Kinderwunsch und der damit verbundenen Vererbung des spezifischen Gens sinnvoll sein und somit mit dem Benefizprinzip in Einklang stehen.

In Bezug auf die Testung von polygenen multifaktoriellen Erkrankungen besteht Einigkeit darüber, dass die Aussagekraft der Tests derzeit oft zu gering ist, um daraus Maßnahmen zum Wohl der betroffenen Person ableiten zu können.

5.4 Datenschutz und Schutz der Privatsphäre

DTC Gentests werfen erhebliche Probleme des Datenschutzes auf, denn die Abwicklung des Geschäfts und die Speicherung der Daten erfolgen im Internet. Gerade die Speicherung von Daten und die Möglichkeiten des Zugriffes von Seiten verschiedener Institutionen – wie etwa Versicherungen, Gesundheitsbehörden usw. – stellt ein hohes Risiko dar. In Österreich ist die Verwendung genetischer Daten für Versicherungszwecke bzw. für Arbeitgeber derzeit untersagt.[10] Da insbesondere die internationale Versicherungswirtschaft jedoch Interesse an diesen Daten zeigt, muss an Regelungen gedacht werden.[11,12]

Da die Testung ohne persönlichen Kontakt über das Internet läuft, kann im Prinzip eine Probe von einer Person ohne deren Wissen und Einverständnis genommen und zur Analyse versandt werden. Hier ist insbesondere an den Schutz von Kindern zu denken. Die Endgültigkeit der Veröffentlichung der Ergebnisse und die Tatsache, dass ein Widerruf nicht möglich ist, beschränken sowohl den Datenschutz als auch die Privatsphäre.

---

[10] In den USA untersagt der *Genetic Information Nondiscrimination Act*, der seit 2009 in Kraft ist, Versicherungen, Individuen aufgrund „genetischer Information" zu diskriminieren (von bestimmten Ausnahmen abgesehen). In Großbritannien haben sich die privaten Versicherungen einseitig verpflichtet, bis zu einer bestimmten Versicherungssumme von der Verwendung genetischer Daten generell abzusehen. Siehe Prainsack, B. (2008). What are the stakes? Genetic non-discrimination legislation and personal genomics. *Personalized Medicine* 5/5: 415–418.

[11] Aufgrund der geringen Aussagekraft von Gentests besteht derzeit wenig Interesse der österreichischen Versicherungen an deren Ergebnissen. Familiengeschichten und Informationen über Lebensstil, die privaten Versicherungen zugänglich sind, haben in der Regel hinsichtlich genetisch mitbedingter Erkrankungen weit mehr Aussagekraft. Es ist jedoch unklar, ob sich diese Situation verändern wird, wenn die Aussagekraft der Tests größer wird.

[12] Siehe auch Altman, R.B. (2009). Direct-to-Consumer Genetic Testing: Failure Is Not an Option. *Clinical Pharmacology and Therapeutics* 86/1: 15–17; Gurwitz, D.; Bregman-Eschet, Y. (2009). Personal genomics services: Whose genomes? *European Journal of Human Genetics* 17(7): 883–889.

5.5 Verteilungsgerechtigkeit

Das Prinzip der Verteilungsgerechtigkeit beinhaltet Überlegungen darüber, wie Güter bzw. Nutzen und Lasten innerhalb der Gesellschaft gerecht verteilt werden sollen. Da knappe Ressourcen nicht allen im gleichen Maß zur Verfügung stehen können, sind Kriterien für eine Güterverteilung – die möglichst breite Akzeptanz genießen – notwendig.

Bei begründetem Verdacht auf eine monogene Erkrankung werden in Österreich derzeit die entsprechenden Untersuchungen seitens des öffentlichen Gesundheitswesens in Auftrag gegeben und die Kosten von diesem getragen.

Die Testung von polygenen multifaktoriellen Erkrankungen über das Internet wirft hingegen Fragen der Verteilungsgerechtigkeit auf. Es stellt sich die Frage, in welchem Ausmaß das öffentliche Gesundheitssystem solche Tests indirekt finanziell und/oder infrastrukturell unterstützt. Personen, die eine weitere Interpretation ihrer Testergebnisse wünschen oder die von ihren Testergebnissen beunruhigt wurden, haben die Möglichkeit sich an Ärzte zu wenden, die aus dem öffentlichen Gesundheitswesen finanziert werden.[13] Hierbei werden jedoch die zeitlichen Ressourcen der betreffenden Ärzte strapaziert, wodurch weniger Zeit für andere Patienten aufgebracht werden kann. Da insbesondere niedergelassene Ärzte nicht zur genetischen Beratung ausgebildet wurden, kann von einer diesbezüglichen Beratung auch die Frage des Nichtschadens berührt werden.[14]

Für den Fall, dass DTC Gen- und Genomtests einer Person in Zukunft bedeutende Gesundheitsvorteile bringen können, muss der Frage nachgegangen werden, welche Personengruppe von diesen Angeboten profitiert und aus welchem Grund. Weiters wäre zu untersuchen, inwieweit solche Testungen leistbar und zugänglich sind und ob Internetangebote zu gravierenden und ungerechtfertigten Unterschieden in der Güterverteilung in der Gesundheitsvorsorge beitragen, da hierfür auch ausreichendes Wissen um die Benützung eines Computers sowie ein Internetzugang erforderlich sind.

6. Empfehlungen[15]

Die genannten ethischen Probleme, die bei der Inanspruchnahme von Gen- und Genomtests im Internet aufgeworfen werden, sowie die damit verbundene Umgehung der in Österreich für genetische Analysen zu medizinischen Zwecken verankerten gesetzlichen Schranken in Bezug auf die Selbstbestimmung des Patienten, Beratung und Datenschutz sind gravierend und sollten bei Entscheidungen, sich einem solchen Test zu unterziehen, berücksichtigt und abgewogen werden.

---

[13] McGuire, A.L.; Diaz, C.M,; Wang, T.; Hilsenbeck, S.G. (2009). Social Networkers' Attitudes Toward Direct-to-Consumer Personal Genome Testing. *American Journal of Bioethics* 9/6: 3–10.

[14] Hunter, D.J.; Khoury, M.J.; Drazen, J.M. (2007). Letting the genome out of the bottle – Will we get our wish? *New England Journal of Medicine* 358/2: 105–107.

[15] Siehe auch die Empfehlungen von Kommissionen in anderen europäischen Ländern: Schweiz (Empfehlung der Expertenkommission für genetische Untersuchungen beim Menschen [GUMEK]: Gentests aus dem Internet. www.bad.admin.ch/gumek, 2008); Großbritannien (Human Genetics Commission: More Genes Direct. http://www.hgc.gov.uk/UploadDocs/DocPub/Document/More%20Genes%20Direct.pdf, 2007, und House of Lords Science and Technology Committee: Genomic Medicine. http://www.publications.parliament.uk/pa/ld200809/ldselect/ldsctech/107/107i.pdf, 2009. Das Nuffield Council of Bioethics analysiert gerade die Ergebnisse einer öffentlichen Konsultation zu diesem Thema, die im Sommer 2010 veröffentlicht werden sollen: http://www.nuffieldbioethics.org/go/ourwork/personalisedhealthcare/introduction).

Angesichts der Bandbreite an ethischen Herausforderungen im Hinblick auf DTC Gen- und Genomtests im Internet empfiehlt die Bioethikkommission in Bezug auf einen Verdacht einer monogenen Erkrankung in jedem Fall einen dafür ausgebildeten Facharzt zu konsultieren, um dessen umfassende Beratung sowie allenfalls damit verbundene genetische bzw. psychologische Beratung in Anspruch nehmen zu können.

In Bezug auf mögliche polygene multifaktorielle Erkrankungen ist die derzeitige Aussagekraft von Genomtests oft zu gering, um klinisch-pathologischen Wert zu haben. Die Bioethikkommission empfiehlt daher, auf der Suche nach Informationen über persönliche Krankheitsrisiken von diesbezüglichen Tests im Internet abzusehen.

Für den Fall, dass eine Person das bestehende Angebot für Gen- oder Genomtests im Internet trotzdem annimmt, sollte sie sich über den genauen Geschäftsgegenstand der Testung im Klaren sein. Die Bioethikkommission empfiehlt, vor der Inanspruchnahme eines Gentests ein Aufklärungsgespräch mit einem in Genetik und vor allem in den Verfahren des Gentestes erfahrenen Arztes zu führen, um die dabei einzugehenden Risiken zu erkennen und möglichst gering zu halten. Weiters sollte sie bedenken, dass die Testdaten (personliche Daten und die Details der genetischen Analyse), auch wenn sie durch ein Passwort geschützt sind, niemals vollständig gegenüber nicht autorisiertem Zugriff sicher sind.[16]

Vom Einsenden von DNA von Minderjährigen oder nicht einwilligungsfähigen Personen zur Gen- oder Genomanalyse im Internet durch ihre Eltern oder gesetzlichen Vertreter wird nachdrücklich abgeraten.

Relevanten beruflichen Interessensorganisationen wie etwa den Ärztekammern wird empfohlen, ihren Mitgliedern gegebenenfalls Fortbildungsmaterial zur Verfügung zu stellen. Zudem wird nachdrücklich auf die Wichtigkeit der Integration von Lehreinheiten, die sich mit den genetischen, rechtlichen und ethischen Dimensionen der Frage befassen, hingewiesen.

Annex

Glossar

DNA: Desoxyribonukleinsäure, die die chemischen Bausteine der Chromosomen als Träger der Erbinformation bildet.

Direct-to-consumer marketing (DTC): Im Gesundheitsbereich bezeichnet dieser Begriff die Bewerbung und/oder Vermarktung von Gütern und Leistungen direkt von Anbieter an den Patienten/Konsumenten ohne Vermittlung durch medizinisches Fachpersonal.

Genom: Die Gesamtheit des genetischen Materials.

Genetischer Test: Ein Überbegriff für eine Vielzahl unterschiedlicher Verfahren, die die Erbinformation eines Menschen untersuchen und daraus Informationen über mögliche oder aktuelle Eigenschaften, Krankheiten, etc. ableiten.

Genotyp: Die Gesamtheit der Gene in einem Organismus, der den genetischen „Rahmen" dafür bildet, welche Eigenschaften, Krankheiten, etc. eine Person entwickelt.

Monogene Erkrankungen: Erkrankungen, die durch den Defekt eines einzigen der ca. 30.000 Gene des Menschen begründet sind. Ihr gemeinsames Kennzeichen ist, dass die relevante Mutation eindeutig in Bezug zur klinisch-pathologischen Erkrankungsform gestellt werden kann.

---

[16] Prainsack, B. et al. (2008). Misdirected Precaution. *Nature* 456: 34–35.

Multifaktorielle Erkrankungen: Multifaktorielle Erkrankungen bezeichnen Krankheiten, bei deren Ausbruch auf Grundlage einer genetischen Disposition Umweltfaktoren entweder auslösend oder modifizierend eine wesentliche Rolle spielen.

Phänotyp: Die aktuelle Ausprägung von Eigenschaften, Krankheiten, etc. Der Phänotyp eines Menschen geht auf ein komplexes Zusammenwirken von Genen, Lebensstil und Umwelteinflüssen zurück.

Prädisposition: Eine „Veranlagung" oder Neigung zur Ausprägung eines bestimmten Phänotyps, die noch nichts darüber aussagt, ob der Phänotyp tatsächlich auftreten wird (was oft von Lebensstil und Umweltfaktoren abhängt).

SNP: (engl.: *single nucleotide polymorphism*, „Snip" ausgesprochen) Varianten einzelner Basenpaare in der menschlichen DNA.

Dementia: Ethical Issues

Executive Summary and Recommendations*

Nuffield Council on Bioethics, United Kingdom

(October 2009)

What is dementia? (Chapter 1)

1. The term 'dementia' describes a collection of signs and symptoms such as memory and communication problems, changes in mood and behaviour, and the gradual loss of control of physical functions which, taken together, are an indication of damage to the brain as a result of the progressive degeneration of nerve cells. This can be caused by a variety of different diseases, of which Alzheimer's disease is the most common. Others include vascular dementia, Lewy body dementia, dementia related to Parkinson's disease, frontotemporal dementia, alcohol-related dementias and prion diseases.

2. About 700,000 people in the UK currently have dementia, and this is likely to increase to 1.7 million by 2051. Its prevalence increases rapidly with age, affecting about one in five of us by the age of 85. In addition to its profound personal and social impact, dementia has significant financial implications for those with dementia, for their families and carers, and for our health care and social care systems. In the UK the overall annual economic cost of late-onset dementia is estimated at over £17 billion.

3. Dementia gives rise to many ethical questions affecting both the individuals directly involved – the person with dementia themselves together with their close family and friends who provide much of their support – and society as a whole. We now know much more about the damage to the brain that leads to the symptoms and behaviours of dementia, but we also have a growing awareness of the abilities and emotions which are retained long into dementia, despite serious cognitive losses. This increased understanding poses a strong challenge to past ideas of dementia as a 'death that leaves the body behind' and raises important questions as to the way in which people with dementia are currently regarded and respected. Yet this increase in knowledge has not yet delivered treatments which have more than a temporary effect. This lack of a 'quick-fix' solution challenges us to look more closely at how people can be supported to live well with dementia, how their experience of disability can be minimised, and the implications of this for both services and research.

4. Even with the best support, a person with dementia will experience profound effects in their life as a result of their disease. The decline in mental capacity and ability to function independently, together with the effect dementia may have on mood and behaviour, is highly distressing to the person with dementia themselves, and creates difficulties for carers as they seek to respond appropriately. The potential for frequent and serious conflicts of interest between the person being cared for and their carer or carers generates further ethical difficulties. The increasing number of people

---

* Das vollständige Dokument ist im World Wide Web unter der Adresse „http://www.nuffieldbioethics.org/fileLibrary/pdf/Dementia_report_for_web.pdf" verfügbar. [Anm. d. Red.]

developing dementia means that many more people will be facing these questions in their own lives. This raises further ethical questions about how society supports people with dementia, and how it prioritises various forms of research into dementia.

An ethical framework (Chapter 2)

5. Those providing support and care for people with dementia face ethical problems on a daily basis: for example when balancing safety with freedom; deciding what is in the best interests of the person with dementia; and recognising that the needs of the person with dementia may sometimes conflict with the needs of others who also deserve consideration. While legal frameworks and guidelines are helpful in guiding practice and decision-making, they need interpreting and applying to specific situations, and cannot provide precise answers to particular ethical problems. We propose an ethical framework, set out below, to help those who face these ethical problems, while emphasising that there is rarely a single 'right' answer in any specific situation. Our framework also provides a basis for the recommendations we make throughout this Report to those bodies whose remit affects the lives of people with dementia and their carers.

6. We emphasise, however, that guidelines and frameworks alone are not enough to provide proper support for carers, care workers and professionals. Education and support in ethical decision-making, in the form of ongoing professional education, courses and peer support, must be available to all those providing care on a paid basis, and to all carers who wish to access such support.

7. The framework that we propose in this Chapter has six main components, as set out in the box below.

Dementia: an ethical framework (Box 2.1)	
Component 1:	A *'case-based' approach to ethical decisions:* Ethical decisions can be approached in a three-stage process: identifying the relevant facts; interpreting and applying appropriate ethical values to those facts; and comparing the situation with other similar situations to find ethically relevant similarities or differences.
Component 2:	A *belief about the nature of dementia:* Dementia arises as a result of a brain disorder, and is harmful to the individual.
Component 3:	A *belief about quality of life with dementia:* With good care and support, people with dementia can expect to have a good quality of life throughout the course of their illness.
Component 4:	*The importance of promoting the interests both of the person with dementia and of those who care for them:* People with dementia have interests, both in their autonomy and their well-being. Promoting autonomy involves enabling and fostering relationships that are important to the person, and supporting them in maintaining their sense of self and expressing their values. Autonomy is not simply to be equated with the ability to make rational decisions. A person's well-being includes both their moment-to-moment experiences of contentment or pleasure, and more objective factors such as their level of cognitive functioning. The separate interests of carers must be recognised and promoted.

Component 5:	*The requirement to act in accordance with solidarity:* The need to recognise the citizenship of people with dementia, and to acknowledge our mutual interdependence and responsibility to support people with dementia, both within families and in society as a whole.
Component 6:	*Recognising personhood, identity and value:* The person with dementia remains the same, equally valued, person throughout the course of their illness, regardless of the extent of the changes in their cognitive and other functions.

What is an ethical approach to care? (Chapter 3)
Some general points about the care of people with dementia

8. The concept of 'supportive care' is particularly helpful in dementia, in that it emphasises the need to support both the person with dementia and their family from the moment of diagnosis. In terms of our ethical values, such supportive care recognises the value of the person with dementia and is concerned to promote the well-being and autonomy of that person while also paying attention to the interests of carers. However, the 'label' attached to care is less important than the beliefs and attitudes underpinning that label. If care is provided on the basis that the person with dementia is valued as a person and supported to 'live well' with dementia, within the context of their own family and other relationships, then the label becomes immaterial.

9. We also emphasise two particular points which we believe to be especially important in dementia care. First, we argue that *how things are done, so that people with dementia feel valued individuals, will often be far more important than the particular structure or format of services* (paragraph 3.5). Secondly, we highlight the enormous importance of families and friends in the care of many people with dementia. It is our view that an attitude of working with families and other carers, supporting them in their own care of the person with dementia, is most conducive to the interests of the person with dementia and best recognises the centrality of relationships with family and friends for many people with dementia. *We suggest that the appropriate attitude of professionals and care workers towards families should be that of partners in care, reflecting the solidarity being shown within the family* (paragraph 3.12). Such a partnership would involve a relationship of trust between professionals and carers, based on mutual respect for each other's role and expertise.

An ethical approach to a care pathway for people with dementia
Timing and communication of the diagnosis

10. The prevailing view at present is that diagnosis of dementia should be made as early as possible. Early diagnosis has a number of important benefits, but not every person with dementia will find that the advantages of early diagnosis and disclosure outweigh the disadvantages. We therefore emphasise the notion of 'timely' diagnosis, and suggest that diagnosis is likely to be timely at the point when the cognitive and other changes they are experiencing begin to affect their lives and the lives of people close to them. *We conclude that people should have access to good quality assessment and support from the time they, or their families, become concerned about symptoms that relate to a possible diagnosis of dementia* (paragraph 3.18). We welcome the fact that improvements in early intervention and diagnosis are highlighted in the English dementia strategy and Scottish dementia priority paper but caution that the timeliness of a diagnosis will depend on the person and family concerned. We also emphasise that uncertainties about diagnosis should never be used as an excuse not to communicate openly with a person who is aware of changes in themselves and is actively seeking explanations. Respect for that person's well-being and autonomy demands an honest response. There is, however, no

value at present in attempting to screen for the underlying disease processes in the brain before symptoms of dementia appear.

11. There is some evidence to suggest that people in some cultural groups may be more hesitant in coming forward for diagnosis than those from others. Although individual choices and differences should be respected, it is important, given the potential benefits of earlier diagnosis, to understand the reasons that prevent people from coming forward. We suspect that feelings of shame and stigma associated with dementia play an important part in these reasons and that their significance varies between cultures.

Recommendation 1: We recommend that the UK Departments of Health should encourage more research to be carried out on the reasons why there is variation between cultures in readiness to come forward for diagnosis, and the role that misinformation and misunderstanding plays in these reasons. (Paragraph 3.19)

12. Whilst the principle of patient confidentiality is an important one in the doctor-patient relationship, a diagnosis of dementia has important implications not only for the person with dementia, but also for close family members who are likely to take on a significant caring role and need appropriate information and support to do so. *Professionals responsible for communicating a diagnosis of dementia should actively encourage the person with dementia to share this information with their family, making clear that the diagnosis is of importance to those providing informal care and support, as well as to the individual concerned* (paragraph 3.23). If the person with dementia refuses absolutely to allow information to be shared with others, this refusal must be honoured while the person has the capacity to make this decision. However, the professionals involved should make a careful assessment of the person's capacity, and also make it clear to the person with dementia that it may be necessary to share information with others later, once capacity to make this decision has been lost, in the interests of the person's own well-being.

Recommendation 2: We recommend that the General Medical Council and relevant royal colleges, including the Royal College of Psychiatrists, the Royal College of Physicians, the Royal College of General Practitioners and the Royal College of Nursing, should consider ways of promoting an approach to the disclosure of a diagnosis of dementia that acknowledges the role of those close to the person with dementia, for example through the production of guidance on family involvement and confidentiality at the point of diagnosis. (Paragraph 3.24)

Information, communication and signposting to services

13. There is ample evidence that, in many cases, people are presented with a diagnosis of dementia and simply told to come back in a year's time. *It was argued forcefully in one of our fact-finding meetings with people in front-line dementia care that such a lack of information and support in the immediate aftermath of diagnosis is simply morally wrong. We agree* (paragraph 3.26). Access to supportive care, including appropriate information, emotional support, and a variety of forms of practical support, is essential for people to live well with dementia, making the most of all their retained abilities.

14. People also need help in accessing what is inevitably a fragmented support system, given the wide range of health and social services that people with dementia and their families may potentially use. We suggest that an important element will be the identification of a single individual to liaise with the person with dementia and their family, and with whom a trusting relationship can develop. *We welcome the proposal in the English dementia strategy to pilot possible models of 'dementia care advisers', whose role would be to help people diagnosed with dementia access appropriate services and support. We suggest that there is a strong ethical justification for such a role to be introduced throughout the UK as soon as possible* (paragraph 3.27).

Ongoing care and support

15. We very much welcome the increasing emphasis on services which are flexible and appropriate to the individual, and which enable them to live well with dementia – an approach based on respect for the needs, preferences and personhood of the individual person with dementia (paragraph 3.31). A commitment to making services as flexible and responsive as possible does not necessarily entail spending more money; rather, it involves listening to the needs and wishes of the person for whom the service is being provided and adjusting the support on offer in order to help them in what they value most.

16. The 'small things' of care are particularly important in ensuring that care is genuinely supportive of the individual, and enhances that person's autonomy and well-being. The humanity with which assistance for everyday living is offered, especially help with eating and intimate care, is crucial in helping the person retain their self-esteem and dignity, as are the manner and tone in which a person is addressed; the care taken to ensure that they participate as much as they can or wish in any decision about their day-to-day life; the trouble taken about appropriate and attractive food and environments; and access to meaningful activity.

End of life palliative care

17. End of life care for people with dementia is a matter of particular concern, with evidence to suggest that people with dementia are less likely to receive palliative medication, have attention paid to their spiritual needs, or be referred to palliative care specialists than people who do not have dementia.

18. We note, and welcome, the fact that the English dementia strategy, the Scottish dementia priority paper, and the draft action plan for Wales all identify end of life care for people with dementia as an important target for improvement, and that the various UK end of life strategies similarly recognise the particular needs of people with dementia. It is clear that a key factor will be the development of models of end of life care which are appropriate to dementia, and we welcome the English dementia strategy's commitment to the development and evaluation of such models (paragraph 3.45). We also strongly agree with the National Council for Palliative Care that close working locally between those responsible for dementia care and those responsible for end of life care is absolutely crucial.

Dementia and society (Chapter 4)

Combating stigma and promoting inclusion

19. Our emphasis on the equal value of people with dementia and the importance of acting in solidarity with those affected by dementia underpin a clear moral imperative to tackle the stigma which is still pervasive in dementia. Such stigma leads not only to difficulties and delays in accessing services but also to exclusion from mainstream society. While we strongly endorse the commitments in the English dementia strategy, Scottish dementia priority paper and Welsh draft action plan to improve public awareness, we believe that information and awareness campaigns are only one part of the story. For dementia to be truly normalised, it needs to become an accepted, visible part of our society, in the same way that physical disability is increasingly recognised as part of the norm.

20. People with dementia need to feel comfortable going to a club or out to lunch, participating in the life of a church, or taking part in voluntary work, just as they did earlier in their lives. "Service providers" such as shops, leisure services and restaurants have a legal duty under the Disability Discrimination Act 1995 to make "reasonable adjustments" to enable people with dementia to access those services. However, they will often not realise this, and even if they do, they are unlikely to have sufficient knowledge of dementia to make appropriate adjustments.

Recommendation 3: We recommend that the Equality and Human Rights Commission should give particular consideration to the discrimination currently experienced by people with dementia, and take appropriate action to publicise both the legal duties to which all „serviceproviders" are subject under the Disability Discrimination Act 1995 to ensure equal access to their services by people with dementia, and appropriate ways in which this could be achieved. In addition, the Disability Discrimination Act 1995 Code of Practice should explicitly address dementia with examples of good practice. (Paragraph 4.31)

The role of society in providing care and support

21. People with dementia experience a number of disadvantages in the current care system, especially in the way services are divided into 'social' and 'health' services. Many of their needs, for example for help with personal care, are classed as 'social', despite the fact that the direct cause of their symptoms is progressive damage to the brain. Under the current system, this means that support services may only be made available when a crisis has already been reached because of the pressure on social services departments to prioritise those in greatest need.

22. We argue in Chapter 2 that dementia is a medical disorder and that the needs arising out of the disorder should therefore be met in the same way as those arising out of other serious illnesses such as cancer. It is not acceptable to make people with cancer wait until their support needs have reached a crisis before providing that support and nor should it be regarded as acceptable for people with dementia to wait in this way. *The essential ethical point to be made is that the access of people with dementia to the services they need should not be determined by classifications of care. In allocating resources, and in determining standards of care, it should make no difference whether the intervention is classified as 'health' or 'social'* (paragraph 4.41).

Making decisions (Chapter 5)

23. It is a long-established legal principle in the United Kingdom that adults who are capable of doing so are entitled to make their own decisions about their health care and general welfare, even if others disagree with the decision or believe that it is unwise. It is important to remember that people with dementia, especially in the earlier stages, will retain the capacity to make many decisions, especially when supported in doing so.

24. The Mental Capacity Act 2005 (covering England and Wales) and the Adults with Incapacity (Scotland) Act 2000 provide statutory frameworks for making decisions in cases where individuals do not have the capacity to make specific decisions for themselves. Similar legislation has been promised for Northern Ireland. In all three jurisdictions of the UK, a person is presumed to have legal capacity to make a particular decision, unless the opposite is demonstrated. Moreover a person may have the capacity to make one decision even if they lack capacity to make another. Where decisions are made for people who lack capacity, such decisions must be in the person's 'best interests' (England and Wales) or have the potential to 'benefit' the person (Scotland).

Difficulties around borderline and variable capacity

25. In many cases, it will be very clear whether a person with dementia does or does not have the capacity to make a particular decision. However, there will be times when the person's ability to make a particular decision will be difficult to determine. The implications for the individuals concerned are potentially very significant: if they are assessed as having capacity they will be free to choose their own course of action (even if regarded by others as highly risky), whereas if they are

assessed as lacking capacity their wishes may be over-ruled by others in the hope of protecting their best interests.

26. To avoid, or at least reduce, the problems inherent in borderline capacity, greater emphasis should be put on *joint* decision making with trusted family members. This might help bridge the gap between the time when a person with dementia is fully able to make their own decisions, and the time when formal proxy decision making becomes necessary on a regular basis. In our view, *most people do not make 'autonomous' decisions in isolation: rather they come to decisions supported by those close to them and in the light of those relationships. Joint decision making with trusted family or friends is one example of how our broader approach to autonomy can be realised in practice, and is potentially valuable, both in meeting the legal requirement to take all practicable steps to support a person in making their own decision and in supporting the person in 'borderline' cases where their capacity is uncertain* (paragraph 5.23).

Recommendation 4: We recommend that the Codes of Practice made under the Mental Capacity Act and the Adults with Incapacity (Scotland) Act should be amended to emphasise the importance of good communication and supportive relationships with families, so that joint decision making is encouraged wherever appropriate. (Paragraph 5.23)

Determining best interests/benefit: balancing past and present

27. In order to determine the 'best interests' of a person who lacks capacity to make a particular decision (or how to 'benefit' that person in Scotland), those making the decision are required to consider both the past and present wishes and feelings of the person. However, sometimes past and present wishes may differ significantly.

28. Our ethical framework highlights the importance of promoting both the autonomy and wellbeing of a person with dementia. We suggest that both past *and* present wishes are an expression of a person's autonomy, and that where these differ, neither can automatically be preferred. Wellbeing factors, such as the person's general level of happiness are also important but again cannot automatically take precedence over the person's interests in having their autonomy respected. We suggest that in such cases it will be a matter of weighing up the relative *strengths* of these claims. Factors which should be taken into account would include:

– How important is the issue at stake?
– How much distress or pleasure is it causing now?
– Have the underlying values or beliefs on which the earlier preferences were based genuinely changed or can they be interpreted in a new light?
– Do the apparent changes in preferences or values result from psychosocial factors (such as fear) or directly from the dementia (such as sexually disinhibited behaviour), or are they linked with a genuine pleasure in doing things differently?

Recommendation 5: We recommend that the mental capacity Codes of Practice should be amended to provide additional guidance on how past and present wishes and preferences should be taken into account where these appear to conflict. This guidance should emphasise that neither past nor present can automatically take precedence, but that the relative strength of the person's wishes, the degree of importance of the decision, and the amount of distress being caused should all be important factors to consider. (Paragraph 5.32)

Advance decisions and advance care planning

29. The Mental Capacity Act also makes specific provision for people in England and Wales to make 'advance decisions' to refuse treatment, even if that treatment may be life-saving. Such decisions are legally binding on professionals if they are valid and applicable to the treatment in ques-

tion. In Scotland, there is no specific reference to advance refusals in the legislation, but they are potentially binding under case law. The ability to make binding advance refusals of particular forms of treatment generates strong feelings: some see them as a welcome opportunity to exercise autonomy into the future, while others are concerned that they may lead to decisions about health care that could be harmful to the person in their future vulnerable state. Under the Mental Capacity Act, an advance refusal can be revoked (and hence is no longer valid) by a person at any point while they retain the capacity to make the decision in question. An advance refusal may also be invalidated by behaviour which is inconsistent with the refusal; however it is currently unclear whether this safeguard applies at any time, or only while the person retains legal capacity to make the relevant decision.

30. While we are concerned that, in some cases, people may complete advance decisions because of the stigma and fear associated with dementia (and which we have sought to challenge in this Report), we also recognise that some individuals will still wish to avoid any prolongation of a life with dementia, however good the quality of care provided, or may have a strong wish not to be dependent on others. *If we are to promote people's interests in their own autonomy and wellbeing, and in particular in their own notion of what constitutes their own well-being, then it is right that the law should, as at present, permit those who feel so strongly to make those wishes effective* (paragraph 5.40).

31. *However, we remain concerned that in many cases an advance refusal of treatment may not operate in the way that the person in fact envisaged. We therefore welcome guidance on advance refusals such as that produced by the NHS End of Life Care Programme and the National Council for Palliative Care, which provides a model advance refusal form and suggests a number of helpful safeguards* (paragraph 5.41). We believe that such guidance may help those who wish to make advance refusals of treatment to formulate their wishes in a way which is more likely to be relevant and applicable at a later stage.

32. *We are also concerned about the current lack of consensus as to whether an advance refusal made under the Mental Capacity Act could be invalidated by inconsistent behaviour after loss of capacity to make the decision in question. Such a lack of clarity adds to the concerns on the part both of those who wish to write binding refusals and of health professionals who have to act upon them* (paragraph 5.42).

Recommendation 6: *We recommend that the Department of Health should act quickly to provide additional guidance in the Code of Practice on whether advance refusals may be invalidated by inconsistent behaviour after the person has lost legal capacity to make the decision in question.* (Paragraph 5.42)

33. We also highlight the much broader concept of 'advance care planning' which is an important part of palliative and end of life care, and which aims to encourage all people who may be approaching the end of their lives to discuss and document their wishes about their future care. Wishes set out in an advance care plan may include the refusal of particular forms of treatment in particular circumstances. However, they may also include wishes about where the person would prefer to be as they are dying; the people they would most want to have around them; whom they would wish to be consulted about their care; and other aspects of their lives that they find most important and that may help make the end of their life as peaceful and supported as possible.

34. *Where individuals wish to make decisions about their future care, we strongly support the notion that this is best achieved within the broader context of advance care planning* (paragraph 5.48). We suggest that such planning should begin early, and should be regarded as an ongoing process and not as a one-off event, with any documented wishes regularly reviewed.

Pressure for assisted suicide and euthanasia

35. It is sometimes suggested that if people do not have confidence that they will be able to exert some control over their future health care at the end of life, they may prefer to consider suicide or

some form of assisted dying as a way of taking more direct, personal control at an earlier stage in the illness. While one of the components of our ethical framework is the belief that life with dementia can overall be positive, we recognise that some people, when contemplating their own possible future with dementia, consider such a future, at least at some stage, as worse than death. However the present situation in the UK is that both assisted suicide and active euthanasia are illegal even where a person wishing to end their life has full capacity. We believe that in such circumstances it would be quite inappropriate even to start to consider any form of legal assisted dying in connection with dementia.

Proxy decision making: welfare attorneys

36. It is now possible in both England/Wales and Scotland for a person with capacity to nominate a 'welfare attorney' who will be empowered to take health or welfare decisions on their behalf if, in the future, they lose capacity to make those decisions themselves. A welfare power of attorney is a more flexible arrangement than an advance refusal of treatment, in that the welfare attorney will be able to weigh up all the relevant evidence at the time a decision is needed. While the creation of the power of 'welfare attorney' has been widely welcomed, there have been well-reported concerns about the complexity of the forms, the bureaucracy involved in 'registering' the power with the Office of the Public Guardian, and the fees charged for this registration.

37. *Welfare powers of attorney are a very good way of promoting a person's autonomy interests. Indeed, they have many advantages over an advance decision as they permit decisions to be made in the light of up-to-date knowledge both of the person's clinical needs and the care options available. We therefore welcome all attempts by the Offices of the Public Guardian to make welfare powers of attorney as accessible as possible to anyone who wishes to make one, in terms of ease of completion, level of bureaucracy and cost* (paragraph 5.55).

38. *We believe that, in supporting and facilitating decision making on behalf of people who are inherently vulnerable as a result of their declining capacity, welfare powers of attorney represent a 'social good' and that, as such, they should, in principle, be available free of charge for everyone. At the very least, a funding mechanism should be found in order to ensure that when a person is first diagnosed with dementia they are actively supported in nominating a welfare attorney if they so wish* (paragraph 5.56).

Recommendation 7: We recommend that the Offices of the Public Guardian in England/Wales and in Scotland actively monitor whether the current arrangements are in practice hindering anyone who might wish to benefit from appointing a welfare attorney from doing so, whether because of the cost or because of the complexity of the process. We further recommend that they work with the relevant Departments of Health to explore ways of actively supporting people to appoint a welfare attorney at the point when they receive a diagnosis of dementia. (Paragraph 5.56)

Relationships between nominated proxies and professionals

39. Although welfare attorneys have the legal authority to make decisions on behalf of the person who lacks capacity, they do not have complete freedom of action: they are obliged by law to act in the individual's best interests (England and Wales) or in a way which will benefit the person (Scotland). This may lead to potential conflict between welfare attorneys and professionals if views differ as to what course of action will be best for the person. The strict legal position is that, in such cases, professionals may only override the attorney's opinion in an emergency, with the authority of the Court of Protection (England and Wales) or, in Scotland, with the authority of a second opinion doctor nominated by the Mental Welfare Commission or of the Court of Session. However, there is little guidance for professionals as to what level of concern should trigger an approach to the Courts or the Mental Welfare Commission.

Recommendation 8: We recommend that the Codes of Practice both for England/Wales and for Scotland should explicitly address the question of when it is appropriate for professionals to seek to override the decision of a nominated welfare attorney by approaching the Court of Protection, the Mental Welfare Commission or the Court of Session. Both professionals and welfare attorneys would then be clear as to their respective positions. Our view is that significant weight should be placed on the fact that the person on whose behalf the decision is being taken has actively chosen, in the past, to trust the welfare attorney to act on their behalf. This would suggest that others should seek to intervene only if they have grave concerns about the welfare of the incapacitated person, and not simply because they themselves take a different view of best interests. (Paragraph 5.63)

How well are the Acts working?

40. In general, the evidence we received about the provisions of the Mental Capacity Act 2005 and the Adults with Incapacity (Scotland) Act 2000 was very positive. However, even though the mental capacity Acts have the 'best interests' or 'benefit' of the person at their heart, we are concerned that, in practice, there is still a risk of a 'tick-box' culture, which may lead to the routine acceptance of unimaginative and unsympathetic decisions about a person's care. We emphasise in our ethical framework that *the difficult problems which often arise in dementia do not lend themselves to formulaic answers, and that indeed there will often be no straightforward 'right' or 'best' answer. The approach to 'best interests' and 'benefit' set out in the mental capacity legislation and Codes of Practice is very helpful, in that it encourages a flexible approach to decision making that looks at the individuals and circumstances involved in each particular case. We reiterate here the fundamental importance of approaching such decisions not only with flexibility, but with compassion, founded on respect for the value of the person with dementia* (paragraph 5.66).

Dilemmas in care (Chapter 6)

Overview of our approach

41. As we emphasise in the introduction to our ethical framework, ethical dilemmas arise on a daily basis for all those providing care for people with dementia. Such dilemmas may arise in mundane situations, but they are problematic and stressful, and those providing care often feel isolated and unsupported in responding to them. Yet the way in which they are handled may have a significant effect on the quality of life of both the person with dementia and others surrounding them. Moreover, the problems arising in dementia are complex: there is rarely one over-arching value or consideration that can be used to solve them, and hence judgment has to be applied in the light of every particular case. In view of this, our general conclusions are as follows:

1. *Specific guidelines, rules and laws have a particular but limited role to play: they may help to set a framework pointing to ways in which problems may be resolved but they can rarely provide a definitive answer to a specific dilemma. Any such guidelines will need to be interpreted in a flexible and compassionate way when applied to a specific situation, with a focus both on the interests of the individual with dementia and on the interests of others directly concerned.*

2. *Professionals are in a position to support both carers and care workers, in addition to facing ethical problems themselves. They should have access to ongoing education to help them in both these roles. Education in ethical decision making, however, should not be limited to those with 'professional' roles: care workers are required to respond to ethical problems as part of their daily work, and should have access to the ongoing education needed to equip them to respond appropriately.*

3. *All those involved in direct care – carers, care workers, health and social care professionals, and volunteers – should have access to forums for sharing and receiving support in making ethical decisions. Carers and volunteers who wish to access more formal courses in ethical decision making should be able to do so* (paragraph 6.3).

Recommendation 9: We recommend that the UK Departments of Health consider, as part of their dementia strategies and workforce planning, how all those involved in direct care of people with dementia can access appropriate education and support in ethical decision making. (Paragraph 6.3)

The use of assistive technologies

42. Technologies such as 'smart' home adaptations, telecare, memory aids and monitoring or tracking devices may play an important role in enhancing the lives of people with dementia and their close family and friends. They may promote a person's autonomy and well-being by enabling them to live more freely and more independently for longer. Concerns, however, have been raised about possible detrimental effects, such as intrusion on privacy, stigma (particularly with reference to tracking devices) and the risk of reduced human contact. All these issues have the potential to affect both a person's autonomy, for example through feeling controlled or devalued, and their well-being, for example through impoverished human relationships.

43. Where the person with dementia has the capacity to choose for themselves whether to accept or refuse a particular technology, their decision should be respected. *Where a person with dementia lacks the capacity to decide for themselves whether to make use of a particular technology, the relative strength of a number of factors should be considered on a case-by-case basis, including:*

- *the person's own views and concerns, past and present, for example about privacy;*
- *the actual benefit which is likely to be achieved through using the device;*
- *the extent to which a carer's interests may be affected, for example where they would otherwise have to search for the person with dementia in the streets at night; and*
- *the dangers of loss of human contact* (paragraph 6.12).

Balancing freedom and risk

44. Taking risks is an inherent part of our everyday lives, and a life without any form of risk is unimaginable. Those caring for people with dementia however, may often feel the need to do all they can to reduce risk to an absolute minimum. Unfortunately, minimising risk often means foregoing benefits and restricting freedom, which in turn may be highly detrimental both to the person's sense of autonomy and to their overall well-being.

45. It is clearly important that those providing care for people with dementia assess and manage risks appropriately. However 'risk assessments' can often focus only on the possible risks, without considering what opportunities and benefits are being forgone as a result. For this reason we believe that the term 'risk assessment' should be replaced by 'risk-benefit assessment'.

Recommendation 10: We recommend that the UK Departments of Health and the four bodies regulating adult social care in the UK[1] should require care providers to consider risks not in isolation but in the context of a risk-benefit assessment. Such risk-benefit assessments should explicitly take into account the well-being and autonomy of the person with dementia, as well as their need for protection from physical harm and the needs and interests of others. The term 'risk assessment' should be replaced by 'risk-benefit assessment' in order to highlight the importance of benefits which may be lost in the attempt to reduce risk. (Paragraph 6.17)

---

[1] The Care Quality Commission in England, the Care and Social Services Inspectorate Wales, the Care Commission in Scotland and the Regulation and Quality Improvement Authority in Northern Ireland.

Restraint

46. 'Restraint' includes both using (or threatening) force to make a person do something that they are resisting, and restricting their movements, whether or not they resist. Restraint techniques include physically holding a person, using straps or lap belts to keep them in a chair, locking doors to prevent them going out unaccompanied, and using medicines to calm and control a person's behaviour. In some circumstances, the person with dementia may understand why a particular restraint is being suggested for their own safety and may consent to its use. In other cases, however, they may not be in a position to consent, or restraint may be used in order to control behaviour that others find difficult or alarming. In such cases restraint may be experienced as highly demeaning and distressing. Yet, at times, those caring for a person with dementia may see no alternative but to use restraint.

47. For people who lack capacity to consent, the Mental Capacity Act limits the use of restraint to circumstances where it is a "proportionate" response to the likelihood of the person suffering harm. There is, however, little guidance on what constitutes a "proportionate" justification for restraint, and carers in particular may sometimes find that a lack of outside help leaves them little choice but to restrain the person for whom they care in order to get on with essential household tasks such as shopping and cooking. Regulations governing restraint in care homes make clear that restraint should be used only on an exceptional basis, as a technique of last resort, and detailed practical guidance on how to achieve this aim has been published by the Mental Welfare Commission for Scotland. Nevertheless, there is considerable evidence that restraint is much more widely used in practice.

Recommendation 11: We recommend that the Office of the Public Guardian, in association with the Department of Health, provide additional guidance to carers on when restraint might be considered to be „proportionate", either within the Mental Capacity Act Code of Practice or in the form of stand-alone guidance.

Recommendation 12: We recommend that the Commissions responsible for regulating social care within the United Kingdom ensure that detailed and practical guidance on the appropriate use of restraint in care homes, such as that produced by the Mental Welfare Commission for Scotland, is made readily available to all those working in this sector.

Recommendation 13: We further recommend that the UK Health Departments should draw specific attention to the importance of providing support to carers that will minimise the need for restraint in the domestic context, for example through guidance to health and social services organisations on needs assessment. (Paragraph 6.38)

Abuse by family and friends

48. The abuse of people with dementia by people caring for them raises particular ethical issues, because of the complex relationships and dependencies involved. While definitions of abuse differ, it is widely accepted that the concept extends beyond physical or sexual abuse to psychological and emotional harm, financial exploitation and neglect. A recent survey in the UK among carers of people with dementia found that one per cent of carers had hit or physically hurt the person for whom they cared within the previous three months. Thirty three per cent of carers, by contrast, reported behaviours such as significant levels of screaming or swearing at the person with dementia, which the authors categorised as psychological abuse.

49. The need to intervene in order to protect the person with dementia remains the same, regardless of the intent of the person causing the harm; however, the action necessary to protect the person may be quite different. While some abuse will undoubtedly be of a malicious and criminal nature, there is considerable evidence as to the role played by ignorance, stress, ill-health and exhaustion on the part of carers. Allegations or evidence of abuse must always be thoroughly

investigated and action taken to protect the person with dementia. At the same time it must be recognised that abuse and neglect may be the result of unmanageable pressure on the carer. *Our focus on solidarity emphasises the need both to act to protect the person with dementia and to support their carer where the person with dementia continues to benefit from their care.* We suggest that these concerns add further weight to the importance of providing appropriate information, advice and peer support services to all those caring for people with dementia, as highlighted in Chapters 3, 6 and 7 (paragraph 6.45).

The needs of carers (Chapter 7)

Introduction

50. A 'carer' is defined in the UK Government's Carer's Strategy as someone who "spends a significant proportion of their life providing unpaid support to family or … friends." Families and friends demonstrate practical solidarity in the care and support they provide to people with dementia, whether this is given primarily out of love, compassion, duty, a desire to reciprocate past support, or a combination of all of these. We suggest that solidarity similarly urges us (as individuals, families, communities and through the state) to support carers in their own exercise of solidarity with those for whom they care.

Joint support for the person with dementia and their carer

51. Our ethical framework emphasises the importance of giving close attention to the autonomy and well-being of carers, both for the benefit of the person with dementia and because carers matter in their own right. We also argue that autonomy should be seen in 'relational' terms: that is, that a person's sense of self and self-expression should be seen as being firmly grounded in their social and family networks. In addition, most people would wish that their carer's interests should be given considerable weight: their interests include their carer's interests. When autonomy is understood in these terms, then in order to support a person's autonomous wishes and values it will be necessary to support the whole family and social structure.

52. A diagnosis of possible dementia has implications that extend well beyond the individual receiving the diagnosis. Close family and friends, and especially the partner of the person with dementia, have to adjust to the ramifications for their own lives and come to terms with a shared future which may be very different from what they had all envisaged. *An important implication both of our emphasis on solidarity and of our 'relational' approach to autonomy is to emphasise that professional support should have a wide focus that includes helping the family to support the person with dementia, rather than being limited to an exclusive and direct focus on the person with dementia* (paragraph 7.19).

The need to be trusted

53. The issue of trust is central in any caring relationship. Most carers provide a level of care that compromises their own health and well-being, and are concerned to help and support the person with dementia as much as they are able. Given this trust-based relationship between the person with dementia and their carer(s), we suggest that *unless there is evidence to the contrary, there should be a presumption of trust in carers by health and social care professionals and care workers. Such trust is a key part of any 'caring partnership', and without such trust it is highly unlikely that the person with dementia can be given the best possible support* (paragraph 7.23).

Access to confidential information about the person with dementia

54. Concern has been expressed by many carers that professionals may be hesitant about sharing confidential information if the person with dementia lacks capacity to agree to disclosure, even where the carer feels that they need that information in order to make a proper decision on behalf of the person. The Mental Capacity Act Code of Practice sets out the legal position, that information may be shared in such circumstances if it is in the best interests of the person who lacks capacity to do so, but suggests that carers who do not hold a power of attorney would not normally need such information as they have their own knowledge of the person to guide their decisions.

55. *The Working Party strongly supports the current legal position that when a person lacks capacity, their confidential information should only be disclosed to others where it is in the best interests of the person to do so. We believe, however, that the current guidance in the Mental Capacity Act Code of Practice on when it will be in a person's best interests to share information is too restrictive. Professionals should be made aware of the legitimate reasons why carers may ask for medical or other confidential information, and ordinarily start from the assumption that if a carer is involved in making a decision on behalf of the person with dementia, then they will need the same level of information as any other member of the care team. In short, carers should be provided with any information that it is necessary for them to know in order to carry out their caring role* (paragraph 7.26).

Recommendation 14: We recommend that the Office of the Public Guardian, in conjunction with the Department of Health and regulatory bodies such as the General Medical Council and Nursing and Midwifery Council, should reconsider the guidance on confidentiality currently given in the Mental Capacity Act Code of Practice, and give greater weight to the reasons why carers may need access to confidential information when involved in making decisions as to the best interests of the person with dementia for whom they care. (Paragraph 7.26)

Financial and social support

56. Caring for a person with dementia is expensive, encompassing factors such as lost earnings, paying for respite and other care, and investing in adaptations and assistive technologies for the individual for whom they are caring. Emotional and practical support is also crucial.

57. *Our emphasis on solidarity highlights society's responsibility to support people with dementia and their carers. This responsibility extends to informing carers, openly and systematically, of the social and financial support to which they are entitled: support should not only be available to those who know enough about the system and have sufficient persistence to assert their rights. We again commend the proposed role of a dementia care adviser or similar, who should be well placed to ensure that carers of people with dementia are better informed about their entitlements. We reiterate that a timely diagnosis is also important for carers, given that without such a diagnosis carers will experience significant difficulty in obtaining the help and support they themselves need* (paragraph 7.30).

Considering one's own interests

58. Carers need support in considering their own interests, as well as those for whom they care. When making a decision for a person who lacks capacity, others are legally required to act in that person's best interests. At first sight, this suggests that the interests of the person with dementia should always be placed above those surrounding them. Yet interests are often complex and intertwined. In a family, it will rarely be the case that a single person's interests always take priority: rather some consideration will be given to everyone's interests and some degree of compromise found. *Professionals such as doctors, nurses, clinical psychologists and social workers have an important role to play in supporting carers explicitly to consider their own needs and interests when weighing up difficult decisions, particularly around future care options* (paragraph 7.37).

Research (Chapter 8)

How should research be prioritised?

59. The levels of funding available for dementia research have been strongly criticised, given both the prevalence and burden of dementia. The priority given to different forms of research within dementia (such as basic research, development of treatments, prevention, social science research and research into the quality of care) is also a key issue, especially as different types of research have the capacity to benefit quite different groups. Prevention and cure, for example, both seek primarily to benefit future generations, while research focused on quality of care has the potential to benefit people with dementia in the near future.

60. We are aware of the difficulties inherent in making comparisons between the funding available for research into dementia and funding available for other conditions. Nevertheless, we are struck by the fact that the major research funding bodies within the UK do not appear to have explicit policies according to which they allocate funds between different conditions, focusing rather on research excellence and the 'importance' of the topic. While it is clearly appropriate that funding bodies support important and high quality research, criteria such as these do not, alone, ensure a just distribution between the needs of different parts of the population. *We believe that major research funders should be more explicit as to how they divide their research funds between areas of research that have the capacity to benefit very different groups of the population. Given the social and economic impact of dementia, we believe that a more explicit approach to research priorities would be likely to lead to significant increases in research funding for dementia. If such an increase were not to be matched by research applications of the necessary high standard, then active steps should be taken to develop and promote research capacity in the relevant areas* (paragraph 8.17).

Recommendation 15: We recommend that the major research funders develop, and articulate, a reasoned basis for the division of their research funds between areas of research which have the capacity to benefit very different groups of the population. We further recommend that, if necessary, they take active steps to promote and sustain the creation of research communities capable of carrying out high-quality research. (Paragraph 8.17)

61. On the question of how funding should be prioritised *within* dementia research, we recognise that it is difficult to give one type of research priority over others. We would, however, make the following observations:

– Research into the effectiveness and transferability of different models of care and support for people with dementia is relatively neglected. Yet research into these areas is crucial if people are to be supported to live well with dementia. This is particularly important given that the prospect of a real cure for dementia is highly elusive.

– There are widespread concerns about the outcome measures used when assessing the effectiveness or cost-effectiveness of a particular treatment or service.

– It is crucial to understand better how people with dementia and their carers live with dementia, how dementia affects them throughout the course of the disease, and how their quality of life could be improved throughout those stages. Social research in this area is an essential starting point for both the research into care models and the development of sensitive outcome measures described above. More research into the effects of stigma and how stigma can best be challenged would also be highly valuable.

– All those involved in caring for people with dementia need better access to education and support in order to respond to the ethical problems they encounter on a daily basis. Further research is required on how best to achieve this aim.

– Research into non-Alzheimer's dementias lags far behind that into Alzheimer's disease.

– Research into preventative strategies appears to receive too low a priority.

Recommendation 16: We recommend that relevant research funders consider ways in which the level of funding for dementia research could be increased in the following areas: health services research into how people with dementia and their carers can best be supported to live well, how mainstream services can best be adapted to their needs, and how good practice can more readily be implemented; more meaningful outcome measures for assessing the effect of particular forms of treatment or service; research into how best to improve the provision of support for ethical decision making; all forms of research for the non-Alzheimer's dementias; and research into preventative strategies.

Recommendation 17: We particularly highlight the importance of social research in providing an evidence base to underpin better ways of supporting people with dementia and their carers. We recommend that funding bodies such as the Economic and Social Research Council, in partnership with others, take active steps to encourage further research into issues such as how people live with dementia, the nature of their experience and the quality of their lives; how stigma can best be challenged; and how those working in health and social care can best be supported in providing care which genuinely respects the personhood of everyone with dementia. (Paragraph 8.18)

Who should be involved in research?

62. Individuals with the capacity to make their own decisions as to whether or not to be involved in research may be involved only if they give consent. The ability of people with dementia to make their own decisions (if necessary with plenty of support) as to whether or not they wish to participate in research should not be under-estimated. Particular difficulties arise, however, when involving people in research studies if they lack the capacity to make their own decision about participation.

63. There are clearly good ethical reasons, based on concern for people's autonomy and well-being, for ensuring that strong safeguards are in place to protect people who lack capacity from being harmed by research. However, at the same time there is a risk that, if the procedural bar is set too high, people with dementia will be excluded altogether from research. This, in turn, would be discriminatory: it would prevent people with dementia from acting altruistically when they have autonomously expressed a wish to do so, and would reduce the chance of better treatment and care both now and in the future. *We believe that the current legal safeguards are an appropriate way of protecting people with dementia from harm. However, we believe that action should be taken to make it easier to allow those who have expressed a wish to take part in research to do so* (paragraph 8.44). In particular, we highlight the following:

- The importance of good clinical trial networks which bring together clinicians and people with dementia who are interested in helping with clinical trials of promising interventions.

- The importance of researchers carefully considering the possible effects of the trial on the person with dementia *beyond* the end of the trial period.

- The potential benefits of people using advance decisions and advance care planning to state their views and wishes regarding their participation in research in the future. Such views and wishes could, with appropriate safeguards, provide a basis for participation in research at a time when the person lacks capacity to consent.

- The difference between the systems in England/Wales and Scotland as regards the power of welfare attorneys to consent to research: in Scotland welfare attorneys have this power while in England and Wales they do not.

Recommendation 18: We recommend that the UK Departments of Health should commission research on the feasibility of developing some form of (non-binding) advance statement on research participation which could influence decisions on research participation after loss of capacity.

Recommendation 19: We recommend that serious consideration be given to enable the role of the welfare attorney in England and Wales to be explicitly extended to include decisions over research, both within the Mental Capacity Act and the Clinical Trials Regulations. In the meantime we recommend that the Mental Capacity Act Code of Practice should provide guidance on the role of the welfare attorney in decisions about participation in research governed by the Mental Capacity Act.

Recommendation 20: We further recommend that the mental capacity Codes of Practice should include clear guidance on the procedures to be followed when capacity is lost during involvement in a research project covered by the Act, to minimise the risk of research results being compromised as a result of people dropping out of research despite their initial wish to participate. (Paragraph 8.44)

64. *The general principles of research governance and consent are, we believe, broadly correct. The practice, however, can place unnecessary barriers in the way of research in dementia. In particular:*

- *The bureaucratic procedures around research ethics approval can be cumbersome for researchers. We encourage current attempts by the Department of Health to simplify the procedures, particularly in the context of low-risk research.*

- *The ability of people with dementia to give, or withhold, valid consent to research should not be underestimated. The information provided both in written and verbal form, however, may need to be provided in a different form for people with some cognitive impairment compared with people without such impairment. Both researchers and ethics committees should adapt the informing process in a way to enable, rather than to exclude, people with dementia in making a valid decision as to whether or not to participate in research* (paragraph 8.45).

Patientenverfügungen.
Medizinisch-ethische Richtlinien und Empfehlungen*

Schweizerische Akademie der Medizinischen Wissenschaften (SAMW)

(Mai 2009)

I. Präambel

In verschiedenen Richtlinien hat die SAMW in den vergangenen Jahren die Bedeutung der Patientenverfügung als Instrument der Selbstbestimmung von Patientinnen und Patienten bekräftigt.[1] Zwar wird von der Möglichkeit, seinen Willen in einer Patientenverfügung festzuhalten, auch heute noch relativ wenig Gebrauch gemacht; in der Öffentlichkeit wird die Patientenverfügung aber zunehmend thematisiert. Mit dem Inkrafttreten des neuen Erwachsenenschutzrechts[2], wird die Patientenverfügung an Bedeutung gewinnen; die Entscheidungsgewalt über medizinische Massnahmen wird bei urteilsunfähigen Patientinnen und Patienten auf Nahestehende verlagert. Liegt in dieser Situation eine Patientenverfügung vor, gilt sie an erster Stelle.

Neben den Chancen einer Patientenverfügung sind aber auch ihre Grenzen zu beachten. Das Verfassen einer Patientenverfügung verlangt nach persönlicher Auseinandersetzung mit Krankheit, Unfall, Sterben und Tod. In gesunden Lebensphasen ist es nur teilweise möglich, sich in die Situation einer schweren Krankheit oder des Sterbens zu versetzen, und es ist grundsätzlich schwierig, sich im Voraus vorzustellen, welchen medizinischen Massnahmen man in Grenzsituationen zustimmen würde und welchen nicht. Der informierten Willensbildung und dem sorgfältigen Erstellen einer Patientenverfügung kommen deshalb besonderes Gewicht zu.

Patientenverfügungen stellen ein Mittel der Kommunikation zwischen Patient[3], Arzt, Pflegefachpersonen, Vertretungspersonen und Angehörigen dar. Das Behandlungsteam[4] hat in Bezug auf die Erstellung der Patientenverfügung wichtige und vielfältige Aufgaben: So kann es etwa dem Patienten Informationen zu den formalen Anforderungen einer Patientenverfügung geben, mögliche Verläufe einer Erkrankung, die der Patient in der Verfügung erwähnt haben will, aufzeigen, eine bestehende Patientenverfügung auf ihre Aktualität hin überprüfen oder konkrete Hilfestellung beim Verfassen einer Patientenverfügung geben. Bei der Umsetzung hat es schliesslich die verantwortungsvolle Aufgabe, in der konkreten Situation nach dem Willen des Patienten zu handeln.

---

* Das vollständige Dokument, zu dem auch ein Anhang mit einer „Wegleitung Patientenverfügung" und „Musterfragen zur Werthaltung" gehört, ist im World Wide Web unter der Adresse „http://www.samw.ch/dms/de/Ethik/RL/AG/d_RL_Patientenverf_09/d_Patientenver_mit_Anhang.pdf" verfügbar. [Anm. d. Red.]
[1] Vgl. insbesondere „Recht der Patientinnen und Patienten auf Selbstbestimmung". Medizinisch-ethische Grundsätze der SAMW.
[2] Die Gesetzesvorlage des neuen Erwachsenenschutzrechts wurde von National- und Ständerat am 19. Dezember 2008 angenommen, die Referendumsfrist ist am 16. April 2009 abgelaufen.
[3] Die entsprechenden Texte betreffen immer beide Geschlechter der genannten Personengruppen.
[4] Darunter wird das interdisziplinäre Team verstanden, welches den Patienten medizinisch betreut.

Die SAMW möchte mit den vorliegenden Richtlinien Orientierung geben. Die Richtlinien gehen auf die Inhalte einer Patientenverfügung ein und zeigen auf, welche Punkte beim Verfassen beachtet werden sollten, damit die Patientenverfügung ihre Funktion als Instrument der Selbstbestimmung erfüllen kann.

II. Richtlinien

1. Adressaten der Richtlinien

Die vorliegenden Richtlinien richten sich in erster Linie an Ärztinnen und Ärzte[5], Pflegefachpersonen und weitere Fachpersonen, welche Patienten beim Verfassen einer Patientenverfügung beraten und Patientenverfügungen in einer konkreten Entscheidungssituation umsetzen. Darüber hinaus können die Richtlinien jenen Personen, welche eine Patientenverfügung verfassen oder aktualisieren möchten, Orientierung geben.

2. Ethische Gewichtung der Patientenverfügung

Ethisch ist der Anspruch, den eigenen Willen mit einer Patientenverfügung für Situationen der Urteilsunfähigkeit festzuhalten, im Prinzip der Patientenautonomie begründet. Dieses beinhaltet das Recht des Individuums, aufgrund persönlicher Wertungen und Vorstellungen im eigenen Interesse Entscheidungen zu fällen.

3. Rechtliche Rahmenbedingungen

3.1. Verbindlichkeit der Patientenverfügung

Mit dem revidierten Erwachsenenschutzrecht wird die Verbindlichkeit von Patientenverfügungen auf gesamtschweizerischer Ebene einheitlich geregelt. Danach muss der Arzt einer Patientenverfügung entsprechen, es sei denn, diese verstösst gegen gesetzliche Vorschriften oder es bestehen begründete Zweifel, dass sie auf freiem Willen beruht oder noch dem mutmasslichen Willen des Patienten entspricht. Bis zum Inkrafttreten der Neuregelung[6] gelten allfällige auf kantonaler Ebene bestehende Regelungen zur Patientenverfügung. Diese sind unterschiedlich; in einigen Kantonen wird der Patientenverfügung selbstständige Geltung zugemessen, in anderen wiederum ist sie Ausdruck des mutmasslichen Willens. Grundsätzlich gilt bereits heute: Je klarer eine Patientenverfügung ist und je konkreter sie auf die aktuelle medizinische Situation zutrifft, desto gewichtiger ist ihre Rolle im Entscheidungsprozess. Ob es sich um eine individuelle oder um eine standardisierte, vorformulierte Patientenverfügung handelt, welche die Verfügende nur noch zu unterschreiben hat, steht dabei nicht im Vordergrund.

---

[5] Mit Aufnahme in die Standesordnung der FMH werden die Richtlinien für FMH-Mitglieder verbindlich.
[6] Aufgrund der in den Kantonen notwendigen Anpassungen tritt das neue Erwachsenenschutzrecht frühestens 2012 in Kraft.

3.2. Urteilsfähigkeit

Die Möglichkeit, eine Patientenverfügung zu verfassen, steht allen urteilsfähigen[7] Personen offen; dies schliesst urteilsfähige Minderjährige mit ein. Der Verfasser einer Patientenverfügung muss in der Lage sein, die Tragweite der Patientenverfügung zu verstehen und er muss so weit wie möglich abschätzen können, welche Folgen diese in einem bestimmten Krankheitszustand hätte.

Grundsätzlich wird angenommen, dass eine Person, welche eine Patientenverfügung verfasst, urteilsfähig ist. In speziellen Situationen, in denen die Urteilsfähigkeit im Nachhinein angezweifelt werden könnte, empfiehlt es sich jedoch, zum Zeitpunkt des Erstellens die Urteilsfähigkeit von einer Fachperson bestätigen zu lassen.

3.3. Freiwilligkeit

Eine Patientenverfügung muss freiwillig, d.h. ohne äusseren Druck oder Zwang, verfasst sein. Zudem darf das Vorliegen einer Patientenverfügung nicht zur Bedingung für die Aufnahme in eine Institution der Langzeitbetreuung oder für den Zugang zur medizinischen Behandlung und Betreuung gemacht werden.

3.4. Schriftlichkeit, Datierung und Unterzeichnung

Eine Patientenverfügung sollte[8] schriftlich abgefasst, datiert und vom Verfasser eigenhändig unterzeichnet werden. Grundsätzlich ist die Verbindlichkeit der Patientenverfügung nicht befristet; hingegen empfiehlt sich das Überprüfen, Datieren und Unterschreiben in regelmässigen Abständen. Dies gilt insbesondere dann, wenn sich die Lebensumstände oder die gesundheitliche Situation des Verfassers wesentlich geändert haben.

4. Inhalte einer Patientenverfügung

Mit einer Patientenverfügung nimmt eine Person eine Situation der Urteilsunfähigkeit vorweg. Die Verfassende kann sich auf die Umschreibung der Werthaltung beschränken und/oder auch spezifisch festhalten, welchen Massnahmen sie zustimmt und welche sie ablehnt.[9] Sie kann zudem eine Vertretungsperson bezeichnen, die an ihrer Stelle über die medizinische Behandlung entscheidet. Eine Patientenverfügung kann Aussagen zu weiteren Themen, wie z.B. Transplantation, Obduktion oder organisatorische Anweisungen z.B. Betreuung der Kinder, Information der Arbeitgeberin usw. enthalten.

Diverse Organisationen bieten Patientenverfügungen in unterschiedlichen Ausgestaltungen an. Teilweise müssen diese nur noch unterschrieben werden, teilweise können eigene Texte eingefügt oder Optionen ausgewählt werden. Solche Patientenverfügungen sind in der Regel weniger auf-

---

[7] Art. 16 Schweizerisches Zivilgesetzbuch: „Urteilsfähig im Sinne dieses Gesetzes ist ein jeder, dem nicht wegen seines Kindesalters oder infolge von Geisteskrankheit, Geistesschwäche, Trunkenheit oder ähnlichen Zuständen die Fähigkeit mangelt, vernunftgemäss zu handeln."
[8] Bis zum Inkrafttreten des neuen Erwachsenenschutzrechts ist das Einhalten von Formvorschriften (Schriftlichkeit, eigenhändige Unterschrift, Datierung) nicht Voraussetzung für die Gültigkeit einer Patientenverfügung. Allerdings sind kantonale Formvorschriften zu beachten.
[9] Vom generellen Ausschluss von Massnahmen, d.h. unabhängig von der Anwendungssituation, ist jedoch abzuraten (vgl. Kap. 4.4).

wändig. Individuelle Patientenverfügungen können aber präziser auf die Lebenssituation des Verfassenden angepasst werden und lassen daher weniger Interpretationsspielraum.

In einer Patientenverfügung können keine Handlungen gefordert werden, die mit dem Recht nicht vereinbar sind.[10] Die Patientenverfügung kann auch nicht dazu dienen, medizinische Behandlungen einzufordern, die medizinisch nicht indiziert sind. Hingegen können Behandlungen, die medizinisch indiziert wären, abgelehnt werden. In diesem Fall ist zu empfehlen, dass die Beweggründe einer Ablehnung angeführt werden, damit bei der Umsetzung keine Zweifel in Bezug auf die Willensbildung aufkommen.

4.1. Beschreibung der Werthaltung

Für die Entscheidungsfindung des Behandlungsteams ist die Beschreibung der persönlichen Werthaltung des Verfügenden nützlich. Daraus geht hervor, welche Lebenseinstellungen, Werte und Wünsche, Ängste, Erwartungen und Hoffnungen in Bezug auf Gesundheit und Krankheit für den Patientenwillen ausschlaggebend sind. Angaben zur Werthaltung können Hinweise dafür geben, was der Verfasser unter „Lebensqualität" oder einem Leben bzw. Sterben in „Würde" versteht.

Vielfach werden diese Begriffe in allgemeiner Form im Zusammenhang mit schwerer Krankheit oder Urteilsunfähigkeit verwendet, sind aber zu unspezifisch, um im Fall einer bestimmten Erkrankung konkrete Anhaltspunkte zu bieten. Angaben zur Werthaltung dienen als Orientierung in Situationen, in welchen nicht absehbar ist, ob eine medizinische Behandlung erfolgreich ist oder in welchen sich der Verfügende nicht explizit zu bestimmten Massnahmen geäussert hat.

4.2. Beschreibung der Therapieziele

Krankheitssituationen können Behandlungsentscheide erfordern, die im Voraus nur schwer vorhersehbar sind. Mit der Beschreibung der Therapieziele kann dargelegt werden, ob und in welchen Situationen Massnahmen primär der Erhaltung des Lebens oder der Behandlung von Schmerzen und krankheitsbedingten Symptomen wie Angst, Unruhe, Atemnot etc. dienen sollen. Eine solche Beschreibung der Therapieziele gibt dem Behandlungsteam wichtige Informationen über den Patientenwillen in einer konkreten Situation; Mittel und Wege werden aber offen gelassen.

4.3. Bezeichnung einer Vertretungsperson[11]

In der Patientenverfügung kann der Verfasser eine Person bezeichnen, die an seiner Stelle über die medizinische Behandlung entscheidet, wenn er dazu nicht in der Lage ist. Als Vertretungsperson können Angehörige oder andere Bezugspersonen oder auch der Hausarzt des Patienten eingesetzt werden. Der Verfasser kann für den Fall, dass die bezeichnete Person für die Aufgaben nicht verfügbar ist, eine Ersatzperson bezeichnen. Er sollte den Inhalt und allfällige zu einem späteren Zeitpunkt vorgenommene Änderungen der Patientenverfügung mit der Vertretungsperson besprechen.

Der Verfasser kann der Vertretungsperson in der Patientenverfügung konkrete Anweisungen geben (z.B. Einwilligung bzw. Ablehnung spezifischer Massnahmen), er kann sich aber auch auf das Ein-

---

[10] Tötung auf Verlangen ist gemäss Art. 114 Strafgesetzbuch strafbar. Die Beihilfe zum Suizid gehört nicht in den Gegenstandsbereich der Patientenverfügung, da sie die Urteilsfähigkeit des Patienten zum Zeitpunkt der Beihilfe zum Suizid voraussetzt.
[11] In bisherigen SAMW-Richtlinien als „Vertrauensperson" bezeichnet.

setzen einer Vertretungsperson beschränken und ihr die Entscheidung in der konkreten Situation überlassen.

Werden ältere Personen als Vertretungsperson eingesetzt, soll in der Beratung auf das Risiko hingewiesen werden, dass diese aufgrund des Alters unter Umständen ihre Aufgabe nicht wahrnehmen können.

4.4. Aussagen zu spezifischen Situationen

Die Entscheidung darüber, welche spezifischen Inhalte in einer Patientenverfügung geregelt werden, hängt wesentlich von der Lebenssituation und den Wünschen des Verfassers ab. Das Abwägen, welcher Detaillierungsgrad angemessen ist, ist aber nicht immer einfach. Oft ist die Beurteilung einzelner Massnahmen erst dann möglich, wenn eine Erkrankung vorliegt und deren Verlauf absehbar ist. Vom generellen Ausschluss bestimmter Massnahmen, d.h. unabhängig von der Situation der Umsetzung, ist abzuraten. Hilfreich sind hingegen Angaben zur eigenen Werthaltung (vgl. Kap. 4.1) und zum Ziel der Behandlung (vgl. Kap. 4.2).

4.4.1. Notfall- und Intensivmedizin[12]

Bei einer akut lebensbedrohlichen Situation können medizinische Massnahmen zur Anwendung kommen, deren Erfolg im Voraus nicht absehbar ist. Es sollte in der Beratung darauf aufmerksam gemacht werden, dass in der Notfallsituation unaufschiebbare Massnahmen ohne zeitliche Verzögerung eingeleitet werden müssen und es nicht immer möglich ist, die Inhalte der Patientenverfügung zu berücksichtigen. Es ist jedoch darauf hinzuweisen, dass Massnahmen zu einem späteren Zeitpunkt abgebrochen werden können, wenn die Patientenverfügung vorliegt.

4.4.2. Flüssigkeit und Nahrung

Die natürliche Zufuhr von Nahrung und Flüssigkeit gehört zur medizinischen Basisversorgung. Nahrung und Flüssigkeit sind dem Patienten in jeder Situation anzubieten, und er ist bei der Nahrungsaufnahme zu unterstützen. Im Gegensatz dazu stellt die künstliche Zufuhr von Flüssigkeit und Nahrung (enteral z.B. durch PEG-Sonde[13] oder parenteral) einen Eingriff dar, der für den Patienten belastend sein kann und welchem er zustimmen muss. Dabei gilt es zu unterscheiden, ob die künstliche Zufuhr von Flüssigkeit und Nahrung eine temporäre therapeutische Intervention darstellt (z.B. nach einem Hirnschlag bei unsicherer Prognose) oder eine langdauernde Intervention (z.B. bei zerebral schwerst geschädigten Langzeitpatienten[14]). Es ist sinnvoll, die unterschiedlichen Situationen im Beratungsgespräch anzusprechen.

---

[12] Vgl. hierzu auch „Reanimationsentscheidungen" sowie „Grenzfragen der Intensivmedizin". Medizinisch-ethische Richtlinien der SAMW.
[13] Damit ist eine durch perkutane endoskopische Gastrostomie eingelegte Sonde gemeint.
[14] Vgl. hierzu „Behandlung und Betreuung von zerebral schwerst geschädigten Langzeitpatienten". Medizinisch-ethische Richtlinien der SAMW.

4.4.3. Lebensende[15] und Palliative Care[16]

In der Patientenverfügung kann festgehalten werden, ob bei einer zum Tode führenden Krankheit auf medizinische Massnahmen (z.B. Aufrechterhaltung der Vitalfunktionen) verzichtet wird bzw. diese abgebrochen werden sollen. Entscheidungen zum Abbruch oder Verzicht können Einfluss auf den Zeitpunkt des Todes haben. Die Patientenverfügung kann auch weitere Aussagen zur Ausgestaltung von Palliative Care und zu pflegerischen Massnahmen enthalten. So können beispielsweise indizierte ärztliche oder pflegerische prophylaktische Massnahmen unterlassen oder auf ein Minimum reduziert werden, wenn es dem in der Patientenverfügung formulierten Ziel der Behandlung entspricht. In der Patientenverfügung können Patienten auch den Wunsch nach seelsorgerischer Betreuung formulieren.

4.4.4. Organspende[17]

Eine Patientenverfügung kann auch die Einwilligung bzw. Ablehnung zur Spende von Organen, Geweben oder Zellen im Hinblick auf eine Transplantation beinhalten. Für die Entnahme von Organen, Geweben oder Zellen ist gemäss Art. 8 Transplantationsgesetz[18] die Zustimmung des Spenders nötig. Fehlt eine dokumentierte Zustimmung oder Ablehnung des Verstorbenen und hat er sich auch den Angehörigen gegenüber nicht geäussert, ist die Zustimmung der nächsten Angehörigen notwendig. Aussagen zur Organspende in der Patientenverfügung können Angehörige davon entlasten, unter Zeitdruck eine Entscheidung über die Entnahme von Organen treffen zu müssen. Wer bereit ist, Organe zu spenden, sollte dies zusätzlich im Spenderausweis von Swisstransplant[19] festhalten.

4.4.5. Obduktion[20], Lehre und Forschung[21]

Die Voraussetzungen, unter welchen eine Obduktion zulässig ist, sind kantonal geregelt. In einigen Kantonen wird eine Einwilligung zur Obduktion grundsätzlich vermutet, wenn keine anderslautende Willensäusserung bekannt ist; in anderen Kantonen muss eine ausdrückliche Einwilligung des Verstorbenen vorliegen oder die Einwilligung der Angehörigen eingeholt werden. Es empfiehlt sich, die Einwilligung zur Obduktion (bzw. deren Ablehnung) explizit in der Patientenverfügung festzuhalten.[22]

---

[15] Vgl. hierzu „Betreuung von Patientinnen und Patienten am Lebensende". Medizinisch-ethische Richtlinien und Empfehlungen der SAMW.
[16] Vgl. hierzu „Palliative Care". Medizinisch-ethische Richtlinien und Empfehlungen der SAMW.
[17] Vgl. hierzu „Feststellung des Todes mit Bezug auf Organtransplantationen". Medizinisch-ethische Richtlinien der SAMW.
[18] Bundesgesetz über die Transplantation von Organen, Geweben und Zellen vom 8. Oktober 2004. Eine Erklärung zur Spende kann geben, wer das 16. Lebensjahr vollendet hat (Art. 8 Abs. 7).
[19] www.swisstransplant.ch.
[20] Von der Regelungskompetenz ausgenommen sind rechtsmedizinische Obduktionen im Auftrag der Strafuntersuchungsbehörden zur näheren Abklärung der Todesart und -ursache bei Vorliegen eines aussergewöhnlichen Todesfalls.
[21] Vgl. „Verwendung von Leichen und Leichenteilen in der medizinischen Forschung sowie Aus-, Weiter- und Fortbildung". Empfehlungen der SAMW.
[22] Vorbehalten bleiben behördlich oder gerichtlich angeordnete Obduktionen.

Die Verwendung des Leichnams oder von Teilen des Leichnams für die Ausbildung von Medizinalpersonen und/oder die Forschung ist nur mit ausdrücklicher Einwilligung zulässig. Wer dies ermöglichen möchte, sollte dies ebenfalls in der Patientenverfügung festhalten.[23]

5. Information und Beratung beim Erstellen einer Patientenverfügung

Es besteht keine Verpflichtung, sich beim Erstellen oder Aktualisieren einer Patientenverfügung beraten zu lassen. Ein Beratungsgespräch kann jedoch eine hilfreiche Unterstützung sein und ist deshalb zu empfehlen. Die Beratung können der Hausarzt, der behandelnde Facharzt oder die behandelnde Pflegefachperson durchführen, sie kann auch durch andere kompetente und erfahrene Fachpersonen übernommen werden. Bei Patienten mit einer Krankheitsdiagnose ist es ideal, wenn der behandelnde Fach-oder Hausarzt die Beratung übernimmt oder in diese einbezogen ist.

5.1. Inhalte des Beratungsgesprächs

Die Inhalte des Beratungsgesprächs zur Patientenverfügung ergeben sich aus der Lebenssituation des Patienten. Eine wichtige Rolle spielt auch die Motivation für das Verfassen der Verfügung. Oft sind mehrere Gespräche notwendig, und nicht immer resultieren diese in einer schriftlichen Patientenverfügung.

Zu den wesentlichen Punkten des Gesprächs gehören die Reflexion und Dokumentation der persönlichen Werthaltung, die Information über mögliche Situationen der Urteilsunfähigkeit sowie die Aufklärung über die in diesen Situationen üblicherweise vorgesehenen medizinischen Massnahmen. Der Verfügende soll insbesondere auch die Konsequenzen der Einleitung bzw. des Verzichts oder des Abbruchs von Massnahmen kennen. Er soll im Gespräch motiviert werden, allfällige Vertretungspersonen und Angehörige über das Vorhandensein einer Patientenverfügung zu informieren und mit ihnen deren Inhalte zu besprechen. Auf Wunsch des Verfügenden können Vertretungsperson oder Angehörige in die Beratung einbezogen werden. Bestehen Zweifel an der Urteilsfähigkeit des Verfügenden, muss eine Abklärung der Urteilsfähigkeit vorgeschlagen werden.

Die Beratung im Hinblick auf das Verfassen einer Patientenverfügung muss verständlich und in einer dem Patienten angepassten Form erfolgen. Insbesondere sollen auch Ängste, negative Erfahrungen, falsche Vorstellungen (z.B. von Krankheitsbildern, aber auch in Bezug auf Obduktion oder Organspende) sowie unrealistische Erwartungen wahrgenommen und thematisiert werden. Es muss genügend Zeit vorhanden sein, damit die für den Verfügenden wichtigen Fragen ohne Druck besprochen werden können.

Beratende sollten vertraut sein mit den ethischen, juristischen, medizinischen und psychologischen Rahmenbedingungen beim Verfassen von Patientenverfügungen. Sie sollten sich insbesondere auch ihrer eigenen Prägung und Werthaltung gegenüber Kranksein, Sterben und Tod bewusst sein. Weil es sich bei Entscheidungen zu Leben und Tod um höchstpersönliche Angelegenheiten handelt, stehen die Wertvorstellungen des Beratenden im Hintergrund, und das Gespräch zielt darauf ab, dass der Verfassende seinen Willen äussern kann. Der Beratende nimmt Unsicherheiten wahr, macht auf allfällig bestehende Widersprüche aufmerksam, weist auf Spannungsfelder zur medizinischen Praxis oder auf Interessenkonflikte von Angehörigen hin und trägt durch Information und eine empathisch-kritische Gesprächsführung zur Klärung bei, so dass eine aussagekräftige, umsetzbare und möglichst widerspruchsfreie Patientenverfügung entsteht.

---

[23] Wer seinen Körper nach dem Tod einem anatomischen Institut zur Verfügung stellen möchte, sollte dies zusätzlich in einem Formular, das bei den anatomischen Instituten bezogen werden kann, festhalten.

5.2. Beratungssituationen

Patientenverfügungen werden in unterschiedlichen Lebenssituationen und in jedem Lebensalter verfasst. Nachfolgend werden einzelne Punkte, die je nach Ausgangssituation besonderer Beachtung bedürfen, beschrieben.

5.2.1. Menschen ohne Krankheit

Auch bei bis anhin gesunden Menschen kann unfall- oder krankheitsbedingt eine plötzliche Urteilsunfähigkeit eintreten. Patientenverfügungen von „gesunden" Menschen sind zwangsläufig allgemeiner gehalten, umso wichtiger sind deshalb Angaben zur Werthaltung. Es soll darauf hingewiesen werden, dass die Patientenverfügung angepasst werden sollte, falls sich der Gesundheitszustand verändert.

5.2.2. Jugendliche

Urteilsfähige Minderjährige können sich ausgehend von eigenen Erfahrungen zum Verfassen einer Patientenverfügung entschliessen. Die Eltern sind einzubeziehen, wenn der Jugendliche damit einverstanden ist.

5.2.3. Ältere Menschen[24]

Mit zunehmendem Alter steigt die Wahrscheinlichkeit, an Demenz zu erkranken. In der Beratung sollen deshalb auch die Erwartungen für diese Situation angesprochen und die Patientin unterstützt werden, ihren Willen festzuhalten. Da die Möglichkeit einer Demenzerkrankung Ängste auslösen kann, ist sorgfältig abzuklären, ob und inwieweit sich die betreffende Person dazu äussern möchte. Zum Abbau von Ängsten kann auch die Information über die Möglichkeiten von Therapie, Pflege und Betreuung beitragen.

5.2.4. Patienten mit einer somatischen Krankheit

Bei Patienten, bei welchen beim Verfassen eine somatische Krankheit bereits vorliegt, sollte die Patientenverfügung an die Krankheitssituation angepasst werden. Mögliche Krankheitsverläufe und Massnahmen sollen thematisiert und Behandlungswünsche können detailliert festgelegt werden.[25] Trotzdem sollte auch festgehalten werden, welche Gewichtung Kriterien wie Prognose, voraussichtlicher Behandlungserfolg und Belastung durch eine allfällige Therapie bei der Entscheidfindung haben sollen und welche Massnahmen mit kurativer bzw. palliativer Zielsetzung eingesetzt werden dürfen.

---

[24] Vgl. hierzu auch „Behandlung und Betreuung von älteren, pflegebedürftigen Menschen". Medizinisch-ethische Richtlinien und Empfehlungen der SAMW.

[25] Solche Behandlungsvereinbarungen zwischen einem Patienten und dem Betreuungsteam werden in der Literatur teilweise als sog. „Advanced Care Planning" bezeichnet.

5.2.5. Patienten mit einer psychischen Erkrankung[26]

Patienten mit einer psychischen Erkrankung können in der Patientenverfügung ihren Willen zu allgemeinen therapeutischen Massnahmen, aber auch spezifisch zur Behandlung ihrer psychischen Erkrankung festhalten. Sie können sich insbesondere auch zur Behandlung einer akuten Phase äussern (z.B. Isolierung, Neuroleptika usw.). Für diese Situation sollte die Patientenverfügung eine möglichst präzise Beschreibung der Krankheit enthalten. Dies umfasst sowohl die Symptome in einer akuten Phase als auch die Symptome, welche eine akute Phase ankündigen. Sie kann zudem Aussagen zum Ort der Durchführung von Massnahmen enthalten. Der Verfassende muss darüber informiert werden, dass es Situationen der Urteilsunfähigkeit geben kann, in welchen Zwangsmassnahmen durchgeführt werden müssen.

6. Aufbewahrung und Bekanntgabe der Patientenverfügung

Es ist die Aufgabe des Verfügenden, dafür zu sorgen, dass das Vorhandensein einer Patientenverfügung im Bedarfsfall bekannt ist und das Dokument vorliegt.

Die Patientenverfügung kann an unterschiedlichen Orten aufbewahrt werden:

– Eine Patientenverfügung kann auf sich getragen oder zuhause aufbewahrt werden.

– Die Patientenverfügung kann beim Hausarzt oder der Vertretungsperson aufbewahrt werden und der Verfügende trägt einen Informationsausweis mit der Angabe des Hinterlegungsortes auf sich.

– Der Verfügende kann die Patientenverfügung bei einer Hinterlegungsstelle[27] aufbewahren und den Hinterlegungsort auf einem Ausweis[28] festhalten.

7. Widerruf der Patientenverfügung

Die Patientenverfügung kann vom Verfügenden, der urteilsfähig ist, jederzeit schriftlich oder mündlich widerrufen werden. Zur Vermeidung von Unklarheiten sollte der Verfasser nicht mehr gültige Patientenverfügungen vernichten.

8. Umsetzung der Patientenverfügung

Damit eine Patientenverfügung umgesetzt werden kann, muss ihr Vorhandensein dem Behandlungs- und Betreuungsteam bekannt sein.

Patientenverfügungen sollen in die klinischen Entscheidungsfindungsprozesse integriert werden. Dies bedeutet, dass urteilsfähige Patienten beim Eintritt in eine medizinische Einrichtung nach einer Patientenverfügung gefragt werden und das Vorhandensein im Patientendossier dokumentiert

---

[26] Teilweise wird das Verfassen einer Patientenverfügung gezielt in die Therapie eingebunden, weil damit Krankheitseinsicht und Adherence unterstützt werden.
[27] Verschiedene Organisationen bieten eine Hinterlegung und jederzeitige Übermittlung von Patientenverfügungen an.
[28] Es ist vorgesehen, dass künftig das Vorhandensein einer Patientenverfügung auf der Versichertenkarte eingetragen werden kann, vgl. Verordnung über die Versichertenkarte für die obligatorische Krankenpflegeversicherung (VVK) vom 14. Februar 2007.

wird. Idealerweise wird die Patientenverfügung mit dem Patienten besprochen und auf ihre Aktualität hin überprüft. Bei einer Verlegung wird die Patientenverfügung dem Patienten mitgegeben.

Ist ein Patient nicht urteilsfähig, muss abgeklärt werden, ob er eine Patientenverfügung verfasst oder eine Vertretungsperson eingesetzt hat. Dazu wird nach einem Ausweis über das Vorliegen einer Patientenverfügung gesucht (siehe Kapitel 6) oder Angehörige und der Hausarzt befragt. Sind Behandlungsentscheidungen erforderlich, werden diese aufgrund des in der Patientenverfügung geäusserten Willens getroffen. Hat der Patient eine Vertretungsperson bezeichnet, muss diese einbezogen werden. Der Entscheid sollte einvernehmlich im Behandlungs- und Betreuungsteam gemeinsam mit der Vertretungsperson oder den Angehörigen getroffen werden.

In einer Notfallsituation ist die Abklärung, ob eine Patientenverfügung verfasst wurde, nicht möglich. Die zur Lebensrettung oder zur Abwehr schwerer Folgeschädigungen unaufschiebbaren Massnahmen müssen sofort eingeleitet werden. Sobald die Patientenverfügung aber vorliegt, muss sie in die weitere Behandlung einbezogen werden.

9. Willensänderung

Wenn gewichtige Anhaltspunkte dafür bestehen, dass die Patientenverfügung nicht mehr dem Willen des Patienten entspricht, müssen diese unter Einbezug der Vertretungsperson und Angehörigen sorgfältig abgeklärt werden. Der Entscheid sollte einvernehmlich im Behandlungs- und Betreuungsteam gemeinsam mit allfälligen Vertretungspersonen und Angehörigen getroffen werden.[29]

Anhaltspunkte für eine Willensänderung können sein:

– Der Patient hat nach dem Abfassen der Patientenverfügung in urteilsfähigem Zustand andere Wünsche und Präferenzen als den in der Patientenverfügung festgehaltenen Willen geäussert, ohne aber die Patientenverfügung formal zu widerrufen oder anzupassen.

– Das Verfassen oder die Aktualisierung der Patientenverfügung liegt zeitlich weit zurück, und die Lebensumstände des Verfassers haben sich grundlegend geändert.

– Seit dem Verfassen haben sich neue oder weniger belastende Behandlungsmöglichkeiten für eine Krankheit etabliert, die dem Patienten neue Chancen der Genesung bzw. zur Stabilisierung des Gesundheitszustands geben könnten, und es kann davon ausgegangen werden, dass er diesen zustimmen würde.

– Das Verhalten eines urteilsunfähigen Patienten wird als dem in der Patientenverfügung festgehaltenen Willen zuwiderlaufend empfunden. Insbesondere bei Patienten mit Demenz können ernsthafte Zweifel aufkommen, ob der in der Patientenverfügung festgehaltene Wille dem mutmasslichen Willen entspricht.

In einer solchen Situation gilt es, unter Berücksichtigung von Diagnose, Prognose, Behandlungsmöglichkeiten und unter Abwägung der Belastungen und Chancen den mutmasslichen Willen des Patienten zu eruieren und diesen zu beachten. Die Abweichung vom Wortlaut in der Patientenverfügung muss im Patientendossier festgehalten und begründet werden.

---

[29] Zum Thema Entscheidung vgl. „Recht der Patientinnen und Patienten auf Selbstbestimmung" Medizinisch-ethische Grundsätze der SAMW.

10. Konfliktsituationen

Manchmal sind gesetzliche Vertreter, Vertretungspersonen, Angehörige oder Mitglieder des Behandlungs- und Betreuungsteams unterschiedlicher Auffassung über die Auslegung einer Patientenverfügung im Hinblick auf eine konkrete Entscheidung. Dann sollten allfällig bestehende Ressourcen, wie beispielsweise die Möglichkeit des Beizugs von Ethikberatung, zur Vermittlung genutzt werden. Bestehen keine solchen Unterstützungshilfen oder verhelfen auch diese nicht zu einer Einigung, muss die gesetzlich vorgesehene Behörde involviert werden. Falls aus zwingenden zeitlichen Gründen für diese Schritte keine Zeit bleibt, muss sich die Behandlung am wohlverstandenen Interesse[30] des Patienten orientieren.

III. Empfehlungen

Die nachfolgenden Empfehlungen unterstützen die Umsetzung der vorliegenden Richtlinien:

1. An Institutionen der Gesundheitsversorgung

Institutionen der Gesundheitsversorgung sollten interne Weisungen zum Umgang mit Patientenverfügungen erlassen und darin insbesondere festlegen, wann und wie nach dem Vorliegen einer Patientenverfügung gefragt wird. Sie sollten dafür sorgen, dass Ärztinnen und Ärzte, Pflegefachpersonen sowie weitere Fachpersonen mit den in den Richtlinien beschriebenen Inhalten vertraut sind.

2. An Institutionen der Aus-, Weiter- und Fortbildung von Fachpersonen im Gesundheitswesen

Institutionen der Aus-, Weiter- und Fortbildung sollten das Thema „Patientenverfügung" als Ausbildungsinhalt aufnehmen und Ärztinnen und Ärzten, Pflegefachpersonen sowie weiteren Fachpersonen die notwendigen Kenntnisse und Kompetenzen vermitteln.

3. An Organisationen, die Patientenverfügungen anbieten

Organisationen, welche Patientenverfügungen anbieten, sollten nach Möglichkeit auch eine Beratung beim Verfassen anbieten und eine Hinterlegungsmöglichkeit zur Verfügung stellen, mit welcher eine Übermittlung der Patientenverfügung an das behandelnde Spital jederzeit gewährleistet ist. Die Schaffung einer zentralen Hinterlegungsstelle soll geprüft werden.

4. An Patientenorganisationen

Patientenorganisationen sollten aktiv auf die Möglichkeit des Verfassens von Patientenverfügungen hinweisen. Spezielles Augenmerk soll dabei Personen geschenkt werden, die aus sprachlichen oder sozialen Gründen bisher wenig oder keinen Zugang zu Patientenverfügung hatten.

---

[30] Darunter wird eine medizinische Behandlung verstanden, welche an das objektive Kriterium des Heilungs- und Linderungszweckes gebunden ist (medizinische Indikation einer Behandlung).

Empfehlungen der Bundesärztekammer und der Zentralen Ethikkommission bei der Bundesärztekammer zum Umgang mit Vorsorgevollmacht und Patientenverfügung in der ärztlichen Praxis[*]

Bundesärztekammer (BÄK),
Zentrale Ethikkommission bei der Bundesärztekammer (ZEKO)

(Mai 2010)

Vorwort

Ärztinnen und Ärzte erleben in ihrer täglichen Arbeit die Sorgen und Nöte schwerstkranker und sterbender Menschen, sie müssen in schwierigen Beratungssituationen Antworten auf existenzielle Fragen ihrer Patienten geben.

Für den Fall, dass sich Patienten selbst krankheitsbedingt nicht mehr adäquat mitteilen können, gibt es verschiedene Möglichkeiten der Vorausbestimmung der gewünschten medizinischen Behandlung. In Anerkennung des Rechts eines jeden Menschen auf Selbstbestimmung hat die Bundesärztekammer bereits 2004 in den „Grundsätzen zur ärztlichen Sterbebegleitung" die Bedeutung vorsorglicher Willenserklärungen hervorgehoben.

Die Vielfalt möglicher Situationen, in die ein Mensch geraten kann, macht es schwierig, eine Vorausbestimmung treffend zu artikulieren.

Angesichts des offenkundigen Bedarfs sowohl vonseiten der betroffenen Patienten als auch vonseiten der Ärzteschaft an einer praktischen Hilfestellung und weitergehenden Konkretisierung für die ärztliche Praxis haben es sich die Bundesärztekammer und die Zentrale Ethikkommission (ZEKO) bei der Bundesärztekammer zur Aufgabe gemacht, durch gemeinsame Empfehlungen den Beteiligten eine Orientierung im Umgang mit vorsorglichen Willensbekundungen zu geben. Damit sollen die Handhabung, der Nutzen und die Grenzen dieser Instrumente verdeutlicht werden.

Nach Inkrafttreten des Dritten Betreuungsrechtsänderungsgesetzes am 1. September 2009 ist eine Überarbeitung der vorliegenden Empfehlungen notwendig geworden. Diese knüpfen an die Grundsätze der Bundesärztekammer zur ärztlichen Sterbebegleitung an und berücksichtigen die gesetzlichen Änderungen im Betreuungsrecht.

---

[*] Veröffentlicht in: Deutsches Ärzteblatt 107 (18), A877–882. Das Dokument ist im World Wide Web unter der Adresse „http://www.aerzteblatt.de/v4/archiv/pdf.asp?id=74652" verfügbar.
Die *Grundsätze der Bundesärztekammer zur ärztlichen Sterbebegleitung* aus dem Jahr 2004 sind in Band 9 (2004) des Jahrbuchs zu finden (491–494). Die *Empfehlungen der Bundesärztekammer und der Zentralen Ethikkommission bei der Bundesärztekammer zum Umgang mit Vorsorgevollmacht und Patientenverfügung in der ärztlichen Praxis* aus dem Jahr 2007 sind in Band 13 (2008) des Jahrbuchs abgedruckt worden (441–452). [Anm. d. Red.]

Die gemeinsamen Empfehlungen der Bundesärztekammer und der Zentralen Ethikkommission mögen Patienten und Ärzten eine Hilfestellung bei der Bewältigung der komplexen Fragen im Zusammenhang mit dem Lebensende und dem Wunsch nach einem menschenwürdigen Sterben geben.

Prof. Dr. med. Dr. h.c. Jörg-Dietrich Hoppe
Präsident der Bundesärztekammer und des Deutschen Ärztetages

Prof. Dr. med. Dr. phil. Urban Wiesing
Vorsitzender der Zentralen Ethikkommission bei der Bundesärztekammer

Vorbemerkungen

Ziele und Grenzen jeder medizinischen Maßnahme werden durch die Menschenwürde, das allgemeine Persönlichkeitsrecht einschließlich des Rechts auf Selbstbestimmung sowie das Recht auf Leben und körperliche Unversehrtheit bestimmt. Diese bilden auch die Grundlage der Auslegung aller Willensbekundungen der Patienten[1]. Jede medizinische Maßnahme setzt in der Regel die Einwilligung des Patienten nach angemessener Aufklärung voraus.

Die umfangreichen Möglichkeiten der modernen Medizin und die unterschiedlichen Wertorientierungen der Patienten lassen es sinnvoll erscheinen, dass sich Patienten vorsorglich für den Fall des Verlustes der Einwilligungsfähigkeit zu der Person ihres Vertrauens und der gewünschten Behandlung erklären. Ärzte sollten mit ihren Patienten über diese Möglichkeiten sprechen. Besonders ältere Personen und Patienten mit prognostisch ungünstigen Leiden sollten ermutigt werden, die künftige medizinische Versorgung mit dem Arzt ihres Vertrauens zu besprechen und ihren Willen zum Ausdruck zu bringen. Allerdings darf kein Patient gedrängt oder gar gezwungen werden, eine vorsorgliche Willensbekundung abzugeben. Insbesondere darf die Aufnahme in ein Krankenhaus, in ein Alten- oder Pflegeheim nicht von dem Vorhandensein oder Nichtvorhandensein einer vorsorglichen Willensbekundung abhängig gemacht werden (§ 1901a Abs. 4 BGB). Deshalb ist der Dialog zwischen Patient und Arzt, die Beratung und Aufklärung über diese Fragen besonders wichtig. Dabei kann die Einbeziehung von Angehörigen des Patienten hilfreich sein.

Die vorliegenden Empfehlungen sollen Ärzten, aber auch Patienten, eine grundlegende Orientierung im Umgang mit vorsorglichen Willensbekundungen geben. Deshalb sind Ärzte aufgerufen, sich auch mit den rechtlichen Implikationen für solche Willensbekundungen auseinanderzusetzen. Die vorliegenden Empfehlungen sollen diesen Prozess unterstützen.

Vorsorgliche Willensbekundungen von minderjährigen Patienten werden von den (neuen) Vorschriften des Betreuungsrechts nicht erfasst, da das Betreuungsrecht nur für Volljährige gilt. Solche Äußerungen sind jedoch bei der Entscheidungsfindung im Kontext mit den Befugnissen der sorgeberechtigten Eltern bei der ärztlichen Behandlung des minderjährigen Patienten mit wachsender Reife zu beachten.

1. Vorsorgevollmacht und Betreuungsverfügung

Ein wesentlicher Ausgangspunkt für Regelungen in Gesundheitsangelegenheiten ist die Frage nach einer Vertrauensperson. Für die Auswahl und die Bestellung einer Vertrauensperson kommen zwei Vorsorgeinstrumente in Betracht:

---

[1] Die nachstehenden Bezeichnungen „Arzt" und „Patient" werden einheitlich und neutral für Ärzte und Ärztinnen sowie für Patienten und Patientinnen verwendet.

– die *Vorsorgevollmacht*, mit der der Patient eine Vertrauensperson zu seinem Vertreter (Bevollmächtigten) in Gesundheitsangelegenheiten bestellt;

– die *Betreuungsverfügung*, mit der der Patient das Betreuungsgericht bittet, die von ihm vorgeschlagene Vertrauensperson zu seinem Vertreter (Betreuer) in Gesundheitsangelegenheiten zu bestellen. Das Betreuungsgericht prüft zu gegebener Zeit, ob der Vorschlag dem aktuellen Willen des Betroffenen entspricht und die vorgeschlagene Person als Betreuer geeignet ist.

Arzt und Vertreter (Bevollmächtigter und/oder Betreuer) erörtern die Indikation und den Patientenwillen im Gespräch; der Vertreter erklärt auf dieser Grundlage die Einwilligung in die ärztliche Maßnahme oder lehnt sie ab (§ 1901b BGB).

1.1 Vorsorgevollmacht

Mit der Vorsorgevollmacht wird vom Patienten selbst eine Vertrauensperson für den Fall seiner Geschäfts- und/oder Einwilligungsunfähigkeit für bestimmte Bereiche bevollmächtigt, z.B. für die gesundheitlichen Angelegenheiten. Der Bevollmächtigte schließt den Behandlungsvertrag und verschafft der Patientenverfügung des aktuell nicht mehr einwilligungsfähigen Patienten Ausdruck und Geltung oder entscheidet an dessen Stelle nach Maßgabe der Behandlungswünsche oder des mutmaßlichen Willens des Patienten über die Einwilligung in die ärztliche Behandlung oder deren Ablehnung.

Vor der Bevollmächtigung sollten die Beteiligten die Aufgaben des Bevollmächtigten, die Wünsche und Vorstellungen des Patienten erörtern. Zwischen dem Patienten und dem Bevollmächtigten sollte ein besonderes Vertrauensverhältnis bestehen. Die Vorsorgevollmacht sollte nicht an Bedingungen (z.B. an einen bestimmten Krankheitszustand) geknüpft werden.

Eine Vollmacht in Gesundheitsangelegenheiten bedarf der Schriftform; sie muss ärztliche Maßnahmen ausdrücklich benennen[2]. Im Übrigen sollte eine Vollmacht in Gesundheitsangelegenheiten schon aus Gründen der Klarheit und Beweiskraft stets schriftlich erteilt werden[3].

Eine Vorsorgevollmacht in Gesundheitsangelegenheiten kann durch einen Notar beurkundet werden (§ 20a Beurkundungsgesetz). Eine Beurkundung ist jedoch keine zwingende Voraussetzung. Die notarielle Beurkundung kann sich anbieten, wenn die Vorsorgevollmacht in Gesundheitsangelegenheiten mit einer Vollmacht für andere Angelegenheiten (z.B. Vermögensvorsorge) verbunden wird (vgl. 9.).

Eine Vorsorgevollmacht erlischt durch Widerruf seitens des Vollmachtgebers. Ein solcher Widerruf ist jederzeit möglich. Der Widerruf bedarf keiner besonderen Form, auch ein mündlicher Widerruf ist wirksam.

Sollten Zweifel an der Wirksamkeit einer Vollmacht bestehen, kann der Arzt bei dem zuständigen Betreuungsgericht ein Verfahren zur Betreuerbestellung anregen. Das Betreuungsgericht hat dann zu entscheiden, ob die Vollmacht wirksam ist und, falls sie unwirksam ist, ob ein Betreuer bestellt wird und welche Person das sein soll. Es kann auch mit einem sogenannten Negativattest bestätigen, dass die Vollmacht wirksam und eine Betreuerbestellung gem. § 1896 Abs. 2 Satz 2 BGB nicht erforderlich ist.

Eine Vorsorgevollmacht, die einer Person des Vertrauens (z.B. einem Angehörigen) erteilt wird, ist das am ehesten geeignete Instrument, um für den Fall der eigenen Geschäfts- oder Einwilligungs-

---

[2] Vgl. § 1904 Abs. 5 BGB.
[3] Im Weiteren wird auf die Ausführungen zur Entscheidungsfindung unter 10. verwiesen.

unfähigkeit Vorsorge zu treffen und dem Willen Geltung zu verschaffen. Der Patient hat sich die Person oder die Personen, die er bevollmächtigt, selbst ausgesucht und sollte mit ihnen die Aufgaben des Bevollmächtigten, gegebenenfalls unter Hinzuziehung ärztlichen Rates, erörtern.

Es ist sinnvoll, eine Vorsorgevollmacht mit der Festlegung von Behandlungswünschen oder mit einer Patientenverfügung (vgl. 2.) zu kombinieren. Damit wird der Bevollmächtigte besser in die Lage versetzt, die Interessen des Vollmachtgebers im Hinblick auf seine gesundheitlichen Belange gegenüber Ärzten und Pflegepersonal wirksam im Sinne des Patienten zu vertreten.

Ebenfalls ratsam ist die Kombination mit einer Betreuungsverfügung. Muss trotz der Vorsorgevollmacht eine gesetzliche Betreuung angeordnet werden, erweist es sich als hilfreich, wenn der Bevollmächtigte vom Vollmachtgeber in einer Betreuungsverfügung gleichzeitig als Betreuer vorgeschlagen wird[4].

1.2 Betreuungsverfügung

Eine Betreuungsverfügung ist eine für das Betreuungsgericht bestimmte Willensbekundung eines Patienten für den Fall, dass ein Betreuer bestellt werden muss, weil der Patient infolge einer Krankheit seine Angelegenheiten ganz oder teilweise nicht mehr selbst besorgen kann.

Der Betreuer wird vom Gericht (Amtsgericht – Betreuungsgericht) bestellt. Eine Betreuung wird für bestimmte Bereiche (z.B. Gesundheit und Vermögen) angeordnet, wenn der Patient nicht mehr in der Lage ist, seine Angelegenheiten selbst zu regeln und eine Vorsorgevollmacht hierfür nicht vorliegt oder nicht ausreicht. Wer zu einer Einrichtung (z.B. Alten- und Pflegeheim), in welcher der Betreute untergebracht ist oder wohnt, in einer engen Beziehung steht (z.B. Arbeitsverhältnis), darf nicht zum Betreuer bestellt werden (§ 1897 Abs. 3 BGB). Der Betreuer wird regelmäßig vom Gericht kontrolliert.

In einer Betreuungsverfügung können neben Vorschlägen zur Person eines Betreuers auch Handlungsanweisungen für den Betreuer zur Wahrnehmung seiner Aufgaben festgelegt werden. Das Betreuungsgericht und der Betreuer müssen eine Betreuungsverfügung grundsätzlich beachten.

1.3 Bewertung

Vorzugswürdig ist die Benennung einer Vertrauensperson (Bevollmächtigter und/oder Betreuer). Damit hat der Arzt einen Ansprechpartner, der den Willen des Patienten in der aktuellen Entscheidungssituation umsetzt. Die Praxis hat gezeigt, dass ein Unterschied bestehen kann, ob Menschen in gesunden Tagen und ohne die Erfahrung einer ernsthaften Erkrankung eine Verfügung über die Behandlung in bestimmten Situationen treffen oder ob sie in der existenziellen Betroffenheit durch eine schwere unheilbare Krankheit gefordert sind, über eine Behandlung zu entscheiden. Dies unterstreicht die grundlegende Bedeutung vertrauensvoller Gespräche zwischen Patient und Arzt, auch zwischen Patient und Angehörigen oder Vertreter, um vorausschauend Entscheidungsoptionen und Behandlungsalternativen zu erörtern.

Mit der Vorsorgevollmacht bestellt der Patient selbst einen Vertreter (Bevollmächtigten in Gesundheitsangelegenheiten). Das Betreuungsgericht muss in diesen Fällen keinen Vertreter (Betreuer) bestellen. Bei Einwilligungsunfähigkeit des Patienten kann die Vertrauensperson sofort tätig wer-

---

[4] Z.B. weil die Geschäftsfähigkeit des Vollmachtgebers (Patienten) fragwürdig oder wenn der Umfang der Vorsorgevollmacht nicht ausreichend ist.

den. Eine Vorsorgevollmacht empfiehlt sich daher in den Fällen, in denen ein enges Vertrauensverhältnis zwischen Patient und Bevollmächtigtem besteht.

In einer Betreuungsverfügung schlägt der Patient dagegen dem Gericht eine Person seines Vertrauens vor. Die Bestellung zum Betreuer erfolgt durch das Betreuungsgericht, sofern der Patient seine Angelegenheiten nicht (mehr) selbst zu besorgen vermag. Das Gericht prüft dabei auch, ob der Vorschlag dem aktuellen Willen des Patienten entspricht und die vorgeschlagene Person als Betreuer geeignet ist.

2. Patientenverfügungen und andere Willensbekundungen zur medizinischen und pflegerischen Behandlung und Betreuung

Arzt und Vertreter haben stets den Willen des Patienten zu beachten. Der aktuelle Wille des einwilligungsfähigen Patienten hat immer Vorrang; dies gilt auch dann, wenn der Patient einen Vertreter (Bevollmächtigten oder Betreuer) hat. Auf frühere Willensbekundungen kommt es deshalb nur an, wenn sich der Patient nicht mehr äußern oder sich zwar äußern kann, aber einwilligungsunfähig ist. Dann ist die frühere Willensbekundung ein Mittel, um den Willen des Patienten festzustellen.

Das Gesetz enthält eine Definition der Patientenverfügung (§ 1901a Abs. 1 Satz 1 BGB). Danach ist die Patientenverfügung „eine schriftliche Festlegung eines einwilligungsfähigen Volljährigen für den Fall seiner Einwilligungsunfähigkeit, ob er in bestimmte, zum Zeitpunkt der Festlegung noch nicht unmittelbar bevorstehende Untersuchungen seines Gesundheitszustands, Heilbehandlungen oder ärztliche Eingriffe einwilligt oder sie untersagt". Andere Formen der Willensbekundung eines Patienten (z.B. mündliche Erklärungen) sind daher keine Patientenverfügung im Sinne des Gesetzes.

Es sind drei verschiedene Formen von Willensbekundungen zu unterscheiden:

a) Mitteilung von Überzeugungen, Wertvorstellungen u.Ä.

Der Patient kann sich seinem Vertreter bzw. dem behandelnden Arzt anvertrauen und ihnen die Aufgabe überantworten, die für ihn in der jeweiligen Situation angemessene Art und Weise der ärztlichen Behandlung festzulegen.

Der Vertreter hat dann ggf. die erforderliche Einwilligung zu erteilen und dabei nach dem mutmaßlichen Willen des Patienten zu handeln, d.h. zu fragen, ob der Patient in dieser Situation in die Behandlung eingewilligt hätte. Der mutmaßliche Wille ist aufgrund „konkreter Anhaltspunkte" zu ermitteln (§ 1901a Abs. 2 BGB). Dabei sind alle verfügbaren Informationen über den Patienten zu berücksichtigen, insbesondere frühere mündliche oder schriftliche Äußerungen, ethische oder religiöse Überzeugungen und sonstige persönliche Wertvorstellungen. Ist nichts über die Präferenzen des Patienten bekannt, dürfen Vertreter und Arzt davon ausgehen, dass der Patient den ärztlich indizierten Maßnahmen zustimmen würde.

b) Behandlungswünsche

Der Patient kann konkrete Behandlungswünsche über Art, Umfang und Dauer sowie die Umstände seiner Behandlung in jeder Form äußern. Die Einwilligungsfähigkeit ist dafür nicht erforderlich. Der Bevollmächtigte oder Betreuer hat diese Wünsche in den Behandlungsprozess einzubringen und auf dieser Grundlage ärztlichen Maßnahmen zuzustimmen oder diese abzulehnen (§ 1901a Abs. 2 S. 1 1. Alt. und Abs. 5 BGB). Behandlungswünsche können vorsorglich für den Fall geäußert werden, dass der Patient sich später nicht mehr äußern kann.

Behandlungswünsche sind immer an die ärztliche Indikation gebunden. Ärztlicherseits besteht keine Verpflichtung, den Behandlungswünschen Folge zu leisten, wenn keine Indikation für eine

Behandlung (mehr) besteht oder die geäußerten Wünsche den gesetzlichen Rahmen überschreiten, z.B. ein vom Patienten geäußertes Verlangen nach aktiver Sterbehilfe.

c) Patientenverfügung

Der Patient kann eine Patientenverfügung (im Sinne der Definition des § 1901a Abs. 1 Satz 1 BGB) verfassen, mit der er selbst in bestimmte ärztliche Maßnahmen, die nicht unmittelbar bevorstehen, sondern erst in Zukunft erforderlich werden können, im Vorhinein einwilligt oder diese untersagt. Sie muss daher konkrete Festlegungen für bestimmte beschriebene Situationen enthalten. Diese Erklärung ist für andere verbindlich. Eine Patientenverfügung setzt die Einwilligungsfähigkeit des Patienten voraus; sie bedarf der Schriftform (§ 1901a Abs. 1 Satz 1 BGB).

In der Praxis wird gefragt, ob der Arzt in Fällen, in denen der Patient weder einen Bevollmächtigten noch einen Betreuer hat, selbst bei Vorliegen einer einschlägigen Patientenverfügung stets die Bestellung eines Betreuers durch das Betreuungsgericht anregen muss. Der Gesetzgeber hielt dies nicht für erforderlich; das Gesetz beantwortet diese Frage allerdings nicht ausdrücklich. Die Bundesärztekammer und die ZEKO sind – wie das Bundesministerium der Justiz – der Auffassung, dass eine eindeutige Patientenverfügung den Arzt direkt bindet. Sofern der Arzt keinen berechtigten Zweifel daran hat, dass die vorhandene Patientenverfügung auf die aktuelle Lebens- und Behandlungssituation zutrifft, hat er auf ihrer Grundlage zu entscheiden.

Sofern ein Bevollmächtigter oder Betreuer vorhanden ist, hat er zu prüfen, ob die Patientenverfügung wirksam und einschlägig ist; sofern dies zutrifft, hat er ihr Ausdruck und Geltung zu verschaffen (§ 1901a Abs. 1 und 5 BGB).

3. Umgang mit Mustern für eine Vorsorgevollmacht, Betreuungsverfügung und Patientenverfügung

In der Praxis gibt es eine Fülle von Mustern für Vorsorgevollmachten, Betreuungsverfügungen und Patientenverfügungen. Erwähnt werden sollen insbesondere die Formulare, die

- von den Ärztekammern (z.B. www.aerztekammer-hamburg.de/patienten/patientenverfuegung.pdf),
- von Justizministerien (z.B. www.bmj.bund.de, www.justiz.bayern.de) und
- von Kirchen (www.ekd.de, www.katholische-kirche.de) angeboten werden.

Ob im Einzelfall ein Formular benutzt wird und welches, sollte der Patient entscheiden, denn diese Muster bringen unterschiedliche Wertvorstellungen zum Ausdruck, die sich beispielsweise in den Empfehlungen zur Reichweite einer Patientenverfügung niederschlagen. Inhaltlich sind zum einen regelmäßig Aussagen zu den Situationen enthalten, für die sie gelten sollen. Zum anderen wird auf bestimmte ärztliche Maßnahmen, die in bestimmten Situationen angezeigt sind oder unterbleiben sollen, abgestellt. Daher erscheint es sinnvoll, die in den Formularen angegebenen Maßnahmen und Situationen mit den eigenen Wertvorstellungen und Behandlungswünschen zu vergleichen. Ein Arzt kann auf die verschiedenen Muster und die dort beschriebenen Reichweiten und Begrenzungen hinweisen.

Um in Situationen, die in einem Muster möglicherweise nicht erfasst sind, den mutmaßlichen Willen besser ermitteln zu können, empfiehlt es sich auch, Lebenseinstellungen, ethische oder religiöse Überzeugungen und sonstige persönliche Wertvorstellungen, z.B. zur Bewertung von Schmerzen und schweren Schäden, mitzuteilen.

4. Ärztliche Beratung und Aufklärung

Ärzte sollen mit Patienten über die Abfassung einer vorsorglichen Willensbekundung sprechen. Dabei sollte die Initiative für ein Gespräch in der Regel dem Patienten überlassen bleiben. In bestimmten Fällen kann es jedoch die Fürsorge für den Patienten gebieten, dass der Arzt die Möglichkeiten vorsorglicher Willensbekundungen von sich aus anspricht. Ein solcher Fall liegt beispielsweise vor, wenn bei einer bevorstehenden Behandlung oder in einem absehbaren Zeitraum der Eintritt der Einwilligungsunfähigkeit mit hoher Wahrscheinlichkeit zu erwarten ist und der Patient ohne Kenntnis von den Möglichkeiten der vorsorglichen Willensbekundung seine Sorge über den möglichen Zustand fehlender Selbstbestimmung angesprochen hat.

Äußert der Patient die Absicht, eine vorsorgliche Willensbekundung zu verfassen, sollte der Arzt seine Beratung für damit zusammenhängende medizinische Fragestellungen anbieten, so dass der Patient diese Sachkenntnis in seine Entscheidungsfindung einbeziehen kann. Zwar kann der Arzt dem Patienten die oftmals schwierige und als belastend empfundene Entscheidung über das Ob und Wie einer vorsorglichen Willensbekundung nicht abnehmen, wohl aber Informationen für das Abwägen der Entscheidung beitragen. So kann der Arzt beispielsweise über medizinisch mögliche und indizierte Behandlungsmaßnahmen informieren, auf die mit Prognosen verbundenen Unsicherheiten aufmerksam machen und allgemein über Erfahrungen mit Patienten, die sich in vergleichbaren Situationen befunden haben, berichten. Indem der Arzt den Patienten möglichst umfassend informiert, kann er zugleich Vorsorge gegen aus ärztlicher Sicht nicht gebotene Festlegungen des Patienten treffen, etwa indem er über Missverständnisse – z.B. über die sogenannte Apparatemedizin – aufklärt, Fehleinschätzungen hinsichtlich der Art und statistischen Verteilung von Krankheitsverläufen korrigiert und die Erfahrungen aus dem Umfeld des Patienten, an denen sich dieser orientiert und aus denen er möglicherweise falsche Schlüsse zieht, hinterfragt. Der Arzt darf dem Patienten nicht seine Sicht der Dinge aufdrängen. Er kann aber wesentlich dazu beitragen, die Meinungsbildung des Patienten zu verbessern und abzusichern. Er kann dem Patienten nicht nur das Für und Wider seiner Entscheidungen vor Augen führen, sondern ihm durch die Aufklärung auch Ängste nehmen.

In dem Dialog sollte der mögliche Konflikt zwischen den in gesunden Tagen geäußerten Vorstellungen und den Wünschen in einer aktuellen Behandlungssituation thematisiert werden. Dies gilt insbesondere für Festlegungen zu bestimmten Therapien oder zur Nichtaufnahme einer Behandlung in bestimmten Fällen.

Auch für den Patienten wird eine eingehende ärztliche Beratung vor der Abfassung einer vorsorglichen Willensbekundung von Vorteil sein. Er kann vielfach erst bei Inanspruchnahme einer ärztlichen Beratung in der Lage sein zu entscheiden, welches der zahlreichen verfügbaren und inhaltlich unterschiedlichen Formulare seinen Wünschen am ehesten entgegenkommt und welche Formulierungen geeignet sind, seine persönlichen Vorstellungen hinreichend nachvollziehbar und umsetzbar niederzulegen. Zudem wird der Patient, wenn er sich ärztlich beraten lässt, die Wirksamkeit seiner Willensbekundungen dadurch erhöhen können, dass er die Situationen, in denen Behandlungsentscheidungen voraussichtlich anfallen, und die in diesen Situationen bestehenden Handlungsoptionen sehr viel konkreter beschreiben und damit das faktische ärztliche Handeln in weit größerem Umfang festlegen kann, als es ohne Beratung der Fall wäre. Dies gilt vor allem, wenn aufgrund einer diagnostizierten Erkrankung die voraussichtlichen Entscheidungssituationen und Behandlungsoptionen relativ konkret benannt werden können.

Der Dialog zwischen Patient und Arzt kann dazu beitragen, dass der Arzt, insbesondere der Hausarzt, ein differenziertes Bild vom Willen des Patienten erhält. Es empfiehlt sich daher, ihn bei der Ermittlung des Patientenwillens heranzuziehen, wenn in einer Vollmacht oder Patientenverfügung festgehalten ist, dass und mit welchem Arzt das Gespräch stattgefunden hat.

5. Schweigepflicht

Gegenüber dem Bevollmächtigten und dem Betreuer ist der Arzt zur Auskunft berechtigt und verpflichtet, da Vollmacht und Gesetz den Arzt von der Schweigepflicht freistellen. In der vorsorglichen Willensbekundung können weitere Personen benannt werden, gegenüber denen der Arzt von der Schweigepflicht entbunden wird und denen Auskunft erteilt werden soll.

6. Form einer vorsorglichen Willensbekundung

Eine Vorsorgevollmacht in Gesundheitsangelegenheiten muss schriftlich erteilt werden (vgl. 1.1). Eine Patientenverfügung im Sinne von § 1901a BGB bedarf der Schriftform. Die Betreuungsverfügung bedarf keiner bestimmten Form; aus praktischen Gründen empfiehlt es sich aber, sie schriftlich zu verfassen.

Patientenverfügungen müssen eigenhändig unterschrieben und sollten mit dem aktuellen Datum versehen sein. Eine handschriftliche Abfassung durch den Verfügenden (wie z.b. bei einem Testament) ist nicht notwendig. Die Benutzung eines Musters ist möglich (vgl. 3).

Rechtlich ist es weder erforderlich, die Unterschrift durch Zeugen bestätigen zu lassen, noch eine notarielle Beglaubigung der Unterschrift herbeizuführen. Um Zweifeln zu begegnen, kann sich eine Unterschrift vor einem Zeugen (z.B. dem Arzt) empfehlen, der seinerseits schriftlich die Echtheit der Unterschrift sowie das Vorliegen der Einwilligungsfähigkeit des Verfassers bestätigt.

7. Geschäftsfähigkeit und Einwilligungsfähigkeit

Eine Vorsorgevollmacht kann nur von einer Person erteilt werden, die in vollem Umfang geschäftsfähig ist. Wird eine Vorsorgevollmacht von einem Notar beurkundet, was sich anbietet, wenn die Vorsorgevollmacht nicht nur gesundheitliche Angelegenheiten, sondern auch andere Bereiche (z.B. Vermögensvorsorge) umfasst, sind Zweifel an der Geschäftsfähigkeit so gut wie ausgeschlossen, weil der Notar hierzu Feststellungen in der Urkunde treffen muss.

Patientenverfügungen sind nur wirksam, wenn der Patient zur Zeit der Abfassung volljährig und einwilligungsfähig ist (§ 1901a Abs. 1 Satz 1 BGB). Sofern keine gegenteiligen Anhaltspunkte vorliegen, kann der Arzt von der Einwilligungsfähigkeit des volljährigen Patienten ausgehen. Die Einwilligungsfähigkeit ist ausgeschlossen, wenn die Einsichts- und Urteilsfähigkeit eines Patienten durch Krankheit und/oder Behinderung so stark beeinträchtigt sind, dass er die Art und Schwere einer möglichen Erkrankung oder Behinderung nicht erfasst oder Wesen, Bedeutung und Tragweite der Patientenverfügung nicht mehr zu beurteilen vermag. Es kann auch aus diesem Grund angezeigt sein, dass Arzt und Patient eine Patientenverfügung durchsprechen und der Arzt die Einwilligungsfähigkeit des Patienten bestätigt.

8. Ärztliche Dokumentation

Ärzte haben über die in Ausübung ihres Berufs getroffenen Feststellungen und Maßnahmen die erforderlichen Aufzeichnungen zu machen. Diese sind nicht nur Gedächtnisstützen für den Arzt, sie dienen auch dem Interesse des Patienten an einer ordnungsgemäßen Dokumentation (vgl. § 10 Abs. 1 [Muster-]Berufsordnung). Die Pflicht zur Dokumentation gilt auch für Gespräche des Arztes mit dem Patienten über eine vorsorgliche Willensbekundung. Es kann hilfreich sein, eine Kopie einer solchen Willensbekundung (z.B. Patientenverfügung) zur ärztlichen Dokumentation zu nehmen. Damit ist der Arzt in der Lage, bei wesentlichen Veränderungen des Gesundheitszustandes des Patienten eine Konkretisierung oder eine Aktualisierung anzuregen. Zudem steht er anderen

Ärzten als Gesprächspartner zur Verfügung, wenn es gilt, den mutmaßlichen Willen des Patienten festzustellen und umzusetzen. Ein Widerruf einer vorsorglichen Willensbekundung sollte einem Arzt, der entsprechende Formulare zur ärztlichen Dokumentation genommen hat, ebenfalls unverzüglich mitgeteilt werden.

9. Aufbewahrung

Patienten sollten durch den Dialog mit dem behandelnden Arzt und mit ihren Angehörigen dafür Sorge tragen, dass diese Personen um die Existenz einer vorsorglichen Willensbekundung wissen, einschließlich des Ortes, an dem sie hinterlegt oder aufbewahrt werden.

Im Falle eines Betreuungsverfahrens müssen vorsorgliche Willensbekundungen, z.B. eine Vorsorgevollmacht, unverzüglich dem Betreuungsgericht vorgelegt werden, damit das Gericht diese bei seiner Entscheidung berücksichtigen kann (§ 1901c BGB).

Um die rechtzeitige Information des Betreuungsgerichts sicherzustellen, besteht in einigen Bundesländern die Möglichkeit, Betreuungsverfügungen, auch in Verbindung mit einer Vorsorgevollmacht, bei dem zuständigen Betreuungsgericht zu hinterlegen. Darüber hinaus können Vorsorgevollmachten und Betreuungsverfügungen sowie die damit kombinierten Patientenverfügungen in das „Zentrale Vorsorgeregister" bei der Bundesnotarkammer eingetragen werden. In diesem Register können auch nicht notariell beurkundete vorsorgliche Willensbekundungen erfasst werden. Eine Auskunft aus dem Register erhält das Betreuungsgericht[5]; sie wird nicht an Ärzte oder Krankenhäuser erteilt. Formularvordrucke für die Eintragung sind unter www.zvr-online.de abrufbar.

10. Entscheidungsfindung

10.1. Entscheidungsprozess

Die Entscheidung über die Einleitung, die weitere Durchführung oder Beendigung einer ärztlichen Maßnahme wird in einem gemeinsamen Entscheidungsprozess von Arzt und Patient bzw. Patientenvertretern getroffen. Dieser dialogische Prozess ist Ausdruck der therapeutischen Arbeitsgemeinschaft zwischen Arzt und Patient bzw. Patientenvertreter. Das Behandlungsziel, die Indikation, die Frage der Einwilligungsunfähigkeit des Patienten und der maßgebliche Patientenwille müssen daher im Gespräch zwischen Arzt und Patientenvertreter erörtert werden. Sie sollen dabei Angehörige und sonstige Vertrauenspersonen des Patienten einbeziehen, sofern dies ohne Verzögerung möglich ist.

Die Indikationsstellung und die Prüfung der Einwilligungsfähigkeit ist Aufgabe des Arztes; sie ist Teil seiner Verantwortung. Er hat zum einen zu beurteilen, welche ärztlichen Maßnahmen im Hinblick auf den Zustand, die Prognose und auf das Ziel der Behandlung des Patienten indiziert sind. Zum anderen hat der Arzt zu prüfen, ob der Patient einwilligungsfähig ist (zur Einwilligungsfähigkeit, vgl. 7.). In Zweifelsfällen sollte ein psychiatrisches oder neurologisches Konsil eingeholt werden.

Hat der Patient eine Vertrauensperson bevollmächtigt oder hat das Betreuungsgericht einen Betreuer bestellt, ist die Feststellung des Patientenwillens die Aufgabe des Vertreters, denn er spricht für den Patienten. Er hat der Patientenverfügung Ausdruck und Geltung zu verschaffen

---

[5] Auch das Landgericht als Beschwerdegericht, vgl. § 78a Abs. 2 Satz 1 BNotO; in das Register dürfen Angaben über Vollmachtgeber, Bevollmächtigte, die Vollmacht und deren Inhalt aufgenommen werden, vgl. § 78a Abs. 1 Satz 2 BNotO.

oder eine eigene Entscheidung über die Einwilligung in die ärztliche Maßnahme aufgrund der Behandlungswünsche oder des mutmaßlichen Willens des Patienten zu treffen (vgl. § 1901a Abs. 1 sowie Abs. 2 BGB). Die Feststellung des Patientenwillens aufgrund einer Patientenverfügung gehört daher zu der Aufgabe des Vertreters, die er im Dialog mit dem Arzt wahrnimmt.

Das 3. Betreuungsrechtsänderungsgesetz hat die Notwendigkeit einer Genehmigung durch das Betreuungsgericht erheblich eingeschränkt. Seit dem 1. September 2009 ist eine gerichtliche Genehmigung für die Entscheidung des Vertreters nach § 1904 BGB nur erforderlich, wenn

– der Arzt und der Vertreter sich nicht über den Patientenwillen einig sind und

– der Patient aufgrund der geplanten ärztlichen Maßnahme oder aufgrund der Weigerung des Vertreters, der vom Arzt vorgeschlagenen Maßnahme zuzustimmen, in die Gefahr des Todes oder eines schweren und länger dauernden gesundheitlichen Schadens gerät.

Ist kein Vertreter des Patienten vorhanden, hat der Arzt im Regelfall das Betreuungsgericht zu informieren und die Bestellung eines Betreuers anzuregen, welcher dann über die Einwilligung in die anstehenden ärztlichen Maßnahmen entscheidet. Ausnahmen kommen zum einen in Notfällen (vgl. 11.) und zum anderen in Betracht, wenn eine Patientenverfügung im Sinne des § 1901a Abs. 1 BGB vorliegt. In diesem Fall hat der Arzt den Patientenwillen anhand der Patientenverfügung festzustellen. Er soll dabei Angehörige und sonstige Vertrauenspersonen des Patienten einbeziehen, sofern dies ohne Verzögerung möglich ist. Trifft die Patientenverfügung auf die aktuelle Behandlungssituation zu, hat der Arzt den Patienten entsprechend dessen Willen zu behandeln (vgl. 2c). Die Bestellung eines Betreuers ist hierfür nicht erforderlich.

Der Arzt hat die Entscheidung zur Durchführung oder Unterlassung einer medizinischen Maßnahme (z.B. Beatmung, Sondenernährung, Reanimation) im weiteren Verlauf der Behandlung kontinuierlich zu überprüfen. Dafür gelten die oben dargestellten Grundsätze entsprechend.

10.2. Konfliktsituationen

In der Praxis lässt sich nicht immer ein Konsens erreichen. Konflikte können im Wesentlichen in zwei Konstellationen auftreten:

a) Aus ärztlicher Sicht besteht eine medizinische Indikation zur Behandlung, d.h., es gibt eine ärztliche und/oder pflegerische Maßnahme, bei der ein Therapieziel (Heilung, Lebensverlängerung, Rehabilitation oder Erhaltung der Lebensqualität) und eine realistische Wahrscheinlichkeit gegeben sind, dass durch diese Maßnahme das Ziel erreicht werden kann. Der Patientenvertreter (Bevollmächtigter, Betreuer) lehnt die Behandlung jedoch ab. Besteht Einigkeit darüber, dass der Patient auch ablehnen würde, so muss die medizinische Maßnahme im Einklang mit dem Willen des Patienten unterlassen werden. Bestehen Zweifel über den Willen des Patienten, kann das Betreuungsgericht angerufen werden. Im Übrigen ist das Betreuungsgericht anzurufen, wenn ein Dissens über den Patientenwillen besteht und der Patient aufgrund der Weigerung des Vertreters, der vom Arzt vorgeschlagenen Maßnahme zuzustimmen, in die Gefahr des Todes oder eines schweren und länger dauernden gesundheitlichen Schadens gerät (vgl. 10.1).

b) Der Patientenvertreter oder die Angehörigen des Patienten verlangen die Durchführung oder Weiterführung einer medizinisch nicht (mehr) indizierten Maßnahme. Besteht keine medizinische Indikation zur Einleitung oder Weiterführung einer Maßnahme, so darf diese nicht (mehr) durchgeführt werden. Die Übermittlung der Information über eine fehlende medizinische Indikation für lebensverlängernde Maßnahmen und die damit verbundene Therapiezieländerung hin zu palliativen Zielen stellt für Patienten und deren Angehörige meist eine extrem belastende Situation dar, die vom aufklärenden Arzt hohe kommunikative Kompetenzen verlangt. Es kann gerechtfertigt sein, eine Maßnahme, wie die künstliche Beatmung oder Ernährung begrenzt weiterzuführen, um den

Angehörigen Zeit für den Verarbeitungs- und Verabschiedungsprozess zu geben, solange die Fortführung der Maßnahme für den Patienten keine unzumutbare Belastung darstellt. Weder der Patient noch sein Vertreter oder seine Angehörigen können verlangen, dass der Arzt eine medizinisch nicht indizierte Maßnahme durchführt. Ein Gesprächsangebot sollte immer bestehen bleiben. Auch in solchen Fällen wird das Betreuungsgericht gelegentlich durch Angehörige angerufen, wenn die Kommunikation scheitert. Das Betreuungsgericht hat jedoch nicht die Frage der medizinischen Indikation zu entscheiden, sondern zu prüfen, ob eine indizierte Maßnahme dem Willen des Patienten entspricht.

10.3. Ethikberatung

In Situationen, in denen schwierige Entscheidungen zu treffen oder Konflikte zu lösen sind, hat es sich häufig als hilfreich erwiesen, eine Ethikberatung in Anspruch zu nehmen (z.B. Ethikkonsil, klinisches Ethikkomitee). Zur Vermeidung von Konflikten, ggf. sogar zur Vermeidung von gerichtlichen Auseinandersetzungen, kann eine solche Beratung beitragen[6].

11. Notfallsituation

In Notfallsituationen, in denen der Wille des Patienten nicht bekannt ist und für die Ermittlung individueller Umstände keine Zeit bleibt, ist die medizinisch indizierte Behandlung einzuleiten, die im Zweifel auf die Erhaltung des Lebens gerichtet ist. Hier darf der Arzt davon ausgehen, dass es dem mutmaßlichen Willen des Patienten entspricht, den ärztlich indizierten Maßnahmen zuzustimmen.

Im weiteren Verlauf gelten die oben dargelegten allgemeinen Grundsätze. Entscheidungen, die im Rahmen einer Notfallsituation getroffen wurden, müssen daraufhin überprüft werden, ob sie weiterhin indiziert sind und vom Patientenwillen getragen werden.

Ein Vertreter des Patienten ist sobald wie möglich einzubeziehen; sofern erforderlich, ist die Einrichtung einer Betreuung beim Betreuungsgericht anzuregen (vgl. 10.1).

---

[6] Siehe Stellungnahme der ZEKO „Ethikberatung in der klinischen Medizin"; Dtsch Arztebl 2006;103: A1703–7 (Heft 24 v. 16. 6. 2006).

National Institutes of Health Guidelines on Human Stem Cell Research*

National Institutes of Health (NIH), USA

(July 2009)

Summary: The National Institutes of Health (NIH) is hereby publishing final "National Institutes of Health Guidelines for Human Stem Cell Research" (Guidelines).

On March 9, 2009, President Barack H. Obama issued Executive Order 13505: *Removing Barriers to Responsible Scientific Research Involving Human Stem Cells.* The Executive Order states that the Secretary of Health and Human Services, through the Director of NIH, may support and conduct responsible, scientifically worthy human stem cell research, including human embryonic stem cell (hESC) research, to the extent permitted by law.

These Guidelines implement Executive Order 13505, as it pertains to extramural NIH-funded stem cell research, establish policy and procedures under which the NIH will fund such research, and helps ensure that NIH-funded research in this area is ethically responsible, scientifically worthy, and conducted in accordance with applicable law. Internal NIH policies and procedures, consistent with Executive Order 13505 and these Guidelines, will govern the conduct of intramural NIH stem cell research.

Effective Date: These Guidelines are effective on July 7, 2009.

Summary of Public Comments on Draft Guidelines: On April 23, 2009 the NIH published draft Guidelines for research involving hESCs in the Federal Register for public comment, 74 Fed. Reg. 18578 (April 23, 2009). The comment period ended on May 26, 2009.

The NIH received approximately 49,000 comments from patient advocacy groups, scientists and scientific societies, academic institutions, medical organizations, religious organizations, and private citizens. The NIH also received comments from members of Congress. This Notice presents the final Guidelines together with the NIH response to public comments that addressed provisions of the Guidelines.

Title of the Guidelines, Terminology, and Background:

Respondents felt the title of the NIH draft Guidelines was misleading, in that it is entitled "National Institutes of Health Guidelines for Human Stem Cell Research," yet addresses only one type of human stem cell. The NIH notes that although the Guidelines pertain primarily to the donation of embryos for the derivation of hESCs, one Section also applies to certain uses of both hESCs and human induced pluripotent stem cells. Also, the Guidelines discuss applicable regulatory standards when research involving human adult stem cells or induced pluripotent stem cells constitutes human subject research. Therefore, the title of the Guidelines was not changed.

---

* Das Dokument ist im World Wide Web unter der Adresse „http://stemcells.nih.gov/policy/2009 guidelines" verfügbar. [Anm. d. Red.]

Respondents also disagreed with the definition of human embryonic stem cells in the draft Guidelines, and asked that the NIH define them as originating from the inner cell mass of the blastocyst. The NIH modified the definition to say that human embryonic stem cells "are cells that are derived from the inner cell mass of blastocyst stage human embryos, are capable of dividing without differentiating for a prolonged period in culture, and are known to develop into cells and tissues of the three primary germ layers."

Financial Gain

Respondents expressed concern that derivers of stem cells might profit from the development of hESCs. Others noted that because the stem cells eligible for use in research using NIH funding under the draft Guidelines are those cells that are subject to existing patents, there will be insufficient competition in the licensing of such rights. These respondents suggested that this could inhibit research, as well as increase the cost of any future clinical benefits. The Guidelines do not address the distribution of stem cell research material. It is, however, the NIH's expectation that stem cell research materials developed with NIH funds, as well as associated intellectual property and data, will be distributed in accordance with the NIH's existing policies and guidance, including "Sharing Biomedical Research Resources, Principles and Guidelines for Recipients of NIH Grants and Contracts" and "Best Practices for the Licensing of Genomic Inventions." http://ott.od.nih.gov/policy/Reports.html Even where such policies are not directly applicable, the NIH encourages others to refrain from imposing on the transfer of research tools, such as stem cells, any conditions that hinder further biomedical research. In addition, the Guidelines were revised to state that there should be documentation that "no payments, cash or in kind, were offered for the donated embryos."

Respondents were concerned that donor(s) be clearly "apprised up front by any researchers that financial gain may come from the donation and that the donor(s) should know up front if he/she will share in the financial gain." The Guidelines address this concern by asking that donor(s) was/were informed during the consent process that the donation was made without any restriction or direction regarding the individual(s) who may receive medical benefit from the use of the stem cells, such as who may be the recipients of cell transplants. The Guidelines also require that the donor(s) receive(s) information that the research was not intended to provide direct medical benefit to the donor(s); that the results of research using the hESCs may have commercial potential, and that the donor(s) would not receive financial or any other benefits from any such commercial development.

IRB Review under the Common Rule

Respondents suggested that the current regulatory structure of IRB review under the Common Rule (45 C.F.R. Part 46, Subpart A) addresses the core ethical principles needed for appropriate oversight of hESC derivation. They noted that IRB review includes a full review of the informed consent process, as well as a determination of whether individuals were coerced to participate in the research and whether any undue inducements were offered to secure their participation. These respondents urged the NIH to replace the specific standards to assure voluntary and informed consent in the draft Guidelines with a requirement that hESC research be reviewed and approved by an IRB, in conformance with 45 C.F.R. Part 46, Subpart A, as a prerequisite to NIH funding. Respondents also requested that the NIH create a Registry of eligible hESC lines to avoid burdensome and repetitive assurances from multiple funding applicants. The NIH agrees that the IRB system of review under the Common Rule provides a comprehensive framework for the review of the donation of identifiable human biological materials for research. However, in the last several years, guidelines on hESC research have been issued by a number of different organizations and governments, and different practices have arisen around the country and worldwide, resulting in a patchwork of standards. The NIH concluded that employing the IRB review system for the donation of embryos would not ameliorate stated concerns about variations in standards for hESC research and would preclude the establishment of an

NIH Registry of hESCs eligible for NIH funding, because there would be no NIH approval of particular hESCs. To this end and response to comments, these Guidelines articulate policies and procedures that will allow the NIH to create a Registry. These Guidelines also provide scientists who apply for NIH funding with a specific set of standards reflecting currently recognized ethical principles and practices specific to embryo donation that took place on or after the issuance of the Guidelines, while also establishing procedures for the review of donations that took place before the effective date of the Guidelines.

Federal Funding Eligibility of Human Pluripotent Cells from Other Sources

Respondents suggested that the allowable sources of hESCs potentially available for federal funding be expanded to include hESC lines from embryos created expressly for research purposes, and lines created, or pluripotent cells derived, following parthenogenesis or somatic cell nuclear transfer (SCNT). The Guidelines allow for funding of research using hESCs derived from embryos created using in vitro fertilization (IVF) for reproductive purposes and no longer needed for these purposes, assuming the research has scientific merit and the embryos were donated after proper informed consent was obtained from the donor(s). The Guidelines reflect the broad public support for federal funding of research using hESCs created from such embryos based on wide and diverse debate on the topic in Congress and elsewhere. The use of additional sources of human pluripotent stem cells proposed by the respondents involve complex ethical and scientific issues on which a similar consensus has not emerged. For example, the embryo-like entities created by parthenogenesis and SCNT require women to donate oocytes, a procedure that has health and ethical implications, including the health risk to the donor from the course of hormonal treatments needed to induce oocyte production.

Respondents noted that many embryos undergo Pre-implantation Genetic Diagnosis (PGD). This may result in the identification of chromosomal abnormalities that would make the embryos medically unsuitable for clinical use. In addition, the IVF process may also produce embryos that are not transferred into the uterus of a woman because they are determined to be not appropriate for clinical use. Respondents suggested that hESCs derived from such embryos may be extremely valuable for scientific study, and should be considered embryos that were created for reproductive purposes and were no longer needed for this purpose. The NIH agrees with these comments. As in the draft, the final Guidelines allow for the donation of embryos that have undergone PGD.

Donation and Informed Consent

Respondents commented in numerous ways that the draft Guidelines are too procedurally proscriptive in articulating the elements of appropriate informed consent documentation. This over-reliance on the specific details and format of the informed consent document, respondents argued, coupled with the retroactive application of the Guidelines to embryos already donated for research, would result in a framework that fails to appreciate the full range of factors contributing to the complexity of the informed consent process. For example, respondents pointed to several factors that were precluded from consideration by the proposed Guidelines, such as contextual evidence of the consent process, other established governmental frameworks (representing local and community influences), and the changing standards for informed consent in this area of research over time. Respondents argued that the Guidelines should be revised to allow for a fuller array of factors to be considered in determining whether the underlying ethical principle of voluntary informed consent had been met. In addition to these general issues, many respondents made the specific recommendation that all hESCs derived before the final Guidelines were issued be automatically eligible for Federal funding without further review, especially those eligible under prior Presidential policy, i.e., "grandfathered." The final Guidelines seek to implement the Executive Order by issuing clear guidance to assist this field of science to advance and reach its full potential while ensuring adherence to strict ethical standards. To this end, the NIH is establishing a set of conditions that will maximize ethical oversight, while ensuring that the greatest number of ethically derived hESCs are eligible for federal funding. Specifically, for embryos donated in the U.S. on or after the effective date of the Guidelines, the only way to establish eligibility will be to either use hESCs listed on the NIH Registry, or demonstrate compliance with the specific procedural requirements of the Guidelines by submitting an assurance with supporting information for administrative review by the NIH. Thus, for future embryo donations in the United States, the Guidelines articulate one set of procedural requirements. This responds to concerns regarding the patchwork of requirements and guidelines that currently exist.

However, the NIH is also cognizant that in the more than a decade between the discovery of hESCs and today, many lines were derived consistent with ethical standards and/or guidelines developed by various states, countries, and other entities such as the International Society for Stem Cell Research (ISSCR) and the National Academy of Sciences (NAS). These various policies have many common features, rely on a consistent ethical base, and require an informed consent process, but they differ in details of implementation. For example, some require specific wording in a written informed consent document, while others do not. It is important to recognize that the principles of ethical research, e.g., voluntary informed consent to participation, have not varied in this time period, but the requirements for implementation and procedural safeguards employed to demonstrate compliance have evolved. In response to these concerns, the Guidelines state that applicant institutions wishing to use hESCs derived from embryos donated prior to the effective date of the Guidelines may either comply with Section II (A) of the Guidelines or undergo review by a Working Group of the Advisory Committee to the Director (ACD). The ACD, which is a chartered Federal Advisory Committee Act (FACA) committee, will advise NIH on whether the core ethical principles and procedures used in the process for obtaining informed consent for the donation of the embryo were such that the cell line should be eligible for NIH funding. This Working Group will not undertake a *de novo* evaluation of ethical standards, but will consider the materials submitted in light of the principles and points to consider in the Guidelines, as well as 45 C.F.R. Part 46 Subpart A. Rather than "grandfathering," ACD Working Group review will enable pre-existing hESCs derived in a responsible manner to be eligible for use in NIH funded research.

In addition, for embryos donated outside the United States prior to the effective date of these Guidelines, applicants may comply with either Section II (A) or (B). For embryos donated outside of the United States on or after the effective date of the Guidelines, applicants seeking to determine eligibility for NIH research funding may submit an assurance that the hESCs fully comply with Section II (A) or submit an assurance along with supporting information, that the alternative procedural standards of the foreign country where the embryo was donated provide protections at least equivalent to those provided by Section II (A) of these Guidelines. These materials will be reviewed by the NIH ACD Working Group, which will recommend to the ACD whether such equivalence exists. Final decisions will be made by the NIH Director. This special consideration for embryos donated outside the United States is needed because donation of embryos in foreign countries is governed by the laws and policies of the respective governments of those nations. Although such donations may be responsibly conducted, such governments may not or cannot change their national donation requirements to precisely comply with the NIH Guidelines. The NIH believes it is reasonable to provide a means for reviewing such hESCs because ethically derived foreign hESCs constitute an important scientific asset for the U.S.

Respondents expressed concern that it might be difficult in some cases to provide assurance that there was a "clear separation" between the prospective donor(s)' decision to create embryos for reproductive purposes and the donor(s)' decision to donate the embryos for research purposes. These respondents noted that policies vary at IVF clinics, especially with respect to the degree to which connections with researchers exist. Respondents noted that a particular clinic's role may be limited to the provision of contact information for researchers. A clinic that does not have any particular connection with research would not necessarily have in place a written policy articulating the separation contemplated by the Guidelines. Other respondents noted that embryos that are determined not to be suitable for medical purposes, either because of genetic defects or other concerns, may be donated prior to being frozen. In these cases, it is possible that the informed consent process for the donation might be concurrent with the consent process for IVF treatment. Respondents also noted that the initial consent for IVF may contain a general authorization for donating embryos in excess of clinical need, even though a more detailed consent is provided at the actual time of donation. The NIH notes that the Guidelines specifically state that consent should have been obtained at the time of donation, even if the potential donor(s) had given prior indication of a general intent to donate embryos in excess of clinical need for the purposes of research. Accordingly, a general authorization for research donation when consenting for reproductive treatment would comply with the Guidelines, so long as specific consent for the donation is obtained at the time of donation. In response to comments regarding documentation necessary to establish a separation between clinical and research decisions, the NIH has changed the language of the Guidelines to permit applicant institutions to submit consent forms, written policies or other documentation to demonstrate compliance with the provisions of the Guidelines. This change should provide the flexibility to accommodate a range of practices, while adhering to the ethical principles intended.

Some respondents want to require that the IVF physician and the hESC researcher should be different individuals, to prevent conflict of interest. Others say they should be the same person, because people in both roles need to have detailed knowledge of both areas (IVF treatment and hESC research). There is also a concern that the IVF doctor will create extra embryos if he/she is also the researcher. As a general matter, the NIH believes that the doctor and the researcher seeking donation should be different individuals. However, this is not always possible, nor is it required, in the NIH's view, for ethical donation.

Some respondents want explicit language (in the Guidelines and/or in the consent) stating that the embryo will be destroyed when the inner cell mass is removed. In the process of developing guidelines, the NIH reviewed a variety of consent forms that have been used in responsible derivations. Several had extensive descriptions of the process and the research to be done, going well beyond the minimum expected, yet they did not use these exact words. Given the wide variety and diversity of forms, as well as the various policy, statutory and regulatory obligations individual institutions face, the NIH declines to provide exact wording for consent forms, and instead endorses a robust informed consent process where all necessary details are explained and understood in an ongoing, trusting relationship between the clinic and the donor(s).

Respondents asked for clarification regarding the people who must give informed consent for the donation of embryos for research. Some commenters suggested that NIH should require consent from the gamete donors, in cases where those individuals may be different than the individuals seeking reproductive treatment. The NIH requests consent from "the individual(s) who sought reproductive treatment" because this/these individual(s) is/are responsible for the creation of the embryo(s) and, therefore, its/their disposition. With regard to gamete donation, the risks are associated with privacy and, as such, are governed by requirements of the Common Rule, where applicable.

Respondents also requested clarification on the statement in the draft Guidelines noting that "although human embryonic stem cells are derived from embryos, such stem cells are not themselves human embryos." For the purpose of NIH funding, an embryo is defined by Section 509, Omnibus Appropriations Act, 2009, Pub. L. 111-8, 3/11/09, otherwise known as the Dickey Amendment, as any organism not protected as a human subject under 45 C.F.R. Part 46 that is derived by fertilization, parthenogenesis, cloning or any other means from one or more human gametes or human diploid cells. Since 1999, the Department of Health and Human Services (HHS) has consistently interpreted this provision as not applicable to research using hESCs, because hESCs are not embryos as defined by Section 509. This long-standing interpretation has been left unchanged by Congress, which has annually reenacted the Dickey Amendment with full knowledge that HHS has been funding hESC research since 2001. These Guidelines therefore recognize the distinction, accepted by Congress, between the derivation of stem cells from an embryo that results in the embryo's destruction, for which federal funding is prohibited, and research involving hESCs that does not involve an embryo nor result in an embryo's destruction, for which federal funding is permitted.

Some respondents wanted to ensure that potential donor(s) are either required to put their "extra" embryos up for adoption before donating them for research, or are at least offered this option. The Guidelines require that all the options available in the health care facility where treatment was sought pertaining to the use of embryos no longer needed for reproductive purposes were explained to the potential donor(s). Since not all IVF clinics offer the same services, the healthcare facility is only required to explain the options available to the donor(s) at that particular facility.

Commenters asked that donor(s) be made aware of the point at which their donation decision becomes irrevocable. This is necessary because if the embryo is de-identified, it may be impossible to stop its use beyond a certain point. The NIH agrees with these comments and revised the Guidelines to require that donor(s) should have been informed that they retained the right to withdraw consent for the donation of the embryo until the embryos were actually used to derive embryonic stem cells or until information which could link the identity of the donor(s) with the embryo was no longer retained, if applicable.

Medical Benefits of Donation

Regarding medical benefit, respondents were concerned that the language of the Guidelines should not somehow eliminate a donor's chances of benefitting from results of stem cell research. Respondents noted that although hESCs are not currently being used clinically, it is possible that in the future such cells might be used for the medical benefit of the person donating them. The Guidelines are meant to preclude individuals from donating embryos strictly for use in treating themselves only or from donating but identifying individuals or groups they do or do not want to potentially benefit from medical intervention using their donated cells. While treatment with hESCs is one of the goals of this research, in practice, years of experimental work must still be done before such treatment might become routinely available. The Guidelines are designed to make it clear that immediate medical benefit from a donation is highly unlikely at this time. Importantly, it is critical to note that the Guidelines in no way disqualify a donor from benefitting from the medical outcomes of stem cell research and treatments that may be developed in the future.

Monitoring and Enforcement Actions

Respondents have expressed concern about the monitoring of funded research and the invocation of possible penalties for researchers who do not follow the Guidelines. A grantee's failure to comply with the terms and conditions of award, including confirmed instances of research misconduct, may cause the NIH to take one or more enforcement actions, depending on the severity and duration of the non-compliance. For example, the following actions may be taken by the NIH when there is a failure to comply with the terms and conditions of any award: (1) Under 45 CFR 74.14, the NIH can impose special conditions on an award, including but not limited to increased oversight/monitoring/reporting requirements for an institution, project, or investigator; and (2) under 45 CFR 74.62 the NIH may impose enforcement actions, including but not limited to withholding funds pending correction of the problem, disallowing all or part of the costs of the activity that was not in compliance, withholding further awards for the project, or suspending or terminating all or part of the funding for the project. Individuals and institutions may be debarred from eligibility for all Federal financial assistance and contracts under 2 CFR Part 376 and 48 CFR Subpart 9.4, respectively. The NIH will undertake all enforcement actions in accordance with applicable statutes, regulations, and policies.

National Institutes of Health Guidelines for Research Using Human Stem Cells

I. Scope of Guidelines

These Guidelines apply to the expenditure of National Institutes of Health (NIH) funds for research using human embryonic stem cells (hESCs) and certain uses of induced pluripotent stem cells (See Section IV). The Guidelines implement Executive Order 13505.

Long-standing HHS regulations for Protection of Human Subjects, 45 C.F.R. 46, Subpart A establish safeguards for individuals who are the sources of many human tissues used in research, including non-embryonic human adult stem cells and human induced pluripotent stem cells. *When research involving human adult stem cells or induced pluripotent stem cells constitutes human subject research, Institutional Review Board review may be required and informed consent may need to be obtained per the requirements detailed in 45 C.F.R. 46, Subpart A.* Applicants should consult http://www.hhs.gov/ohrp/humansubjects/guidance/45cfr46.htm.

It is also important to note that the HHS regulation, *Protection of Human Subjects*, 45 C.F.R. Part 46, Subpart A, may apply to certain research using hESCs. This regulation applies, among other things, to research involving individually identifiable private information about a living individual, 45 C.F.R. § 46.102(f). The HHS Office for Human Research Protections (OHRP) considers biological material, such as cells derived from human embryos, to be individually identifiable when they can be linked to specific living individuals by the investigators either directly or indirectly through coding systems. Thus, in certain circumstances, IRB review may be required, in addition to compliance with these Guidelines. Applicant institutions are urged to consult OHRP guidances at http://www.hhs.gov/ohrp/policy/index.html#topics

To ensure that the greatest number of responsibly derived hESCs are eligible for research using NIH funding, these Guidelines are divided into several sections, which apply specifically to embryos donated in the U.S. and foreign countries, both before and on or after the effective date of these Guidelines. Section II (A) and (B) describe the conditions and review processes for determining hESC eligibility for NIH funds. Further information on these review processes may be found at www.NIH.gov. Sections IV and V describe research that is not eligible for NIH funding.

These Guidelines are based on the following principles:

1. Responsible research with hESCs has the potential to improve our understanding of human health and illness and discover new ways to prevent and/or treat illness.
2. Individuals donating embryos for research purposes should do so freely, with voluntary and informed consent.

As directed by Executive Order 13505, the NIH shall review and update these Guidelines periodically, as appropriate.

II. Eligibility of Human Embryonic Stem Cells for Research with NIH Funding

For the purpose of these Guidelines, "human embryonic stem cells (hESCs)" are cells that are derived from the inner cell mass of blastocyst stage human embryos, are capable of dividing without differentiating for a prolonged period in culture, and are known to develop into cells and tissues of the three primary germ layers. Although hESCs are derived from embryos, such stem cells are not themselves human embryos. All of the processes and procedures for review of the eligibility of hESCs will be centralized at the NIH as follows:

A. Applicant institutions proposing research using hESCs derived from embryos donated in the U.S. on or after the effective date of these Guidelines may use hESCs that are posted on the new NIH Registry or they may establish eligibility for NIH funding by submitting an assurance of compliance with Section II (A) of the Guidelines, along with supporting information demonstrating compliance for administrative review by the NIH. For the purposes of this Section II (A), hESCs should have been derived from human embryos:

1. that were created using in vitro fertilization for reproductive purposes and were no longer needed for this purpose;

2. that were donated by individuals who sought reproductive treatment (hereafter referred to as "donor(s)") and who gave voluntary written consent for the human embryos to be used for research purposes; and

3. for which all of the following can be assured and documentation provided, such as consent forms, written policies, or other documentation, provided:

    a. All options available in the health care facility where treatment was sought pertaining to the embryos no longer needed for reproductive purposes were explained to the individual(s) who sought reproductive treatment.

    b. No payments, cash or in kind, were offered for the donated embryos.

    c. Policies and/or procedures were in place at the health care facility where the embryos were donated that neither consenting nor refusing to donate embryos for research would affect the quality of care provided to potential donor(s).

    d. There was a clear separation between the prospective donor(s)'s decision to create human embryos for reproductive purposes and the prospective donor(s)'s decision to donate human embryos for research purposes. Specifically:

        i. Decisions related to the creation of human embryos for reproductive purposes should have been made free from the influence of researchers proposing to derive or utilize hESCs in research. The attending physician responsible for reproductive clinical care and the researcher deriving and/or proposing to utilize hESCs should not have been the same person unless separation was not practicable.

        ii. At the time of donation, consent for that donation should have been obtained from the individual(s) who had sought reproductive treatment. That is, even if potential donor(s) had given prior indication of their intent to donate to research any embryos that remained after reproductive treatment, consent for the donation for research purposes should have been given at the time of the donation.

        iii. Donor(s) should have been informed that they retained the right to withdraw consent for the donation of the embryo until the embryos were actually used to derive embryonic stem cells or until information which could link the identity of the donor(s) with the embryo was no longer retained, if applicable.

    e. During the consent process, the donor(s) were informed of the following:

        i. that the embryos would be used to derive hESCs for research;

        ii. what would happen to the embryos in the derivation of hESCs for research;

        iii. that hESCs derived from the embryos might be kept for many years;

        iv. that the donation was made without any restriction or direction regarding the individual(s) who may receive medical benefit from the use of the hESCs, such as who may be the recipients of cell transplants.;

        v. that the research was not intended to provide direct medical benefit to the donor(s);

vi. that the results of research using the hESCs may have commercial potential, and that the donor(s) would not receive financial or any other benefits from any such commercial development;

vii. whether information that could identify the donor(s) would be available to researchers.

B. Applicant institutions proposing research using hESCs derived from embryos donated in the U.S. before the effective date of these Guidelines may use hESCs that are posted on the new NIH Registry or they may establish eligibility for NIH funding in one of two ways:

1. by complying with Section II (A) of the Guidelines; or

2. by submitting materials to a Working Group of the Advisory Committee to the Director (ACD), which will make recommendations regarding eligibility for NIH funding to its parent group, the ACD. The ACD will make recommendations to the NIH Director, who will make final decisions about eligibility for NIH funding.

The materials submitted must demonstrate that the hESCs were derived from human embryos: 1) that were created using in vitro fertilization for reproductive purposes and were no longer needed for this purpose; and 2) that were donated by donor(s) who gave voluntary written consent for the human embryos to be used for research purposes.

The Working Group will review submitted materials, e.g., consent forms, written policies or other documentation, taking into account the principles articulated in Section II (A), 45 C.F.R. Part 46, Subpart A, and the following additional points to consider. That is, during the informed consent process, including written or oral communications, whether the donor(s) were: (1) informed of other available options pertaining to the use of the embryos; (2) offered any inducements for the donation of the embryos; and (3) informed about what would happen to the embryos after the donation for research.

C. For embryos donated outside the United States before the effective date of these Guidelines, applicants may comply with either Section II (A) or (B). For embryos donated outside of the United States on or after the effective date of the Guidelines, applicants seeking to determine eligibility for NIH research funding may submit an assurance that the hESCs fully comply with Section II (A) or submit an assurance along with supporting information, that the alternative procedural standards of the foreign country where the embryo was donated provide protections at least equivalent to those provided by Section II (A) of these Guidelines. These materials will be reviewed by the NIH ACD Working Group, which will recommend to the ACD whether such equivalence exists. Final decisions will be made by the NIH Director.

D. NIH will establish a new Registry listing hESCs eligible for use in NIH funded research. All hESCs that have been reviewed and deemed eligible by the NIH in accordance with these Guidelines will be posted on the new NIH Registry.

III. Use of NIH Funds

Prior to the use of NIH funds, funding recipients should provide assurances, when endorsing applications and progress reports submitted to NIH for projects using hESCs, that the hESCs are listed on the NIH Registry.

IV. Research Using hESCs and/or Human Induced Pluripotent Stem Cells That, Although the Cells May Come from Eligible Sources, is Nevertheless Ineligible for NIH Funding

This section governs research using hESCs and human induced pluripotent stem cells, i.e., human cells that are capable of dividing without differentiating for a prolonged period in culture, and are known to develop into cells and tissues of the three primary germ layers. Although the cells may come from eligible sources, the following uses of these cells are nevertheless ineligible for NIH funding, as follows:

A. Research in which hESCs (even if derived from embryos donated in accordance with these Guidelines) or human induced pluripotent stem cells are introduced into non-human primate blastocysts.

B. Research involving the breeding of animals where the introduction of hESCs (even if derived from embryos donated in accordance with these Guidelines) or human induced pluripotent stem cells may contribute to the germ line.

V. Other Research Not Eligible for NIH Funding

A. NIH funding of the derivation of stem cells from human embryos is prohibited by the annual appropriations ban on funding of human embryo research (Section 509, Omnibus Appropriations Act, 2009, Pub. L. 111-8, 3/11/09), otherwise known as the Dickey Amendment.

B. Research using hESCs derived from other sources, including somatic cell nuclear transfer, parthenogenesis, and/or IVF embryos created for research purposes, is not eligible for NIH funding.

Raynard S Kington, M.D., Ph.D.

Acting Director, NIH

Bioethical Problems in Clinical Experimentation with Non-Inferiority Plan*

National Bioethics Committee (NBC), Italy

(April 2009)

Presentation

The National Bioethics Committee in the opinion "Bioethical Problems in clinical experimentation with non-inferiority plan" examines clinical experimentation on medicines which do not present an "added value" in terms of better efficacy or lesser toxicity in comparison to medicines already on the market. These are experimentations which, unlike the "superiority" or "equivalence" plans, present some problems of bioethical relevance.

The document, starting from a definition of "non-inferiority" as "similarities within pre-established boundaries", critically examines the scientific reasons put forward to justify these studies (the possibility of offering patients a useful alternative, better tolerance, lower price), highlighting – even through exemplifications – how only the "superiority" tests have an adequate justification in the interest of the patient, whilst the "non-inferiority" tests mainly answer the needs of the pharmaceutical industry (lower risk, lower cost).

The NBC stresses the inadequacy of the justification, from a scientific and an ethical point of view, of the experimentations of "non-inferiority", recalling the reduced scientific validity of the research, of the methodological-clinical interest and of the definitive guarantee of efficacy (which is instead assured by medicines which have already been tested and are on the market), the potential "conflict of interest" for the doctor who has the primary obligation to offer patients a therapy which is suitable and of proven efficacy (not guaranteed by the medicines proposed in non-inferiority studies), the lack of transparency regarding the informed agreement of the subject who undergoes the experimentation, who often is not given sufficient information regarding the nature of the study that is being conducted.

The opinion of the NBC stresses the principle, accepted in numerous international documents, according to which the specific interest of the patient must not be subordinate to other interests, including commercial ones or those of the sponsor. In particular, the NBC recommends that the "non- inferiority" studies are presented with more transparency and that the ethical committees carefully examine the methodology with which they are planned, approving only the "superiority" experimentations, which can bring potential advantages to the recruited subjects or to the patients who will use the medicine in the future.

The group undertaking this task is coordinated by Prof. Silvio Garattini and is composed of Prof. Luisella Battaglia, Prof. Adriano Bompiani, Prof. Stefano Canestrari, Prof. Cinzia Caporale, Prof. Maria Luisa Di Pietro, Prof. Laura Guidoni, Prof. Luca Marini, Prof. Assunta Morresi, Prof. Demetrio Neri, Prof. Andrea Nicolussi, Prof. Monica Toraldo di Francia and Prof. Giancarlo

---

* Das Dokument ist im World Wide Web unter der Adresse „http://www.palazzochigi.it/bioetica/eng/opinions/problems.pdf" verfügbar. [Anm. d. Red.]

Umani Ronchi. The opinion drafted by Prof. Silvio Garattini with the contribution of the other members of the group (in particular of the Prof. Adriano Bompiani and Prof. Demetrio Neri) has been discussed in the plenary meeting of the 24th of April 2009 and unanimously approved.

Rome, 24th April 2009

The President

Prof. Francesco Paolo Casavola

Introduction

The clinical experimentation of the medicines, according to the regulations of all industrialised countries, is possible when it is sustained by an adequate rationale inferred by *in vitro* and *live* studies in various animal species, which can establish a potential therapeutic efficacy and the eventual risk of toxicity. Classically three phases are identified in clinical experimentation: phase 1 or the tolerability phase, which determines the maximum dose that can be administered during a specific period of time; phase 2 or the preliminary efficacy phase and phase 3, which has the fundamental task to establish the relationship benefit-risk and therefore the role of the new medicine in the therapy; this is followed by phase 4, which takes place after the marketing and monitors the toxic effects.

Phase 3 is therefore fundamental for the passing of new medicines and currently consists of two controlled and randomised clinical studies (RCT), in which the medicine can be compared to the placebo or to a medicine of reference with regards to the piece of information which is the object of the study.

Each clinical study should raise an important question, which should be answered conclusively, always keeping in mind that the aim is the benefit of the patient. As the Helsinki Declaration establishes that the placebo cannot be used in case there is a medicine already available (and validated against a placebo) for a specific indication, usually the comparisons are carried out between a new medicine and a medicine of reference, used with optimum dosage. We must however highlight, that the European law founder of the European controlling body, EMEA, does not require comparisons but establishes that a medicine must be evaluated on the basis of three characteristics: quality, efficacy and safety (1). It is therefore not necessary to prove the new medicine has an "added value".

In the realisation of a RCT three different designs can be used: a superiority design or an equivalence design or a non-inferiority design. The scientific literature reports, in the last decade, a considerable increase of RCTs with non-inferiority plan. It seems therefore important to analyse the bioethical implications of this methodology, used in the experimentation of medicines on humans.

Definition of non-inferiority

Non-inferiority is a kind of similarity within predetermined boundaries. The boundary is represented by the level of inferiority considered tolerable for the new medicine, with regards to the standard of reference. This arbitrary difference in terms of loss of efficacy is defined as "margin of non-inferiority" or "delta". As illustrated in the picture, non-inferiority is considered established when the interval of confidence at 95% of the efficacy of the new medicine, does not exceed the pre-determined boundary of inferiority.

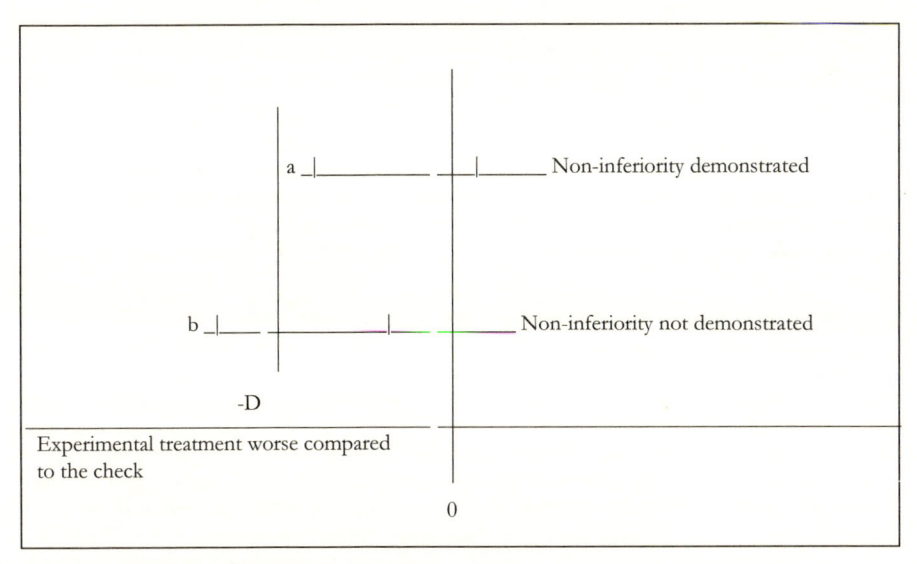

```
                    |
                    |
            a _|_____  _|_____ Non-inferiority demonstrated
                    |
                    |
         b _|____ __|____  _____ Non-inferiority not demonstrated
                    |
         -D         |
_____|_____
Experimental treatment worse compared |
to the check                          |
                    0
```

The zero represents the therapeutic effect of the medicine of reference
-D represents the acceptable loss of efficacy to establish "non-inferiority"
a and b represent the therapeutic effect and the boundary of confidence at 95% of two experimental products.

The experimental medicine for which the non-inferiority is verified, can in fact be less efficient and less safe, but not enough to be recognised as such. So, if the margin of non-inferiority is set at 7.5%, a greater incidence of serious events – for example 7% instead of the 5% which the buyer currently risks, that is generally what happens when the medicine is correctly used in therapy – is not considered sufficient to mark a difference between the new and the old treatment. The new medicine will be considered not inferior to the old one, even if when 1000 patients are treated with the first one 20 more deaths or serious events can occur in comparison with the last one.

Reasons given to justify non-inferiority studies

One of the reasons usually presented, is that there can be patients who do not respond to standard treatments and products with similar activity to those treatments can represent useful alternatives. The aim is reasonable, but the approach is not. What is in fact the logic of establishing the non-inferiority of these products in the general population of patients? If their targets are the non-responders to the available treatments, why not verify the superiority of these products in comparison to the medicines that are little effective in this subgroup of patients? This last approach would take into account the interests of the patients, but not the ones of the pharmaceutical industries, who aspire to a market as wide as possible and not only to a section of it, represented by a subgroup of patients. In other words, once patients who are resistant to a specific medicine are selected, the new medicine should be evaluated only with regards to these patients, instead of carrying on a non-inferiority study.

Another reason put forward is that non-inferior medicines from the point of view of their efficacy can be better from the point of view of their safety.

It must however be observed that generally the RCTs do not have the statistical potency to observe a different profile of toxicity. In case it was possible, given the high number of the patients or the high frequency of the toxic symptoms, to evaluate the toxicity, the study would not be of "non-inferiority" anymore but it would become of superiority with regards to safety.

The "non-inferiority" is in many cases justified when a new medicine has characteristics which facilitate the compliance to the treatment by the patient. For instance a medicine that has to be adinistered once a week is certainly more comfortable for the patient than one which has to be administered three times a day. However, if this facilitation requires a truly better adhesion, then the clinical result should also be better (not "not worse") and therefore a superiority design should be used.

Even in the eventuality – which has never actually occurred – that a non-inferior medicine from a therapeutic point of view was made available at a lower price, it would be difficult to accept. In fact to prove that a possible smaller benefit for individual patients is compensated by the bigger advantage of a more widespread use of the new medicine in the general population, it would be necessary to undertake much more extensive and long term studies compared to the non-inferiority trials. These examples suggest that any question of practical importance for the patients require a superiority test. The superiority test, whether or not the hypothesis proposed takes place, gives information regarding the placing of the new medicine in the context of existing treatments. The non-inferiority test seems instead to answer only the needs of the pharmaceutical industry, ensuring for the new medicine a placing on the market regardless of its value in comparison to medicines already available.

From the point of view of the industry, to prove the non-inferiority of new products is less risky than aiming to establish their superiority. If the superiority test fails, it can damage the image of the product, even if that result in reality can provide useful information to doctors and patients. Non-inferiority studies aim instead at not recognising possible differences (which could inhibit access to the market for the new product) rather than highlighting them (in order to better define the so called "place in therapy" of the new product). A documentation of non-inferiority leaves the product in a kind of limbo: its placing within the other available treatments is not defined, but its placing on the market is nonetheless assured.

An example of the use of the "non-inferiority" boundary

As well as being less risky from the point of view of its image, it is also simpler and less costly to prove the non-inferiority than the superiority, as illustrated in the exemplary case, although extreme, of the study COMPASS (2) which recruited 30 times less patients than the superiority trials that had submitted the same hypothesis to verification (3-5).

The larger the non-inferiority boundary set, that is the worse result designated as area of non-inferiority, the more limited is the sample necessary to test the hypothesis. The smaller the sample, the smaller the investment required to conduct the trial and the much bigger the possibility of not highlighting a possible difference and assert the non-inferiority. This has led to the selection of extreme hypothesis: the COMPASS study, for instance, considered the thrombolytic saruplase equivalent to the streptokinase in the treatment of the acute myocardial heart attack even if 50% more deaths would occur in the group with saruplase then in the control group (2). In absolute terms this means considering saruplase as effective and safe as the streptokinase even if there were 35 more deaths compared to the 70 expected deaths every 1000 patients treated. The test of this questionable hypothesis only required 3000 patients, at a time when to verify the superiority of tissue-type plasminogen activators on the streptokinase involved over 90.000 patients in three large and randomised clinical studies (3–5). Besides the paradoxical hypothesis, results of studies like the

COMPASS' arouse perplexity for the width of the confidence intervals. At times the width of the intervals is such that what is considered non-inferior from a statistical point of view cannot be non-inferior from a clinical point of view, as in the case of the comparison between thrombolitics (6) antidepressants (7), etc.

From what has been said, some criticality profiles for the ethical evaluation of the equivalence or non-inferiority protocols emerge, which now are being looked at in more depth in the light of national and international regulations that regulate the biomedical research on human beings (8, 9).

Further criticalities in the non-inferiority plans

One objection to the non-inferiority studies concerns the justification for the research. In all national and international documents on the subject of biomedical research on human beings it is recognised as first and necessary (even if not sufficient) condition for the ethical acceptability of a research, its scientific quality. A research lacking from the point of view of its scientific quality is, for this same reason, unacceptable from an ethical point of view, as already stated, from instance, by this Committee in the document on the Experimentation on medicines (1992), where on the contrary is very sharply stated that any research which pursues "marginal or futile aims" must be rejected. The theme has been amply discussed in literature, also because it is certainly not possible to state that only research which pursues scientific aims of great significance or capable of generating new knowledge of universal importance, should be carried out. Scientific quality can be recognised even in research of more limited significance, capable of bringing information limited to a particular area, but precise, not yet part of the scientific knowledge. To use a consolidated terminology, this kind of research can have an inferior "value" in comparison to research of more general importance, but this does not make it inferior in scientific "value".

Many technical problems that are difficult to resolve, still exist when the point of view required is that of the public interest. The margin within which the non-inferiority is accepted is difficult to establish because it is impossible, especially for important illnesses, to accept the idea of relinquishing even only a small part of the benefit given by the medicine of reference. The risk is that the medicine considered "non-inferior" will be subsequently used as standard in another non-inferiority study, eroding in this way the progress made by the medicine. It is possible that these transitions would allow the authorisation of medicines that in the end will be indistinguishable from the placebo, a phenomenon known by the term of bio-creep (10). In any case, the apparent loss of efficacy can be higher than what has been hypothesised, as the effect of the standard treatment includes that of the placebo: in fact if the standard treatment forestalls 30% of the expected events and the selected non-inferiority boundary of the new medicine allows the new medicine to forestall only 20%, the apparent loss of efficacy is equal to a third, but can be half if the effect of the placebo guarantees 10% of the total effect. Non-inferiority studies in this way expose the patients to clinical experiments without any guarantee that the experimental medicine is not worse than the standard treatment and without any attempt to verify whether maybe it might be better.

The non-inferiority methodology assumes that the patients on which the medicine of reference is evaluated, can be superimposed to those on which such medicine was originally evaluated. Despite the many regulations introduced (11), such uniformity is very difficult to achieve, as recently demonstrated by a study which conducted two experimentations rigorously equal at the same time, in which the placebo gave rise to results which were difficult to superimpose (12). Finally, in the non-inferiority studies a conduct that is not very rigorous is what seems to give results: in fact the more there's little adherence to the therapy and neglect of the study by the patients, the more the variability increases and therefore the possibility to demonstrate the non-inferiority (13).

In practice an evaluation of non-inferiority studies has demonstrated that on 383 studies that have been examined, in 64% of cases non-inferiority could be established only if the difference was higher than 50% in comparison to the medicine of reference and in 84% of cases only if the difference was more than 25% (14). A more recent evaluation established that only in 4% of non-inferiority studies under consideration a justification had been given for the choice of margin; in addition in 50% of cases inadequate statistical tests had been employed (15).

A further criticality profile sticks to a well-known problem and, even from the Helsinki Declaration, object to more in depth study: the potential "conflict of interest" that can be generated because of the double role of the doctor when he carries out a research within the therapy: it is important to remember that the doctor's primary obligation is to offer the patient the most appropriate therapy between those proved efficient for his/her pathology. Now, in the case of non-inferiority protocols, the doctor plans to give to a part of his patients a treatment that will be, in the best of cases, not inferior to the one it is being compared to.

It is not ethical to involve patients in non-inferiority studies

What kind of ethics legitimates an approach that seems to hide the differences instead of highlighting them? Non-inferiority studies lack ethical justification because they do not offer any advantage to the patients, current or future. They deliberately relinquish to consider the patients' interests in favour of commercial interests. This betrays the substantial agreement that is established between patients and researchers in any correct and informed consent, which presents randomisation as the only ethical solution to answer such clinical uncertainly. Non-inferiority studies aim only to boast of some efficacy, but without giving definitive proof of it. In the informed consent text it is never made clear to patients what a non-inferiority study means. Few patients would agree to participate in the study if the message in the form that asks for their informed consent was put clearly: why would a patient accept a treatment that in the best of cases is not worse, but in reality could be less efficient or safe than the available treatments? Why would patients participate in a randomised test that will offer only doubtful answers, since non-inferiority includes the possibility of a worse outcome? (16) In the current clinical experimentation the patient has the possibility to confide in the action of ethical committees, which have to approve the protocols. It is appropriate that ethical committees are aware of the methodology with which controlled medical studies are planned. Non-inferiority studies should not be approved unless they aim to demonstrate other advantages more relevant to the patients. We should in fact always request that a new medicine is tested only with the "superiority" methodology, to be sure that the study can bring potential advantages to the recruited patients and to the patients who will use the medicine in the future.

It is worth remembering that the DM 18th of March 1998 (reinforced by the DM 12th May 2006), which bears the guidelines for the creation and the functioning of ethical committees, in point 3.7.6 states: "As the informed consent represents an imperfect form of protection of the subject, obtaining informed consent is not sufficient guarantee of ethical behaviour and does not exempt the Committee from the need to evaluate the experimentation". It is not therefore possible to justify the ethical status of a non-inferiority protocol simply appealing to the fact that the patient has been perfectly informed on the logic, the aims, the risks and the benefits of the experimentation, aspects that the ethical Committee cannot but evaluate in light of the documents attached to the request for authorisation.

Conclusions

Non-inferiority studies disregard both instructions which serve as guidelines to the planning of good clinical studies, or "ask an important question; and give it a methodologically reliable answer"

(17). The important question is the one which is real for the patient, therefore the one that tackles a real clinical problem. But a study planned to verify whether a medicine is "not worse" than standard treatments, without any interest in any added value, does not ask any clinically relevant question. This kind of study simply cuts research and development costs, as well as the risks for its commercial image, without a care for the patients' interests. Randomisation should not even be allowed in such circumstances, because it is not ethical to leave to chance the possibility that a patient might receive a treatment which, in the best of cases is similar to the one that he/she would have received anyway, but could also reduce a great number of the advantages that previously had been assured to him/her by current treatment. We hope that the text of informed consent explains the concept of non-inferiority. With regards to the methodological approach and therefore the answer, the uncertainty that surrounds the conclusion of non-inferiority is difficult to accept: however small, the increase of the relative risk inevitably implies an unacceptable excess of negative events in the patients' population. At times the risk can turn out to be significantly higher in the group subjected to the experimental treatment, however all this does not refute the non-inferiority of such treatment (13).

In conclusion, The National Bioethics Committee recommends that non-inferiority studies are illustrated with more transparency and carefully analysed by the ethical Committees, which have to supervise in particular so that the patients' interests are not subordinated to other interests, including the commercial interests of the sponsor.

Verzeichnis der Autoren und Organisationen

Autoren

JAN P. BECKMANN, Dr. phil., em. Professor der Philosophie an der FernUniversität Hagen, Mitglied des Direktoriums des Instituts für Wissenschaft und Ethik an den Universitäten Bonn und Duisburg-Essen (IWE). *Anschrift:* FernUniversität Hagen, Institut für Philosophie, TGZ, Universitätsstraße 1/111, 58084 Hagen.

UTA BITTNER, M.A., Dipl.-Kffr. (FH), Wissenschaftliche Mitarbeiterin am Institut für Ethik und Geschichte der Medizin der Universität Freiburg. *Anschrift:* Institut für Ethik und Geschichte der Medizin der Universität Freiburg, Stefan-Meier-Straße 26, 79104 Freiburg i.Br.

BORIS EßMANN, M.A., Doktorand im Rahmen des „Bernstein Focus: Neurotechnology Freiburg/Tübingen" (Teilprojekt C6), Wissenschaftlicher Mitarbeiter am Institut für Ethik und Geschichte der Medizin der Universität Freiburg. *Anschrift:* Institut für Ethik und Geschichte der Medizin der Universität Freiburg, Stefan-Meier-Straße 26, 79104 Freiburg i.Br.

THOMAS GUTMANN, Dr. jur., Professor für Bürgerliches Recht, Rechtsphilosophie und Medizinrecht an der Rechtswissenschaftlichen Fakultät der Universität Münster, Hauptantragsteller des Exzellenzclusters „Religion und Politik in den Kulturen der Vormoderne und Moderne", Sprecher der DFG-Kolleg-Forschergruppe „Theoretische Grundfragen der Normenbegründung in Medizinethik und Biopolitik". *Anschrift:* Rechtswissenschaftliche Fakultät der Universität Münster, Universitätsstraße 14–16, 48143 Münster.

LUDGER HONNEFELDER, Dr. phil., Dr. h.c., em. Professor der Philosophie an der Universität Bonn, Otto Warburg Senior Research Professor an der Humboldt-Universität Berlin, Mitglied im Direktorium des Instituts für Wissenschaft und Ethik an der Universität Bonn (IWE). *Anschrift:* Institut für Wissenschaft und Ethik, Bonner Talweg 57, 53113 Bonn.

DIETMAR HÜBNER, Dr. phil., Professor für Praktische Philosophie, insbesondere Ethik der Wissenschaften, am Institut für Philosophie der Universität Hannover. *Anschrift:* Institut für Philosophie der Universität Hannover, Im Moore 21, 30167 Hannover.

ROLAND KIPKE, Dr. des., Wissenschaftlicher Koordinator am Internationalen Zentrum für Ethik in den Wissenschaften (IZEW) der Universität Tübingen. *Anschrift:*

Universität Tübingen, Internationales Zentrum für Ethik in den Wissenschaften (IZEW), Wilhelmstraße 19, 72074 Tübingen.

KLAUS KUTZER, Vorsitzender Richter am Bundesgerichtshof a.D. *Anschrift:* Renchstraße 1, 76307 Karlsbad.

ARNE MANZESCHKE, PD Dr. theol. habil., Akademischer Oberrat und Leiter der Arbeitsstelle für Theologische Ethik und Anthropologie, Universität Bayreuth. *Anschrift:* Arbeitsstelle für Theologische Ethik und Anthropologie, Universität Bayreuth, Universitätsstraße 30, 90544 Bayreuth.

GIOVANNI MAIO, Dr. med., Professor für Medizinethik am Institut für Ethik und Geschichte der Medizin der Universität Freiburg. *Anschrift:* Institut für Ethik und Geschichte der Medizin der Universität Freiburg, Stefan-Meier-Straße 26, 79104 Freiburg i.Br.

OLIVER MÜLLER, Dr. phil., Leiter der Nachwuchsgruppe „Zur ‚Natur des Menschen' als Orientierungsnorm in der Bioethik" am Institut für Ethik und Geschichte der Medizin der Universität Freiburg. *Anschrift:* Institut für Ethik und Geschichte der Medizin der Universität Freiburg, Stefan-Meier-Straße 26, 79104 Freiburg i.Br.

H. CHRISTOF MÜLLER-BUSCH, Dr. med., Professor an der Universität Witten/Herdecke, Ltd. Arzt i.R. für Anästhesiologie, Palliativmedizin und Schmerztherapie am Gemeinschaftskrankenhaus Havelhöhe, Berlin, Präsident der Deutschen Gesellschaft für Palliativmedizin. *Anschrift:* Rüsternallee 45, 14050 Berlin.

FRANK OEHMICHEN, Professor Dr. med., Chefarzt des Zentrums für Langzeitbeatmung, Beatmungsentwöhnung und Heimbeatmung, Klinik Bavaria Kreischa. *Anschrift:* Klinik Bavaria, An der Wolfsschlucht 1–2, 01731 Kreischa.

FRED SALOMON, Dr. med., apl. Professor für Ethik in der Medizin an der Universität Gießen, Chefarzt der Klinik für Anästhesiologie und Operative Intensivmedizin am Klinikum Lippe-Lemgo, Vorstandsmitglied der Akademie für Ethik in der Medizin (Göttingen). *Anschrift:* Klinikum Lippe-Lemgo, Rintelner Straße 85, 32657 Lemgo.

DIETER STURMA, Dr. phil., Professor für Philosophie an der Universität Bonn, Geschäftsführender Direktor des Instituts für Wissenschaft und Ethik an der Universität Bonn (IWE) und des Deutschen Referenzzentrums für Ethik in den Biowissenschaften (DRZE), Direktor des Instituts für Ethik in den Neurowissenschaften (INM-8) des Forschungszentrums Jülich. *Anschrift:* Institut für Wissenschaft und Ethik, Bonner Talweg 57, 53113 Bonn.

JOCHEN TAUPITZ, Dr. jur., Professor für Bürgerliches Recht, Zivilprozessrecht, Internationales Privatrecht und Rechtsvergleichung an der Universität Mannheim, Geschäftsführender Direktor des Instituts für Deutsches, Europäisches und Internationales Medizinrecht, Gesundheitsrecht und Bioethik der Universitäten Heidelberg und Mannheim (IMGB). *Anschrift:* Institut für Deutsches, Europäisches und Internationales Medizinrecht, Gesundheitsrecht und Bioethik der Universitäten Heidelberg und Mannheim (IMGB), Schloss, 68161 Mannheim.

Organisationen

ACATECH – DEUTSCHE AKADEMIE DER TECHNIKWISSENSCHAFTEN. *Anschrift:* Geschäftsstelle, Residenz München, Hofgartenstraße 2, 80539 München. *URL:* http://www.acatech.de.

AMERICAN ASSOCIATION FOR THE ADVANCEMENT OF SCIENCE (AAAS). *Address:* 1200 New York Avenue NW, Washington, DC 20005, USA. *URL:* http://www.aaas.org.

ASSOCIATION OF AMERICAN UNIVERSITIES (AAU). *Address:* 1200 New York Avenue, NW, Suite 550, Washington, DC 20005, USA. *URL:* http://www.aau.edu.

ASSOCIATION OF PUBLIC AND LAND-GRANT UNIVERSITIES (A·P·L·U). *Address:* 1307 New York Avenue, NW, Suite 400, Washington, DC 20005-4722, USA. *URL:* http://www.aplu.org.

BIOETHIKKOMMISSION BEIM BUNDESKANZLERAMT. *Anschrift:* Bioethikkommission beim Bundeskanzleramt – Geschäftsstelle, Ballhausplatz 2, 1010 Wien, Österreich. *URL:* http://www.bundeskanzleramt.at.

BUNDESÄRZTEKAMMER (BÄK). *Anschrift:* Herbert-Lewin-Platz 1, 10623 Berlin. *URL:* http://www.bundesaerztekammer.de.

COMITÉ CONSULTATIF NATIONAL D'ÉTHIQUE POUR LES SCIENCES DE LA VIE ET DE LA SANTÉ (CCNE). *Address:* 35, Rue Saint-Dominique, 75700 Paris, France. *URL:* http://www.ccne-ethique.fr.

DEUTSCHE AKADEMIE DER NATURFORSCHER LEOPOLDINA – NATIONALE AKADEMIE DER WISSENSCHAFTEN. *Anschrift:* Reinhardtstraße 14, 10117 Berlin. *URL:* http://www.leopoldina-halle.de.

DEUTSCHER ETHIKRAT. *Anschrift:* Berlin-Brandenburgische Akademie der Wissenschaften, Jägerstr. 22/23, 10117 Berlin. *URL:* http://www.ethikrat.org.

DEUTSCHE FORSCHUNGSGEMEINSCHAFT (DFG). *Anschrift:* Kennedyallee 40, 53175 Bonn. *URL:* http://www.dfg.de.

EUROPEAN GROUP ON ETHICS IN SCIENCE AND NEW TECHNOLOGIES (EGE). *Anschrift:* European Commission, Berl 8/143, B-1049 Brussels, Belgium. *URL:* http://europa.eu.int/comm/european_group_ethics/index_en.htm.

HEALTH COUNCIL OF THE NETHERLANDS (GEZONDHEIDSRAAD). *Address:* Parnassusplein 5, 2511 VX The Hague, The Netherlands. *URL:* http://www.gezondheidsraad.nl.

IRISH COUNCIL FOR BIOETHICS. *Address:* 1 Ormond Quay Lower, Dublin 1, Ireland. *URL:* http://www.bioethics.ie.

MAX-PLANCK-GESELLSCHAFT (MPG). *Anschrift:* Hofgartenstr. 8, 80539 München. *URL:* http://www.mpg.de.

NATIONAL BIOETHICS COMMITTEE (NBC). *Address:* Comitato Nazionale per la Bioetica, Via della Mercede, 96, 00187 Rome, Italy. *URL:* http://www.governo.it/bioetica/eng/index.html.

NATIONAL INSTITUTES OF HEALTH (NIH). *Address:* 9000 Rockville Pike, Bethesda, Maryland 20892, USA. *URL:* http://www.nih.gov.

SCHWEIZERISCHE AKADEMIE DER MEDIZINISCHEN WISSENSCHAFTEN (SAMW). *Anschrift:* Petersplatz 13, 4051 Basel, Schweiz. *URL:* http://www.samw.ch.

THE NUFFIELD COUNCIL ON BIOETHICS. *Address:* 28 Bedford Square, London WC1B 3JS, UK. *URL:* http://www.nuffieldbioethics.org.

ZENTRALE KOMMISSION ZUR WAHRUNG ETHISCHER GRUNDSÄTZE IN DER MEDIZIN UND IHREN GRENZGEBIETEN (ZENTRALE ETHIKKOMMISSION BEI DER BUNDESÄRZTEKAMMER, ZEKO). *Anschrift:* Herbert-Lewin-Platz 1, 10623 Berlin. *URL:* http://www.zentrale-ethikkommission.de.

Hinweise für Autoren

Das Jahrbuch für Wissenschaft und Ethik publiziert Beiträge, Berichte und Dokumente aus dem Bereich der ethischen Fragen von Medizin, Naturwissenschaften und Technik. Inhaltliche Schwerpunkte liegen in der philosophischen Reflexion von Grundfragen der Angewandten Ethik, in der ethischen Analyse von Anwendungsproblemen der modernen Wissenschaften sowie in der Untersuchung wissenschaftsethischer Problemfelder aus medizinischer, naturwissenschaftlicher, sozialwissenschaftlicher, ökonomischer und rechtlicher Perspektive.

Eingesandte Beiträge und Berichte müssen bislang unveröffentlicht sein und dürfen bei keiner anderen Stelle als Publikationsangebot vorliegen. Die Manuskripte werden durch unabhängige Gutachter geprüft. Nach Entscheidung der Herausgeber über die Annahme und Mitteilung an den Autor erbittet die Redaktion die Übersendung der endgültigen Fassung. Abschließend erfolgt eine Druckfahnenkorrektur durch den Autor.

Letzter Termin für die Zusendung von Artikeln ist jeweils Ende Februar des Erscheinungsjahres. Mögliche Sprachen sind Deutsch und Englisch. Manuskripte können in einfacher Kopie oder elektronisch in einem der gebräuchlichen WORD-Dateiformate zugeschickt werden. Beiträge müssen durch ein Abstract von nicht mehr als 150 Wörtern sowie durch ca. 5 Keywords eingeleitet werden (in der jeweiligen Sprache des Artikels). Literaturangaben sollten der Zitationsweise des Jahrbuchs gemäß sein, ein entsprechendes Style Sheet kann angefordert werden.

Manuskripteinsendungen und Anfragen werden erbeten an:

Institut für Wissenschaft und Ethik
– Redaktion Jahrbuch –
Bonner Talweg 57
53113 Bonn

Tel.: 0228 / 3364 1920
Fax: 0228 / 3364 1950
E-Mail: iwe@iwe.uni-bonn.de
URL: http://www.iwe.uni-bonn.de